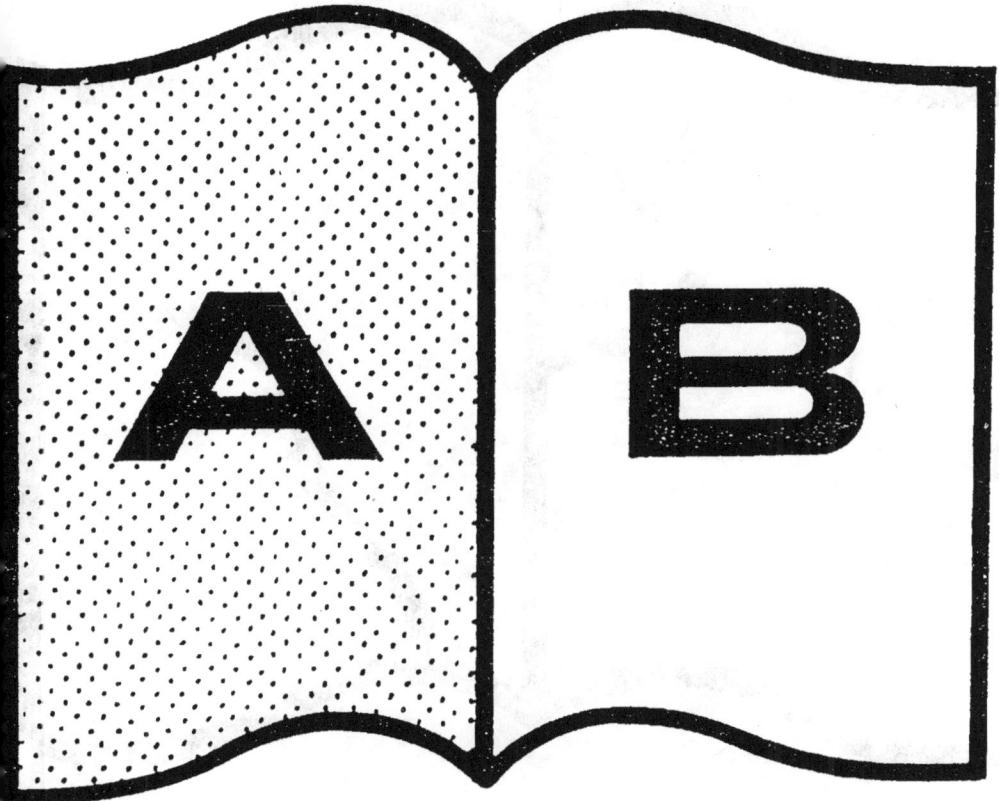

Contraste insuffisant

NF Z 43-120-14

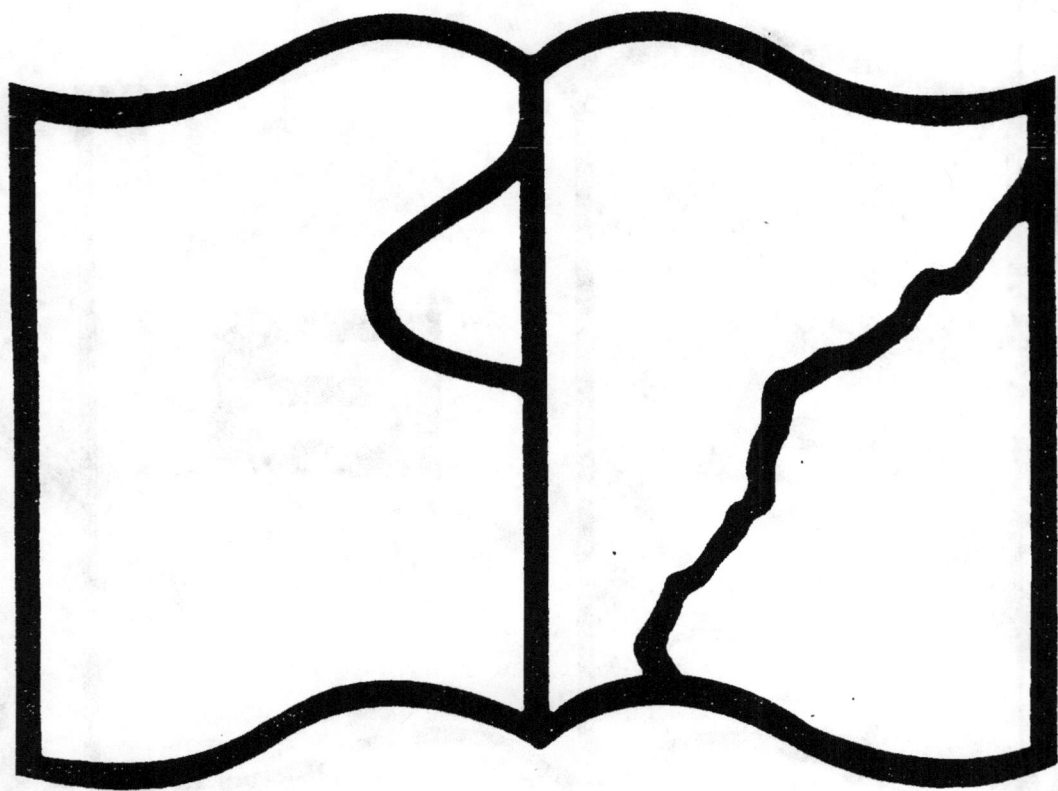

Texte détérioré — reliure défectueuse

NF Z 43-120-11

N° 2921

CHAMBRE DES DÉPUTÉS

CINQUIÈME LÉGISLATURE

SESSION DE 1893

Annexe au procès-verbal de la séance du 4 juillet 1893.

RAPPORT

FAIT

AU NOM DE LA COMMISSION D'ENQUÊTE

CHARGÉE DE FAIRE LA LUMIÈRE

SUR LES ALLÉGATIONS PORTÉES A LA TRIBUNE

A L'OCCASION DES AFFAIRES DE PANAMA

RAPPORT GÉNÉRAL

PAR

M. VALLÉ

Député.

—∞—

PARIS

IMPRIMERIE DE LA CHAMBRE DES DÉPUTÉS

MOTTEROZ

7, RUE SAINT-BENOIT

(ANCIENNE MAISON QUANTIN)

—

1893

ENQUÊTE DE PANAMA

RAPPORT GÉNÉRAL

PAR

M. VALLÉ

Député.

PARIS

IMPRIMERIE DE LA CHAMBRE DES DÉPUTÉS

MOTTEROZ

7, RUE SAINT-BENOIT

(ANCIENNE MAISON QUANTIN)

1893

N° 2921

CHAMBRE DES DÉPUTÉS

CINQUIÈME LÉGISLATURE

SESSION DE 1893

Annexe au procès-verbal de la 2ᵉ séance du 4 juillet 1893.

RAPPORT

FAIT

AU NOM DE LA COMMISSION D'ENQUÊTE* CHARGÉE DE
FAIRE LA LUMIÈRE SUR LES ALLÉGATIONS PORTÉES A
LA TRIBUNE A L'OCCASION DES **Affaires de Panama.**

RAPPORT GÉNÉRAL

Par M. Ernest VALLÉ

Député.

---

* Cette Commission est composée de MM. N..., *président*; Clausel de
Coussergues, Jolibois, *vice-présidents*; Barthou, de La Batut, vicomte de Villebois-
Mareuil, *secrétaires*; Guieysse, Henri Brisson, Bory (Cantal), Leydet, Dupuy-Dutemps,
Sarrien, Bérard, Bovier-Lapierre, Labussière, Gerville-Réache, Mathé (Allier), Maujan,
Deluns-Montaud, Pelletan, Taudière, Bertrand, Bigot, Dumay, Grousset, d'Aillières,
Gamard, de Ramel, Loreau, Guillemet, Vallé, Gauthier (de Clagny).

(Voir Résolution n° 1128.)

EXPOSÉ PRÉLIMINAIRE

MESSIEURS,

Le 11 juin 1891, M. le Procureur général près la Cour d'Appel de Paris adressait à M. le Premier Président le réquisitoire qu'on va lire :

Le Procureur général,

Vu les plaintes ci-jointes, remontant à diverses époques et revêtues d'un grand nombre de signatures ;

Attendu qu'il en résulte présomptions d'abus de confiance, d'escroqueries et de tentative d'escroqueries à la charge de :

Ferdinand de Lesseps, président du Conseil d'administration de la Compagnie du Canal interocéanique de Panama, et membre du Comité de direction de la même Compagnie ;

Charles-Aimé de Lesseps ;
Victor de Lesseps ;
Marius Fontane ;
Et Henri Cottu ;

Ces quatre derniers membres du Comité de direction de la même Compagnie du Canal interocéanique dite de Panama ;

Et attendu que l'une des personnes désignées plus haut, Ferdinand de Lesseps, est grand-croix de l'ordre de la Légion d'honneur ;

Vu les articles 10 de la loi du 20 avril 1810 et 479 du code d'instruction criminelle ;

Attendu, d'autre part, que les faits visés dans les plaintes ci-jointes sont prévus par les articles 406, 408, 405, 2 et 3 du Code pénal et par la loi du 24 juillet 1867 sur les Sociétés;

Requiert qu'il plaise à monsieur le Premier Président de la Cour d'Appel ouvrir information, par lui-même ou par un de MM. les Conseillers, par lui délégué, tant contre les personnes plus haut dénommées que contre toutes autres que l'enquête ferait connaître;

Dire que l'instruction sera suivie conformément aux prescriptions du Code d'instruction criminelle, et que le magistrat chargé de l'information décernera contre les prévenus, mandat de comparution.

Fait au Parquet, à Paris, le 11 juin 1891.

Le Procureur général,

Signé : QUESNAY DE BEAUREPAIRE.

Les plaintes visées dans ce document étaient au nombre de quatre, dont la plus ancienne remontait au 19 janvier 1889.

D'autre part, de nombreuses pétitions avaient été adressées au Parlement par les porteurs de titres de la Compagnie de Panama, et lorsqu'elles furent rapportées par M. Gauthier (de Clagny) dans la séance du 21 juin 1890, la Chambre, en renvoyant le dossier au Ministre, avait manifesté la volonté que les responsabilités, qui pouvaient exister dans cette affaire, fussent dégagées et soumises à l'examen des tribunaux.

Plaignants et pétitionnaires demandaient entre autres choses qu'on fît le bilan des fonds obtenus du public par la Compagnie de Panama, et qu'on dressât en regard l'état des sommes régulièrement et utilement dépensées dans l'entreprise.

Ils réclamaient ensuite et très nettement, au nom de la justice qui doit être égale pour tous, que des poursuites fussent ordonnées, s'il y avait lieu.

Les avertissements n'avaient donc pas manqué au Parquet, et comme il s'agissait de faits dont les plus récents remontaient à 1888, il était urgent d'agir, et d'agir régulièrement surtout, si on ne voulait pas que les délits, au cas où il en aurait existé, fussent couverts par la prescription.

La résolution prise en 1891 de commencer les poursuites, quoique s'étant fait longtemps attendre, arrivait encore à temps, à la condition que, par application de l'article 479 du Code d'instruction criminelle, M. le Procureur général fît citer directement les prévenus devant la première Chambre de la Cour d'Appel.

C'était la seule procédure, indiquée par nos lois, qui fut capable de saisir valablement la justice et d'interrompre la prescription.

M. le Procureur général crut devoir agir autrement. On sait ce qu'il est advenu.

Nous ne parlerons maintenant de l'information à laquelle il a été procédé que pour expliquer à la suite de quelles circonstances la Commission d'enquête a été nommée.

En réponse au réquisitoire du 11 juin 1891, M. le Premier Président désigna M. Prinet, Conseiller à la Cour d'Appel, pour faire, à ses lieu et place, l'information sollicitée par M. le Procureur général.

M. Prinet se mit immédiatement à l'œuvre ; dès le 22 juin 1891, il entendait dans son cabinet MM. Ferdinand et Charles de Lesseps.

L'enquête fut longue, elle dura plus de dix-huit mois ; elle nécessita la vérification de toute la comptabilité de Panama, plusieurs expertises, l'audition de nombreux témoins, et l'envoi de Commissions rogatoires en Amérique.

Pendant qu'elle suivait son cours, la Chambre, impatiente de la voir aboutir, avait voté dans la séance du 5 janvier 1892 l'ordre du jour suivant :

La Chambre, désirant qu'une répression énergique et rapide ait lieu contre tous ceux qui ont encouru des responsabilités dans l'affaire de Panama, passe à l'ordre du jour.

Au commencement des vacances judiciaires de l'année 1892 l'information paraissait toucher à sa fin ; les comptes avaient été relevés avec un soin minutieux par M. l'expert Flory dans un rapport extrêmement complet ; les responsabilités étaient dégagées et le magistrat instructeur allait pouvoir transmettre le résultat de ses investigations à M. le Procureur général, quand le journal *La Libre Parole* publia (septembre 1892) toute une série d'articles sous la rubrique *Les Dessous de Panama*, dans lesquels les membres du Comité Directeur de la Compagnie étaient violemment attaqués, mais dans lesquels aussi, on accusait ouvertement un certain nombre de Sénateurs et Députés, ou anciens Sénateurs et anciens Députés, d'avoir trafiqué de leurs mandats, lors du vote de la loi de 1888 sur les obligations à lots.

Ces articles étaient signés du pseudonyme « Micros ». On sut bien vite que leur auteur était M. Ferdinand Martin, demeurant à Nyons (Drôme).

A en croire M. Martin, la corruption se serait étendue sur tous les points du Parlement, sans distinction des opinions politiques.

Aucun parti n'était ménagé; plus de vingt noms étaient cités, pris dans la Droite, dans la Gauche, et dans le groupe boulangiste; des chiffres, très gros d'ailleurs, étaient mis en avant; des détails caractéristiques étaient fournis, d'autres devaient suivre; on désignait les intermédiaires qui se seraient faits les agents les plus actifs de la corruption; c'étaient Arton, Irénée Blanc, Henri Cottu et le baron de Reinach.

Micros lui-même s'accusait d'avoir reçu de l'argent pour cette répugnante besogne, déclarant, il est vrai, qu'il n'avait trouvé aucun homme politique disposé à se laisser séduire.

En présence d'affirmations de cette nature, il était du devoir du magistrat de rechercher ce qu'elles pouvaient avoir de vrai.

Si les fonds des actionnaires de Panama avaient reçu cette destination, c'était une charge nouvelle contre les administrateurs de la Compagnie.

D'autre part, les membres du Parlement qui auraient touché un semblable argent devaient être poursuivis à leur tour; mais, pour en arriver là, il fallait une loi d'autorisation.

M. Prinet n'hésita pas à en référer à M. Ricard, alors Garde des Sceaux, qui « l'autorisa à poursuivre cette face de l'affaire, complètement et entièrement, le sollicitant de ne se laisser arrêter par aucune considération, et lui donnant carte blanche (1). »

En conséquence, une information supplémentaire fut ouverte, dans laquelle on entendit MM. Charles de Lesseps, Marius Fontane, Ferdinand Martin, Henri Cottu, Irénée Blanc, et le baron de Reinach, ces trois derniers indiqués dans les « Dessous de Panama » comme ayant été des agents de corruption.

Arton n'a pas été cité, car il était en fuite et sous le coup d'un mandat d'amener du 22 juin 1892, pour sa participation dans l'affaire de « la Dynamite ».

Devant le conseiller instructeur, M. Ferdinand Martin confirma ce qu'il avait personnellement écrit sous la signature « Micros » dans la *Libre Parole*.

MM. Charles de Lesseps et Marius Fontane dénièrent certaines des allégations de M. Martin et refusèrent de répondre lorsque les questions leur apparurent embarrassantes.

Quant à MM. Henri Cottu, de Reinach et Irenée Blanc, ils firent des dépositions que nous croyons suffisamment intéressantes pour qu'elles soient mises sous les yeux de la Chambre, d'autant que ces trois personnes n'ont pu être entendues par la Commission d'enquête : Henri Cottu et Irénée Blanc parce qu'ils ont refusé de comparaître ; le baron de Reinach parce qu'il était décédé.

Nous reproduisons ces dépositions en suivant les dates auxquelles elles ont été reçues.

HENRI COTTU

M. Cottu (Henri), déjà entendu.

(Sur interpellation). — Je suis entré à la Compagnie de Panama en octobre ou novembre 1886 comme administrateur. Je suis entré au Comité de Direction en janvier 1887 et j'y suis resté jusqu'à la fin.

(Sur autre). — Étant absent de Paris je n'ai pas eu connaissance des articles

---

(1) Déposition Princt, p. 61.

publiés par la *Libre Parole* sous le nom de « Micros ». On m'en a seulement parlé à mon retour.

D. — Micros est un pseudonyme derrière lequel se cache la personnalité de M. Ferdinand Martin que vous avez sans doute connu et qui était à une certaine époque l'auxiliaire de la Compagnie de Panama.

R. — Je l'ai connu.

D. — Il explique qu'il aurait fait connaissance avec vous à l'occasion d'un syndicat organisé lors d'une émission d'obligations à laquelle vous avez participé de compte à demi.

R. — Ce n'est pas tout à fait cela. Un jour, M. Charles de Lesseps, alors que je ne faisais pas encore partie de l'administration, me demanda à titre de service d'assiter M. F. Martin dans l'organisation préparatoire d'une émission d'obligations remboursables à mille francs qui était imminente, c'était en 1886. J'y consentis et je me mis aux côtés de M. Martin pour l'envoi de circulaires, lettres et autres actes préparatoires. Je ne sais si M. Martin a participé à quelque syndicat, quant à moi, je n'y ai pris aucune part. J'ajoute que M. Martin, ayant touché une commission pour les soins qu'il avait apportés à l'affaire, m'a remis une somme de 4000 francs pour me rémunérer de mes propres soins ; j'ai voulu remettre cet argent à M. Charles de Lesseps pour la Compagnie et il m'a prié de le rendre à M. Martin pour le récompenser de sa peine ; ce que j'ai fait.

D. — M. Martin dit dans sa dernière déposition qu'il a reçu pour sa part dans le syndicat 22,000 francs et que c'est sur votre proposition que M. Charles de Lesseps a doublé cette part de syndicat de manière à faire 44,000 francs. Il ajoute qu'il a employé cette somme en la distribuant à diverses personnes.

R. — Tout cela est absolument faux, je l'affirme sur l'honneur. N'appartenant pas à la Compagnie je n'avais pas qualité pour demander quoi que ce fût à M. Charles de Lesseps.

D. — Les articles de la *Libre Parole* visent principalement certains actes de marchandage et de corruption qui auraient eu pour but et résultat l'achat des votes de certains membres du Parlement à l'occasion de deux demandes d'autorisation d'émettre des valeurs à lots qui se sont produites en 1886 et 1888. Vous n'êtes pas signalé comme ayant joué un rôle quelconque dans l'affaire de 1886, mais il n'en est pas de même pour celle de 1888. Nous vous donnons lecture à ce sujet d'un passage de l'article du 16 septembre intitulé « les Dessous de Panama ». Il en résulte que MM. Barbe, Le Guay, députés, et Naquet, sénateur, se firent les directeurs de la campagne à entreprendre pour obtenir la loi d'autorisation et que cette campagne se termina par un chèque de 500,000 francs payé par la Banque de France sur la signature de M. de Lesseps et avec l'acquit d'un des employés de la Dynamite. Qu'est-ce que ce chèque ?

R. — Je l'ignore absolument. Je vous fais seulement observer que M. Le Guay en 1888 était déjà sénateur.

D. — Cependant vous étiez chargé de la partie financière dans l'administration du Panama ?

R. — Jamais. Je m'occupais des travaux au point de vue administratif et plus particulièrement du chemin de fer du Panama.

D. — Après le dépôt de la proposition de loi, dit en substance le même article, des réunions eurent lieu tous les jours au siège de la Compagnie sous la présidence de M. Charles de Lesseps, auxquelles assistaient des députés et sénateurs dont plusieurs sont nommés, avec M. Arton. D'autres voyaient directement M. Fontane. Pour éviter un échec comme en 1886 on décida tout d'abord de travailler les bureaux ; quand on trouverait un récalcitrant M. Cottu devait se joindre à M. Arton et enlever la place d'assaut. Les opérations commencèrent immédiatement soit à la Chambre soit au domicile des députés ; on ne vit plus, ajoute Micros, que MM. Arton et Cottu faire du marchandage. Inutile de vous dire que le témoin Martin dans sa déposition confirme ses articles.

R. — Je vous déclare sincèrement que je ne saurais répondre à la première partie de la question relative aux réunions présidées par M. Charles de Lesseps. En ce qui touche la deuxième partie de la question, j'ai été deux fois accompagné de M. l'Ingénieur Hutin, une première fois dans la salle de réunion des Droites, une autre fois dans la salle des Gardes, où j'ai fait des conférences à un certain nombre de députés, dans l'espoir de leur faire partager ma foi dans le succès de l'œuvre du Panama, foi que je conserve encore aujourd'hui. Nous en avons fait une autre avec M. Charles de Lesseps dans une des salles du Sénat. Je n'ai jamais vu ni un député ni un sénateur en particulier et je n'ai pris part à aucun marchandage.

D. — Cependant M. Martin affirme que vous y avez participé avec M. Arton. Il dépose que, à cette époque de 1888, il était brouillé avec l'Administration du Panama, mais qu'il avait conservé des amis à la Chambre qui lui racontaient ce qui se passait dans ces réunions.

R. — Je n'ai pas à répondre à cela.

D. — Est-ce que M. Arton, en dehors de vous, ne s'est pas livré à ce marchandage ? Est-ce qu'il n'a pas reçu des sommes assez fortes pour les distribuer à des députés ou sénateurs.

R. — C'est encore une question à laquelle je ne saurais répondre.

D. — Affirmez-vous que vous, administrateur du Panama, n'avez jamais eu connaissance d'aucun acte de marchandage et de corruption pratiqué vis-à-vis de certains sénateurs et députés et qui aurait eu pour résultat l'achat du vote de certains d'entre eux ?

R. — Je crois que c'est une question à laquelle je n'ai pas à répondre.

D. — Votre réponse ressemble bien à un aveu implicite.

R. — Il s'est fait une légende autour de cette affaire ; je ne crois pas avoir à répondre à une question qui ne me regarde pas.

Lecture faite, l'inculpé a signé avec nous et notre greffier.

Signé :

G. Le Prévost.   H. Cottu.

H. Prinet

BARON DE REINACH

D. — Cette œuvre de dissipation dont nous parlons ne s'est pas seulement produite sous la forme de syndicats, mais encore sous celle de publicité. Votre nom personnel figure dans les écritures de la Compagnie de Panama au chapitre de la publicité pour une somme de 3,015,000 francs dont 2,590,000 francs vous auraient été payés à l'occasion de la seule émission des obligations à lots. Qu'est-ce que ces frais de publicité?

R. — La Compagnie de Panama a eu à payer des sommes importantes aux journaux. J'ai fait l'avance d'une partie de ces sommes et les 3,015,000 francs dont vous parlez ne sont que le remboursement de mes avances. Cela peut vous paraître énorme, mais le Gouvernement payait beaucoup plus cher toutes proportions gardées; c'est ainsi que pour la création de chemin de fer dont les titres étaient garantis il allouait 4 à 5 pour 100 tandis que le Panama payait peut-être 5 1/2 pour 100, mais pour des émissions de valeurs non garanties.

D. — Si les 3,015,000 francs dont il est question ont été un remboursement d'avances faites par vous pour rétribuer des journalistes, on devrait trouver trace de ces avances dans les écritures de la Compagnie. Or le rapport d'expert est absolument muet sur ce point; ce qui nous fait douter que votre réponse soit conforme à la vérité.

R. — J'ignore comment la Compagnie a tenu ses écritures, mais ce que je dis est la vérité.

D. — Êtes-vous en mesure de faire la preuve que ces avances ont été réellement faites?

R. — Je n'ai pas fait l'avance à la Compagnie; je l'ai faite directement aux journalistes, et la Compagnie m'a remboursé. Je pourrais en faire la preuve le moment donné.

D. — Ce moment est venu. Comment pouvez-vous faire cette preuve? Avez-vous des livres?

R. — Non, je n'ai pas de livres, mais je puis dire, par exemple, que j'ai donné un million à M. Arton, et le reste à d'autres journalistes.

D. — M. Arton, qui est en fuite, n'était pas lui-même journaliste ni agent de publicité. Il faisait partie de la Société de Dynamite. A quel usage était destiné ce million versé à M. Arton?

R. — M. Arton était dans les journaux puisqu'il était commanditaire du journal *La Presse*. Il avait à faire face aux frais d'une publicité préliminaire à l'émission, c'est-à-dire en vue de préparer l'émission. Je ne sais s'il s'est occupé de la publicité contemporaine de l'émission.

D. — Savez-vous à qui il a distribué ce million?

R. — Il ne me l'a jamais dit.

D. — Êtes-vous sûr qu'il n'ait donné de l'argent qu'à des journalistes et qu'il n'en ait pas employé une partie à subventionner aussi certains hommes politiques?

R. — J'ai refusé catégoriquement de recevoir des confidences relativement à l'emploi fait par lui de ces fonds.

2

D. — Vous sentiez sans doute que ces confidences étaient compromettantes, car il résulte de l'instruction que M. Arton a été employé par la Compagnie à faire du marchandage auprès de certains députés ou sénateurs. Savez-vous cela ?

R. — Non.

D. — On a saisi chez lui un certain nombre de documents parmi lesquels sont deux lettres dont nous vous donnons lecture (1). L'une datée du 9 août 1889 est signée d'un financier appelé Combaluzier. — Dans cette lettre, M. Combaluzier traite M. Arton de « proxénète panamiste mettant dans sa poche les trois quarts des sommes qu'il se vante d'affecter à l'achat des consciences parlementaires » ! C'est bien clair ?

R. — Je ne connais pas M. Combaluzier. J'ai ouï dire qu'il était autrefois à la tête d'un journal financier.

D. — On a saisi, chez M. Arton, plusieurs autres lettres signées Irénée Blanc, datées de mai 1888, où il rend compte à M. Arton de ses démarches et de ses efforts pour arriver à convaincre des sénateurs et les décider à voter pour l'affaire du Panama. Dans une de ces lettres, M. Blanc écrit : « Comme je vous l'ai dit, il est très délicat d'agir (sérieusement) sur les sénateurs. A mon avis, l'action la plus productive, sauf des exceptions, est le raisonnement, quand on a affaire avec des gens ignorants des roublardises. » Il écrit plus loin : « Le groupe des opportunistes Challemel-Lacour, Mathey, Peyrat, Dusolier, il me paraît très difficile de les détacher, même avec vos arguments trébuchants. » Qu'est-ce que ces arguments « trébuchants » de M. Arton, sinon de bonnes espèces qui sont de leur nature « trébuchantes » ?

R. — Je ne connais pas M. Irénée Blanc.

D. — Il résulte donc de cette correspondance que certains votes parlementaires ont été achetés. Vous-même n'auriez-vous pas reçu des sommes de la Compagnie de Panama pour être distribuées à des hommes politiques ou influents, car enfin, nous ne voyons pas quels services rendus par vous peuvent justifier ces commissions, allocations touchées par vous à différentes reprises qui représentent en résumé :

1° En frais de syndicat. . . . . 4.566.383 fr. 70
2° En frais de publicité. . . . . 3.015.000 »
Au total. . . . . . . 7.581.383 fr. 70

R. — En dehors d'Arton et de certains journalistes, je n'ai payé personne et la Compagnie de Panama ne m'a chargé d'aucune mission semblable.

D. — Affirmez-vous n'avoir jamais eu connaissance d'actes de marchandage, de corruption, pratiqués à l'égard de certains députés et sénateurs à l'occasion du projet de loi d'autorisation d'émettre des obligations à lots, lesquels auraient eu pour résultat l'achat des votes de quelques-uns d'entre eux.

R. — Non.

(1) Voir page 13.

IRÉNÉE BLANC

(Sur interpellation). — J'étais journaliste, attaché à la rédaction du journal *l'Économiste pratique*. Ce journal m'appartenait. — L'Administration du Panama m'envoyait des annonces et des réclames que j'insérais et qu'on me payait. — Je n'ai jamais reçu de subventions ni mensualités, mais simplement le payement de mes articles. Les articles dont je parle étaient des espèces de circulaires qu'on me faisait insérer dans le Bulletin financier de mon journal.

D. — L'Administration du Panama a fait sept émissions d'obligations à chacune desquelles elle a dépensé des sommes plus ou moins importantes en frais dits de publicité, en frais de syndicats et en commission de toute sorte. Ces dépenses se sont produites particulièrement en 1886 et 1888, à l'occasion de deux projets de loi d'autorisation, à l'effet d'émettre des obligations à lots. Nous ne rappelons que pour mémoire, celui de 1886, qui n'a pas abouti. — Quant au projet de 1888, qui a abouti à l'émission de deux millions d'obligations à lots du 26 juin 1888, il a été l'occasion pour la Compagnie de dépenses énormes qui se sont élevées à la somme totale de 31.249.005 fr. 55 (page 219 du rapport d'expert). — Parmi ces dépenses, les frais de syndicat figurent pour 11 millions, les frais de publicité pour 7.219.386 fr. 55 et les allocations à divers pour 10.900.832 fr. 84. Il résulte de l'instruction que des sommes plus ou moins importantes dont on n'a pu se procurer le chiffre, ont été employées à subventionner certains personnages politiques en vue d'obtenir un vote favorable à la proposition de loi tant au Sénat qu'à la Chambre des députés. — Que savez-vous à ce sujet ?

R. — J'ai entendu circuler des bruits vagues relatifs à des achats de votes, mais je ne sais rien de précis et je serais bien embarrassé de vous dire où et quand. Je connais bien des députés et des sénateurs, j'allais souvent au Sénat, mais je ne crois pas qu'aucun de ceux que je connais soit capable d'avoir reçu de l'argent.

D. — Connaissez-vous M. Arton, qui faisait partie de la Société de la Dynamite, qui est poursuivi et qui est en fuite ?

R. — Je l'ai vu dans les coulisses de la Chambre. Je ne le connais pas mieux que cela.

D. — M. Arton était mêlé de très près aux affaires du Panama. Il figure dans les écritures de la Compagnie comme ayant touché 257,500 francs, tant pour frais de syndicats que pour frais dits de publicité. Il résulte en outre de nos renseignements qu'il aurait reçu une somme qu'on chiffre par un million, pour le compte de cette même Compagnie ; c'était en 1888. — Avez-vous ouï dire qu'il ait reçu des sommes quelconques et savez-vous quel usage il a pu en faire ?

R. — C'est toujours la même chose, des bruits vagues. On a dit qu'il avait reçu de l'argent pour faire du marchandage, mais je ne sais s'il en a fait en réalité.

D. — Il est positivement accusé d'avoir fait œuvre de marchandage auprès des députés et des sénateurs conjointement avec M. Henri Cottu, l'un des administrateurs du Panama. — On a saisi chez lui différentes lettres compromettantes. — Il en est une particulièrement dont nous vous lisons un passage. Elle est du 9 août 1889 (1) et signée Combaluzier. — Ce monsieur traite M. Arton de « juif défroqué, de proxénète panamiste, mettant dans sa poche les trois quarts des sommes qu'il se vante d'affecter à l'achat des consciences parlementaires » !

R. — Je ne connais pas ce M. Combaluzier, pas même de nom.

D. — On a également saisi chez M. Arton plusieurs cartes-télégrammes qui lui ont été adressées par vous en mai 1888, qui sont signées Irénée Blanc et dans lesquelles il est question en substance de vos démarches au Sénat en vue de la réussite de l'affaire du projet de loi. — Nous vous donnons lecture de l'une d'elles qui commence ainsi : « Comme je vous l'ai dit, il est très délicat d'agir (sérieusement) sur les sénateurs; à mon avis l'action la plus productive, sauf des exceptions, est le raisonnement quand on a affaire à des gens ignorants des roublardises.... Le groupe des opportunistes Challemel-Lacour, Mathey, Tolain, Peyrat et Dusollier, il me paraît très difficile de les détacher, même avec vos arguments trébuchants (2) ». — Il est clair que le sens de cette dernière phrase

---

(1)   Paris, 9 août 1889.

    Monsieur ARTON,

Comment vous aussi, vous qui venez auprès de moi excuser les mauvais procédés des autres, vous qui vous prétendez si correct, qui vous proclamez si parfait gentleman !

Eh bien, vous n'êtes qu'un talon rouge en vieux zing, qu'un juif défroqué, qu'un proxénète panamiste mettant dans ses poches les trois quarts des sommes qu'il se vante d'affecter à l'achat des consciences parlementaires.

En attendant que je publie cette lettre, s'il me convient de la publier, j'en adresse copie à M. Barbe, à M. Gilbert Le Guay et à M. le député Crémieux, ce sagace législateur qui, pouvant se renseigner auprès de cinquante personnes honorables, préfère s'adresser à une cinquante et unième.

Il faut donc, quand on a eu le tort de traverser votre bande, s'en ressentir toute la vie ?

Je vais vous donner la réplique à tous, et ce sera long.

Recevez, monsieur, mes salutations.

                                    Signé : COMBALUZIER.

(2)

    MON CHER MONSIEUR,

Comme je vous l'ai dit, il est très délicat d'agir (sérieusement) sur les sénateurs ; à mon avis, l'action la plus productive, sauf des exceptions, est le raisonnement quand on a affaire avec des gens ignorants des roublardises. J'ai fait cette œuvre et je puis vous assurer que MM. Casabianca et Peraldi, d'abord hostiles, voteront.

Quant aux autres, ceux qui sont « accessibles », je crois que leur siège a été fait ou qu'ils ont montré assez leurs dispositions pour permettre de les « ramener ».

Le groupe des opportunistes, Challemel-Lacour, Mathé, Tolain, Peyrat, Dusollier, il me paraît très difficile de les détacher même avec vos arguments « trébuchants ».

J'ai vu Garran de Balzan, qu'il m'a été impossible de convaincre. Il m'a montré un calcul fantaisiste que beaucoup de sénateurs doivent avoir et duquel il résulterait que la Compagnie ne pourrait disposer que de 130 millions sans compter les 100 millions à verser à la Banque. Si on le voyait pour lui démontrer le contraire, peut-être qu'on le persuaderait plus facilement, mais il me paraît irréductible. Quoi qu'il en soit, la propagande des couloirs est encore celle qui pourra vous être très utile sans éveiller la susceptibilité des vieillards.

Comptez sur moi, il y a encore à faire au Sénat et, croyez-moi, n'agissez qu'avec une grande prudence si vous voyez M. Garran de Balzan.

    Votre dévoué,

                                   Signé : BLANC.

est que M. Arton usait d'arguments trébuchants, c'est-à-dire de subventions pécuniaires, auprès de quelques sénateurs pour leur faire voter pour, soit qu'il opérât
lui-même, soit qu'il agît par votre entremise?

R. — Un de mes confrères en journalisme, que je ne puis nommer, sachant
que j'étais un chaud partisan du Panama en faveur duquel j'avais écrit dans le
journal *La France*, vint un jour me trouver, et comme j'étais toujours dans les
mêmes idées, que j'étais porteur d'obligations, il m'engagea vivement à apporter
mon concours pour la réussite de l'affaire des obligations à lots, parce qu'on disait
que, si ça ne réussissait pas, l'entreprise tomberait. — Ayant obtenu mon assentiment, il me donna l'adresse de M. Arton, rue d'Aumale, que j'allai voir. Ce dernier
me donna le conseil de faire de la propagande auprès des sénateurs : je vis
en effet un certain nombre de sénateurs ; je leur parlai du Panama, mais sans
faire d'efforts pour les convaincre, et si ma correspondance avec M. Arton semble
dire le contraire, c'est que les comptes rendus que je lui envoyais n'étaient que
de l' « eau bénite de cour ». — Je n'ai donc plaidé la cause au Sénat ni par des
arguments persuasifs, ni par des arguments trébuchants.

D. — Est-ce que M. Arton ne vous a pas avancé des fonds pour cela, ou ne
vous en a pas tout au moins promis?

R. — Ni avancé, ni promis.

D. — Est-ce qu'il ne vous a pas demandé, soit formellement, soit par insi-
nuation, d'offrir des subventions, soit en argent, soit en parts de syndicats ou
autrement, à ceux des sénateurs qui vous sembleraient capables de prêter l'oreille
à de semblables propositions?

R. — Je ne me souviens pas qu'il m'ait parlé dans ce sens-là.

D. — Comment expliquez-vous alors cette allusion que vous faites dans votre
lettre aux arguments trébuchants de M. Arton?

R. — Elle s'explique par le bruit qui courait, à savoir que M. Arton achetait
les consciences, mais il ne m'en a pas parlé.

D. — C'était bien hardi de rappeler par écrit à ce monsieur que vous con-
naissiez si peu qu'il était un corrupteur, surtout s'il n'avait fait aucune tentative
auprès de vous pour vous associer à son œuvre de corruption.

R. — C'est que ces bruits de corruption m'alarmaient beaucoup et j'y ai fait
allusion dans ma lettre pour qu'il me laissât tranquille, car je ne voulais pas
passer moi-même pour jouer un rôle de corrupteur.

Lecture faite, le témoin déclare persister et signe avec nous et notre greffier.

Signé :

Irénée BLANC, G. LE PRÉVOST, H. PRINET.

Ces dépositions pleines de réticences n'étaient pas faites pour inspirer grande confiance au magistrat qui les recevait.

Déjà son attention avait été mise en éveil au vu de la comptabilité de la Compagnie de Panama, sur laquelle il avait relevé que le baron de Reinach, en dehors du gros profit par lui tiré des syndicats, avait encore émargé dans le courant des années 1886, 1887, 1888, 3,015,000 francs sur les dépenses de « Publicité » ; aussi quoiqu'il eût adressé à ce dernier une citation à témoin, s'était-il empressé, dès sa comparution, de l'inculper de complicité d'abus de confiance par recel. Si donc, le 4 novembre 1892, le baron de Reinach entra comme un simple témoin dans le cabinet du conseiller instructeur, il en sortit comme inculpé, et c'est avec cette qualité qu'il a signé son interrogatoire.

Cette mesure prise, il restait autre chose à faire.

Le baron de Reinach reconnaissait bien avoir reçu les 3,015,000 fr. prélevés sans qu'on sût trop pourquoi, sur les « frais de Publicité », mais il alléguait que cette somme lui avait été comptée en remboursement d'avances qu'il aurait faites à des journalistes, à concurrence de 2 millions, et à Arton pour le troisième million.

Il se réservait, ajoutait-il, de faire sa preuve quand le moment lui paraîtrait opportun.

La justice ne pouvait attendre le bon plaisir de ce nouvel inculpé et il y avait urgence à lui faire préciser ses déclarations en même temps qu'à s'emparer de ses papiers.

La nécessité de cette double précaution n'échappa pas à la clairvoyance de M. le conseiller Prinet, qui adressa le 5 novembre 1892 à M. Clément, commissaire de police aux délégations judiciaires, la commission rogatoire que voici, en tête de laquelle il avait pris soin d'inscrire cette mention : *Urgent*.

COUR D'APPEL

COMMISSION ROGATOIRE

Vu la procédure suivie contre MM. de Lesseps et autres administrateurs de la Société de Panama ;

Attendu que, dans son interrogatoire du 4 novembre courant, M. le baron Jacques de Reinach, demeurant rue Murillo, n° 20, questionné sur l'emploi de 3.015.000 francs qu'il aurait reçus de cette Compagnie en 1888, soit-disant

pour frais de publicité, répond que ces 3,015,000 francs ne sont qu'un remboursement des sommes par lui avancées pour le compte de cette entreprise ;

Attendu que, invité à faire connaître l'objet et le but de ces avances, il
déclare avoir versé un million à M. Arton et le reste à divers journalistes et qu'il
pourra en justifier quand le moment sera venu ;

Nous, conseiller délégué de l'Instruction,

Déléguons M. Clément, commissaire de police aux délégations judiciaires, à
l'effet de vouloir se transporter au domicile dudit sieur de Reinach, l'invitant à
faire justification des 3,015,000 francs dont il s'agit, soit qu'il les ait avancés de
ses propres deniers, soit qu'il les ait reçus à priori de la Compagnie de Panama
dans un but déterminé. Il devra produire : 1° les reçus ou décharges de M. Arton;
2° les reçus et décharges des autres parties prenantes. *Les pièces produites seront
saisies.*

M. de Reinach fournira en outre toutes les explications utiles.

Paris, le 5 novembre 1892.

Signé : PRINET.

Cette commission rogatoire porte, on le remarquera, la date du
5 novembre 1892.

Elle ne fut exécutée ni ce jour qui était un samedi, ni le lendemain
dimanche, ni le surlendemain lundi. Dans la journée du 7, M. le
conseiller Prinet transmit le dossier de son information supplémentaire à M. le Procureur général, et l'avisa qu'il se présenterait le
lendemain 8 novembre à son cabinet. Ce fut seulement ce même
jour, 8 novembre, à 9 h. 30 du matin, que M. Clément se rendit
au domicile de M. de Reinach.

Il était trop tard. Le procès-verbal ci-joint mentionne la réponse
qui fut faite au commissaire de police.

PROCÈS-VERBAL

L'an 1892, le mardi 8 novembre, à neuf heures 30 du matin ;

Nous, Julien Clément, officier de la Légion d'honneur, commissaire de la Ville
de Paris, chargé des délégations spéciales et judiciaires, officier de police judiciaire, auxiliaire de M. le Procureur de la République ;

Agissant pour l'exécution de la commission rogatoire décernée le 5 de ce
mois par M. Prinet, conseiller à la Cour d'appel, délégué pour l'instruction dirigée contre MM. de Lesseps et autres administrateurs de la Société de Panama.

Nous sommes transporté rue Murillo, n° 20, où il nous a été répondu par le valet de chambre que M. le baron Jacques de Reinach avait quitté Paris dans la soirée du vendredi 4 courant, pour faire un voyage dans le midi de la France ; que son absence serait d'une vingtaine de jours.

De quoi nous avons rédigé le présent procès-verbal qui sera transmis à M. le Conseiller Prinet, aux fins de droit.

Le commissaire de police,

Signé : CLÉMENT.

Le baron de Reinach était-il bien parti pour le Midi dans la soirée du 4 novembre ? Il est permis d'en douter, car, le lendemain ou le sur-lendemain, il aurait eu à Paris, avec M. Rouvier, et au sujet de sa comparution même devant le conseiller instructeur, une conversation dans laquelle, trompant la bonne foi de son interlocuteur, il affirmait n'avoir rien à craindre pour son compte personnel dans l'affaire du Panama et n'avoir été appelé à l'instruction que comme témoin (1).

On voit par là combien il est regrettable que la Commission ro-gatoire n'ait pas reçu son exécution immédiate.

M. de Reinach obligé de fournir des justifications, sur l'emploi des fonds par lui reçus de la Compagnie de Panama, contraint d'ap-porter des preuves à l'appui de ses dires ! Ses papiers saisis ! Que de suppositions malveillantes, que de calomnies, que d'accusations inutiles cela eût évitées !

Et, d'autre part, que de points restés obscurs, malgré les recher-ches de la Commission d'enquête et de la justice, se trouveraient aujourd'hui éclaircis !

Car, en admettant même que le baron de Reinach n'eût pas sur-vécu à la saisie de ses papiers, au moins auraient-ils été saisis et on les aurait complets, intacts et sans *trou.*

Il n'en a pas été ainsi ; force est donc de s'incliner devant le fait accompli : mais on a le droit de se demander pourquoi la Commis-sion rogatoire de M. Prinet n'a pas été exécutée immédiatement, et comment il se fait que c'est seulement le jour où ce magistrat devait

(1) Déposition de M. Rouvier, p. 479, 480.

se rendre chez M. le Procureur général que M. Clément a été envoyé dans la matinée chez le baron de Reinach.

La nouvelle direction que venait de prendre l'affaire de Panama transpira bien vite en dehors du Palais de Justice.

Les inculpés se trouvant en liberté, rien n'était secret ; ils avaient toute indépendance pour entretenir qui bon leur semblait des différentes phases de l'instruction, pour divulguer ce qu'ils croyaient devoir les servir, pour laisser de côté ce qui était de nature à leur nuire ; ils pouvaient préparer l'opinion en leur faveur, et créer un courant qui détournât l'attention publique du gros procès en responsabilité qui les menaçait.

L'ont-ils tenté ? Se sont-ils associés à la campagne de presse que divers journaux conduisirent alors avec acharnement contre certaines personnalités du parti républicain ? Il est difficile de ne pas y croire en présence des indications qui ont été fournies sur ce point à la Commission d'enquête.

Dans la séance du 28 novembre 1892, on demande à M. Prinet comment M. Delahaye (que nous verrons tout à l'heure interpeller le Gouvernement à l'occasion du procès de Panama) a pu se procurer les détails de l'instruction, et M. Prinet répond :

Voici ce que je suppose, je crois que ce sont les prévenus eux-mêmes qui ont causé et donné des renseignements, d'autant plus que M. Charles de Lesseps a écrit toutes mes questions et toutes mes réponses et qu'il avait pour ainsi dire la photographie de ses interrogatoires.

De son côté, M. de Reinach avait suivi avec non moins de vigilance ce qui se passait à l'instruction ; car, on a trouvé dans ses papiers les copies exactes des dépositions les plus intéressantes, notamment celle de M. Ferdinand Martin (Micros).

Et M. Andrieux a fait à la Commission d'enquête, le 22 décembre 1892, la déclaration très instructive que voici :

La campagne a été commencée dans la *Libre Parole* par un ancien banquier

3

du nom de Martin qui signait ses articles « Micros ». Dans cette première partie de la campagne, vous trouverez des attaques dirigées contre le baron de Reinach, des imputations assez vives contre lui, imputations dont aussitôt les articles de M. Drumont sont l'écho. Il les développe, puis les articles de « Micros » cessent. Vous voyez paraître successivement dans la *Libre Parole* quelques petites notes annonçant qu'on reprendra la campagne et quelques-unes visent le baron de Reinach. Mais la *Libre Parole* a vidé son sac à ce moment. Elle annonce bien qu'elle n'a pas fini afin de tenir son public en haleine; mais, en réalité, elle n'a rien.

C'est à ce moment que le baron de Reinach me fit savoir, sans me voir directement, qu'il était disposé à donner des renseignements pour que, soit la *Libre Parole*, soit d'autres journaux qui menaient la campagne en profitassent. Quant à moi, je ne vous dissimule pas que j'y trouvais un intérêt politique. Je ne voudrais pas faire de la politique ici, mais nous nous expliquons franchement. Ce n'est un mystère pour personne que je suis l'adversaire d'une fraction du parti républicain à laquelle appartiennent un grand nombre de membres de la Commission; que j'ai une conception de la constitution qui convient à un état démocratique différente de celles que quelques-uns d'entre vous peuvent avoir; que je poursuis depuis d'assez longues années la revision de la Constitution de 1875 et que, me heurtant à certains obstacles, je croyais à la nécessité d'un changement de politique générale. J'ai combattu le personnel même du parti afin d'arriver à la réalisation de la réforme qui me tenait au cœur, je vous prie de le croire, sans haine contre les personnes. Mais enfin, le parti étant debout, j'ai cherché à l'atteindre, et, lorsqu'on m'a offert des armes, je ne me suis pas préoccupé autrement de savoir d'où elles venaient ni de la pureté de la source: je les ai prises. Je ne m'inquiétais que de savoir si les renseignements qu'on me donnait étaient exacts.

Le baron de Reinach me fit savoir qu'il était prêt à en donner : il n'y mettait qu'une condition, c'est qu'on ne l'attaquerait plus dans la *Libre Parole* et alors à partir de cette date, c'est-à-dire approximativement à partir de l'entrée en prison de M. Drumont ou quelques jours avant, vous voyez recommencer avec les renseignements du baron de Reinach une campagne très vive, et vous voyez dénoncer successivement un certain nombre de députés ou sénateurs. C'était le baron de Reinach qui était la source de ces renseignements, et, pour le payer de sa complaisance, on ne l'attaquait plus. Vous pouvez vous reporter à la collection de la *Libre Parole*, vous n'y trouverez plus un mot de désobligeant ni pour lui ni même pour l'homme politique qui est son gendre et qu'on désirait, pour ces raisons, ménager. Comme la gratitude ne survit pas à l'intérêt, les attaques reprennent après sa mort; mais, de son vivant, il n'y en a plus.

On voit ainsi où les choses en étaient quand la Chambre allait intervenir.

Le 10 novembre 1892, trois demandes d'interpellation étaient déposées par nos collègues MM. Argeliès, Delahaye, Gauthier (de Clagny), différentes dans leurs textes, mais toutes trois relatives à l'affaire de Panama.

D'accord avec le Gouvernement, les interpellations furent jointes, et la discussion en fut renvoyée au 17 ; mais c'est le 19 seulement qu'elles purent venir utilement à l'ordre du jour.

Le 19, après un débat dans lequel M. le Garde des sceaux exposa que les citations allaient être délivrées aux prévenus, il y eut un nouveau renvoi au 21.

Dans la nuit du 19 au 20, M. le baron de Reinach fut trouvé mort dans son lit.

Le 21 dans la matinée, MM. Ferdinand de Lesseps, Marius Fontane, Cottu et Eiffel étaient cités devant la 1re Chambre de la Cour d'appel jugeant correctionnellement.

Aussitôt M. Prinet clôturait son information par une décision dont voici les termes :

ORDONNANCE DE DESSAISISSEMENT

Nous, Prinet, conseiller délégué à l'effet de procéder à une instruction contre MM. Ferdinand de Lesseps, Charles de Lesseps et autres administrateurs de la Société du canal interocéanique de Panama, ainsi que contre tous autres que ladite instruction ferait connaître, sous l'inculpation d'abus de confiance, d'escroquerie et de complicité,

Vu la dépêche du 19 novembre courant par laquelle M. le Procureur général nous informe qu'il a, à la date du même jour, cité directement devant l'audience de la 1re Chambre de la Cour d'appel de Paris M. F. de Lesseps, grand-croix de la Légion d'honneur, et plusieurs d'entre les autres personnes inculpées,

Vu l'article 479 du Code d'instruction criminelle et l'article 10 de la loi du 20 avril 1810,

Considérant que la juridiction compétente est aujourd'hui régulièrement saisie de la connaissance de l'affaire; qu'il ne nous appartient plus, dès lors, de poursuivre le cours de l'information, ni de statuer sur le sort des prévenus,

P. C. M.

Déclarons nous dessaisir.

Fait à Paris, au Palais de Justice, le 21 novembre 1892.

Signé : PRINET.

C'est le même jour que fut nommée la Commission d'enquête à la suite d'accusations d'ordres différents, portées à la tribune par MM. Delahaye et Le Provost de Launay.

L'émotion fut grande alors dans la Chambre et dans le pays.

Comment en aurait-il été autrement ?

Après avoir accusé les administrateurs de la Compagnie de Panama d'avoir follement et criminellement dilapidé le milliard et demi qui leur avait été confié, M. Delahaye ajoutait qu'ils mériteraient presque de la pitié, eu égard aux exigences qu'ils avaient dû subir de la part des hommes politiques, lorsqu'en 1888 les pouvoirs publics eurent à se prononcer sur la proposition de loi relative aux valeurs à lots.

Il avait fallu donner cinq millions au baron de Reinach pour acheter les consciences qui étaient à vendre.

Trois millions avaient été distribués à plus de 150 membres du Parlement, parmi lesquels un petit nombre de sénateurs seulement.

Trois cent mille francs avaient été réclamés par le Gouvernement pour l'élection du Nord.

Un ancien ministre, qui n'était pas M. Baïhaut, avait exigé 400.000 francs.

Les fonds secrets étant insuffisants pour acheter (ce qui était jugé patriotique) un grand journal étranger, ce fut le Panama qui paya la dépense.

Un autre journal, français celui-là, mais qui ne valait pas 20 francs, avait été payé 200.000 francs à raison de l'influence qui était par derrière.

Un député, faisant partie de la Commission chargée d'examiner la proposition de loi qu'attendait avec impatience la Compagnie de Panama, était venu s'offrir et avait touché 200.000 francs.

Toute une meute de politiciens s'était jetée sur cette infortunée Compagnie, qui avait dû vider ses caisses pour ne pas succomber.

Afin de donner plus d'autorité à ses affirmations, M. Delahaye répétait sans cesse qu'il pouvait citer les noms; mais, sommé de le faire par la majorité de la Chambre, il se contentait de demander une enquête et de répondre, que s'il lui fallait lire tous les noms propres, une séance de nuit serait nécessaire.

Après M. Delahaye, vint M. Le Provost de Launay qui, se plaçant, ainsi qu'il l'a déclaré lui-même, à un point de vue absolument différent, et abordant un ordre de faits tout spécial, déclara que, selon lui, l'enquête devrait s'étendre sur l'ensemble de l'affaire de Panama; qu'il y avait d'autres responsabilités à dégager, et il cita celles des entrepreneurs, de la haute banque et de la presse.

En présence de toutes ces accusations, ce fut la Chambre tout entière qui réclama l'enquête; le Gouvernement la sollicita de son côté, par l'organe du Président du Conseil, M. Loubet, et la résolution suivante fut adoptée à mains levées :

Une Commission d'enquête sera nommée par la Chambre des Députés, avec les pouvoirs les plus étendus, à l'effet de faire la lumière sur les allégations portées à la tribune, à l'occasion des affaires de Panama.

Cette Commission sera composée de 33 membres.

LA COMMISSION D'ENQUÊTE

Nommée le 22 novembre au scrutin de liste, la Commission se réunit le 23 et constitua son bureau qui fut ainsi composé :

Président. — M. Brisson ;
Vice-Présidents. — MM. Clauzel de Coussergues, Jolibois ;
Secrétaires. — MM. de Villebois-Mareuil, de La Batut, Terrier, Barthou ;
Archivistes. — MM. Bérard, Taudière, Mathé.

Elle commença ses travaux le 24 novembre.

Dès le 22, M. Pourquery de Boisserin avait déposé une proposition de loi, devant avoir pour effet de conférer aux Commissions d'enquête, nommées par l'une ou par l'autre Chambre, tous les pouvoirs résultant du Code d'instruction criminelle pour la constatation des crimes ou des délits.

La Chambre consultée sur l'urgence avait renvoyé la discussion de ce chef au 26 novembre.

La question était grosse. M. Pourquery de Boisserin le reconnaissait tout le premier :

Ma proposition, disait-il en la déposant, ébrèche le grand principe de la séparation des pouvoirs.

La Commission eut à se demander quelle attitude elle prendrait lors des débats.

Ce fut l'objet de ses premières délibérations.

A l'unanimité, elle décida qu'elle n'avait pas à intervenir et qu'elle ne devait pour le moment ni demander ni refuser de pouvoirs.

Le 26, l'urgence fut repoussée par la Chambre.

La proposition revint à l'ordre du jour le 15 décembre, après avoir subi de la part de son auteur de nombreuses modifications.

La Commission, à laquelle le Gouvernement n'avait cessé de prêter son concours le plus absolu pour la recherche de la vérité, ainsi que le déclara M. Brisson à la tribune dans la séance du 15, avait adopté la veille la résolution suivante :

> La Commission, considérant comme suffisantes actuellement pour l'accomplissement de son œuvre les communications déjà faites par le Gouvernement et sa promesse de concours pour l'avenir, est d'avis qu'il y a lieu d'ajourner quant à présent la discussion de la proposition Pourquery de Boisserin.

Toutefois, prévoyant le cas où l'ajournement serait repoussé, elle avait décidé, par 15 voix contre 7, qu'elle appuierait le principe de la proposition.

L'ajournement soutenu par M. Brisson et combattu par le Gouvernement ne fut pas accepté; il en fut de même de la proposition que la Chambre rejeta par 271 voix contre 265.

Malgré les limites apportées par notre législation aux attributions de toute délégation des Chambres, chargée de procéder à une enquête, votre Commission n'en est pas moins arrivée à pousser très loin ses investigations.

Mais elle se trouva arrêtée dans sa marche à raison même des découvertes qu'elle avait faites et qui amenèrent le Parquet à ouvrir une instruction pour faits de corruption, le 16 décembre 1892, c'est-à-dire le lendemain même du jour où la Chambre repoussait la proposition Pourquery de Boisserin.

A partir de ce jour, l'enquête et l'instruction se firent parallèlement, et on peut dire que, si l'instruction a parfois entravé les recherches de la Commission, la Commission a singulièrement facilité la tâche de l'instruction. Certains collègues pensèrent même à ce moment que les deux choses ne pouvaient aller de front et que le moment était venu pour la Commission de se séparer. La question fut mise aux voix dans la séance du 16 décembre et repoussée par 22 voix contre 7.

Les travaux furent donc continués avec persévérance, la Commission ne se borna pas à entendre les témoins, elle fit des recherches de tous côtés, et se procura de nombreux documents qu'elle communiqua à la justice avec plus d'abandon peut-être que la justice n'en mit à communiquer les siens à la Commission.

D'un autre côté, il fut décidé qu'afin d'obéir aux indications données par la Chambre dans la séance du 21 novembre, l'enquête porterait sur l'ensemble de l'affaire de Panama, en ce sens qu'on rechercherait quels avaient été les agissements employés par la Compagnie pour se procurer cette somme énorme de plus d'un milliard obtenue du public, et quel usage en avait été fait.

C'était assurément le meilleur moyen de faire apparaître toutes les responsabilités visées dans l'interpellation du 21 novembre; la Commission ne sortait pas de son mandat en agissant ainsi, elle se donnait seulement une lourde tâche.

Afin d'activer son travail, elle se divisa en cinq Sous-Commissions :

Sous-Commission chargée de prendre communication au Palais de Justice des dossiers des instructions Prinet et Franqueville : MM. Brisson, Bigot, Dumay, Grousset, Maujan, Sarrien, Vallé.

Sous-Commission des Syndicats : MM. Bovier-Lapierre, Vallé, De Villebois-Mareuil.

Sous-Commission des Entrepreneurs : MM. Dumay, Gamard, Guillemet, Jolibois, Labussière, De Ramel, Pelletan.

Sous-Commission des pétitionnements : MM. Dupuy-Dutemps, Guillemet, De Villebois-Mareuil.

Sous-Commission de la Publicité : MM. Bertrand, Bory, Taudière, Leydet, Loreau, de La Batut.

M. Dupuy-Dutemps a été chargé de faire une étude spéciale sur les procès-verbaux de la Commission parlementaire de 1886, nommée pour l'examen du projet de loi tendant à autoriser la Compagnie du Panama à émettre des valeurs à lots.

M. Gauthier (de Clagny) fut désigné pour faire un rapport sur les travaux de même nature de la Commission de 1888.

De nombreuses délégations ont été nommées pour faire des recherches partout où elles paraissaient utiles.

MM. Bérard, Leydet, Loreau, se sont principalement occupés de tout ce qui touchait aux chèques Thierrée; ils ont dû se rendre à plusieurs reprises chez MM. Thierrée et Cie, à la Banque de France, à la Compagnie de Panama, à la banque Propper, successeur de Kohn Reinach et Cie.

M. Bérard a été chargé le 12 décembre 1892 de comparer, chez MM. Thierrée et Cie, les vingt-six chèques remis le 23 décembre à la Commission, avec les talons qui n'avaient pas été compris dans la saisie et que la Commission avait fait réclamer dès le 9.

MM. Bigot, de La Batut et Leydet ont fait des vérifications au Crédit Mobilier.

MM. Delcassé, Dupuy-Dutemps et Gamard ont suivi toutes les opérations de l'inventaire de Reinach.

MM. Dupuy-Dutemps et Gamard ont pris chez Me Fontana, notaire, et aux bureaux des Hypothèques de la Seine, divers renseignements concernant la fortune immobilière de Cornelius Herz.

MM. d'Aillières, Bérard, Bory, Bigot, Gauthier (de Clagny), Guillemet, Labussière, Terrier, de Ramel, ont fait des recherches chez tous les banquiers ou hommes d'affaires avec lesquels on sut qu'Arton avait eu des comptes; ils sont allés dans les banques Offroy, Neaubert, H. Kahn et Cie, Alphen-Dauphin et Cie, Foucher, Lazare et Cie; à la Banque transatlantique; chez M. Ravenez, ancien liquidateur de la succession Barbe; chez M. Chauvet, liquidateur de la correspondance des Rentiers.

MM. Vallé et de Villebois-Mareuil ont eu à examiner, dans

4

différents établissements de crédit qui avaient participé aux syndicats de Panama, s'il n'existait pas de sous-participants appartenant au Parlement.

En dehors de toutes ces démarches, la Commission a tenu 63 séances; elle a constitué 1046 dossiers et n'a pas reçu moins de 158 dépositions.

Voici la liste des personnes entendues par la Commission d'enquête.

MM. Delahaye (Jules), député—25 novembre 1892—21 janvier 1893 — 28 mars 1893.

Millot (Jean-Émile), gérant de la *Libre Parole* — 25 novembre 1892.

Papillaud (Adrien), rédacteur à la *Libre Parole* — 25 novembre 1892.

Proust (Antonin), député — 25 novembre 1892 — 26 novembre 1892 — 2 décembre 1892.

Béral (Éloi-Bernard), sénateur — 25 novembre 1892 — 26 novembre 1892.

Clément (Julien), commissaire aux délégations judiciaires — 26 novembre 1892 — 3 décembre 1892.

Le Provost de Launay, député — 26 novembre 1892 — 3 décembre 1892 — 21 décembre 1892.

Prinet (Henri-Auguste-Xavier), conseiller à la Cour d'appel de Paris — 28 novembre 1892.

De Lamarzelle (Gustave-Louis-Édouard), député — 28 novembre 1892.

Clovis Hugues, journaliste — 28 novembre 1892.

Laguerre (Georges), député — 29 novembre 1892 — 21 janvier 1893.

Kohn (Édouard), ancien banquier — 29 novembre 1892 — 5 décembre 1892.

MM. Propper (Siegfried), banquier — 29 novembre 1892 — 14 janvier 1893.

Dufour (Henri), cocher — 29 novembre 1892.

Flory (Pierre-Auguste), expert — 30 novembre 1892.

Rossignol (Jules-Frédéric), expert — 30 novembre 1892.

Boudet (Henri-Amable), ancien magistrat — 30 novembre 1892.

Thierrée (Antony-Félix-Alexandre), banquier — 30 nov. 1892 — 14 décembre 1892.

Propper (Emmanuel), banquier — 30 novembre 1892.

Monchicourt (Achille), propriétaire — 1er décembre 1892 — 19 décembre 1892.

Simond (Valentin), journaliste — 1er décembre 1892.

Salis, député — 2 décembre 1892 — 23 décembre 1892.

Chantagrel (Jean), ancien député — 2 décembre 1892 — 10 décembre 1892 — 12 décembre 1892.

Horteur (François), député — 2 décembre 1892.

Martin (Ferdinand), 2 décembre 1892 — 21 mars 1893.

Gailhard (Pierre), auteur dramatique — 2 décembre 1892.

Haussmann, député — 2 décembre 1892.

Jezierski (Louis), directeur des journaux officiels — 2 déc. 1892.

Germain (Henri), directeur du Crédit lyonnais — 3 déc. 1892.

Baron Hély d'Oissel, député — 3 décembre 1892.

Baïhaut (Charles), député — 3 décembre 1892.

Granet (Félix-Armand-Étienne), député — 3 décembre 1892.

Renault (Léon), sénateur — 3 décembre 1892.

Grévy (Albert), sénateur — 5 décembre 1892.

Hébrard (Adrien), sénateur — 5 décembre 1892.

Naquet (Alfred), député — 5 décembre 1892.

Chavoix (Georges-François, dit Henri), député — 5 déc. 1892.

Aigoin (Georges) — 6 décembre 1892 — 23 décembre 1892.

Élouis (Léopold-Henri) — 6 décembre 1892.

Bustert (Eugène), garçon de recettes — 6 décembre 1892.

Pralon (Arthur-Sosthène), ancien banquier — 6 décembre 1892.

MM. Orsatti (Camille), ingénieur civil — 6 décembre 1892.

Siméon (Casimir), rentier — 6 décembre 1892.

Jeanin (Auguste-André-Napoléon), agent de change — 6 décembre 1892.

Favre (François), garçon de recettes — 6 décembre 1892.

Chabert (Antonin), ingénieur — 6 déc. 1892 — 29 mars 1892.

Vlasto (Antoine), banquier — 6 décembre 1892.

Schmitt (Pierre), comptable — 6 décembre 1892.

Betzold (Guillaume), ancien banquier — 6 décembre 1892.

Rondeleux (Paul-Grégoire), ancien député — 7 décembre 1892.

Clément (Louis-Prosper), liquidateur — 7 décembre 1892.

Gobron (Gustave-Charles-Albert), ancien député — 7 déc. 1892.

Imbert (Albert), administrateur judiciaire — 7 décembre 1892 — 9 décembre 1892 — 13 janvier 1893 — 20 janvier 1893.

Dugué de la Fauconnerie, député — 7 décembre 1892.

Flersheim (Frédéric), banquier — 7 décembre 1892.

May (Ernest), banquier — 7 décembre 1892.

Borie (Léon-Étienne), député — 7 décembre 1892.

Saint-Martin, député — 9 décembre 1892.

Vian (Georges-Edmond), député — 9 décembre 1892.

Labrousse (Michel), député — 9 décembre 1892 — 10 décembre 1892.

Hugo Oberndoerffer, banquier — 10 décembre 1892.

Chevillard (Noël-Basile), chef de bataillon en retraite — 10 décembre 1892 — 13 décembre 1893.

Buisson d'Armandy, chef de bataillon — 10 décembre 1892.

Asselin (Louis-Charles), comptable — 12 décembre 1892 — 19 janvier 1893.

Souligoux (Arthur), ingénieur — 12 décembre 1892.

Guyot-Desaigne, député — 12 décembre 1892.

Duchasseint (Jean-Baptiste-Félix), député — 12 décembre 1892.

Schmetz (Louis), comptable — 12 décembre 1892.

MM. Javal (Louis-Émile), membre de l'Académie de médecine — 12 décembre 1892.

Viviand, attaché d'agent de change — 13 décembre 1892.

Rouvier (Pierre-Maurice), député — 14 décembre 1892.

Clémenceau (Georges-Benjamin), député — 14 décembre 1892 — 18 janvier 1893 — 21 janvier 1893 — 23 janvier 1893.

Constans (Jean-Antoine-Ernest), sénateur — 14 décembre 1892.

Devès (Pierre-Paul), sénateur — 14 décembre 1892.

Hyronimus (Paul-Émile-François), chef de la comptabilité du Panama — 19 décembre 1892 — 19 janvier 1893.

Régnier (Jacques), caissier de la Compagnie de Panama — 19 décembre 1892 — 18 janvier 1893.

Prévost (Hippolyte) — 19 décembre 1892.

De Montdésir, ancien administrateur de Panama — 19 décembre 1892.

Baron de Soubeyran, député — 19 décembre 1892.

De Lesseps (Aimé-Victor), administrateur de la Compagnie de Suez — 21 décembre 1892.

Cavalier (Charles-Louis-Raymond), secrétaire de la rédaction du *Gaulois* — 21 décembre 1892.

Floquet (Charles), président de la Chambre des députés — 22 décembre 1892.

Andrieux (Louis), ancien député — 22 décembre 1892 — 20 janvier 1893 — 28 mars 1893.

Comte Caffarelli, député — 22 décembre 1892.

Batiau (Gustave-Ernest), ancien journaliste — 22 décembre 1892.

Fouquet (Camille), député — 23 décembre 1892.

Mège (Jean-Fernand), député — 23 décembre 1892.

Maret (Henry), député — 23 décembre 1892.

De Boudard, employé à la Compagnie du canal de Suez — 24 décembre 1892 — 16 janvier 1893.

Tcherbanne, correspondant de la *Gazette de Moscou* — 29 décembre 1892.

MM. Castelbon (Gonzalve), député — 29 décembre 1892.

Offroy (Antoine-Émile-Jules), banquier — 13 janvier 1893.

Lévy (Lucien), banquier — 13 janvier 1893.

Neauber (Léon), banquier — 13 janvier 1893.

De Lapisse (Jacques-Marie-Raymond), banquier — 13 janvier 1893.

Ravenez (Louis-Paul-Woldemar), comptable-expert — 13 janvier 1893.

Chauvet (Jules-Paul), ancien notaire — 14 janvier 1893.

Frachon (Marcel-Charles), chef du secrétariat général de la Banque de France — 16 janvier 1893.

Rateau (Claude), garçon de bureau — 16 janvier 1893 — 19 janvier 1893.

Souvorine (Alexis), rédacteur au *Nouveau Temps* — 16 janvier 1893.

De Tatistcheff (Serge), homme de lettres — 16 janvier 1893.

De Cassagnac (Paul), député — 19 janvier 1893.

Stéphau (Paul), employé de la maison Propper — 18 janvier 1893 — 19 janvier 1893 — 24 janvier 1893.

Gaillard (Jules), député — 19 janvier 1893.

Chantard, caissier de la maison Propper — 19 janvier 1893.

Arène (Emmanuel), député — 21 janvier 1893.

Flourens (Émile), député — 21 janvier 1893.

Terrail-Mermeix, député — 21 janvier 1893.

Schwob (Auguste), propriétaire — 21 janvier 1893.

De Labruyère (Georges-André), journaliste — 24 janvier 1893.

Rouanet (Charles), journaliste — 24 janvier 1893.

Winter (Étienne), secrétaire de M. Clémenceau — 24 janvier 1893.

Mallart (Henri), comptable — 27 janvier 1893.

Lagrange (Victor), député — 16 mars 1893.

Jullien (Émile-Philippe), député — 18 mars 1893.

Loubet (Emile), sénateur — 21 mars 1893.

MM. Taillefer, avocat, conseiller de l'ambassade française à Londres
— 25 mars 1893.

Boyer (Antide), député — 25 mars 1893.

Carpentier (Henri), industriel — 28 mars 1893.

Marquis de Morès — 30 mars 1893.

Les dépositions de tous ces témoins sont conservées aux archives
et publiées comme annexes au présent rapport.

Le moment est venu maintenant de résumer les travaux de la
Commission et de formuler les conclusions qu'ils imposent.

C'est l'œuvre que nous allons entreprendre, œuvre difficile assurément, mais que nous tâcherons de mener à bien en restant dans
les règles inflexibles que doivent avoir à cœur tous ceux qui ont la
responsabilité de porter un jugement sur les faits d'autrui.

Bien juger, a-t-on dit, c'est rechercher avant tout ce qui est
certain et ce qui est douteux ; puis, quand on a fait cette démarcation,
en se détachant de toute préoccupation extérieure, il ne reste plus qu'à
asseoir son jugement sur ce qui est certain, et à laisser de côté ce qui
n'est que douteux.

Tel est le principe auque nous entendons nous conformer. Nous
n'avons pas d'autre souci.

Pour la clarté du récit et la facilité de la discussion, nous divi-
serons notre travail en cinq chapitres, correspondant aussi exactement que possible aux différentes questions soulevées dans les
interpellations du 21 novembre.

Chapitre Iᵉʳ. — Historique de la Société de Panama, envisagé
plus spécialement au point de vue des encaissements et des emplois
de fonds.

Chapitre II. — Les Entrepreneurs.

Chapitre III. — Les Syndicats. — Les Options. — Les Allocations financières.

Chapitre IV. — La Presse.
Chapitre V. — Accusations contre le Parlement.

Avant d'aborder ces sujets en suivant l'ordre que nous venons d'indiquer, il importe de constater ici que notre tâche a été grandement facilitée par les rapports spéciaux des Sous-Commissions :

Rapport de M. Dupuy-Dutemps sur le pétitionnement qui a précédé le vote de la loi sur les obligations à lots. — Rapport du même sur les interventions du Parlement dans les affaires de la Société de Panama. — Rapport de M. de Villebois-Mareuil sur les procès-verbaux de la Commission parlementaire de 1886. — Rapport de M. Gauthier (de Clagny) sur les procès-verbaux de la Commission de 1888. — Rapport de M. Guillemet sur les Entrepreneurs. — Rapport de M. Bory sur la publicité. — Rapport de M. Bertrand sur les bons anonymes.

CHAPITRE PREMIER

HISTORIQUE DU PANAMA

ENCAISSEMENTS

La Société de Panama constituée le 4 mars 1881 a fonctionné régulièrement jusqu'au 14 décembre 1888, époque à laquelle elle a été pourvue de trois administrateurs provisoires nommés par la justice.

Durant cet intervalle, les souscriptions publiques par elle organisées ont produit :

Actions.................................	300.000.000	»
Obligations..........................	1.035.565.700	33
	1.335.565.700	33

Si on ajoute à cette somme, comme il convient de le faire, le produit des placements de fonds disponibles, celui des propriétés de la Compagnie à Paris et dans l'Isthme, les divi-

5

dendes de Panama-Rail-Road, les retenues de garantie imposées aux entrepreneurs et le cautionnement non remboursé, au jour de la cessation des travaux, les traites en souffrance pour livraisons faites et non encore réglées au jour de la liquidation, les intérêts et divers créanciers non payés à la même époque, soit en tout.................... 98.956.581 50

on arrive à cette constatation que les sommes dont la Compagnie a disposé pendant le cours de son existence du 4 mars 1881 au 14 décembre 1888 forment un chiffre total de... 1.434.552.281 33

EMPLOI DES FONDS

Pour résoudre la question qui se pose ici il ne suffit plus de donner des chiffres.

On arriverait bien, si on s'en tenait là, à faire voir où a passé le milliard et demi, dont nous venons d'indiquer la provenance, mais on ne connaîtrait pas les causes de cet engloutissement, et c'est là surtout ce qu'il convient de mettre en lumière.

Pour y parvenir plus sûrement, nous allons rechercher comment l'affaire a été présentée au public, comment elle a été menée, et de ce parallèle, si nous avons le bonheur d'être clair, sortira, sans qu'il soit besoin de nombreux commentaires, la vérité.

Ce fut en 1875 que M. Ferdinand de Lesseps, alors entouré du prestige qu'avait donné à son nom l'immense retentissement du succès du Suez, paraît avoir eu l'intention de tenter le percement de l'Isthme de Panama. _Origine de l'entreprise._

L'idée n'était pas neuve, pas plus que celle, émise en 1854, de faire Suez.

Ces bandes de terre de quelques kilomètres qui barrent la navigation sur les Océans, et qui semblent une ironie de la nature, ne pouvaient manquer de provoquer contre elles les entreprises d'hommes qui ont pour eux l'audace et le génie.

Aussi voit-on, en Égypte, vers l'an 1400 avant Jésus-Christ, le plus célèbre des Sésostris commencer un canal qui ne fut repris et achevé que 302 siècles plus tard ; et en Amérique, quelques années après l'arrivée de Cortez au Mexique (1525), un navigateur portugais, Antonio Galvao, proposer à l'empereur Charles-Quint de faire ouvrir une communication entre l'Atlantique et le Pacifique, à travers l'Isthme du Darien.

Le projet de Galvao n'impressionna, paraît-il, que fort peu les hommes pratiques de son temps, et c'est en 1780 seulement que l'idée fut reprise par Nelson qui conçut, lui aussi, un canal, mais par le Nicaragua.

Depuis, de nombreuses études ont été faites sur différents points, tantôt par de simples particuliers, tantôt par des Compagnies, tantôt pour compte d'États européens ou américains, mais toujours l'entreprise fut déclarée impossible.

Toutefois, en 1844, une Compagnie française plus crédule que ses devancières, et encouragée par un ingénieur français, Napoléon Garella, crut la chose si faisable qu'elle obtint du gouvernement de Colombie une concession pour l'exécution d'un chemin de fer et d'un canal dans l'Isthme de Panama.

Le canal ne fut même pas commencé.

Mais le chemin de fer se fit ; seulement, la Compagnie française avait laissé expirer sa concession, et ce fut une Compagnie américaine qui l'exécuta.

Il est toujours en exploitation, c'est le Panama-Rail-Road qui va d'Aspinwal à Panama.

Congrès d'Anvers (1871).

En 1871, le « Congrès des sciences géographiques » se réunit à Anvers ; M. Ferdinand de Lesseps s'y rendit comme délégué français.

La question du percement de l'Isthme de Panama fut mise à l'étude.

Plusieurs projets étaient soumis aux délibérations du Congrès qui donna sa faveur à celui que l'ingénieur Gorgozza avait établi, en collaboration avec l'explorateur français Lacharme.

Il s'agissait d'un canal à écluses. Personne n'osait encore émettre la pensée de faire passer un canal à niveau, avec un plan d'eau de soixante mètres, au travers des Cordillères.

Le Congrès ne prit aucune résolution ferme et les travaux restèrent purement théoriques.

En 1875, la Société des sciences géographiques organisa un Congrès de Paris (1875). nouveau Congrès à Paris. On s'y occupa tout particulièrement du Canal de Panama, et ce fut encore le projet Gorgozza, c'est-à-dire le canal à écluses, qui eut tout d'abord la préférence.

Mais M. Ferdinand de Lesseps était là, partisan résolu du canal à niveau ; il mit dans la balance le poids de son autorité, et le Congrès, sans céder absolument, inclina quelque peu de son côté, en prenant la résolution suivante :

Le Congrès exprime le vœu que les Gouvernements intéressés à l'ouverture d'un Canal interocéanique en poursuivent les études avec le plus d'activité possible et s'attachent aux tracés qui présentent à la navigation les plus grandes facilités d'accès et de circulation.

Le vœu était anodin. Mais la Commission de géographie commerciale qui fonctionnait depuis deux ans au sein de la Société de Géographie, et qui devait se transformer plus tard en Société de Géographie Commerciale de Paris voulut, sans attendre l'intervention, faire un pas en avant.

L'Isthme de Panama avait été fréquemment exploré. La Société Création du Comité français pour l'étude du percement de l'Isthme de Panama (1876). estima qu'il ne l'avait pas été suffisamment, et elle constitua, le 24 mars 1876, un Comité français pour l'étude du percement d'un Canal interocéanique.

M. Ferdinand de Lesseps en fut nommé le directeur. Les vice-présidents étaient MM. l'amiral La Roncière le Noury et Meurand.

Le Comité reprit immédiatement les études.

Il commençait à peine ses travaux, que le général Turr et Société civile Bonaparte-Wyse et Général Turr (1876). M. Bonaparte-Wyse organisèrent une Société civile qui se chargeait de défrayer les explorations nécessaires.

Plus pratique que le Comité, cette Société recruta une Commission qui se rendit dans l'Isthme, et qui, dans le courant même de l'année 1876, opérait déjà sur le terrain.

La Commission, placée sous la direction de M. Wyse, se composait de MM. Celler, ingénieur en chef des Ponts et Chaussées, Armand Reclus, lieutenant de vaisseau, Dixio, officier d'ordonnance de S. M. le

Roi d'Italie, Gerster Brocks, de Lacharme et Musso, ingénieurs.

Concession
du Gouvernement
Colombien
(1878).
En 1878 les explorations de la Commission étant menées à fin, la Société civile s'aboucha avec le Gouvernement Colombien et obtint de lui, les 18 et 28 mai 1878, la concession du privilège exclusif pour le creusement d'un Canal maritime à travers l'Isthme de Panama.

La durée du privilège était de 99 années à partir de l'ouverture du Canal.

Les concessionnaires avaient un délai de deux ans pour constituer une Compagnie anonyme universelle qui se chargerait de l'entreprise et de la construction du Canal.

Le Canal devait être terminé et livré au service public en douze ans, à partir de la date de la formation de la Compagnie anonyme, mais avec faculté pour le Gouvernement Colombien d'accorder une prorogation de six autres années en cas de force majeure indépendante de la volonté de la Compagnie et si, « après la construction de plus du tiers du Canal, celle-ci reconnaissait l'impossibilité de compléter l'œuvre dans les susdites douze années ».

Au cours de l'expédition, trois membres de la Commission avaient succombé aux fatigues de la campagne et aux effets du climat, MM. Dixio, Brocks et Musso.

Congrès international
d'études
du
Canal interocéanique
(15 mars 1879).
Un an après que la concession avait été accordée à la Société civile MM. Turr et Wyse, le Comité français, présidé par M. F. de Lesseps, jugea le moment venu d'intervenir.

Il convoqua pour le 15 mars 1879, à Paris, dans l'hôtel de la Société de Géographie, un congrès qui prit le titre de « Congrès international d'études du Canal interocéanique ».

138 membres s'étaient fait inscrire ; mais il n'en vint que 98.

La mission du congrès était de synthétiser, pour ainsi dire, les travaux du Comité français et de leur donner une conclusion pratique en chargeant une personnalité responsable, d'organiser les voies et moyens d'exécution.

Quatre questions furent nettement posées :

1° Le canal devait-il être à écluses ou à niveau ?
2° Quel en serait le coût ?
3° Sur quel transit pouvait-on compter ?
4° Qui serait chargé de l'entreprise ?

Dans la dernière séance du 29 mai 1879, un seul projet fut mis en avant, celui de MM. Wyse et Reclus ; il comprenait, cette fois, un canal à niveau avec un tunnel de six kilomètres au passage de la Cordillère.

C'est celui qui fut adopté. Par 78 voix contre 8 et 12 abstentions, le Congrès vota la motion suivante :

Le Congrès estime que le percement d'un canal interocéanique à niveau constant, si désirable dans l'intérêt du commerce et de la navigation, est possible et que ce canal maritime, pour répondre aux facilités indispensables d'accès et d'utilisation que doit offrir avant tout un passage de ce genre, devra être dirigé du golfe de Limon (Colon) à la baie de Panama.

Résolutions du Congrès.

Le vote du Congrès eut lieu par appel nominal et lorsque le tour de M. de Lesseps fut venu, il répondit : « Oui ! Et j'ai accepté de me mettre à la tête de l'entreprise. »

La première et la quatrième question se trouvaient ainsi résolues.

Restaient les deux autres.

En ce qui concerne le coût du canal, la Sous-Commission chargée de cette étude spéciale avait évalué les travaux proprement dits à. 612.300.000

Puis, ne négligeant aucun détail, elle avait ajouté pour :

Imprévus : 25 0/0.	153.075.000
Frais de banque et d'administration : 5 0/0. .	38.268.000
Intérêts pendant la période de 12 années prévue pour la construction.	241.000.000
Frais d'entretien.	130.000.000
Total.	1.200.000.000

Et elle avait fait suivre ses prévisions de cette considération :

La première Sous-Commission émet l'opinion que l'exécution de pareils travaux, et en particulier de tranchées aussi profondes, dont la stabilité n'est rien moins que certaine, aussi bien que les opérations relatives au cours du Chagres, constituent un ensemble de difficultés et d'imprévus qu'il est impossible d'évaluer.

Quant au trafic probable, c'est la Sous-Commission de statistique qui s'en était occupée.

Elle avait à sa tête l'un de nos savants, de la plus haute compétence en pareille matière, M. Levasseur, membre de l'Institut.

Rapporteur de la Sous-Commission qu'il présidait, M. Levasseur avait calculé ce que pourrait être, dix ans plus tard, le mouvement commercial entre les deux océans, et il l'avait évalué à cinq millions un quart de tonnes.

Il avait ajouté qu'on pouvait estimer à deux millions de tonnes environ la fraction du mouvement commercial entre l'Orient et l'Europe, qui semblait pouvoir être détournée de la route habituelle pour prendre celle de l'Isthme américain, en tout sept millions un quart.

Mais il avait accompagné ses calculs des réflexions suivantes :

Il importe de ne pas se méprendre sur la portée de ces chiffres. Ils ne signifient pas que 7,250,000 tonnes prendront nécessairement la route du canal l'année de son ouverture, ni même les années suivantes. Tout d'abord, il faut remarquer la différence qu'il y a, au point de vue des probabilités, entre un courant qui existe et un courant qu'on estime devoir se former. Or, nous comptons deux millions pour un courant de cette seconde espèce. Nous ne disons même pas que le courant qui existe et qui, si aucune perturbation extraordinaire ne modifie le mouvement économique dans l'intervalle, se trouvera, d'après une évaluation modérée, grossi jusqu'à cinq millions un quart de tonnes en 1886, doive entrer dans le Canal. Nous donnons en bloc le nombre brut ; nous ne faisons pas la part de chacune des voies de communication qui existeront alors à travers le continent ou au sud du continent américain.

C'est au Canal à se faire lui-même. Nous lui montrons le double réservoir dans lequel il aura à puiser pour s'alimenter au jour de sa naissance, et, afin de rester fidèle à notre mission toute scientifique, nous bornons là nos indications. Voilà le point de départ.

Il appartiendra ensuite au Canal d'attirer à lui la clientèle et d'accroître d'année en année son trafic dans une mesure que nous renonçons à fixer et qui sera d'autant plus grande qu'il aura complètement favorisé l'accroissement de la richesse dans les contrées qu'il rapproche.

Au moment où on allait se séparer, M. F. de Lesseps, président du Congrès, fit cette déclaration :

> Je dois vous avouer que je suis passé par bien des perplexités pendant le temps qu'a duré ce Congrès. Je ne pensais pas, il y a quinze jours, que je serais obligé de me mettre à la tête d'une entreprise nouvelle. Mes meilleurs amis ont voulu m'en dissuader, me disant qu'après Suez je devais me reposer.
>
> Eh bien! si l'on demande à un général qui a gagné une première bataille s'il veut en gagner une seconde, il ne peut pas refuser. (*Applaudissements réitérés pendant plusieurs minutes.*)

M. F. de Lesseps est chargé de la direction de l'entreprise (29 mai 1879).

Bien qu'âgé de soixante-quatorze ans, M. F. de Lesseps avait conservé l'enthousiasme des jeunes. Il était alors au plus haut de sa gloire.

M. F. de Lesseps.

Il avait été acclamé dans la journée du 29 mars 1879 par les savants qui venaient de terminer leurs travaux; on avait dit de lui qu'il était « un citoyen du monde entier », et le soir du même jour, dans un banquet resté célèbre, Gambetta l'avait salué du titre de « Grand Français ».

Plus que jamais il dut croire à son étoile et être fier de sa devise : « *Aperire terram gentibus.* »

A partir de ce moment, sa personnalité dominera toute l'entreprise et son caractère lui imprimera l'essor aventureux qui va l'enlever dans le domaine du rêve, jusqu'à ce qu'il se réveille épuisé et inconscient dans le cabinet d'un juge d'instruction.

Un caractère comme le sien est une force agissante, mais une force aveugle qui ne connaît pas les obstacles, et qui ne s'arrête pas devant les ruines qu'elle sème sur sa route.

Sa volonté avait fait Suez qui fut une source d'enrichissement pour la France; elle se brisa contre Panama qui fut le plus grand désastre financier des temps modernes.

C'est, hélas! l'histoire de ce désastre que nous avons à faire, et ce

6

n'est pas sans un serrement de cœur que nous sommes obligés de toucher à un homme qui a été une des gloires de son pays, et dont le nom restera attaché, quoi qu'il soit advenu, à une des œuvres les plus profitables à l'humanité.

Chargé le 29 mars 1879 de l'organisation de l'entreprise, M. F. de Lesseps ne perd pas un instant.

Le programme à accomplir était celui-ci :

Établir entre les deux Océans un canal à ciel ouvert (1), ayant une profondeur de 9 mètres au-dessous du niveau moyen des mers, une largeur de 22 mètres au plafond, de 50 à 60 mètres à la ligne d'eau, et une longueur totale de 75 kilomètres.

De nombreux obstacles se présentaient sur le parcours. C'étaient, en partant de Colon : au kilomètre 5, les Buttes de Mindi (hauteur 15 mètres) ; au kilomètre 24, les Buttes de Bohio-Soldado (hauteur 53 mètres) ; au kilomètre 45, les rochers d'Obispo (hauteur 42 mètres) ; au kilomètre 43 jusqu'au kilomètre 75, le rio Chagres, rivière torrentueuse, qui présente parfois des crues si formidables que le colonel Trotten en a observé une, en 1879, dont le débit s'est élevé pendant 6 jours, de 12 mètres cubes qu'il est habituellement, au chiffre de 1930 mètres cubes par seconde au pont de Barbacoas.

Ce cours d'eau, que le canal devait côtoyer sur un parcours de 34 kilomètres, et avec des différences de niveau de 33 mètres, devenait un voisin tellement dangereux, qu'on se perdit en conceptions pour chercher soit à le dériver, soit à l'endiguer. On alla jusqu'à songer à l'enfermer dans un réservoir, muni de déversoirs, et qui aurait eu une capacité de 1 milliard 1/2, peut-être 2 milliards de mètres cubes.

Au kilomètre 56 se rencontrait un nouvel obstacle d'une autre nature, mais à peu près aussi insurmontable. C'était la chaîne des Cordillères, avec le massif de la Culebra, d'une hauteur de 100 mètres

---

(1) On avait renoncé au tunnel dès le début de l'entreprise.

environ, ce qui nécessitait une extraction de 20.000.000 de mètres cubes, et des talus inclinés de 120 à 140 mètres de hauteur.

De plus, tous ces travaux devaient s'exécuter dans un pays malsain, couvert de marécages et de fourrés impénétrables.

Enfin, il était à craindre, comme l'avait fait remarquer le Congrès, qu'au milieu de tous ces terrains déjà bouleversés par de nombreux soulèvements on ne trouvât point, pour les tranchées, des masses compactes d'une dureté suffisante, ce qui pouvait, ou arrêter l'entreprise, ou l'entraîner à des dépenses absolument imprévues.

Aucune de ces difficultés n'effraya M. de Lesseps et, comme nous l'avons dit, il se mit à l'œuvre aussitôt que le Congrès eût donné son opinion.

Première tentative de constitution de société (août 1879).

Dès le mois d'août 1879, il tenta de constituer une société au capital de 400.000.000 de francs, représentés par 800.000 actions de 500 francs.

Un syndicat de financiers avança 2.000.000, à raison de 2 fr. 50 par obligation, pour faire les premiers frais d'émission.

En cas de réussite, le syndicat était remboursé avec prime ; en cas contraire, il perdait son avance.

La souscription aux actions fut ouverte en Europe et en Amérique les 6 et 7 août 1879. Elle n'eut aucun succès. 60.000 actions seulement furent souscrites.

Le syndicat devait perdre son argent, mais il n'en fut rien. Nous expliquons dans un rapport spécial comment il fut plus tard, non seulement remboursé de sa mise, mais encore largement indemnisé.

L'échec de 1879 ne découragea pas M. Ferdinand de Lesseps. Il avait cru que son nom seul allait décider les souscripteurs ; il s'était trompé, mais on pouvait recommencer.

C'est alors qu'au dire de M. Ch. de Lesseps (1), deux hommes très avisés, M. de Girardin et M. Lévy-Crémieux, ce dernier vice-pré-

---

(1) Voir son interrogatoire, journal Le Droit du 11 janvier 1893.

sident de la Société Franco-Égyptienne, insinuèrent qu'on s'y était mal pris, et que, dans toute affaire importante, il fallait compter avec les puissances du jour, la Finance et la Presse.

Le conseil fut compris et suivi, nous verrons bientôt qu'il a même été dépassé.

Mais on ne s'en tint pas là, et c'est ici surtout qu'apparaissent les fautes impardonnables de M. de Lesseps.

Le Congrès scientifique de 1879 avait donné les évaluations suivantes :

Coût du canal : 1.200.000.000.

Durée des travaux : 12 ans.

Trafic probable, au jour de l'ouverture du canal : 5 millions 1/4 de tonnes.

Ces données n'étaient pas autrement engageantes, et elles pouvaient bien avoir été pour quelque chose dans l'échec de 1879.

Si on calcule, en effet, la tonne à 10 francs comme à Suez, à 15 francs même, comme M. de Lesseps comptait la faire payer à Panama, cela n'assurait qu'un rendement de 52.500.000 francs dans la première hypothèse, et de 78.000.000 francs dans la seconde.

Or, si on retire de ce rendement les frais d'administration et les frais d'entretien, qui devaient être extrêmement coûteux, l'affaire ne se présentait pas comme rémunératrice.

D'autre part, chacun sait qu'en matière de travaux les évaluations sont toujours au-dessous de la réalité.

Suez l'avait bien prouvé. Le montant de l'entreprise fixé avant le premier coup de pioche à 200.000.000 francs s'était élevé, le canal terminé, à 432.807.882 francs, et encore la plupart des travaux avaient-ils été exécutés à la corvée, avec des ouvriers procurés gratuitement par le Khédive.

Le public devait donc, et tout naturellement, être appelé à se demander, quand on lui parlerait de 1 milliard 200 millions, s'il ne faudrait pas doubler la somme; et si, dès lors, l'œuvre restait réalisable, financièrement parlant.

Il fallait, à tout prix, le détourner d'un semblable raisonnement.

Pour cela on fit deux choses.

On commença par créer une feuille, dite le *Bulletin du canal interocéanique*, qui a été appelé depuis le *Moniteur des chimères*, et qui devint le journal officiel de la Compagnie.

Grâce à cette feuille, on se ménagea des relations constantes avec le public, et c'est de là que sont parties toutes les affirmations de nature à le rassurer... ou à le tromper.

Le *Bulletin* fit sa première apparition le 1ᵉʳ septembre 1879.

On se mit ensuite à reviser les calculs des savants.

Dès le mois de novembre 1879, une commission spéciale à laquelle on donna le nom de *Commission technique internationale* fut organisée pour aller faire des études sur place et donner des chiffres qui ne seraient plus hypothétiques. M. de Lesseps devait accompagner la Commission.

Le départ, annoncé solennellement dans plusieurs numéros du *Bulletin*, eut lieu le 8 octobre 1879.

Le 14 février 1880, la Commission déposa son rapport.

Elle évaluait les travaux proprement dits à 843 millions ; c'est à dire qu'elle majorait de 77 millions le chiffre adopté par le Congrès. Cet écart provenait des travaux considérables à exécuter pour établir à Gamboa un barrage qui permît d'enmagasiner les eaux du Chagres au moment des grandes crues.

La Commission restait muette sur les frais de banque, les intérêts à servir aux capitaux et les dépenses d'entretien.

Les cubes à extraire étaient portés à 75 millions m. c.

La durée des travaux était fixée à huit ans.

Quant au transit, la question ne fut pas examinée.

Le chiffre indiqué pour les travaux était gênant, car si on y ajoutait les accessoires, on revenait toujours aux 1.200.000 du Congrès.

Dans une note qu'il rédigea à bord du paquebot "le Colon" qui le ramenait en France, M. Ferdinand de Lesseps trouva le moyen de le réduire à 658 millions. Le procédé était simple et consistait à faire des retranchements sur tous les chapitres.

Pour donner une idée de l'arbitraire avec lequel les calculs furent établis, il suffit de citer ce simple fait :

Le Congrès avait compté 25 0/0 pour les imprévus; la Commission les avait abaissés à 10 0/0, et M. F. de Lesseps les réduisit à 5 0/0.

La note parut dans le *Bulletin* du 15 mars 1880, comme suite au rapport de la " Commission technique internationale ".

Mais 658 millions de francs, bien qu'on négligeât de faire suivre cette somme de tous les autres frais prévus par le Congrès, c'était encore trop gros.

Il fallait trouver mieux.

En même temps qu'on avait donné mandat à la Commission technique de procéder aux études que nous venons d'indiquer, on avait chargé MM. Couvreux et Hersent, les grands entrepreneurs connus pour leurs travaux de la régularisation du Danube et de l'agrandissement du port d'Anvers, d'établir un devis.

Ce devis fut publié dans le *Bulletin* du 15 octobre 1880, sous cette rubrique significative : « Le prix de revient du Canal de Panama. »

Il ne se montait plus qu'à 530 millions de francs, et on ajoutait qu'il était largement calculé.

Aussitôt en possession de ce document, on prépara la nouvelle émission du capital social.

L'acte de société fut passé le 20 octobre 1880, en l'étude de Me Champetier de Ribes. Le capital était ramené à 300 millions.

La souscription fut annoncée pour les 7, 8 et 9 octobre dans le *Bulletin* du 15 novembre 1880, et l'annonce fut suivie d'une lettre de M. de Lesseps, adressée à ses correspondants, et dans laquelle on lisait ceci :

Mes prévisions se sont complètement réalisées :

Une Commission technique internationale, réunie sur les lieux mêmes, à Panama, a confirmé la praticabilité du canal maritime.

Les entrepreneurs, MM. Couvreux et Hersent, ont présenté leur devis et déclaré que l'exécution du Canal ne coûterait pas 500 millions de francs.

L'évaluation d'un trafic annuel assurant 90 millions de francs de revenus sur 6 millions de tonnes est considérée comme inférieure à la réalité.

Les revenus seraient donc plus importants qu'on ne l'avait supposé.

La Compagnie universelle sera constituée avec un capital de 300 millions de francs.

La *dépense totale* étant calculée devoir s'élever à 600 millions, les sommes nécessaires à l'achèvement de l'entreprise donneront lieu, au fur et à mesure, à l'émission d'obligations, pour que les bénéfices réservés aux actionnaires en soient accrus.

Fidèle à ma promesse, un droit de souscription privilégiée, irréductible, est réservé aux premiers souscripteurs de Panama, ainsi qu'aux actionnaires et délégataires du Canal de Suez.

Veuillez agréer, etc.

FERDINAND DE LESSEPS.

Nous sommes déjà bien loin des évaluations du Congrès, mais ce n'est pas tout.

Le public, en voyant se rétrécir sans cesse le prix de revient du canal, au fur et à mesure qu'on est censé l'étudier davantage, pouvait rester incrédule.

C'est alors que dans les journaux inspirés par M. de Lesseps parut toute une série d'articles annonçant que MM. Couvreux et Hersent s'étaient chargés d'exécuter à *forfait* le Canal pour 512 millions.

Le prétendu forfait Couvreux et Hersent.

Le *Journal des Débats* disait :

Le lecteur sait déjà que MM. Couvreux et Hersent offrent d'exécuter à forfait le Canal pour 512 millions; ajoutons à cette somme 88 millions pour les intérêts pendant la construction, les frais d'administration, etc., et nous arrivons à 600 millions.

Ainsi, à la veille de l'émission, le Canal ne doit plus coûter que 600 millions tout compris, travaux et accessoires.

On en est, à présent, juste à la moitié du chiffre posé par le Congrès.

La durée des travaux est également diminuée de moitié.

Pour ce qui est du transit, c'est le phénomène inverse qui se produit.

Le Congrès avait dit 5 millions 1/4 de tonnes au moment de l'ouverture, c'est maintenant 7 millions.

La *République Française* le déclarait en ces termes :

On est rassuré sur le coût du Canal et sur la durée des travaux. Les frais ne s'élèveront pas au-dessus de 600 millions, et les travaux seront achevés en six années. Enfin, en ce qui a trait aux revenus de l'entreprise, il résulte de chiffres contradictoirement établis et au-dessous de tous doutes que, dès la première année, le transit atteindra un chiffre de 7 millions de tonnes.

Et non seulement M. Ferdinand de Lesseps ne démentit pas les articles, mais il les fit insérer dans le *Bulletin du Canal* qui eut dorénavant un chapitre spécial, intitulé *Revue de la Presse*, chapitre dans lequel revinrent avec une certaine apparence de désintéressement toutes les réclames qu'on commandait aux journaux.

Or le forfait Couvreux et Hersent, qui était bien l'affirmation la plus capable de séduire le public, n'a jamais existé.

Il y a mieux : c'est seulement en mars 1881 qu'on traita avec les entrepreneurs, et jamais il ne fut question de forfait. On le verra bientôt.

Constitution de la Société (1881). La souscription du nouveau capital s'ouvrit aux jours indiqués. Elle réussit cette fois complètement.

Mais les frais d'émission ne coûtèrent pas moins de 32.241.779 fr.

La Finance en eut la plus large part. Elle toucha 29.870.004 fr. se décomposant ainsi :

Commissions de placement variant entre 6 et 7 francs par action........................ 4.224.958 fr.

Rémunérations aux établissements de crédit pour leur concours........................... 1.865.046

A reporter..... 6.090.004 fr.

Report.......	6.090.004 fr.
Bénéfice du Syndicat français (1)..............	11.800.000
Allocation à un comité de banquiers américains pour s'assurer leur neutralité...............	12.000.000
Total égal..........	29.890.004 fr.
Si l'on ajoute maintenant les frais de publicité....	1.595.573
Les frais divers de constitution...............	756.202
On retrouve le chiffre qui vient d'être indiqué....	32.241.779 fr.

Tels furent les débuts de la Compagnie dans la voie des largesses.

La première Assemblée générale constitutive eut lieu le 21 janvier 1881 au Cirque d'Hiver.

M. Ferdinand de Lesseps confirma le chiffre de 600.000.000 donné par les journaux et indiqua comment la Compagnie se les procurerait :

Voici un extrait de son rapport :

Une somme de 600 millions de francs sera nécessaire pour atteindre, en 7 ou 8 années au maximum, le jour de l'ouverture du Canal de Panama. Il n'a été appelé qu'un capital de 300 millions de francs, parce qu'en complétant les 600 millions de francs, au fur et à mesure des besoins, par des émissions successives d'obligations, les bénéfices réservés aux actionnaires se trouveront plus tard notablement accrus.

La deuxième Assemblée constitutive se tint le 4 mars 1881.

Aux termes des articles 7 et 60 des statuts, il était créé des *parts de fondateurs* auxquelles on attribuait 15 0/0 dans les bénéfices.

Ces parts, au nombre de 900, furent données pour la majeure partie aux financiers ; et comme elles atteignirent à un moment donné le cours de 75.000 francs chacune, il y eut encore de ce chef, et sans

(1) Voir pour le détail notre Rapport sur les Syndicats.

7

qu'il en coûtât rien, il est vrai, à la Société, un bénéfice considérable pour les attributaires (1).

La Société était ainsi organisée :

Un Président-Directeur,

Cinq Vice-Présidents,

Un Secrétaire général,

Un Conseil d'administration composé de dix-huit membres au moins et de vingt-quatre au plus,

Un Comité de direction comprenant six membres au plus,

Un Ingénieur conseil,

Un Entrepreneur conseil.

Nous ne parlons ici que de l'administration centrale de Paris. Il y en eut une autre à Panama composée, celle-là, pour la plus grande partie, d'ingénieurs, de chefs de services et de sous-chefs, d'agents supérieurs, etc., qui s'occupèrent tout spécialement des services administratifs, de la direction effective et du contrôle des travaux.

En dehors du personnel dépendant directement de la Compagnie, il fut institué à Paris, dès l'année 1881, une *Commission supérieure consultative des travaux* choisie parmi les notabilités scientifiques et administratives, et à laquelle devaient être soumises les questions les plus importantes relatives à l'établissement du Canal de Panama.

Dès la première réunion, le Conseil d'administration de la Société du Canal interocéanique constitua son bureau et nomma M. Ferdinand de Lesseps président-directeur.

M. Charles de Lesseps fut sous-directeur et membre du comité de direction. Il n'allait pas tarder à devenir vice-président de la Société et président effectif du comité de direction.

(1) Voir pour ce qui concerne les parts de fondateur notre Rapport sur les Syndicats.

Il était donné au Président-Directeur :

1° Une allocation annuelle de 75.000 fr.

2° Frais de représentation... 50.000 fr. } 125.000 fr. par an

A la Sous Direction...................... 25.000 —

Aux Membres du Comité.................. 84.000 —

Aux Administrateurs.................... 154.000 —

A la Commission supérieure consultative...... 40.000 —

A l'Ingénieur conseil.................... 30.000 —

A l'Entrepreneur conseil.................. 30.000 —

Au Secrétaire général..... .... 18.000 —

Au Président du Conseil américain........... 125.000 —

A 2 membres de ce Comité................ 56.000 —

En dehors de ce haut personnel, il y eut à Panama un Directeur avec 100.000 fr., des chefs de division à 70.000 fr., des adjoints à 60.000 fr., etc., etc.

A Paris, les frais d'administration annuels, qui n'étaient au début que de 1.200.000 fr., s'élevèrent dans les exercices 1886, 1887 et 1888 à plus de 2.000.000.

A Panama ils passèrent de 4.500.000 fr. à 13.000.000.

Avant que tous ces frais eussent commencé à courir, de lourdes charges s'imposaient déjà à la Compagnie. *Achat de la concession du Gouvernement colombien.*

Il fallait tout d'abord acheter la concession que le Gouvernement colombien avait accordée à la Société Turr et N. Wyse.

M. F. de Lesseps s'en était rendu acquéreur et l'avait apportée à la Société du Canal interocéanique de Panama, moyennant 10.000.000 qui furent payés, 5.000.000 espèces, 5.000.000 en la valeur de 10.000 actions entièrement libérées. Le tout fut immédiatement remis à la Société Turr et Reclus.

On lui remboursa également un cautionnement de 750.000 fr. qu'elle avait dû verser au Gouvernement colombien.

On restitua aux syndicataires de 1879 les 2.000.000 par eux avancés.

Si l'on ajoute ces différentes sommes à celle de 32.241.779 fr. représentant les frais d'émission, on voit qu'il y eut là, avant toute organisation, une dépense de plus de 40.000.000.

Pour y faire face, la Compagnie n'avait que le premier quart versé sur les 590.000 actions souscrites par le public (10.000 ayant été attribuées à la Société Turr et N. Wyse), soit..... **73.750.000**

Cette première ressource se trouva donc absorbée dès le début à concurrence des 3/5 environ.

Achat des actions du Panama-Rail-Road.

Une autre dépense plus considérable s'imposa encore aussitôt, qui n'avait été prévue ni dans les calculs du Congrès, ni dans ceux de la Commission technique, ni dans ceux de M. F. de Lesseps.

Ce fut l'achat du Panama-Rail-Road, acquisition indispensable si l'on voulait assurer la régularité des travaux ; ce chemin de fer était exploité par une Compagnie Américaine constituée au capital de 35.000.000 de francs, divisés en 70.000 actions de 5 dollars chacune.

En 1879, M. N. Wyse avait entamé des négociations avec le Conseil d'administration, et la vente avait été presque arrêtée à des prix raisonnables ; mais quand on sut que la Compagnie de Panama était réellement constituée, les exigences se manifestèrent.

Un syndicat à la hausse s'organisa immédiatement.

Il comprit pour commencer 20 actionnaires représentant .... 38.466 actions qui s'engagèrent à ne pas céder leurs titres au-dessous de 250 dollars, soit 1.250 fr.

Mais le syndicat étant resté ouvert pendant 90 jours, d'autres adhérents vinrent s'y faire inscrire pour........................... 26.887 —

La Compagnie se trouva donc en face de........ 68.534 actions qu'elle dut payer 1.250 fr. chaque.

Quant aux 1476 autres actions, elle ne put les obtenir à aucun prix. Elle n'en était pas moins maîtresse du chemin de fer.

L'acquisition fut réalisée le 13 mars 1881 au prix, avec les faux frais, de........................... ... 93.268.186 13

Ce ne fut pas de ce chef la seule dépense de la Compagnie de Panama.

Le chemin de fer avait des dettes. Il s'était trouvé dans la nécessité de contracter en 1867 et 1878 deux emprunts par voie d'obligations. Ces emprunts, il est vrai, ne représentaient qu'une charge relative, car ils étaient gagés par une créance sur une autre Compagnie de chemins de fer « La Pacific Mail ».

La Compagnie de Panama, en achetant les actions, se chargea des emprunts, mais elle laissa le gage aux vendeurs.

Dans cette même année 1881, les travaux commencèrent dans l'isthme.

Commencement des travaux. Période d'organisation.

Mais quels travaux !

MM. Couvreux et Hersent, par traité du 12 mars 1881, s'étaient bien engagés comme entrepreneurs généraux vis-à-vis de la Compagnie, mais sous réserves.

Pendant un délai de deux ans, ils devaient organiser l'entreprise, installer le matériel fourni par la Compagnie et attaquer les travaux sur plusieurs points pour arriver à établir des prix unitaires.

C'était là leur seule obligation ferme.

La période d'organisation terminée et le prix unitaire arrêté, MM. Couvreux et Hersent avaient la faculté de traiter sur ce prix pour l'entreprise générale, ou de se retirer, si bon leur semblait.

On ne fit donc en 1881 que quelques travaux d'expérience.

Mais en revanche on éleva à Colon un hôtel somptueux qui ne coûta pas moins de 1.100.000 fr.; on bâtit sur les hauteurs du Cerro Ancon, à l'entrée de la partie terrienne du Canal, tout un groupe de constructions élégantes, qu'on appelle encore à Panama les *Folies-Dingler*, du nom de l'ancien directeur des travaux ; on construisit d'immenses écuries qui n'abritèrent pas moins de 100 chevaux de luxe.

On créa un grand maître des écuries, le baron Tripier.

Il y eut des voitures pour tout le monde, malgré la rareté des routes, et il fallait être bien effacé pour ne pas en avoir une constamment à sa disposition.

Les dépenses de cette nature n'ont pas duré : chevaux et voitures ont été vendus. Le grand écuyer a été licencié, mais les prodigalités se sont reproduites sous d'autres formes, car à la Compagnie de Panama on a toujours dépensé l'argent comme si l'on en avait trop.

Tout cela n'était pas révélé au public, on l'entretenait de choses autrement séduisantes.

C'est ainsi que dans le *Bulletin* du 1er juillet 1881, on publie une correspondance du 20 mai, adressée au *Journal des Débats*, et dans laquelle on annonce que, les travaux préparatoires à peine commencés, on vient de s'apercevoir, d'après les sondages faits à Emperador, à 60 mètres au-dessus du niveau de la mer, qu'on trouve non pas du roc, comme on s'y attendait, mais de l'humus, d'où une économie sur les devis de 60.000.000.

Et dans le *Bulletin* du 15 novembre 1881, c'est à la Culebra même qu'une découverte semblable aurait été faite, et cette fois l'économie est de .... Fr.   100.000.000

Ces économies, qu'il était prudent de ne pas pousser trop loin, n'arrivaient cependant pas à mettre de l'argent dans la caisse.

Le 2 janvier 1882 la Compagnie fit l'appel du deuxième quart sur les actions.

Au 30 juin suivant la situation était celle-ci (1) :

_____

(1) Cette situation n'a été publiée qu'en 1883. Aux termes de l'article 56 des statuts, les comptes devaient être centralisés à Paris et clôturés le 30 juin de chaque année, mais comme à cette date on ne connaissait pas toutes les opérations faites dans l'isthme, les bilans n'étaient jamais présentés aux actionnaires qu'avec une année de retard.

Recettes :

Première moitié du capital social......... Fr.	147.500.000	»
Placement des fonds disponibles..............	1.080.293	35
	148.580.293	35

Dépenses :

Charges sociales : frais d'émission, intérêts aux actions, acompte sur la concession, contrôle.	45.278.321	72
Frais généraux dans l'isthme	9.525.120	60
Immobilisations (Constructions, Matériel)......	12.724.735	32
Payement sur les actions Panama-Rail-Road....	35.839.638	48
Frais généraux à Paris......................	2.446.734	99
Travaux exécutés	1.481.474	60
	107.294.025	71

La recette étant de........................	148.580.293	35
Les dépenses étant de	107.294.025	71
Il restait disponible................	41.294.267	64

Mais il y avait à payer :

Solde sur le prix de la concession, exigible après le deuxième quart.......................	4.000.000	»
Solde sur les actions du Panama-Rail-Road.....	58.040.586	85
Total............	62.040.586	85

Et les travaux exécutés n'entraient dans les dépenses que pour........................	1.481.474	60

Tout restait à faire.

Il allait falloir recourir à l'emprunt au moment même où l'on commençait les travaux. C'est ce qu'on fit dans cette même année 1882.

Emprunts
de la Compagnie.

A Suez, où les premiers travaux dataient de 1859, et alors que le capital social n'était que de 200.000.000, on n'usa de l'emprunt que huit ans plus tard, en 1867.

Il est facile de constater par ce simple rapprochement que les entreprises ne se ressemblaient guère au point de vue de l'exécution.

Assemblée générale
du 29 juin 1882.

Nous avons vu à l'aide de quels procédés on obtint les souscriptions des actionnaires ; ce fut par des moyens aussi répréhensibles qu'on se procura l'argent des obligataires.

« 600.000.000, avait-on dit aux actionnaires, seraient suffisants pour faire le Canal, donnez-nous-en la moitié ; le surplus, nous le demanderons à l'emprunt. »

Le 29 juin 1882 les actionnaires se réunirent en Assemblée générale.

Il leur fut assuré à nouveau que rien n'était changé dans les calculs et dans les prévisions ; que cependant il avait fallu acheter le Panama-Rail-Road ; que l'ayant acheté, il fallait le payer et que ce n'était plus 300.000.000 fr. qu'on était obligé d'emprunter, comme on l'avait annoncé à l'Assemblée du 21 janvier 1881, mais 409.375.000 fr. se décomposant ainsi :

Pour achever le Canal.........................	300.000.000
Pour régler l'acquisition des actions du Panama-Rail-Road................................	109.375.000
Total.........	409.375.000

Bien entendu, les emprunts ne se feraient pas le même jour ; il importait seulement d'en finir avec l'affaire du Panama-Rail-Road, et on demandait aux actionnaires l'autorisation d'émettre de suite 250.000 obligations 5 0/0 à 437 fr. 50 remboursables à 500 fr. et qui devaient donner 109.375.000 fr.

Quant aux 300.000.000 fr. on ne les demanderait au public qu'à une époque relativement reculée, mais il était bon d'être autorisé dès maintenant à les emprunter.

L'Assemblée générale accorda tout ce qu'on sollicitait d'elle, et l'émission des 250.000 obligations fut préparée pour le 7 septembre 1882.

Le Bulletin du 1er septembre 1882 reproduisait, à côté du prospectus annonçant l'émission, certains articles de journaux français et étrangers qui répétaient que le coût du Canal ne dépasserait pas 600.000.000. Seulement le nombre de tonnes devant constituer le trafic augmentait sensiblement.

Après avoir résumé l'opinion des économistes qui traitaient la question, le *Bulletin* ajoutait :

Un relevé semblable des divers trafics permet d'évaluer à un minimum actuel de 9 à 10 millions de tonnes le mouvement du canal de Panama, qui, au moment du Congrès international, avait été établi à 7 millions de tonnes.

Préalablement à l'émission, M. Lévy-Crémieux avait organisé un syndicat qui prit ferme les 150.000 premières obligations avec une prime de 20 francs.

Il organisa le système des *Options* que nous exposons dans notre rapport spécial sur les Syndicats, et se fit consentir, en dehors de ses bénéfices, comme syndicataire et comme bénéficiaire d'options, une allocation extraordinaire de 500.000 francs.

Les frais d'émission s'élevèrent à .... Fr.   7.829.655 »

Se décomposant ainsi :

Syndicat

Prime de 20 francs sur 150.000 titres............	3.000.000	»
Options de 15 francs sur 60.000 titres	900.000	»

Lévy-Crémieux

Options de 15 francs sur 40.000 titres............	600.000	»
Commission extraordinaire de 5 francs sur 100.000 titres...........................	500.000	»

Sans préjudice de sa part syndicataire qui a été de 1.360.000 francs.

Dépenses diverses

Publicité....	1.365.347	»
Commissions de placement à raison de 5 francs pour les banquiers et de 1 fr. 25 pour les autres correspondants, notaires de province, trésoriers, etc.	927.282	»
Commissions sur versements variant entre 1/4 p. 100 et 1 p. 100.........................	221.992	»
Frais d'impressions.........................	315.034	»
Total.......	7.829.655	»

Après cet emprunt la situation de la Société était celle-ci :

Les ressources disponibles et éventuelles se composaient de :

Situation de la Compagnie après l'emprunt du 7 septembre 1882.

1° En caisse avant l'émission............	41.294.267	64
2° Produit brut de l'émission......... ...	109.375.000	»
3° Moitié du capital social à appeler.......	147.500.000	»
4° Emprunts à faire..................	300.000.000	»
	598.169.267	64

Mais cette somme était grevée des charges suivantes :

1° Solde dû sur concession	4.000.000	»	
2° Solde sur action Panama-Rail-Road.......	58.040.586	85	
3° Frais de l'émission du 7 septembre 1882....	7.827.655	15	
	69.868.242	»	69.868.242 »
			528.301.025 64

Voilà ce qui restait à la Compagnie pour mener l'entreprise à fin en 1888.

Or les travaux proprement dits devaient coûter d'après M. de Lesseps lui-même et sur les données,

A reporter........ 528.301.025 64

Report........ 528.301.025 64

disait-il, de MM. Couvreux et Hersent. .... 512.000.000 »

 Il en avait été executé
pour. 1.481.474 60

 Il en restait donc à exécu-
ter pour. 510.518.525 40 510.518.525 40

 Si on défalque cette somme du chiffre ci-
dessus, on voit que la Compagnie n'avait plus
qu'une somme de. 17.782.500 24
avec laquelle elle devait faire face pendant sept ans aux intérêts du
capital-actions et du capital-obligations, aux frais d'administration à
Paris et dans l'Isthme, aux voyages, aux imprévus, etc., etc.

 Ce simple calcul démontre à l'évidence qu'alors qu'on affirmait
que le Canal ne coûterait pas plus de 600 millions de francs, on trompait sciemment le public. Mais on ne trompait que lui.

 Les personnes avisées qui avaient pu se rendre compte sur place
des dépenses réelles à effectuer étaient fixées et les calculs de la Compagnie les laissaient incrédules.

 C'est ainsi que MM. Couvreux et Hersent, qui terminaient le
31 décembre 1882 la première période, dite période d'organisation
prévue par leur marché, ne se soucièrent pas le moins du monde
d'inaugurer la seconde, la période d'exécution.

 Ils se retirèrent discrètement, témoignant toujours de leurs excellentes dispositions, mais conseillant énergiquement à la Compagnie
de répartir les travaux entre une série de petits entrepreneurs, ce qui
devait permettre, disaient-ils, l'essai pratique des méthodes variées et
assurer une exécution plus rapide de l'œuvre.

 C'est ainsi également que M. de Frayssex, capitaine de frégate,
qui en 1883 avait été envoyé dans l'Isthme avec un autre officier supérieur de marine pour y occuper un emploi assez élevé, frappé des difficultés gigantesques contre lesquelles il y avait à lutter, convaincu, de

Retraite
de MM. Couvreux
et Hersent
(31 décembre 1882).

—

Période
des
petites entreprises.

—

Assemblée générale
du
17 juillet 1883.

plus, que les travaux ne pouvaient être terminés ni dans les délais indiqués, ni avec les ressources annoncées, donna sa démission, et s'empressa dès son retour de communiquer ses impressions pessimistes à M. F. de Lesseps (1).

Mais M. Ch. de Lesseps, qui était devenu vice-président de la Société du Canal de Panama, était allé lui aussi dans l'Isthme en 1883 et il en avait rapporté des appréciations tout à fait optimistes.

Aussi lorsqu'on parcourt les *Bulletins* de l'année 1883 et 1884 y voit-on reproduite sans cesse cette superbe assurance que le Canal sera certainement terminé en 1888.

A l'Assemblée générale des actionnaires du 17 juillet 1883, M. F. de Lesseps l'affirme solennellement.

A l'Assemblée du 23 juillet 1884, il le répète encore.

Cependant les excavations, commencées sur tous les points par les entrepreneurs, avaient amené cette découverte désagréable que ce n'était pas 75 millions de mètres cubes, mais 120 millions qu'il allait falloir extraire.

Il était difficile de ne pas en parler aux actionnaires, et le rapport de M. Ferdinand de Lesseps en fait mention, mais avec ce correctif que 40 millions de mètres cubes pourront être enlevés à la drague, de sorte, dit-il :

> Qu'alors même que nous n'aurions commencé les travaux à sec que le 1er janvier 1885 et les travaux de dragage que le 1er janvier 1886, le Canal pourrait être terminé, mathématiquement, le 1er janvier 1888.

C'est sous le coup de ces affirmations qu'on lança en deux fois l'emprunt de 300.000.000 de francs autorisé par les actionnaires le 29 juin 1882.

Emprunt du 3 août 1883. Une première émission de 600.000 obligations 3 0/0 offertes à 285 francs et remboursables à 500 francs en 75 ans eut lieu le 3 oc-

---

(1) Voir déposition de M. Frayssex à l'audience de la première chambre de la Cour du 13 janvier 1893.

tobre 1883. Elle devait donner et donna effectivement.................................. 171.000.000 »

Elle fut précédée d'une lettre ouverte de M. de Lesseps publiée par le *Bulletin* du 1er octobre 1883 et commençant ainsi :

Paris, le 15 septembre 1883.

Monsieur,

Nous avons la certitude d'achever et d'inaugurer le Canal maritime de Panama en 1888.

Il nous est permis, en outre, d'espérer une exécution plus rapide, une inauguration plus rapprochée.

Un syndicat fut organisé sur les bases du précédent par M. Lévy-Crémieux, mais il ne prit ferme que le premier tiers de l'émission.

Cette fois encore il y eut réussite complète ; le public souscrivit les 600.000 obligations.

Les frais de l'émission s'élevèrent à.......... 10.708.078 75
En voici le détail :

FRAIS DE L'ÉMISSION DU 3 OCTOBRE 1883

Syndicat

Prime de 15 francs sur 200.000 obligations. .   3.000.000 »
Options de 10 francs sur 150.000 obligations .   1.500.000 »

Lévy-Crémieux

Sa part syndicataire, 1.675.000 francs (1)
Options de 10 francs sur 100.000 obligations .   1.000.000 »
Options de 3 francs sur 150.000 obligations. .   450.000 »

---

(1) Cette somme est comprise dans les 300.000.000 de francs représentant le premier bénéfice du syndicat.

Dépenses diverses

Publicité............................	1.501.694	75
Options et concours divers................	648.300	»
Commissions de placement à raison de 3 fr. 50 aux banquiers, 1 fr. 25 aux autres intermédiaires.........................	1.690.185	»
Commissions sur versements.............	315.145	»
Frais d'impressions....................	603.354	»
	10.708.078	75

Émission du 25 juillet 1884.

L'année suivante, le 27 septembre 1884, et pour se procurer les 129.000.000 restant à emprunter, on émit 387.387 obligations à 4 pour 100 offertes à 333 francs, remboursables en 75 ans.

ÉMISSION DU 27 SEPTEMBRE 1884

Le syndicat, qui n'avait garanti que les 150,000 premières obligations, eut comme d'habitude son large bénéfice.

Les frais de toute nature s'élevèrent à 8.912.455 francs.

En voici le tableau :

Syndicat

Prime de 15 fr. sur 150.000 obligations.......	2.250.000	fr.
Options de 10 fr. sur 106.310	1.063.105	»

Lévy-Crémieux

Sa part syndicataire 848.431 (1).		
Allocation personnelle....................	800.000	»
Son concours de placement...............	48.431	»

---

(1) Cette somme est comprise dans les 2.250.000 francs représentant le premier bénéfice du syndicat.

Dépenses diverses

Bonification aux établissements de crédit.....	503.663	»
Allocation à M. de Reinach................	40.000	»
— à M. Durrieu..................	15.000	»
— à M. Denfert-Rochereau..........	15.800	»
Publicité.............................	1.088.070	85
Options et concours divers.................	600.450	»
Commissions aux banquiers sur 459.762 titres placés à raison de 5 francs pour les banquiers et de 1 fr. 50 pour les correspondants divers	1.687.638	50
Commissions sur versements..............	238.913	68
Frais d'impression......................	561.582	97
	8.912.455	»

Comme pour l'émission précédente, M. de Lesseps avait écrit une lettre ouverte adressée cette fois aux grands établissements financiers et qui contient le passage suivant :

L'état de nos travaux, la disposition des chantiers et le matériel immense réuni dans l'isthme ne me laissent aucun doute sur l'achèvement du Canal en 1888.

Si on rapproche de cette déclaration cette simple constatation, qu'à la même époque (30 août 1884), sur 120.000.000 de mètres cubes à enlever pour atteindre le but, il n'en avait été extrait que 7.865.666, on voit si les faits devaient se charger de démentir des promesses aussi audacieuses.

Nous avons expliqué que l'émission du 27 septembre 1884 n'avait pas amené la souscription de la totalité des obligations ; il s'en fallait de 69.142 francs.

Elles furent placées sans publicité et par l'entremise d'un syndicat qui prit ferme le premier tiers avec une prime de 28 francs, et le reste à option.

Tentatives
de la
Compagnie de Panama
à l'effet d'obtenir
l'autorisation
d'émettre des valeurs
à lots (1885).
La Compagnie se trouvait ainsi avoir emprunté ses 300 millions de francs.

Il lui restait comme ressources financières, pour rêster dans les limites de ses prévisions, à faire l'appel de la seconde moitié sur les actions.

Comme il était facile de s'y attendre, l'argent ne tarda pas à manquer.

Dans les premiers mois de l'année 1885, les besoins d'un nouvel emprunt se faisaient déjà sentir impérieusement.

Pouvait-on compter encore sur le public ? Et comment lui dire que les 300.000.000 fr. qu'il avait déjà prêtés et qui devaient assurer l'achèvement du Canal n'étaient en somme qu'une entrée de jeu ?

Il y avait là un problème assez embarrassant à résoudre.

L'insuccès de la dernière émission donnait à réfléchir. L'appât avait été gros cependant. On avait offert à 333 francs des titres remboursables à 500 francs, rapportant 6 pour 100 du capital engagé, et le public ne s'en était pas montré autrement avide.

Il fallait quelque chose de mieux. M. de Lesseps songea à une loterie.

Les obligations à lots avaient assuré l'achèvement du Canal de Suez ; il n'y avait qu'à en faire autant pour Panama, et tout serait sauvé.

La faveur qui s'attache aux émissions des valeurs à lots produirait une heureuse diversion et on serait ainsi dispensé de fournir des explications gênantes sur la nécessité d'un nouvel emprunt.

Il y avait bien un obstacle, la loi de 1836 ! Mais il en est parfois des lois comme des principes, le tout est sujet à exceptions ; rien n'empêchait qu'on en fît une pour Panama, puisqu'on pouvait citer le précédent de Suez en 1868.

Démarches
de M. de Lesseps
chez M. Allain-Targé,
ministre
de l'Intérieur.
Ses menaces.
M. Ferdinand de Lesseps commença alors le siège des pouvoirs publics.

Trois jours après qu'il venait d'être reçu à l'Académie française et alors que les journaux étaient pleins de son nom, il se rendit chez M. Allain-Targé, ministre de l'Intérieur, et l'entretint du besoin qu'il avait d'être autorisé à émettre pour 600.000.000 d'obligations à lots.

Mais M. Allain-Targé n'avait pas confiance dans l'œuvre de Panama et il refusa de donner son concours à la combinaison qu'on lui soumettait.

M. Ferdinand de Lesseps se fit d'abord insinuant, puis menaçant.

M. Allain-Targé a déposé de ce fait devant la Cour d'assises en termes très précis.

Nous donnons ici un extrait de sa déposition :

La première entrevue que j'eus avec M. de Lesseps, je n'ai pas besoin de vous dire que je l'irritai beaucoup, malgré ma déférence. J'avais beau lui dire que j'admirais l'homme, mais que je me défiais de l'œuvre, il ne l'entendait point ainsi. Il m'avait dit dès le début, après m'avoir fait valoir beaucoup de considérations : « *Enfin, monsieur le ministre, vous savez que la Compagnie de Panama a dû s'assurer le concours d'un grand nombre de journaux, autant dire de toute la presse. Ce concours peut vous être bienveillant : vous n'êtes pas loin des élections, il peut vous être très précieux.* » Malgré ces bonnes paroles, je continuai à résister.

Je dis à M. de Lesseps des choses qui m'étaient pénibles à moi-même. Je manifestai ma propre défiance dans l'affaire. Je lui donnai des arguments qui le mettaient hors de lui ; je lui disais, je m'en souviens, qu'après tout l'affaire était internationale, qu'elle n'était pas uniquement française, qu'elle intéressait surtout l'Amérique, qu'il devait s'adresser aux capitaux américains plutôt qu'aux capitaux français.

Je l'irritai vivement, si bien qu'il finit par se fâcher et qu'il me dit : « *Prenez garde; si la République refuse ce que l'Empire a accordé, je serai bien obligé de faire tomber la responsabilité sur qui de droit. J'ai derrière moi des intérêts considérables et très puissants, j'ai derrière moi toute la presse. Prenez garde, au lieu du concours que je vous offrais, que je ne sois obligé de vous rendre responsable, devant tous les intérêts que je représente, de l'échec de la Compagnie.* »

Je ne répondis point à M. de Lesseps comme je l'aurais fait à un autre, mais enfin je persistai dans ma résistance. Je lui dis d'ailleurs que j'en référerais au Gouvernement, que je n'étais pas seul, que j'étudierais la question de savoir si une autorisation ministérielle pouvait suffire, s'il ne faudrait pas une loi. Alors il me déclara qu'il allait me mettre en demeure par une demande officielle. Cette demande me fut remise le 27 mai. La lettre de M. de Lesseps a du reste été reproduite dans le compte rendu de l'Assemblée des actionnaires le 27 juillet 1885.

9

La démarche près de M. Allain-Targé n'avait pas été heureuse.

A quelque temps de là, le ministre reçut la visite de M. Lévy-Crémieux, agent financier de la Compagnie de Panama, qui lui tint le singulier langage qu'on va lire.

Nous rendons ici la parole à M. Allain-Targé :

Entre temps, dit-il, on m'avait envoyé quelqu'un, et ce quelqu'un était peut-être venu sans en être chargé. Cependant, je vis bien vite qu'il parlait comme un confident de la Compagnie, sinon comme un ambassadeur.

Je n'ai connu, messieurs, ni Arton, ni Herz, ni M. de Reinach, mais j'avais rencontré quelquefois M. Lévy-Crémieux. M. Lévy-Crémieux était un homme après tout, intéressant sur ces questions de Bourse et de finance dont il connaissait tous les dessous. Il était intéressant surtout pour moi qui m'occupais de questions financières et qui n'ai jamais fait d'affaires. M. Lévy Crémieux me demanda une entrevue pour parler de l'affaire de Panama.

Je ne pourrais fixer exactement la date : je lui avais fixé un jour ; il me demanda de remettre au lendemain, parce que le jour fixé était celui du grand jeûne israélite de vingt-quatre heures. Il commença par me parler au point de vue technique et financier de l'affaire ; je l'écoutai, mais il ne put me convaincre. Il me dit alors : « Mais vous n'êtes pas le ministre des Travaux publics, ni le ministre des Finances ; vous êtes le ministre de l'Intérieur, le ministre politique, et les élections sont bientôt là ; vous avez une très mauvaise presse déjà, monsieur Brisson, et vous ne pouvez pas négliger la Compagnie. Nous tenons toute la presse, nous allons faire une campagne à la Girardin ; prenez-y bien garde. Après tout, vos élections vont venir, il vous faut des fonds secrets. » M. Lévy-Crémieux croyait qu'on fait des élections avec des fonds secrets ; je ne l'avais jamais compris ainsi ; il n'y a pas assez de fonds secrets pour faire des élections, certainement.

« Mais si vous n'avez pas assez de fonds secrets, me dit M. Lévy-Crémieux, la Compagnie serait enchantée de vous donner quelque chose qui vous aiderait, quelques centaines de mille francs. » Je lui dis : « M. Lévy-Crémieux, mêlez-vous de ce qui vous regarde, parlez-moi finance, mais ne me parlez pas politique. » Il me dit : « Il faudra pourtant bien que vous répondiez ; vous allez avoir une demande officielle qui vous mettra en demeure ; il faudra bien que vous fassiez une réponse officielle et vous verrez quel parti on en tirera dans la presse qui s'en emparera. »

Là-dessus, je coupai court et je répondis à M. Lévy-Crémieux : « Si vous m'êtes envoyé par la Compagnie, vous pouvez lui dire que j'ai déjà répondu, que j'ai donné une réponse officielle, que je la donnerai peut-être verbalement, mais pas par écrit, pour donner lieu à des polémiques. »

Convention entre la Compagnie de Panama et Cornélius Herz.

Vers la même époque, il se passa un autre fait qui mérite d'être signalé, et qui va établir très nettement que dès ce moment la Compagnie était résolue à ne reculer devant aucun procédé pour obtenir l'autorisation qu'elle sollicitait, en même temps qu'il démontrera, une fois de plus, avec quelle facilité elle gaspillait les deniers de ses actionnaires et de ses obligataires.

Un étranger, le docteur Cornélius Herz, qu'on connaît aujourd'hui, s'était présenté à M. Charles de Lesseps en se flattant d'obtenir, grâce à ses influences personnelles, le dépôt et le vote d'une loi qui permettrait l'émission des valeurs à lots.

Après le refus qu'on venait d'essuyer près du Gouvernement, la chose paraissait bien invraisemblable.

On prêta néanmoins l'oreille à ses propositions, et on passa avec lui un traité, dont nous ne connaissons pas les clauses, que M. Charles de Lesseps prétend avoir été ultérieurement brûlé, mais qui, d'après le baron de Reinach, aurait encore été en vigueur en 1888, ainsi qu'on le verra plus loin.

D'après ce traité, dix millions auraient été promis à Herz si l'affaire des lots réussissait, et le baron de Reinach aurait avalisé l'engagement de la Compagnie.

Tout ceci est un peu du domaine de l'hypothèse ; mais ce qui est certain c'est que, muni de cette pièce, Cornélius Herz pratiqua le chantage vis-à-vis de la Compagnie de Panama et se fit donner, en 1885, 600,000 francs qui lui furent comptés : 100,000 francs le 11 septembre, 500,000 francs le 2 décembre. L'opération se régla à l'aide de bons anonymes et on la dissimula dans le chapitre de la publicité.

M. Charles de Lesseps expose le fait à sa manière dans son interrogatoire du 15 janvier 1893 devant M. Franqueville :

En 1885, à une époque de l'année que je ne puis préciser, et après la demande faite par la Compagnie, afin d'être autorisée à émettre des obligations à lots, M. Herz, qui avait rencontré plusieurs fois mon père en tant que membre de l'Académie des sciences, s'en fut trouver mon père en faisant valoir que lui, Herz, exerçait une grande influence et demanda à être chargé du rôle financier de l'émission, affirmant qu'il ferait toutes les démarches utiles et nécessaires pour assurer le vote de la loi en usant de son influence personnelle. Une lettre attestant la convention qui fut faite visait les dépenses financières de l'émission. Dès que cette lettre fut entre les mains de Herz, les demandes d'argent commencèrent. C'est ainsi que, cédant à une première série de sollicitations, je finis par escompter, en prélevant la somme sur un crédit de publicité, pour 600,000 fr. de traites de l'entrepreneur Dauderni, traites dont Cornélius Herz était porteur. Je ne pouvais pas me faire un ennemi de Herz, auquel on attribuait une grande influence, dont le rapide avancement dans la Légion d'honneur, dont la situation comme gros actionnaire de la *Justice* faisaient craindre l'hostilité. Je payai donc les 600,000 francs en question, en restant détenteur des papiers de Dauderni. Comme Herz recommença, en 1886, à me demander de l'argent, j'ai fini par lui représenter qu'en lui rendant les effets Dauderni je lui remettais de l'argent et j'obtins en même temps, je crois, le dépôt de la lettre qui contenait les conventions dont j'ai ci-dessus parlé, dépôt qui fut fait sous pli cacheté entre les mains de M. Mahot de La Quérantonnais, mon notaire, qui en ignorait le contenu.

L'enveloppe portait une suscription à peu près ainsi conçue : « Si ce pli « n'a pas été retiré à telle date..., ce papier sera brûlé. » Ce papier a été brûlé par moi en présence de M. Mahot, après l'échéance indiquée sur la suscription. Je n'ai pas revu M. Herz depuis. C'est en 1887 que ce pli a été brûlé.

Le récit de M. de Lesseps est-il fidèle ?

L'engagement de la Compagnie a-t-il été effectivement détruit ?

Nous ne sommes pas à même de résoudre ces questions.

Ce que nous savons, c'est que, si M. de Reinach avait cautionné l'engagement de la Compagnie, celle-ci n'eut d'autre souci, en composant avec Herz en septembre et décembre 1885, que de retirer sa propre signature. Elle ne se préoccupa pas de dégager celle de M. de Reinach et on verra qu'en 1888 Herz se fera donner par celui-ci deux millions qui proviendront de la Compagnie de Panama.

Tout ceci sera expliqué dans le chapitre relatif au Parlement.

Nous ne pourrions en parler ici sans nous départir de la méthode que nous avons adoptée et qui consiste à suivre les faits d'après leurs dates.

Demande officielle de M. de Lesseps (27 mai 1885). Le 27 mai 1885, M. Ferdinand de Lesseps écrivait officiellement au ministre et lui demandait l'autorisation d'émettre pour 600,000,000 de valeurs à lots.

On ne pouvait plus, comme on l'avait fait jusqu'alors, soutenir que le Canal ne coûterait que 600,000,000 de francs tout compris. Aussi

M. de Lesseps se tirait-il d'affaire en disant que s'il lui fallait maintenant 600 autres millions, il restait néanmoins dans les limites fixées par le Congrès de 1879.

La lettre publiée dans le *Bulletin* du 1er août 1886 commençait ainsi :

« Monsieur le Ministre,

« La Compagnie du Canal de Panama se trouve actuellement dans la situation où se trouvait la Compagnie du Canal de Suez deux ans avant l'inauguration du Canal maritime.

« Presque la moitié de l'effort nécessaire pour achever le Canal de Panama a été faite.

« L'organisation des chantiers, l'installation sur toute la longueur de la ligne, d'un Océan à l'autre, de vingt entrepreneurs creusant l'isthme à leurs risques et périls, un matériel immense à pied d'œuvre et tel que le Canal peut être terminé et inauguré en 1888, dans les conditions du programme du Congrès international de 1879, — ont nécessité les dépenses prévues et dont l'importance est relative à l'effort accompli.

« Sur les 1,071 millions de francs fixés par la Commission internationale comme coût total du Canal achevé, 471,303,000 francs ont été appelés et dépensés ou engagés pour l'exécution du Canal proprement dit. »

Le Cabinet, présidé alors par M. Brisson, écarta la demande purement et simplement.

Au bilan du 30 juin 1885, établi comme d'habitude en 1886, la situation était celle-ci :

Situation de la Société au 30 juin 1885.

Charges sociales	132.693.980 72
Achat des actions du Panama-Rail-Road	93.778.225 23
Frais dans l'isthme	85.295.546 61
Frais à Paris	8.052.880 13
Immobilisations	96.185.463 46
Travaux	79.687.108 74
Total	495.793.204 89

Quant aux cubes extraits ils étaient de 12.000.000 de m. c.

Assemblée générale
du 29 juillet 1885.

Le 29 juillet 1885 eut lieu l'Assemblée générale.

M. de Lesseps y expliqua la nécessité d'emprunter 600.000.000 en ayant bien soin de faire remarquer qu'il respectait les données du Congrès; il lut la lettre qu'il avait écrite au ministre, et, sans faire connaître la réponse qu'il avait reçue, il ajouta :

Munis de votre approbation, nous continuerons nos démarches pour avoir l'autorisation légale nécessaire.

Nous aimons à croire que votre cause, d'un intérêt si national par le caractère de l'œuvre entreprise et les capitaux engagés, en même temps qu'universelle par les services que le monde en attend, obtiendra du gouvernement de la République la même sympathie que les actionnaires du Canal de Suez avaient obtenue, jadis, dans des circonstances identiques.

A la suite de ce rapport, la décision suivante fut votée :

L'ASSEMBLÉE,

Donne tous pouvoirs au Conseil d'administration pour se procurer, par voie d'emprunt, selon les besoins, une somme de six cents millions de francs.

Charge le Conseil de déterminer l'époque, le mode et les conditions de l'opération.

Appel
du troisième quart
sur les actions.

Le 1er novembre 1885, avant toute tentative d'emprunt, le Conseil d'administration décida l'appel du troisième quart sur les actions.

Dans ce même mois de novembre, la Compagnie de Panama reprit ses démarches près du Gouvernement en vue d'être autorisée à emprunter ses 600.000.000 à l'aide d'obligations à lots.

Organisation,
aux
frais de la Compagnie,
du pétitionnement.

A l'effet de donner plus de poids à sa demande, elle chargea M. Ferdinand Martin, le banquier de Nyons dont nous avons déjà parlé, de faire signer des pétitions dans lesquelles les porteurs d'actions et d'obligations de Panama réclameraient, des pouvoirs publics, la loi sollicitée par M. F. de Lesseps.

M. Ferdinand Martin accepta et se mit en quête de signatures.

Il réussit, grâce aux fonds que lui avança la Compagnie, à en recueillir un assez grand nombre.

Le fait de son entente avec la Compagnie a été établi par M. Martin lui-même devant M. le Conseiller Prinet.

Voici un extrait de sa déposition :

D. — Vous nous avez dit que l'idée vous était venue d'un vaste pétitionnement qui aurait pour but de vaincre les résistances du Gouvernement, et que la Compagnie de Panama s'était empressée d'adopter cette idée. Est-ce que le pétitionnement a été spontané ? Est-ce qu'il s'est produit en dehors de toute pression et de toute influence exercées par l'administration du Canal ?

R. — Il n'a pas été spontané le moins du monde, il a été dirigé par les agents de la Compagnie et c'est la Compagnie qui en a fait les frais. Le nombre des pétitionnaires a été considérable (1).

Plus loin, M. Ferdinand Martin reconnaît avoir reçu 10.000 francs pour les frais de la première pétition dans la ville de Nyons.

Le *Bulletin du Canal interocéanique* du 1er décembre 1885 publia cette pétition, en la faisant précéder et suivre de deux lettres qu'il est intéressant de lire, maintenant qu'on sait comment le pétitionnement s'est produit.

Nous donnons ici le fac-similé même du *Bulletin* :

MANIFESTATION

DES

ACTIONNAIRES ET OBLIGATAIRES DE NYONS

M. Ferdinand de Lesseps a reçu la lettre suivante :

Nyons, le 23 novembre 1885.

Monsieur,

J'ai le grand honneur de vous donner communication de la Pétition suivante que mes amis et moi, tous porteurs de titres de Panama, avons adressée à MM. les Députés.

Nous avons pensé, Monsieur, qu'il était bon d'affirmer hautement la confiance

(1) Dans le rapport fait sur les pétitions par M. Richard et déposé sur le bureau de la Chambre, le 8 août 1886, il est exposé que le nombre des pétitions a été de 2,000, et celui des signataires de près de 12,000 représentant au moins 200,000 titres.

que nous inspirent votre grand nom, votre passé, et les immenses services rendus par vous à la civilisation, au commerce et aux intérêts français.

Veuillez agréer, etc.

MARTIN FILS,

Banquier à Nyons (Drôme), Délégué des Pétitionnaires de l'arrondissement de Nyons.

Voici le texte de cette pétition :

A M. le Président et à MM. les Membres de la Chambre des Députés.

Messieurs,

M. Ferdinand de Lesseps, président de la Compagnie du Canal interocéanique de Panama, a sollicité du Gouvernement de la République française, l'autorisation d'emprunter les sommes qui lui sont nécessaires pour terminer son œuvre au moyen d'une émission de valeurs à lots.

Les soussignés, porteurs d'Actions ou d'Obligations de cette Compagnie, absolument convaincus qu'une pareille mesure contribuerait puissamment à l'exécution rapide de cette grande entreprise, vous prient, Messieurs, en considérant des intérêts engagés et de l'importance de l'œuvre, de vouloir bien décider que cette autorisation sera accordée à M. Ferdinand de Lesseps.

Vos très respectueux serviteurs,

(*Suivent* 168 *signatures légalisées d'habitants du canton de Nyons.*)

M. Ferdinand de Lesseps a écrit la lettre suivante à M. Martin fils, de Nyons :

Paris, le 24 novembre 1885.

« Monsieur,

« Vous avez bien voulu me communiquer une Pétition qui vient d'être adressée à la Chambre des Députés par un grand nombre de porteurs d'Actions et d'Obligations de la Compagnie du Canal de Panama, habitant l'arrondissement de Nyons.

« Cet acte d'initiative de la part de nos associés m'est très précieux, et je vous prie de leur en adresser mes remerciements.

« Il est un témoignage nouveau de leur confiance dans l'avenir de l'entreprise. Il a bien la signification que vous indiquez.

« Veuillez agréer, etc.

« FERDINAND DE LESSEPS. »

Mais ce n'est pas seulement dans le *Bulletin* que la Compagnie de Panama publia la pétition Martin; on lui fit faire le tour de la presse.

Le *Petit Journal* qui comme beaucoup d'autres en donnait le texte, l'accompagnait des commentaires suivants :

Il vient de se produire dans un canton du Midi, à Nyons (Drôme), un incident très intéressant et qui console de bien des choses.

Là, dans ce coin de pays, des patriotes intelligents, bien inspirés, ont mis en œuvre, spontanément, une des théories les plus saines de nos organisations démocratiques modernes. C'est un exemple qui mérite la louange et l'attention.

. . . .

C'est ainsi qu'il faut agir. Il ne faut pas rester indifférent aux efforts de ceux à qui l'on a confié la direction de ses propres affaires. L'acte excellent des actionnaires et des obligataires de Panama du département de la Drôme est la mise en pratique du dicton populaire :

Aide-toi, le ciel t'aidera.

L'aide ainsi apportée spontanément au Grand Français et à son œuvre par les électeurs de la Drôme, manifestation qui s'est propagée sur tout le territoire national, n'est pas seulement une aide; mais, en cette circonstance, c'est un hommage quasi-plébiscitaire rendu à l'homme qui nous glorifie et nous enrichit, malgré toutes les difficultés, malgré tous les obstacles, malgré les insultes et malgré les calomnies.

C'est pourquoi nous voudrions que la manifestation se propageât davantage encore. Il ne faudrait pas qu'un seul des associés de M. de Lesseps restât en dehors de ce mouvement. Or il suffit de copier l'excellente lettre rédigée par les actionnaires et obligataires de Nyons, de la faire signer, de faire légaliser les signatures et d'envoyer ensuite le document à M. de Lesseps, à Paris.

Il est difficile d'avoir une telle occasion de servir ses propres intérêts, en témoignant à un homme, dont la France s'honore et que le monde entier admire, les sentiments élevés que l'on éprouve pour lui.

THOMAS GRIMM.

Est-il étonnant qu'après une semblable publicité on ait recueilli 12,000 signatures ?

En présence de ce mouvement et des nouvelles instances de M. F. de Lesseps, le Conseil des ministres se décida, non pas encore à donner l'autorisation sollicitée, mais à envoyer dans l'Isthme de Panama un ingénieur qui aurait à examiner si l'achèvement du Canal

Mission Rousseau 24 décembre 1885.

était chose possible, et qui, en tous cas, par ses observations relevées sur place et consignées dans un rapport, mettrait les pouvoirs publics en mesure d'apprécier s'il y aurait lieu oui ou non de faire droit à la demande de la Compagnie.

Par arrêté du 24 décembre 1885, M. Demole, alors ministre des Travaux publics, confia cette mission à M. Armand Rousseau, ingénieur en chef des Ponts et Chaussées.

Le 6 janvier 1886, M. Rousseau s'embarqua à Saint-Nazaire.

Il ne partait pas seul. A côté de lui, sur le même steamer, s'embarquait également toute une autre mission, organisée par la direction de Panama, et comprenant entre autres personnes : M. Ch. de Lesseps, M. Étienne Martin, secrétaire général de la Compagnie, M. Jacquet, inspecteur général des Ponts et Chaussées, et M. Boyer, ingénieur en chef, qui devait être le directeur des travaux dans l'Isthme.

Les deux missions arrivèrent peu de temps après que la Compagnie avait adopté, pour l'exécution du Canal, une organisation nouvelle.

Période des grandes entreprises. On sait qu'après la retraite de MM. Couvreux et Hersent, à la fin de l'année 1882, la situation ne comportant pas encore l'emploi de puissants appareils, le travail avait été morcelé en un grand nombre de petites entreprises : une centaine environ.

Les chantiers avaient été échelonnés sur toute la longueur du Canal et ils n'avaient pas tardé à transformer l'aspect de l'Isthme; mais les grosses difficultés, le barrage du Chagres et le percement de la Culebra, n'avaient pas été abordées.

La question du Chagres n'était même pas définitivement résolue.

Les petites entreprises avaient cependant travaillé consciencieusement, et à des prix modérés.

Vers la fin de l'année 1885, la Compagnie de Panama, ayant estimé qu'elles seraient incapables de terminer l'œuvre dans les délais voulus, avait remanié, comme nous venons le dire, son organisation et confié la totalité des travaux à six grandes entreprises ayant chacune une tâche bien distincte à remplir.

Tous les nouveaux marchés comportaient la date du 1er juillet 1889 comme délai extrême d'achèvement.

L'avenir a démontré que les grandes entreprises avaient coûté beaucoup plus cher que les petites et qu'elles n'avaient guère fait, pour la plupart tout au moins, plus de besogne (1). Mais au moment de l'arrivée de M. Rousseau et des autres ingénieurs, elles venaient seulement de se mettre en marche de sorte qu'il était difficile de prévoir ce qu'elles donneraient.

Le 20 janvier 1886, c'est-à-dire trois semaines après le départ de son fils, M. F. de Lesseps s'embarquait de son côté à Southampton pour Panama.

Voyage de M. Ferdinand de Lesseps dans l'Isthme (20 janvier 1886).

Avant son départ, et dans un discours qu'il fit à la Société de topographie de France, il avait annoncé qu'il allait se rendre dans l'Isthme *pour inaugurer la période d'exécution finale des travaux*, et il avait répété, comme il le fit d'ailleurs en toute circonstance, que le Canal serait sans écluses, à ciel ouvert, à niveau comme à Suez.

Il avait également écrit aux Chambres de commerce de Paris, Lyon, Marseille, Bordeaux, Nantes, le Havre et Rouen, pour les prier de désigner des délégués qui voulussent bien l'accompagner dans ce voyage *d'inauguration de la dernière période des travaux*.

Discours et lettres furent publiés dans les numéros du *Bulletin* des 1er et 15 janvier 1886.

Quatre villes seulement répondirent à l'appel de M. F. de Lesseps et envoyèrent des délégués : Marseille, Rouen, Saint-Nazaire et Bordeaux.

En mars 1886, tout le monde était de retour.

Peu de temps après, le 8 avril, M. Richard, député, et ami per-

Rapport Richard sur les pétitions (8 avril 1886).

(1) Voir le rapport de M. Guillemet sur les entrepreneurs.

sonnel de M. Martin, si on en croit ce dernier, déposait le rapport fait au nom de la Commission des pétitions.

Ce rapport, que la Chambre renvoya à l'examen des Ministres compétents, était favorable aux réclamations des pétitionnaires. Le *Bulletin* du 15 avril 1886 le publia *in extenso*.

Et comme M. Richard avait déclaré « que d'après l'avis des ingénieurs américains le creusement du Canal pouvait être activement poussé, si l'argent durait, et terminé en 1888 ou 1889 », la Compagnie ne manqua pas de dire et d'écrire : « Vous voyez ; la question a été examinée à la Chambre et le Canal sera fini au plus tard dans 3 ou 4 ans ».

Ce que la Compagnie ne disait pas, c'est que c'était sur les documents par elle fournis que le rapport avait été établi.

Création de 362 631 obligations à 333 francs. Le 9 avril, sur la proposition du Comité de direction, le Conseil d'administration, se basant sur la décision de l'Assemblée générale des Actionnaires du 29 juillet 1885, décidait qu'il serait créé 362.631 obligations de 500 francs 4 0/0, émises comme les précédentes à 333 francs et devant donner 120,000,000.

Comme on ne désespérait pas d'obtenir la loi sur les valeurs à lots, on ne fit pas de souscription publique ; la Direction se chargea de placer les titres au mieux.

Le résultat ne fut pas brillant ; on n'obtint qu'une vingtaine de millions ; exactement 19,340,093 fr. 20.

La nécessité se présentait donc plus urgente que jamais de continuer le siège des pouvoirs publics.

Le Ministère n'était plus le même. Au cabinet Brisson avait succédé le cabinet Freycinet, et M. Baïhaut avait remplacé aux Travaux publics M. Demole, qui était à la Justice.

Rapport Rousseau. De son côté, M. Rousseau avait fait et remis son rapport, et le Conseil des ministres avait décidé qu'il serait tenu secret jusqu'à ce que M. Baïhaut en eût pris connaissance, qu'il s'en fût expliqué devant le Conseil, et qu'une décision eût été prise.

Or, le rapport Rousseau était fait pour éveiller des craintes, même parmi les plus enthousiastes de l'œuvre de Panama.

Sans doute il déclarait que scientifiquement le percement de l'Isthme était possible, mais il ajoutait que son achèvement avec les ressources prévues, et dans les délais annoncés, lui paraissait plus que problématique à moins que la Compagnie ne se décidât à apporter dans ses projets des réductions et des simplifications importantes.

Et il concluait ainsi :

En conséquence, j'estime qu'avant d'engager devant les Chambres la discussion de cette demande d'emprunt, le Gouvernement doit inviter la Compagnie de Panama à prendre l'avis de sa Commission consultative supérieure sur les deux questions suivantes :

1° La réalisation du programme que la Compagnie s'est tracé ne soulève-t-elle pas, au point de vue technique, des difficultés presque insurmontables? Peut-on espérer sérieusement que ce programme sera réalisé dans les conditions que l'on annonce au public en l'invitant à souscrire l'emprunt?

2° Ne serait-il pas possible, au point de vue technique, d'apporter au projet des changements et des simplifications qui faciliteraient l'achèvement de l'œuvre?

La Compagnie devrait naturellement soumettre à sa Commission consultative, comme éléments essentiels de ses délibérations, les avis de MM. Jacquet et Boyer, de manière que toutes les responsabilités soient nettement engagées dans cette grave affaire.

MM. Jacquet et Boyer qui, eux aussi, ont fait chacun un rapport écrit, étaient moins rassurants encore que M. Rousseau.

Rapports Jacquet et Boyer.

M. Boyer, après avoir fait des réserves sur la possibilité de percer la Culebra et de pratiquer dans cette montagne des talus de 120 mètres de hauteur, estimait que les dépenses nécessaires pour l'exécution du programme complet seraient de 1 milliard 800 millions et la durée des travaux de sept ans à partir du 1er juillet 1886 ; ce qui renvoyait l'ouverture du Canal au milieu de 1893.

Il ajoutait ceci : *A l'heure actuelle, sur l'Isthme, chez nos entrepreneurs, comme chez nos agents, le doute est dans tous les esprits.*

Lui-même doutait plus que tout autre de la réalisation de l'entreprise au point de vue financier, et il proposait, en attendant qu'on eût les ressources nécessaires pour faire un canal à niveau, d'établir provisoirement un canal à deux biefs de partage dont le plafond serait arasé à la cote 46, c'est-à-dire à 46 mètres au-dessus du niveau moyen des mers. Un ascenseur hydraulique très puissant aurait pris les navires au pied de la Culebra dans le bief inférieur, et les aurait fait passer dans le bief supérieur.

M. Jacquet estimait lui aussi que la dépense à faire était bien supérieure à celle indiquée par la Compagnie, de même que le délai fixé, était notoirement insuffisant :

Il se prononçait très nettement pour un canal à écluses, qui n'en devait pas moins coûter encore 1 milliard et demander six ou sept années de travail, mais qui permettrait d'attendre qu'on pût se remettre au canal à niveau, si un jour ou l'autre les recettes en procuraient le moyen.

Pour se conformer aux conclusions de M. Rousseau le ministre des Travaux publics demanda à M. de Lesseps de prendre l'avis de sa Commission consultative supérieure, ce qui fut fait.

La Commission donna son avis le 21 mai.

Sur la question technique, elle déclara qu'elle n'avait rien à changer à sa première décision qui avait été favorable au canal à niveau ; mais, sur la question financière, sur les voies et moyens, sur le délai, ce fut autre chose :

Sans refuser absolument de répondre, elle fit précéder sa décision des réflexions suivantes :

Quant aux questions de délai et à l'évaluation de la dépense, nous devons tout d'abord vous faire observer que les membres de votre Commission consultative sortent de leur rôle, excèdent leurs attributions et même leur compétence, en répondant à cet égard pour la première fois à des questions que vous ne leur avez jamais posées et que vous n'aviez pas à leur poser parce qu'il ne leur appartient pas de savoir si, pour des motifs d'ordre supérieur dont la Compagnie est seule juge, il est nécessaire de hâter l'achèvement des travaux, parce que la dépense définitive dépend dans une large mesure de beaucoup d'éléments qui ne sont et qui ne doivent pas être soumis à notre appréciation, tels que la direction à imprimer aux travaux en vue d'assurer leur achèvement plus ou moins rapide, les marchés à passer avec les entrepreneurs, les détails de l'administration, enfin les dispositions financières que votre Administration juge les plus économiques et les plus opportunes pour assurer l'exécution des travaux.

Et la décision elle-même, quelle fut-elle?

Non pas qu'avec les 600 millions demandés on pourrait achever le Canal, mais que, si ces fonds étaient utilement employés, les travaux seraient avancés à un tel point qu'on pourrait savoir alors quel serait le dernier sacrifice à faire.

Quoi qu'il en soit, disait la Commission, il résulte pour nous, des renseignements que vous nous avez fournis, qu'après la réalisation de l'emprunt que la Compagnie demande à émettre, vous serez en mesure de conduire l'entreprise à un degré d'avancement tel, que, si la communication n'est pas ouverte entre les deux mers, il apparaîtra du moins aux yeux même les plus prévenus que l'achèvement final de l'entreprise est assuré moyennant un dernier effort qu'alors on pourra mesurer avec précision.

Et comme le fait très justement remarquer notre collègue M. de Villebois-Mareuil, dans son rapport sur les procès-verbaux de la Commission de 1886 :

« Quel sera ce complément? Les ingénieurs se gardent bien de le dire. »

En présence de ces documents, M. Baïhaut, tout particulièrement compétent pour en apprécier la portée, avait à se demander s'il proposerait ou non à ses collègues de présenter la loi d'autorisation aux Chambres.

Corruption de M. Baïhaut.

On sait à quelles considérations criminelles il s'est arrêté.

Par l'intermédiaire d'un sieur Blondin qu'il avait connu autrefois au Crédit Lyonnais, il fit savoir à la Compagnie de Panama qu'il exigeait 1 million pour lui donner satisfaction. M. Charles de Lesseps adhéra au nom de celle-ci, et il débattit avec le Ministre, non pas le prix de la corruption, mais les étapes des payements.

Il ne voulait payer qu'à bon escient et si le service promis était rendu.

On stipula qu'il serait versé au Ministre 375.000 francs le jour du dépôt du projet, 125.000 après le vote de la Chambre, mais avant celui du Sénat, 500.000 avant l'émission.

M. Baïhaut passa par toutes les conditions de cet abominable marché et accepta toutes les humiliations.

Le 17 juin 1886, il déposait le projet et recevait le même jour 250.000 francs; le 21 juin il touchait 125.000 francs.

Ce projet qui tendait à autoriser la Compagnie à emprunter 600 millions par voie d'obligations à lots contenait cette réserve :

> Nous insistons sur ce que cette initiative ne saurait entraîner pour le Gouvernement aucune responsabilité relativement au résultat d'une entreprise qu'il n'est pas admis à contrôler. Nous reconnaissons qu'un grand effort a déjà été réalisé à Panama ; mais nous faisons les réserves les plus formelles en ce qui concerne soit les délais d'exécution, soit les capitaux nécessaires pour mener l'œuvre à bonne fin. Ces réserves s'imposent d'autant plus que les délais et capitaux peuvent dépendre de remaniements dans les projets.

Commission chargée d'examiner le projet de loi sur les valeurs à lots (24 juin 1886).

Le 24 juin, la Chambre élut sa Commission qui se composa de MM.

Germain Casse, président,	Richard,
Barbe,	Pernolet,
Salis,	Le Guay,
Marmonier,	Cordier,
Andrieux,	Gabriel Compayré, secrétaire.
Proal,	

La Commission entendit M. de Freycinet, président du Conseil des ministres, signataire du projet, MM. Sadi Carnot (finances), Baïhaut (travaux publics), Sarrien (intérieur) ; M. Demole qui avait envoyé M. Rousseau dans l'Isthme, puis MM. les ingénieurs Rousseau et Jacquet, enfin MM. Ferdinand et Charles de Lesseps.

Les procès-verbaux ont été pour la plupart sténographiés et on en trouvera les détails dans le rapport de M. de Villebois-Mareuil.

Nous n'en donnons ici qu'un très court résumé.

M. de Freycinet s'expliqua plus particulièrement sur ce fait que le Gouvernement, n'accordant aucune garantie, n'entendait pas encourir de responsabilité ; qu'il donnait simplement une faculté d'émission et que, s'il était amené à défendre le projet, il le ferait dans les limites de l'exposé des motifs.

Quant aux ministres signataires, ils furent loin d'être d'accord. M. Sadi Carnot, interpellé sur la question de savoir s'il soutiendrait le projet, répondit : *Non*.

M. Sarrien déclara qu'il n'avait donné qu'une signature de forme à cause de l'exception faite à la loi de 1836 sur les loteries dont le ministre de l'Intérieur a l'exécution.

Seul, M. Baïhaut se déclara prêt à soutenir la loi, en ajoutant que la réponse du ministre des Finances l'avait surpris.

M. Demole expliqua simplement dans quelles conditions M. Rousseau avait été envoyé dans l'isthme, et comme il disait que la décision avait été prise par le Conseil à l'unanimité, il fut interrompu par M. Sadi Carnot qui protesta.

Les ingénieurs se montrèrent très affirmatifs sur l'impossibilité qu'il y avait, d'après eux, d'effectuer le canal à niveau, en se plaçant toujours au point de vue financier.

M. Rousseau déclara très catégoriquement que le canal à niveau était une utopie et qu'il ne pourrait se faire qu'au prix de sacrifices tels que l'entreprise en serait chimérique.

M. Jacquet affirma que les 600 millions de francs demandés « *étaient notoirement insuffisants* », et il se prononça si catégoriquement qu'il crut devoir ajouter : « *Ma réponse doit paraître raide.* »

Tous deux concluaient à la possibilité d'exécution d'un canal à quatorze écluses.

MM. de Lesseps père et fils ne firent pas de réponses bien nettes aux questions, pourtant très précises, qui leur furent posées.

Interrogé par M. Barbe sur le point de savoir ce qu'il ferait si la Chambre refusait l'autorisation, M. Ferdinand de Lesseps répondit :

La souscription se ferait quand même. Je soutiens les intérêts des petites gens, des ouvriers qui m'apportent leur argent, je tiens simplement à leur épargner les frais. Or, avec le projet il n'y a pas de frais. Autrement je suis obligé de recourir aux banquiers. »

Il sera intéressant de rapprocher ces paroles du coût de l'émission des valeurs à lots en 1888.

La Commission, peu éclairée par les déclarations de MM. de Lesseps sur la manière dont l'entreprise était conduite, décida dans sa séance du 8 juillet 1886 de demander en communication à la Compagnie de Panama un certain nombre de pièces, parmi lesquelles les contrats avec les entrepreneurs et le bilan au 30 juin 1886.

Cette demande fut transmise le jour même par M. Germain Casse à M. F. de Lesseps qui, le lendemain, 9 juillet, envoyait aux actionnaires et correspondants de la Compagnie de Panama cette lettre hautaine :

Paris, le 9 juillet 1886.

« *A Messieurs les Actionnaires et Correspondants de la Compagnie du Canal de Panama.*

« Messieurs,

« J'apprends la décision prise, hier, par la Commission parlementaire chargée d'examiner le projet de loi, par laquelle le Gouvernement de la République proposait de m'autoriser à émettre 600 millions en obligations à lots. — Six Députés, sur onze, saisis du projet de loi, ont pris une décision dont la conséquence est de renvoyer à la session d'automne, c'est-à-dire en octobre ou novembre, la solution à intervenir.

« Est-ce par de tels atermoiements, par de telles lenteurs, que l'on facilitera à nos travailleurs, là-bas, l'exécution du Canal pour 1889.

« Faut-il attendre encore quatre mois et perdre un temps précieux? Faut-il livrer la destinée de notre œuvre aux incidents imprévus de la politique? Faut-il risquer l'intérêt de nos 350.000 actionnaires ou obligataires? Je ne le pense pas.

« On m'ajourne, — je n'accepte pas l'ajournement.

« Fidèle à mon passé, lorsqu'on veut m'arrêter, je marche! Non pas seul, certes, mais avec 350.000 Français partageant ma confiance patriotique. »

Copie de cette lettre fut adressée, le jour même, à M. Germain Casse, qui la communiqua à la Commission, et celle-ci, dans sa séance du 10, prit une délibération pour expliquer qu'elle avait simplement demandé des pièces qu'on lui refusait, et pour protester contre cette étrange allégation de M. de Lesseps, qu'on avait voulu l'ajourner à une autre session.

Dans la soirée, à huit heures et demie, le Gouvernement fit savoir à la Commission qu'il retirait son projet de loi.

La Presse fut à peu près unanime à blâmer l'attitude de la Commission, et le *Bulletin* du 15 juillet enregistra complaisamment tous les articles qui parurent alors (1).

M. F. de Lesseps avait certainement dit vrai quand il s'était flatté, près de M. Allain-Targé, de « s'être assuré le concours d'un grand nombre de journaux, autant dire de toute la Presse ».

Nous avons vu que la Compagnie de Panama avait refusé de communiquer à la Commission son bilan au 30 juin 1886.

Bilan de la Société au 30 juin 1886.

On comprend sa résistance, car le bilan se résumait comme suit :

RESSOURCES RÉALISÉES

1° Versement des trois quarts sur les actions............................	226.250.000 »	
2° *Emprunts :*		
Émission du 7 septembre 1882 de 250.000 obligations de 500 fr. 3 0/0.....	109.375.000 »	
Émission du 3 octobre 1883 de 600.000 obligations de 500 fr. 3 0/0...	171.000.000 »	
Émission du 25 septembre 1884 de 409.667 obligations de 500 fr. 3 0/0 (2)..	132.059.710 17	
A ajouter :		
Produits divers	21.619.243 16	
Total.........	660.333.955 33	660.333.955 33

(1) On trouvera les extraits des journaux, tels qu'ils ont été publiés au *Bulletin* du 15 juillet 1886, dans les annexes du rapport de M. Dupuy-Dutemps sur les pétitionnements.

(2) On comprend dans cet article et les obligations souscrites le 25 septembre 1884, et celles du même type qui ont été placées ensuite soit par le Syndicat, soit par la Compagnie.

DÉPENSES

660.333.955 33

Immobilisations	122.683.646 16	
Frais dans l'Isthme	110.342.770 41	
Frais à Paris	10.212.293 36	
Charges sociales	170.346.854 86	
Actions du Panama-Rail-Road	93.878.225 33	
Travaux	132.692.655 93	
Différence d'écriture	02	
Total	640.156.446 07	640.156.446 07
Il ne restait disponible que		20.177.509 26

Cubes extraits au 30 juin 1886. Quant aux cubes extraits, ils étaient à cette même époque (30 juin 1886) de 22.276.000 mètres cubes.

Il restait à extraire pour arriver à 120.000.000, 97,724,000 mètres cubes.

Appel du quatrième quart sur les actions. Il fallait donc de l'argent à tout prix.

La Compagnie commença par appeler en juillet 1886 le quatrième quart sur les actions, ce qui devait lui donner ..... 73.750.000 »

Avec les ressources disponibles au 30 juin.... 20.177.509 26

cela faisait en tout........................ 93.927.509 26

Emprunts l'aide d'obligations nouvelles. C'était insignifiant.

Aussi M. Ferdinand de Lesseps, dans la circulaire même où il se plaignait si vertement des Pouvoirs publics, annonçait-il qu'il allait se procurer les 600 millions dont il avait besoin à l'aide d'obligations d'un nouveau genre :

Mais, disait-il, le type d'obligation à lots n'est heureusement pas le seul qui existe ; on peut procéder à une émission de titres qui, en outre d'un revenu honorable, assurerait à chaque porteur, sans exception, dans un temps donné, une large prime bénéficiaire, avec des tirages fréquents où le plus grand nombre possible d'obligations sortiraient, de manière à favoriser *également* le plus grand nombre possible de porteurs, au lieu d'en favoriser un seul, de temps en temps, par un gros lot.

C'est là, messieurs, ce que je vais proposer au Conseil d'administration.

Et puisque des représentants de mon pays, puisque de mes compatriotes, puisque six Députés, par leur attitude, m'empêchent d'aller de l'avant, de marcher avec vous à la conquête pacifique entreprise par la France dans l'isthme de Panama, nous passerons par-dessus l'obstacle, nous irons ensemble à cette deuxième victoire, nous émettrons les 600 millions nécessaires, au moyen d'obligations nouvelles, aux conditions générales que je viens d'indiquer.

Ces conditions, on devait les préciser à l'Assemblée générale des actionnaires du 29 juillet 1886.

Assemblée générale
du
29 juillet 1886.

En vertu des pouvoirs donnés au Conseil d'administration, par l'Assemblée générale de l'année précédente, de se procurer 600 millions aux conditions qui lui conviendraient, on allait émettre en plusieurs fois, pour pareille somme, des obligations dites *nouvelles* de 1.000 francs, avec intérêt à 6 pour 100 et qu'on offrirait au-dessous de 500 francs.

Ce n'était pas la loterie, mais on s'en rapprochait sensiblement puisque chaque obligation avait une prime de remboursement de plus du double du taux de l'émission.

Quant aux 19.340.093 francs obtenus par la création des obligations 4 pour 100, on ne les faisait pas entrer dans les 600 millions : cela n'en valait pas la peine.

L'Assemblée générale ne protesta pas, au contraire : ne lui promettait-on pas toujours l'ouverture du Canal pour 1889 ?

Il n'avait été extrait alors que 22 millions de mètres cubes ; mais on disait : « C'est dans les dernières années surtout, alors que le matériel est en place et que les grandes entreprises sont en pleine activité, que le grand effort se fait. »

A Suez, on avait mis 8 ans pour enlever 25 millions de mètres cubes ; dans les deux années suivantes on en avait extrait 50 millions et le Canal avait été inauguré à la date annoncée (17 novembre 1869).

A Panama, le même résultat se produirait ; on s'était assuré par les marchés faits avec les grands entrepreneurs qu'il serait extrait :

1 million de mètres cubes par mois en 1886.

2 millions   —   id.   —   en 1887.

3 millions   —   id.   —   en 1888 et dans les six premiers mois de l'année 1889.

De plus, des projets d'exécution plus économique avaient été proposés et ils allaient être soumis à l'examen de la Commission supérieure consultative des travaux.

Ces projets avaient tous pour objectif un canal à écluses; mais on se gardait bien de prononcer le mot.

M. F. de Lesseps disait même ceci :

Je crois, moi, votre Président, plus que jamais, que d'ici à un an le matériel accumulé dans l'isthme affirmera sa puissance à un tel point qu'il n'y aura plus aucun doute sur la possibilité du creusement du Canal maritime à niveau dans les délais fixés et dans la limite des dépenses prévues.

Le Président de la Compagnie de Panama obtint dans cette séance un véritable triomphe. On le vengeait de l'indifférence du Parlement.

Les journaux applaudirent à ce nouveau succès :

L'ovation qui a été faite à M. de Lesseps a pris, dit la *France*, les proportions d'une véritable manifestation patriotique. C'est au milieu d'une vive émotion que M. de Lesseps a proposé le vote des résolutions, qui ont été acceptées à l'unanimité. La séance a été levée à cinq heures, aux cris de « Vive la France ! »

Le *Figaro* :

Triomphe complet, à cette grande assemblée du Panama. Quinze cents actionnaires criaient : « Allez de l'avant, marchez en avant, nous vous soutiendrons. »
Cette parole d'un ingénieur des États-Unis de Colombie : « La France a commencé l'œuvre, la France l'achèvera », a été trois fois acclamée.
Pas une seule voix discordante; pas une seule main levée contre la série des résolutions présentées.
Une longue acclamation patriotique !

Le *Gaulois* :

Je sors de l'assemblée générale des actionnaires de la Compagnie universelle du Canal interocéanique de Panama, sous l'impression d'une sincère émotion. De ma vie, je n'ai vu saluer un homme avec pareil enthousiasme. M. de Lesseps, quelque habitué qu'il soit aux acclamations des foules, n'oubliera certainement pas la manifestation imposante dont il a été l'objet...

La *République Française :*

Quand M. de Lesseps a dit les derniers mots de ce rapport : « Nous comptons « sur votre fidélité, messieurs, comme vous pouvez compter sur notre dévoue- « ment », ç'a été un formidable tonnerre d'applaudissements.

L'*Intransigeant :*

Empressons-nous de le dire, c'est un nouveau et très réel triomphe que vient de remporter M. de Lesseps. Les capitaux essentiellement français, qui ont constitué la Société de Panama, n'abandonnent pas leur président, car ils savent que l'étranger est prêt à profiter de nos fautes pour s'emparer, sans efforts, de cette œuvre, afin d'élever une gloire usurpée sur les ruines de la Compagnie française.

L'*Événement :*

Notre opinion sur le Panama n'a jamais varié, malgré tout ce que l'on a pu faire et dire, mais nous devons dire que notre conviction s'est encore fortifiée en entendant le Grand Français répéter avec cette conviction qui est sa force : Le Canal sera prêt à l'époque fixée et dans les conditions indiquées.

Nous n'avons jamais douté que M. F. de Lesseps n'ait eu une foi robuste dans le succès de son œuvre ; mais était-il bien en droit d'af-firmer qu'il croyait, lui personnellement, à l'achèvement du canal *à niveau* dans la limite des dépenses prévues, alors qu'il y avait à payer aux grands entrepreneurs, d'après les contrats mêmes qu'on venait de passer avec eux, une somme de 783.341.542 44
et qu'il y avait à leur fournir un matériel qui a coûté 37.234.907 85

Comparaison entre les affirmations produites à l'Assemblée générale du 29 juillet 1886.

Pouvait-il simplement dire qu'on resterait dans les délais fixés, alors que M. Dingler, l'ingénieur conseil de la Compagnie, aussi chaud partisan que M. de Lesseps lui-même d'un canal à niveau, savait et disait qu'il faudrait vingt ans pour l'établir, et que la dépense s'éleve-rait à 2 milliards si les capitaux voulaient bien ne pas se montrer trop exigeants (1)?

_____

(1) Voir déposition de M. Dingler à l'audience de la 1re chambre de la Cour d'appel du 12 janvier.

M. Flory a d'ailleurs fait, dans son remarquable rapport, le calcul des prévisions certaines des dépenses à partir du 1ᵉʳ juillet 1886.

Ce calcul est si exact et si clair que nous le donnons sans commentaires.

1ʳᵉ Catégorie. — Sommes à payer pour travaux aux entrepreneurs....................	783.341.542 44
2ᵉ Catégorie. — Matériel et habitations à fournir par la Compagnie..................	37.234.903 85
3ᵉ Catégorie. — Frais généraux à Paris, dans l'Isthme et charges sociales..............	213.458.622 »
Plus......... Les charges des nouveaux emprunts nécessaires....................	247.440.000 »

Total des dépenses à prévoir à partir du 1ᵉʳ juillet 1886 pour l'établissement du Canal maritime..... 1.281.475.068 29

Et si l'on se reporte au bilan arrêté le 30 juin 1886, on voit que les ressources disponibles de la Compagnie se chiffraient ainsi :

Versement du quatrième quart non appelé sur les actions........................	73.750.000 »	
Espèces en caisse, à la Banque, dans les Sociétés de Crédit, versements arriérés sur les titres, débiteurs divers, etc.	58.622.217 75	
Total......	132.372.217 75	
A *déduire* : passif à acquitter.....	38.444.708 69	
Reste	93.927.509 06	93.927.509 06

La Compagnie avait ainsi à se pourvoir, de 1886 à 1889, pour l'exécution du programme arrêté, d'une somme totale de.. 1.187.547.559 23

A qui fera-t-on croire que la Compagnie de Panama, qui avait près d'elle des hommes du plus haut mérite, pleins de savoir et d'expérience, n'ait pas songé à établir ces prévisions?

Et, si elle l'a fait, comment qualifier cette affirmation sans cesse répétée depuis le mois de mai 1885, que, si l'on demandait à nouveau 600.000.000, c'était tout ce qu'il fallait et amplement pour terminer le Canal ?

Au moins va-t-on se montrer économe, quand on les **aura** obtenus des deniers des petites gens, des ouvriers, dont M. de Lesseps s'était fait le défenseur devant la Commission parlementaire? Ce fut tout le contraire qui arriva.

Vers 1885-1886, le Comité de Direction, présidé par M. Ch. de Lesseps, était devenu tout-puissant.

M. Ferdinand de Lesseps restait toujours à la tête de l'entreprise, mais il se contentait de venir en personne aux Assemblées générales d'actionnaires et d'assister aux solennités du dehors. Le Comité seul agissait : il avait la haute main sur l'entreprise tout entière et jamais administration ne se montra plus disposée à céder aux exigences qui se manifestèrent de tous côtés et qui se multiplièrent en raison même de la facilité avec lesquelles on les subissait.

La Compagnie se montra si débonnaire, que la caisse fut pour ainsi dire ouverte à tout venant. Pour peu qu'on se fît suppliant ou menaçant, menaçant surtout, on acquérait le droit d'y puiser.

Les entrepreneurs et les financiers eurent de beaucoup la plus grosse part dans ces libéralités ; mais la presse ne fut pas oubliée, ni le haut personnel, ni les amis de la maison auxquels la Compagnie tenait à être agréable.

Nous avons exposé plus haut que vers la fin de 1885 et au commencement de 1886 on avait renoncé aux petits entrepreneurs pour diviser le travail entre six grandes entreprises qui furent :

L'American Contracting and dradging C°;

M. Jacob, de Nantes;

MM. Vignaud, Barbaud, Blanleuil et Cie ;

La Société des Travaux publics et de construction ;

MM. Artigue, Sonderegger et Cie ;

MM. Barataux, Letellier et Cie.

On commença par payer à ces nouveaux entrepreneurs des prix plus élevés qu'aux petits, ce qui n'avait rien de surprenant, puisqu'ils devaient aller plus vite ; mais on remania constamment leurs marchés et toujours avec une majoration de prix sur les contrats précédents ; on leur donna des indemnités sous toutes les formes ; par exemple : on s'engageait à faire à telle entreprise une avance remboursable par retenues mensuelles ; si l'avance était faite, on n'exigeait pas le remboursement et on la transformait en allocation ferme ; si elle ne l'était pas, on donnait la somme promise à titre d'indemnité.

Il arriva alors ceci : c'est que le prix d'extraction d'un mètre cube de terre ou de roc, qui revenait en moyenne à 6 fr. 25 pendant la première période des travaux, s'éleva jusqu'à 13 et 20 francs pendant la période des grandes entreprises, et quand on abandonna encore ce système pour traiter avec M. Eiffel, ce fut sur le pied de 34 francs.

Aussi les contrats étaient-ils très recherchés. Certains entrepreneurs payèrent de grosses commissions pour les obtenir.

La Société Vignaud, Barbaud, Blanleuil donna, à ce titre, 600.000 francs à la Société des Dépôts et Comptes courants, dans laquelle M. Ch. de Lesseps était intéressé comme membre du Conseil d'administration.

La Société des Travaux Publics donna 1 million également aux Dépôts et Comptes courants.

Une Société Anglo-Hollandaise, Cutbil de Longo, Watson et Hattun, qui avait traité à la fin de l'année 1884, pour l'extraction de 12 millions de mètres cubes dans la Culebra, et qui fut plus tard remplacée par MM. Artigue Sarderegger et C°, paya :

Au baron de Reinach ou à M. Betzold, son prête-nom	383.266	74
A M. le chevalier Stacchini	102.011	19
A la Banque Parisienne.	116.086	70
Total	611.364	63

MM. Artigue Sonderegger et C°, à leur tour, lorsqu'ils reprirent le traité de la Société Anglo-Hollandaise en juillet 1866, et qu'ils y firent ajouter 8 millions de mètres cubes (ce qui portait l'extraction à leur charge à 20 millions de mètres cubes), durent promettre au baron de Reinach une commission de 1 fr. 40 par mètre, en raison de l'élévation des prix qu'ils obtenaient.

Cette commission de 28 millions n'a pas été entièrement payée, tant s'en faut, parce que les travaux n'ont été exécutés que dans de très faibles proportions ; mais, au moment où ce fait se passa, cela fit un scandale tel que M. Étienne Martin, secrétaire général de la Compagnie de Panama, n'hésita pas à donner sa démission (1).

Enfin, M. Eiffel a payé :

A MM. Artigue Sonderegger et Cᵒ.......... 1.842.327 22
A M. J. de Reinach (2)................... 1.837.377 30
A M. Hébrard (3)...................... 1.769.445 42
Divers .... 42.000 »

Total....... 5.491.119 95

Malgré toutes ces commissions, les bénéfices des entrepreneurs sont restés considérables, ils ont atteint 20 à 50 °/₀ du montant des travaux.

Après les entrepreneurs, ce fut la finance.   **La Finance.**

Jusqu'en 1886, les banquiers et les établissements de crédit qui s'intéressaient aux émissions avaient trouvé leur rémunération en dehors des commissions de guichet, dans la participation qu'ils prenaient aux syndicats, et dans les options.

Or, les syndicats organisés par M. Lévy-Crémieux, sans présenter beaucoup de risques (sauf le syndicat des actions), en comportaient cependant quelques-uns, puisqu'ils prenaient *ferme* la première partie de l'émission.

---

(1) Voir Déposition Étienne Martin devant la 1ʳᵉ Ch. de la Cour d'Appel.
(2 et 3) Nous donnons ici le texte des conventions intervenues entre M. Eiffel et MM. de Reinach et Hébrard, conventions qui, on le voit, ont reçu un commencement d'exécution.

M. Eiffel à M. de Reinach.
6 Octobre 1887.

« Dans le cas où je signerai un contrat avec la Compagnie de Panama pour la construction et la pose d'écluses, vous aurez, suivant nos accords, une commission de (deux pour cent, 2 0/0 ;

Mais en 1886, M. Lévy-Crémieux était mort, et remplacé, comme conseil financier près de la Compagnie, par M. le baron de Reinach.

Ce dernier fit comprendre à M. Ch. de Lesseps que, du moment où le risque n'avait pas été couru avec l'ancien système, mieux vaudrait accepter un système nouveau qui le supprimerait.

La proposition fut agréée, et alors on imagina les syndicats à 2 fr. 50, dits : *syndicats de publicité*, dont nous faisons l'analyse dans un rapport spécial, et qui garantissaient une somme dérisoire, eu égard à l'importance des émissions; 1 million, par exemple, quand on demandait 200 millions.

Le risque des syndicats devenant illusoire, cela permit à un plus grand nombre de personnes, qui toutes n'appartenaient pas au monde de la banque, d'y entrer.

Ils ont coûté en 1886 .... 5.336.412 50
               1887 .... 3.250.534 54
               1888 (mars) 1.175.166 45
               1888 (juin) .... 11.000.000 »

---

trois pour cent, 3 0/0) sur les sommes que je recevrai de la Compagnie, et ce au fur et à mesure des payements qui me seront faits à moi-même. »

M. Eiffel à M. Hébrard.

17 Septembre 1887.

« Nous nous sommes entretenus bien longtemps de la nécessité d'introduire dans l'exécution du Canal de Panama un système d'exploitation provisoire qui ne dépassât pas outre mesure, comme délai et comme prix d'exécution, les prévisions de M. de Lesseps qui ont été rendues publiques.

« Vous n'avez pas cessé, de votre côté, de poursuivre auprès de la Compagnie la réalisation de ce programme.

« Aujourd'hui, ces efforts semblent devoir aboutir, et la Compagnie me demande de lui faire des propositions dans ce sens : il est donc naturel que vous participiez à l'opération que je vais essayer de réaliser.

« A cet effet, il est convenu que, dans les entreprises relatives à cette transformation du mode de construction du Canal, lorsque j'obtiendrai celles-ci à l'amiable, je vous réserverai une commission de 5 0/0 sur le montant du règlement définitif de ces entreprises, étant entendu que le payement de ces 5 0/0 sera fait au fur et à mesure des payements qui me seront faits à moi-même.

« Par contre, vous vous engagez à appuyer de toute votre influence et de celle de vos amis les projets et les offres que je présenterai à la Compagnie, et à l'exclusion de tous autres concurrents.

« Vous voudrez bien me répéter les termes de la présente lettre pour complète conformité d'accord, et agréer l'assurance de mes sentiments dévoués. »

Et, comme si ce n'était pas assez d'avoir donné des sommes aussi importantes pour des services difficiles à définir, on accorda encore aux plus exigeants des allocations exceptionnelles qu'on dissimula par partie dans les comptes de publicité.

Cette publicité, elle avait été très sagement organisée au début. La Compagnie avait chargé tout d'abord de ce service M. Lévy-Crémieux. Celui-ci mort, la Compagnie s'entendit avec les principaux établissements financiers qui devaient lancer l'émission, et une fois la somme à dépenser pour frais de publicité arrêtée, on traitait avec une agence qui dressait un budget et faisait la part de chaque journal.

La Presse.

Rien de plus prudent, comme on le voit, à condition que les budgets ne fussent pas trop élevés, et ils ne l'étaient pas.

Mais la répartition faite par l'agence de publicité était loin de satisfaire tout le monde.

Les mécontents allaient alors porter leurs réclamations à M. de Lesseps qui avait l'argent facile, on le savait, et qui payait. Il se montra même si accommodant qu'à partir de 1886 les frais de publicité vont presque en doublant.

Quelquefois on rémunérait certains concours avec des *options*, quelquefois aussi avec des bons anonymes, car la Société de Panama avait ses fonds secrets; l'aveu en a été fait par M. de Lesseps lui-même, et M. Flory a calculé que les bons de cette nature représentaient une somme de 1.424.268 fr. 55 c.

Cette somme tout entière n'est pas allée à la publicité, puisque nous avons déjà vu le docteur Cornélius Herz prendre sur le chapitre de publicité 600.000 francs, et M. Baïhaut 375.000 francs; mais c'est à l'aide de ces bons que certains directeurs de journaux ont reçu des allocations supplémentaires.

Enfin, les frais d'administration se sont considérablement accrus dans cette période de 1885 à 1889.

Les frais d'administration.

En France, où ils étaient en moyenne de 1.600.000 francs par an, ils sont montés à 2 millions.

Dans l'Isthme ils ont suivi la progression suivante :

1881 (mars à juin)....................	1.233.273 87
1881-1882...........................	4.507.255 20
1882-1883...........................	6.694.375 46
1883-1884...........................	9.555.080 15
1884-1885...........................	13.552.408 45
1885-1886...........................	13.321.123 66
1886-1887...........................	13.412.205 91
1887-1888...........................	12.428.951 98
1888-1889...........................	10.682.304 99
Total........	85.387.082 66

On voit par là sous quelles formes multiples se sont manifestées les largesses de la Compagnie. Il ne faudrait pas croire, d'ailleurs, qu'elles aient été désintéressées; elles avaient pour principal but d'empêcher de parler ceux qui auraient pu dire la vérité sur l'entreprise.

Émission du 3 août 1886.

Revenons maintenant aux différentes émissions qui ont permis de faire face à ces dépenses; nous continuerons ainsi, comme nous l'avons fait jusqu'à présent, à faire voir comment les fonds du public ont été obtenus.

Pour arriver à l'emprunt de 600.000.000 autorisé par l'Assemblée de 1885, on fit trois émissions qui, d'après leur importance, devaient donner :

La première.....................	225.000.000	»
La seconde.....................	220.000.000	»
La troisième....................	161.000.000	»

mais on n'arriva pas à ces chiffres.

La première émission se fit le 3 août 1886. Elle comprenait 500.000 obligations de 1.000 fr. 6 0/0 1re série, offertes à 440 fr.

Elle ne fut pas entièrement couverte. Le public ne prit que 458.802 obligations, ce qui donna............ 206.460.900 »

Les frais d'émission furent de 11.763.932 fr. 63, dont voici le détail :

Syndicat...............................	5.336.412	»
Options et concours divers dont 40.000 fr. à M. de Reinach.-.....................	424.800	»
Publicité...............................	2.567.817	40
Commissions de placement : 6 fr. 25 aux banquiers..................... 5 francs aux correspondants................. 3 francs aux autres intermédiaires...........	2.378.871	50
Commissions sur versements.................	371.316	73
Impressions..............................	684.715	»
	11.763.932	63

Cette émission, sans avoir réussi complètement, n'en était pas moins un succès ; aussi dans un banquet offert quelques mois plus tard au ministre de Colombie en France, qui venait d'être nommé Officier de la Légion d'Honneur, M. F. de Lesseps après avoir prononcé ces paroles :

La confiance du public français, que rien ne peut ébranler, est le grand facteur du Canal ; ce sont les petites gens, ceux qui placent leurs économies dans les bas de laine, qui ont fait Suez et qui font en ce moment Panama... termina-t-il son allocution *en donnant rendez-vous aux personnes présentes* à trois ans *de là, pour l'inauguration du Canal.*

En attendant, on concevait de sérieuses inquiétudes sur la réalisation du programme de 1879 qui avait été fait en vue d'un canal à niveau et on se préoccupait beaucoup de savoir s'il ne conviendrait pas simplement de faire un canal à écluses.

Étude du canal à écluses.

À l'Assemblée du 29 juillet 1886, M. F. de Lesseps avait annoncé qu'il allait faire étudier par la Commission supérieure consultative certains projets nouveaux, mais sans expliquer autrement en quoi ils consistaient.

La Commission consultative fut en effet convoquée le 18 janvier 1887, et voici la note qu'on lui remit :

La Compagnie, convaincue que l'exécution du canal à niveau, tel qu'il a été défini et voté par le Congrès international de 1879, est réalisable et doit être réalisée,

Demande à la Commission supérieure consultative des travaux de vouloir bien :

1° Donner son avis sur divers projets de canaux à écluses qui ont été présentés à l'Administration ;

2° Examiner d'autres projets par lesquels le creusement du canal à niveau étant continué sans interruption, une communication entre les deux océans et, en conséquence, un commencement d'exploitation maritime pourraient être établis dans un plus bref délai ;

3° Apprécier et comparer les divers projets au point de vue de l'exploitation ainsi que de sa durée et de la dépense de l'exécution.

La Commission renvoya l'étude de ces questions à une Commission et ne donna son avis que le 5 octobre suivant.

Pendant ce temps on poursuivit toujours dans l'Isthme l'exécution du canal à niveau.

Voyage de M. Charles de Lesseps dans l'Isthme (15 février 1887). Le 15 février 1887 M. Ch. de Lesseps partit pour Colon avec M. l'ingénieur Hutin.

Le programme était de donner toute l'activité possible aux chantiers, sur toute la ligne du Canal, en cherchant à assurer des solutions définitives d'exécution partout.

Dans le rapport qu'il fit de son voyage le 6 mai 1887 au Conseil d'administration (1), M. Ch. de Lesseps donna des renseignements très rassurants sur la bonne exécution des travaux et sur l'état

---

(1) Voir *Bulletin* du 22 Juillet 1887.

dans lequel il trouva les chantiers, ce qui lui permit d'affirmer que le Canal se ferait.

Malheureusement les entrepreneurs auxquels il rendait ainsi hommage n'étaient pas de son avis.

C'est ainsi que M. Souderegger écrivait le 25 mars à ses associés de Paris :

> On a dépensé dans cette mission une quantité incalculable de diplomatie, de ruse, d'amabilité et de gentillesse, compliments sans fin et sans limites, mais bien peu d'efforts pour l'avancement des travaux. Cela me faisait l'effet des préparatifs qu'on prend avant un orage : on nettoie les paratonnerres et on cherche de bons conducteurs pour les éclairs... Ce n'était donc pas dans le but d'obtenir des renseignements, mais bien dans celui de se former un petit dossier pour toutes les éventualités.

Et le 3 avril suivant, prévoyant la catastrophe et cherchant à s'éviter des embarras, le même entrepreneur écrivit encore à Paris :

> La Compagnie, qui est persuadée d'un désastre, cherche par tous les moyens à nous faire supporter la responsabilité devant le public et à se décharger sur nous.

Aussi donnait-il à ses associés le conseil *de ne rien signer* et il ajoutait :

> La fourniture du matériel nous permettra d'être toujours garés et irresponsables.

La situation au 30 juin 1887 n'était du reste pas brillante.

Le chiffre total des ressources dont la Compagnie avait disposé jusqu'au 30 juin s'élevait à.............. Fr. 957.631.197 28   *Situation au 30 juin 1887.*

Mais les dépenses à mettre en regard étaient celles-ci :

Pour immobilisations.....Fr.	137.283.461	88
Actions Panama-Rail-Road..	93.878.225	33
Frais dans l'Isthme........	147.715.254	80
Frais à Paris.............	12.187.291	43
Charges sociales..........	237.090.837	24
Travaux..................	216.367.520	52
Total.......Fr.	844.522.591	22

844.522.591 22

Il restait un actif disponible de........Fr. 113.108.606 06 et plus de 1 milliard à dépenser.

13

Quant aux cubes extraits, ils étaient de 34.689.000 m. c.

Aussi, dès le 8 juillet, M. Ferdinand de Lesseps demandait-il au Conseil d'administration l'autorisation d'emprunter 200 millions sous forme d'obligations semblables à celles de 1886, rapportant 30 francs, remboursables à 1.000 francs, émises à 440 francs au lieu de 450 francs.

A l'unanimité, le Conseil d'administration autorisa.

Assemblée générale
du 21 juillet 1887.

L'émission fut annoncée pour le 26 juillet. Quelques jours avant, le 21, eut lieu l'Assemblée générale des actionnaires.

C'est là que, pour la première fois, on parla aux actionnaires d'un canal à écluses.

On leur donna le texte de la note envoyée à la Commission supérieure consultative, et M. de Lesseps le fit suivre immédiatement des considérations suivantes :

> Mais il ne faut pas que de cette formule, présentée loyalement et sans restriction, il résulte un malentendu.
>
> Parmi ces projets soumis à la Commission consultative, il en est qui consisteraient à substituer *définitivement* un canal à série d'écluses au canal à niveau entre les deux Océans.
>
> Je ne consentirai jamais à cette substitution définitive.
>
> Nous laisserons à la haute Commission consultative des travaux, — qui a nommé une Sous-Commission d'études dans ce but, — la pleine et entière liberté d'examen, d'appréciation, de conclusion, et, pendant qu'elle poursuivra son étude savante et consciencieuse, nous, nous creuserons le canal à niveau, prêts à sanctionner, le moment venu, la décision souveraine, conforme aux engagements que nous avons pris envers le monde et envers les actionnaires.

L'Assemblée n'avait pas à se prononcer sur la question. On se borna à lui soumettre des comptes qu'elle accepta.

Émission
du 6 juillet 1887.

L'émission se fit le 6 juillet 1887, après une campagne de presse comme les précédentes. Cette fois ce fut un échec.

Sur 500.000 obligations offertes, il n'en fut souscrit que 258.887, donnant une somme brute de 113.910.280 francs.

Les frais d'émission ont été de 7.626.592 fr. 90, se décomposant ainsi :

Syndicat.	3.250.354	»
Publicité	2.361.006	»
Commissions de placement :		
6 fr. 25 aux banquiers	⎱	
5 francs aux correspondants	1.365.630	75
3 francs aux autres intermédiaires	⎰	
Commissions sur versements	162.316	15
Impressions	487.286	»
Total	7.626.592	90

Le 5 octobre 1887, la Commission supérieure consultative donnait son avis. On lui avait fait parvenir une note plus précise que la première et contenant simplement ceci : Le canal à écluses.

A. — Est-il possible d'établir dans le massif central un bief supérieur qui permettrait de continuer les travaux du canal à niveau en appliquant au creusement de cette partie les procédés de dragage?

B. — Sera t-il possible, dès que ces dispositions seront réalisées, et sans interrompre les travaux d'approfondissement, d'ouvrir l'exploitation maritime entre les deux Océans?

A l'unanimité, la Commission avait répondu *oui*.

Cinq semaines plus tard, le 15 novembre, M. Ferdinand de Lesseps envoyait aux actionnaires, obligataires et correspondants de la Compagnie une circulaire dans laquelle il leur annonçait : 1° Qu'il venait de signer, le matin même, avec M. Eiffel, l'engagement nécessaire pour assurer l'ouverture du canal à la grande navigation ; 2° Qu'il sollicitait de M. Rouvier, alors Président du Conseil des Ministres, l'autorisation d'émettre des obligations à lots, à concurrence de 565 millions se décomposant ainsi : 265 millions restant à emprunter sur les 600 millions prévus en 1885, et 300 millions pouvant devenir nécessaires d'ici 1890. Nouvelle demande d'autorisation pour l'émission de valeurs à lots (15 novembre 1887).

Le traité Eiffel ne fut arrêté définitivement que le 10 décembre 1887, à la suite de pourparlers qui dataient du commencement de l'année.

Quant à la lettre à M. Rouvier, elle fut envoyée le jour même.

Nous voilà maintenant tout à fait en dehors des données du Congrès de 1879.

Pendant quatre ans, 1880 à 1884, on était resté en deçà des chiffres du Congrès, puisqu'on avait annoncé que le Canal se ferait avec 600 millions, travaux et accessoires de toute nature compris; de 1885 à 1887, on se tint dans les limites de ces chiffres; en 1887 on les dépassa de 300 millions, de sorte que ce n'était plus 600 millions que devait coûter le Canal, mais 1 milliard 500 millions, et encore serait-il à écluses.

M. Rouvier ne répondit pas à la lettre du 15 novembre.

Traité avec M. Eiffel (10 décembre 1887). Le 10 décembre, on passa le traité avec M. Eiffel.

Celui-ci se chargeait de la construction complète des écluses avec leurs engins de fermeture ou de manœuvre, y compris l'exécution de tous les ouvrages nécessaires et de toutes les fouilles sans exception que les ouvrages comporteraient.

Il devait y avoir huit à dix écluses, et la dépense était évaluée de 100 à 120 millions. Le tout, s'il ne s'agissait que de huit écluses, devait être terminé le 30 juin 1890, et 15 mois plus tard, si on faisait les deux écluses complémentaires.

M. Eiffel se mit à l'œuvre de suite, et on sait, par le procès qui s'est déroulé devant la 1re Chambre de la Cour, comment il a conduit son entreprise.

En décembre 1887, le cabinet Rouvier était remplacé par le cabinet Tirard.

Le 14 janvier 1888, M. Ferdinand de Lesseps renouvelait, près de M. Tirard, les tentatives infructueuses qu'il avait faites deux mois auparavant près de M. Rouvier.

Le 20 janvier, le Président du Conseil lui faisait savoir qu'il se refusait à déposer devant les Chambres le projet de loi nécessaire.

La presse avait appuyé chaleureusement la demande de M. de Lesseps, mais le Gouvernement ne céda pas.

La Compagnie, se souvenant alors que le pétitionnement avait, dans une certaine mesure, vaincu les résistances du Gouvernement en 1885, s'empressa de recourir au même procédé; mais cette fois on agit ouvertement. *Pétitionnement organisé par la Compagnie.*

Le 20 janvier 1888, c'est-à-dire le jour même où il reçut la réponse de M. Tirard, M. Ferdinand de Lesseps écrivait aux fondateurs, actionnaires, obligataires et correspondants de la Compagnie pour leur dire que, si le Gouvernement refusait de déposer le projet de loi, il y avait un autre moyen d'arriver au même résultat : c'était, disait-il, de provoquer l'initiative parlementaire à l'aide de pétitions nombreuses adressées aux Sénateurs et Députés. Et il donnait le texte même de la pétition à faire signer.

Des exemplaires, imprimés aux frais de la Compagnie, furent envoyés de tous côtés; on ne recueillit pas moins de 158.287 signatures. Dès le mois de mars 1888, le *Bulletin* donna soigneusement les noms des Députés et Sénateurs qui déposaient les pétitions.

C'est sous le coup de cette pression que plusieurs Députés, en tête desquels se trouvait M. Michel, rédigèrent une proposition de loi tendant à autoriser la Compagnie à émettre des valeurs à lots. *Proposition de loi pour l'émission de valeurs à lots.*

Cette proposition fut déposée sur le bureau de la Chambre le 2 mars.

La veille avait eu lieu l'Assemblée générale des actionnaires. *Assemblée générale du 1er mars 1888. Émission du 14 mars 1888.*

On leur exposa ce qu'allait être le nouveau canal à écluses, en assurant que l'ouverture restait fixée à 1890.

Les plus grands navires, disait M. de Lesseps (les navires de 150 mètres de longueur et de 8 mètres de tirant d'eau), pourront passer en 1890 d'un Océan à l'autre Océan.

Je suis autorisé à indiquer cette date, parce que chaque entrepreneur a dû prendre et a pris l'engagement ferme, par un article spécial inséré au contrat, et

Au Parlement la proposition de loi Michel suivait la procédure habituelle.

Examen de la proposition de loi Michel.

Le 4 mars, elle était renvoyée à la Commission d'initiative.

Un rapport sommaire était rédigé par M. Gomot et distribué le 22 ; il concluait à la prise en considération.

Dans la séance du 24 mars, après débat et après un scrutin, la Chambre adoptait les conclusions du rapport par 285 voix contre 161.

La Commission spéciale, chargée d'examiner la proposition de loi, fut nommée le 27 mars 1888.

La Commission parlementaire de 1888.

Elle se composait de MM. :

Le Guay, *président ;*

Sarlat, *secrétaire ;*

Félix Faure,

Horteur,

Salis,

Saint-Martin (Vaucluse),

Rondeleux,

Sans-Leroy,

Henry Maret,

Chantagrel,

Pesson.

Le *Bulletin* du 2 avril publia le compte rendu de la séance du 24 mars 1888 et les votes des Députés.

Il donna aussi la composition de la Commission en la faisant suivre de la remarque suivante :

Sur les *onze* membres composant la Commission, *trois* membres avaient voté à la Chambre contre la prise en considération de la proposition de loi : MM. Chantagrel, Rondeleux, Salis ; — *un* membre s'était abstenu : M. Félix Faure ; — *sept* membres avaient voté pour la prise en considération : MM. Horteur, Le Guay, Henry Maret, Pesson, Saint-Martin, Sans-Leroy, Sarlat.

Ce que le *Bulletin* omettait de dire, c'est que, par sa composition et par l'avis qu'ils avaient émis dans les bureaux qui les avaient nommés, les commissaires paraissaient en majorité hostiles au projet.

On le vit bien d'ailleurs lorsque le 3 avril il s'agit de nommer le rapporteur.

Deux députés étaient désignés par leurs collègues : M. Rondeleux défavorable, M. Henry Maret favorable.

M. Félix Faure s'étant trouvé empêché d'assister à la séance, le nombre des votants était de 10 seulement.

Il y eut 3 tours de scrutin qui donnèrent toujours le même résultat :

M. Rondeleux, 5 voix.

M. Henry Maret, 5 voix.

M. Rondeleux était nommé au bénéfice de l'âge, et il ne voulait pas accepter le rapport dans ces conditions ; on lui fit remarquer que si M. Félix Faure avait été là, il aurait voté pour lui, et il se décida.

La Commission était donc hostile.

Le *Bulletin* du 16 avril se garda bien d'en parler ; mais la Compagnie de Panama ne restait pas pour cela inactive : elle faisait agir près des Députés, afin de les amener à sa cause, en même temps qu'elle les obsédait par les pétitions qui arrivaient de toutes parts.

Lorsque la Commission reprit ses séances, le 19 avril 1888, M. Félix Faure fit cette déclaration :

L'intérêt des porteurs vous fait un devoir de les fixer à bref délai. La Compagnie du Canal de Panama travaille sourdement l'opinion et invite ses coopérateurs financiers à agir sur les Députés pour lui faire obtenir l'autorisation qu'elle sollicite ; il est regrettable que de telles manœuvres se soient produites ; il le serait davantage qu'elles se prolongeassent.

Qu'on relise d'ailleurs les dépositions de MM. Cottu, Irénée Blanc et de Reinach, que nous avons données au début de ce rapport, et on verra que la Compagnie n'attendait pas silencieusement la décision du Parlement.

Dans cette séance du 19 avril, au moment où M. Rondeleux allait donner connaissance de son rapport, M. Sans-Leroy déclara que, quoique ayant voté pour M. Rondeleux comme rapporteur, il avait changé d'avis à la suite de conversations auxquelles il avait été mêlé, soit en France, soit à l'étranger.

En présence de cette situation nouvelle, on décida d'entendre le ministre des Finances, M. Peytral.

Le 21, M. Peytral se rendit près de la Commission et déclara formellement que le Gouvernement ne s'associerait pas à la proposition de loi et qu'à l'unanimité de ses membres il avait décidé de rester absolument neutre dans la discussion.

M. Rondeleux lut alors son rapport qui fut repoussé par 6 voix contre 5.

On passa de suite à la désignation d'un nouveau rapporteur, et M. Henry Maret fut nommé par 6 voix contre 5. M. Sans-Leroy seul s'était déjugé.

Le rapport de M. Henry Maret fut déposé le 23 avril.

Il fut discuté dans les trois séances des 26, 27 et 28 avril.

Si on se reporte à l'*Officiel*, on voit que les débats ont été mouvementés et les orateurs fréquemment interrompus. Finalement la proposition de loi fut adoptée par 284 voix contre 128, et envoyée au Sénat.

Discussion et vote de la proposition de loi à la Chambre des Députés (26, 27, 28 avril 1888).

Au mois de mai 1888, la Compagnie était tellement à bout de ressources qu'elle dut emprunter à des conditions onéreuses 30 millions à la Société Générale et au Crédit Lyonnais. (Voir notre rapport spécial sur le contrat du 14 mai.)

Emprunt de 30 millions à la Société Générale et au Crédit Lyonnais.

Le 15 mai le Sénat nomma sa Commission, qui fut composée de :

Discussion et vote de la loi au Sénat (4 juin 1888).

MM. Denormandie, *président,*   MM. Demole,
   Isaac, *secrétaire,*   Krantz,
   Béral,   De Lareinty,
   Bozérian,   De Sal.
   Delsol,

Sur un rapport favorable de M. Bozérian, l'article premier de la proposition fut voté, dans la séance du 4 juin, par 158 voix contre 50. Les autres articles furent adoptés à mains levées.

Les *Bulletins* des 2 mai et 2 juin publièrent les votes des Députés et Sénateurs.

14

La loi fut promulguée le 9 juin.

Elle autorisait la Compagnie de Panama à emprunter 600 millions, à l'aide d'obligations à lots.

Le service des lots et le remboursement des obligations en 99 ans devait être assuré par un dépôt suffisant, avec affectation spéciale, de rentes françaises ou de titres garantis par le Gouvernement français. Pour se procurer ce fonds de garantie, la Compagnie avait le droit d'augmenter proportionnellement son emprunt, mais sans excéder 20 0/0 de la somme principale.

Tous les prospectus, affiches, publications et autres documents destinés à la publicité devaient porter que l'emprunt était fait sans aucune garantie de l'État.

Émission
du 26 juin 1888.

L'émission fut annoncée pour le 26 juin 1888. Elle comprenait 2.000.000 d'obligations à 360 francs, ce qui devait donner un total de 720.000.000 fr., savoir :

600.000.000 pour l'emprunt proprement dit ;

120.000.000 pour l'acquisition des rentes nécessaires à l'effet de constituer le fonds de garantie destiné à assurer le service des lots et le remboursement des titres.

On se rappelle que le grand argument mis en avant par M. de Lesseps pour obtenir la loi sur les valeurs à lots était que l'émission de semblables titres se faisait à bon marché. C'était le cas d'en tenter l'épreuve. Mais à quoi bon ? La loi était votée, il n'y avait plus de ménagements à garder. — Aussi le Comité directeur se fit-il allouer par le Conseil d'administration un crédit de 40.000.000.

Comme pour les émissions précédentes, on trompa le public par des affirmations mensongères.

C'est ainsi qu'on fit annoncer partout l'achèvement du canal pour 1890.

On comprend tout l'intérêt que la Compagnie avait à produire cette assertion : le canal ouvert ! l'ère des dividendes s'ouvrait également.

Pour donner plus de certitude au public sur ce point, on imprimait dans le prospectus même qui annonçait les conditions de l'émission qu'on était en avance, au point de vue de l'extraction, de 449.500 mètres cubes sur les prévisions faites en vue d'arriver à l'ouverture du canal dans les délais fixés.

La chose était inexacte ; car si une seule entreprise, celle de M. Jacob, avait dépassé son cube mensuel, toutes les autres étaient en retard.

On va voir du reste par le tableau ci-joint comment allaient les travaux.

Comparaison entre les assertions de la Compagnie avant l'émission de 1888 et l'état des travaux dans l'Isthme.

ENGAGEMENTS DES ENTREPRISES pour le 1er juillet 1889	CUBES EXTRAITS en date de fin mai 1888
L'American Contracting and Dredging C° devait, par traité du 23 septembre 1884, extraire 30.000.000 mètres cubes. Le contrat fut réduit le 25 novembre 1885 à 18.000.000 m. c..................................	16.991.797 m. c. 158
L'entreprise Jacob n'avait pas de quantités fixes. Elle devait extraire en proportion du matériel à elle fourni..	2.324.095 m. c. 402
MM. Vignaud, Barbaud, Blanleuil avaient deux marchés, des 31 novembre 1885 et 16 septembre 1886, pour 20.000.000 m. c.........................	3.642.986 m. c. 660
La Société des Travaux publics avait traité, les 22 décembre 1885, 16 septembre 1886, pour 29.000.000 m. c. qui devaient être extraits : 3.000.000 en 1886.......... 7.000.000 en 1887.......... 12.000.000 en 1888......... 5.000.000 au 1er juillet 1889 .	3.421.870 m. c. 590
MM. Artigue, Sonderegger et C° s'étaient chargés d'extraire, par contrat du 27 août 1885, 20.000.000 m. c..................................	2.255.401 m. c. 650
MM. Baratoux et Letellier avaient un traité du 21 juillet 1886 qui les obligeait à extraire : 10.000.000 m. c. En 1886 on leur retrancha 2.000.000 m. c. Restait......... 8.000.000 m. c.	6.691.734 m. c. 870

La limite extrême d'achèvement ayant été fixée au 1er juillet 1889, on voit que si certains entrepreneurs comme l'American Contracting and Dredging, Jacob, Baratoux et Letellier avaient à peu près exécuté leurs contrats, les autres entreprises, celles qui avaient les plus lourdes obligations, étaient singulièrement en retard.

Sans doute, lorsqu'on fit l'émission de juin 1888, il ne s'agissait plus du canal à niveau, en vue duquel les marchés que nous venons de rappeler avaient été passés, et les quantités avaient été diminuées; mais malgré cela, on était loin d'avoir des excédents sur l'ensemble du travail; il y avait au contraire de très sensibles déficits.

M. de Lesseps fut obligé de le confesser à l'Assemblée générale du 1er août 1888 en donnant des détails sur chaque entreprise, et il a été calculé que la moyenne du déficit mensuel, à partir du 1er janvier 1888, était de 103.350 mètres cubes.

Mais en juin il s'agissait de faire couvrir les émissions, et on ne reculait pas devant l'équivoque.

Si on lit les articles qui parurent alors dans les journaux et qui furent reproduits fidèlement dans le *Bulletin* on y voit toujours revenir ces trois affirmations :

Achèvement du canal pour 1890;

Excédents d'extractions;

Trafic certain dès la première année de 7 millions et demi de tonnes.

Ce ne fut pas seulement par la presse qu'on agit pour faire souscrire les obligations. Ce fut, au moins autant, par la finance que l'on combla à cette occasion. Un vaste syndicat fut constitué sur la base des précédents et ne coûta pas moins de 11.000.000. Une somme énorme avait, paraît-il, été promise au baron de Reinach en cas de réussite complète et il toucha pour sa part

syndicataire...................... 3.390.475 ⎱
                                               ⎰ 4.940.475
et sur le compte de publicité.......... 1.550.000 ⎰

On acheta le concours de M. Hugo Oberndoerffer qui disposait, disait-on, de la coulisse et qui se chargea de maintenir les cours des actions et des obligations ; on lui paya 3.877.592 fr., se répartissant ainsi :

Pour sa part syndicataire..................	1.828.750 fr.
Allocation exceptionnelle.................	2.049.842

Afin de s'assurer également le concours, très puissant celui-là, de la Société Générale et du Crédit Lyonnais, on leur consentit lors du prêt du 14 mai 1888 des avantages qui s'élevèrent à.. 4.000.000 et on leur fit dans les syndicats deux parts qui leur rapportèrent au total............................. 2.046.000

Total............ 6.046.000

D'autres sommes prélevées sur la publicité et payées à l'aide de bons anonymes furent attribuées à différentes personnes dont plusieurs n'avaient rien de commun avec la presse.

Malgré tous ces sacrifices, l'émission ne réussit pas.

Résultat de l'émission.

Sur 2.000.000 de titres il en fut souscrit 849.249 qui représentèrent 223.347.816 fr.

Les frais s'élevèrent à 31.248.172 fr., compris sous les quatre rubriques suivantes :

Syndicat	11.000.000 fr.
Publicité...........................	7.299.355 »
Commissions de placement variant entre 6 fr. 25 et 2 fr. 50 et allocations diverses..............	10.900.000 »
Frais d'impressions et autres............	2.048.817 »

Total............ 31.248.172 fr.

Bien que l'émission eût échoué à concurrence de 60 pour 100, la Compagnie de Panama devait des remerciements à ses souscripteurs de la dernière heure.

Ils avaient quelque peu cédé à l'appat des lots, cela ne fait pas doute; mais ils avaient aussi donné un témoignage très appréciable de courage et de crédulité.

Le 29 juin M. de Lesseps leur écrivit, en leur laissant croire que le canal s'achèverait quand même, grâce à leurs souscriptions.

Voici ce qu'il leur disait :

> Je remercie du fond du cœur cette légion nouvelle de 350.000 souscripteurs qui, répondant à mon appel, viennent d'assurer l'achèvement du Canal maritime.

Assemblée générale du 1er août 1888.

Un mois après, à l'Assemblée générale du 1er août, on dut avouer que la somme obtenue était insuffisante et on prépara une dernière émission qu'on a appelée avec raison *l'émission de l'agonie*, et qui devait comprendre tout ou partie des titres non placés le 26 juin.

L'Union des actionnaires.

Pour stimuler le zèle engourdi du public, la Compagnie imagina de constituer une sorte d'agence dite « *Union des actionnaires* » qui se chargeait de créer dans toute la France des comités chargés de recruter des souscripteurs.

Elle confia cette organisation à M. Clogenson et en paya tous les frais qui n'ont pas coûté moins de 90.000 francs; mais on laissa croire que l'Union et les comités se formaient librement, spontanément, en dehors de toute connivence avec la Compagnie.

Le *Bulletin* du 16 septembre 1888 publiait cet avis :

> Nous avons reçu de nombreuses lettres nous demandant des renseignements sur l'association qui vient de se former sous le titre : *Union des actionnaires et obligataires de Panama*.
>
> Nous pouvons répondre à nos correspondants qu'un certain nombre de porteurs de titres de la Compagnie ont eu la pensée de constituer cette *Union*, dont le siège est à Paris, boulevard Haussmann, n° 50, afin de grouper tous les efforts et toutes les bonnes volontés dans le but de concourir au succès définitif de l'entreprise.
>
> Cette initiative nous paraît mériter l'attention de nos co-associés.

Celui du 16 octobre disait :

D'après une communication qui a été adressée à la Compagnie par *l'Union des actionnaires et obligataires de Panama*, le nombre des comités formés en province par les porteurs de titres de Panama, et qui sont en correspondance suivie avec elle, dépasse trois cents.

Et vers la même époque, M. Ferdinand de Lesseps écrivait :

A Messieurs de l'Union des actionnaires et obligataires de « Panama ».

L'initiative que vous avez prise ne peut être que féconde en résultats.

L'effort ne s'arrêta pas là. On entreprit à travers toute la France une tournée de conférences qui furent faites en réalité par M. Charles de Lesseps, mais dans lesquelles M. Ferdinand de Lesseps, parlant peu, se bornait généralement à faire l'éternelle comparaison entre Suez et Panama et à afficher l'inébranlable confiance qu'il avait dans cette dernière entreprise.

En réalité, il ne faisait guère que se montrer, exploitant ainsi, sans s'en rendre un compte suffisamment exact, la vénération qui s'attachait encore à son nom.

Quand on jugea le terrain suffisamment préparé, on lança l'émis- Émission de l'agonie
sion, en déclarant toutefois que si la souscription n'atteignait pas un (12 décembre 1888).
minimum de 400.000 obligations, elle serait annulée.

Cette émission se faisait, disait-on, sous le patronage de l'Union des actionnaires. M. de Lesseps l'affirmait dans sa circulaire du 29 novembre 1888 qui commençait ainsi :

A Messieurs les Fondateurs, Actionnaires, Obligataires et Correspondants de la Compagnie.

Paris, le 29 novembre 1888.

MESSIEURS,

L'Union des actionnaires et obligataires de Panama vient de faire une vaillante campagne dont nous devons lui être reconnaissants. Si ses efforts généreux et spontanés n'ont pas obtenu tout le résultat espéré, ils nous ont donné une force nouvelle et précieuse.

J'ai appris, dans les luttes qui ont rempli ma vie, que le succès définitif est certain là où existent le courage, la confiance et la volonté inébranlable d'arriver au but.

A l'appel de l'Union, quatre cents comités se sont formés dans toute la France, affirmant l'énergie de ces sentiments.

J'en ai rencontré la vivante manifestation dans les témoignages de chaleureuse sympathie qu'on m'a prodigués, ainsi qu'à mon fils, lorsqu'à la demande d'un grand nombre de villes nous sommes allés simplement, loyalement, exposer la situation de l'entreprise.

Aujourd'hui, l'Union des actionnaires et obligataires de Panama possède une armée compacte, bien organisée, d'un demi-million de souscripteurs ayant placé leurs épargnes dans une entreprise à laquelle est attaché l'honneur de la France et qui sont résolus à aller jusqu'au bout.

Cette armée m'a demandé de me mettre à sa tête : je n'ai jamais reculé devant mes devoirs.

La souscription s'ouvrit le 12 décembre, mais le minimum de 400.000 obligations ne fut pas atteint.

Projet de loi tendant à proroger les échéances de la Compagnie de Panama (14 décembre 1888).

La Compagnie fit alors une dernière tentative; elle demanda au Gouvernement de proposer aux Chambres une loi l'autorisant à reculer ses échéances de trois mois. C'était la dernière cartouche.

Le Gouvernement accéda au désir de la Compagnie et déposa son projet le 14. Dans la même séance, l'urgence fut déclarée, la Commission nommée, le rapport fait et discuté.

Il concluait au rejet de la proposition; la Chambre se rangea de cet avis et par 256 voix contre 181 refusa de passer à la discussion des articles.

Nominations d'administrateurs provisoires (14 décembre 1888).

Tout espoir était perdu pour la Compagnie; elle le comprit enfin, et le même jour, sur une requête par elle présentée à M. le Président du tribunal civil de la Seine, trois administrateurs provisoires étaient nommés :

M. DENORMANDIE, ancien gouverneur de la Banque de France;

M. BAUDELOT, ancien président du Tribunal de Commerce de la Seine,

Et M. Hue.

Le lendemain, 15 décembre, l'ordonnance du Président était confirmée par jugement de la Chambre du Conseil.

Elle était ainsi conçue :

> Nommons MM. Denormandie, Baudelot et Hue, administrateurs provisoires de la Compagnie du Canal interocéanique avec les pouvoirs les plus étendus pour gérer et administrer la Société, et notamment assurer la continuation des travaux, et, pour y parvenir, les autorisons à contracter tous emprunts, constituer tous nantissements, faire tous payements, passer tous traités, signer tous actes, intenter toutes demandes judiciaires ou y défendre, et généralement faire tous actes judiciaires aux fins de leur mission.

La nouvelle de cette décision ne manqua pas de produire dans l'Isthme de vives inquiétudes ; les banquiers témoignèrent de leurs craintes pour le règlement des effets en circulation ; certains entrepreneurs menacèrent d'arrêter les travaux et de déserter les chantiers sur lesquels ne se trouvaient pas moins de 15.000 ouvriers.

Une brusque cessation de travail pouvait avoir des conséquences désastreuses.

Les administrateurs provisoires se préoccupèrent de cette grave situation.

Ils rassurèrent les banquiers en télégraphiant qu'ils feraient honneur aux effets tirés sur Paris ; ils traitèrent avec quelques entrepreneurs pour que des travaux réduits fussent continués provisoirement jusqu'au 15 février, sous cette réserve que les contrats seraient ratifiés par l'Assemblée générale qu'on allait convoquer.

Ils cherchèrent, mais vainement, à contracter un emprunt. On leur fit des conditions tellement dures qu'il leur fallut renoncer à toute tentative en ce sens.

De son côté, M. de Lesseps essayait, de concert avec la Banque Parisienne, de créer une Société dite « Compagnie Universelle pour l'achèvement du Canal interocéanique » au capital de 30.000.000 représenté par 60.000 actions de 500 francs.

L'émission fut même annoncée pour le 2 février 1889.

Au milieu de tous ces embarras, l'Assemblée générale se réunit le 26 janvier 1889.

5623 actionnaires représentant 228.307 actions assistèrent à la séance ; c'était insuffisant, les statuts exigeant que toute Assemblée générale extraordinaire ne pût se constituer qu'autant que la moitié du capital social s'y trouverait représentée.

Il ne put donc être pris valablement aucune délibération. On se contenta d'émettre des vœux parmi lesquels celui-ci :

L'Assemblée,

Bien qu'elle ne puisse pas délibérer, exprime le vœu que la Compagnie universelle du Canal interocéanique soit dissoute et qu'un liquidateur soit nommé avec les pouvoirs les plus étendus pour faire tout traité, céder tout ou partie de l'actif de la Société actuelle, par voie d'apport ou autrement, à une Société nouvelle, au mieux des intérêts de la Société actuelle, et que M. Brunet soit choisi comme liquidateur, avec faculté de se pourvoir au besoin pour demander l'adjonction d'un ou de plusieurs liquidateurs.

L'émission tentée par M. de Lesseps le 2 février 1884 n'aboutit pas.

Dissolution
de la Société.
Nomination
de M. Brunet,
liquidateur
(4 février 1889).

Nomination
de M. Monchicourt
(8 mars 1890).
Deux jours plus tard, le 4 février, sur la demande de deux actionnaires, le Tribunal civil de la Seine prononçait la dissolution et la mise en liquidation de la Société dite « Compagnie Universelle du Canal interocéanique » et nommait M. Brunet liquidateur.

L'année suivante, le 13 février 1890, on lui adjoignait M. Monchicourt, et, quand M. Brunet démissionna le 8 mars suivant, M. Monchicourt resta seul liquidateur.

Au cours de ses fonctions, M. Brunet, désirant être éclairé sur la situation réelle du Canal, avait organisé une Commission d'études, composée d'ingénieurs français et étrangers se recommandant autant par les fonctions qu'ils occupaient que par leur caractère et leur haute compétence.

MM. GUILLEMIN, inspecteur général, directeur de l'École nationale des Ponts et Chaussées, Président.

CHAPER, ingénieur civil des mines.

MM. COUSIN, ingénieur des ponts et chaussées de Belgique, professeur à l'Université de Louvain.

V. DAYMARD, ancien ingénieur de la marine, ingénieur en chef de la Compagnie générale Transatlantique.

DESCUBES DU CHATENET, ingénieur civil des mines.

GERMAIN, ingénieur hydrographe de la marine.

HOLTZ, ingénieur en chef, professeur à l'École nationale des Ponts et Chaussées.

LAGOUT, ingénieur des ponts et chaussées.

NIVOIT, ingénieur en chef des mines, professeur à l'École nationale des Ponts et Chaussées, Secrétaire.

RENOUST DES ORGERIES, inspecteur général des ponts et chaussées en retraite.

VAN ZUYLEN, colonel-ingénieur, ancien chef de l'arme du génie de l'armée néerlandaise des Indes orientales.

Cette Commission délégua cinq de ses membres pour se rendre dans l'Isthme et y procéder sur les lieux à des études et à une enquête dont la Commission plénière avait tracé le programme.

La délégation, composée de : MM. Germain, Président ; Chaper, Cousin, du Chatenet et Lagout, partit le 10 décembre 1889 ; elle rentra en France le 3 mars 1890.

Le 5 mai 1890, le Président de la Commission remettait à M. Monchicourt un rapport d'ensemble qui se terminait par cette conclusion :

La Commission déclare :

1° Qu'il est possible d'achever le Canal dans un délai de huit ans et que la solution, à laquelle elle s'est arrêtée, consiste dans l'adoption d'écluses de 8 à 11 mètres de chute, réparties en deux groupes du côté de l'Atlantique et en trois groupes sur le versant du Pacifique;

2° Que le matériel qui se trouve actuellement dans l'Isthme est dans un état satisfaisant et pourra suffire, tel qu'il est, à l'achèvement du Canal, si le mode d'exécution des travaux n'est pas changé;

3° Que l'estimation des travaux proprement dits peut être portée à 580.000.000 de francs.

La Commission évaluant ensuite les frais d'administration dans l'Isthme et à

Paris, les frais de constitution de capital, les intérêts intercalaires des sommes à emprunter, porte, en bloc, à 900 millions le capital à demander à la fortune publique pour terminer le canal interocéanique.

Elle estime les travaux déjà effectués et le matériel de l'Isthme à 450.000.000 de francs.

Nous manquons de compétence pour apprécier la valeur de ces calculs, mais si on veut les rapprocher des documents suivants, on verra qu'ils ne doivent guère s'éloigner de la vérité.

A l'Assemblée générale du 26 janvier 1889, M. Ferdinand de Lesseps, dont nous connaissons maintenant les illusions, avait avoué que le coût des travaux restant à faire était de 450.000.000 de francs se répartissant ainsi :

A Port de Colon......................	13.000.000	fr.
B Creusement du canal.......	181.500.000	»
C Dérivations et déviations..............	79.500.000	»
D Installation des chantiers et achat de matériel pour les travaux..........	25.000.000	»
E Rigole d'alimentation du bief de partage.	20.000.000	»
F Écluses...........................	57.000.000	»
Total.............	376.000.000	fr.
G Somme à valoir (20 pour cent environ)...	74.000.000	»
Total.............	450.000.000	fr.

Et il avait ajouté :

Dans cette somme sont comprises toutes les dépenses d'exécution, sauf l'intérêt à 5 0/0 du capital de la Société nouvelle et le service des emprunts à faire.

D'autre part et au point de vue de la durée des travaux il a été calculé que de 1880 à 1889 on avait extrait 50.686.179 mètres cubes et qu'il restait à enlever pour le canal à écluses 40.000.000 de mètres cubes environ ; M. de Lesseps lui-même en accusait 35.000.000 à l'Assemblée du 26 janvier.

En tenant compte de cette vérité que l'extraction s'exécute beaucoup plus rapidement quand l'entreprise est en marche que lorsqu'elle débute, il importe de considérer que cette extraction n'est pas le seul travail qui soit encore à accomplir ; elle ne figure dans les évaluations que pour 1/3 ; il reste les maçonneries, la pose des écluses, les dérivations, le parachèvement des ports, etc., etc.

Les évaluations de la Commission Guillemin ne paraissent donc pas pessimistes ; il convient même de remarquer que dans les 900.000.000 jugés nécessaires pour achever le canal à écluses, aucune somme n'est comptée en vue des intérêts à servir aux actionnaires et obligataires de l'ancienne Compagnie de Panama, alors que ce service n'exigerait pas moins de 90.000.000 par an, d'après les conditions faites lors des émissions.

La Commission Guillemin ne s'est pas seulement occupée des dépenses à faire pour terminer l'œuvre de Panama ; elle a recherché quel serait le trafic probable et elle a évalué qu'il serait de 4.100.000 tonnes au bout de 4 mois d'exploitation et de 6.000.000 après 12 années.

Du rapprochement de tous ces chiffres, il y aurait bien un point à examiner et qui serait celui-ci : l'entreprise du percement de l'Isthme de Panama, tout en étant une œuvre grandiose et humanitaire, est-elle en même temps une œuvre pratique ? La Commission d'enquête ayant décidé de ne pas s'occuper de cette question, nous la laissons sans réponse. Nous nous sommes contentés de fournir à ceux qui voudront l'approfondir tous les documents d'appréciation que nous avons pu nous procurer.

Mais s'il nous est interdit d'envisager l'avenir, c'est un devoir pour nous de jeter maintenant un regard en arrière et de résumer cette partie de notre travail.

Nous répondrons ainsi au désir sans cesse manifesté par le public, de connaître exactement : 1° l'état des sommes recueillies ; 2° les procédés à l'aide desquels ces fonds ont été obtenus ; 3° leur emploi.

1° *L'état des sommes recueillies.*— Nous l'avons donné plus haut, il se chiffre par une somme totale de 1.434.552.281 33 se décomposant ainsi :

1.335.565.700 33	provenant des émissions d'actions et d'obligations (1).
98.956.581 50	provenant de dettes contractées et non payées au jour de la liquidation.
1.434.552.281 33	

2° *Les procédés.* — Les voici :

De 1885 à 1886 la Compagnie s'est procurée 600.000.000 de francs (chiffres ronds) en assurant au public : d'une part, que cette somme était suffisante pour creuser le canal à niveau, pour subvenir à tous les frais accessoires de l'entreprise, et pour faire l'inauguration en 1888; d'autre part, que le trafic certain serait dès la première année de 7 millions 1/2 de tonnes.

Durant ce même intervalle elle a offert 110.875.000 fr. pour l'acquisition des actions du Panama-Rail-Road.

De 1886 à 1888, elle s'est procurée 370.000.000 de fr. en affirmant cette fois que le coût total de l'entreprise pour un canal à niveau ne dépasserait pas 1.200.000.000 de fr.; que l'inauguration en serait faite le 1er juillet 1889, le trafic devant toujours être de 7 millions 1/2 de tonnes.

En 1888 elle a recueilli 300.000.000 environ en disant cette fois que la dépense serait de 1.500.000.000 *pour un canal à écluses,* que l'inauguration aurait lieu en 1890 et que le trafic serait le même que pour un canal à niveau.

Toutes ces affirmations, toutes ces allégations produites sous les

---

(1) Dans ce total ne sont pas comprises les sommes qui ont servi à consti uer les Sociétés civiles chargées d'assurer le remboursement des obligations émises en 1888 et le service des lots de la dernière émission.

formes les plus variées étaient fausses, et la Compagnie a payé des sommes considérables pour accréditer ces mensonges dans le public.

Que celui-ci veuille bien retenir ce que cet historique, basé tout à la fois sur les débats qui se sont déroulés devant la première Chambre de la Cour et sur l'enquête parlementaire, lui a appris ; qu'il retienne les procédés à l'aide desquels certaines émissions sont lancées ; qu'il se mette en garde contre les espérances qu'on fait trop souvent miroiter à ses yeux ; qu'il ne craigne pas de contrôler de près des affirmations produites toutes les fois qu'on lui demande des capitaux ; qu'il sache enfin que les conseils qu'on lui donne sont rarement désintéressés, et, si l'affaire de Panama a été un désastre, elle pourra aussi avoir été un enseignement.

3° *L'emploi des fonds.* — On le trouvera détaillé dans les tableaux ci-joints et dans les chapitres 2, 3, 4, qui vont suivre.

TABLEAU GÉNÉRAL DE L'EMPLOI DES FONDS

A. *Frais de premier établissement.*

Achat de la concession................	10.000.000 »	
Avance au Gouvernement Colombien....	750.000 »	10.941.000 »
Agents près le Gouvernement Colombien.	191.000 »	

B. *Frais d'émission.*

1° Actions :

Syndicats, commissions, imprimés, publicité........	20.241.779 20	
Payement au Comité américain .... 12.000.000 »	34.293.605 88	
Remboursement à l'ancien syndicat 2.051.826 68		117.371.342 10
2° Obligations :		
Syndicats, options, allocations diverses, commissions, publicité, impressions... 83.077.736 22		

C. *Charges sociales.*

1° Intérêts payés sur les actions........ 68.236.800 »		
2° Intérêts payés sur les obligations..... 152.356.288 16	220.593.016 88	
3° Charges diverses des titres 5.051.038 49		249.568.055 37
4° Amortissement des obligations....... 23.924.000 »		

D. *Dépenses d'administration.*

A Paris........................... 15.604.400 10	100.991.482 76
Dans l'Isthme..................... 85.387.082 66	

E. *Travaux pour la construction du Canal.*

1° Ateliers de la Compagnie, entretien et frais dans l'Isthme................ 116.302.881 51		
Sommes payées aux entrepreneurs et tàcherons pour travaux proprement dits et accessoires 443.083.133 32	462.620.644 92	578.923.523 43
Sommes payées aux mêmes pour matériel et bàtiments.. 19.537.508 50		

F. *Immobilisations.*

1° A Paris...................... 2.037.965 90	119.826.472 71
2° Dans l'Isthme.................. 117.788.506 81	

G. *Actions du Panama.*

Rail-Road	93.268.186 73

H. *Actif réalisable.*

(Sauf non-valeurs).................................	163.661.418 86
	1.434.552.281 86

Certaines dépenses se passent d'explications, comme celles qui figurent sous les lettres A, C, G.

Les autres ont besoin d'être détaillées, mais il suffit d'indiquer des chiffres : telles sont celles D, F et H.

Quant à celles B et E, elles font l'objet d'études spéciales qu'on lira plus loin.

D (1re Partie). — *Détail des frais d'administration à Paris.*

1° Administration supérieure :

Conseil d'administration	1.880.000 »	
Président directeur	968.749 86	
Sous-direction	289.499 84	
Commission supérieure consultative des travaux	331.283 36	
Comité américain	1.581.257 29	
Entrepreneur et ingénieur conseils	120.000 »	
Indemnité à M. Dingler	100.000 »	
Missions dans l'Isthme	385.117 80	
Frais de représentation dans l'Isthme	228.113 40	
Conseil du domaine de Panama	95.638 86	
	5.979.600 41	5.979.600 41

2° Frais généraux :

Personnel	4.309.300 92	
Contrôle	168.630 47	
Souscriptions de bienfaisance	530.549 68	
Frais de bureau	1.240.979 28	
Assemblées générales	731.561 75	
Allocations aux commissaires vérificateurs	84.600 »	
Publication du *Bulletin*	288.790 90	
Voyages, missions, frais divers	775,326 02	
	8.126.739 10	8.126.739 10

3° Dépenses antérieures à la constitution		717.615 47
4° Payement à Couvreux et Hersent		780.385 12
		15.604.400 16

D (2ᵉ Partie). — *Frais d'administration dans l'Isthme.*

Ces frais se sont élevés à la somme totale de............ 85.387.082 66
Il serait trop long de donner ici le détail de chaque année. Nous nous contentons, à titre d'exemple, de présenter la dépense d'une année moyenne, alors qu'on était en plein cours de travaux.

Frais d'administration générale :

Congés, tournées, déplacements, frais judiciaires, change, timbre, passe de caisse et dépenses diverses............... 666.674 43 ⎫
Dépenses de chemin de fer sur le Panama-
Rail-Road, personnel et ouvriers.......... 411.528 » ⎭ 1.078.202 54

Personnel :

Personnel classé et non classé....... 8.463.658 09 ⎫
Indemnités de logement............. 207.996 39 ⎪
Travaux supplémentaires........... 247.562 47 ⎬ 10.919.664 40
Police.......................... 715.838 80 ⎪
Gens de service.................... 394.444 33 ⎪
Mise en campagne et rapatriement.... 890.164 30 ⎭

Service sanitaire :

Hôpitaux et frais divers sur la ligne................. 578.947 99

Frais généraux divers :

Locations d'immeubles, magasins, hangars et ranchos, ⎫
assurances........................... 139.040 87 ⎪
Ports, affranchissements, dépêches, etc. 152.587 83 ⎬ 327.186 42
Divers........................... 35.557 72 ⎭

Domaine :

Acquisition de terrain et d'immeubles,
terres concédées...................... 169.857 63 ⎫
Indemnités pour dommages et occu- ⎬ 508.303 56
pations temporaires................... 326.484 » ⎪
Divers........................... 11.962 93 ⎭

Total................. 13.412.305 91

E. *Travaux de construction du Canal.*

1º Sommes payées aux entrepreneurs et tâcherons :
1º Pour travaux et accessoires. 443.083.135 32 ⎫
2º Pour matériel et bâtiment... 19.537.508 50 ⎬ 462.620.641 92
2º Dépenses faites directement par la Compagnie :
1º Ateliers généraux............ 26.162.148 90
2º Magasins généraux.......... 9.776.678 32
3º Frais pour matières et marchandises........................ 25.397.976 10
4º Travaux d'entretien......... 14.674.288 01
5º Différences sur le matériel et
les règlements des exercices, et sur
le change...... .... 40.291.790 18
                                 116.302.881 51 116.302.881 51
              Total.............. 578.923.523 43

F. *Immobilisations.*

1º A Paris :
Hôtel de la Compagnie, siège social......................... 1.875.625 48
    Mobilier et matériel des bureaux.. 162.940 42
                       2.037.965 90 2.037.965 90

2º Dans l'Isthme :
Immeubles, terrains et construc-
tions........................... 28.934.448 35
(Dans cette somme se trouve com-
prise celle de 11.617.054 fr. 87 payée
aux entrepreneurs pour les bâtiments
par eux édifiés.)
Mobilier et matériel des bureaux.. 350.000 »
Gros matériel et outillage....... 102.041.846 96
(Dans cette somme se trouve com-
prise celle de 7.920.453 fr. 73 payée
aux entrepreneurs pour le matériel par
eux fourni.)
Approvisionnement suivant esti-
mation d'inventaire................ 6.000.000 »
            137.326.815 31 137.326.815 31
                           139.363.981 21

CHAPITRE II

LES ENTREPRENEURS

Une Sous-Commission a été spécialement chargée de s'occuper des entreprises de la Compagnie de Panama. Elle a tenu de nombreuses séances, recueilli les dépositions des entrepreneurs qui ont bien voulu comparaître devant elle, et réuni un grand nombre de documents relatifs aux marchés de travaux.

Dépositions et pièces ont été imprimées et seront distribuées. Un rapport très complet a été rédigé par M. Guillemet qui donne des détails sur chaque entreprise ; nous avons exposé, nous-même, dans l'historique de la Société de Panama, quels avaient été les différents systèmes successivement adoptés par la Compagnie et qui se résument ainsi :

1880 à 1882	—	Travaux d'organisation.
1882 à 1886		Petites Entreprises.
1886 à 1888		Grandes Entreprises.
1888		Entreprise Eiffel.

Il ne nous reste donc qu'à prendre la question dans son ensemble et à en tirer l'enseignement qu'il convient.

Les sommes payées aux entrepreneurs sont relevées dans le tableau que nous extrayons du rapport Flory. Nous devons ajouter que les chiffres qui y figurent n'ont jamais été contestés.

Répartition des sommes payées aux Entrepreneurs et Tâcherons, jusqu'au 30 juin 1889.

	TRAVAUX proprement dits	ACCESSOIRES	EN SUS DES TRAVAUX proprement dits		TOTAUX des SOMMES PAYÉES à chaque entreprise
			MATÉRIEL	BATIMENTS	
	fr. c.	fr. c.	fr. c.	fr. c.	fr. c.
ENTREPRISES DIVERSES..........	63.405.660 92	3.500.478 24	»	»	66.906.139 16
Travaux payés sur rôles de paye.. (Ateliers, installations, etc.)	»	35.452.305 49	»	»	35.452.305 49
GRANDES ENTREPRISES					
1. American Contracting and Dredging et Cⁱᵉ...............	54.496.168 91	11.840.992 50	3.968.235 25	»	69.305.396 66
2. Jacob...................	16.336.196 12	181.608 31	»	22.880 »	16.540.084 43
3. Vignaud, Barbaud, Blanleuil et Cⁱᵉ....................	20.854.054 21	12.438.129 38	»	2.106.627 03	35.398.810 62
4. Société des travaux publics et constructions...	33.770.317 83	31.529.147 06	2.390.784 »	8.524.773 15	76.215.022 94
5. Artigues, Sonderegger et Cⁱᵉ :					
Contrats Cutbill, de Lungo, Watson et Van Hattum...	5.812.605 48	400.000 »	2.166.666 58	»	8.379.272 06
Contrats Artigues et Sonderegger...............	9.833.368 01	»	»	»	9.833.368 01
Contrats Artigues et Sonderegger et Bunan Varilla...	18.517.489 92	12.948.929 04	394.767 90	785.292 37	32.646.479 23
6. Buratoux, Letellier et Cⁱᵉ......	30.616.214 61	6.833.959 44	»	177.482 32	37.627.656 37
ENTREPRISE EIFFEL					
Terrassements et Maçonneries... 26.798.684 35 Fers et fontes... 17.883.725 80	44.682.410 15	28.970.816 05	»	»	73.653.226 80
Divers payements pour accessoires.	»	662.280 15	»	»	662.280 15
Totaux.............	308.324.396 16	144.758.737 16	7.920.453 73	11.617.054 87	
Totaux des sommes payées pour travaux proprement dits......	443.083.135 32		19.537.508 50		462.620.641 92

Ce qui serait intéressant maintenant, ce serait de mettre en regard les bénéfices réalisés par les différentes entreprises.

Malheureusement ce travail ne peut être complet, car, si la justice a saisi un grand nombre de pièces chez les entrepreneurs français, elle n'a pu avoir la comptabilité des entrepreneurs étrangers.

D'autre part, on n'a rien demandé à ceux qui ont conduit les petites entreprises, et qui étaient un peu de tous les pays.

C'est ainsi qu'il a été impossible de savoir quels avaient été les bénéfices sur les payements suivants :

Entreprises diverses...............................	66.906.139 16
Travaux payés sur rôles de payes...................	35.452.305 49
American Contracting and Dredging Cᵒ..............	69.305.396 66
Entreprise Barbaud, Vignaud, Blanleuil (1)...........	35.398.810 61
Divers payements pour accessoires	656.295 15
Somme sur laquelle on ignore le chiffre des bénéfices réalisés...	207.762.767 93

Mais sur le surplus, soit sur 254.901.694 fr. 09, on connaît les bénéfices qui, d'après les calculs de M. Flory s'établiraient ainsi :

	Sommes payées	Bénéfices
Entreprise Jacob..................	16.550.684 43	7.978.511 47
Société de Travaux publics et construc-tions.....................................	76.211.002 94	20.722.205 14
Cutbill de Longo................. Artigues, Sonderegger et Compagnie...	50.858.944 30	11.437.381 19
Baratoux, Letellier et Compagnie....	37.627.836 37	12.513.382 80
Eiffel..........................	73.653.226 80	33.073.455 60
	254.961.694 84	85.726.016 20

---

(1) Cette entreprise est en déconfiture ; elle plaide actuellement avec la liquidation de Panama, et lui réclame des sommes importantes ; la liquidation a fait une demande reconventionnelle ; il est dès lors impossible de savoir s'il y a eu ou des bénéfices.

Quelques-uns des chiffres donnés par M. Flory ont été contestés.
M. Eiffel a prétendu devant la Cour qu'il n'aurait gagné que
15.533.307 fr. 43. Pour arriver à ce résultat, il déduit sans motifs
les commissions importantes qu'il a payées à divers, les allocations
qu'il a données notamment à son gendre, la participation de l'Établissement de Levallois-Perret et les valeurs en nantissement qu'il
détient.

M. Letellier a soutenu que l'entreprise de travaux Baratoux,
Letellier et Compagnie, n'avait gagné que 8.000.000 et que les
4.543.382 fr. 80, formant la différence avec le chiffre relevé par l'expert, provenaient de bénéfices faits dans une banque créée à Panama,
banque qui n'aurait d'ailleurs fait aucune affaire avec la Compagnie
du Canal.

D'autres entrepreneurs ont élevé des réclamations vagues sur
les chiffres de M. Flory, mais ils n'ont produit aucune pièce à l'appui
de leurs dires.

Tout cela ne modifie guère les résultats que nous venons de
donner, et il en résulte que les bénéfices connus varient entre 25 et
50 pour 0/0.

Est-ce le taux normal pour des travaux de cette nature?

Il est permis d'en douter, même en tenant compte des conditions
toutes particulières dans lesquelles ils ont été accomplis.

M. F. de Lesseps lui-même, qui avait déjà l'expérience de Suez,
a pris la peine de nous renseigner très positivement à cet égard.

Voici, en effet, ce qu'il disait le 8 novembre 1885 à la Société de
topographie, précisément à l'époque où on passait le contrat avec les
grands entrepreneurs :

Aujourd'hui, tout est préparé et je dois aller à Panama dans quelque temps,
au plus tard en mars, non pas avec des voyageurs, en promenade, mais avec des
entrepreneurs qui prendront tout ce qui reste à faire... s'il y a encore à prendre,
s'il y a encore quelque chose à faire, car nous recevons constamment d'excellentes
propositions. Et je vois précisément quelqu'un, dans cette salle, qui s'occupe
actuellement de réunir des entrepreneurs français pour exécuter les derniers

travaux. J'ai dit à cette personne ce que je disais jadis aux entrepreneurs de Suez : « Messieurs, leur disais-je, il y a cinq cents millions à dépenser pour creuser le canal égyptien et cinquante millions à gagner par les entrepreneurs. » M. Lavalley, qui n'a eu qu'à achever le Canal, a gagné pour sa part 14 millions. J'ai fait examiner par des inspecteurs des ponts et chaussées les comptes de ces entrepreneurs, qui étaient parfaitement en règle. C'est ainsi que j'agis toujours. Aujourd'hui il reste six cents millions de francs à dépenser au canal de Panama, et je dis à tous les entrepreneurs : « Vous avez 50 ou 60 millions à gagner ! Il est juste qu'un entrepreneur qui risque beaucoup, qui se donne beaucoup de peine, gagne 10 0/0; un architecte, pour construire une maison, ne prend-il pas 5 0/0? »

D'où vient que ce taux de 10 0/0 a été si largement dépassé?

M. Guillemet l'expose avec beaucoup de précision dans son rapport.

La cause est double : d'un côté certains entrepreneurs se sont montrés très exigeants; mais de l'autre, la Compagnie a facilité ces exigences en modifiant sans cesse ses marchés, en les établissant sans méthode, avec des lacunes et des imprévisions, en se montrant coulante avec tout le monde et surtout en faisant voir que, par crainte de révélations, elle était absolument disposée à étouffer les plaintes et à satisfaire les récriminations.

Quelques exemples vont démontrer que nous n'exagérons rien et que nous restons plutôt au-dessous de la vérité :

Le 28 septembre 1884, la Compagnie de Panama traitait avec l'American Contracting and Dredging C°, pour le dragage de 30 millions de mètres cubes à exécuter au 31 décembre 1887 sur les 44 premiers kilomètres du Canal à partir de Colon. Le prix était fixé à raison de 34 centavos par mètre cube dragué et mis sur berges par long couloir.

Les dragues devaient être fournies par l'American Contracting.

Ce système de dragage est parfait quand on opère sur un terrain uni, mais il devient impraticable quand le terrain s'élève. Le long couloir n'ayant plus la pente suffisante pour permettre la décharge, il faut faire le transport par chalands ou par pompes à déblais, et dans ce cas c'était la Compagnie qui se chargeait du matériel.

D'un autre côté, la drague peut être arrêtée par de nombreux obstacles imprévus, une roche isolée, un tronc d'arbre enfoui dans les alluvions, etc., etc.

Dans le premier comme dans le second cas, il y avait donc arrêt des travaux et la Compagnie devait envoyer tout de suite son matériel ; il en résultait une *surestarie*, ou retard, au détriment de l'entreprise dont le temps était limité.

Tout cela était facile à prévoir ; néanmoins le contrat du 28 septembre ne s'occupait ni du mode de constatation, ni du règlement des surestaries, d'où des difficultés continuelles entre la Compagnie et l'entreprise.

Le 25 novembre 1885, comme on s'apercevait que les dragues, opérant sur un terrain plus élevé, devenaient d'un emploi moins pratique, on modifia le contrat de 1884 ; on réduisit le cube à extraire à 18 millions ; mais dès lors la plupart des transports durent être faits autrement que par le long couloir.

Averti par l'expérience, on aurait dû ne rien oublier. Le nouveau contrat omit cependant de fixer le prix des déblais ainsi transportés ; il resta muet sur les surestaries.

Le 11 mai 1886, troisième contrat, fait celui-là « en vue d'éviter les difficultés sans cesse renaissantes que présente le règlement des surestaries des dragues de l'American Contracting and Dredging C° ».

On se tira d'affaire à l'aide d'une allocation mensuelle arrêtée à forfait ; mais on ne songea pas aux déblais enlevés par clapets, pompes ou chalands.

Il résulta de toutes ces lacunes une série de difficultés que, d'un commun accord, on soumit à un arbitrage.

Avant que la sentence arbitrale fût rendue, mais alors qu'on en connaissait à peu près le sens, le directeur de l'American Contracting, M. Slaven, vint à Paris, se fit menaçant et on lui paya, le 12 novembre 1887, une indemnité de.... ....　　9.000.000 fr.

Le chiffre était-il exagéré ? nous n'avons pas à le discuter. Mais

17

qu'est-ce qu'un contrat qui laisse la porte ouverte à de semblables réclamations?

Le 12 novembre 1887 intervenait un quatrième marché avec l'American Contracting and Dredging C°; on y indiquait le mode de mesurage des déblais; seulement le mode était défectueux, d'où une nouvelle difficulté sur la quantité de cubes extraits. L'écart entre les calculs de la Compagnie et ceux de l'entreprise américaine était de 35,000 mètres cubes.

M. Nouailhac Pioch, directeur des travaux dans l'isthme, fit savoir à la Compagnie que ses comptes étaient très exacts et qu'il n'y avait rien à payer à M. Slaven. Mais on lui ordonna par dépêche, et sans explications, qu'il eût à faire état de la réclamation de l'entreprise. Mécontent, M. Nouailhac Pioch télégraphia, le 5 octobre 1888:

> J'ai le regret de vous informer que je ne peux pas obéir à cet ordre contraire à ma conscience, et, en conséquence, si vous ne pouvez le retirer, je vous prie de vouloir bien me dire par câble à qui je dois remettre le service de la direction pour exécuter cet ordre.

Pour toute réponse, le Comité de direction décida, dans sa séance du 12 octobre 1888, qu'il serait versé 1.800.000 francs à M. Slaven, et le payement fut fait.

Avec d'autres entrepreneurs on passa des contrats qui étaient notoirement inexécutables.

Nous avons déjà vu que la Société Barbaud, Vignaud, Blanleuil, qui s'était engagée à extraire 20 millions de mètres cubes en trois ans, n'en a extrait que 3.642.980

Que la Société des Travaux publics qui avait traité pour 29 millions de mètres cubes en trois ans et demi, n'en a extrait en trois ans que 3.421.870

Que MM. Artigue, Sonderegger et Cie, qui avaient l'entreprise de

20 millions de mètres cubes dans le même délai, n'en ont enlevé que.................................. 2.255.401

Ces entrepreneurs, ainsi que nous l'avons déjà fait remarquer, ont vu leurs marchés diminués quand on décida que le canal serait à écluses ; mais à ce moment, ils avaient tous des retards dont on peut apprécier l'importance.

Les prix d'extraction furent majorés quand on passa des petites entreprises aux grandes dans des conditions que nous avons déjà indiquées, et qui s'imposaient si peu que la Société des Travaux publics, par exemple, qui avait remplacé l'entrepreneur Jacquemin, indemnisé par la Compagnie, reprit immédiatement cet entrepreneur, comme tâcheron, aux anciens prix, et se contenta de garder pour elle la différence avec les prix nouveaux.

Et si l'on veut savoir quel était le supplément de dépenses que la Compagnie mettait à sa propre charge en substituant ainsi un entrepreneur à l'autre, avec des prix plus élevés, il suffit de relever un calcul fait par M. Flory, vérifié par la Sous-Commission, et duquel il résulte que, si la Société des Travaux publics avait exécuté entièrement son marché, la différence eût été de.......... 90.000.000

Mais la nouvelle entreprise ne marcha pas plus vite que ne l'avait fait Jacquemin, et la surélévation des prix se traduisit par une perte pour la Compagnie de.................... 6.443.478

Il y a plus : l'article 3 du cahier des charges sur lequel était basé le traité avec la Société des Travaux publics donnait droit à la Compagnie, après mise en demeure en cas de retard, de résilier le contrat sans indemnité pour l'entreprise, et de conserver le cautionnement ainsi que la retenue de garantie.

Or, au 25 octobre 1887, la Société des Travaux publics était en retard de 7.772.385 mètres cubes.

Le contrat fut résilié ; mais on en passa un autre le jour même, par lequel les prix d'extraction furent surélevés et des indemnités accordées.

Le 21 janvier 1886, la Compagnie traitait avec MM. Baratoux et Letellier pour 290.000 mètres cubes de maçonnerie. Il était expliqué dans l'acte, qu'en cas de réduction dans le travail, l'entreprise recevrait une indemnité de 44 *centavos* par mètre cube en moins.

Le 29 décembre suivant, on s'aperçut qu'on s'était trompé de 200.000 mètres cubes et on paya à MM. Baratoux, Letellier et Cie une indemnité de .... 387.200 fr.

Mais c'est surtout dans le contrat passé avec M. Eiffel qu'apparaît l'incurie de la Compagnie. Elle est même là si extraordinaire qu'on se demande si elle n'a pas été volontaire et si on n'a pas cherché avant tout à acheter, sous une forme déguisée, le nom du grand constructeur que la tour de 300 mètres commençait à rendre populaire.

Aux termes du contrat du 10 décembre 1887, il avait été stipulé entre autres choses :

1° Que la Compagnie fournirait à M. Eiffel le matériel nécessaire pour l'exécution des ouvrages d'art proprement dits, mais que, si elle n'était pas à même de fixer l'entrepreneur dans les dix jours de sa demande, elle aurait un autre délai de dix jours pour s'exécuter ; passé ce délai, M. Eiffel se chargeait de se procurer le matériel moyennant une somme allouée à forfait de 3 millions pour chacune des quatre premières écluses, de 1.500.000 francs pour chacune des quatre dernières, au total.................... 18.000.000 fr.

2° Que M. Eiffel fournirait et installerait toute la machinerie nécessaire pour la manœuvre des portes, le remplissage et la vidange des sas, etc., moyennant un forfait de 1.200.000 francs par sas au total.................... 9.600.000 fr. payables au fur et à mesure de l'exécution des travaux et de l'aménagement des machines.

3° Qu'une avance de 6 millions, remboursables par retenues sur les sommes à payer à M. Eiffel par la Compagnie, serait faite en vue de lui faciliter la mise en marche des travaux et l'installation rapide de ses chantiers.

Le contrat contenait encore beaucoup d'autres clauses qui ont été des sources de bénéfices importants pour M. Eiffel, mais nous n'en avons cité que trois, parce qu'elles sont les plus significatives.

Examinons-les maintenant successivement.

1° *Matériel des ouvrages d'art.*

N'est-on pas appelé tout d'abord à se demander comment la Compagnie pouvait bien s'engager à livrer dans l'intervalle de vingt jours un matériel de 18 millions ?

Aussi ne le livra-t-elle pas et dut-elle payer les 18 millions à M. Eiffel.

Or il résulte des déclarations mêmes de celui-ci qu'il ne déboursa, pour acquisition du matériel dont il avait besoin, que 1.223.151 fr.19, et qu'il trouva sur les chantiers un autre matériel appartenant à la Compagnie, dont il se servit et qui était suffisant pour achever les huit écluses.

Ce fait que les deux matériels réunis pouvaient assurer l'exécution des écluses, sans qu'il soit besoin d'en acheter encore, est établi par une correspondance télégraphique que M. Brunet, liquidateur, a échangée en avril 1889 avec M. Jacquier, ingénieur, resté dans l'isthme pour le compte de la liquidation.

Le 29 avril, M. Brunet télégraphiait à M. Jacquier :

Estimez-vous qu'Eiffel ait fait en ce moment installations nécessaires et acheté matériel suffisant pour exécution maçonnerie et montage métallique des écluses ?

Réponse Jacquier, 3 mai :

Installations et matériel Eiffel suffisants pour exécuter maçonnerie et montage métallique.

29 mai, Brunet à Jacquier :

Avez câblé que matériel et installations Eiffel sont suffisants pour maçonnerie et montage métallique de huit écluses. Câblez si tout préparé pour faire travail sur huit écluses à la fois.

.30 mai, Jacquier à Brunet :

Matériel et installations Eiffel suffisants pour exécuter huit écluses à la fois.

Voilà donc sur une seule des clauses du contrat du 10 décembre 1887 un bénéfice de plus de.............. 16.000.000 réalisé par l'entrepreneur.

2° *Machinerie générale.*

Elle devait être payée (mise en place il est vrai) . .   9.600.000 dans les conditions suivantes :

30 % dans la quinzaine qui suivra la remise des commandes aux fournisseurs;

30 % au moment de l'expédition;

10 % après le débarquement dans l'Isthme;

10 % à la première situation mensuelle après le commencement du montage;

10 % lors de la réception provisoire;

10 % lors de la réception définitive.

Le 18 avril 1888, M. Eiffel fit la commande totale à la Compagnie des forges et chantiers de la Méditerranée.

Mais pour quelle somme? 1.570.000 fr.

Et il toucha de la Compagnie de
  Panama :

Le 9 octobre 1888.............. 1.440.000

Le 25 octobre 1888............ 1.440.000

        2.880.000

Si la machinerie avait été faite et posée, cette clause du contrat assurait à M. Eiffel un bénéfice de 7 à 8.000.000.

En faisant sa commande le 18 avril 1888 aux Forges et Chantiers de la Méditerranée, M. Eiffel n'avait pas donné l'ordre d'exécution. Il ne l'envoya que le 9 octobre, jour où il reçut son premier acompte.

Les travaux furent arrêtés presque aussitôt, si bien que la machinerie ne fut pas faite.

Sur les 2.880.000 qu'il avait reçus à valoir, il n'eut à payer à la Société des Forges et Chantiers qu'une somme de.   40.509 fr. 10 et il a gardé le reste.

3° Avances remboursables, 6.000.000.

Elles ont été faites dans les délais prévus, mais la Compagnie de Panama n'avait retenu à M. Eiffel, lors de la mise en liquidation, que . . . .   828.934 fr. 70
Il conserva également le surplus.

Toutefois il faut reconnaître qu'en dehors de cette retenue il a restitué au liquidateur, lors du règlement des comptes en juillet 1889, une somme de 3.000.000 s'appliquant à l'ensemble de ses bénéfices.

Il convient également d'ajouter que, si l'entreprise avait suivi son cours régulier, les bénéfices auraient subi de sérieuses diminutions, mais le contrat avait été si singulièrement fait que cette éventualité n'avait même pas été envisagée.

On s'explique maintenant, sans rien excuser, comment en présence d'un pareil laisser-aller de la part de la Compagnie, les entrepreneurs ont réalisé des profits aussi considérables et comment certains d'entre eux, MM. Barbaud, Vignaud, Blanleuil, la Société des Travaux publics, MM. Artigue, Sonderegger et Cie, et M. Eiffel ont été amenés à payer de grosses commissions pour avoir leurs contrats.

Ainsi que notre collègue, M. Guillemet, nous serions heureux de voir la partie de ces énormes bénéfices qui n'a pas été légitimement gagnée faire retour à la liquidation. Mais tous les entrepreneurs, sauf MM. Barbaud, Vignaud et Blanleuil qui sont en procès, tiennent de cette même liquidation des transactions ou des conventions exécutées et la plupart homologuées par le Tribunal civil de la Seine.

American Contracting and Dredging C°..........	Convention du 31 décembre 1890. Exécution, 10 janvier 1891.
Jacob.	Transaction, 25 juillet 1890. Homologation, 30 juillet 1890.
Société de travaux publics.	Transaction, 28 février 1889. Homologation, 5 mars 1889.
Artigue, Sonderegger et C°.	Convention, 25 avril 1889. Exécution, 26 août 1889.
Baratoux, Letellier et Cⁱᵉ..	Convention, 23 octobre 1889. Homologation, 20 novembre 1889.

La liquidation est-elle en mesure de faire tomber ces transactions? A-t-elle le moyen de faire les preuves qui lui incombent en qualité de demanderesse? Nous l'ignorons. C'est en tous cas l'affaire des tribunaux et non la nôtre.

CHAPITRE III

LES SYNDICATS. — LES OPTIONS
LES ALLOCATIONS FINANCIÈRES

Dans un rapport spécial nous avons donné le détail de tous les frais d'émission et nous avons exposé le mécanisme des différents syndicats auxquels eut recours la Compagnie de Panama.

Il ne nous reste guère que deux choses à faire :

1° Donner l'ensemble des dépenses d'émissions et en apprécier le plus ou moins d'utilité ;

2° Dégager le véritable caractère des syndicats et réfuter les interprétations inexactes qui en ont été données.

Les frais d'émission de toute nature se sont élevés à la somme de 117.371.342 10

Se décomposant ainsi :

Payement au syndicat américain............	12.000.000 »	
Remboursement au syndicat de 1879...............	2.051.826 68	
Syndicats.............	40.811.932 »	
Options	7.186.655 »	
Allocations diverses aux établissements de crédit et aux banquiers	9.932.125 96	
Commissions de placement et commissions sur versements.	19.073.182 46	
Publicité (1)...........	20.253.503 »	
Imprimés.:............	6.062.117 »	117.371.342 10

---

(1) Le chiffre donné pour la publicité est celui relevé sur les livres de la Compagnie ; mais il est inexact. On verra dans le rapport sur la Presse que la Compagnie a fait entrer dans ce chapitre des sommes importantes qui n'avaient pas trait à la publicité.

Parmi ces dépenses il en est certaines, comme celles représentant les commissions de placement et de versement et les impressions, dont nous n'avons rien à dire ; elles sont parfaitement légitimes et nullement exagérées.

Nous examinerons dans un chapitre spécial les frais de publicité.

Nous laisserons de côté les 12.000.000 payés au Comité américain sur le rôle duquel nous ne sommes pas très fixés. Car si ce Comité, d'après un mémorandum de M. F. de Lesseps, devait faire observer la neutralité du Canal et donner son concours à la Compagnie, aussi bien pendant la période de travaux que pendant celle d'exploitation, il résulte des déclarations de M. Ch. de Lesseps, à l'audience du 10 janvier 1893, qu'il devait simplement assurer la neutralité de ses membres, banquiers à New-York... Nous ne pouvons donc savoir à quel point cette dépense s'imposait.

Quant au surplus qui se chiffre par un total d'environ 80 millions donnés aux financiers, en sus des rétributions d'usage, il est difficile d'admettre qu'il ne représente pas, pour une forte somme tout au moins, une prodigalité à la charge de la Compagnie.

Le remboursement de son avance au syndicat de 1879, qui avait perdu son enjeu dans une tentative infructueuse, n'est rien moins que justifié.

Les 40.810.932 francs payés aux syndicats postérieurs ne le sont pas entièrement non plus.

On comprend à merveille qu'une Société qui fait de grosses émissions s'assure, à l'aide de syndicats, du placement de ceux de ses titres les plus difficiles à écouler dans le public.

L'idée est excellente en elle-même et a donné souvent de très heureux résultats.

Mais qui dit syndicat dit garantie.

Dans la plaidoirie que l'éminent avocat de MM. de Lesseps,

Mᵉ Barboux, a présentée devant la 1ʳᵉ Chambre de la Cour, il donne
sur cette question l'opinion d'un professeur de droit de la Faculté de
Paris, opinion que voici et que nous acceptons tout entière :

> Les banques de spéculation ou hautes banques se chargent de faire les grandes
> opérations financières, de réaliser les emprunts ou les émissions d'actions ou
> d'obligations des États, des villes, ou des grandes Sociétés commerciales ou in-
> dustrielles. Elles placent les titres moyennant un droit de commission plus ou moins
> élevé ou elles les prennent à forfait à un prix donné pour les négocier au cours
> qu'elles peuvent obtenir ; c'est alors un achat en gros pour revendre en détail.

Acheter en gros pour revendre en détail, voilà bien la fonction et
la raison d'être des syndicats organisés pour les émissions d'obligations.

L'achat n'est souvent qu'éventuel ; car, si le public auquel on
s'adresse couvre l'émission, le syndicat n'a qu'à toucher sa prime,
mais en cas d'insuccès total ou partiel l'achat devient ferme et peut
présenter des dangers.

On voit par là l'intérêt qu'une Société peut avoir à s'assurer le
concours de financiers qui pousseront à la souscription des titres afin
d'éviter le risque, et qui, si les choses tournent mal, prendront la partie de l'émission dont le public n'aura pas voulu.

Est-ce ainsi qu'on a procédé à la Compagnie de Panama ?

En ce qui concerne les syndicats pour les émissions de 1882,
1883, 1884, on peut répondre affirmativement avec cette réserve que
ces syndicats ne se chargeaient pas de la totalité de l'emprunt, mais
seulement de la première partie. Ils avaient la sage précaution de
laisser en dehors la portion la plus difficile à faire passer, ce qui dimi-
nuait singulièrement le risque à courir.

En ce qui concerne les syndicats à 2 fr. 50, c'est négativement
qu'il faut répondre.

Ici plus d'achat de titres, ni éventuel, ni ferme.

Le syndicat n'est plus qu'un moyen détourné de rétribuer des concours ou de faire des libéralités.

Les déclarations de M. de Lesseps devant la 1re Chambre de la Cour, celles de MM. Rossignol et Montchicourt devant la Commission d'enquête ne laissent aucun doute à cet égard.

Il est d'ailleurs facile de préciser; il suffit, en effet, d'examiner les arguments qui ont été mis en avant pour la défense de ces syndicats et de produire l'acte syndical.

On a dit des syndicats qu'ils garantissaient les frais de l'émission et qu'en cas de non réussite de celle-ci, l'argent avancé était perdu.

C'est une double erreur.

Tout d'abord ils ne garantissaient qu'une très faible partie des frais d'émission :, ensuite ils étaient remboursables avec la prime, quel que fût le nombre d'obligations souscrites.

Il n'y a qu'un cas où les syndiqués pouvaient perdre leur avance, c'était celui où, par impossible, le public n'aurait pas souscrit d'obligations en quantité suffisante pour assurer le remboursement desdites avances.

Mais étant donnée la quantité d'obligations émises et la publicité faite autour de chaque emprunt, le risque était chimérique.

Qu'on examine, d'une part, l'acte syndical, et, d'autre part, le tableau qui suit et on sera vite fixé.

ACTE SYNDICAL

ARTICLE PREMIER

Il est formé, sur les bases et aux conditions ci-après, entre la Compagnie du Canal interocéanique de Panama et tous ceux qui adhèrent au présent acte, un Syndicat ayant pour but d'aider à la réussite de l'émission des 350,000 obligations nouvelles (3e série) que la Compagnie de Panama se propose de mettre en souscription publique le 14 mars 1888.

ARTICLE II

Tous les participants au présent Syndicat verseront à la Compagnie de Panama, dans les huit jours qui suivront la date du présent acte, une somme de 2 fr. 50 par obligation à titre de participation aux frais nécessités par l'émission.

ARTICLE III.

Après la souscription close, tous les membres du Syndicat ayant effectué le versement de 2 fr. 50 c. par titre recevront, dans la proportion de leurs droits, *quel que soit le nombre des obligations placées :*

20 fr. pour chacune des 140,000 obligations premières souscrites ;
15 fr. — des 70,000 — suivantes ;
10 fr. — des 70,000 — —
5 fr. — des 70,000 — dernières.

ARTICLE IV

Les primes stipulées à l'article précédent constituent la rémunération des risques courus et du concours prêté par les membres du Syndicat, sans qu'ils puissent avoir le droit de réclamer le remboursement du versement de 2 fr. 50 qu'ils auraient effectué.

ARTICLE V

Si, pour une cause quelconque, l'émission projetée ne pouvait avoir lieu avant le 14 mars 1888, les membres du Syndicat seraient immédiatement remboursés du montant des versements qu'ils auraient effectués.

ARTICLE VI

Le Syndicat prendra fin huit jours après la répartition close et chacun des Syndiqués recevra son décompte.

Le seul représentant du Syndicat est la Compagnie de Panama.

Fait à Paris, le   , en autant d'originaux que de parties intéressées.

TABLEAU SERVANT A ÉTABLIR L'ABSENCE DE RISQUE DES SYNDICATS A 2 FR. 50

DATE des ÉMISSIONS	SOMMES votées par le Conseil d'administration pour frais de PUBLICITÉ	SOMMES avancées par le SYNDICAT	MONTANT de l'émission EN ARGENT	MONTANT des SOUSCRIPTIONS	QUANTITÉ d'obligations émises	TAUX d'émission	QUANTITÉ d'obligations souscrites	QUANTITÉ d'obligations nécessaires pour que le Syndicat ne perdît pas son avance	BÉNÉFICES
	francs	francs	francs	fr. c.	francs				francs
3 août 1886....	15.000.000	1.203.250	225.000.000	206.460.900 »	500.000	450	458.802	2675	5.336.412
26 juillet 1887..	12.080.000	1.118.250	220.000. 00	113.910.280 »	500.000	440	258.887	2547	3.205.354
14 mars 1888...	9.603.500	797.875	161.000.000	35.031.930 80	350.000	460	89.883	1735	1.175.466
26 juin 1888....	40.000.000	3.458.875	720.000.000	254.596.891 73	2.000.000	360	849.249	9610	11.000.000

Les 20.762.113 fr. qu'ont coûtés les syndicats de cette nature doivent donc aller rejoindre les 9.932.125 fr. payés pour options, et les 19.073.182 fr. donnés à titre d'allocations supplémentaires aux établissements de crédit et aux banquiers.

Tout cela constitue la dîme prélevée par certains financiers sur l'argent que les actionnaires et les obligataires ont apporté à la Compagnie de Panama.

Appelé devant la justice à rendre compte de tous ces millions ainsi détournés de l'emploi auquel ils étaient destinés, M. Ch. de Lesseps a prétendu qu'il s'était résigné à subir les mœurs financières de nos jours, et qu'au surplus les frais d'émission de la Compagnie de Panama n'avaient pas dépassé le taux auquel certaines Compagnies puissantes font des emprunts autorisés ou contrôlés par l'État.

Certes, nous ne croyons pas que M. de Lesseps, alors même qu'il aurait donné un grand exemple de résistance aux appétits immodérés des financiers, eût été capable, à lui seul, de réprimer les mœurs actuelles, d'autant qu'elles ressemblent assez à celles de beaucoup d'autres époques.

N'est-ce pas sous la République Romaine que le poète Quintus Ennius, ami de Caton, disait à ses contemporains : *Unde habeas quærit nemo, sed oportet habere?* Et cette maxime n'était-elle pas résumée en termes aussi clairs dans ces deux mots : *Enrichissez-vous*, qu'adressait aux populations, il y a un demi-siècle à peine, le premier Ministre de la Royauté.

Mais ce qu'on peut répondre à M. de Lesseps, c'est que s'il n'a pas voulu ou s'il n'a pas pu résister aux pratiques financières dont il a parlé, il les a certainement développées et encouragées par ses propres innovations.

Pourquoi, par exemple avoir consenti des *options* qui ont coûté si cher avant de savoir si le public ne souscrirait pas les titres qu'on lui offrait ?

Pourquoi ces syndicats à 2 fr. 50, inconnus avant Panama, et qui ne procurent aucune garantie à la Société qui les organise?

Nous savons très bien qu'il est tout naturel de payer au monde de la coulisse, de la banque, de la finance en un mot, le concours qu'il apporte de son expérience, de ses relations, de son renom; nous savons aussi que, sans ce concours, il est nombre d'affaires importantes qui ne verraient pas le jour; mais, si les rémunérations à donner sont légitimes ou nécessaires, pourquoi les déguiser sous des opérations fictives ou les cacher dans des chapitres qui ne sont pas faits pour elles?

La vérité est qu'à Panama ce n'est pas seulement le concours utile qu'on a rétribué, mais surtout l'excès et l'abus.

On avait peur que la vérité, si soigneusement dissimulée lors des émissions, n'apparût, et on a accepté tous les chantages.

C'est ainsi seulement que peuvent s'expliquer les 600.000 fr. remis à Herz en 1885 pour la rançon d'une signature imprudemment consentie, les 250.000 fr. donnés à Arton en 1888, les 3.800.000 fr. versés à M. Hugo Oberndœffer la même année pour son prétendu système d'obligations avec garantie des lots et du remboursement des titres, les 6.000.000 de fr. encaissés par le baron de Reinach, de 1886 à 1889, et une foule d'autres sommes moins importantes, comptées à des personnes sans influence.

La Compagnie a donc subi sans répugnance les mœurs dont elle se plaint aujourd'hui, et, comme nous le disions plus haut, elle a contribué à les développer.

Elle n'a fait, d'ailleurs, que payer la faute par elle commise de se confier à ces financiers cosmopolites auxquels notre pays est redevable, en grande partie de mœurs que chacun déplore, mais que la loi est impuissante à faire disparaître.

Faut-il après cela donner notre appréciation sur les options et les syndicats à 2 fr. 50? Il nous suffira de répéter ce que nous avons déjà dit dans notre rapport spécial : « La moralité de tels procédés financiers ne se défend pas un seul instant. »

Reste maintenant l'allégation produite par M. de Lesseps que le taux des frais d'émission de la Compagnie de Panama ne dépassait pas celui autorisé par l'État pour les emprunts de certaines Compagnies dont il garantit l'intérêt. Nous avons voulu savoir quelle était la valeur de cette assertion, et nous sommes en mesure d'établir que, comme beaucoup d'autres, elle n'est pas fondée.

A en croire M. de Lesseps, deux Compagnies de chemins de fer, le Sud de la France et l'Est-Algérien, auraient été autorisées, pour l'émission de leurs obligations, à dépenser 8 1/2 pour 100 des sommes demandées au public.

Puis, s'en prenant au Crédit Foncier, il soutint que cet établissement avait employé en dix ans 116.000.000 fr. pour ses frais de publicité et d'émission.

Partant de ces données, il concluait que la Société de Panama qui avait payé en huit années 105.000.000 fr. (déduction faite des 12.000.000 fr. comptés au Syndicat américain) pour obtenir une somme totale de 1.331.565.700 fr. se trouvait dans le même cas que les Compagnies ou Société précitées, puisque son taux d'émission revenait en moyenne à 7 fr. 86 pour 100.

Or voici, pour le Sud de la France et l'Est-Algérien, les renseignements que nous avons puisés au Ministère des Travaux Publics.

Est Algérien		Taux d'émission de l'obligation	Minimum des frais d'émission autorisés par titre	Pourcentage
Émission : 31 mars	1886...	350	8	2 28 %
— 19 juillet	1889...	372 50	10	2 95 %
— 3 mars	1890...	390	10	2 56 %
Sud de la France.				
Émission : 12 janvier	1888...	342	12	3 50 %
— 2 mars	1889...	345	10	2 89 %
— 16 janvier	1890...	374	10	2 95 %
— 28 mars	1890...	385	10	2 59 %
— 13 février	1891...	400	10	2 50 %
— 31 décembre	1891...	380	10	2 64 %
— 25 février	1893...	400	10	2 50 %

Nous sommes loin par conséquent des 7,86 0/0 du Panama.

Quant au Crédit Foncier, M. Christophle, gouverneur, s'est chargé lui-même de répondre, lors d'une réunion d'actionnaires tenue le 11 janvier 1893 :

On a dit, devant la Cour d'appel, déclare M. Christophle, à propos des frais d'émission de l'entreprise du Panama : « Nous avons fait ce qu'on a fait au Crédit Foncier. On y a dépensé en frais de publicité et d'émission 116 *millions* en douze ans, et nous, nous avons dépensé 104 *millions*. Vous voyez donc bien que nous avons eu un exemple parti de très haut. »

Messieurs, la vérité, c'est que le chiffre de 116 millions qui a été cité, comprend les différentes charges qui ont été mises au compte des emprunts, mais qui ne constituent en aucune façon pour la majeure partie des dépenses d'émission.

Il faut en déduire des chiffres importants :

1° La perte d'intérêts sur les fonds des obligations jusqu'à leur emploi en prêts, qui représente 13.500.000 francs.

Il est clair que, lorsque je reçois les versements des obligataires, que je les place et que leur emploi temporaire ne procure pas l'intérêt que, d'autre part, je suis obligé de servir moi-même, il est clair, dis-je, que, pendant l'intervalle qui s'écoule entre le moment des versements et celui où je réalise les prêts, j'éprouve des pertes d'intérêts.

2° Les primes des emprunts remboursés ou convertis, soit 23.500.000 fr. :

Lorsque en effet je procède à une émission nouvelle, je me trouve parfois obligé de rembourser, avec les fonds qui en proviennent, un emprunt précédent, qui comporte des primes. Les primes ainsi payées se sont élevées à 23.500.000 fr. ; elles deviennent, bien qu'incombant aux emprunts antérieurs, une charge pour les emprunts nouveaux et il faut dès lors, vous le comprenez bien, lorsque je calcule le prix de revient d'une émission nouvelle, faire entrer en ligne de compte le montant des primes que je rembourse avec les fonds de cet emprunt nouveau.

3° Enfin, une somme de 7.800.000 francs qui représente les pertes sur les lots pendant la période des versements. Ceci se comprend sans plus ample explication.

C'est ainsi qu'après déduction des sommes qui ne peuvent être considérées comme des frais d'émission proprement dits, il ne reste que 60 millions pour représenter les Commissions de garantie et de placement et les frais de publicité et d'annonces.

Mais il y a plus : d'une part ces 60 millions forment l'ensemble des dépenses de cette nature depuis mon entrée au Crédit Foncier, mais aussi pour l'époque antérieure, et d'autre part il faut placer ces 60 millions en regard des 5 ou 6 milliards d'obligations émises, ou tout au moins des 4 milliards restant encore en circulation, ce qui fait ressortir les frais d'émission à 1 1/2 0/0.

La comparaison qu'on a voulu faire est donc sans fondement. »

Si maintenant, puisqu'on a mis l'État en cause, on veut savoir à combien reviennent les frais d'emprunt, voici un tableau qui donnera tous renseignements à cet égard :

EMPRUNTS	MONTANT EN RENTES	TAUX D'ÉMISSION	MONTANT EN CAPITAL	FRAIS DE L'ÉMISSION	POURCENTAGE
	Fr.	Fr. c.	Fr. c.	Fr. c.	
1884	13.706.745	76 60	349.978.889 »	952.984 44	0 27 %
1886	18.947.368	79 80	503.999.988 80	1.712.307 44	0 34 %
1891	28.184.376	92 55	869.488.000 »	2.405.307 17	0 27 %

VI

LA PRESSE

Les frais de publicité figurent dans les emplois de fonds de la Compagnie de Panama pour une première somme afférente à l'émission des actions, et dont on n'a pas l'explication détaillée

de.......................................   1.595.371 20

Pour une deuxième somme relative aux émissions d'obligations de........................   20.432.704 15

                                              22.028.075 35

Est-ce là le chiffre exact des allocations faites à la Presse? Incontestablement non, et il doit être réduit. Mais dans quelles proportions? C'est ce qu'il est difficile de préciser.

Dans le rapport très documenté et très instructif présenté par M. Bory sur la question, il est expliqué que la Compagnie de Panama avait l'habitude de dissimuler sous le chapitre de « la Publicité » une partie des largesses faites à des personnes qui n'avaient aucun rapport avec la Presse.

M. Flory nous a fourni l'état des déductions que, suivant lui, il conviendrait d'effectuer. Nous le publions tel quel.

1° Sommes payées aux maisons de banque, agents financiers, coulissiers, etc., etc.

André Giraud et Cⁱᵉ............	20.000	»
Arton.....................	157.500	»
Banque du Crédit Français.....	1.000	»
— d'Escompte	20.000	»
— Franco–Égyptienne.....	30.000	»
— Nationale............	10.000	»
— — (groupe)	90.000	»
— de Paris et des Pays-Bas.	80.625	»
Calzado	39.000	»
Castellane (de)...............	89.500	»
Comptoir d'Escompte..........	55.000	»
Crédit Lyonnais...............	20.000	»
Denfert-Rochereau	10.625	»
Divers délégués..............	6.519	85
La Financière...............	328.954	36
Kohn, Reinach et Cⁱᵉ..........	717.238	03
Lévy-Crémieux	594.016	24
Propper....................	113.615	35
Rodrigues	37.617	»
Reinach (baron de)...........	3.015.000	»
Total.......	5.436.210 83	5.436.210 83

2° Sommes payées à des agences ou intermédiaires qui ne paraissent avoir fourni qu'un concours d'indications pour les budgets de répartition, sur le montant desquels il leur était payé un tant pour cent :

Batiau et Privat..............	642.394	05
Batiau.....................	126.838	»
Batiau (Ernest)..............	1.000	»
Batiau frères................	6.950	»
Lagrange, Cerf et Cⁱᵉ..........	1.389.088	»
Total......	2.166 270 05	2.166.270 05

3° **Sommes payées sur des bons au porteur qui se sont élevées au chiffre total de**........ 1.424.268 55

La majorité des parties prenantes de ces bons au porteur est maintenant connue et l'on y trouve :

Baïhaut.....................	375.000	»
Cornélius Herz...............	600.000.	»
Divers coulissiers directeurs de journaux (ayant touché en dehors de leurs feuilles) et agents sans mission définie...	197.352	55
Il reste sans application connu le montant de 124 bons s'élevant ensemble à................	251.916	»
Total égal.....	1.424.268	55

4° **Sommes payées à des particuliers, sans désignation de qualités ou professions, ne paraissant pas se rapporter à la publicité. Ce chiffre total peut être évalué à**............. 1.000.000 »

Les dépenses portées à tort sous le titre de frais de publicité s'élèveraient donc au chiffre total d'environ................................. 10.026.749 43

M. Bory fait remarquer avec raison que cet état peut contenir des inexactitudes en ce sens que plusieurs déductions y figurent à tort.

Il estime que certaines sommes pourraient être retranchées et rétablies au compte de publicité notamment celles versées à Lévy-Crémieux (594.016 fr. 24) et au baron de Reinach (3.015.000 fr.) qui leur avaient été données pour dépenses de cette nature.

Mais le liquidateur de la Compagnie de Panama a assigné la succession de Reinach en restitution de cette somme de 3.015.000 fr.

ainsi que d'autres plus importantes, sous prétexte qu'elles n'auraient pas été utilisées suivant leur destination ; et M. de Lesseps interrogé le 17 juin 1892 par M. Prinet sur ce payement de 3.015.000 francs répondait que le baron de Reinach avait bien gagné son argent, à raison du concours permanent qu'il avait donné à la Compagnie de Panama.

On voit par ce seul exemple qu'un débat sans issue pourrait aisément s'engager, si on voulait avoir le chiffre scrupuleusement exact des payements faits à la Presse, d'autant que, si on retranche d'un côté, on peut ajouter de l'autre, car il est constant que des rétributions assez importantes ont été consenties à des journalistes par les *options*.

Nous croyons donc rester dans la réalité des choses en disant comme M. Bory, que les frais de publicité se sont certainement élevés à une somme variant au minimum entre 12 ou 13.000.000.

Le total des émissions ayant produit 1.335.567.700 fr. 33, il en résulte que la Presse a reçu 1 0/0 environ.

Cette proportion est elle exagérée ?

Si l'on ne veut envisager que les services rendus à la Compagnie de Panama, on peut répondre négativement. C'est ce qu'a toujours fait, d'ailleurs, M. Ch. de Lesseps. Il s'est plaint beaucoup des exigences de la finance, mais il s'est montré, au contraire, très bienveillant à l'égard de la Presse.

Il a même déclaré à l'audience du 11 janvier 1893 qu'elle avait été tout à fait loyale dans sa campagne en faveur de l'entreprise de Panama.

Ne devrait-on voir la question que sous cette face, qu'il conviendrait tout d'abord de ne pas généraliser cette affirmation et de l'accompagner de certaines réserves.

M. de Lesseps sait mieux que personne qu'il n'a obtenu le concours de certains journaux qu'à force d'argent ; que telle feuille qui avait commencé par critiquer quotidiennement l'affaire de Panama

s'en est montrée subitement enthousiaste, à partir du jour où un
bon traité de publicité lui fut assuré; que le concours permanent de
telle autre n'a été obtenu qu'à l'aide de subventions régulièrement
données chaque année, ou lors de chaque émission, à toute l'administration du journal, depuis le directeur jusqu'aux rédacteurs;
qu'enfin, même après la catastrophe, et alors que les concours étaient
devenus inutiles, il a fallu payer des silences pour ne pas laisser établir
un courant défavorable, au moment où la justice commençait à
inquiéter les administrateurs de la Société de Panama.

Le document suivant saisi chez Arton, et qui porte une date
presque concordante avec le réquisitoire du Procureur général, paraît
édifiant à cet égard.

LE GAULOIS
2, rue Drouot
Angle des boulevards
Montmartre et des Italiens
—
ADMINISTRATION

Paris, 11 août 1891.

1° *Cessation de toute campagne contre Panama et ses administrateurs;*
2° Pendant août, septembre et octobre, insertions des notes relatives
au "Crédit" dans le Bulletin financier appartenant à M. Rodrigues, ainsi
que des notes ayant le caractère d'informations importantes dans le corps
du journal "le Gaulois", sans être des articles;
3° Payement de 2.500 francs par mois pendant les mois d'août, septembre et octobre, le premier payement ayant lieu le 11 août;
4° Il est entendu que ces mensualités ne portent pas préjudice à la
part revenant aux Bulletins financiers de M. Rodrigues dans les futures
émissions.

AD. DU GAULOIS.

LE GAULOIS
2, rue Drouot
Angle des boulevards
Montmartre et des Italiens
—
ADMINISTRATION

Reçu de M. Arton la somme de deux mille cinq cents francs, à valoir sur la somme stipulée dans nos accords du 11 août 1891.

Paris, 11 *août* 1891,

L'ADMINISTRATEUR.

Tout cela ne suffit-il pas pour dire que l'opinion émise par M. de Lesseps à l'égard de la Presse ne saurait être partagée? Nous nous trouvons ainsi amené à exposer la nôtre.

Les débats qui se sont déroulés devant la première Chambre de la Cour d'Appel ont établi que les articles publiés sur Panama ont été rédigés pour la plupart avec des éléments fournis par la Compagnie elle-même. C'était M. Marius Fontane qui donnait documents et renseignements, tandis que M. Ch. de Lesseps se chargeait des allocations.

Il est résulté tout naturellement de cette façon de procéder que les journaux, puisant leurs informations à la même source, ont tenu tous, ou presque tous, le même langage; que les opinions, d'habitude si divergentes entre les feuilles de nuances diverses, se sont rencontrées unanimes à propos de Panama; mais le résultat le plus clair, c'est que la Presse a été la propagatrice de nouvelles inexactes, et qu'en cela elle a quelque peu négligé ses devoirs vis-à-vis du public.

Aussi n'y aurait-il rien d'étonnant à ce que, de ce côté, on trouvât exagérées les dépenses de publicité.

Certes, nous savons à merveille que la Presse n'est plus aujourd'hui ce qu'elle était jadis, et nous n'ignorons pas qu'il lui serait impossible de vivre si elle se bornait à faire un exposé de doctrines.

Un journal qui se contenterait de reproduire, même après une
heureuse sélection, les seules manifestations de la pensée humaine,
ne durerait pas longtemps, s'il ne se doublait d'une entreprise indus-
trielle qui sût habilement et fructueusement tirer parti de la publicité.

Nos mœurs sont ce qu'elles sont, on peut les déplorer, mais la
publicité est devenue un besoin ; aucune affaire ne peut se lancer
sans elle, et il serait déraisonnable de demander à la Presse de renoncer à cette source de profits.

Il est même parfaitement juste que tout journal qui s'est acquis
un grand renom par le talent de ses rédacteurs, par l'exactitude de ses
informations, par l'honnêteté des opinions qu'il professe, débatte
avec telle ou telle entreprise le prix de son concours, mais ce qu'il
importe, c'est qu'il contrôle les renseignements qui lui sont fournis,
et qu'il ne paraisse pas produire, comme venant de lui, des appréciations toutes faites émanant de ceux qui sont intéressés à égarer le
public.

Or, s'il est difficile de faire le départ entre le journaliste qui,
dans cette affaire de Panama, a suivi sa foi, et n'a fait qu'émettre
une opinion personnelle basée non seulement sur les données de la
Compagnie, mais sur des informations prises près de personnalités
autorisées, et celui qui aurait vendu sa plume, il est constant que
l'apologie de l'entreprise, au moment de chaque émission, et alors
même que le doute commençait à s'emparer des plus enthousiastes, n'a
pas été absolument désintéressée.

Il serait bon que de pareils errements ne se continuassent pas ;
la presse serait la première à en profiter. Elle n'a rien à gagner à ce
qu'il puisse être affirmé, comme la chose a été faite en audience
publique, que « dorénavant quand on verra un article élogieux dans
un journal, on saura que ce sont les intéressés qui en fournissent les
éléments » ni à ce qu'un directeur de Société puisse venir affirmer à
un ministre, comme l'a fait M. F. de Lesseps à M. Allain-Targé, « qu'il
disposait de la presse parce qu'il l'avait achetée. »

VII

ACCUSATIONS CONTRE LE PARLEMENT

Nous arrivons ici à la dernière partie de notre tâche, la plus délicate peut-être, celle, en tout cas, qui a tenu la première place dans les préoccupations de la Commission d'enquête.

Il faut rendre cette justice à votre Commission, que, du jour où elle a été nommée jusqu'au jour où elle a cessé ses travaux, elle a voulu énergiquement la lumière et n'a rien négligé pour la découvrir.

Les recherches qu'elle a faites de tous côtés, et plus particulièrement dans les banques avec lesquelles s'étaient trouvés en relations les prétendus agents de corruption; le concours constant et absolu qu'elle a prêté à la justice, l'examen attentif et minutieux, auquel elle s'est livrée, des innombrables documents qu'elle s'est procurés, le prouveraient surabondamment, si besoin était.

Tous ces efforts ont-ils abouti au résultat désiré par ceux qui, affirmant la corruption du Parlement, ont provoqué la nomination de la Commission?

Il est permis d'en douter.

Aujourd'hui que les passions politiques se sont détournées de l'affaire de Panama, que les polémiques ont fait trève, que la Chambre, un instant désemparée par les accusations habilement combinées qui lui revenaient de toutes parts, a repris le cours régulier de ses

travaux; aujourd'hui enfin que le pays, resté calme au milieu de la
tempête, a suffisamment montré que toutes ces agitations le laissaient
indifférent et qu'il n'avait rien perdu de sa confiance dans la République, il devient plus facile de faire œuvre de justice et de vérité en
même temps que de distinguer le but poursuivi.

L'enquête s'est faite en même temps qu'une instruction criminelle, et toutes deux ont eu le même objectif : la recherche de la corruption.

Devant la Commission, comme dans le cabinet du juge d'instruction, des accusations se sont produites, des révélations ont été
faites, provenant de sources différentes, mais ayant chacune leur ré-
percussion tant au Palais-Bourbon qu'au Palais de Justice.

La confusion serait donc possible. Pour l'éviter et aussi pour
rappeler la marche qu'ont suivie les événements, nous allons donner
la chronologie des faits sur lesquels doit porter plus particulièrement
notre examen.

Fin octobre et commencement de novembre 1892. — L'information dirigée par M. Prinet entre dans la phase toute nouvelle que
nous avons indiquée au début de ce rapport. La justice, longtemps
inactive, est obligée de prendre une détermination.

20 octobre. — Audition par M. Prinet de M. Ferdinand Martin
sur les faits de corruption révélés par lui dans la *Libre Parole*.

24 octobre. — Audition de M. Charles de Lesseps sur les mêmes
faits.

26 octobre. — Audition de M. Cottu.

4 novembre. — Audition du baron de Reinach et son inculpation.

7 novembre. — Audition de M. Irénée Blanc.

10 novembre. — Dépôt par M. Delahaye de sa demande d'interpellation.

24 novembre. — Discussion de l'interpellation. — Accusation
de M. Delahaye. — Nomination de la Commission.

Même jour. — Poursuites judiciaires contre les administrateurs
de Panama.

27 novembre. — Citations à MM. Charles de Lesseps, Marius Fontane et Cottu devant la Commission d'enquête.

28 novembre. — Refus de comparaître de M. Fontane.

29 novembre. — Refus de comparaître de M. Cottu.

30 novembre. — Refus de comparaître de M. Ch. de Lesseps.

Même jour. — M. Thierrée comparaît et déclare à la Commission qu'il est détenteur de 26 chèques représentant une somme totale de 3.390.475 francs créés en juillet 1888, par ordre de M. de Reinach.

3 décembre. — Saisie des chèques qui sont remis à la Commission.

7 décembre. — La Commission décide qu'elle demandera communication des talons.

13 décembre. — MM. Berard, Leydet, Loreau se rendent chez M. Thierrée, qui déclare avoir brûlé les talons quelques jours auparavant.

14 décembre. — M. Thierrée comparaît devant la Commission et affirme à nouveau qu'il a brûlé les talons.

16 décembre. — Arrestation de MM. Charles de Lesseps, Marius Fontane et Sans-Leroy. M. Cottu se constitue prisonnier quelques jours après.

19 décembre. — M. Thierrée déclare au juge d'instruction qu'il n'a pas brûlé les talons et qu'il les tient à sa disposition

20 décembre. — Demande en autorisation de poursuites contre cinq sénateurs et cinq députés.

22 décembre. — Remise à la Commission par M. Andrieux de la photographie d'une note attribuée à M. de Reinach.

24 décembre. — M. Charles de Lesseps fait à l'instruction l'aveu du crime Baïhaut.

30 décembre. — Il déclare qu'à la suite de préoccupations à lui manifestées avant le vote de la loi du 9 juin 1888 par MM. de Freycinet, Clémenceau et Floquet, il a remis à M. de Reinach, le 17 juillet 1888, une somme de 4.940.475 francs.

Même jour. — Il déclare qu'il a remis, sur la demande de

M. Floquet, président du Conseil des ministres, une somme de 300.000 francs à divers journalistes.

9 janvier 1893. — Arrestation de M. Baïhaut.

20 janvier. — Ordonnance de non-lieu au profit de MM. Arène, Roche et Thévenet.

7 février. — Arrêt de non-lieu au profit de MM. Cottu, Léon Renault, Grévy et Rouvier.

21 mars. — Arrêt de la Cour d'assises. — Condamnation de MM. Charles de Lesseps, Baïhaut et Blondin. Acquittement de tous les autres accusés.

Il résulte de cet exposé que les accusations et les révélations sont arrivées par plusieurs personnes distinctes; MM. Delahaye, Thierrée et Andrieux devant la Commission, M. Ch. de Lesseps devant la justice.

On verra dans un instant qu'elles ont eu des nuances différentes provenant vraisemblablement du caractère ou de l'intérêt de ceux qui les formulaient.

M. Delahaye est précis.

M. Thierrée dit une partie de ce qu'il sait, et sciemment il dissimule l'autre, jusqu'au jour où il juge à propos de dire toute la vérité.

M. Andrieux, tout en remettant un document qu'il considère comme très important, fait les réserves les plus expresses sur la véracité de celui de qui il émane et qui lui est, dit-il, fort suspect.

Quant à M. Ch. de Lesseps, il affecte la plus grande courtoisie à l'égard de ceux contre lesquels il fait ses révélations, sauf cependant en ce qui concerne M. Baïhaut.

Il résulte encore du rapprochement des dates qu'accusations et révélations se sont produites au fur et à mesure que les poursuites étaient exercées contre les administrateurs de Panama.

N'est-ce qu'une coïncidence? Faut-il y voir autre chose? Doit-on par exemple attribuer au hasard seul ce fait que les talons des chèques

Thierrée, soit-disant brûlés au commencement de décembre, se sont retrouvés intacts le lundi 19, alors que M. Ch. de Lesseps venait d'être arrêté le vendredi 16?

Les opinions peuvent varier à cet égard et les suppositions sont permises.

Il est toutefois une remarque qu'il convient de signaler : c'est que les journaux qui ont mené la campagne la plus rude contre les membres du Parlement, dont les noms étaient cités au cours de l'enquête et de l'instruction, sont ceux-là mêmes qui ont pris le plus énergiquement la défense de MM. de Lesseps et consorts aussi long-temps qu'ont duré les procès; mais ce sont là choses aujourd'hui secondaires puisque l'attention de la justice et celle de l'opinion ne se sont pas détournées pour cela des accusés.

Notre tâche consiste en la circonstance à prendre les accusations les unes après les autres et à mettre en regard les résultats fournis soit par l'enquête soit par l'instruction.

Dans son discours du 21 novembre 1892, M. Delahaye a affirmé les faits suivants que nous reproduisons textuellement d'après le *Journal Officiel;* il y en a huit.

M. Delahaye s'exprime ainsi sur chacun d'eux :

1° Remise de 5.000.000 à un financier, conseil de la Compagnie.

Pour émettre des valeurs à lots, l'intervention des pouvoirs publics était nécessaire : il fallait une loi. Le financier se fit fort de l'obtenir par la toute-puissance de ses relations politiques et par la corruption. Il demanda 5 millions dont il ne devait rendre compte à personne. Cette somme lui parut d'abord suffisante pour sa commission et pour acheter toutes les consciences à vendre dans le Parlement.

Mais les appétits excités grandirent démesurément. Ils devinrent énormes. Le financier revint plusieurs fois demander qu'il fût ajouté des suppléments aux millions qu'il avait reçus. Les administrateurs de la Compagnie de Panama furent assaillis par une véritable meute de politiciens.

2° L'intervention d'Arton.

Le financier avait, entre autres, pour remplir cette mission, un homme de confiance digne de la besogne, un nommé Arton, qui, depuis, a passé la frontière. Vous savez pourquoi. Un livre de chèques fut remis au sieur Arton, chargé de « faire le nécessaire » : telle fut l'expression convenue pour faire comprendre aux membres des deux Chambres que l'on était prêt à estimer leurs votes.

3° Distribution d'argent à 150 députés ou sénateurs.

Trois millions furent distribués entre cent cinquante membres du Parlement, parmi lesquels, je dois le dire, il n'y avait qu'un petit nombre de sénateurs.

4° Remise de 400.000 francs à un ancien ministre.

Un autre politicien, un ancien ministre — il est mort — exige 400.000 fr. Cette fois le chèque est touché à la Banque de France.

5° Remise de 200.000 francs à un député faisant partie de la Commission chargée d'examiner, en 1886, le projet de loi relatif aux valeurs à lots.

Les administrateurs de la Compagnie de Panama pouvaient se croire au bout de ces détournements, auxquels ils avaient été, pour ainsi dire, contraints, lorsque le jeu de nos institutions mit entre les mains d'un seul homme, d'un seul député, la destinée de cette immense intrigue.

La Commission nommée pour étudier le projet des valeurs à lots était partagée par moitié : cinq pour et cinq contre. Du onzième dépendait donc le rejet ou l'adoption. Il alla s'offrir au siège même de la Compagnie pour 200.000 fr.

On ne se rendit pas compte tout d'abord de sa valeur relative, et on refusa. Le député se mit alors à la tête d'un syndicat qui, escomptant le prochain rejet de la loi, joua à la baisse avec la participation d'un banquier que tous ceux qui sont au courant de ces affaires connaissent bien.

Le banquier avait déjà vendu 6 à 8.000 titres du Panama; les administrateurs de la Compagnie comprirent leur faute et l'imminence du danger. La Commission était réunie; encore une heure ou deux, et le sort en était jeté.

Un agent de la Compagnie se présenta dans la salle des Pas-Perdus, fit appeler le député, qui sortit une première fois. — Voulez-vous 100.000 fr.? — Non, c'est 200.000... Le député rentra. Quelques instants après, l'agent de la Compagnie le fit mander une seconde fois; il sortit de nouveau. Cette fois, il reçut les 200.000 fr. Il rentra, et le projet fut adopté par la Commission, par six voix contre cinq.

6° Acquisition d'un journal français.

Puis, c'est un journal qui n'avait que le souffle, qui ne valait pas 20 fr. et qui est acheté 200.000 fr. à raison de l'influence qui était par derrière.

7° Acquisition d'un journal étranger.

Un autre personnage croit qu'il est patriotique d'acheter un grand journal à l'étranger; les fonds secrets ne pouvaient faire la dépense, qui était de 500.000 fr. Panama paya. Mais cette fois il fallait être plus circonspect que jamais. Aussi le chèque fut-il endossé par un garçon de bureau que je pourrais nommer.

8° Remise de 300.000 francs sur la demande du Gouvernement pour l'élection du Nord.

Un jour, ce fut l'élection du Nord, et non pas l'élection de la Seine, qui fut la raison des sollicitations. Il fallait 100.000 fr. pour un journal, 100.000 fr. pour un autre journal, 100.000 fr. pour les frais de l'élection.

Je n'ai pas à rechercher — cela sera le but de l'enquête que je demande — par qui furent sollicités, par qui furent reçus, par qui furent distribués ces 300.000 fr. ; mais ce que j'affirme, — et je vous défie de trouver le contraire dans l'enquête, — c'est que 300.000 fr. ont été touchés pour l'usage que je dis.

Au cours de son discours, M. Delahaye avait été invité par de nombreuses interruptions à citer des noms; mais il s'y était absolument refusé.

Devant la Commission, il donna dans une note écrite, publiée aux annexes, des explications qui peuvent se résumer ainsi :

Le financier qui, d'après lui, avait reçu 5 millions pour acheter les consciences était le baron de Reinach.

M. Delahaye indiquait les personnes qui pourraient fournir des renseignements à cet égard. C'étaient en première ligne les administrateurs de la Compagnie de Panama, MM. de Lesseps, Cottu, Marius Fontane, Henri Prévost, de Montdésir, puis l'ancien associé de M. de Reinach, M. Kohn, et enfin, leur successeur, M. Propper.

La distribution des 3 millions à cent cinquante députés avait été faite par de Reinach et Arton à l'aide de 172 chèques dont on devait trouver trace à la banque Propper, à la banque Thierrée, dans les papiers de la succession de Reinach.

Pour plus de précision, M. Delahaye remettait à la Commission deux plis cachetés et numérotés qu'on ne devait ouvrir qu'en présence de M. Propper.

L'ancien Ministre qui avait reçu 400.000 francs était M. Barbe.

Le député qui s'était vendu pour 200.000 francs, quand la Commission des valeurs à lots délibérait, était M. Sans-Leroy.

Le journal sans valeur payé 200.000 francs était le *Télégraphe*.

Quant au journal étranger acheté 500.000 francs, M. Delahaye en donna le nom qui fut tenu secret par la Commission ; mais on a su depuis qu'il s'agissait de la *Gazette de Moscou*.

Les 300.000 francs versés à certains journaux à raison de l'élection du Nord l'avaient été sur la demande de M. Floquet.

Ces désignations n'apprenaient pas grand'chose. Car les allusions faites à la tribune étaient tellement transparentes qu'il avait été facile d'apercevoir les noms par derrière, sauf pour les cent cinquante députés et sénateurs, et c'était surtout ce qu'on tenait à connaître.

Aussi M. Delahaye fut-il pressé de s'expliquer sur ce point.

Voici les questions qui lui furent posées, tout à la fois sur la provenance de ses affirmations et sur les preuves qu'il pouvait donner à l'appui :

Séance du 25 novembre 1893

M. LE PRÉSIDENT. — Monsieur Delahaye, vous avez rédigé une note écrite. Cela ne peut pas nuire aux droits du Président de vous poser des questions soit après la lecture de cette note, soit au cours même de cette lecture.

Je vous demanderai ceci : Comment êtes-vous informé de ce qui s'est passé, dans l'instruction, entre M. le conseiller Prinet et les personnes dont vous venez de parler ?

M. JULES DELAHAYE. — Monsieur le Président, je demande la permission de ne pas répondre.

M. LE PRÉSIDENT. — Vous ne pouvez pas ou vous ne voulez pas nous dire...

R. — Je ne veux rien dire des sources où j'ai puisé. Je vous propose un certain nombre de faits à vérifier.

D. — Voulez-vous dire que c'est seulement à cet instant de votre déposition ou que c'est aujourd'hui que vous ne voulez rien dire ?

R. — Je ne veux rien dire aujourd'hui.

D. — Vous ne voulez rien dire aujourd'hui là-dessus ?

R. — Rien dire des sources, non, monsieur le Président.

D. — Veuillez continuer la lecture de cette note.

M. LE PRÉSIDENT. — Dans votre discours du 21 novembre dernier, que j'ai sous les yeux, à la page 1648 du *Journal officiel*, 1ʳᵉ colonne, vous dites, à propos de M. de Reinach :

« Il demanda 5 millions dont il ne devait rendre compte à personne. »

Vous nous donnez aujourd'hui ce que vous appelez une méthode pour trouver la vérité sur ce point. Mais, personnellement, vous n'avez pas en votre possession et vous n'avez jamais eu la preuve de ce que vous avez dit à la tribune?

M. JULES DELAHAYE. — Je ferai observer qu'il m'est absolument impossible (1) d'avoir des preuves matérielles, puisqu'elles sont tout entières dans les chèques.

D. — Vous n'aviez pas de preuves matérielles?

R. — J'avais des preuves morales suffisantes (2), mais pas de preuves matérielles, puisque l'enquête a pour but de les trouver.

D. — Vous avez dit ensuite, même page, 2ᵉ colonne :

« Trois millions furent distribués entre cent cinquante membres du Parlement. » Voilà bien votre affirmation.

R. — Oui, monsieur le président.

D. — Elle est reproduite par la sténographie et approuvée par vous.

R. — Parfaitement! Vous trouverez dans les chèques... (3)

D. — Permettez! Au moment où vous avez produit cette allégation à la tribune, vous n'avez pas dit que vous n'en aviez aucune preuve.

R. — J'en ai la preuve morale (4).

D. — Vous n'aviez aucune preuve matérielle?

R. — Je ne puis pas en avoir. C'est le but de l'enquête (5).

D. — Vous avez accusé à la tribune cent cinquante membres du Parlement, sans avoir aucune preuve entre les mains.

R. — J'ai la preuve morale.

D. — Qu'appelez-vous preuve morale?

R. — La source où j'ai puisé.

M. CAMILLE PELLETAN. — Quelle est cette source?

R. — Je ne puis pas le dire en ce moment.

M. LE PRÉSIDENT. — Avez-vous les noms que vous n'avez pas donnés à la

---

(1) « De découvrir tout seul les preuves matérielles de la répartition des fonds de Panama consacrés à la corruption, puisqu'elles sont dans les mains des corrupteurs ou dans les chèques dont je vous révèle l'existence. »

(2) « Mais pas les preuves matérielles que je viens de dire et que l'enquête a pour but de découvrir. »

(3) « Effacer après « parfaitement » : *vous trouverez dans les chèques.* »

(4) « Je n'avais pas à dire que je n'en avais aucune preuve, puisque j'en avais la preuve morale, qui réside, pour le moins, dans l'importance des fonds consacrés à la corruption. »

(5) « Je ne puis avoir la preuve matérielle de la distribution de chaque somme à chaque député corrompu. C'est le but de l'enquête. »

Chambre, que vous ne donnez pas davantage à la Commission? Les avez-vous?
R. — Ils sont dans les carnets de chèques; je ne puis pas dire autre chose.
Quand je fais une déposition écrite, vous me permettrez de me borner à ma
déposition. (*Bruit*.)

Quoi! c'était tout? Des preuves morales! Et c'est avec cela
qu'on dénonçait à l'opinion publique, comme coupables de la plus
vile des actions, cent cinquante députés dont on taisait soigneusement les noms, ce qui permettait de laisser planer le soupçon sur
tout le monde!

La Commission ne se contenta pas de réponses aussi vagues, et
plusieurs de ses membres insistèrent pour obtenir plus de M. Delahaye;
mais celui-ci persista tout à la fois dans ses accusations et dans son
refus de fournir des preuves, ainsi qu'on va le voir.

M. CAMILLE PELLETAN. — J'insisterai sur ces mots « preuve morale » que
vient de prononcer M. Delahaye.

M. Delahaye a bien voulu nous enseigner notre devoir; je n'ai pas la prétention de lui enseigner le sien. Il a réclamé une enquête; il est aujourd'hui devant
la Commission d'enquête; c'est à lui à fournir toutes les lumières désirables. Il
nous invite à en chercher. Cela ne suffit pas. Il nous dit qu'il a une preuve
morale. Il a porté une accusation grave devant le Parlement. Je lui demande de
nouveau quelle est cette preuve morale et je crois qu'il ne peut pas refuser de
la faire connaître.

M. JULES DELAHAYE. — Je me refuse à indiquer ma source.

M. LOUIS BARTHOU. — Je voudrais essayer d'obtenir de M. Delahaye une
réponse précise.

M. Delahaye a dit qu'il avait une preuve morale. Je désirerais savoir si cette
preuve morale s'appliquerait simplement à ce fait général que des membres du
Parlement, dont il ne connaîtrait pas les noms, ont été achetés avec l'argent du
Panama ou si cette preuve morale s'applique à chacun des cent cinquante
députés que M. Delahaye a indiqués; en d'autres termes, je désirerais savoir si,
au moment où il parlait à la tribune et au moment où il dépose devant la Commission, M. Delahaye connaît les noms de ces cent cinquante membres du Parlement.

M. JULES DELAHAYE. — Je ne pouvais pas les connaître (1), puisque je n'ai
pas la preuve matérielle et que je ne puis pas l'avoir.

M. CAMILLE PELLETAN. — Avez-vous les noms?

_____

(1) « J'ai nommé ici toutes les personnes auxquelles j'avais fait une allusion individuelle
sans les nommer dans mon discours. »

M. Jules Delahaye. — N'ayant pas la preuve, je n'ai pas les noms.

M. Gamard. — M. Delahaye dit en ce moment qu'il ne peut nous indiquer la base de sa preuve morale, qu'il ne peut pas répondre ceci : « C'est sur tel et tel renseignements que je suis venu apporter des faits, renseignements qui ont constitué pour moi la preuve morale d'actes d'indélicatesse commis par cent cinquante députés. »

Est-ce aujourd'hui seulement que M. Delahaye refuse de nous donner cette preuve morale et se réserve-t-il de la fournir à la Commission, quand il croira le moment opportun?

M. Jules Delahaye. — Cela dépendra de l'enquête.

M. Labussière. — M. Delahaye a dit qu'il n'avait qu'une preuve morale. Il résulte cependant du discours qu'il a prononcé le 21 novembre et dont j'ai le texte sous les yeux qu'il avait à ce moment-là plus que des preuves morales; je relève en effet dans ce discours le passage suivant : « N'ayez pas crainte, Messieurs, que j'abaisse ce débat à des questions de personnes, que je pourrais nommer. »

M. Jules Delahaye. — J'ai nommé ici toutes les personnes que je n'avais pas nommées dans mon discours.

Si M. Delahaye ne répondit pas autrement aux questions si précises qui lui furent posées, il indiqua une méthode de recherches à laquelle la Commission n'a cessé de se conformer. Nous allons voir quels ont été les résultats obtenus.

ACCUSATIONS Nᵒˢ 1, 2, 3

Faits de corruption générale

M. Delahaye avait demandé qu'on entendît à ce sujet les administrateurs de la Compagnie de Panama, puis MM. Kohn et Propper, enfin M. Thierrée. Il avait demandé aussi qu'on fît des perquisitions dans les banques et qu'on examinât les papiers de la succession de Reinach.

Tout a été fait.

Parmi les administrateurs de la Compagnie de Panama, MM. Charles de Lesseps, Marius Fontane et Cottu, cités alors qu'ils étaient encore en liberté, se sont excusés et n'ont pas comparu ; mais on a ce qu'ils ont dit devant la justice.

MM. Prévost et de Montdésir ont été entendus. Leurs dépositions (n°ˢ 92-93) sont négatives.

MM. Kohn et Propper se sont présentés spontanément dans la séance du 29.

Ils ont déclaré, d'une part, qu'ils ignoraient absolument si M. de Reinach avait ou non touché 5 millions à la Compagnie de Panama en 1888, d'autre part que les écritures de la maison Kohn-Reinach et Cⁱᵉ ne portaient aucune trace de l'encaissement de tout ou partie de cette somme, pas plus que de sa distribution. Ils ont appris seulement que dans le premier semestre de l'année 1888, M. de Reinach, qui était à ce moment créditeur dans la maison de banque Kohn-Reinach de 2 millions environ, avait fait verser à Arton dans le premier semestre de 1888, et en plusieurs fois, 900.000 fr. à 1 million.

Les registres de la banque ont été tenus à la disposition de la Commission et il a été constaté effectivement qu'Arton avait touché, dans les délais que nous venons d'indiquer, 954.125 fr. en trente et un versements.

La Commission désira savoir si ces payements avaient quelque chose d'anormal.

M. Propper fut interrogé à cet égard.

Voici la demande et la réponse :

M. LE PRÉSIDENT. — On peut être curieux, naturellement. Des versements de cette importance, faits par M. Jacques de Reinach à Arton, qui n'était pas un commerçant, mais simplement l'agent d'une Société, ne vous ont pas amené à vous demander quelles devaient être les relations qui motivaient ces versements ?

R. — Nous ne nous le sommes pas demandé, parce que M. le baron de Reinach faisait beaucoup d'affaires et voyait beaucoup de monde. Cela ne nous a pas frappés.

Sur les livres de la Compagnie de Panama, on releva que M. de Reinach avait touché en juillet 1888, c'est-à-dire après l'émission des valeurs à lots :

Pour sa part syndicale.................	3.390.475	»
Sur le compte de publicité.............	1.550.000	»
TOTAL..........	4.940.475	»

L'emploi de la première somme (3.390.475 francs) est connu, il résulte de chèques retrouvés chez M. Thierrée dans des circonstances que nous allons faire connaître.

Quant à la seconde somme, 1.550.000 francs, on n'est plus fixé du tout.

Sur une note ou liste qu'on a appelée *liste Andrieux*, et sur laquelle nous nous expliquerons, on voit que M. de Reinach aurait donné 1.340.000 francs à Arton, et que celui-ci les aurait distribués à cent quatre députés.

Dans cette somme de 1.340.000 francs, M. de Reinach fait-il entrer les 954.125 francs déjà versés à Arton avant le 1er juillet? On n'en sait rien. Où seraient passés les autres 210.000 francs formant la différence entre les 1.550.000 francs touchés par de Reinach et les 1.340.000 francs versés à Arton? On n'en sait pas davantage. La seule chose qu'on puisse retenir dès maintenant, c'est que la note a été déclarée plus que suspecte par celui-là même qui l'a remise à la Commission, M. Andrieux.

Examinons d'abord les chèques Thierrée, nous passerons ensuite à la liste Andrieux.

LES CHÈQUES THIERRÉE

M. Thierrée fut entendu le 30 novembre par la Commission.

Il apprit que M. de Reinach avait remis le 17 juillet 1888 à sa maison un chèque de 3.390.475 francs tiré par la Compagnie de Panama sur la Banque de France, et qu'il en avait demandé la contre-valeur en vingt-six chèques, ce qui avait été fait.

Il ajouta que ces vingt-six chèques lui avaient été retournés, comme d'usage et une fois payés par la Banque de France, et qu'il les détenait encore.

La Commission se préoccupa immédiatement d'avoir ces documents.

Dans la soirée du 30, son Président se rendit près de M. le Ministre de la Justice pour l'aviser qu'il y avait intérêt à faire saisir ces chèques. Pendant ce temps, MM. Bérard, Leydet, Loreau allaient chez M. Thierrée, et relevaient les numéros des chèques ainsi que leur importance.

A sept heures du soir, ils rendaient compte de leur mission.

Le 3 décembre, les vingt-six chèques étaient saisis par M. Clément, commissaire de police aux délégations judiciaires, et apportés avec le procès-verbal à la Commission.

PROCÈS-VERBAL

« L'an mil huit cent quatre-vingt-douze, le samedi, trois décembre, à dix heures cinquante-cinq minutes du matin,

« Nous, Julien Clément, officier de la Légion d'honneur, Commissaire de police de la Ville de Paris, chargé des Délégations spéciales et judiciaires, Officier de Police judiciaire, auxiliaire de Monsieur le Procureur de la République,

« Vu le mandat décerné à la date de ce jour par M. le Préfet de Police, nous déléguant à l'effet de nous transporter, rue de la Banque, n° 22, chez Monsieur A. Thierrée, banquier, et de nous faire remettre les chèques dont il est possesseur, et dont il est nécessaire de prendre connaissance, dans l'intérêt de l'instruction et de l'enquête ouverte à l'occasion de l'affaire de « Panama »,

« Après avoir décliné notre qualité à Monsieur Thierrée, Anthony-Félix-Alexandre et à Monsieur Propper, Emmanuel, son co-gérant,

« Ces messieurs nous ont remis vingt-six chèques, dont l'énumération suit, tous payables à la Banque de France, à Paris, et au porteur :

« Savoir :

Chèque de 80.000 francs, série A, n° 9919. Créé le 17 juillet 1888, acquitté le 17 juillet 1888, par (illisible), 26, rue du Quatre-Septembre.

Chèque de 40.000 francs, série A, n° 9920. Créé le 18 juillet 1888, acquitté le 18 juillet 1888, par Kohn Reinach.

Chèque de 40.000 francs, série A, n° 9921. Créé le 17 juillet 1888, acquitté le 20 juillet 1888, par le Crédit mobilier.

Chèque de 20.000 francs, série A, n° 9922. Créé le 17 juillet 1888, acquitté le 18 juillet 1888, par Aigoin, 4, rue du Dôme.

Chèque de 20.000 francs, série A, n° 9923. Créé le 17 juillet 1888, acquitté le 23 juillet 1888, par Castelbon, 37, rue des Acacias.

Chèque de 25.000 francs, série A, n° 9924. Créé le 17 juillet 1888, acquitté le 18 juillet 1888, par Elouis, 24, rue Chauchat.

Chèque de 20.000 francs, série A, n° 9925. Créé le 17 juillet 1888, acquitté le 23 juillet 1888, par Bustert, 3, rue Saint-Georges.

Chèque de 20.000 francs, série A, n° 9976. Créé le 17 juillet 1888, acquitté le 19 juillet 1888, par Pralon frères et Cie, rue des Mathurins, n° 3.

Chèque de 20.000 francs, série A, n° 9977. Créé le 17 juillet 1888, acquitté le 19 juillet 1888, par Orsatti, 5, rue Pigalle.

Chèque de 20.000 francs, série A, n° 9978. Créé le 17 juillet 1888, acquitté le 21 juillet 1888, par P. Schmitt, 78, rue d'Anjou.

Chèque de 40.000 francs, série A, n° 9979. Créé le 17 juillet 1888, acquitté le 20 juillet 1888, par (illisible), 64, rue de la Chaussée-d'Antin.

Chèque de 25.000 francs, série A, n° 9980. Créé le 17 juillet 1888, acquitté le 19 juillet 1888, par Siméon, chez M. Jeanin (agent).

Chèque de 20.000 francs, série A, n° 9981. Créé le 17 juillet 1888, acquitté le 19 juillet 1888, par Albert Grévy, 43, boulevard Haussmann.

Chèque de 20.000 francs, série A, n° 9990. Créé le 18 juillet 1888, acquitté le 18 juillet 1888, par Léon Renault, rue Murillo, 8.

Chèque de 5.000 francs, série A, n° 9991. Créé le 18 juillet 1888, acquitté le 19 juillet 1888, par Léon Renault, rue Murillo, 8.

Chèque de 50.000 francs, série A, n° 9983. Créé le 17 juillet 1888, acquitté le 21 juillet 1888, par Davoust, 15, place Vendôme.

Chèque de 150.000 francs, série A, n° 9984. Créé le 17 juillet 1888, acquitté le 18 juillet 1888, par Chevillard, 53, rue de Châteaudun.

Chèque de 100.000 francs, série A, n° 9985. Créé le 17 juillet 1888, acquitté le 18 juillet 1888, par Chevillard, 53, rue de Châteaudun.

Chèque de 100.000 francs, série A, n° 9986. Créé le 17 juillet 1888, acquitté le 18 juillet 1888, par Chevillard, 53, rue de Châteaudun.

Chèque de 100,000 francs, série A, n° 9987. Créé le 17 juillet 1888, acquitté le 18 juillet 1888, par Chevillard, 53, rue de Châteaudun.

Chèque de 100.000 francs, série A, n° 9988. Créé le 17 juillet 1888, acquitté le 18 juillet 1888, par Chevillard, 53, rue de Châteaudun.

Chèque de 40.000 francs, série A, n° 9989. Créé le 17 juillet 1888, acquitté le 18 juillet 1888, par Favre, 4, rue de la Bourse.

Chèque de un million, série A, n° 9992. Créé le 19 juillet 1888, acquitté le 21 juillet 1888, par Cornélius Herz, de Francfort-sur-le-Mein.

Chèque de un million, série A, n° 9993. Créé le 19 juillet 1888, acquitté le 21 juillet 1888, par Cornélius Herz, de Francfort-sur-le-Mein.

Chèque de 195.000 francs, série A, n° 9995. Créé le 21 juillet 1888, acquitté le 24 juillet 1888, par L. Chabert, rue de Lisbonne, n° 2.

Chèque de 140.475 francs, série A, n° 9995. Créé le 30 juillet 1888, acquitté le 30 juillet 1888, par L. Chabert, rue de Lisbonne, n° 2.

De quoi nous avons rédigé le présent, que MM. A. Thierrée et Propper ont signé avec nous, après lecture faite et qui sera, avec les vingt-six chèques ci-dessus décrits, transmis à Monsieur le Préfet de Police, aux fins de droit.

> « Le Commissaire de Police :
>
> « A. Thierrée.   « Clément.
> « E. Propper. »

La Commission se mit immédiatement en devoir d'interroger ceux dont les noms figuraient aux chèques.

Deux questions se posaient : 1° Les personnes qui avaient acquitté les chèques s'en trouvaient-elles être les véritables bénéficiaires, sinon quels étaient ceux-ci? 2° Les hommes politiques qui seraient convaincus d'avoir touché, soit directement, soit par un tiers, auraient-ils reçu à raison de leurs votes, et l'argent qui leur aurait été compté serait-il bien le prix de la corruption?

C'est en vue de ce double résultat que les investigations furent conduites. On suivait en cela d'ailleurs la méthode indiquée par M. Delahaye.

Tout d'abord on apprit que le chèque de 80.000 francs n° 9919 qui figurait au procès-verbal avec cette mention (signature illisible) avait été acquitté par M. Cloettat, alors employé d'un banquier nommé Betzold.

M. Cloettat fut cité, mais il ne put comparaître, car il était à Londres. Il écrivit à la Commission, le 10 décembre 1892, qu'en 1888, le baron de Reinach étant venu à la banque Betzold, il l'avait chargé, lui, Cloettat, d'encaisser le chèque; que, cette opération faite, il avait rapporté les fonds qui, dans sa pensée, étaient non pour M. Betzold, mais pour M. de Reinach lui-même.

Le bénéficiaire du chèque de 40.000 francs n° 9979, portant à l'acquit « signature illisible » était M. Pesson, décédé.

Davoust, signataire du chèque de 50.000 francs n° 9983, était également mort avant la nomination de la Commission, mais on a su que ce chèque était pour le compte de M. Vlasto.

22

Cornélius Herz, bénéficiaire de deux chèques de 1 million chacun, nᵒˢ 9992-9993, n'a pas comparu non plus, on sait pourquoi. Mais il a télégraphié à la Commission « qu'il avait reçu ces 2 millions du baron de Reinach à valoir sur une créance plus considérable qu'il avait contre ce dernier, et provenant de participations dans les affaires des Téléphones, de la Lumière électrique et de la Transmission de la force par l'électricité ».

Il disait encore « que ce règlement, en ce qui le concernait, n'avait rien à voir avec l'affaire de Panama, parce qu'il était hors de France au moment du vote de la loi sur les obligations à lots, et qu'il avait voyagé de l'été 1887 à septembre 1888 en Italie, en Sicile, en Danemark, en Suède, en Norvège, en Laponie, en Russie. »

Toutes les autres personnes dont on a pu lire les noms sur les chèques comparurent et fournirent des explications qu'on trouvera aux annexes et qu'il est inutile de résumer en raison de ce qui va suivre.

Nous savons déjà que, dès le 16 décembre, une instruction pour crime de corruption était ouverte et que MM. Ch. de Lesseps, Marius Fontane, Sans-Leroy étaient arrêtés; que M. Cottu, également impliqué dans les poursuites, se constituait prisonnier quelques jours après.

Le 19, M. Thierrée, interrogé par M. Franqueville, juge d'instruction, reconnaissait avoir les talons des chèques, ce qu'il avait nié le 14 devant la Commission.

Ces talons furent saisis de suite; ils contenaient les mentions suivantes, écrites de la main du baron de Reinach.

Chèques créés le 17 juillet 1888 :

	Ordre	Sommes
Nᵒˢ 9919	Raf..	80.000
9920	Ber..	40.000
9921	Vla..	40.000

9922	Aigo..	20.000
9923	Dev..	20.000
9924	Théve...	25.000
9925	Pro...	20.000
9976	Gobr..	20.000
9977	Are..	20.000
9978	Roch.	20.000
9979	Pess..	40.000
9980	D. de la Fauc.	25.000
9981	Albert	20.000
9983	Rouv...	50.000
9984	Bar..	150.000
9985	—	100.000
9986	—	100.000
9987	—	100.000
9988	—	100.000
9989	Jos.	40.000

Chèques créés le 18 juillet :

| 9990 | L. R. | 20.000 |
| 9991 | Léon Ren. | 5.000 |

Chèques créés le 19 juillet :

| 9992 | Pas d'ordre | 1.000.000 |
| 9993 | Pas d'ordre | 1.000.000 |

Chèque créé le 21 juillet :

| 9994 | Pas d'ordre | 195.000 |

Chèque créé le 30 juillet :

| 9995 | Pas d'ordre | 140.475 |

Aussitôt la saisie de ces talons, le 20 décembre 1892, le Gouvernement, sur une demande du Procureur Général, proposait au Sénat et à la Chambre de lever l'immunité parlementaire en ce qui concernait

MM. Béral, Devès, Grévy, Léon Renault, Thévenet, sénateurs; Arène, Dugué de la Fauconnerie, Proust, Roche, Rouvier, députés.

Il fut fait droit à cette demande par les Chambres, avec cette réserve que les autorisations accordées n'établiraient aucun préjugé contre les sénateurs ou députés désignés.

L'instruction se suivit donc contre dix sénateurs et députés et contre M. Gobron, ancien député. On sait ce qu'il en est advenu.

Avant d'aller plus loin, notons que c'est sur les talons seuls trouvés chez M. Thierrée, et immédiatement après leur découverte, que les demandes en autorisation de poursuites furent portées devant les Chambres.

On a reproché au Gouvernement de ne pas avoir voulu faire la lumière complète sur l'affaire de Panama ; il nous sera peut-être permis de dire ici, en présence des faits que nous venons de révéler et des suites qu'ils ont eues, que ce serait un tout autre reproche qu'on pourrait lui adresser, celui d'avoir agi trop précipitamment et d'avoir accordé un excès de confiance à des documents émanant d'un homme comme M. de Reinach.

Sans doute les annotations qui figuraient aux talons, rapprochées de certaines dépositions faites à la Commission d'enquête, paraissaient bien établir que quelques hommes politiques avaient touché de l'argent du baron de Reinach ; mais était-ce là le prix de leur vote?

Sans doute aussi, on traversait à ce moment de grandes difficultés ; une véritable tempête de calomnies et de diffamations s'était déchaînée sur le Parlement ; l'émotion était violente partout, l'opinion publique était montée et l'on ne se rendait pas un compte suffisamment exact qu'elle était surtout provoquée par quelques journaux, qui ont pris l'habitude de juger et de condamner sans les entendre ceux qu'ils considèrent comme leurs justiciables, mais dont les vertueuses colères n'effrayent plus grand monde aujourd'hui.

Le Gouvernement avait une lourde tâche à remplir, douloureuse surtout, et les membres qui le composaient ont dû éprouver de cruelles angoisses quand ils se sont vus obligés, par respect du principe que la justice doit être égale pour tous, de sacrifier des hommes, des amis peut-être, qui avaient rendu de signalés services à leur pays et à la République.

La justice a prononcé et ce n'est pas à des erreurs de procédure que les personnes poursuivies doivent leur mise hors de cause, mais à des décisions motivées pour les uns, à un verdict du jury pour les autres.

Nous n'avons qu'à reproduire ici ces décisions.

Le 26 janvier 1893, trois ordonnances de non-lieu étaient rendues au profit de MM. Arène, Jules Roche et Thévenet. En voici les termes :

Emmanuel Arène :

L'annotation mise par de Reinach sur le talon du chèque 9.977 de 20.000 francs semblait désigner E. Arène comme le bénéficiaire de ce chèque.

Le sieur Orsatti, qui a acquitté le chèque, déclare en avoir encaissé le montant pour son compte et nullement pour le compte d'Arène qui n'y a eu aucune part.

Bien que ne pouvant justifier d'une cause appréciable de créance contre de Reinach, Orsatti affirme que le chèque a été la rémunération du concours qu'il avait prêté à ce financier, d'abord pour les travaux d'études de chemins de fer en Italie, puis pour ses soins, peines et démarches à l'occasion de l'émission de Panama en 1888.

Arène a, de son côté, toujours protesté contre l'attribution qui lui avait été faite du chèque dont s'agit.

Il n'est pas établi dans ces circonstances qu'Arène ait été le bénéficiaire de ce chèque.

Jules Roche :

L'attribution d'un chèque de 20.000 francs au député, ancien ministre Jules Roche, dont le nom figure par quatre lettres seulement sur le talon de ce chèque, ne saurait être maintenue.

Ce chèque a été encaissé par le sieur Schmitt, alors employé à la Compagnie des chemins de fer garantis des colonies françaises. Il ne paraît pas qu'aucune relation ait existé entre Schmitt et Jules Roche.

Il importe d'ajouter que celui-ci n'a pris part à aucun des huit votes qui ont eu lieu à la Chambre sur le projet de loi relatif aux obligations à lots.

Dans ces circonstances, il n'est nullement établi que Jules Roche ait été le bénéficiaire du chèque.

Thévenet :

Les deux premières syllabes du nom de Thévenet, inscrites sur le talon d'un chèque de 25.000 francs qu'a acquitté le sieur Elouis, administrateur du journal *le Siècle*, avaient donné à penser que le chèque était destiné au sénateur du Rhône, ancien ministre de la Justice, et à cette époque un des principaux rédacteurs du *Siècle*. Mais il résulte des réclamations d'Elouis et du sénateur Dupuy, ancien propriétaire et rédacteur du *Siècle*, que le chèque a été touché pour le compte de ce dernier à qui Reinach devait le prix d'une publicité faite pour le Panama. M. Dupuy affirme d'ailleurs n'avoir remis à Thévenet aucune partie de la somme encaissée par lui pour le journal.

Le 7 février 1893, la Chambre des mises en accusation, à laquelle s'était adjointe la Chambre des appels de police correctionnelle, rendait des arrêts de non-lieu au profit de MM. Devès, Grévy, Léon Renault, Rouvier. Ils sont ainsi conçus :

Devès :

Devès a reçu de de Reinach, le 18 juillet 1888, un chèque de 20.000 francs ; ce chèque a été encaissé par Castelbon, directeur de la *Nouvelle Presse*. D'après Devès, de Reinach aurait promis depuis longtemps de souscrire à ce journal. La souscription allait s'ouvrir et l'envoi du chèque n'a été, au regard de Devès, que l'exécution attendue d'un engagement antérieur. L'instruction a établi que Devès n'avait tiré aucun profit personnel des 20.000 francs, qui sont passés tout entiers dans la caisse du journal.

D'autre part, Devès a établi qu'il se trouvait en Russie au moment de la nomination de la Commission, de la discussion et du vote de la loi au Sénat. Son nom figure cependant parmi les sénateurs qui ont émis un vote favorable, mais il résulte des éléments de l'information qu'un sénateur du Cantal, M. Cabannes, son voisin au Sénat, a mis dans l'urne un bulletin de Devès sans avoir reçu aucune instruction de ce dernier.

M. Cabannes est décédé; mais il avait eu l'occasion, avant sa mort, de déclarer dans quelles conditons il avait voté pour Devès.

Dans ces conditions, la prévention relevée à la charge de Devès ne paraît pas suffisamment établie.

Albert Grévy :

Albert Grévy est bénéficiaire d'un chèque de 20.000 francs. Il ne le méconnaît pas. Il a présenté lui-même ce chèque à la Banque de France et l'a acquitté ; il soutient que les 20.000 francs ont été, dans l'intention de de Reinach et à ses propres yeux, la représentation de nombreux conseils personnels qu'il lui donnait journellement depuis longtemps, sans en avoir jamais été rétribué. Il reconnaît d'ailleurs que, dans les affaires dont il avait été chargé par les Compagnies auxquelles de Reinach était intéressé, il avait toujours été régulièrement payé de ses honoraires.

Les allégations de Grévy sur ses relations avec de Reinach et les services qu'il a pu lui rendre ne sont contredits par aucun des éléments de l'information ; les conditions dans lesquelles il a acquitté le chèque paraissent, au contraire, les confirmer ; il n'est d'ailleurs établi contre lui aucun lien entre le vote émis par lui en 1888 et la remise de ce chèque.

Dans ces conditions, la prévention ne paraît pas suffisamment établie à son égard.

Léon Renault :

Léon Renault a reçu de de Reinach, le 17 juillet 1888, deux chèques d'ensemble 25.000 francs. Ils les a acquittés en son nom personnel ; il savait, d'après ses propres déclarations, l'origine des fonds ; sénateur des Alpes-Maritimes, il avait prononcé, dans la séance du 4 juin 1888, un discours en faveur du projet de loi et voté par suite pour son adoption ; mais il soutient que son discours et son vote étaient étrangers à la remise des chèques. Client de la banque de de Reinach et en rapport avec lui, il avait été entraîné par ce dernier dans l'affaire des Terrains de Bellevue, où il avait perdu 48.000 francs. Sur ses vives instances, M. de Reinach lui avait promis, disait Léon Renault, de l'indemniser de sa perte et les 25.000 francs n'avaient été à son égard que l'exécution de son engagement.

Il est établi, par les comptes courants de la maison Kohn Reinach, que Léon Renault était le client de cette banque et qu'il a réellement fait, en 1881, sur les Terrains de Bellevue, une opération désastreuse liquidée en 1888, sur laquelle il a perdu 48.000 francs. Il résulte, d'autre part, des déclarations de Moreau, liquidateur de la Société de Bellevue, que de Reinach avait dit devant lui, en parlant de la perte de Léon Renault : « On lui revaudra ça. » Les pièces et documents joints à la procédure constatent en outre que de Reinach, au moment où il a envoyé les chèques, avait déclaré que cet envoi était de sa part, envers Léon Renault, un remboursement depuis longtemps réclamé et promis. Dans ces conditions, les charges ne paraissent pas suffisamment établies.

Rouvier :

Rouvier n'a reçu aucun chèque de de Reinach sur les fonds attribués à celui-ci par la Société de Panama ; il n'en a encaissé aucun ; on lui objecte seulement que les trois premières lettres de son nom sont inscrites sur le talon de l'un des chèques et que la photographie de la note dictée par de Reinach et Stéphan porte cette mention « 50.000 » touchés par Rouvier, acquittés par un garçon de recette du Crédit mobilier, dont le sieur Vlasto était président.

D'après la prévention, Vlasto ayant prêté en 1887 une somme de 50.000 francs à Rouvier, et celui-ci se trouvant ainsi débiteur personnel de Vlasto, de Reinach avait libéré Rouvier vis-à-vis de Vlasto en adressant à ce dernier, en juillet 1883, le chèque de 50.000 francs.

Rouvier a établi qu'il n'était pas débiteur de Vlasto. En 1887, Vlasto avait mis à sa disposition, alors qu'il était ministre des Finances et président du Conseil, une somme de 50,000 francs pour ses besoins politiques, sans que Rouvier eût pris aucun engagement de le rembourser, dans le cas où le ministre serait tombé avant que les mensualités des fonds secrets aient pourvu au remboursement.

Vlasto reconnaît avoir accepté cette situation.

Ce prêt, fait en 1887, ne saurait, à raison de la date à laquelle il se place, avoir aucune relation avec le vote de la loi sur Panama, qui a eu lieu en avril 1888.

Vlasto avait fait de cette recette son affaire personnelle et il en a été remboursé en 1888 par Reinach, à la suite de pourparlers successifs et d'un règlement intervenu entre de Reinach et Vlasto, et auquel il n'est pas établi que Rouvier ait pris part.

A la suite de ce règlement, le chèque a été remis directement à Vlasto et touché par un employé de la maison. Il a été encaissé et porté au crédit personnel de Vlasto. Rouvier paraît avoir connu ce remboursement, mais néanmoins aucun lien n'existe entre la remise du chèque à Vlasto, en juillet 1888, et le vote de Rouvier dans l'affaire de Panama, en avril précédent, seul point de vue auquel la Cour ait à se placer pour apprécier les charges relevées par la prévention contre Rouvier qui ne paraissaient pas établies.

Le 21 mars, la Cour d'assises acquittait MM. Béral, Dugué de la Fauconnerie, Gobron, Proust et Sans-Leroy.

Le jury n'avait retenu que le crime Baïhaut. M. Baïhaut était condamné à la peine de la dégradation civique, à cinq ans de prison, à une amende de 750.000 francs, ainsi qu'à la restitution de la somme de 375.000 francs par lui encaissée ; M. Blondin, à deux ans de prison ; M. Charles de Lesseps, à une année d'emprisonnement ; M. Marius Fontane était acquitté.

Statuant ensuite sur les réclamations des parties civiles, la Cour rendait l'arrêt suivant :

Considérant, en ce qui touche la réclamation du liquidateur vis-à-vis de Sans-Leroy, qu'aucune preuve n'est faite que ce dernier ait reçu aucune somme appartenant à la Compagnie de Panama ;

Considérant, en ce qui touche Béral, Dugué de la Fauconnerie, Gobron et Antonin Proust, qu'il n'est nullement établi qu'ils aient eu connaissance que les sommes à eux remises par de Reinach provenaient de la Compagnie de Panama et que le crédit dont jouissait de Reinach à cette époque était de nature à inspirer toute confiance ;

Par ces motifs :
Met Fontane, Sans-Leroy, Béral, Dugué de la Fauconnerie, Gobron et Proust
hors de cause.

La Commission d'enquête a-t-elle qualité pour prononcer un
jugement à côté des décisions rendues par la justice?

Nous ne le pensons pas ; la Chambre n'est pas comme telle
corporation à laquelle on pourrait faire allusion, qui se recrute
d'elle-même, qui a ses règlements, sa discipline et qui par-dessus
tout impose à ses membres de multiples interdictions auxquelles ne
sont pas soumis les hommes politiques.

En tous cas, il est un autre sentiment qui nous anime et qui
s'impose au législateur plus qu'à tout autre.

La loi chez nous est souveraine, nous lui devons le respect, mais
nous le devons aussi aux arrêts de justice qui en font l'application.

S'il en était autrement la souveraineté de la loi ne serait plus
qu'un mot.

Les esprits forts peuvent railler ce principe ; nous avons la
faiblesse d'y croire.

Il a d'ailleurs pour se défendre autre chose que notre modeste
approbation ; il est ancien et accepté dans tous les pays civilisés.

Cicéron, qui vécut à une époque où les vieilles libertés romaines
commençaient à être menacées par le césarisme, disait : « La chose
jugée est le plus ferme soutien de la République (1). »

Pour revenir à des temps plus modernes, l'expérience nous a
démontré qu'il y avait peu de pays au monde où la soumission aux
décisions judiciaires soit plus complète et plus immédiate que chez
nous.

Ceux qui sont intéressés dans un débat à des titres divers peuvent
maudire les juges pendant vingt-quatre heures et au-delà; mais l'opinion publique ne proteste pas ; elle a le respect absolu de la chose
jugée.

---

(1) *Status enim reipublicæ maxime judicatis rebus continetur.*

23

L'affaire du Panama l'a bien prouvé. L'émotion qui régnait dans le pays a disparu le jour même où la justice a prononcé.

Nous n'avons rien à ajouter.

Peut-être, cependant, conviendrait-il de tirer de tous ces événements une observation d'un caractère général. C'est qu'il n'est pas prudent pour les hommes publics de cotoyer de trop près certains financiers et de se mêler à des opérations dont ils ne connaissent ni le mécanisme ni les dessous.

A plus forte raison est-il regrettable de voir des noms de personnes appartenant au monde du Parlement associés à des spéculations financières, d'où il peut résulter, au moins en apparence, des suspicions fâcheuses pour l'honneur du Parlement lui-même.

Mais si on fait un reproche aux sénateurs et députés désignés d'avoir participé aux syndicats de Panama, ce reproche doit avoir son entière portée et il s'adresse également à tous autres hommes politiques qui ont bénéficié de ces syndicats et dont les noms n'ont pas été prononcés.

Or il résulte des investigations auxquelles nous nous sommes livrés personnellement avec notre collègue M. de Villebois-Mareuil, délégués tous deux par la Commission d'enquête, que les membres des Conseils d'administration des Sociétés financières, tout au moins ceux du Comptoir d'Escompte, de la Société des Dépôts et Comptes courants, du Crédit Industriel, ont pris part aux syndicats à 2 fr. 50 et que, parmi eux, il y aurait un certain nombre d'hommes politiques.

Nous n'insistons pas davantage; notre mission ne peut aller jusqu'à pénétrer plus avant dans les affaires privées de nos collègues.

Il importe d'ailleurs de préciser que la Commission n'a pas reçu mandat de juger les membres de la Chambre qui ont été directement ou indirectement mêlés à l'affaire du Panama.

Encore moins pouvait-elle juger les sénateurs.

Elle a été chargée de faire la lumière sur des accusations portées à la tribune; elle s'est appliquée à justifier de ce chef la confiance de la Chambre.

C'est elle qui a connu la première les chèques Thierrée. C'est
elle qui les a fait saisir et qui les a livrés à la justice.

L'instruction n'a pas établi que ces chèques fussent le prix de la
corruption.

Nous avons à examiner maintenant pour en finir avec cette
première accusation la liste, dite liste Andrieux.

LA LISTE DITE LISTE ANDRIEUX

A côté des talons de chèques découverts le 19 décembre et après
que les poursuites furent autorisées sur le vu seul de ces talons, est
venu se placer l'autre document dont nous avons déjà parlé : la liste
Andrieux.

Le 22 décembre, deux jours après les autorisations de poursuites,
M. Andrieux, ancien député, remettait à la Commission d'enquête la
photographie d'une note se référant aux chèques Thierrée. Cette note
ne porte ni date ni signature.

D'après M. Andrieux, elle aurait été rédigée dans les conditions
suivantes :

Peu après le 17 juillet 1888, le baron de Reinach avait fait faire,
par des employés de sa maison de banque, copie des chèques Thierrée
en laissant en blanc le nom des donneurs d'acquit ; mais, de sa propre
main, il avait inscrit, en tête des copies, des initiales indiquant les
véritables bénéficiaires des chèques.

Deux ans après, il dictait à une personne de son entourage,
parent ou employé, une note explicative, et il confiait le tout à
Cornélius Herz.

De son côté, Herz avait consenti à donner à M. Andrieux les
photographies d'un chèque et de la note, et celui-ci les remettait à la
Commission, après avoir cependant fait un trou dans la note pour
dissimuler le nom d'une personne qui y figurait.

Le chèque par lui-même n'ajoutait rien à ce que l'on sait déjà, mais la note avait la prétention de signifier quelque chose.

En voici la copie :

Il est facile de se rendre compte à la Banque de France que les distributions suivantes ont été faites à l'occasion de l'affaire de Panama par chèques du 17 juillet 1888 :

Chèque 20.000 francs touché par Arène, encaissé par Orsatti, son secrétaire ;

Chèque 20.000 francs, touché par Devès, acquitté par Castelbon, son secrétaire ;

De 550.000 francs, touché par Barbe, ancien ministre, acquitté par le commandant Chevillard, secrétaire ;

De 20.000 francs, touché par Albert Grévy, acquitté par lui ;

De 20.000 francs, touché par Jules Roche, acquitté par Schmitt, son employé ;

De 25.000 francs, touché par Dugué de la Fauconnerie, acquitté par.. ;

De 20.000 francs, touché par Aigoin, pour le compte de M. Floquet ;

De 40.000 francs, touché par Rouvier, acquitté par Vlasto ;

De 80.000 francs, touché par Cloetta, employé de Cahen d'Anvers, pour le compte de   et quatre autres députés dont les noms peuvent être retrouvés et parmi lesquels figure un personnage influent ;

Chèque de 40.000 francs, touché par Pesson, acquitté par Favre, garçon de recettes ;

De 50.000 francs, touché par Rouvier, acquitté par un garçon de recettes du Crédit mobilier dont Vlasto était président ;

De 25.000 francs, touché par Léon Renault, acquitté par lui ;

De 20.000 francs, touché par Gobron, acquitté par Pralon, son banquier ;

De 20.000 francs, touché par M. Proust, acquitté par Bustert, son domestique ;

De 40.000 francs, touché par Béral, acquitté par Audinger, son employé ;

De 25.000 francs, touché par Thévenet, ancien ministre, acquitté par Dupuy ;

Chèque de 1.340.000 francs, touché en divers chèques aux mêmes époques par Arton et distribués à cent quatre députés dont il peut fournir la liste et qui ont reçu des sommes variant de 1.000 à 300.000 francs (ce dernier chiffre, Sans-Leroy). Il faut aussi y comprendre MM. Henry Maret et Le Guay. En plus, il a été remis 250.000 francs à M. Floquet, alors président du Conseil, pour usages gouvernementaux.

Un pareil document, provenant du baron de Reinach, ne devait pas à première vue inspirer grande confiance.

M. Andrieux le reconnaissait lui-même en ces termes (voir sa déposition n° 99) : ·

> Je ne cautionne pas la véracité du document. Je vous dis : Il émane du baron de Reinach. Je serai prêt, du reste, à déclarer que la véracité du baron de Reinach m'est fort suspecte, m'est devenue fort suspecte : il y a quelques mois, je n'aurais pas cru à certaines infamies que j'ai pu constater.

Le fait qu'il sortait des mains de Herz, bien que M. Andrieux se soit montré assez réservé sur le compte de ce dernier, qui aurait été son client, ne lui donnait pas beaucoup plus d'autorité.

Néanmoins on chercha à savoir ce qu'était cette pièce.

M. Andrieux avait déclaré à la Commission, le 22 décembre 1892, qu'il s'emploierait à avoir l'original, qu'il en faisait une question d'amour-propre; mais dans la séance du 28 mars suivant il a dû reconnaître qu'il n'avait pas réussi dans ses démarches, Herz se refusant à livrer autre chose que la photographie.

C'est donc sur cette photographie qu'on enquêta. On ne tarda pas à apprendre que la note aurait été écrite par M. Paul Stéphan, employé de la maison Propper et faisant accidentellement, en 1888, office de secrétaire près de M. de Reinach.

M. Stéphan déposa que le baron lui avait dicté cette note à une époque qu'il ne put préciser (vers la fin de l'hiver 1889-1890), qu'il l'avait ensuite mise dans une enveloppe, qu'il lui avait fait écrire sur cette enveloppe le nom et l'adresse de M. Clémenceau, et qu'enfin il lui avait donné l'ordre de la porter immédiatement au destinataire, ce que M. Stéphan aurait fait.

Voilà pour la rédaction de la note; mais la sincérité des énonciations qu'elle contenait restait à prouver.

Or, sur cette note, on relève tout de suite des erreurs grossières.

Le chèque Béral, par exemple, est indiqué comme acquitté par Audinger, et il a été reconnu au vu du chèque lui-même que l'acquit était de la maison **Kohn-Reinach**. D'autre part, **M**. Kohn a déclaré, en produisant ses livres à l'appui, que ces 40.000 francs avaient été remis à **M**. de Reinach. Audinger était un nom inventé.

Le chèque Proust porte qu'il aurait été acquitté par Bustert, *son domestique*. Il a été prouvé que Bustert n'avait jamais été le domestique de M. Proust, mais bien celui de M. de Reinach qui l'avait fait entrer ensuite comme garçon de recettes à la Banque Internationale de Paris.

Le chèque Aigoin est mentionné comme ayant été pour le compte de M. Floquet. Outre que personne n'a jamais cru à une telle accusation contre l'ancien Président de la Chambre, il a été justifié à l'enquête que M. Aigoin était à bon droit le véritable bénéficiaire de ce chèque; de plus, sur le talon, le baron de Reinach n'avait pas mis le nom de M. Floquet, mais bien celui de M. Aigoin.

Ce n'est pas tout; d'après le ton de cette note, les sommes touchées par les hommes politiques seraient le prix de leur corruption et M. Barbe y figure pour 550.000 fr., mais **M**. de Reinach s'est chargé lui-même de donner un démenti à ses allégations de 1890.

En effet, par exploit de Roberval, huissier, du 29 avril 1891, il a assigné devant le tribunal de la Seine les héritiers Barbe en restitution d'une somme de 330,000 fr. sur les 550,000 fr. qu'il avait avancés, *à titre de prêt*, à leur auteur, reconnaissant que celui-ci lui avait déjà remboursé de son vivant la différence, soit 220.000 fr.

Nous n'avons donné ici que les erreurs les plus évidentes; il y en a d'autres, mais cela suffit pour être autorisé à dire que la note prouve moins encore que les talons Thierrée, qui n'ont rien prouvé.

Reste un point, non pas à éclaircir, nous ne nous en chargeons pas, mais à examiner:

Cette note a-t-elle été portée chez M. Clémenceau?

Il règne autour de cette question une telle obscurité qu'il est difficile de découvrir la vérité, à moins que la note ne soit apocryphe, ce qui expliquerait tout.

M. Stephan est très affirmatif. M. Clémenceau ne l'est pas moins en sens contraire, et M. Andrieux qui a vu les pièces et qui est le confident de Cornélius Herz semble lui donner raison. Voici en effet ce qu'il dit dans sa déposition du 20 janvier 1893.

> Ce que je pourrais ajouter, cependant, c'est que, lorsque M. Herz me montra dans une enveloppe le document original dont j'ai rapporté la copie, il y avait en même temps, dans cette enveloppe, la copie des chèques. Le tout semblait avoir été remis en même temps. C'est un fait sur lequel j'appelle votre attention et duquel vous pouvez peut-être aussi tirer quelques conséquences.

Et, sur interpellation, il dit encore :

> Ce qui reste de l'incident — et ici, je confirme absolument ma déposition antérieure devant la Commission — c'est que j'ai reçu le document des mains de M. Cornélius Herz qui, lui-même, m'a déclaré l'avoir reçu de M. de Reinach et non d'une autre personne.

On comprend difficilement, en effet, que la note n'ait pas été envoyée en même temps que les chèques, puisqu'elle était leur explication et M. Stephan déclare que l'enveloppe ne contenait que la note.

D'un autre côté, M. de Labruyère (n° 143), a déposé devant la Commission d'enquête qu'une personne dont il ne voulait pas dire le nom, il est vrai, lui avait tenu, le 16 janvier 1893, le propos suivant :

> D'ici quelques jours, il y aura un employé, un ancien secrétaire du baron de Reinach, qui déposera devant la Commission d'enquête, et cette déposition embêtera fortement Clémenceau.

Or, si on se reporte à la déposition de M. Stéphan du 18 janvier 1893, on voit que ce n'est pas spontanément qu'il a fait sa révélation, mais sur interpellation de M. Guillemet et dans les conditions suivantes :

M. Delahaye avait dit à la Commission d'enquête qu'en dehors des recherches à faire aux banques Propper et Thierrée, il faudrait voir aussi les papiers de la succession de Reinach.

M. de Reinach était mort, on le sait, le 20 novembre. Le 22 novembre, M. Imbert était nommé administrateur de la succession à la requête des héritiers et, comme les scellés n'avaient pas été apposés aussitôt après le décès, il fit procéder à cette formalité, le 23, au domicile personnel de M. Jacques de Reinach, 8, rue Murillo ; à Nivilliers (Oise), où il possédait un château ; au siège de la Société des Chemins de fer du Sud de la France où il avait un bureau et, enfin, à la Banque Propper, 4, rue de la Bourse, parce que là, M. de Reinach avait un compartiment dans le coffre-fort même de M. Propper.

Mais en dehors de ce compartiment, M. de Reinach avait dans la banque Propper un meuble lui servant de bureau et sur lequel on négligea de mettre les scellés.

M. Propper s'apercevant de l'oubli, avisa immédiatement M. Imbert qui, d'ailleurs, avait la clef de ce meuble et les choses furent régularisées. (Voir déposition n° 117.)

Quand il s'agit de lever les scellés, les héritiers de Reinach firent part à la Commission du désir qu'ils avaient de la voir représentée à cette opération ainsi qu'à l'inventaire. Trois membres furent désignés à cet effet : MM. Delcassé, Dupuy-Dutemps, Gamard.

Dans le meuble qui était chez M. Propper on avait trouvé une série de dossiers disposés avec des fiches alphabétiques, et la fiche du dossier A paraissait être d'une autre écriture que les autres, en même temps que le dossier se trouvait à peu près dépourvu de pièces.

Des renseignements furent demandés à cet égard à M. Propper, qui apprit à la Commission que, quand M. de Reinach venait à la banque et qu'il travaillait à son bureau, il se faisait assister de M. Paul Stephan.

On fit appeler M. Stephan devant la Commission, le 18 janvier 1893, et c'est après qu'il eut fourni des explications sur le dossier A (voir déposition Stephan, n° 124) que M. Guillemet lui posa la question qu'on va lire :

M. Guillemet. — Vous serviez quelquefois de secrétaire à M. de Reinach?

M. Stéphan. — Oui, accidentellement. J'étais comme mes collègues appelé à classer des lettres.

M. Guillemet. — Écriviez-vous sous sa dictée?

M. Stéphan. — Parfaitement.

M. Guillemet. — Vous rappelez-vous que M. de Reinach vous ait dicté une liste de sommes versées par le Panama?...

M. Stéphan. — C'est fort possible.

M. Guillemet. — Qu'il vous ait dicté notamment la liste des chèques qui a été publiée par les journaux et que vous avez pu lire?

M. Stéphan. — M. de Reinach m'a certainement dicté une note portant l'indication de noms et de sommes.

M. Guillemet. — Est-ce la liste qui a été publiée par les journaux?

M. Stéphan. — Je ne pourrais pas l'affirmer.

Le lendemain, 19 janvier, M. Stéphan a été bien plus affirmatif, et il n'a plus jamais cessé de l'être ni devant la Commission, ni devant la justice.

A côté des affirmations de M. Stéphan et des dénégations de M. Clémenceau, nous croyons devoir placer deux observations : elles ne feront pas la lumière, et élargiront plutôt le champ des suppositions, mais elles ne nous paraissent pas sans intérêt :

1° La note dictée à M. de Reinach était assurément faite pour piquer la curiosité de celui qui en devenait le confident ; elle n'a pu manquer d'éveiller celle de M. Stéphan, et, comme le secret ne lui avait pas été recommandé, il est vraisemblable qu'il en a parlé à différentes personnes.

On lui a demandé si effectivement il n'avait pas entretenu quelqu'un de ces révélations, et il a cité M. Asselin. Mais celui-ci, appelé devant la Commission d'enquête, a déclaré n'avoir que des souvenirs très confus.

N'y a-t-il pas lieu d'être surpris que des faits de cette importance n'aient pas transpiré davantage?

2° Sur la note figurent des noms propres dont l'orthographe n'est pas familière à tout le monde. Aigoin devait-il s'écrire avec un E ou avec Ai? Fallait-il un S à Pralon ou deux LL? Audinger commençait-il par un O ou par Au, etc.?

24

Chose remarquable ! il n'y a pas une erreur dans la liste que M. Stéphan écrivait sous la dictée du baron de Reinach !

Ces observations ont été faites au jury. Dans quelle mesure en a-t-il tenu compte? C'est ce qu'il est impossible de définir.

LE TROU

La liste remise par M. Andrieux était percée d'un trou.

Il s'agit du chèque n° 9.919, de 80.000 francs, celui qui figure en tête du procès-verbal de M. Clément et qui a été acquitté par M. Cloettat.

D'après les indications qui figurent à la note, ces 80.000 francs étaient pour le compte « de..... et de quatre autres députés dont les noms peuvent être retrouvés et parmi lesquels figure un personnage influent ».

M. Andrieux ayant refusé, malgré toutes les sollicitations à lui adressées, de faire connaître le nom correspondant au trou, et ce par respect pour la parole donnée à Cornélius Herz, qui aurait recommandé le secret, les commentaires n'ont pas manqué. On est allé jusqu'à citer les noms les plus élevés. Mais dans la séance du 28 mars, M. Andrieux a déclaré que X... était un député et que le chèque s'appliquait par conséquent à cinq députés.

Quels seraient ceux-ci?

Nous ne sommes pas à même de répondre de façon bien précise.

M. de Talleyrand disait qu'un secret connu de trois personnes n'était plus sûr.

Ce grand jugeur d'hommes se serait-il trompé?

Ce qui est certain, c'est que ce secret est actuellement aux mains de quatre personnes : 1° Cornélius Herz qui le tient du baron de Reinach ; 2° M. Andrieux qui le tient confidentiellement de Cornélius Herz ; 3° M. Clémenceau qui le tient non moins confidentiellement de M. Andrieux ; 4° M. Stéphan auquel la révélation a été faite sans recommandation d'aucune sorte, et qui a tout oublié, même le nom du personnage influent.

Aussi la question se pose-t-elle de savoir si sur ce point encore la note n'a pas menti. Tout d'abord elle est inexacte. M. Cloettat n'était pas employé de Cahen d'Anvers, mais de M. Betzold qui l'a affirmé à la Commission (déposition n° 56). Ensuite il résulte de la lettre de M. Cloettat citée plus haut, et de la déposition de M. Betzold, que la contre-valeur du chèque a été remise à M. de Reinach. De plus, sur le talon correspondant à ce chèque, il n'y a pas, comme pour les autres, des syllabes indiquant un ou plusieurs noms de députés, mais ces simples lettres : *Raf*, non suivies de points. Enfin sur d'autres talons de carnets de chèques du baron Reinach, qui n'ont rien à voir avec l'affaire du Panama, on retrouve les lettres *Raf*.

Le trou n'a-t-il été qu'une habile mystification? Se réservait-on de parler si la note avait produit un peu plus d'effet?

Autant de questions qui restent sans réponses.

LES 104 ET ARTON

La note portait que 1.340.000 francs avaient été touchés en divers chèques, aux mêmes époques, par Arton, et distribués à cent quatre députés, qui auraient reçu des sommes variant de 1,000 à 300,000 francs (ce dernier chiffre pour Sans-Leroy), et parmi les députés il fallait comprendre MM. Henry Maret et Le Guay.

Le nom de M. Maret n'a été prononcé qu'à l'occasion de cette liste, et rien n'a été établi contre lui. M. Sans-Leroy a été acquitté; M. Le Guay, condamné avec Arton dans l'affaire de la dynamite.

Nous ne parlerions pas plus longuement des 104 députés, si cela ne devait nous ramener à l'une des accusations de M. Delahaye, celle portée contre 150 députés ou sénateurs qui auraient reçu 3.000.000.

Nous ne sommes plus maintenant qu'à 104 députés, et les

3.000.000 versés pour cette besogne se réduiraient d'après le baron de Reinach à 1.340.000, puisqu'il est jugé que personnellement il n'a pas fait de corruption.

D'un autre côté c'est seulement 954.125 francs que Arton a touchés à la banque Kohn Reinach sur ordre du baron de Reinach, et non pas en juillet 1888, comme le dit la note, mais à partir de février de la même année.

Arton a-t-il employé ces fonds encore très importants à faire de la corruption? Telle est la question.

Que la Compagnie de Panama ait cherché à agir sur le Parlement en vue d'obtenir la loi sur les valeurs à lots; qu'elle ait fait faire des offres à certains députés; que Arton, Cottu, et d'autres peut-être, soient venus à la Chambre dans ce but, qu'on ait encore tenté de négocier en dehors du Palais Bourbon, cela ne paraît guère faire doute. Les dépositions de MM. Chantagrel, Borie, Labrousse, Chavoix, Javal, Le Provost de Launay le prouvent clairement.

Mais les propositions ont-elles été agréées? C'est autre chose.

Il résulte en effet des dépositions que nous venons de citer et du télégramme d'Irénée Blanc à Arton (1), publié au début de ce rapport, que c'est justement le contraire qui se serait passé.

La seule chose que nous sachions de façon précise, c'est que Arton a reçu du baron de Reinach 954.125 francs de février à août 1888.

Seulement qu'en a-t-il fait?

La lettre Combaluzier est très instructive à cet égard (2).

On y voit que Combaluzier reproche à Arton de garder les trois quarts des sommes qu'il s'était vanté d'avoir reçues pour acheter les consciences parlementaires.

Qu'on rapproche maintenant de cette lettre les faits suivants, et on verra comment les choses peuvent arriver à s'expliquer.

En janvier 1893 la Commission apprit qu'Arton avait été, dans le courant de 1888, en relations d'affaires avec la banque Offroy.

(1) Voir page 12.
(2) Voir page 12.

Le 19 juillet de cette même année, Arton, qui devait à la banque 20,000 francs depuis plus de deux ans, réglait cette dette et déposait à son crédit 350.000 fr. ; deux jours après il en versait encore 50.000.

MM. Bérard, Loreau, Labussière, délégués par la Commission, se rendirent à la banque Offroy ; ils constatèrent l'entrée de 400.000 francs ; mais ils constatèrent aussi que ces 400.000 francs avaient été retirés par Arton à l'aide de nombreux chèques, qui lui avaient servi à payer des dettes personnelles ou à faire des opérations de Bourse.

D'autre part ce n'est un secret pour personne que, dans cette même année 1888, Arton menait grand train, qu'il entretenait richement plusieurs maîtresses, et que, faisant parade de ses opinions boulangistes, il subventionnait le journal *la Presse*, auquel il avança 85.000 francs que son syndic réclame actuellement *en justice* au syndic du journal.

Il est donc non seulement vraisemblable, mais démontré qu'au cas où on admettrait que l'argent versé à Arton par de Reinach ait eu pour destination la corruption parlementaire, cet argent a été employé tout autrement.

Arton n'était pas d'ailleurs un homme à se gêner. On sait qu'il a volé des millions à la Société de Dynamite, et que le jour même de sa fuite il dérobait un chèque de 148.800 francs qu'il escomptait à la banque Neauber.

A qui fera-t-on croire d'ailleurs que si Arton avait, comme on le prétend, jeté plus d'un million dans le Parlement, il ne s'en retrouverait pas trace ?

Certes, il y a peu de crimes qui se dissimulent avec plus de soin que la corruption ; mais la corruption de 104 ou de 150 personnes, il est bien difficile qu'elle échappe longtemps aux recherches !

La Commission en a fait de nombreuses, toutes sont restées sans résultat.

Elle a envoyé des délégués chez tous les banquiers qui avaient eu des comptes avec Arton : chez MM. Landry, Neauber, Kahn, Halphen-

Dauphin, Foucher, etc., etc.; on a trouvé là l'existence de nombreuses opérations faites avec ces banquiers ; aucune ne concernait les membres du Parlement.

On a su qu'Arton avait été associé avec M. Chauvet pour tenir une sorte de banque et de cabinet d'affaires sous le nom de *la Correspondance des Rentiers;* on a fait venir M. Chauvet; on a perquisitionné au siège de la Société ; on n'a rien trouvé.

M. Combaluzier étant malade et ne pouvant comparaître devant la Commission, on a convoqué son beau-frère, M. de Lapisse ; on a entendu M. Mallard, secrétaire d'Arton ; on n'a rien appris ni par l'un ni par l'autre.

Les administrateurs de la Compagnie de Panama ont affirmé de leur côté qu'ils ignoraient si M. de Reinach ou Arton avaient fait des distributions d'argent aux députés.

A la vérité, M. de Lesseps a dit aussi que, quand il remettait des fonds à M. de Reinach, il ne se préoccupait jamais de l'emploi que celui-ci en faisait, et, le prenant de très haut, il a laissé à entendre qu'il s'était servi de de Reinach comme d'un homme dont on a besoin pour certaines opérations, mais qu'on tient à distance, les affaires une fois faites ; le télégramme suivant établira que les relations entre MM. de Lesseps, Herz et de Reinach avaient un tout autre caractère :

Reinach. — Nivilliers.

Pour Nivilliers, de Paris, n° 72,245, mots 15, dépôt le 10 octobre 1885 à
6 heures 32 minutes du soir.

Charles Lesseps, Martin et moi, arriverons Beauvais demain matin neuf heures.
Amitiés.

Signé: HERZ.

Pour copie certifiée conforme :

Signé: GEORGES BERTON, avoué.

Dans ces conditions, peut-on admettre sérieusement que si M. de Reinach avait corrompu ou fait corrompre cent quatre députés et sénateurs, il n'en aurait pas livré les noms à M. de Lesseps, son ami et duquel il tenait l'argent?

Or celui-ci a fait à l'instruction et à l'audience cette déclaration qui était de nature à le perdre, étant donné qu'il était poursuivi comme corrupteur :

> Je déclare que si j'avais rencontré un député ou un sénateur, ou même un ministre assez misérable pour subordonner son concours au payement d'une somme quelconque, je n'aurais pas hésité, si le sort de la Compagnie en eût dépendu, à verser la somme demandée.

Au surplus, ceux qui ont le plus parlé de cette liste, et de toute autre analogue, ont déclaré qu'ils ne croyaient pas à sa sincérité.

Dans sa déposition du 21 mars 1893 (n° 151), M. Martin, qui reconnaît avoir une liste entre les mains, refuse de la produire parce qu'il n'a, dit-il, aucune preuve à mettre à côté.

Et, pressé de questions, il finit par répondre ceci :

> M. Martin. — Que voulez-vous que je vous dise? Des noms? Ma conviction est qu'ils n'ont pas touché. Voulez-vous que je les désigne à leurs électeurs? Ce serait une tare.
>
> M. Labussière. — Je voulais simplement montrer comment se forme une légende.
>
> M. Martin. — Je crois que Arton a certainement prêté de l'argent et qu'il a porté sur sa liste cet argent comme donné; il a doublé, quintuplé et sextuplé pour produire un compte s'élevant à 1.350.000 francs; je crois que les personnes qu'il a mises en suspicion au moyen de cette liste n'ont rien à craindre, car il n'est pas possible de prouver que Arton a donné 50.000 francs à l'un, 100.000 francs à l'autre.
>
> M. Taudière. — A-t-il donné de l'argent?
>
> M. Martin. — Je crois qu'il en a prêté.
>
> M. Guillemet. — Mais votre conviction est qu'il en a gardé une grande partie?
>
> M. Martin. — C'est ma conviction absolue.

Qu'on lise, maintenant, la déposition de M. Andrieux le 28 mars (n° 156); on y verra les mêmes suspicions :

> M. Guieysse. — Vous nous avez dit, il me semble, tout à l'heure, que vous

aviez donné à M. Clémenceau non pas seulement le nom de l'X, mais plusieurs autres noms de députés. Est-ce que ces noms seraient compris dans la liste générale des cent quatre qui sont mentionnés en bas de cette photographie, ou bien sont-ils ceux des quatre autres députés qui accompagnaient le nom inconnu?

M. ANDRIEUX. — J'ai causé à mon retour de Londres avec M. Clémenceau, au sujet de cette liste. Je vous avoue que je n'ai pas un souvenir très net sur ce point spécial : si je l'ai montrée ou si j'ai simplement donné les noms. Mais j'ai causé avec lui de l'ensemble de la liste et je lui ai donné la plupart des noms qui y figuraient. Je ne lui ai pas donné de noms n'y figurant pas. Or, comme les cent quatre n'y figuraient pas, il ne s'agit pas des cent quatre. Je croyais avoir une certitude en ce qui concerne les noms portés sur la liste, mais pour ceux qui n'y sont pas indiqués, je ne sais rien, je ne puis rien affirmer. J'ai bien, moi, une liste de cent quatre noms. Mais est-ce que vous voulez que j'y attache un crédit suffisant pour vous l'apporter ou pour la donner à un juge lorsqu'elle m'est remise en dehors de toutes garanties de sincérité, d'authenticité, lorsque c'est une liste faite par des gens qui me disent : « Voilà les noms. » Quand je leur demande : « Comment les avez-vous obtenus? » Ils me répondent : « C'est par des souvenirs, des indiscrétions », et ils ont dressé une liste de cent et quelques noms. Je considère que je manquerais à tous mes devoirs et que je ferais un acte coupable si je vous apportais un pareil document.

M. LE PRÉSIDENT. — Vous considérez cette liste que vous avez comme dressée au jugé, si on peut employer cette expression.

M. ANDRIEUX. — Ceux qui l'ont dressée ont la prétention de ne pas s'être trompés. Je ne partage pas leur conviction, d'autant plus que j'y ai trouvé des mentions qui m'ont fait mettre la liste en suspicion.

Et dans cette même séance où M. Andrieux s'explique sur un prêt de 25.000 francs que le baron de Reinach lui avait fait en 1887 et sur une lettre de ce dernier de 1889 lui rappelant qu'il lui a été utile et agréable, lettre que les journaux n'avaient pas textuellement reproduite, le dialogue suivant s'engage devant la Commission :

M. LE PRÉSIDENT. — Nous comprenons à merveille les susceptibilités de M. Andrieux en présence d'une reproduction faite par un journal et qui était inexacte. M. Andrieux a tenu à s'expliquer sur ce fait devant la Commission; l'explication sera consignée au procès-verbal et il me paraît que la constatation que nous venons de faire par la lecture de la lettre vraie, dont la copie a été trouvée dans les papiers du baron de Reinach, donne à M. Andrieux la satisfaction qu'il peut nous demander. Est-ce vrai, monsieur Andrieux?

M. ANDRIEUX. — Parfaitement. D'autant plus que cette lettre, telle qu'elle est, confirme mon récit. La lettre contre laquelle je proteste l'infirme au contraire.

M. SARRIEN. — Ce que vient de dire M. Andrieux montre qu'il ne faut attacher qu'une confiance très limitée au témoignage de M. de Reinach et aux documents venant de lui.

M. ANDRIEUX. — Je n'ai pas attendu ce jour pour mettre la Commission en garde contre l'authenticité de ce qui émanait du baron de Reinach.

Il n'est pas jusqu'à M. Delahaye qui ne se soit montré plus que réservé quand on lui a demandé communication de sa liste ou les moyens de se la procurer.

Voici deux passages intéressants de sa déposition du 21 janvier 1893, qu'on trouvera tout entière aux annexes n° 141 :

M. LE PRÉSIDENT. — Monsieur Delahaye, la Commission a désiré vous entendre dans les circonstances que voici. Un témoin, entendu hier, a déclaré que vous aviez probablement la liste des cent et quelques députés que vous avez accusés de s'être laissé corrompre par la Compagnie de Panama.

Le fait est-il exact ?

M. JULES DELAHAYE. — J'ai lu en effet dans les journaux que M. Andrieux aurait dit que j'avais une liste de cent quatre députés. Il a sans doute voulu dire — et il lui a suffi pour cela de lire le Figaro, — que j'avais eu entre les mains, que j'avais lu, de mes deux yeux lu, une liste de cent-soixante-douze noms députés, sénateurs et autres fonctionnaires de tous ordres.

Cette liste m'a été en effet communiquée, entre autres documents, pour me donner la certitude morale dont j'avais besoin pour monter de bonne foi à la tribune.

Voilà la vérité, je ne l'ai cachée à personne, puisque je l'ai écrite dans le Figaro.

Mais cette liste a été, comme je l'ai écrit, aussitôt après, envoyée à Londres, et je l'ai si peu à ma disposition que je tiens à déclarer dès maintenant que, si un jour elle était publiée, je n'y serais pour rien.

Vous voyez, monsieur le Président, que je n'ai pas en ce moment la liste. Je l'ai vue, je l'atteste ; c'est tout ce que je puis dire.

· Et plus loin.

M. BORY. — Vous avez dit que la liste contenait 172 noms de sénateurs, de députés et de fonctionnaires. Pouvez-vous nous dire quel est le nombre des parlementaires ?

M. JULES DELAHAYE. — Il y en a 150 environ.

M. LE PRÉSIDENT. — Pourriez-vous nous dire où nous aurions chance de trouver cette liste et les preuves à l'appui ?

M. JULES DELAHAYE. — Non, monsieur le Président.

M. GAMARD. — M. Delahaye pourrait-il nous donner une méthode pour arriver à connaître la vérité ?

25

M. Jules Delahaye. — J'en ai déjà fourni une; j'ai dit qu'un des corrupteurs était Arton.

M. le Président. — Vous n'avez pas copie de la liste?

M. Jules Delahaye. — Non! Je n'en ai pas pris copie.

A propos de la méthode indiquée par M. Delahaye et qui a été suivie rigoureusement par la Commission il est nécessaire de rapporter ici un incident qui est en dehors de la liste des 104 ou des 150, mais qui fera voir que cette méthode, outre qu'elle n'a rien donné, a parfois tourné à la confusion de son auteur.

On se rappelle que le 25 novembre 1892, M. Delahaye avait remis à la Commission deux plis cachetés qui ne devaient être ouverts qu'en présence de M. Propper. On aurait alors à poser à celui-ci la question contenue dans le premier pli et, si la réponse était négative, il ne resterait qu'à décacheter le second pli; on y trouverait le nom de deux personnes qu'on manderait immédiatement et qu'on confronterait avec M. Propper en évitant au préalable toute communication entre lui et elles. M. Propper comparut devant la Commission le 29 novembre. On lui posa la question qui se trouvait dans le premier pli et qui était la suivante :

« M. Propper n'avait-il pas conféré vers le 18 ou le 30 novembre avec Arton dans une ville d'Allemagne, à Cologne ? »

Le témoin ayant répondu négativement, on fit venir le cocher Henri Dufour qui était justement dans la cour du Palais Bourbon où il avait amené son maître. On posa à celui-ci la question contenue dans le second pli : la réponse fut encore négative. D'ailleurs M. Propper, qui ne pouvait guère s'attendre à un débat de cette nature, présenta très loyalement et spontanément un carnet sur lequel était inscrit l'emploi de son temps aux jours indiqués par M. Delahaye, ainsi qu'aux jours précédents et ceux qui avaient suivi.

Il était inutile, après cette première vexation à l'adresse d'un galant homme, d'en tenter une seconde en faisant appeler le valet de chambre.

Sur le carnet de M. Propper on constata qu'il s'était fait conduire le 22 novembre à la gare du Nord pour aller à Beauvais assister aux obsèques du baron de Reinach.

Serait-ce la présence de M. Propper à la gare du Nord, dans les conditions que nous venons d'indiquer, qui aurait laissé croire qu'il allait à Cologne conférer avec Arton?

Nous donnons cette réflxion pour ce qu'elle vaut; mais, s'il en était ainsi, on pourrait juger de la légèreté avec laquelle s'établissent certaines accusations.

Ce qui demeure certain, c'est que les soupçons de M. Delahaye n'étaient pas fondés.

Revenons maintenant à la liste des 104 et voyons par quels autres moyens on a tenté d'en établir l'existence.

Il a été allégué que M. Constans, alors qu'il était ministre, avait remis cette liste à M. le Président de la République.

M. Constans a démenti le fait et devant la Commission d'enquête et devant le Sénat.

A la Cour d'assises, M. Bonaparte Wyse a fait la déclaration que nous reproduisons ici :

Mᵉ Las Cases. — M. Bonaparte Wyse ne sait-il pas si M. de Lesseps n'a point remis à M. Monchicourt une liste de cent soixante et un noms de personnes ayant touché dans le Panama?

R. — Il y a quinze ou dix-huit mois, à la fin d'octobre dernier, si je me rappelle, M. Monchicourt, effectivement, m'a donné connaissance non pas d'une liste, mais d'une enveloppe qui lui aurait été remise avec des précautions spéciales par les administrateurs de Panama, auxquels il avait été chargé de la demander, à la suite d'une interpellation à la Chambre sur des faits extrêmement précis.

Il s'agissait de la justification d'une somme assez importante sur laquelle le liquidateur avait demandé aux administrateurs des détails. Immédiatement, les administrateurs lui apportèrent une enveloppe qui a été remise à M. Monchicourt et lui firent constater qu'elle était en parfait état, que les scellés étaient intacts ; ils exigèrent même la présence de témoins pour donner décharge de cette enveloppe qui contenait la justification de la somme en question.

Mᵉ Las Cases. — M. Bonaparte Wyse dit que cette remise a eu lieu en présence de témoins. Peut-il donner les noms de ces témoins?

R. — Non, je ne sais de cela que ce que le liquidateur a bien voulu me dire. Ce n'est pas, d'ailleurs, une chose sur laquelle je me croirais tenu à la réserve dont je parlais tout à l'heure, puisqu'elle s'est passée quand mon mandat était fini. Mais on peut se renseigner auprès de M. Monchicourt.

MM. de Lesseps et Fontane ont immédiatement protesté.

Quant à M. Monchicourt, qui était retenu malade à son domicile, il a écrit à M. le président des assises les deux lettres qu'on va lire :

2, rue Pigalle.

Monsieur le Président,

Je suis informé à l'instant de la déclaration que vient de faire M. Bonaparte Wyse.

J'affirme de la manière la plus formelle que, ni M. Ch. de Lesseps, ni aucun autre administrateur de Panama, ne m'a jamais remis de pli cacheté ni aucune pièce justificative, ni aucun dossier, ni aucune liste.

J'affirme n'avoir jamais tenu le propos qui m'est prêté.

Je regrette infiniment que l'état de ma santé ne me permette pas de venir déposer devant la Cour d'assises, sous la foi du serment.

Si vous le jugez indispensable, je vous prierai, monsieur le Président, de vouloir bien déléguer un magistrat pour venir recevoir ma déposition.

Veuillez, etc.

Signé : Monchicourt.

Paris, 14 mars 1893.

2, rue Pigalle, 15 mars 1893.

Monsieur le Président,

Dans une lettre que j'ai eu l'honneur de vous adresser hier, j'affirmais, de la manière la plus formelle, que ni M. Charles de Lesseps, ni aucun administrateur de Panama ne m'a jamais remis ni pli cacheté, ni liste aucune. J'apprends que Mᵉ Lagasse, à propos de cette lettre, a fait observer que, si la question m'était posée en termes plus généraux, ma réponse pourrait être différente.

Permettez-moi, monsieur le Président, de déclarer de la façon la plus nette et la plus catégorique, que sous quelque forme que la question me soit posée, ma réponse sera toujours la même : Je n'ai jamais reçu d'aucune personne, attachée ou étrangère à Panama, ni pli cacheté, ni liste quelconque.

Veuillez, etc.,

Signé : Monchicourt.

Il reste enfin deux documents dont nous devons parler pour être complet : le carnet trouvé au domicile d'Arton et un livre saisis chez M. Deschamp, coulissier, liste qu'Arton lui aurait remise avant sa fuite.

Le carnet ne contient ni cent quatre, ni cent cinquante noms, mais vingt-huit dont une vingtaine portés par des hommes politiques.

La liste contient trente noms, avec le même nombre de députés.

Ces deux documents ne concordent pas entre eux, ni au point de vue des noms, ni au point de vue des chiffres.

Il n'y a ni prénoms, ni adresses, ni qualités, ni date.

Les chiffres qui figurent en regard des noms ne sont précédés ni suivis d'aucun commentaire ; le chiffre le plus fort est 90, le plus faible 2, et ils varient suivant qu'ils sont sur la liste ou sur le carnet.

M. Deschamp, interrogé à l'instruction et à l'audience de la Cour d'assises ignore ce que signifient ces indications.

Ne devient-il pas impossible, en face de documents aussi énigmatiques, de porter une appréciation quelconque ? Aussi mettons-nous au défi toute personne de bonne foi d'étayer soit avec le carnet, soit avec la liste nous ne dirons pas une preuve, mais une présomption de corruption à l'encontre des personnes qui y sont mentionnés.

On se demande même comment une instruction a pu être ouverte sur de tels éléments.

Ajoutons que deux de nos collègues, MM. Jullien et Antide Boyer, ont justifié devant la Commission d'enquête qu'Arton avait été en relations d'affaires avec des personnes portant les mêmes noms qu'eux ; ce qui met un doute de plus sur la suspicion qu'inspirent déjà les pièces dont nous venons de donner l'analyse.

La légende des cent quatre ou des cent cinquante députés corrompus n'a donc que trop duré, il est temps qu'il y soit mis fin.

Nous n'avons plus, pour en finir sur ce point, qu'à indiquer les investigations auxquelles la Commission s'est livrée pour découvrir le refuge d'Arton.

Elle a entendu toutes les personnes qui se croyaient autorisées à fournir des pistes.

En décembre 1892, notre collègue M. Haussmann entretint la Commission du bruit qui courait à Bougival de la présence d'Arton ; il cita le nom de la personne en compagnie de laquelle il aurait été rencontré.

Cette personne a protesté.

Dans la séance du 20 janvier 1893, M. Andrieux a prétendu qu'Arton avait été, à une date assez récente, en correspondance épistolaire avec MM. Mermeix et Laguerre.

M. Mermeix a déclaré (déposition 138) que le fait était inexact.

M. Laguerre a dit (déposition 140) qu'il n'avait pas l'adresse précise d'Arton et que, s'il la possédait, il ne lui conviendrait pas de se faire délateur.

La Commission a encore entendu M. Loubet, ancien président du Conseil, à l'occasion de négociations que le gouvernement, d'après la *Libre Parole*, aurait entamées à Londres avec Arton.

On trouvera sous le n° 150 la déposition de M. Loubet.

Enfin il faut admettre que l'arrestation d'Arton n'est pas chose si facile qu'on pourrait le croire, si l'on en juge par le fait suivant.

Le 28 mars 1892, M. Andrieux (déposition 156) disait à la Commission d'enquête que si on voulait mettre à sa disposition un commissaire de police muni d'un mandat d'arrêt, il mettrait ce fonctionnaire en relations avec une personne qui saurait trouver Arton, le tout serait fait en huit jours.

Immédiatement M. le Ministre de l'Intérieur a prié M. Clément, commissaire de police, de s'aboucher avec M. Andrieux, et nous savons qu'il a été promis à celui-ci de traiter ses indicateurs sur le même pied, et mieux encore que les indicateurs de la Préfecture de Police. On était même tombé d'accord sur un chiffre assez élevé ; mais M. Andrieux n'a pas cru devoir donner suite à sa proposition.

Ces observations terminent la partie de notre rapport relative aux accusations de corruption générale, portées par M. Delahaye, c'est-à-dire celles que nous avons comprises sous les nos 1, 2, 3.

Il nous reste maintenant à examiner les faits particuliers classés sous les nos 4, 5, 6, 7, 8.

ACCUSATION N° 4

REMISE DE 400.000 FRANCS A M. BARBE

On a vu par les chèques nos 9.984 et 9.988 que ce n'est pas une somme de 400.000 francs qui a été donnée à M. Barbe par le baron de Reinach, mais bien celle de 550.000 francs. Pourquoi ce versement ? M. Delahaye dit : « C'est de la corruption ».

M. de Reinach, dans l'assignation que nous avons rapportée plus haut, dit : « C'était de l'argent prêté, et M. Barbe m'en a restitué une partie, 220.000 francs ».

L'affaire entre la succession de Reinach et les héritiers Barbe est pendante devant le Tribunal civil de la Seine ; il convient d'attendre la décision de la justice.

ACCUSATION N° 5

REMISE DE 200.000 FRANCS A M. SANS-LEROY EN 1886

M. Sans-Leroy a été poursuivi en raison de ce fait, non pas qu'on ait trouvé un chèque à son nom, ni parce qu'il figurait sur la liste

Andrieux, puisqu'il a été arrêté le 16 décembre et que la liste n'a été connue que le 22 seulement, mais à raison de différentes pièces trouvées soit chez lui, soit chez des tiers.

On sait qu'il a été acquitté le 21 mars par la Cour d'assises. Nous ne pouvons que nous incliner devant l'arrêt rendu.

Mais il est une décision postérieure, qui ne cadre plus avec cet arrêt.

Le 23 mai 1893, Arton était condamné par la Cour d'assises de la Seine, comme contumace, à la dégradation civique, à cinq ans d'emprisonnement et à 400.000 francs d'amende, pour avoir corrompu M. Sans-Leroy.

L'arrêt est ainsi conçu :

La Cour, faisant droit : attendu qu'il est suffisamment établi qu'Arton (Émile) a, en mars et avril 1888, à Paris, corrompu par promesses, offres, dons ou présents, M. Sans dit Sans-Leroy, député et à ce titre fonctionnaire public, sous le sens de l'article 177 du Code pénal, pour obtenir de lui une opinion favorable, soit tout autre acte de son ministère.

Déclare Arton (Émile) coupable du crime prévu par les articles 177, 179, 34, 35, du Code pénal, et le condamne, etc...

Comment cette décision peut-elle s'accorder avec la première ?

La Cour ne l'a pas dit et nous ne nous chargeons pas de l'expliquer.

ACCUSATION N° 6

ACQUISITION DU JOURNAL LE TÉLÉGRAPHE

M. Delahaye formulait ainsi son accusation : Un journal qui ne valait pas 20 francs a été acheté 200.000 francs, à raison de l'influence qui était par derrière.

La Commission a entendu M. Jezierski, qui, de 1882 à 1886, a administré le *Télégraphe* comme gérant d'une Société qui en était propriétaire.

Il résulte de cette déposition (n° 32) et des pièces produites à l'appui : 1° que le journal *le Télégraphe* a été acheté le 19 juillet 1879, par une Société dont M. Jezierski était le gérant, moyennant 200.000 francs; 2° qu'en 1882, le tirage était monté à 12.000 numéros; 3° qu'en 1884 le journal fut affermé à M. Piégu avec promesse de vente moyennant 200.000 francs et qu'en 1885, après dix mois de fermage, M. Piégu résilia le traité et paya un dédit de 25.000 francs; 4° qu'en 1886, et par acte authentique du 16 février, *le Télégraphe* fut vendu à M. Chaulin, administrateur du *Soir*, au prix de 120.000 francs.

M. Chaulin a-t-il fait cette acquisition pour le compte de la Compagnie de Panama ?

Il aurait pu renseigner la Commission à cet égard, mais il a refusé de comparaître.

Toutefois il paraît constant, d'après la déposition de M. de Boudard (n° 120) et d'après les mentions qui figurent sur les talons des chèques retrouvés à la Compagnie de Panama, que *le Télégraphe* est devenu la propriété de cette Compagnie.

M. Chaulin avait-il acheté pour le compte de celle-ci ou a-t-il fait une rétrocession? On n'en sait rien.

Mais de là à conclure que le journal ne valait pas 20 francs, et qu'il a été acheté à cause de l'influence qui était par derrière, il y a loin et M. Delahaye en est encore à fournir la preuve à l'appui de son allégation.

ACCUSATION N° 7

ACQUISITION DU JOURNAL « LA GAZETTE DE MOSCOU » MOYENNANT 500,000 FRANCS.

Ici, ni preuve, ni commencement de preuve, ni présomption. M. Delahaye n'a rien indiqué, pas même la source de son renseignement.

26

A côté de cette attitude on lira avec une réelle satisfaction les protestations énergiques de M. Tcherbanne, correspondant de la *Gazette de Moscou*, à Paris (n° 108), et de MM. Souvorine et de Tatistcheff (n°ˢ 121-122) qui sont venus exprès de Russie pour démentir les faits mis à la charge de l'administration du journal russe, et pour témoigner en même temps de la douloureuse émotion produite à Saint-Pétersbourg par des affirmations aussi imprudentes que mal fondées.

Nous croyons inutile d'insister plus longuement.

ACCUSATION N° 8

PAYEMENT DE 300.000 FRANCS SUR LA DEMANDE DU GOUVERNEMENT POUR L'ÉLECTION DU NORD.

L'accusation a été reproduite par M. Ch. de Lesseps, mais avec quelques variantes.

Il l'a présentée en même temps qu'un autre fait tendant à établir que ce serait en raison de préoccupations manifestées alors, plus ou moins ouvertement, par MM. de Freycinet, Clémenceau et Floquet, qu'il aurait donné, le 16 juillet, 4.940.475 francs au baron de Reinach.

D'autre part, on a reproché à M. Rouvier d'avoir emprunté dans un intérêt gouvernemental à M. Vlasto 50.000 francs, qui auraient été remboursés par le baron de Reinach avec les fonds de la Compagnie de Panama.

Ces deux derniers griefs n'ont qu'une relation fort indirecte avec le premier, mais ils ont tous les trois provoqué à la Chambre, dans la presse et dans le pays, de vives discussions.

De grands débats se sont engagés sur ce que les uns ont appelé les *théories*, les autres les *pratiques gouvernementales*.

Notre opinion personnelle n'ajoutera pas grand'chose à ce qui a été dit; nous devons néanmoins la donner et la voici :

De quelque nom qu'on l'appelle, le fait par un ministre de solliciter d'une Compagnie financière et pour des besoins politiques une somme d'argent quelconque est un fait blâmable.

Nous en dirons autant d'un simple désir manifesté, car, venant d'un ministre, un pareil désir est toujours impérieux.

Nous ne pensons pas que le Gouvernement ait à intervenir près des particuliers, en vue d'obtenir d'eux, sous une forme ou sous une autre, des concours d'argent.

Si des crédits lui sont indispensables pour les nécessités de sa politique intérieure ou extérieure, ce n'est pas à tel ou tel qu'il convient de les demander, mais au pays tout entier, et les Chambres sont là pour en apprécier à la fois l'importance et l'utilité.

Tout Gouvernement qui s'écarterait de ces règles s'exposerait à perdre son indépendance, son autorité et sa force.

La Chambre a d'ailleurs très clairement manifesté son sentiment à cet égard.

Mais, si on est d'accord sur les principes, on est loin de s'entendre sur les faits.

Il y a l'accusation, et tout naturellement il y a la défense.

Où est la vérité? C'est ce que nous allons essayer de dégager, en examinant les trois faits les uns après les autres.

M. FLOQUET.

C'est quelques jours avant l'interpellation de M. Delahaye que le nom de M. Floquet fut mêlé pour la première fois aux affaires de Panama.

On reprochait à l'ancien Président du Conseil des Ministres d'avoir demandé à la Compagnie du Panama une somme de

300.000 francs, destinée à rétribuer plusieurs journaux à l'occasion de l'élection qui avait eu lieu, à Paris, le 27 janvier 1889.

Cette accusation se produisait, comme la plupart des autres, au moment où la question des poursuites à exercer contre les administrateurs de Panama allait recevoir sa solution.

Présentée comme elle l'était alors, elle paraissait peu vraisemblable, car l'élection de Paris était postérieure de six semaines à la déconfiture de la Compagnie.

Néanmoins, les rumeurs allant grandissant, M. Floquet, président de la Chambre, fit la déclaration suivante dans la séance du 19 novembre :

M. LE PRÉSIDENT. — Avant de donner la parole aux orateurs inscrits, avant de la donner à M. le garde des sceaux qui la réclame, je vous demande la permission, messieurs, de répondre à des allégations qui ont été produites contre moi. Je serai très bref. (*Mouvements d'attention.*)

J'affirme devant la Chambre que, dans les circonstances dont on a parlé, non seulement je n'ai exercé aucune pression sur qui que ce soit, non seulement je n'ai rien exigé, mais je n'ai rien demandé, je n'ai rien reçu, je n'ai rien distribué. (*Bravos et applaudissements prolongés sur tous les bancs.*)

Le gouvernement que j'ai eu l'honneur de présider a été loyal et probe. (*Très bien ! Très bien !*) L'administration, qui m'a été particulière, du ministère de l'Intérieur et de la Sûreté générale, a la conscience nette et les mains propres. (*Nouveaux applaudissements.*)

Je n'aurais jamais eu l'audace d'accepter et de garder l'honneur de présider cette Assemblée si sur mon passé ministériel pouvait planer le souvenir, je ne dis pas d'un acte coupable, mais seulement d'un acte équivoque. (*Applaudissements répétés et prolongés sur tous les bancs.*)

Le 31 novembre M. Delahaye déclarait de son côté à la tribune qu'il y avait bien eu 300.000 fr. versés par la Compagnie de Panama, non pas pour l'élection de la Seine, mais pour celle du Nord, et, dans la note écrite qu'il remit à la Commission d'enquête le 25, il donna les explications qu'on va lire.

Faits spéciaux. — Naturellement, sur les cinq millions qu'il avait touchés, M. de Reinach entendait bien conserver pour lui une part aussi grosse que possible. Et, quoiqu'il eût conclu avec la Compagnie de Panama ce qu'on appelle un forfait, tout son jeu consistait à mettre en dehors de ce forfait des exigences supplémentaires. Il ne songeait pas le moins du monde à incorporer, comme l'essaie M. Rouvier, son budget extraordinaire dans son budget ordinaire.

Aussi, quand il se trouvait en face de ces appétits qui sortaient de la moyenne qu'il s'était fixée, il se rendait à la Compagnie de Panama. Il voyait MM. Ferdinand et Charles de Lesseps, Cottu, Marius Fontane, surtout M. Charles de Lesseps.

C'est ainsi qu'un jour il alla trouver MM. Ferdinand et Charles de Lesseps, et leur exposa l'intérêt qu'il y avait à se concilier les pouvoirs publics, au moment de la campagne boulangiste, alors surtout qu'on accusait la Compagnie d'avoir des tendances boulangistes. Il ajouta que les fonds secrets du ministre de l'Intérieur étaient épuisés, qu'il fallait 300.000 francs. M. de Lesseps bondit, et son premier mot, — il vous paraîtra peut-être familier, entre si importants personnages et devant si importants événements, fut : « C'est encore une carotte. » — « Mais non, répliqua M. de Reinach; envoyez M. Arton chez M. Floquet. »

Vous poserez à M. Charles de Lesseps les questions suivantes : « Est-il à votre connaissance que, au moment de l'élection du Nord, on ait fait exprimer, en se servant du nom de M. Floquet, à votre père ou à vous, le désir que 300.000 francs fussent remis par les mains d'Arton à des personnes désignées? Est-il à votre connaissance qu'un journal du soir et un journal du matin aient reçu chacun 100.000 francs, et que 100.000 francs aient été en outre distribués en une seule fois à diverses autres personnes ? Ne vous êtes-vous pas, votre père et vous, dans l'automne de l'année 1888, rencontré avec M. Floquet, et n'espériez-vous pas trouver auprès de lui un accueil favorable? »

J'ajoute que vous pouvez interroger notre collègue, M. Laguerre, qui dit à qui veut l'entendre que M. Arton lui a dit à lui-même avoir remis à M. Floquet 300.000 francs le jour même où il les lui avait remis.

M. Laguerre fut interrogé dans la séance du 19 novembre. Il déposa ainsi :

M. GEORGES LAGUERRE. — Je suis résolu à répéter tout simplement devant la Commission ce que j'ai dit devant quelques collègues, le jour où ont paru les premières attaques à l'occasion du Panama, c'est-à-dire vers le 15 ou le 16 novembre. J'ai dit que Arton qui, cependant, ne parlait pas très volontiers, mais qui aimait à le répéter, m'avait dit à plusieurs reprises qu'au moment de l'élection du Nord il avait été un intermédiaire dans l'intérêt de la Compagnie de Panama et que, pour des besoins purement politiques, il avait versé une somme de 300.000 francs. Mais je n'ai de ce fait là aucune espèce de preuve matérielle. Je ne sais pas du tout s'il est vrai. Il m'est tout à fait impossible de dire autre chose. Je sais seulement qu'il m'a été affirmé dans les conditions que je viens de faire connaître à la Commission.

J'ajoute encore que je croyais que ce fait était conforme à la vérité; je pensais même qu'il ne serait contesté par personne et cela résultait de conversations de couloirs qui ont pu arriver aux oreilles des collègues qui m'écoutent aussi bien qu'aux miennes. Mais alors sont intervenues du haut du fauteuil présidentiel les paroles de M. Floquet à la haute honorabilité duquel tous, et moi le premier, rendent hommage.

Je n'ai rien de plus à ajouter.

M. Félix Mathé (Allier). — A qui aurait été versé l'argent, suivant le propos d'Arton?

M. Georges Laguerre. — Au Gouvernement.

M. le Président.— Et devant qui ?

M. Georges Laguerre. — Je ne sais rien de plus. C'est ce que j'ai répété devant des collègues. C'était pour des besoins politiques. Il n'a jamais été question de prévarications et de pots de vin. C'était pour des besoins politiques, et il m'a été dit qu'à ce moment-là on a versé 300.000 francs.

M. Félix Mathé (Allier). — Au Gouvernement.

M. Georges Laguerre. — Au Gouvernement. Je puis même ajouter dans quelles conditions on me l'a dit pour la première fois. Il y a quatre ans, au mois de décembre 1888. A ce moment-là, ces faits ont été révélés, je n'ai donc pas de raisons pour ne pas le dire. — A ce moment-là, je crois, un certain nombre d'administrateurs de Panama étaient favorables au mouvement revisionniste d'alors, pour l'élection du général Boulanger à Paris. On a raconté dans les journaux, et ce fait est à ma connaissance personnelle, que, par des intermédiaires que j'ignore, on a remis au général Boulanger la liste des obligataires et actionnaires du Panama soit des départements, soit de Paris, de sorte qu'il a été possible d'envoyer au domicile de ces personnes une circulaire d'un ordre particulier. C'est à ce moment que cela m'a été conté.

Quant à M. de Lesseps, cité en même temps que M. Laguerre, nous savons qu'il avait refusé de comparaître par lettre du 30 novembre 1892.

Le 22 décembre, M. Floquet se présenta à son tour devant la Commission et fit cette déclaration :

Lorsque s'est produite devant vous la déposition de M. Laguerre, j'ai prié l'un de vos présidents, M. Clausel de Coussergues, qui dirigeait en ce moment vos travaux, de faire savoir à la Commission que je me tenais à son entière disposition pour venir confirmer devant elle les déclarations faites par moi à la Chambre.

Je viens donc répéter que, dans aucune des hypothèses successivement présentées, ni à l'occasion de l'élection du 27 janvier à Paris, ni à l'occasion de la première ou de la deuxième élection du Nord, ni à l'occasion d'aucune autre élection, je n'ai exercé directement, ni autorisé personne à exercer, ni su que personne ait exercé aucune pression sur les représentants de la Compagnie de Panama afin d'obtenir ou de faire distribuer une somme quelconque pour les besoins politiques du Gouvernement.

Je n'ai rien demandé, je n'ai rien reçu, ni les 300.000 francs indiqués en premier lieu, ni les 100,000 francs qu'on aurait déposés au coin de mon bureau, ni les 500.000 francs dont on a parlé depuis, ni aucune somme quelconque.

Ai-je besoin d'ajouter ici ce que j'ai dit depuis longtemps dans des conversations, qui ont pu d'ailleurs être exagérées, mal comprises ou mal traduites : J'aurais poussé la candeur un peu loin, si j'avais pu me figurer que, dans la répartition du fonds spécial destiné à la publicité des journaux et régulièrement touché par eux, les influences politiques ne s'exerçaient pas et si, m'enfermant dans une indifférence qui eût été une véritable abdication, je n'avais pas, au moyen des informations que j'ai recherchées et des communications qui m'ont été spontanément faites, observé et suivi d'aussi près que possible cette répartition, non pas au point de vue commercial qui ne me regardait pas, mais au point de vue politique qui intéressait l'État. A cette action qui était de l'essence même de la fonction du Ministre chargé de la sûreté générale ne s'est mêlée aucune exigence, ni aucun maniement de fonds.

« Je répète que la Compagnie de Panama n'a ajouté aucun complément aux fonds secrets du Gouvernement.

« Et puisque je prononce ces mots, permettez-moi de m'étonner qu'on n'ait pas, sur l'heure, reproché au Ministre qui combattait alors, un fait dont l'un des chefs du boulangisme aurait eu connaissance dès l'été de 1888.

C'était cependant une des accusations à la mode de l'époque que la ruine des fonds secrets. On répétait chaque jour, avec force détails, que les fonds secrets avaient été épuisés dès la première heure ; que j'avais dévoré les fonds du Pari mutuel, pourtant remis intacts à mon successeur ; que j'avais détourné des crédits de gratifications aux employés, crédits qui n'existaient pas ; que j'avais réquisitionné la Banque de France ; on a dit tout cela et bien d'autres choses plus fortes encore, et plus particulièrement dans le journal la *Presse*, de M. Laguerre, mais on n'a jamais fait une allusion aux ressources prétendûment tirées du Panama pour des besoins politiques.

La vérité, c'est que les fonds secrets ont toujours été en règle. Il serait facile à la Commission de s'en assurer, en prenant connaissance, non pas de la distribution de ces fonds, dont il ne reste pas trace, mais du mouvement de caisse ; il démontrerait que la dépense mensuelle a été à peu près, et jusqu'au bout, régulièrement égale au douzième du crédit total, dont je pouvais pourtant disposer à discrétion.

C'est pourquoi, mes chers collègues, devant vous, comme devant la Chambre et le pays, j'ai le droit de dire que l'administration du Ministère de l'Intérieur et de la Sûreté générale, en 1888, a été loyale et probe.

Aussitôt après cette déclaration, une délégation de plusieurs membres fut chargée d'examiner le mouvement de caisse des fonds secrets pendant la gestion de M. Floquet, c'est-à-dire du 3 avril 1888 au 22 février 1889.

La délégation constata que la marche des fonds secrets, durant cette période, avait été régulière et que les dépenses étaient à peu près les mêmes pour chaque mois.

Le 23 décembre, M. Millevoye, s'emparant de la déposition de M. Floquet devant la Commission d'enquête, interpella le Gouvernement et lui demanda s'il approuvait ou non la théorie qu'il croyait voir dans cette déposition, et qui aurait consisté, pour le ministre de l'Intérieur de 1888, « à revendiquer une partie des fonds de la Compagnie de Panama dans un but électoral, en faveur d'un parti politique, pour la défense de ses amis ».

M. Floquet, ainsi visé directement, ne manqua pas de protester à la tribune. Il le fit ainsi :

Messieurs, je n'ai que peu de mots à dire. Je ne reproduirai pas les déclarations que j'ai produites hier à la Commission d'enquête et qui confirmaient, en les complétant, celles que j'avais faites devant la Chambre il y a quelques semaines. J'ajouterai seulement que M. Millevoye a oublié de citer la phrase qui termine la partie de la déclaration dont il vous a donné lecture.

M. Guillemet. — C'est cela !

M. Charles Floquet. — Il a oublié de dire qu'après avoir parlé des devoirs du ministre de l'Intérieur, j'ai prononcé ces mots : « A cette action qui était de l'essence même du ministre chargé de la sûreté générale, il ne s'est mêlé aucune exigence ni aucun maniement d'argent. »

Eh bien, j'affirme, et je le dis bien haut, sans vouloir chercher dans les circonstances exceptionnelles où nous nous trouvions en avril et juin 1888 une diversion facile, — je dédaigne ce moyen, — j'affirme, dis-je, qu'il est impossible à un Gouvernement de se désintéresser d'une distribution de fonds dont le chiffre, d'ailleurs considérable, a été fixé à l'avance par les délibérations du conseil d'administration d'une Compagnie, pour être régulièrement, et sans aucun mystère distribué aux journaux. (Réclamations à droite.)

M. le comte de Bernis. — Est-ce qu'on a le droit de s'immiscer dans les affaires privées ? — Je demande la parole.

M. Charles Floquet. — Je ne peux pas admettre que, lorsqu'une Compagnie puissante a déterminé un chiffre pour les subventions à donner à toute la Presse de Paris, des départements, du pays tout entier, le Gouvernement ne s'inquiète pas de savoir où va tout cet argent. (Applaudissements à gauche. — Interruptions à droite.)

M. le comte de Bernis. — C'est monstrueux !

M. Charles Floquet. — C'est là ce que j'ai fait, c'est là ce que je ferais demain, si j'étais de nouveau au pouvoir (Très bien ! très bien ! sur les mêmes bancs à gauche), et je le referais avec la même restriction, ou plutôt avec l'explication qui complétait la citation qu'a apportée M. Millevoye, qu'à cette action légitime du Gouvernement chargé de la sûreté générale ne s'est mêlée aucune exigence, ni aucun maniement d'argent, c'est-à-dire que je n'ai rien demandé, que je n'ai rien reçu, comme je le disais devant la Chambre. (*Très bien! très bien! à gauche et au centre.*)

M. LE COMTE DE BERNIS. — Vous avez fait toucher.

M. LE PRÉSIDENT. — Monsieur de Bernis, je vais être obligé de vous rappeler à l'ordre.

M. CHARLES FLOQUET. — Voilà, messieurs, les explications très nettes que je me permets de donner à la Chambre en toute franchise.

Je n'attends de mes adversaires aucune indulgence. (*Interruptions.*)

M. LE COMTE DE BERNIS. — Vous n'avez droit qu'à la justice!

M. LE PRÉSIDENT. — Monsieur de Bernis, vous interrompez trop souvent.

M. CHARLES FLOQUET. — Les uns et les autres, je les ai toujours combattus à visage découvert, par tous les moyens légaux et légitimes.

Mais je tiens à le dire encore, je ne peux pas admettre que l'obligation de surveiller l'emploi de plusieurs millions semés sur tout le territoire, et même en dehors, puisse être reprochée à un gouvernement, dans aucune circonstance, et, à plus forte raison, dans les circonstances que j'ai rappelées. (*Applaudissements à gauche et sur divers bancs au centre.— Exclamations à droite et sur quelques bancs à l'extrémité gauche de la salle.*)

Ajoutons que l'ordre du jour proposé dans cette séance par M. Millevoye, comme conséquence de son interpellation ne fut pas adopté.

Par 353 voix contre 91, la Chambre vota un ordre du jour de confiance de M. Hubbard.

M. Ch. de Lesseps n'avait encore rien dit à cette époque.

Interrogé les 24, 26, 28 décembre, il ne parla nullement de M. Floquet; mais, le 30, il fit spontanément au juge d'instruction les deux déclarations qu'on va lire et dans lesquelles il fait intervenir l'ancien Président du Conseil.

La première de ces déclarations est étrangère à l'affaire des 300,000 francs; nous croyons néanmoins devoir la donner ici, car nous serons obligés de nous y reporter quand nous examinerons la seconde.

27

1° DÉCLARATION DE M. DE LESSEPS DEVANT LE JUGE D'INSTRUCTION
30 DÉCEMBRE 1892.

J'ai en effet remis à M. de Reinach plus de 6 millions à propos de l'émission de juin 1888, mais il y a une distinction à faire et j'ai besoin d'expliquer les faits suivants pour bien faire comprendre ce qui s'est passé.

Avant le vote de la loi, à une époque que je ne puis préciser, vers la fin de mai 1888, M. de Reinach vint me voir et me dit qu'il était nécessaire que je lui remette 10 à 12 millions qui lui étaient absolument nécessaires; il se disait ruiné et aux prises avec les difficultés les plus grandes avec Cornélius Herz, qu'il avait des palpitations de cœur, qu'il allait mourir.

Je répondis à M. de Reinach, que si je ne le connaissais pas si bien, je croirais qu'il joue la comédie.

Que se passait-il exactement entre Cornélius Herz et de Reinach?

Je l'ignore. Il devait exister un lien extraordinaire dont j'ignorais les causes et les ramifications. Je déclarai nettement à M. de Reinach qu'il m'était impossible de consentir à lui remettre 10 à 12 millions qu'il réclamait instamment. D'après mes calculs j'estimais qu'en remettant à M. de Reinach 3 millions, même 3.500.000 francs j'aurais cru être très large pour rémunérer les services passés, présents ou futurs de M. de Reinach, en prenant pour bases de mon calcul les avantages faits à son prédécesseur, M. Lévy Crémieux, étant donné que l'émission des lots était considérée comme la dernière. M. de Reinach me quitta très contrarié de mon refus; il vint me revoir une fois ou deux dans les jours qui suivirent cette première demande; il insista de nouveau, mais je restai inébranlable. M. de Reinach me dit :

« Alors tout est perdu. » Je répondis : « C'est possible, mais, moi, je ne puis faire l'impossible. »

Sur ces entrefaites, un officier d'ordonnance du ministre de la guerre vint me trouver, rue Charras, et me dit qu'il venait de la part de M. de Freycinet, ministre de la guerre, me prier de passer au ministère de la guerre, où M. de Freycinet me recevrait vers cinq heures du soir ce jour-là. Je me rendis au ministère de la guerre, le même jour, à l'heure indiquée, sans savoir pourquoi M. de Freycinet désirait me voir. C'était au moment où M. de Reinach essayait de m'arracher 10 à 12 millions, comme je l'ai dit ci-dessus; *en mai ou juin* 1888, M. de Freycinet me reçut et me tint le langage suivant : « Ce matin deux hommes politiques considérables, du parti républicain, sont venus me demander pendant que j'étais au conseil des ministres. J'ai quitté le conseil et j'ai été causer avec eux. » Ces hommes politiques (qu'il n'a pas nommés) lui avaient signalé la grande crainte de difficultés ou de scandales qui pourraient surgir par suite de règlements non faits. M. de Freycinet me demanda alors, invoquant l'intérêt de la République, de faciliter, avec les frais d'émission, les difficultés qu'il m'exposait et qui lui avaient été exposées par les hommes politiques qu'il ne m'a pas nommés, comme je l'ai dit.

Je répondis à M. de Freycinet : « Vous ignorez certainement que ce dont

vous me parlez doit nécessairement se lier à une demande de 10 à 12 millions que
me fait actuellement M. de Reinach, — comme conséquence de ses relations avec
Cornélius Herz. M. de Reinach m'a parlé des difficultés dont vous m'entretenez et
j'ai répondu à M. de Reinach qu'il me serait absolument impossible de donner
10 à 12 millions. »

   J'ajoutai en répondant à M. de Freycinet que néanmoins, tenant compte de
cette situation, je remettrais à M. de Reinach le plus possible, dans la limite des
crédits qui me seraient ouverts par le Conseil, en restant certainement fort loin
de sa demande. M. de Freycinet me répondit alors : « Personne ne m'a parlé de
chiffres ; je me borne à vous recommander de faire tout ce que vous pourrez pour
résoudre les difficultés que je vous ai signalées. » Cette première intervention de
M. de Freycinet aurait déjà suffi à me décider à faire, dans la limite du possible,
les remises, non récupérables, d'argent qui m'étaient demandées.

   Quelques jours plus tard, quelqu'un vint me dire que M. Clémenceau
désirait me voir et me priait d'aller chez lui. J'allai chez M. Clémenceau que je
connaissais personnellement, auquel j'avais souvent exposé mes idées sur la réalisation du Canal interocéanique. J'allai donc chez M. Clémenceau, et M. Clémenceau
me tint alors chez lui le langage que m'avait tenu M. de Freycinet, avec des
nuances différentes, procédant de différences de caractère et de tempérament. S
M. Clémenceau ne m'a pas parlé de Cornélius Herz, je lui en ai certainement
parlé. M. Clémenceau a conclu en disant : « C'est à vous à voir ce que vous pouvez
faire. »

   Quelques jours après cette entrevue avec M. Clémenceau, mon père, M. Ferdinand de Lesseps, étant dans mon bureau, rue Charras, moi présent, fut informé
par un employé de la Compagnie qu'on venait de téléphoner du ministère de
l'Intérieur où M. Floquet, alors président du Conseil, désirait le voir. J'offris à
mon père de l'accompagner chez M. Floquet ; il accepta, et je me rendis avec
lui au ministère de l'Intérieur.

   Là, M. Floquet exposa à mon père et à moi, et à peu près dans les mêmes
termes, la question que m'avait déjà exposée, d'abord M. de Freycinet, puis
M. Clémenceau comme je l'ai dit ci-dessus. Comme je n'avais point parlé à mon
père de cette affaire, c'est moi qui répondis à M. Floquet que pour solutionner
les difficultés qui existaient entre M. Cornélius Herz et lui, M. de Reinach me
demandait 10 à 12 millions. J'exposai à M. Floquet les raisons qui m'obligeaient
à les refuser. M. Floquet me dit alors, avec un geste énergique de la main :
« Monsieur, à votre place, je ferais comme vous. »

   Là-dessus nous nous retirâmes, mon père et moi. *Néanmoins, les préoccupations, dont les hommes les plus considérables et désintéressés, suivant ma
conviction, se faisaient les interprètes* PRÈS DE MOI, *m'avaient décidé à ouvrir
à M. de Reinach le crédit le plus grand possible. Et c'est ainsi que je réglai
ultérieurement, après l'émission, le 16 juillet 1888, une somme totale de
4.940.475 fr., qui se décomposent de la manière suivante : 1° 3.390.475 fr.,
montant du bénéfice de M. de Reinach dans le Syndicat, et 2° 1.550.000 fr.
qui constituaient la somme que je pouvais donner en présence des demandes
ci-dessus exposées.*

D. — Après ce payement de 4.940.475 fr., M. de Reinach vous a-t-il reparlé des difficultés pour la solution desquelles il demandait 10 à 12 millions ?

R. — M. de Reinach que j'ai revu après ce payement me boudait et me disait : « Vous m'avez laissé dans l'embarras. » Il ne m'a plus parlé des difficultés qui l'avaient tant préoccupé.

Nous nous expliquerons plus spécialement dans le chapitre suivant sur le fait ainsi révélé par M. de Lesseps. Qu'on nous permette toutefois et dès maintenant une remarque.

Au moment où M. de Lesseps fait son récit, il est interrogé par le juge sur les motifs qui l'ont amené à donner, en juillet 1888, près de 5 millions au baron de Reinach.

Or, sur ces 5 millions, 2 millions ont été comptés à Cornélius Herz. M. de Lesseps le sait : le baron de Reinach le lui a dit et le lui a écrit le 24 septembre 1888. En tout cas, la découverte des chèques Thierrée l'a établi de façon péremptoire.

Pourquoi ces 2 millions à Herz qui voyageait depuis un an en Europe et qui n'avait rendu aucun service à la Compagnie de Panama ?

Il y avait là de quoi éveiller la curiosité du juge et embarrasser l'accusé.

M. de Lesseps le comprit ; aussi s'empressa-t-il d'abriter sa responsabilité derrière celle de trois hommes politiques influents, MM. de Freycinet, Floquet et Clémenceau.

Le fait était si gros qu'il devait s'en rappeler les moindres détails, et nous le voyons s'exprimer avec la plus grande précision.

Les choses s'étaient passées, dit-il, *avant le vote de la loi*, vers fin mai, au commencement de juin. Successivement, mais toujours dans cette période, il avait été mandé chez le Ministre de la guerre, chez M. Clémenceau, chez le Président du Conseil, et c'est seulement en raison des préoccupations a lui manifestées par ces trois personnages qu'il s'était décidé à élargir de plusieurs millions le crédit destiné à M. de Reinach.

On pouvait comprendre aisément, la chose étant ainsi racontée, ce que cette triple intervention, se produisant à la veille du jour où la loi allait être votée au Sénat, pouvait exercer d'influence sur M. de Lesseps.

Mais il se trouva que tout cet échafaudage reposait sur une double inexactitude.

L'entrevue avec M. de Freycinet avait eu lieu le 12 juillet, plus d'un mois après le vote de la loi, et dans des circonstances que nous préciserons plus loin.

Quant à MM. Clémenceau et Floquet, il a été reconnu à l'instruction et avoué par M. de Lesseps lui-même qu'ils n'avaient reçu celui-ci que dans le courant de l'automne, c'est-à-dire plusieurs mois après le payement des 5 millions à M. de Reinach.

On voit par là le cas qu'il faut faire des allégations de M. de Lesseps.

Ceci dit, voici la seconde déclaration qu'il fit dans la journée du 30 décembre.

DÉCLARATION DE M. DE LESSEPS DEVANT LE JUGE D'INSTRUCTION
30 DÉCEMBRE 1892

J'ai remis sur la demande qui m'a été faite avant le vote de la loi sur l'émission des obligations à lots en 1888, par M. Floquet, alors Président du Conseil et ministre, une somme de 300.000 francs aux personnes suivantes : 1° A M. Canivet du journal *Paris*, 75.000 francs; 2° à M. Victor Simond, 75.000 francs (sans autre explication); 3° à M. Henri Simond du *Radical*, 75.000 francs; 4° à M. Gustave Simon, 25.000 francs; 5° 50.000 francs à M. Papuchon, administrateur du *Parti ouvrier*. Cette somme de 300.000 francs a été payée aux cinq personnes ci-dessus désignées après l'émission du mois de juin 1888; mais je suis certain que la demande qui m'a été adressée personnellement à cet effet par M. Floquet était antérieure au vote de la loi sur les obligations dont il s'agit. Voici dans quelles circonstances M. Floquet m'a fait cette demande :

M. Arton vint un jour me dire que je pourrais rendre un grand service au Gouvernement en mettant sur les indications qui me seraient fournies par M. Floquet, une somme de 300.000 francs à la disposition de M. Floquet sur le budget de l'émission projetée.

Me rappelant la demande antérieure que m'avait faite M. le ministre Baïhaut, je résolus d'entendre M. Floquet personnellement, et je répondis à Arton : « Je veux bien, mais pourvu que M. Floquet me le demande lui-même. » Sur cette réponse que je fis à Arton, celui-ci, soit immédiatement, soit à un autre moment, m'indiqua les jour et heure où je pourrais rencontrer M. Floquet au ministère de l'intérieur. Je me rendis au ministère où M. Floquet me reçut. Je dis à M. Floquet ce qu'Arton m'avait dit en son nom; M. Floquet me confirma ce que m'avait dit Arton, et il ajouta :

« Faute de crédits suffisants, je ne sais comment régler des dettes que j'ai contractées pour soutenir la lutte dans le Nord contre le général Boulanger; vous me rendrez service si vous pouvez mettre à ma disposition 300.000 francs, pour les distribuer directement aux personnes que je vous indiquerai ; si vous ne le pouvez pas, je vous assure que cela ne changera rien à mes dispositions envers la Compagnie de Panama. » Il me parut cependant mieux, c'est-à-dire plus utile, pour la Compagnie de Panama de rendre au Président du Conseil le service qu'il me demandait pour le Gouvernement. — C'est à M. Arton que j'ai remis les chèques jusqu'à concurrence de 300.000 francs, fractionnés en cinq chèques, et j'ai écrit les noms des bénéficiaires de chaque chèque, et ces noms ont été inscrits sur les talons des chèques.

M. Floquet ne m'a plus jamais parlé de cela quand je l'ai revu ultérieurement.

Sur ce second fait, M. de Lesseps ne s'est pas rétracté, mais il a rencontré la dénégation formelle de M. Floquet.

Voici en effet sa déposition du 8 janvier 1893 devant le juge d'instruction.

En ce qui touche la conversation que j'aurais eue avec M. de Lesseps avant le vote des valeurs à lots et dans laquelle je lui aurais demandé 300.000 fr. pour les besoins du Gouvernement, ma réponse sera catégorique et je la fais sous serment; il n'y a pas eu d'entrevue semblable ni de demande semblable. Je proteste avec la plus grande énergie et toutes les vraisemblances et l'évidence protestent plus haut que moi encore. — Je suis entré aux affaires le 3 avril 1888. — L'élection du Nord a eu lieu le 15 avril 1888 ; le vote de la loi sur les valeurs à lots a eu lieu à la Chambre le 27 avril 1888 ; j'aurais donc en 12 jours d'élection, en 23 jours d'administration ministérielle, épuisé mes crédits, contracté pour lutter contre le général Boulanger des dettes que je ne pouvais payer et j'aurais été réduit à tenir à M. de Lesseps, que je savais peu sympathique à la République, le langage humiliant qu'il me prête, si contraire à mon caractère; et cependant mon prédécesseur m'avait laissé les fonds secrets avec un boni important sur le premier trimestre, et j'avais à ce moment même 1.200.000 francs à ma libre disposition.

Quelques jours après mon entrée au ministère et avant la discussion de la loi sur les valeurs à lots, j'ai en effet reçu une seule visite de MM. Ferdinand et Charles de Lesseps, et celui-ci n'aurait pas dû oublier l'accueil simple et loyal que j'ai fait à son père et à lui. Ils venaient me demander de ne pas m'opposer à la mise à l'ordre du jour de cette loi émanée de l'initiative parlementaire ; je le leur ai promis, sachant déjà que la Commission, fort divisée sur le fond de la question, était unanime à désirer qu'elle fût abordée et résolue le plus tôt possible. Dans cette question comme dans toutes celles qui se sont succédé à l'occasion de Panama dans la période de 1888, je n'ai été guidé que par le désir de protéger dans la mesure du possible l'intérêt de la France et des porteurs d'actions et d'obligations de Panama.

Cette dénégation a été reproduite aussi formellement à l'audience de la Cour d'Assises du 10 mars 1893.

Après cet exposé il ne reste plus qu'à chercher où est la vérité et à quoi se réduit la théorie gouvernementale qu'on impute à M. Floquet.

D'après M. de Lesseps, il y aurait eu 300.000 francs versés à l'occasion de l'élection du Nord et la répartition en aurait été ainsi faite :

A M. Canivet du journal *le Mot d'Ordre*........ 75.000
A M. Victor Simond 75.000
A M. Henri Simond du *Radical*.............. 75.000
A M. Gustave Simon 25.000
A M. Papuchon du *Parti ouvrier* 50.000
Total.... 300.000

Et pour prouver que les 300.000 francs auraient été versés sur la demande de M. Floquet, M. de Lesseps ajoutait que les ordres donnés à la personne chargée de délivrer les bons de caisse commençaient par les mots *Faire un bon*, avec un grand F, et que certains de ces bons portaient, écrite à l'encre rouge, la mention suivante : « Sur les 300.000 francs réservés. »

Quelle créance méritent les affirmations de M. de Lesseps ? C'est ce que nous avons le devoir de rechercher.

Le fait du payement des 300.000 francs est certain. Il n'a jamais été nié. Pourquoi l'aurait-il été ? Les fonds ont été versés par ceux qui les ont reçus dans les caisses des journaux qu'ils administraient, et les pièces comptables sont là qui l'établissent.

Mais, à côté de cette constatation, il importe d'en faire immédiatement deux autres qui ont bien leur importance :

1° Les 300.000 francs ont été donnés à une époque qui ne concorde guère avec l'élection du Nord.

En effet, cette élection eut lieu le 15 avril 1888 et les versements sont aux dates suivantes :

29 juin 1888	M. Canivet......	25.000
2 juillet	M. Victor Simond	50.000
3 juillet	M. Papuchon....	50.000
id.	M. Henri Simond.	75.000
4 juillet	M. Gustave Simon	25.000
5 juillet	M. Canivet......	15.000
31 juillet	id.	25.000
2 octobre	M. Victor Simond.	25.000
id.	M. Canivet......	10.000

2° Si ces payements n'ont aucune relation avec l'élection du Nord, ils concordent au contraire avec la distribution de fonds que la Compagnie de Panama faisait alors dans toute la Presse, à l'occasion de l'émission des valeurs à lots qui venait d'avoir lieu.

Nous savons, par le rapport de M. Bory et par la déclaration de M. de Lesseps, qu'il y avait à Panama deux budgets de la Presse ; l'un réglé par l'intermédiaire de MM. Batiau et Privat et concernant tout particulièrement les réclames financières, l'autre par M. de Lesseps lui-même et s'appliquant plus spécialement au concours du journal tout entier.

M. Charles de Lesseps fit donc, pour l'émission de juin 1888, le budget de ses libéralités personnelles comme il l'avait fait pour les émissions précédentes.

Ceci dit, on aurait quelque peine à concevoir que, ses largesses s'étendant à la Presse tout entière, il eût volontairement omis MM. Simond frères et M. Canivet, qui dirigeaient à cette époque un grand nombre de journaux, et qui occupaient dans la Presse une place importante.

En admettant que par impossible il y ait eu oubli, les réclamations seraient venues directement de la part des intéressés ; il n'était pas besoin pour cela de l'intermédiaire de M. Floquet.

Il résulte dès lors de ces simples constatations que MM. Simond frères et Canivet ont reçu en même temps que tout le monde et pour les mêmes causes. De plus les payements à eux faits n'ont rien d'anormal, étant donnée la quantité de journaux qu'ils administraient.

Il est donc puéril de faire intervenir à cette occasion l'élection du Nord.

Nous ne nous arrêterons pas longtemps à l'argument tiré du grand F.

Tout d'abord cet F n'offre aucun caractère particulier.

C'est une lettre majuscule ordinaire qui n'a rien de disproportionné et qui est majuscule parce qu'elle commence une phrase.

Nous avons vu dans les pièces saisies à la Compagnie de Panama et déposées au Palais de Justice des centaines de notes écrites de la main de M. de Lesseps et qui commencent également par une lettre majuscule.

Reste la mention : « Sur les 300.000 francs réservés ».

La Commission a voulu savoir ce que cela signifiait. Elle a interrogé M. de Boudard qui créait les bons destinés à acquitter les budgets de presse de M. de Lesseps. Tout ce qu'a pu dire le témoin, c'est qu'il croit se rappeler que l'écriture est d'un de ses employés et que cet employé a écrit sous sa dictée.

Mais qui a donné l'ordre de faire cette mention ? Quelle portée a-t-elle ? Pourquoi ne la voit-on figurer que sur trois souches de chèques quand il en a été fait neuf ? M. de Boudard l'ignore.

Si on veut conclure de là que la réserve a été sollicitée par M. Floquet, nous répondrons que l'argument est plus que risqué et nous laissons à d'autres le soin de le défendre.

28

Qu'y a-t-il encore ? L'affirmation de M. de Lesseps que M. Floquet aurait prié de mettre à sa disposition 300.000 francs pour distribuer aux journaux qu'il se réservait d'indiquer en vue de régler des dettes contractées lors de l'élection du Nord !

Mais il y a la dénégation formelle de M. Floquet.

Quel est, de l'ancien Président de la Chambre ou de l'ancien Directeur de la Compagnie de Panama, celui dont la parole peut et doit inspirer le plus de confiance ?

Malgré ce qu'un semblable rapprochement peut avoir de pénible pour M. Floquet, nous sommes forcé de ramener la question à ces termes.

Heureusement la réponse s'impose.

Qu'on se rappelle que c'est à l'aide de mensonges sans cesse renouvelés que M. de Lesseps a pu faire ses émissions au cours de l'entreprise de Panama.

Sans remonter si loin, qu'on se rappelle seulement que, dans cette même journée du 30 novembre, où on le voit raconter au juge d'instruction le fait que nous discutons en ce moment, il est pris en flagrant délit d'erreur, pour ne pas dire plus, quand il essaye d'établir que c'est pour obéir aux préoccupations de M. Floquet qu'il a donné 4.940.475 francs au baron de Reinach.

On voit par là le cas qu'il faut faire de sa parole.

D'ailleurs, il est un argument qui détruit de fond en comble l'accusation de M. de Lesseps s'il en reste encore quelque chose debout.

Les 300.000 francs auraient été payés, dit-on, pour solder une dette contractée par le Gouvernement, lors de l'élection du Nord?

Mais M. Floquet a fait remarquer qu'il a pris le portefeuille de l'Intérieur le 3 avril, que l'élection a eu lieu le 15, c'est-à-dire douze jours après; qu'il existait alors dans la caisse du ministère de l'Intérieur et les fonds secrets de neuf mois, et 80.000 francs qu'avait laissés M. Sarrien; qu'il n'y avait donc pour le ministre nul besoin d'aller demander service à la Compagnie de Panama ; qu'enfin ce besoin se faisait si peu sentir que les mensualités des huit derniers mois de l'année 1888, qui ont suivi le mois d'avril, n'ont même pas été entamées.

Cet argument nous paraît décisif.

Veut-on autre chose encore ? Si le Gouvernement avait demandé un service à la Compagnie de Panama, il s'en serait au moins montré reconnaissant en votant la loi sur les valeurs à lots ; or on peut voir à l'*Officiel* qu'il s'est abstenu tout entier après une déclaration formelle de M. Peytral faite à la tribune.

Comprend-on la Compagnie de Panama donnant 300.000 francs pour remercier le Gouvernement de cette attitude ? Véritablement il n'y avait pas de quoi.

La vérité est que sur ce point, comme sur tant d'autres, M. de Lesseps a fait de fausses déclarations dans l'intérêt mal compris de sa défense.

Peut-être aussi Arton, qui était chargé des distributions personnelles de la Compagnie à la Presse, a-t-il, pour se donner de l'importance, mis en avant le nom de M. Floquet et parlé d'un désir qui n'a jamais été manifesté.

Serait-ce là-dessus que M. de Lesseps aurait échafaudé sa déclaration ?

Nous n'affirmons rien, mais la supposition est possible en présence du fait suivant raconté à la Commission par M. Andrieux, et qui va prouver, s'il est exact, qu'un autre agent de la Compagnie, le baron de Reinach, s'est fait donner 750.000 francs en parlant, lui aussi, d'un désir de M. Floquet, qui n'a pas plus existé que le premier.

Voici sur ce point la déposition que fit M. Andrieux dans la séance du 22 décembre :

M. Bovier-Lapierre. — Monsieur Andrieux, vous avez dit que la véracité du baron Reinach vous paraissait suspecte; vous avez même dit : « En raison de certaines infamies. » Est-ce que, de ce chef, vous pourriez nous indiquer une circonstance particulière qui vous permette de suspecter la véracité du baron de Reinach?

M. Andrieux. — Oui, je le pourrais d'autant mieux que peut-être l'explication que je vais donner me permettra de réparer vis-à-vis du président de la Chambre, dans une certaine mesure, le tort involontaire que j'ai pu lui causer ici, dans la première partie de ma déposition.

J'avais ouï dire qu'on prétendait avoir la preuve que M. Floquet avait exigé à un certain moment, de la Compagnie de Panama, une somme de 750.000 francs pour des besoins politiques, comme condition d'une certaine entente à établir entre le Crédit foncier et la Compagnie de Panama, que cette somme avait été remise par M. Cottu à M. le baron de Reinach pour M. Floquet qui l'avait encaissée.

Me trouvant un jour avec M. Cottu, je l'ai interrogé, et Cottu, qui ne parle pas très facilement quand il s'agit de dénoncer, m'a fait très loyalement le récit que je vais vous rapporter.

M. le baron de Reinach avait déjà reçu diverses et importantes sommes que vous connaissez, lorsque, revenant un jour à la charge, il dit à M. Cottu, administrateur de la Compagnie de Panama : « M. Floquet a besoin de 750.000 francs sans plus de retard. Cette somme est nécessaire pour les besoins de la lutte politique, et je suis chargé de vous la demander. » M. Cottu se récria disant : « Mais on a déjà beaucoup abusé de la caisse de Panama. 750.000 francs c'est un gros chiffre. Dans tous les cas, je ne puis pas vous donner cela, je vous l'avoue, sur votre seule déclaration, quelque confiance que vous puissiez m'inspirer. Il faut me mettre en présence du Président du Conseil. S'il accepte, j'en passerai par là. »

M. le baron de Reinach lui dit : « C'est bien, je vous conduirai chez Floquet », et le lendemain matin il vint prendre M. Cottu en lui disant : « Floquet est très occupé en ce moment-ci, il n'a pas le temps de vous recevoir, mais je vais vous conduire chez Clémenceau qui le représente en son absence, et vous verrez que la somme dont il s'agit a la destination dont je vous ai parlé. » Et c'était au nom des considérations que je vais vous dire que le baron de Reinach demandait à M. Cottu 750.000 francs; il disait à ce dernier : « Le Panama se trouve en ce moment contrecarré par le Crédit Foncier à cause des obligations à lots dont le Crédit Foncier veut conserver le monopole. » — Vous vous rappelez qu'à l'époque où se réfèrent mes souvenirs, il avait été question de changer le directeur du Crédit foncier : c'était dans les premiers jours de l'avènement du cabinet Floquet. — « De deux choses l'une, disait le baron de Reinach : ou bien M. Christophle sera maintenu et on lui imposera comme condition l'entente avec le Panama ; ou bien il sera remplacé et on imposera cette condition à son successeur. » C'était donc l'alliance du Crédit Foncier que, suivant le baron de Reinach, le Gouvernement était disposé à vendre pour 750.000 francs.

Donc, le baron de Reinach prend M. Cottu à son domicile et le mène chez M. Clémenceau. Celui-ci voit arriver ces deux personnages dont la visite ne lui était pas annoncée. Le baron de Reinach interroge M. Clémenceau sur la situation de M. Christophle au Crédit Foncier, lui fait dire que M. Christophle est, en effet, menacé, ce que tout le monde savait à ce moment-là. On parle de l'éventualité de son remplacement ; mais dans cette conversation, il ne fut pas dit un mot des questions d'argent : rien n'apparut qui justifiât ce que le baron de Reinach avait avancé. En sortant, M. de Reinach dit : « Vous voyez, Clémenceau a été un peu embarrassé. C'est délicat de parler en face d'un tiers de ces questions d'argent. Mais, vous voyez ; ce que je vous avais dit sur la situation de Christophle était exact : il s'est expliqué bien nettement. »

M. Cottu, inquiet, tout en n'ajoutant pas grand'foi à ce qui venait de se passer devant lui, et trouvant qu'il n'avait pas eu la satisfaction qu'on lui avait promise, M. Cottu, désireux de voir le rapprochement avec Panama, consentit à payer un peu légèrement les 750.000 francs.

M. Cottu m'a dit : « J'ai été victime d'une escroquerie. Il n'y a pas le moindre doute dans ma pensée. J'ai eu plus tard *l'aveu de M. de Reinach* lui-même. » Il était un jour dans son cabinet, quelque temps après, avec le baron de Reinach. L'entente entre le Panama et le Crédit Foncier ne s'était pas faite. Or les 750.000 francs avaient été donnés contre un reçu ainsi libellé :

« Je déclare avoir reçu de M. Cottu, pour le compte de la Compagnie, la somme de 750.000 francs pour une affaire de publicité convenue, somme que je lui restituerai si, dans le délai de…, l'affaire n'a pas abouti. » L'affaire de publicité, c'est-à-dire l'entente avec le Crédit Foncier, n'avait pas abouti dans le délai convenu, et M. Cottu réclamait au baron de Reinach la somme qu'il avait obtenue par le moyen que je vous ai dit. Le baron de Reinach répondit par des ricanements : « Oh ! mon cher, vous n'avez pas la prétention de me faire restituer une pareille somme. C'est fait, c'est fait. » M. Cottu m'affirma qu'il était entré dans une violente colère, qu'il avait pris Reinach par la barbe — ce qui est, m'a-t-il dit, la plus grande injure qu'on puisse faire à un israélite — qu'il l'avait poussé dans un coin entre deux murs et qu'il lui avait dit : « Vous me rendrez cette somme. J'en suis responsable vis-à-vis de la Compagnie de Panama : vous m'avez escroqué. » Et il exigea de lui un chèque. Séance tenante, le baron de Reinach lui aurait signé un chèque de 140.000 francs à titre de restitution. Plus tard, il aurait signé un autre chèque de 40.000 francs pour la même cause ; puis vint l'effondrement définitif de Panama, le dessaisissement des administrateurs, et le surplus de la somme est resté à l'état de dette de M. le baron de Reinach vis-à-vis du Panama.

Vous devez retrouver, si le récit de M. Cottu est exact, dans la comptabilité de Panama qui est à votre disposition, ces deux restitutions de 140.000 francs et de 40.000 francs. Ce récit m'a été fait par M. Cottu dans des conditions qui ne me permettent pas le moindre doute sur sa sincérité. Mais, par contre, c'est la preuve que le baron de Reinach était capable de tout.

Nous n'avons plus maintenant qu'à nous expliquer sur la théorie gouvernementale reprochée à M. Floquet.

Dans son discours du 23 décembre, M. Millevoye, rappelant la déposition faite la veille devant la Commission d'enquête par l'ancien président du Conseil, disait ceci :

« Il résulte de cette déclaration que M. l'ancien président du Conseil revendique pour le Gouvernement le droit de diriger, dans un intérêt politique, la répartition des fonds d'une société commerciale. Nous apprécierons cette théorie dans un instant. »

Nous avons déjà dit le peu de succès que cette interprétation a obtenu devant la Chambre dans la séance du 23 décembre; il n'est pas inutile toutefois de préciser encore.

Qu'on relève les déclarations faites par M. Floquet, soit à la Chambre, soit devant la Commission d'enquête, soit au Palais de Justice, et on y verra revenir continuellement ces expressions : « Je n'ai rien exigé, rien demandé, rien reçu. Je n'ai exercé aucune pression », et dans la déclaration du 22, M. Floquet appuyant davantage ajoute : « Je n'ai autorisé personne à exercer ni su que personne ait exercé aucune pression sur les représentants de la Compagnie de Panama, afin d'obtenir ou de *faire distribuer* une somme quelconque pour les besoins politiques du Gouvernement. »

Voilà qui est très clair et surtout concordant.

Mais M. Floquet a dit encore qu'au moment où le Panama allait faire son émission et alors qu'on annonçait une dépense de publicité de 7 millions, il avait, à l'aide d'informations de police, ou de communications qui lui ont été spontanément faites, non pas *dirigé*, comme l'a dit M. Millevoye, mais *suivi*, d'aussi près que possible, la répartition de cette énorme somme, à l'effet de savoir si elle n'aurait pas un caractère politique.

C'est là tout ce que M. Floquet a cru devoir faire au nom de la sûreté générale dont il avait alors la garde.

A-t-il outrepassé ses pouvoirs? Telle est la question.

Pour la résoudre, il convient de se reporter à l'époque où les faits se sont passés.

On était alors au plus fort de la campagne boulangiste ; l'argent semblait ne rien coûter à ceux qui en étaient les distributeurs ; d'un bout de la France à l'autre, on n'entendait que ce cri : « D'où vient l'argent ? » et personne ne connaissait sa provenance.

Or, à ce moment, la Compagnie de Panama faisait étalage de ses opinions boulangistes. M. Ferdinand de Lesseps avait offert au général un grand dîner dont les journaux intéressés ne manquèrent pas de parler avec force détails, insistant sur l'adhésion du « Grand Français » ; la Compagnie de Panama avait donné au Comité boulangiste la liste de ses obligataires et de ses actionnaires, de sorte qu'il a été facile d'envoyer à ces personnes, comme l'a déclaré M. Laguerre, une circulaire d'un ordre particulier, et qu'on a pu apposer sur les murs de Paris, lors de l'élection du 27 janvier, une affiche signée par les porteurs de Panama avec ces mots : « Il a voté pour nous. Votons tous pour lui ».

Arton, qui était l'agent de la Compagnie pour la distribution des frais de publicité, subventionnait, ainsi que nous l'avons déjà expliqué, un journal boulangiste.

M. Ferdinand de Lesseps se flattait d'avoir la presse à sa disposition et avait déjà menacé un ministre de s'en servir comme d'une arme de combat contre le Gouvernement (voir déposition Allain-Targé reproduite page 65).

Qu'y a-t-il d'étonnant que le ministre, directeur de la sûreté, ait voulu savoir si la répartition qui allait se faire dans la Presse d'une somme de 7 millions ne servirait pas de prétexte à certaines subventions politiques données aux journaux qui faisaient campagne en faveur du général Boulanger ?

N'était-ce pas un devoir pour le ministre de l'Intérieur, dans les circonstances particulières qu'on traversait alors, de rechercher avec discrétion s'il n'y avait pas une relation étroite entre les dépenses exceptionnelles que faisait le boulangisme et celles non moins exceptionnelles que faisait la Compagnie de Panama ?

Et cette surveillance elle-même en quoi a-t-elle consisté ?

Sur les craintes manifestées hautement par le Président du Conseil que l'argent des porteurs de Panama n'allât grossir la caisse du parti boulangiste, l'agent de la Compagnie a demandé à plusieurs reprises et avec insistance à être présenté au ministre.

La présentation a eu lieu au ministère, et là, cet agent, ayant à cœur d'établir que la distribution était générale et s'étendait à toute la Presse, qu'elle n'avait aucun caractère politique, a tiré de sa poche une liste sur laquelle figuraient un certain nombre de journaux républicains, avec les allocations qui leur étaient réservées.

Le ministre a examiné la liste et l'a rendue immédiatement, sans faire une observation, sans discuter aucun nom ni aucune somme. L'entrevue dura quelques minutes à peine.

Faut-il voir dans cette simple surveillance exercée par M. Floquet, et réduite à ce cas tout spécial, une théorie d'après laquelle le Gouvernement s'arrogerait le droit de diriger les affaires d'une Société?

On ne saurait le soutenir sérieusement.

M. DE FREYCINET

On a vu au paragraphe précédent comment M. de Freycinet avait été mis en cause par M. de Lesseps. Le fait avancé par celui-ci n'a pas été soumis à l'examen de la Commission d'enquête, qui n'a pas eu à en connaître.

M. de Freycinet s'en est d'ailleurs expliqué devant la Cour d'assises et s'est énergiquement défendu d'avoir demandé un service à M. de Lesseps.

Voici sur ce point sa déposition :

Je n'estime pas qu'il y a eu de service demandé par moi-même au point de vue de l'intérêt général.

Il y a eu, de ma part, l'exposé à M. Charles de Lesseps d'une situation dans laquelle je lui ai montré à la fois l'intérêt public qui me déterminait à lui en parler et l'intérêt même de ces actionnaires, qui se trouvait d'accord avec l'intérêt public.

Je lui ai dit, non pas : « Faites un sacrifice pour m'être agréable », mais je

lui ai dit : « Examinez cette situation, rendez-vous-en compte et si véritablement
« vous avez la possibilité de prévenir cette extrémité que je crois fâcheuse pour
« tous les intérêts, je vous engage à le faire »; mais il n'y avait aucune espèce de
service demandé par moi, en aucun genre.

Contrairement à ce qu'a déclaré M. de Freycinet, y a-t-il eu service rendu avec la Caisse de la Compagnie de Panama?

C'est la seule chose dont il puisse être question dans ce rapport
où on examine à la fois et l'emploi des fonds des actionnaires et obligataires de Panama et les théories ou les pratiques reprochées au
Gouvernement.

D'après M. de Lesseps, le service aurait consisté à donner à
M. de Reinach une somme plus forte que celle qui lui était destinée,
et ce, pour être agréable au ministre de la Guerre.

Sans l'intervention de ce dernier, disait M. de Lesseps, *j'aurais
cru être très large pour rémunérer les services passés, présents ou
futurs de M. de Reinach, en prenant pour bases de mon calcul les
avantages faits à son prédécesseur M. Lévy-Crémieux.*

Une première recherche s'imposait donc : Quels ont été les avantages consentis comparativement à MM. Lévy-Crémieux et de Reinach?
Les tableaux suivants vont nous donner la réponse :

DATE des ÉMISSIONS	NOMBRE de Titres placés TAUX D'ÉMISSION		SOMMES OBTENUES	SOMMES attribuées à LÉVY-CRÉMIEUX	POURCENTAGE
		fr. c.	francs	francs	
7 Juillet 1882	250.000 obligations à 437	50	110.375.000	1.860.000	1.68 %
3 Août 1883	600.000 — 285	»	171.000.000	3.125.000	1.76 %
25 Juillet 1884	318.245 — 333	»	105.975.585	1.696.861	1.60 %

Si on passe maintenant à l'émission de 1888, on arrive au résultat suivant :

DATE de L'ÉMISSION	NOMBRE de Titres placés TAUX D'ÉMISSION	SOMMES OBTENUES	SOMMES attribuées à M. DE REINACH	POURCENTAGE
	fr. c.	francs	francs	
21 Juin 1888	849.249 obligations à 360 »	305.629.640	4.940.475	1.60 °/₀

Après ces calculs, tout commentaire devient inutile, et voilà encore une fois M. de Lesseps convaincu d'avoir altéré la vérité.

Ce n'est cependant pas tout.

Telle qu'elle a été, la part faite à M. de Reinach est encore très forte.

Pourquoi la Compagnie lui a-t-elle donné tant d'argent?

Si ce n'est pour être agréable au Gouvernement, c'est pour une autre cause.

Or cette autre cause ne proviendrait-elle pas de l'engagement imprudent pris vis-à-vis de Cornélius Herz par la Compagnie de Panama en 1885, engagement auquel le baron de Reinach se serait associé et qui aurait subsisté en 1888 lorsqu'il s'agit pour la seconde fois d'émettre des valeurs à lots?

On est tenté de le croire en présence des documents intéressants que voici.

C'est tout d'abord une lettre du 11 mai 1888, écrite par le baron Reinach à Cornélius Herz, ainsi conçue :

Paris, 11 mai 1888.

Monsieur le docteur Herz,

Suivant convention verbale datant de la première demande de la Compagnie de Panama pour l'obtention d'un emprunt à lots, vous aurez à toucher 10 millions de francs, le lendemain du jour où la Compagnie de Panama aura touché elle-même du public le montant du premier versement sur les obligations à lots pour lesquelles elle demande actuellement l'autorisation des Chambres. Il est entendu que sur cette somme vous me rembourserez toutes celles que vous me devez ainsi que celles que vous devez à la maison Kohn Reinach et C¹ᵉ en capital et intérêts. La restitution de la présente servira de quittance.

Veuillez agréer, etc.

Signé : J. DE REINACH.

Cette convention entre Herz et de Reinach, la Compagnie ne l'ignorait certainement pas; car lorsque, après l'émission, le moment fut venu de l'exécuter et que la Compagnie eut refusé de donner au baron de Reinach les 10 ou 12 millions qu'il sollicitait, Cornélius Herz envoya de Francfort à M. Marius Fontane, administrateur de la Compagnie de Panama, ce télégramme :

10 juillet 1888. Francfort-Paris. Cornélius Herz à Marius Fontane.

Votre ami cherche à tricher; il faut qu'il paye ou saute, et s'il saute ses amis sauteront avec lui. Je briserai tout plutôt que d'être wolé (*sic*) d'un centime ; avisez, car il n'est que temps.

HERZ.

Et quand les 4.940.475 fr. sont donnés au baron de Reinach et qu'il en a fait l'emploi, ce dernier écrit à M. de Lesseps qu'il a payé Herz.

Voici, en effet, ce qu'on lit dans une lettre du 24 septembre 1888, produite aux assises et qui commence ainsi :

J'ai payé tout le monde et le docteur Herz en particulier.

On voit par la teneur de ces documents que la Compagnie connaissait les obligations de de Reinach vis-à-vis de Herz.

Si maintenant on rapproche ce fait de cette circonstance que M. de Reinach a été traité sur le même pied que M. Lévy-Crémieux, si on ajoute à cela que la Compagnie avait déjà donné 600.000 francs à Herz en vue d'acheter son silence, on comprendra aisément que c'est pour des raisons à elle toutes particulières qu'elle a versé près de 5.000.000 à M. de Reinach en 1888.

La préoccupation de rendre service au Gouvernement n'est entrée pour rien dans ses calculs, d'autant qu'en juillet 1888 elle n'avait plus besoin de lui, la loi ayant été votée et promulguée cinq semaines plus tôt.

M. ROUVIER

Le nom de M. Rouvier a été prononcé à l'occasion du chèque n° 9983 de 50.000 francs touché par Davoust.

Il a été établi à l'instruction que le véritable bénéficiaire de ce chèque était M. Vlasto ; qu'il l'avait fait toucher par Davoust, garçon de bureau de la Société le Crédit Mobilier dont il était, lui Vlasto, administrateur; que les 50.000 francs avaient été versés à son compte personnel au Crédit Mobilier et qu'ils y étaient demeurés sans contre-passation d'écritures.

Une délégation de la Commission d'enquête a, de son côté, vérifié l'exactitude de ces différents points.

M. Rouvier ne peut donc être soupçonné de s'être laissé corrompre, il le peut d'autant moins qu'il était président du Conseil des ministres lorsque le 15 novembre 1887 M. Ferdinand de Lesseps sollicita l'autorisation d'émettre des valeurs à lots.

On se rappelle que la demande était adressée à M. Rouvier lui-même et qu'il ne prit pas la peine d'y répondre.

Une accusation en ce sens ne supporte donc pas l'examen.

Mais, dans les séances de la Chambre des 20 et 23 décembre 1892, M. Rouvier, après avoir protesté qu'aucune somme provenant de la Compagnie de Panama ait jamais passé par ses mains, ou ait été distribuée sous son inspiration, a spontanément déclaré qu'en 1887, pendant la période difficile que traversait alors le Gouvernement, ne trouvant pas dans les fonds secrets les ressources dont il avait un pressant besoin, il avait fait appel à la bourse d'un ami pour faire face à l'insuffisance de ces fonds.

M. Vlasto lui a effectivement avancé une première fois 100.000 francs, une autre fois 50.000 francs, qui ont été employés dans un intérêt gouvernemental.

La première somme de 100.000 francs a été remboursée sur les fonds secrets par les ministres auxquels de semblables crédits sont ouverts, M. Rouvier n'en ayant eu aucuns comme ministre des Finances.

Les dépositions de MM. Fallières à l'instruction, Flourens à l'enquête, ne laissent aucun doute à cet égard.

Quant à la seconde somme de 50.000 francs, il est arrivé que M. Rouvier quitta le ministère avant qu'elle ne fût rendue. Mais on sait par l'instruction comment elle a été remboursée.

Le baron de Reinach qui, à différentes reprises, avait offert son concours au ministre des Finances et qui avait toujours été éconduit, ayant appris les avances de M. Vlasto, proposa à ce dernier de courir avec lui le risque de retard dans le remboursement ou de perte possible, ce qui fut accepté.

Après la chute du cabinet Rouvier, M. Vlasto demanda au baron de Reinach de participer dans la perte, et celui-ci pour se libérer l'intéressa dans la part syndicataire que la Compagnie de Panama lui avait faite à l'occasion de l'émission de juin 1888.

Les bénéfices du syndicat encaissés, M. de Reinach compta à M. Vlasto 90.000 francs en deux chèques : l'un n° 9921, de 40.000 francs, l'autre n° 9983, de 50.000 francs.

C'est le second chèque qui a constitué le remboursement fait à M. Vlasto.

La combinaison que nous venons de résumer a été organisée en dehors de M. Rouvier qui a toujours affirmé ne l'avoir connue que plus tard.

Ceci exposé on se trouve en présence des deux constatations suivantes :

1° M. Rouvier, à deux reprises différentes et pour une somme qui ne dépasse pas 150.000 francs, a demandé le concours de M. Vlasto dans un intérêt gouvernemental.

Nous avons expliqué plus haut ce que, en principe, des concours de cette nature pouvaient avoir d'imprudent.

Cependant il importe de remarquer, en l'espèce, que M. Rouvier ne s'est pas adressé à la Compagnie de Panama, mais à un ami intime.

2° Les 50.000 francs formant la seconde partie de l'avance.de M. Vlasto ont été remboursés par le baron de Reinach avec les fonds de la Compagnie de Panama.

Une proposition de loi a été déposée par M. Richard, tendant à ce que l'État soit tenu de restituer cette somme à la liquidation.

La Commission chargée d'examiner cette proposition l'a repoussée.

Avec ce dernier fait se termine notre tâche. Nous avons en effet étudié une à une les accusations de M. Delahaye, on voit ce qu'il en reste.

Mais avant d'en finir entièrement sur ce point nous avons encore à relever ce qui s'est passé dans une des dernières séances de la Commission.

Lors de son interpellation du 21 novembre 1892, M. Delahaye avait dit en débutant :

Je viens vous demander de nommer une Commission d'enquête pour vérifier les faits que je vais affirmer ici hautement au risque de mon honneur ou au risque du vôtre.

Afin de mettre la Chambre à même de se prononcer sur l'un ou l'autre terme de cette alternative, la Commission avait le devoir, avant d'entreprendre son Rapport général, d'entendre M. Delahaye.

Elle le fit citer, et il comparut le 28 mars 1893.

Voici le résumé fait par lui de sa déposition (n° 154) :

En résumé, messieurs, le Gouvernement a été pour vous un obstacle au lieu d'être un auxiliaire ; il vous a tout promis et vous a tout refusé. Néanmoins, aucun fait important de ma déposition devant vous n'a été démenti par votre enquête. Vous avez, point par point, mis en lumière tous les éléments de la preuve collective des faits déplorables que j'avais signalés au Parlement.

Il n'en pouvait être autrement, messieurs, car la personne qui m'avait renseigné tenait de Reinach et d'Arton, et des administrateurs eux-mêmes, les détails et l'ensemble des actes qui ont amené mon interpellation.

Si vous avez dû, comme moi-même, renoncer à faire la preuve individuelle de la corruption, c'est que vous avez été dénués, autant que moi-même, de tout moyen d'action pour accomplir cette importante partie de votre tâche. Le résultat de votre enquête sera le même que le résultat de ma propre enquête, mais nul ne pourra vous le reprocher, car nul n'aurait pu faire mieux, si ce n'est la justice.

M. LE PRÉSIDENT.   Vous n'avez pas autre chose à dire?

M. DELAHAYE. — Non!

La Commission ne s'en est pas tenue à cette déclaration.

Son président, M. Clausel de Coussergues, a vivement insisté pour obtenir plus de M. Delahaye, pour savoir tout au moins de qui il tenait ses renseignements, sur quels documents il avait basé ses accusations.

Tous ses efforts se sont brisés contre une volonté bien arrêtée de ne rien dire.

L'interrogatoire qu'on va lire nous dispensera de toute explication sur le cas dans lequel M. Delahaye s'est placé de lui-même.

M. LE PRÉSIDENT. — Je crois répondre à la pensée des membres de la Commission en vous demandant le nom de la personne qui vous a renseigné.

M. DELAHAYE. — J'ai fait tous mes efforts pour être relevé de la parole d'honneur que j'avais donnée sans y réussir, mais j'ai obtenu de dire ce que je viens de dire dans ma déposition. La même personne m'a permis de dire que tout ce que j'ai affirmé, elle le tenait d'Arton, du baron de Reinach et des administrateurs de Panama.

M. LE PRÉSIDENT. — Je veux tout simplement constater quelle est la nature de la déclaration que vous faites. Je ne l'apprécie pas, mais il ressort suffisamment des faits que vous affirmez que ces faits ont été révélés par Arton à une personne qui vous les a transmis. Par conséquent, vous, personnellement, vous n'avez pas eu connaissance de ces faits et vous n'avez pas reçu personnellement les confidences d'Arton?

M. DELAHAYE. — Assurément non.

M. LE PRÉSIDENT. — Donc il y a un intermédiaire entre vous et Arton?

M. DELAHAYE. — Parfaitement.

M. LE PRÉSIDENT. — Et vous ne voulez pas le nommer?

M. DELAHAYE. — Je ne le puis.

M. LE PRÉSIDENT. — Vous êtes juge de votre motif. Seulement, ce qui est constant, c'est que vous apportez ici des faits dont vous n'avez pas la connaissance personnelle, sur la foi d'une affirmation qui vous a été faite par une personne que vous ne voulez pas révéler, et, par conséquent, vous ne mettez

— 232 —

pas la Commission ni la Chambre, à qui la Commission aura à faire son rapport, à même d'apprécier la valeur de votre déposition.

M. Delahaye. — Je n'ai apporté devant la Commission que des faits qui ont été justifiés par l'enquête.

M. le Président. — Je constate, et je crois que la constatation est utile, que vous avez apporté le témoignage d'une personne que vous ne voulez pas révéler.

M. Delahaye. — Je vous ferai observer, comme je l'ai fait devant le juge d'instruction, que c'était la seule condition de la communication des faits en question. Si je n'avais pas accepté cette condition, je n'aurais rien pu dire.

M. le Président. — Ce n'est ni une observation ni une critique, mais une constatation : Vous apportez le témoignage d'un inconnu. Maintenant, vous trouvez que ma constatation amène dans l'esprit un rapprochement qui peut équivaloir à une critique : j'en suis désolé. Mais je ne fais qu'une constatation. Vous apportez le témoignage d'un inconnu et vous ne voulez pas révéler son nom. Vous pouvez avoir raison ; je ne me permets aucune critique, mais je fais cette constatation.

En second lieu, et pour la dernière fois, vous avez vu une liste de cent quatre noms. Vous l'avez affirmé à la Chambre, vous l'avez affirmé dans les journaux et vous l'avez affirmé ici. Vous ne voulez pas nous révéler ces noms, ni nous dire de qui vous tenez cette liste?

M. Delahaye. — Je ne puis pas révéler les noms alors que je n'ai pas de preuves. Je considérerais cela comme malhonnête et je ne le ferai pas. J'affirme qu'on m'a montré une liste qui ne comporte pas de preuve par elle-même et je n'en ai même pas gardé copie, ne la considérant pas comme une preuve.

(Le témoin se retire après avoir signé le compte rendu analytique de sa déposition.)

Ce n'est pas seulement du côté de M. Delahaye que la Commission d'enquête a essuyé des refus de renseignements précis sur les accusations portées contre le Parlement. C'est aussi de la part de tous ceux qui ont reproduit le plus complaisamment les accusations.

Dès le début de ses travaux, elle avait demandé à entendre M. Drumont, directeur de la *Libre parole*, alors à Sainte-Pélagie, où il purgeait une condamnation pour délit de diffamation, et elle avait obtenu du Garde des Sceaux qu'il pût comparaître. Mais M. Drumont s'y est absolument refusé par les raisons qu'on lira dans le procès-verbal ci-joint :

L'an 1892, le samedi 26 novembre, à neuf heures cinq minutes du matin. Nous, Julien Clément, officier de la Légion d'honneur, commissaire de police de la ville de Paris, etc.,

Vu les instructions spéciales de M. le ministre de l'Intérieur et de M. le Préfet de Police,

Nous nous sommes transporté à la prison de Sainte-Pélagie, où étant nous avons remis à M. Édouard Drumont l'invitation à se rendre au Palais-Bourbon, local du 7ᵉ bureau, aujourd'hui à dix heures du matin, pour déposer devant la Commission d'enquête relativement aux faits à sa connaissance, concernant les affaires du Canal de Panama, et notamment sur l'article paru dans la *Libre parole*, à la date du jeudi 24 novembre, article intitulé « Les Scandales de Panama » et suivi des initiales L. D.

M. Drumont déclare qu'il n'est ni dans les conditions de liberté morale, ni dans les conditions de liberté matérielle pour témoigner;

Qu'en ce temps de mort violente et de disparitions inexpliquées, il s'est bien gardé d'emporter à Sainte-Pélagie les documents qui auraient pu faire la lumière sur les tripotages de Panama.

Si la Commission d'enquête veut connaître la vérité, elle n'a qu'à faire cesser une captivité qui, depuis le 17 novembre, est illégale et arbitraire. Les jurés, en effet, avaient positivement affirmé leur intention de ne voir condamner M. Drumont qu'à quinze jours de prison. Ce n'est que sur cette promesse qu'ils se sont décidés à ne pas acquitter.

Le Commissaire de Police :
Signé : CLÉMENT.
                    Signé : ÉDOUARD DRUMONT.

Et de ce qui précède disons que le présent sera transmis à M. le président de la Commission d'enquête aux fins de droit.

Le Commissaire de Police :
Signé : CLÉMENT.

En plein cours de ses travaux, il revint à la Commission que M. L. N. Bonaparte Wyse pourrait fournir des indications utiles.

On le fit immédiatement citer, mais M. Wyse écrivit le 10 décembre 1892 qu'il ne se présenterait pas. Il se contenta d'indiquer un moyen de faire parler les témoins qui consentiraient à comparaître.

On va voir ce que le procédé avait de pratique... ou d'ironique.

M'est avis cependant que si la Commission d'enquête ne craint pas d'élargir encore les pouvoirs assez exceptionnels dont elle dispose et si elle tient absolument à se procurer de précieuses indications, elle pourrait prendre modèle sur les méthodes inquisitoriales d'un autre âge. Il est clair qu'au lieu de perdre beaucoup de temps à interroger des courtiers de conscience secondaires, elle aboutirait bien plus vite en appliquant la *question* à tels dentistes, médecins ou arpenteurs, allemands, yankees ou italiens..., plus ou moins décorés; elle obtiendrait ainsi des révélations importantes qui activeraient singulièrement la

fameuse lessive. Je sais bien que le procédé serait un peu vif et paraîtrait légèrement rétrograde à de fort bons esprits, mais il donnerait évidemment des
résultats très rapides.

M. Meyer, du *Gaulois*, écrivit de son côté la lettre suivante :

A Monsieur le Président de la Commission d'Enquête.

Monsieur le Président,

Je vous prie de vouloir bien recevoir et faire agréer par vos collègues mes
regrets de ne pouvoir déférer à votre invitation.

Je ne pourrais, en effet, dans cette circonstance, apporter aucune lumière à
la Commission d'enquête pour la mission dont elle a été investie et qui consiste à
rechercher si des membres du Parlement ont été l'objet de tentatives de corruption
au profit de la Compagnie de Panama.

Au cours d'une audience de la Cour d'appel de Paris, M. Charles de Lesseps,
interrogé par M. le Premier Président Périvier, aurait répondu qu'en effet mon
nom figurait sur l'un des nombreux bons au porteur, distribués par la Compagnie
de Panama en 1886, et il aurait ajouté que cette révélation n'était pas pour me
déplaire, puisqu'elle consacrait le crédit de mon journal, qu'on s'était permis de
discuter.

Dans ces conditions, mon cas est très simple et ne saurait être soumis à votre
appréciation. Je craindrais d'ailleurs, si je me présentais devant votre Commission,
de créer un précédent pour mes honorables confrères de la Presse, en semblant
admettre qu'il y ait une assimilation quelconque entre eux et les membres du
Parlement, dans leurs relations avec la Compagnie du Panama.

Veuillez recevoir, je vous prie, Monsieur le Président, l'expression de ma
haute considération.

ARTHUR MEYER,
Directeur du *Gaulois*.

D'autres témoins ne prirent même pas la peine de répondre.
Certains refusèrent de prêter serment et avertirent la Commission
qu'ils ne diraient que ce qui leur conviendrait.

Qu'on vienne dans ces conditions soutenir que la Commission
n'a pas fait la lumière complète sur tous les détails de l'affaire de
Panama, c'est chose facile à dire ; mais qu'on lui reproche de ne pas
avoir voulu cette lumière, ce serait plus que de l'injustice.

Votre Commission a la conscience d'avoir rempli son devoir sans défaillance, et si certains faits, qui ne sont d'ailleurs que des à-côté, sont encore entourés d'une certaine obscurité, c'est qu'il a été matériellement impossible d'en avoir l'explication.

Nous aurions vivement désiré par exemple connaître exactement le secret qui existait entre de Reinach et Herz. Nous aurions voulu apprendre à la Chambre pourquoi le premier de ces hommes s'était mis si imprudemment et si entièrement entre les mains du second.

Mais comment pénétrer ce secret aujourd'hui que de Reinach est mort et qu'il est constaté que Herz ne peut pour le moment être traduit devant le juge de Bow-Street qui aura à prononcer sur son extradition.

On a bien apporté à la Commission, très tardivement d'ailleurs, un dossier trié entre d'autres papiers et sur la cote duquel le baron de Reinach avait écrit ces mots : « Chantage Herz » ; on voit bien dans ce dossier qu'il aurait été payé à ce dernier 9.072.175 francs, avant le 18 juillet 1890 et que le baron ne reconnaissait plus lui devoir que 927.825 pour faire 10.000.000, quoique, dit-il, « Herz a en mains un bon de 2.000.000 qu'il m'a extorqué ».

Mais pourquoi ce payement ?

D'où provient cette dette de 10.000.000 ? Qu'est-ce que ce bon de 2.000.000 ?

Si la dette de 10.000.000 provient de l'aval que de Reinach aurait trop légèrement donné à Herz en 1885 pour cautionner l'engagement pris par la Compagnie de Panama, comment ne s'est-il pas fait relever de cet engagement par la Compagnie elle-même ?

Pourquoi encore, alors qu'il était victime de la rapacité de Herz s'est-il obligé à nouveau, vis-à-vis de lui pour 2.000.000 ?

Une instruction portant précisément sur le chantage Herz, est en cours actuellement devant le tribunal de la Seine, mais il est aisé de prévoir qu'elle ne donnera pas de résultat tant que Herz ne sera pas extradé.

Il faut donc se résigner à ne rien apprendre de sitôt.

Au surplus, ce secret qui a si vivement piqué la curiosité publique à un moment donné, n'a-t'il qu'une relation fort indirecte avec l'affaire de Panama, et c'est dans cette affaire seule que la Commission avait à enquêter (1).

L'enquête est donc aujourd'hui close.

Nous avons exposé comment elle a été conduite par une Commission dans l'impartialité de laquelle chacun pouvait avoir confiance, puisque, d'une part, tous les éléments de la Chambre y étaient proportionnellement représentés, et que, d'autre part, il n'est pas une seule mesure d'instruction demandée par la minorité que la majorité n'ait immédiatement accueillie, ordonnée et exécutée par des délégations dans lesquelles la minorité a toujours eu sa place.

Il nous reste maintenant à conclure :

Déjà, et à l'occasion de chacun des faits examinés et discutés dans les chapitres qui précèdent, nous avons donné des conclusions ; nous croyons cependant qu'il est bon de les résumer ici.

L'entreprise de Panama, envisagée spécialement au point de vue financier, a été conduite de la façon la plus déplorable.

C'est à l'aide d'affirmations toujours et volontairement erronées qu'ont été lancées les émissions, dont le chiffre ne s'est pas élevé à une somme moindre de 1.335.565.000 francs.

Ce capital énorme est loin d'avoir reçu sa véritable destination, et, dans l'emploi qu'elle en a fait, la Compagnie s'est livrée à des prodigalités sans excuses.

---

(1) Dans sa séance du 3 juillet 1893, la Commission d'enquête a délégué trois de ses membres, MM. Labussière, Grousset et Vallé pour prendre connaissance au greffe du Tribunal de première instance des instructions ouvertes contre Arton et Herz.

Les délégués se sont rendus au Palais de Justice dans la matinée du 4, et il leur a été répondu par M. le Procureur général que ces instructions n'étant pas closes, elles devaient rester secrètes.

La délégation a dû se retirer, en manifestant toutefois le désir que ces deux procédures fussent menées à fin le plus tôt possible.

De pareils agissements n'auraient pas dû rester impunis; l'opinion publique réclamait une répression sévère; elle comprendra difficilement que, tandis qu'on s'est appliqué, de tous côtés, à lui démontrer que cette répression était méritée, les coupables s'en soient trouvés affranchis par le seul fait d'une erreur de procédure imputable au magistrat qui avait la charge de faire respecter et appliquer nos lois pénales.

A défaut d'un arrêt de justice, il reste le jugement que le pays est en droit de porter contre ceux qui lui ont ainsi enlevé plus d'un milliard de son épargne.

Les Chambres n'avaient, hélas, qualité ni pour réparer le mal accompli, ni pour accorder des indemnités, de quelque nature qu'elles fussent, aux malheureuses victimes de cette catastrophe; il eût fallu pour cela demander aux contribuables des sacrifices qu'ils n'avaient aucune raison de consentir.

Cependant, une loi d'exception a été votée qui facilitera la réalisation de l'actif de l'ancienne Société de Panama, et qui permettra aux intéressés d'intenter, sans frais, et sans subir les lenteurs habituelles de la procédure, toutes actions en restitution de sommes indûment perçues qu'ils jugeront à propos de porter devant les tribunaux.

Les prodigalités de la Compagnie sont allées plus particulièrement aux entrepreneurs, à la Finance, à la Presse.

Grâce à des contrats mal établis, sans cesse remaniés, et obtenus, pour la plupart, à l'aide de grosses commissions, les entrepreneurs ont réalisé des bénéfices exagérés.

La Finance a touché des sommes considérables, hors de toute proportion avec les services rendus.

Elle s'est imposée à la Compagnie de Panama, et ne s'est pas contentée de recevoir la rémunération légitime à laquelle elle pouvait prétendre pour l'appui qu'elle lui avait prêté; elle a exigé beaucoup plus, si bien que, pour la satisfaire, on a dû recourir à des procédés financiers insolites, et notamment à des syndicats fictifs, qui ont été pour l'administration de Panama une occasion de rétribuer des concours mal définis, et pour certains financiers un moyen de se faire consentir des allocations absolument injustifiées.

La Presse a eu sa part de toutes ces largesses; elle n'a pas eu les mêmes exigences que la Finance ni les mêmes profits, mais elle n'en a pas moins contribué à égarer l'opinion publique en recevant trop facilement, moyennant argent, et en insérant, sans contrôle suffisant, les renseignements et documents de la Compagnie de Panama, qui avaient pour objet et qui ont eu pour effet d'arracher leur argent à des souscripteurs trop crédules.

Quant aux accusations de corruption portées contre le Parlement, nous les avons étudiées et pesées une à une, et nous avons montré combien elles étaient peu fondées.

Nous avons donné, d'ailleurs, les différentes décisions judiciaires qui s'appliquent aux cas individuels.

Il est regrettable, toutefois, que quelques hommes politiques aient cru devoir accepter ou solliciter une participation dans des opérations financières sans risque, ne présentant que des bénéfices à réaliser, et organisées par une Compagnie qui avait affaire aux pouvoirs publics.

On peut estimer qu'ils se sont ainsi exposés à aliéner leur indépendance, et à se placer imprudemment entre leur devoir et leur intérêt.

Il nous paraît inadmissible, mais sous réserve de ce que nous avons dit sur chacun des faits mis en avant, que le Gouvernement ait jamais à intervenir près des sociétés ou des particuliers en vue d'obtenir d'eux, sous une forme quelconque, des concours d'argent.

S'il a besoin de crédits pour sa politique extérieure ou intérieure, c'est aux Chambres seules qu'il doit les demander.

Nous déplorons enfin d'avoir été obligé de constater, à l'occasion de cette affaire de Panama, que des étrangers, agents de la finance cosmopolite, aient pu jouer le rôle d'intermédiaires entre une Compagnie privée et les pouvoirs publics.

Votre Commission condamne ces abus et forme le vœu qu'ils ne puissent plus se renouveler dans l'avenir.

Mais il est une autre conclusion qui s'impose à la suite des résultats de l'enquête : c'est qu'on a voulu faire supporter par le Parlement et mettre à la charge de la République la responsabilité du désastre de Panama, tout au moins profiter de l'émotion qu'il avait produite, pour détourner des vrais coupables le mécontentement public et l'attirer sur nos institutions.

La manœuvre n'a pas réussi.

Compromettre un régime en déshonorant ceux qui sont à sa tête, et qui le servent avec éclat, est une tactique trop ancienne et trop usée pour que, dans un pays clairvoyant et profondément honnête comme le nôtre, elle réussisse indéfiniment.

Ceux qui avaient entrepris la noble tâche de prouver que le Parlement était corrompu ont été confondus.

Ils ont livré des noms, cité des faits qui, d'après eux, rendaient la corruption évidente. Le Gouvernement, sans s'arrêter à aucune considération politique, et voulant que les tribunaux fussent seuls juges en pareille matière, a saisi de suite le Parquet ; de son côté, la Chambre, désireuse de ne pas voir plus longtemps le soupçon planer sur la représentation nationale, a facilité la tâche du Gouvernement ; on sait ce qui est arrivé : les prétendus coupables ont été acquittés par le jury, c'est-à-dire par la justice populaire.

Sans doute, il s'est trouvé un ancien ministre qui a trafiqué de son influence et qui s'est livré à un abominable marché ; il a été condamné comme il le méritait ; mais il ne serait pas plus juste de mettre cette défaillance individuelle à la charge de la République que de juger la Royauté à travers les crimes de même nature du général Cubières et du ministre Teste.

Le pays, d'ailleurs, est bien fixé.

Il a su montrer, au milieu même des événements pénibles que nous avons traversés, que si, lui aussi, il réprouvait certains abus, il professait, avant tout, un souverain mépris pour la calomnie et la délation, et qu'il n'avait rien perdu de son attachement à la République.

Il aura prochainement la parole, et on verra une fois de plus ce que les accusations portées par les adversaires acharnés de nos institutions ont de poids dans ses décisions.

Après la lecture de ce rapport, la minorité de la Commission a fait la protestation suivante :

DÉCLARATION DE LA MINORITÉ DE LA COMMISSION

SIGNÉE DE MM.

DE RAMEL, D'AILLIÈRES, BIGOT, GAMARD, GROUSSET, JOLIBOIS, LOREAU, TAUDIÈRE, DE VILLEBOIS-MAREUIL.

Investis par la Chambre au même titre que nos collègues de la Commission, du mandat de rechercher et de faire la lumière sur les affaires du Panama, nous ne saurions nous associer d'une façon générale aux considérations développées dans le rapport de M. Vallé, ni à ses conclusions.

Membres du Parlement, constitués comme une sorte de Jury d'honneur, à l'occasion des accusations d'indélicatesse portées contre plusieurs de nos collègues, nous ne pouvions pas nous placer sur le même terrain que l'autorité judiciaire, et nous ne devions pas empiéter sur ses droits. Notre tâche était différente, et non moins scrupuleux que le Conseil de l'ordre des avocats, il nous appartenait, pour nous arrêter plus que lui aux décisions de la justice, d'examiner les faits au point de vue de la délicatesse et de l'honneur parlementaire.

L'unanimité de la Commission, encouragée d'ailleurs par

l'attitude très digne et très ferme de son président, était entrée résolument dans cette voie. Le Gouvernement, de son côté, avait tout
d'abord promis son plus actif concours.

Mais, nous avons le regret de constater que, sans cesser de
répéter ces promesses, le Gouvernement a, par son fait, constamment
entravé l'œuvre de la Commission.

Non seulement il est resté inactif en présence de la mort subite
de M. de Reinach, précédée des démarches étranges que l'on sait, ne
faisant procéder ni à l'apposition des scellés, ni à la saisie des
papiers, lesquels, tombés ultérieurement dans les mains de la justice,
ne nous ont jamais été communiqués ;

Non seulement il a laissé Cornélius Herz séjourner à Paris pendant une semaine sans l'arrêter, lui permettant ainsi de trouver un
refuge à l'étranger, et il a laissé Arton en liberté sans pouvoir expliquer
ni démentir les démarches singulières de sa police à Londres, mais
encore par un système vraiment trop ingénieux d'instruction, successivement ouverte au fur et à mesure que des faits nouveaux et importants nous étaient révélés, il a fait saisir judiciairement les documents
signalés ou découverts par la Commission et les a soustraits à un examen ; il a fait interroger par le juge d'instruction ceux-là mêmes qui
paraissaient devoir nous apporter des éclaircissements sur les faits les
plus importants, leur fournissant ainsi habilement un prétexte de se
dérober aux interrogatoires de la Commission ; en un mot, il a paralysé constamment notre action et restreint notre rôle.

Nous ne citerons qu'un exemple :

La Commission, ayant été prévenue que M. Chabert était disposé
à donner des explications qu'il avait tout d'abord éludées, décida de
l'entendre à nouveau, et, comme il était malade, désigna trois de ses
membres pour aller l'interroger.

Cette Sous-Commission se présenta au domicile de M. Chabert le
lendemain même, mais elle avait été devancée par le juge d'instruction
qui l'avait interrogé deux heures auparavant, et lorsqu'elle demanda à
M. Chabert de s'expliquer, celui-ci se tint dans une réserve inattendue,

disant que sa situation venait de changer, qu'il se croyait tenu par l'instruction Herz et que ses réponses dépendraient de ce que lui demanderait le juge d'instruction.

Malgré ces entraves apportées à nos investigations, nous n'avons pas cru devoir imiter ceux de nos collègues qui, désespérant d'arriver ainsi à la vérité sur cette lamentable affaire, ont donné leur démission. Nous avions conservé l'espoir qu'après les décisions de la justice, la Commission reprendrait enfin son enquête au point de vue de l'honneur et de la dignité du Parlement. Cela lui était d'autant plus facile qu'à ce moment tombaient en partie les obstacles provenant de l'intervention judiciaire.

La majorité de la Commission s'y est refusée et, contrairement à notre opinion, elle a décidé de clore ses travaux par la nomination du rapporteur général.

Nous protestons contre cette décision et nous nous refusons à accepter la clôture d'une enquête insuffisante aussi bien que le rapport fait dans de pareilles conditions.

La mise en scène judiciaire débutait par une poursuite en escroquerie, volontairement retardée et qu'on savait prescrite, et continuant par une demande d'autorisation de poursuites contre quelques députés et sénateurs, alors qu'ils n'avaient pas même été interrogés et que la plupart devaient être l'objet d'un non-lieu. Ces agissements irréguliers, ces instructions judiciaires s'entre-croisant, paralysant l'œuvre de la justice et la faisant fatalement aboutir à l'avortement des poursuites, ne sauraient avoir pour complément l'impuissance voulue d'une Commission d'enquête nommée pour accomplir une œuvre différente.

Cette œuvre n'est pas terminée et le rapport qui nous est présenté n'est pas en effet la conclusion d'une enquête conduite jusqu'au bout; il n'est qu'une plaidoirie habilement présentée en faveur de pratiques gouvernementales et parlementaires que nous réprouvons, comme l'a fait la Chambre elle-même deux fois, d'accord en cela avec le sentiment public.

M. le rapporteur caractérise d'ailleurs lui-même son rapport en le terminant par un appel aux électeurs, ne voulant voir dans la mission élevée qui nous avait été confiée qu'un côté politique qui paraît avoir été sa constante préocupation.

Tout le rapport se résume dans cette idée que, des décisions de justice ayant été rendues, il n'y a qu'à tresser des couronnes à tous, sauf au ministre qui a été condamné, après aveu, encore semble-t-il avoir voulu en atténuer la gravité en rappelant un précédent historique.

Si le système qui sert de base au rapport était admissible, si nous n'avions qu'à enregistrer des arrêts de justice, la Commission eût dû logiquement donner sa démission le jour même où la justice était saisie. Elle ne l'a pas fait; c'est dire qu'elle avait un autre devoir à remplir.

De ce que la justice n'a pas constaté tous les éléments constitutifs du crime de corruption, en certains cas, il ne s'ensuit pas, en effet, comme le voudrait le rapporteur, qu'aucun fait blâmable ne soit imputable à des membres du Parlement ou du Gouvernement.

Et ce n'est point entrer dans la vie privée de ces hommes politiques, comme le prétend le rapport, que d'apprécier leurs actes, parce que les hommes investis par leurs concitoyens d'un mandat électif qui les appelle à participer au gouvernement du pays ont des devoirs qui leur imposent des obligations de la plus stricte délicatesse.

Or, nous considérons comme contraire à la délicatesse que des membres du Parlement reçoivent des dons gratuits dans une affaire sur le sort de laquelle ils sont appelés à se prononcer par leurs votes, mettant ainsi en opposition leur devoir et leur intérêt.

Ce sentiment est si vrai, que ceux-là mêmes qui étaient en cause le partageaient, puisque certains d'entr'eux ont commencé par nier avoir touché de l'argent de Panama, sentant bien que ce fait seul les compromettait, et qu'ensuite ils ont dû, pour leur défense, expliquer les circonstances dans lesquelles ils avaient reçu.

D'ailleurs, M. le rapporteur tire, des documents de justice et spécialement des ordonnances de non-lieu, des conclusions qu'il est impossible d'accepter. Il transforme en une affirmation positive le doute qui profite à l'accusé.

C'est ainsi qu'en lisant les ordonnances citées dans son rapport, on trouve la constatation que certains parlementaires ont reçu de la libéralité de M. de Reinach des sommes qu'ils savaient provenir de Panama, et on y voit que la poursuite a été abandonnée par ce seul motif, qu'il « *n'est d'ailleurs établi contre X.... aucun lien entre le vote émis par lui en* 1888 *et la remise de ce chèque.* » Cette considération, suffisante pour faire échec à une condamnation criminelle, n'en laisse pas moins subsister la constatation de la remise gratuite de sommes par la Compagnie de Panama à des hommes politiques appelés dans l'exercice de leur mandat à statuer sur une demande la concernant, soumise au Parlement.

En cet état des faits et en présence d'une enquête insuffisante, s'il ne nous convient pas de juger les hommes, il nous appartient de juger les actes et d'affirmer hautement qu'un député ne peut, sans forfaire à l'honneur, recevoir un don de quiconque traite avec l'État ou sollicite un vote du Parlement, car il paraîtrait ainsi soumettre son rôle à ses intérêts pécuniaires.

Si, voulant suivre M. le rapporteur dans l'ordre de la discussion, nous examinons l'intervention des ministres dans les libéralités suspectes faites par la Compagnie de Panama, nous ne saurions davantage accepter les conclusions et approuver comme lui cette intervention, soit qu'il s'agisse de surveiller des distributions de fonds à la Presse, soit qu'il s'agisse surtout d'avances faites à un ministre pour les besoins de la politique.

Notre sentiment d'ailleurs est celui de la Chambre qui, deux fois, nous a paru l'avoir manifesté d'une manière éclatante : la première lors du renouvellement de son bureau ; la deuxième, en ordonnant l'affichage du discours de M. Cavaignac, dont le passage suivant résume notre pensée :

« M. Godefroy Cavaignac. — Non, il n'est pas vrai qu'il soit nécessaire à la politique française, à l'exercice du Gouvernement français, qu'à une heure donnée, des financiers viennent apporter à l'État l'aumône de leurs avances, et, ce qui est plus grave encore, l'aumône de leurs dons. (*Vifs applaudissements.*)

Non, il n'est pas vrai qu'il soit nécessaire à l'existence du Gouvernement français, à la politique française, que le Gouvernement surveille la distribution des fonds que les sociétés financières consacrent aux opérations de la publicité. (*Nouveaux applaudissements.*)

Et bien loin de là, s'il est quelque chose qui ressort d'une façon claire, manifeste, de l'expérience d'aujourd'hui, c'est que le gouvernenement d'une grande nation comme la France, sous un régime de publicité et de liberté, est encore plus impossible avec de pareilles pratiques que sans elles. » (*Très bien, très bien*).

Il reste un point que ni la Commission ni le rapporteur n'ont cherché à éclaircir, ce sont les motifs du chantage qu'aurait exercé Cornélius Herz sur de Reinach, chantage révélé par des lettres et par des télégrammes dont une partie seulement a été retrouvée chez le banquier Propper, mais dont la collection reste obstinément ensevelie dans les archives du ministère de l'Intérieur.

Des ministres, des hommes politiques ont été au courant de ce chantage, aucun d'eux n'a été interrogé sur ce point par la Commission d'enquête, aucun d'eux ne l'a révélé dans l'instruction, pourquoi en ce silence?

La mort de Cornélius Herz doit-elle seule éclaircir cette énigme, ou bien restera-t-on à la merci de ceux qui vont détenir ces papiers?

Les débats publics devant la cour d'assises nous ont appris cependant qu'un ministre, à la sollicitation d'hommes politiques, s'immisçant dans des affaires privées, singulièrement louches, a appuyé auprès du représentant de la Compagnie les demandes menaçantes d'argent de Cornélius Herz.

Pouvait-on s'abstenir de faire porter l'enquête sur de tels agissements, de peur d'avoir à condamner le ministre qui, abusant de son autorité, est intervenu dans un semblable conflit, et les membres du Parlement qui ont sollicité cette intervention?

Sur notre demande, il est vrai, une Sous-Commission s'est transportée au Palais aujourd'hui, mais elle s'est vu formellement refuser la communication de la déposition Chabert et des pièces de l'instruction Herz et Arton, sous prétexte que cette instruction n'est pas encore close; et cependant M. le rapporteur a pu faire état dans son rapport de certaines pièces saisies dans l'instruction même, dont la connaissance nous est aujourd'hui officiellement refusée.

En résumé, alors qu'il reste établi qu'une somme considérable a été détournée du patrimoine des porteurs de Panama pour acheter des complaisances inavouables et des concours politiques, alors que la corruption est manifeste, tout l'effort du Gouvernement semble avoir été de dérober à nos recherches les corrompus et d'écarter de la Commission les pièces et les témoins qui pouvaient apporter à cet égard des indications précises, tandis que, d'autre part, des manœuvres inqualifiables étaient vainement employées pour chercher des témoignages de nature à compromettre des adversaires politiques.

Nos collègues de la Commission d'enquête nous rendront ce témoignage, que jamais au cours de nos travaux nous ne nous sommes laissé guider par un motif politique."

La recherche de la vérité a été notre seul but. Notre seule volonté a été d'apporter dans les mœurs publiques les réformes que tous les bons citoyens doivent être d'accord pour accomplir.

Nous ne voulons pas préjuger la décision de la Chambre, nous ne savons pas si elle se joindra à la majorité de la Commission et si nous verrons définitivement étouffer une affaire dont certains pensent qu'on a trop parlé, mais nous estimons et nous croyons que le pays estimera comme nous que ses représentants étaient mieux inspirés quand, le 8 février, ils votèrent à l'unanimité l'ordre du jour suivant :

La Chambre, décidée à soutenir le Gouvernement dans la répression de tous les faits de corruption et résolue à empêcher le retour de pratiques gouvernementales qu'elle réprouve, passe à l'ordre du jour.

Nous entendons rester fidèles à cet ordre du jour.

Il est aujourd'hui, comme il était alors, l'expression de notre pensée.

RAPPORTS PARTIELS

RAPPORT

PRÉSENTÉ

Par M. DUPUY-DUTEMPS,

Député

sur l'historique parlementaire du Panama.

———

Messieurs,

Vous m'avez donné le mandat de résumer l'historique des diverses interventions du Parlement dans les affaires de la Société du canal interocéanique. Si j'en ai bien compris l'étendue et la portée, je n'ai pas plus à vous fournir des appréciations que je n'ai à élever ou à résoudre des controverses ; mon travail doit se borner à vous donner l'exposé pur et simple des faits, dans leur ordre chronologique, afin de rendre plus facilement compréhensible la suite des travaux à laquelle la Commission a dû se livrer.

Dès 1885, le Cabinet présidé par M. Henri Brisson avait reçu une demande de M. de Lesseps à l'effet d'être autorisé à émettre un emprunt considérable au moyen de valeurs à lots. Aucune suite ne fut donnée à cette tentative et la législature s'est terminée sans que le Parlement ait eu à s'occuper des affaires de la Société de Panama.

Par un arrêté en date du 24 décembre 1885, M. Demôle, ministre des Travaux publics, chargea M. l'ingénieur Rousseau d'une mission officielle à Panama. Ce dernier partit de France le 6 janvier 1886 avec MM. Ferdinand de Lesseps, Charles de Lesseps, Boyer et Dangeaut. La tournée de M. Rousseau, de Colon à Panama, ne dura que quinze jours; il rentra à Paris un peu avant la fin d'avril 1886 et déposa son rapport le 30 de ce même mois.

Pendant ce temps, le cabinet Freycinet avait succédé au cabinet Brisson, et M. Baïhaut à M. Demôle comme ministre des Travaux publics; c'est donc à M. Baïhaut que le rapport fut remis.

La première Commission des pétitions de la quatrième législature (1885-1889), avait été saisie de deux pétitions, nᵒˢ 49 et 59, adressées à la Chambre, la première par des habitants de la Drôme sur l'initiative de M. Martin, de Nyons, la seconde par M. Girardin, officier en retraite: elles demandaient l'une et l'autre que M. de Lesseps fût autorisé à emprunter 600 millions au moyen d'une émission de valeurs à lots, (annexe au feuilleton 69 du 8 avril 1886).

Cette Commission était ainsi composée :

MM. Montaut (Seine-et-Marne), *président*,
    Simyan   —   *secrétaire*,
    Comte de l'Aigle,
    Marquis de La Ferronnays,
    Dupuy (Aisne),
    Javal,
    Barré,
    Bourganel,
    Comte Sabatier,
    Richard (de la Drôme),
    Milochau.

M. Richard fut nommé rapporteur; il lut son rapport à la Commission, et sur le registre on constate la mention suivante: « Conclusions adoptées, mais dépôt du rapport différé. » Quelques membres, en effet, avaient fait observer qu'il y avait lieu d'attendre avant de déposer et de faire distribuer le rapport de M. Richard, que M. Rousseau ait rendu compte de sa mission.

Malgré cette réserve, le rapport de M. Richard fut imprimé et il figure au feuilleton du 8 avril 1886 : il ne tarda pas à être mis à l'ordre du jour de la Chambre et ses conclusions, entièrement favorables aux demandes des pétitionnaires, devaient être discutées le 25 mai 1886, lorsque, sur la demande MM. Margaine et Sarlat, appuyée par M. Baïhaut, ministre des Travaux publics, l'affaire fut ajournée.

Le Gouvernement déposa, le 17 juin 1886 (n° 841), un projet de loi signé de MM. Sarrien, Ministre de l'Intérieur ; Sadi Carnot, Ministre des Finances, et Baïhaut, Ministre des Travaux publics, sur le bureau de la Chambre ; il avait pour objet d'autoriser la Compagnie à faire une émission d'obligations à lots à concurrence de 600 millions.

Une Commission fut, peu de jours après, nommée pour examiner ce projet (24 juin 1886) ; elle était composée de :

> MM. Germain Casse,
>   Compayré,
>   Barbe,
>   Salis,
>   Marmonier,
>   Andrieux,
>   Proal,
>   Richard (Drôme),
>   Pernolet,
>   Le Guay,
>   Cordier.

La Commission demanda pour s'éclairer la production par la Compagnie de toutes les pièces et de tous les documents nécessaires pour se faire une opinion sur les chances de réussite de l'entreprise.

Le même jour, 24 juin 1886, M. Sourigues déposa en

séance une proposition de résolution (n° 870), par laquelle il demandait que le Gouvernement élaborât un autre projet de loi, celui qu'il avait déjà déposé défendant mal à son avis l'intérêt public.

Cette proposition fut renvoyée à la Commission.

La Commission, présidée par M. Germain Casse, ayant décidé de surseoir à statuer sur le projet du Gouvernement, le projet fut retiré (V. séance du 10 juillet 1886 — impression n° 1039).

L'historique de cette série d'actes se rattache à la campagne de pétitions, sur laquelle j'ai eu l'honneur de fournir un rapport avec pièces à l'appui, il me suffit d'y renvoyer.

En se rapportant à ce rapport, on verra qu'une nouvelle campagne de pétitionnement fut reprise en 1888 non plus par voie d'adresses directes à la Chambre, mais par voie de demandes individuelles adressées aux Députés et aux Sénateurs.

Les pétitions ne pouvaient pas, par elles-mêmes, constituer des actes introductifs de demandes auprès des Chambres, elles ne constituaient que les appels des électeurs aux élus sans entraîner de débat parlementaire par elles-mêmes.

M. de Lesseps, qui avait lui-même sollicité le retrait du projet du Gouvernement en 1886, avait voulu au moyen de ce pétitionnement obtenir de l'initiative parlementaire le dépôt d'une proposition analogue à la première, sans avoir à recourir à l'intervention du Gouvernement.

Et en effet, le 2 mars 1888, une proposition de loi due à l'initiative de MM. Alfred Michel, Levrey, Maunoury, Hurard, Saint-Martin, Sarlat, Clovis Hugues, Bernier, Noël Parfait, tendant à autoriser la Compagnie de Panama à émettre 600 millions de valeurs à lot, fut déposée sur le bureau de la Chambre (n° 2486).

La 20ᵉ Commission d'initiative statua le 4 mars 1888; le rapport sommaire rédigé par M. Gomot (n° 2556) fut distribué le 22 mars, et le 26 du même mois la Chambre prenait en considération les conclusions de ce rapport, favorables à la proposition, par 285 voix contre 161.

La Commission spéciale, chargée d'examiner la proposition, fut nommée le 27 mars 1888, elle était ainsi composée :

> MM. Le Guay, *Président*.
> Sarlat, *secrétaire*.
> Félix Faure.
> Horteur.
> Salis.
> Saint-Martin (Vaucluse).
> Rondeleux.
> Sans-Leroy.
> Henry Maret.
> Chantagrel.
> Pesson.

D'après le dépouillement des votes des bureaux, elle renfermait six membres hostiles à la proposition : MM. Félix Faure, Chantagrel, Horteur, Rondeleux, Sans Leroy et Salis, et cinq membres favorables : MM. Henry Maret, Sarlat, Saint-Martin (Vaucluse), Le Guay et Pesson.

M. Rondeleux, membre de la majorité, hostile au projet fut nommé rapporteur, puis sur la lecture du rapport, l'opinion de la majorité ayant changé par suite de la variation d'une seule voix, les conclusions en durent être modifiées et ce fut M. Maret qui fut chargé de faire un nouveau rapport concluant à l'adoption de la proposition (V. n° 2654).

Le rapport de M. Henry Maret fut distribué le 24 avril, et la discussion commença le 26, après déclaration d'urgence. M. Rondeleux combattit le projet; le lendemain M. Le Guay prit la parole pour le défendre, M. Goirand le combattit de nouveau et M. Thévenet insista pour son adoption.

M. Peytral, Ministre des Finances, s'attacha à dégager la responsabilité du Gouvernement, et déclara qu'il n'était pas en situation de renseigner la Chambre sur la valeur de l'opération engagée, il concluait : « Il faut qu'on sache dans l'intérêt de tous, qu'à aucun moment le Gouvernement n'a entendu couvrir de sa responsablité une affaire privée. »

M. Barré parla ensuite et proposa l'ajournement jusqu'à la production des explications qu'il considérait comme indispensables.

M. Henry Maret s'opposa à l'ajournement, et M. Dugué de la Fauconnerie intervint pour invoquer l'intérêt de 450.000 pétitionnaires qui conjuraient la Chambre d'accorder cette dérogation à la loi de 1836.

Il fut procédé au scrutin à la tribune, sur le passage à la discussion des articles : le quorum n'étant pas atteint, le vote fut renvoyé.

Le lendemain 28 avril 1888, le 2ᵉ tour de scrutin public eut lieu : M. Arène fit observer qu'il faudrait créer un bulletin d'abstention pour constater la présence de ceux qui ne veulent pas prendre part au scrutin.

Le résultat sur le passage aux articles fut de 196 voix pour et de 105 contre.

Et sur l'ensemble de 284 voix pour et de 128 contre.

L'article 4 du projet fut assorti d'une réserve tendant à indiquer que l'emprunt était autorisé sans aucune garantie morale ou effective de l'État.

Le projet de loi voté par la Chambre (n° 789) fut transmis au Sénat, le 30 avril 1888, et le rapport fait par M. Bozérian (n° 349). La Commission était composée de :

MM. Denormandie, *Président.*
Isaac, *Secrétaire.*
Krantz.
Demôle.
Baron de Lareinty.
J. Bozérian.
Béral.
Léonce de Sal.
Delsol.

Le Rapport de M. Bozérian, favorable à la proposition, fut adopté par sept voix contre deux, dans la séance de la Commission.

La discussion s'ouvrit au Sénat le 4 juin 1888, et se termina le lendemain par l'adoption du projet voté par la Chambre. M. Bozérian, rapporteur, soutint les conclusions favorables de son rapport; il invoqua à l'appui les constatations du rapport Roussean. M. Saugeon les combattit en soutenant que le Gouvernement ne devait pas intervenir en faveur d'opérations faites à l'étranger et encourager l'exportation des capitaux français. M. Denormandie invoqua pour l'adoption l'intérêt des 400.000 soucripteurs et l'honneur que la France retirerait de l'initiative et de l'exécution de l'œuvre. M. Krantz fit valoir à l'encontre des propositions de la Commission des arguments tirés de l'incertitude des trafics, des difficultés d'exécution, et de la responsabilité que le Gouvernement pourrait encourir. M. Beral répondit aux critiques de M. Krantz. M. Demôle demanda « que l'on empêche que les petits capitaux français ne soient, par le fait d'une société aux abois, drainés au profit de la marine et du commerce américains. » M. de Sal adjura le Sénat de voter l'autorisation. M. Tirard parla contre le projet, et M. Léon Renault fit appel aux sentiments patriotiques qui militaient en sa faveur.

Le passage à la discussion des articles fut enfin voté par 158 voix contre 50, et l'ensemble fut adopté sans scrutin.

Le 9 juin 1888, la loi d'émission était promulguée au *Journal Officiel.*

Le 18 juillet 1888, M. Goirand déposa une demande d'interpellation « sur les mesures que le Gouvernement entend prendre pour assurer le capital et les lots de l'émission du Panama ». L'interpellation fut renvoyée à un mois et n'a jamais été discutée.

Le 14 décembre 1888, le Gouvernement déposa un projet de loi avec demande de déclaration d'urgence et de renvoi immédiat aux bureaux, ayant pour objet de proroger le payement des sommes dues par la Compagnie universelle inter-

océanique du Panama. Le projet était contresigné par M. Floquet, Président du Conseil, ministre de l'Intérieur ; Ferrouillat,
Garde des Sceaux, et Peytral, Ministre des Finances.

La discussion étant ouverte, M. Peytral donna lecture
de l'exposé des motifs et demanda la déclaration d'urgence.
MM. Jumel, Goirand, Jaurès, de Kergariou, Labordère parlent contre, MM. de Cassagnac, Rouvier, parlèrent pour.

L'urgence fut prononcée par 332 voix contre 155.

La Chambre se réunit immédiatement dans ses bureaux
et nomma une Commission de 22 membres composée de :

MM. Chevandier, *Président.*
    Philipon, *Secrétaire.*
    de Montéty.
    Monis.
    P. de Cassagnac.
    Labrousse.
    Piou.
    Jules Carret.
    Jumel, *Rapporteur.*
    C* Sabatier.
    de Kergariou.
    Ceccaldi.
    Ducoudray.
    Bourganel.
    Ruybert.
    Pradon.
    Crémieux.
    Brunier.
    Javal.
    Pernolet.
    Liais.
    Wikersheimer.

L'opinion de la Commission défavorable au projet fut
consignée dans le rapport de M. Jumel (n° 3354), annexé au

procès-verbal de la séance du 15 décembre 1888 et discuté à cette même séance.

MM. Liais, Mérillon et Peytral parlèrent en faveur du projet, M. Jumel défendit son rapport.

MM. Goirand et Yves Guyot présentèrent un amendement visant la constitution d'une société française de construction dans les termes de la loi du 23 juillet 1867, ayant pour objet l'achèvement des travaux, avec privilège sur les recettes nettes de l'entreprise. Cet amendement fut repoussé par la Commission. Et après des explications données par M. Christophle sur les dépôts faits au Crédit foncier des sommes destinées à garantir le payement des lots et à fournir l'amortissement des obligations, le projet tout entier fut repoussé par 252 voix contre 181.

Le 28 février 1889, M. Gaudin de Villaine déposa une interpellation au sujet de la situation faite au Panama par la création d'une société américaine concernant le Nicaragua, et des mesures que le Gouvernement comptait prendre pour sauvegarder les intérêts considérables engagés dans l'affaire de Panama et protéger les millions de souscripteurs français qui avaient apporté leurs capitaux à cette entreprise.

La discussion fut fixée au 7 mars.

A cette séance, après avoir développé son interpellation, M. Gaudin de Villaine conclut par l'ordre du jour suivant signé de MM. de Cassagnac, Paulmier, La Ferrière et Bouvatier.

« La Chambre, faisant appel à la sollicitude du Gouvernement pour sauvegarder les intérêts des porteurs du Panama, passe à l'ordre du jour. »

M. Rouvier, Ministre des Finances, répondit en substance que le Gouvernement n'avait aucun moyen d'intervenir, qu'il appartenait à l'initiative privée de sauver ce qui pouvait être sauvé, il réclama l'ordre du jour pur et simple.

Après une réplique de M. Le Provost de Launay, l'ordre du jour pur et simple fut adopté par 338 voix contre 184.

Le 13 juin 1889, M. Rouvier, Ministre des Finances, déposa à la Chambre, au nom du Président de la République, un projet de loi ayant pour but d'autoriser le liquidateur de la Compagnie de Panama à émettre dans des conditions spéciales les obligations à créer en vertu de la loi du 8 juin 1888.

D'après le texte de ce projet, le liquidateur de la société était autorisé à négocier sans limitation de prix et sans intérêts celles des obligations à lots dont l'émission avait été autorisée par la loi du 8 juin 1888, qui n'avaient pas été placées le 4 février 1889, date de la résolution et de la mise en liquidation de ladite compagnie. Les sommes provenant de la négociation de ces titres devaient être insaisissables jusqu'à concurrence de 34 millions de francs.

L'urgence fut prononcée.

La Commission nommée pour examiner le projet était composée de

MM. Jules Roche, *président*;
Gaudin de Villaine, *secrétaire*;
Ceccaldi;
Paul de Cassagnac;
Albert Duchêne;
G. Galpin;
Carron;
Richard (Drôme);
Bernier;
Du Mesnildot;
Georges Roche, *rapporteur*.

Le rapport conclut à l'adoption du projet du Gouvernement (n° 3798 et 3840), il fut discuté dans la séance du 28 juin 1889.

M. Sourigues déposa un contre-projet, par lequel il soumettait le liquidateur a rendre un état détaillé de l'emploi de toutes les sommes, et lui prescrivait des poursuites en restitution de toutes les sommes payées indûment ou sans justification. Les sommes provenant de ces recouvrements étaient déclarées insaisissables jusqu'à concurrence de 34 millions de francs.

Ce contre-projet fut repoussé.

M. Javal en présenta un second en ces termes :

« Le liquidateur de la Compagnie de Panama est autorisé à se faire remettre, par la Société civile des obligations, les sommes versées à cette Société par la Compagnie et qui étaient destinées au service des lots et de l'amortissement des obligations qui n'ont pas été souscrites. En conséquence, le dépôt exigé par l'article 4 de la loi du 8 juin 1888 sera maintenu à 20 0/0 du capital des obligations réellement émises. »

Le contre-projet de M. Javal fut également repoussé.

Le projet du Gouvernement ayant été mis aux voix fut adopté par 380 voix contre 54.

Un amendement de M. de Sonnier : « Les sommes à provenir de la négociation de ces titres ne pourront dépasser 34 millions de francs ; ils seront insaisissables », avait été repoussé par 302 voix contre 70.

Le projet fut présenté au Sénat le 28 juin 1887, et la Commission nommée le 1er juillet, elle se composait de :

MM. Émile Lenoël, président,
Trarieux, secrétaire,
Léonce de Sal,
Pazat, rapporteur,
Périvier,
Lelièvre,
Félix Martin,
L. Breton,
Joseph Cabanes.

Par 7 voix contre 2 elle proposa l'adoption du texte voté par la Chambre, avec l'addition suivante : « Les dépôts effectués, par la Société civile en vertu de la loi du 8 juin 1888 et de la présente loi, ne pourront être retirés et conserveront leur affectation spéciale jusqu'à complet acquittement des charges du service de garantie des lots et de remboursement du capital. »

Le Sénat adopta cette rédaction modifiée dans la séance du 11 juillet 1887 (n° 210), et la Chambre, sur le rapport verbal de M. Georges Roche, vota définitivement l'ensemble du projet le 12 juillet 1889. La loi du 15 juillet fut promulguée à l'*Officiel* le 16 juillet 1889.

Ici s'arrêtent les incidents qui ont motivé l'intervention du Parlement pendant la quatrième législature.

Le 5 décembre 1885, la 1re Commission des pétitions, saisie d'une pétition de M. Joly (Jules), propriétaire à Clastres (Aisne), qui demandait à la Chambre de voter la responsabilité des directeurs, sous-directeurs, administrateurs et tous autres auteurs volontaires du désastre du Panama, proposa, par l'organe de M. Brice, son rapporteur, le rejet de la pétition. (Annexe au feuilleton n° 16 du 5 décembre 1887, p. 7.)

Le 22 mai 1890, M. Gauthier de Clagny, rapporteur de la pétition n° 110, par laquelle « divers comités des actionnaires et obligataires de Panama soumettaient à la Chambre un ensemble de considérations et de vœux relatifs aux moyens de sauvegarder les intérêts des porteurs de titres de l'entreprise du Canal interocéanique », livrait son travail à l'impression (annexe au feuilleton n° 71), et, après un long exposé des faits et une soigneuse discussion, il concluait au renvoi des pétitions au Ministre de la Justice, au nom de la 1re Commission, composée de :

MM. Royer (Aube), président ;
     Baron Piérard, secrétaire ;
     de Bar ;
     Vicomte de Montfort ;
     Comte d'Elva ;
     Briens ;
     Vival ;

Rozet (Albin) ;
Gauthier de Clagny ;
Grousset ;
Mesureur.

A la séance du 2 juin 1890, MM. Le Provost de Launay,
Laroche-Joubert, Fairé et de Lamarzelle demandèrent au président, conformément à l'article 66 du règlement, le rapport
en séance publique sur la pétition n° 110.

La discussion eut lieu à la séance du 21 juin.

Dans cette séance, on entendit MM. Le Provost de Launay,
Gauthier de Clagny, Fallières, Ministre de la Justice, et
Delahaye.

MM. Goirand, Montaud, Jacquemart, Bovier-Lapierre,
Salis, Lagnel, Saint-Germain, Hervieu et Fousset, déposèrent
un ordre du jour ainsi conçu :

« La Chambre prenant acte, — plus tard on ajouta « con-
fiante dans les, — des déclarations du Gouvernement et faisant
appel à sa vigilance pour dégager en temps utile les responsabilités que peut comporter l'administration de l'entreprise
de Panama, passe à l'ordre du jour. »

Un second ordre du jour de MM. Delpeuch et Jourdan
ayant été retiré, M. Michou en proposa un troisième ainsi
conçu :

« La Chambre, prenant acte de l'acceptation du renvoi
par M. le Ministre, passe à l'ordre du jour. »

M. Goirand insiste sur la prescription qui s'approchait.
M. le garde des sceaux Fallières repoussa l'ordre du jour Goirand, par crainte d'une confusion de pouvoirs; il accepta
l'ordre du jour de M. Michou.

La priorité ayant été votée en faveur de ce dernier par
375 voix contre 104, il fut ensuite adopté par mains levées.

Dans la séance du 5 janvier 1891, M. Gauthier de Clagny demanda la discussion en séance publique des rapports de MM. Krantz et Thévenet sur diverses pétitions d'actionnaires et d'obligataires de Panama (feuilletons 263 et 277, 14° et 17° Commissions des pétitions, 43° et 45° annexes.)

M. Krantz, rapporteur de la 14° Commission, conclut à l'ordre du jour sur un très grand nombre, au renvoi au Ministre de la Justice pour quelques autres,et au Ministre des Affaires étrangères pour renseignements.

M. Thévenet, rapporteur de la 17° Commission, concluait au renvoi aux Ministres des Finances, des Travaux publics et des Affaires étrangères.

Dans la séance du 5 janvier 1892, M. Gauthier de Clagny prit de nouveau la parole; il rappella les promesses de M. Fallières, et insista sur la nécessité de sauver la situation. M. Rouvier répondit qu'il accepterait d'intervenir officieusement. M. Krantz fit ensuite un long exposé, M. Le Provost de Launay demanda qu'on fasse la lumière; il se plaignit des lenteurs. M. Thévenet demanda que le Gouvernement intervienne comme pour le Comptoir d'escompte. — L'ordre du jour pur et simple, demandé par M. de Douville-Maillefeu, fut repoussé par 273 voix contre 211. — MM. Peytral, Saint-Germain, Pontois, Lagnel déposèrent alors un ordre du jour ainsi conçu :

« La Chambre, désirant qu'une répression énergique et rapide ait lieu contre tous ceux qui ont encouru des responsabilités dans l'affaire de Panama, invite le Gouvernement à activer les poursuites commencées et passe à l'ordre du jour. »

Le Garde des sceaux demanda la suppression de ces mots : « invite le Gouvernement à activer les poursuites commencées ».

L'ordre du jour ainsi diminué fut voté à l'unanimité.

Les choses en étaient à ce point, lorsque se sont produits

les événements qui ont provoqué la nomination de la Commission d'enquête.

C'est donc ici que doit s'arrêter le rapport que vous avez bien voulu me charger de faire, la suite des incidents parlementaires appartenant à l'histoire même de votre Commission.

———

RAPPORT

PRÉSENTÉ

PAR M. DUPUY-DUTEMPS,

député

sur le pétitionnement qui a précédé le vote des obligations à lots de Panama.

————

Messieurs,

Vous avez chargé une sous-commission de rechercher dans quelles conditions est né et s'est propagé le mouvement de pétitionnement qui a précédé le vote des émissions à lots de Panama.

Il était, en effet, intéressant de savoir si ce mouvement avait été spontané, s'il avait été inspiré par les actionnaires, ou bien s'il n'était pas dû à l'initiative d'un conseil d'administration en quête d'expédients.

D'autre part, au point de vue même des responsabilités parlementaires, il était utile de préciser la nature et l'importance des démarches tentées soit collectivement soit individuellement sur la Chambre ou sur le Sénat.

Il est de toute évidence qu'une masse de pétitions arrivant de tous les points de la France et convergeant toutes vers le Parlement n'a pas peu contribué au vote du projet autorisant la Compagnie de Panama à émettre des obligations à lots.

Les Sénateurs et les Députés ne devaient pas rester insensibles aux doléances exprimées par des électeurs de bonne foi, menacés de ruine, et qui demandaient le vote d'une mesure qui avait de nombreux précédents. La masse même des intérêts engagés donnait à cette demande un quasi caractère d'intérêt public, et le nombre des signataires pouvait donner l'illusion d'une sorte de referendum.

C'est en nous inspirant de ces idées générales, à plusieurs reprises exprimées dans le sein de la Commission, que nous nous sommes livrés aux recherches qui nous ont été demandées.

C'est en 1885 que M. de Lesseps adressa pour la première fois une demande au Gouvernement : on sait qu'alors elle ne fut pas accueillie.

Pourtant, dès cette époque, le système des pétitions avait été essayé; mais il s'était limité à la procédure habituelle en matière de pétitions parlementaires. On s'était adressé à la Chambre elle-même, mais on n'avait pas encore songé à agir individuellement sur les membres du Parlement comme on le fit plus tard.

C'est M. Martin, banquier à Nyons, dont vous avez entendu la déposition, qui eut le premier l'idée de recueillir des signatures et de recourir à la Chambre.

La Société du canal de Panama avait un organe officiel : *le Bulletin du canal interocéanique*, qui portait à la connaissance du public toutes les manifestations qui pouvaient attirer la confiance; ce journal dont nous avons retrouvé la collection au siège de la société en liquidation, annonce la tentative de M. Martin dans son numéro du 1er décembre 1885 sous le titre : *Manifestation des actionnaires et obligataires de Nyons*. Nous croyons utile de donner la copie *in extenso* de la pétition, précédée d'une lettre de M. Martin et suivie des appréciations bienveillantes de M. de Lesseps.

Manifestation
des actionnaires et obligataires de Nyons.

M. Ferdinand de Lesseps a reçu la lettre suivante :

Nyons, le 23 novembre 18£5.

Monsieur,

J'ai le grand honneur de vous donner communication de la pétition suivante que mes amis et moi, tous porteurs de titres de Panama, avons adressée à MM. les Députés.

Nous avons pensé, Monsieur, qu'il était bon d'affirmer hautement la confiance que nous inspirent votre grand nom, votre passé, et les immenses services rendus par vous à la civilisation, au commerce et aux intérêts français.

Veuillez agréer, etc.

MARTIN FILS.

Banquier à Nyons (Drôme), délégué des pétitionnaires
de l'arrondissement de Nyons.

Voici le texte de cette pétition :

A M. le Président et à MM. les Membres
de la Chambre des Députés.

Messieurs,

M. Ferdinand de Lesseps, président de la Compagnie du canal interocéanique de Panama, a sollicité du Gouvernement de la République française l'autorisation d'emprunter les sommes qui lui sont nécessaires pour terminer son œuvre au moyen d'une émission de valeurs à lots.

Les soussignés, porteurs d'actions ou d'obligations de cette Compagnie, absolument convaincus qu'une pareille mesure contribuerait puissamment à l'exécution rapide de cette grande entreprise, vous prient, Messeurs, en considération des intérêts engagés et de l'importance de l'œuvre, de vouloir bien décider que cette autorisation sera accordée à M. Ferdinand de Lesseps.

Vos très respectueux serviteurs,

(Suivent 168 signatures légalisées d'habitants du canton de Nyons.)

M. Ferdinand de Lesseps a écrit la lettre suivante à M. Martin fils, de Nyons.

Paris, le 24 novembre 1885.

« Monsieur,

« Vous avez bien voulu me communiquer une pétition qui vient d'être adressée à la Chambre des Députés par un grand nombre de porteurs d'actions et d'obligations de la Compagnie du canal de Panama, habitant l'arrondissement de Nyons.

« Cet acte d'initiative de la part de nos associés m'est très précieux, et je vous prie de leur en adresser mes remerciements.

« Il est un témoignage nouveau de leur confiance dans l'avenir de l'entreprise. Il a bien la signification que vous indiquez.

« Veuillez agréer, etc.

FERDINAND DE LESSEPS.

La procédure parlementaire suivit son cours; la pétition renvoyée à une Commission mensuelle compétente fut l'objet d'un rapport dressé par M. Richard, député de la Drôme, ami personnel de M. Martin, ainsi que cela résulte de la déposition de ce dernier, et le rapport fut déposé sur le bureau de la Chambre le 6 avril 1886.

Le *Bulletin du canal interocéanique* du 15 avril 1886 reproduisit dans ses premières pages le texte complet de ce document qu'il n'est pas inutile de rappeler en entier, car il témoigne de l'empressement que les rédacteurs de ce journal, organe officiel de la Compagnie, mettaient à propager la croyance que le Parlement était favorable au projet.

L'étendue même du rapport, qui au dire de M. Martin aurait été revu par M. Marius Fontane, démontre l'importance que les amis de M. de Lesseps attachaient à l'opinion de la commission et les aperçus techniques qu'il contient prouvent suffisamment la collaboration des agents de l'administration elle-même.

CHAMBRE DES DÉPUTÉS

Pétition des actionnaires et obligataires de la Compagnie du Canal interocéanique.

Rapport de la Commission

La Chambre des Députés ayant été saisie des pétitions d'un grand nombre d'actionnaires et d'obligataires de la Compagnie du Canal interocéanique de Panama, demandant que cette Compagnie fût autorisée, comme l'avait été, d'ailleurs, la Compagnie du Canal de Suez, à émettre une série d'obligations à lots, M. Richard a été choisi comme rapporteur par la première commission chargée de l'examen de ces pétitions.

Le rapport de M. Richard, dont les conclusions ont été adoptées à l'*unanimité* par la Commission, vient d'être distribué.

Nous en reproduisons ci-dessous le texte officiel.

CHAMBRE DES DÉPUTÉS

Annexe au feuilleton n° 69, du jeudi 8 avril 1886.

1ʳᵉ COMMISSION

M. RICHARD, *rapporteur*,

Pétition n° 49.

De nombreux habitants de la Drôme et de divers départements, porteurs d'actions ou d'obligations de la Compagnie du Canal interocéanique de Panama :

Pétition n° 59.

M. Girardin, officier supérieur en retraite à Choisy-le-Roy (Seine).

Demandent que M. Ferdinand de Lesseps soit autorisé à emprunter, au moyen d'une émission de valeurs à lots, les sommes qui lui sont encore nécessaires pour terminer les travaux de construction du Canal interocéanique de Panama.

Motifs de la Commission. — Le Canal de Panama a donné lieu, depuis quelques mois, à une imposante manifestation.

Des milliers de porteurs d'actions ou d'obligations de cette Société, répartis sur tous les points du territoire de la République, par des centaines de pétitions, ont sollicité de la Chambre des Députés l'autorisation, pour M. de Lesseps, d'emprunter, au moyen d'une émission de valeurs à lots, les sommes qui lui sont nécessaires pour terminer son œuvre.

Ce pétitionnement à peu près général, l'importance de l'entreprise qu'il vise et l'illustration de l'homme qui la dirige imposent à la Commission le devoir d'examiner, avec un soin tout particulier, la question soulevée par les pétitionnaires.

Tout le monde connaît les origines de cette affaire, sa marche; il paraît bon néanmoins d'en faire un exposé succinct.

C'est à partir de 1871, après une première session du Congrès des sciences géographiques réuni à Anvers, que la question du percement de l'isthme américain a pris de la consistance.

Une seconde session du Congrès des sciences géographiques eut lieu à Paris en 1875. La question du Canal interocéanique y fut l'objet de nouvelles délibérations; et, à l'issue du Congrès, un comité français se forma pour l'étude du projet.

L'agitation, commencée en 1871, avait pris de très grandes proportions; on disait partout que les études étaient suffisantes, que le moment d'agir était venu

La réunion d'un congrès international où la question serait examinée et résolue fut décidée. La réalisation du percement de l'isthme de Suez étant due à la France, Paris fut choisi comme lieu de réunion du Congrès.

En 1879, le Congrès international d'études du Canal interocéanique se tint à Paris, sous la présidence élue de M. Ferdinand de Lesseps.

Il y fut décidé que le Canal interocéanique serait à niveau constant et le percement direct de l'isthme de Panama fut adopté.

M. Ferdinand de Lesseps avait bien voulu accepter la direction de l'entreprise.

La question allait sortir du domaine de la théorie pour entrer dans celui des faits.

Des études auxquelles s'étaient livrés les commissaires du Congrès, il ressortait la certitude des points suivants :

1° Le prix de revient du canal à niveau de Panama devait s'élever à 1.070 millions de francs ; le chiffre de 1.200 millions avait été mis en avant;

2° La durée des travaux, d'abord fixée à douze ans, avait été réduite à huit ans, et le canal devait être achevé en 1888 ;

3° Le canal devait être largement rémunérateur et les recettes, dès le commencement de son exploitation, devaient atteindre le chiffre de 90 millions de francs.

Toutes ces prévisions, à mesure que les travaux avancent, paraissent devoir se réaliser à peu près mathématiquement.

Nous allons les examiner successivement :

1er *Point.* — *Coût du Canal.*

La Compagnie universelle du Canal interocéanique de Panama fut constituée, en 1880, suivant le vœu formulé par le Congrès international, au capital social de 600 millions, avec faculté de réduire ou d'augmenter le fonds social et d'emprunter les sommes nécessaires pour achever le canal sous forme d'obligations.

Une première émission de 300 millions de francs fut faite et couverte près de deux fois les 7, 8 et 9 décembre 1880, et la période d'organisation et d'expériences, qui devait durer deux ans, commença.

Pendant ces deux ans, la Compagnie a ponctuellement exécuté la partie du programme qu'elle s'était imposée pour cette période.

Elle a payé au Gouvernement colombien le prix de la concession, acquis le matériel, pris possession des terrains sur toute la ligne, organisé les chantiers; elle a fait toutes les études préliminaires du tracé, tous les sondages; elle a réuni de grandes quantités d'approvisionnements de toute sorte, construit des maisons et des baraquements pour les employés dans les localités élevées et salubres, installé des hôpitaux, etc.

A partir de février 1883 commence la période d'exécution. Le programme en avait été établi par M. Dingler, ingénieur en chef des ponts et chaussées, et approuvé, sans réserve, par une Commission supérieure consultative.

C'est ainsi qu'aujourd'hui les travaux exécutés sont relativement considérables.

Vingt-trois chantiers de dragage et de terrassements sont en pleine activité.

Vingt entrepreneurs exécutent actuellement le programme de M. Dingler. Ces entrepreneurs occupent l'isthme sur toute sa longueur et ils se sont engagés à enlever, ensemble, soixante-deux millions et demi de mètres de cubes pour une somme totale de 219.295.974 francs.

Ce cube, que les entrepreneurs se sont engagés à enlever, représente un peu plus de la moitié du cube total, soit 120 millions au maximum, pour achever complètement le canal, les dérivations et les ports.

Que coûteront à enlever ces 57 millions et demi de mètres cubes pour lesquels il n'existe pas de contrat avec les entrepreneurs? On pourrait soutenir, par l'expérience faite des travaux analogues, avec une connaissance plus complète de la nature du travail et des engins employés, que la seconde partie des travaux s'exécutera à des prix inférieurs ou au moins égaux ; qu'on les double, si l'on veut, pour éviter tout mécompte, on ne dépassera jamais le chiffre de 600 millions de francs.

Or, d'après les comptes présentés par M. de Lesseps, le 29 juillet 1885, à l'assemblée générale des actionnaires, la Compagnie avait successivement reçu à cette époque la somme de 471.300.000 francs.

Pour arriver aux 1.070 millions, évaluation des dépenses du congrès international, il reste 600 millions que la Compagnie peut dépenser sans dépasser les prévisions.

Il est certain, évident, que cette somme sera suffisante pour l'achèvement

35

complet des travaux, et que, sur ce point, les décisions du Congrès auront été respectées.

Elle s'est modifiée quelque peu depuis lors :

Actuellement, sept entrepreneurs seulement sont chargés du creusement complet du canal jusqu'au plafond. Des contrats les lient qui fixent les prix et la durée des travaux dans les conditions même déterminées par le Congrès ; de telle sorte qu'on ne se trouve plus en présence d'une probabilité, mais d'une certitude.

2° Point. — Durée des travaux.

Le canal sera-t-il achevé en 1888 ? C'est le second point des conclusions arrêtées par les commissions d'études.

L'achèvement du canal est une question d'argent, car l'entreprise n'offre aucune difficulté technique insurmontable, disait M. Cooper en 1883.

Les rapports de l'isthme s'accordent tous à dire que, si l'argent est prêt, le Canal de Panama peut être achevé en 1888.

La partie la plus ardue de l'entreprise et la plus coûteuse en même temps a été le travail préparatoire ; il est fait.

Les ingénieurs américains, qui ont étudié les progrès déjà faits, sont d'avis (et ils ne sont pas tendres généralement pour l'œuvre de M. de Lesseps) que le creusement du canal peut être activement poussé si l'argent dure, et terminé en 1888 ou en 1889.

C'est donc entièrement une question d'argent.

Les entrepreneurs du travail, d'ailleurs, se sont engagés à exécuter leur tâche dans le délai indiqué.

Que la question financière soit tranchée et l'achèvement des travaux à l'époque déterminée ne peut faire aucun doute.

3° point. — Rendement du canal.

Le 3e point des prévisions du Congrès est relatif au rendement du canal : sera-t-il rémunérateur ? Cette question est résolue d'une façon victorieuse par les études préliminaires de la Commission supérieure, par les statistiques, par la comparaison avec les recettes du canal de Suez.

La commission de statistique du Congrès international de 1879 avait évalué à 7 millions et demi de tonnes le mouvement maritime qui se produirait dans le canal dès le début de son exploitation.

Pour rester largement au-dessous même des certitudes, le mouvement du transit fut réduit, comme évaluation, à 6 millions de tonnes.

Et, en effet, pour le canal de Panama, disait M. Ferdinand de Lesseps aux actionnaires réunis le 30 janvier 1881, il ne s'agit plus seulement de rapprocher, comme pour le canal de Suez, deux parties du monde, que les nations maritimes exploitaient depuis les origines du commerce, par des moyens onéreux sans doute, mais enfin par des moyens praticables ; par les caravanes de terre, par le cap de Bonne-Espérance, par le chemin de fer qui aboutissait à Alexandrie.

Les voies de trafic étaient ouvertes, exploitées même avec intensité, notamment dans l'Inde ; et si le canal de Suez devait faciliter les relations établies, il fallait attendre la transformation de la marine par les progrès et l'emploi de la vapeur et du fer.

Le percement de l'isthme de Panama, au contraire, livrera aux armateurs et aux commerçants des champs de trafic absolument nouveaux et, le jour où il sera inauguré, non seulement les flottes commerciales à vapeur seront prêtes, mais encore beaucoup de voiliers, aujourd'hui délaissés, y trouveront une voie merveilleusement appropriée à la navigation circulaire autour du globe.

Tous les hommes compétents, Français, Allemands, Anglais, les Américains même, s'accordent à reconnaître que l'évaluation du trafic à 6 millions de tonnes dès l'ouverture du canal est un minimum, et que le transit peut atteindre 20 millions de tonnes.

A l'époque où le canal de Suez fut décidé, on avait calculé que le mouvement maritime y serait de 3 millions de tonnes. On y entrevoit maintenant un transit de 15 à 18 millions de tonnes.

Il n'y a donc rien que de très raisonnable à prendre pour base le chiffre de 6 millions de tonnes comme transit du canal de Panama dès son ouverture.

Or, à 15 francs la tonne, prix accepté par le Congrès international, on obtient un revenu de 90 millions, ci.......................... **90 millions.**
auquel il faut ajouter pour remorquage, pilotage, halage, stationnement, etc., etc., soit 1 franc par tonne (moyenne de Suez) : 6 millions, ci... **6 —**

Revenu minimum : 96 millions, ci...................... **96 millions.**

Ce revenu ne comprend ni le produit de l'exploitation des 500,000 hectares de terrain, avec les mines qu'ils contiennent, concédés gratuitement par le Gouvernement colombien, ni le produit de l'exploitation (vente et location) des 10,000 hectares, propriété de la Compagnie à Colon, Panama et le long du canal.

En admettant comme dépense finale le chiffre de 1 milliard 200 millions, réduit à 900 millions par la défalcation du capital-actions de 300 millions, on arrive à une charge de 60 millions par an, savoir : 54 millions pour intérêts et amortissement à servir aux emprunts, et 6 millions pour frais d'entretien et d'exploitation, ci... **60 millions.**

Revenu net de la première année d'exploitation.......... **36 millions.**

Ces chiffres parlent éloquemment et il n'est pas besoin d'insister pour faire ressortir les avantages de l'entreprise au point de vue financier.

Les prévisions des commissions d'études du Congrès international paraissent ainsi pleinement justifiées ; il s'agit d'examiner si la demande de M. de Lesseps, appuyée par les pétitionnaires, se justifie également.

Mais, avant d'aller plus loin, la Commission tient à faire une déclaration qui lui est commandée par la nature même de l'affaire qui lui est soumise.

La mission de la Commission n'allait peut-être pas jusqu'à entrer dans les détails de l'entreprise du percement de l'isthme de Panama, de peser les résultats financiers qu'elle peut avoir ; cependant sa sollicitude ayant été éveillée par les pétitions qui lui ont été transmises, il lui était difficile de se soustraire à ce qu'elle a considéré comme une obligation ; elle a cru devoir, à titre de simple information, faire connaître tous les renseignements qui lui ont été fournis.

Ces renseignements sont consignés, pour la plupart, dans des documents officiels communiqués aux actionnaires en assemblée générale.

Mais si la Commission est favorable à la demande de M. de Lesseps, elle n'entend à aucun degré exercer une action quelconque sur la valeur des titres de la Compagnie du Panama.

Elle livre à la publicité les documents qui lui ont été communiqués, sans prendre à cet égard aucune responsabilité, même morale.

Aux intéressés, le cas échéant, de contrôler ces renseignements.

Ces réserves formelles étant faites, nous revenons à notre sujet.

Telle était la situation de la Compagnie en 1885, lorsque M. de Lesseps, le 29 juillet, présenta à l'assemblée générale des actionnaires son rapport annuel, au nom du Conseil d'administration.

Dans ce rapport, le directeur de la Compagnie expose d'abord les résultats successifs de l'entreprise, puis, après avoir déclaré que sur les 1 milliard 70 millions de francs fixés par la Commission internationale, comme coût du canal achevé, 471 millions ont été appelés et dépensés ou engagés pour l'exécution du canal proprement dit, il explique que, pour alléger les charges de l'avenir, pour emprunter aux meilleures conditions les sommes nécessaires à la prompte exécution du Canal maritime, il avait demandé, comme il l'avait fait jadis, dans des conditions analogues, pour assurer l'exécution du canal maritime de Suez, au Gouvernement français l'autorisation de se procurer les 600 millions de francs à prévoir au moyen d'une émission d'obligations à lots. La lettre portant cette demande au Ministre de l'Intérieur, est à la date du 27 mai 1885.

C'est ce moment que les adversaires de la Compagnie du Panama ont choisi pour ouvrir une campagne contre l'entreprise.

Niant la réalité et l'importance des résultats obtenus ; grossissant outre mesure les quelques erreurs commises, les tâtonnements. les fautes de détail, inévitables dans une œuvre aussi colossale. ils ont cherché, par la publication de brochures alarmantes, de journaux semant les plus fausses nouvelles, à inquiéter les actionnaires et les obligataires de la Compagnie, et cela, dans un but de spéculation malsaine que chacun a pu discerner.

Ils sont parvenus ainsi à déprécier les titres de la Société, et les actions, fermes jusqu'alors dans les prix de 480 à 500 francs, sont descendues successivement à 400 francs et même au-dessous.

Justement émus de cette situation, et absolument convaincus que l'autorisation demandée par M. de Lesseps d'emprunter les sommes qui lui sont encore nécessaires pour terminer son œuvre, au moyen d'une émission de valeurs à lots, contribuerait puissamment à l'exécution rapide de cette grande entreprise, les porteurs des titres ont prié la Chambre, en considération de leurs intérêts engagés et de l'importance de l'œuvre, de vouloir bien accorder cette autorisation à M. de Lesseps.

Le pétitionnement a pris naissance à Nyons (Drôme); M. Ferdinand Martin fils, banquier de cette ville, s'en est fait spontanément l'initiateur; sa pétition était à peine signée de quelques intéressés que le mouvement s'est propagé par toute la France.

Plus de deux mille pétitions, couvertes de près de douze mille signatures, représentant au moins deux cent mille titres, sont déjà parvenues à la première Commission des pétitions.

Il est difficile de ne pas tenir compte d'un pareil mouvement.

Les pouvoirs publics sont saisis de la question; il est nécessaire qu'ils prennent une décision. Quelle sera-t-elle?

La première Commission estime qu'elle doit être favorable.

La Compagnie du Canal de Suez, se trouvait, en 1868, dans une situation identique à celle du Panama aujourd'hui.

La moitié de l'effort nécessaire pour achever le canal avait été fait. Cependant, ses adversaires, comme ceux du Panama dans ce moment, étaient arrivés à jeter le discrédit sur l'opération. Les cours des valeurs avaient sensiblement fléchi, une tentative d'émission d'obligations ordinaires avait échoué; le tiers seulement de l'emprunt avait été couvert.

M. de Lesseps demanda au Gouvernement l'autorisation d'émettre des obligations à lots. — Une loi fut présentée à la Chambre et votée par elle en juin 1868, puis approuvée par le Sénat.

L'emprunt ainsi autorisé fut couvert plusieurs fois, et les obligations émises à 300 francs valent actuellement 582 francs.

Les titres de Suez, tant en actions qu'en obligations, ont fourni à la Compagnie une somme totale de 389 millions de francs.

Ces mêmes titres représentent aujourd'hui une somme de 1.265 millions, soit un capital triple.

A une situation semblable, il faut appliquer un moyen identique.

Que la Compagnie du canal de Panama reçoive l'autorisation qu'elle sollicite et les résultats seront les mêmes; ils seront plus brillants encore, si l'on accepte les prévisions des hommes les plus compétents.

Mais, disent les adversaires de l'autorisation, il est mauvais que les fonds français prennent la route de l'étranger et soient employés à favoriser des entreprises faites au loin et hors du territoire national.

Cette objection, sérieuse si les ressources du pays ne devaient pas revenir à leur point de départ, comme, par exemple, les fonds des emprunts ottomans, mexicains et autres, perd tout son fondement si l'on considère ce qui se passe pour le canal de Suez.

Le premier capital, le capital-actions de Suez, a été souscrit pour la plus grande partie en France. C'est la France aujourd'hui qui encaisse les larges et légitimes bénéfices promis au moment de l'émission.

Pour Panama, les actionnaires sont également presque tous Français, et, comme pour Suez, ils bénéficieront des services rendus au trafic universel ; le monde entier deviendra leur tributaire.

D'autres objectent que dans une affaire d'intérêt privé le Gouvernement doit s'abstenir sous prétexte qu'autoriser serait assumer une certaine responsabilité morale.

Il n'est pas prouvé, d'abord, que la question n'ait qu'un caractère d'intérêt privé.

Lorsqu'une affaire touche aux intérêts du monde entier, et que la France, en particulier, doit en recevoir des avantages si considérables, on peut sans crainte lui attribuer un certain caractère d'intérêt général.

Dans tous les cas, la première commission des pétitions, au cours de ce rapport, a eu le soin de dégager nettement sa responsabilité, et nul doute que le Gouvernement et les Chambres en fassent autant.

Les pétitionnaires, au surplus, se sont chargés eux-mêmes de les dégager.

Qu'est-ce qu'ils ont fait en demandant l'émission à lots ? Qu'ont fait en la réclamant les intéressés, ceux-là mêmes qui ont foi dans l'œuvre, dans son importance et dans son avenir, qui sont les futurs souscripteurs de l'emprunt projeté ? Ils ont renoncé à cette responsabilité que l'on craint ; elle n'existe donc plus.

Du reste, quelle serait la conséquence d'un refus ?

L'émission aurait certainement lieu quand même et l'œuvre ne s'achèverait pas moins ; mais ce serait au prix de retards considérables et de frais énormes qui compromettraient, dans une certaine mesure, l'avenir brillant de l'entreprise, et on ne manquerait pas de faire remonter la responsabilité de ce fait jusqu'aux Chambres, jusqu'au Gouvernement.

La commission n'a pas cru devoir s'arrêter à ces objections.

Elle n'a pas voulu, d'un autre côté, entrer dans des considérations d'un ordre plus élevé qui peuvent avoir leur valeur : chercher à faire vibrer la fibre patriotique dans ce qu'elle a de plus sensible au cœur français en appelant l'attention sur le caractère de grandeur et de générosité de l'œuvre; sur l'orgueil national justement intéressé à son achèvement; sur ses conséquences au point de vue de la propagation au loin du nom français, de ses idées, de son influence.

Elle a préféré traiter uniquement le côté pratique de l'affaire, examiner le point de vue financier, productif.

Elle croit l'entreprise bonne, utile, fructueuse.

Elle la voit loyale, honnête et honnêtement conduite.

En conséquence, la Commission, à l'unanimité, estime que l'autorisation d'émettre un emprunt de 600 millions au moyen d'obligations à lots doit être accordée d'urgence à M. de Lesseps, en sa qualité de directeur de la Compagnie universelle du Canal interocéanique de Panama. Et elle renvoie les pétitions au Ministre des Affaires étrangères, Président du Conseil, et aux Ministres de l'Intérieur et des Finances. (*Renvoi au Président du Conseil, Ministre des Affaires étrangères, et aux Ministres de l'Intérieur et des Finances.*)

Ce rapport, dont les conclusions furent renvoyées au Ministre, aurait pu peser d'un poids nouveau sur les décisions du cabinet.

Mais après ce renvoi, la Commission refusa de nommer son rapporteur, ce qui équivalait à une fin de non-recevoir, par une délibération du 9 juillet 1886. On sait que M. de Lesseps retira sa demande, non sans manifester quelque mauvaise humeur et qu'il résolut de voler désormais de ses propres ailes.

C'est à cette date que se termina la première campagne de pétitionnement; elle n'avait réuni que 168 signatures, elle s'était manifestée par un appel collectif adressé à la Chambre et elle resta complètement inefficace.

Le Bulletin enregistra cet insuccès et le fit suivre les divers commentaires de la presse parisienne; nous croyons devoir, dans l'intérêt de la vérité historique, citer en entier les articles parus à ce sujet dans le numéro du 15 juillet 1886.

LA COMMISSION PARLEMENTAIRE.

Lettres de M. Ferdinand de Lesseps.

La Commission nommée le 24 juin dernier par la Chambre des députés à l'effet d'examiner le Projet de loi tendant à autoriser la Compagnie du Canal interocéanique à émettre des obligations à lots a, depuis cette date jusqu'au 8 juillet, consacré six séances à l'examen des divers documents dont elle avait demandé communication (notamment le rapport de M. l'ingénieur Rousseau et la réponse de la Commission technique) et à l'audition des dépositions verbales qu'elle avait jugé utile de provoquer.

C'est ainsi que la Commission a entendu :

Le 2 juillet, MM. Demôle, Ministre de la Justice; Baïhaut, Ministre des Travaux publics, Sadi Carnot, Ministre des Finances, et Rousseau, auteur du rapport ;

Le 4 juillet, M. de Freycinet, Président du Conseil, et M. Sarrien, Ministre de l'Intérieur ;

Le 5 juillet, MM. Ferdinand de Lesseps et Charles-A. de Lesseps, M. Jacquet, inspecteur général des Ponts et Chaussées, membre du Comité technique, et M. Dingler, ingénieur en chef de la Compagnie ;

Le 8 juillet, la Commission a été saisie d'une demande formulée par quelques-uns de ses membres, aux termes de laquelle un Rapporteur devait être nommé, et le Rapport soumis aux délibérations de la Chambre des députés avant la clôture de la session.

La Commission, par 6 voix contre 4 et une abstention, s'est opposée à la nomination d'un rapporteur et a rendu matériellement impossible le dépôt d'un rapport quelconque avant les vacances parlementaires, en décidant qu'elle demanderait à la Compagnie du Canal interocéanique communication d'une série de documents.

La session prochaine ne devant commencer qu'en octobre ou novembre, la Compagnie n'a pas cru possible d'attendre et, en présence de cette détermination qui avait pour conséquence d'ajourner la solution de cette importante question, et de compromettre ainsi les intérêts des nombreux porteurs de titres de la Compagnie de Panama, M. Ferdinand de Lesseps a adressé la lettre suivante à M. le Président du Conseil des Ministres :

« Paris, le 9 juillet 1886.

« Monsieur le Président,

« Le vote émis hier par la Commission de Panama ajourne fatalement à plusieurs mois le vote que la Chambre avait à émettre sur le projet de loi que le Gouvernement avait bien voulu soumettre au Parlement.

« L'importance des intérêts qui me sont confiés ne me permet pas de me prêter à cet ajournement. J'ai, en conséquence, l'honneur, Monsieur le Président, en vous transmettant une copie de la circulaire que j'adresse à mes actionnaires et correspondants, de vous notifier le retrait de la demande que j'avais formulée le 27 mai 1885 en vue d'être autorisé à émettre des obligations à lots.

« Veuillez agréer, Monsieur le Ministre, Président du Conseil, l'hommage de mon respect.

« FERDINAND DE LESSEPS. »

M. de Lesseps adressait le même jour à M. Germain Casse, Président de la Commission, une lettre ainsi conçue :

« Paris, 9 juillet 1886.

« Monsieur le Député,

« En réponse à la lettre que vous avez bien voulu m'adresser ce matin, j'ai l'honneur de vous informer que le projet de loi présenté par M. le Président du Conseil des Ministres ne pouvant pas être discuté avant la fin de la présente session, j'ai prié M. de Freycinet de retirer ce projet.

« Je me réserve de m'adresser directement, pour l'émission des obligations de Panama, aux 400.000 petits souscripteurs de mes deux grandes entreprises.

« Veuillez agréer, monsieur le député, l'assurance de ma haute considération.

« FERDINAND DE LESSEPS. »

Voici le texte de la circulaire adressée aux actionnaires et aux correspondants de la Compagnie :

Paris, le 9 juillet 1886.

« A Messieurs les Actionnaires et Correspondants de la
Compagnie du Canal de Panama.

« Messieurs,

« J'apprends la décision prise hier par la Commission parlementaire chargé d'examiner le projet de loi par laquelle le Gouvernement de la République proposait de m'autoriser à émettre 600 millions en obligations à lots : — Six députés, sur onze, saisis du projet de loi, ont pris une décision dont la conséquence est de renvoyer à la session d'automne, c'est-à-dire en octobre ou novembre la solution à intervenir.

« Est-ce par de tels atermoiements, par de telles lenteurs, que l'on facilitera à nos travailleurs, là-bas, l'exécution du Canal pour 1889.

« Faut-il attendre encore quatre mois et perdre un temps précieux ? Faut-il livrer la destinée de notre œuvre aux incidents imprévus de la politique ? Faut-il risquer l'intérêt de nos 350.000 actionnaires ou obligataires ? Je ne le pense pas.

« On m'ajourne, — je n'accepte pas l'ajournement.

« Fidèle à mon passé, lorsqu'on veut m'arrêter, je marche ! Non pas seul, certes, mais avec 350.000 Français partageant ma confiance patriotique.

« J'ai vu exactement, dans des circonstances identiques, se passer pour Suez ce qui se passe maintenant pour Panama. Les installations et les machines sont prêtes, tout est disposé pour l'effort final, et cet effort final, comme à Suez, va, je l'espère bien, étonner même ceux qui ont la foi.

« Je crois, personnellement, qu'avec les 600 millions compris dans les prévisions du Congrès international de 1879, l'achèvement du Canal maritime de Panama sera assuré avant la fin de 1889.

« Est-ce à dire que j'attends avec tranquillité, sans prévoyance, la démons-

36

— 282 —

tration pratique de ce succès ? Au contraire, nous n'avons cessé d'étudier les moyens par lesquels, en cas de retards imprévus, l'inauguration du Canal serait assurée quand même, sauf à achever plus tard, comme cela a eu lieu au Canal de Suez, le programme complet d'exécution totale.

« Ce qu'il faut, c'est qu'avec les 600 millions réalisés, toutes les mesures soient prises pour que les navires passent d'un océan à l'autre océan.

« Pour alléger les charges devant résulter de l'Emprunt, j'avais demandé au Gouvernement l'autorisation d'émettre des obligations à lots ; le Gouvernement avait soumis à la Chambre le projet de loi m'accordant cette autorisation ; la Commission parlementaire me renvoie à la fin de l'année pour émettre un avis....

« Mais le type d'obligations à lot n'est heureusement pas le seul qui existe ; on peut procéder à une émission de titres qui, en outre d'un revenu honorable, assurerait à chaque porteur, sans exception, dans un temps donné, une large prime bénéficiaire, avec des tirages fréquents où le plus grand nombre possible d'obligations sortiraient, de manière à favoriser également le plus grand nombre possible de porteurs, au lieu d'en favoriser un seul, de temps en temps, par un gros lot.

« C'est là, messieurs, ce que je vais proposer au Conseil d'administration.

« Et puisque des représentants de mon pays, puisque de mes compatriotes puisque six députés, par leur attitude, m'empêchent d'aller de l'avant, de marcher avec vous à la conquête pacifique entreprise par la France dans l'Isthme de Panama, nous passerons par dessus l'obstacle, nous irons ensemble à cette deuxième victoire, nous émettrons les 600 millions nécessaires, au moyen d'*obligations nouvelles*, aux conditions générales que je viens d'indiquer.

« Une telle émission d'obligations devant être avantageuse pour tous, nous réserverons, dans la mesure du possible, un privilège de souscription aux 350,000 actionnaires et obligataires actuels du Canal de Panama.

« Je ne saurai terminer sans exprimer ma gratitude aux Ministres qui, après avoir reçu communication du rapport de M. Rousseau, ont loyalement présenté aux Chambres le Projet de loi auquel les lenteurs d'une Commission parlementaire n'ont pas permis d'aboutir en temps utile.

« Il n'y a plus un jour à perdre, si l'on veut que le Canal de Panama soit promptement ouvert, et c'est ce qui justifie la décision que je vais soumettre au Conseil.

« Dès que cette décision aura été prise, nous procéderons à l'émission, et je m'empresserai de vous en prévenir.

« Veuillez agréer, Messieurs, la nouvelle assurance de mon dévouement.

« FERDINAND DE LESSEPS. »

La résolution prise par M. de Lesseps a rencontré dans la presse, un assentiment pour ainsi dire unanime.

La commission, dit le *Journal des Débats*, ne paraît pas s'être rendu compte du mandat qui lui avait été confié. Son rôle cependant était bien défini et les précédents ne faisaient pas défaut. Elle n'avait qu'à s'enquérir si l'état du marché financier, les intérêts français engagés dans l'affaire, l'avancement des travaux, la situation de la Compagnie justifiaient une nouvelle émission d'obligations. Ces points nettement établis, il ne lui restait plus qu'à proposer l'acceptation ou le rejet de l'autorisation demandée. Dans ces deux hypothèses, la responsabilité de la Commission restait intacte : on ne pouvait ni lui reprocher d'encourager les illusions, ni de semer la panique sur le marché des capitaux. Quelle que fut sa décision, elle n'entraînait nullement un blâme de la gestion de la Compagnie, pas plus qu'elle ne pouvait être regardée comme une marque d'approbation de ses actes.

Après de longues tergiversations, la commission a décidé, malgré les réclamations de deux de ses membres dont l'un était favorable à l'autorisation et l'autre hostile, que, avant de prendre une détermination, elle contrôlerait toutes les opérations antérieures faites par la Compagnie. Les chefs de services seraient convoqués, on entendrait les dépositions des principaux agents, les entrepreneurs devraient donner connaissance de leurs traités et engagements. Qui sait même si une délégation n'aurait pas été chargée de se rendre sur les lieux! Cette enquête terminée la Commission prononcerait.

La résolution de la Commission ne pouvait que la compromettre et engager la responsabilité de la Chambre et celle du Gouvernement. Elle ne pouvait avoir qu'un résultat : faire gagner du temps et retarder le moment où l'on serait obligé de se prononcer. Or, ce système d'atermoiements et de tergiversations, nous ne le connaissons que trop. En politique, on sait ce qu'il a produit. En affaires, il est absolument inacceptable, et il n'est pas plus aujourd'hui qu'il y a vingt-cinq ans dans le tempérament de M. de Lesseps. Aussi ne sommes-nous pas étonné qu'il l'ait repoussé et qu'il ait cru devoir en appeler immédiatement du suffrage restreint de la Commission de la Chambre au suffrage du public tout entier.

Le *Gaulois* constate, chez tous les amis de M. de Lesseps, une satisfaction sincère de le voir dégagé de cette procédure que l'on voulait éterniser au détriment de son œuvre.

La résolution qu'il a prise, dit notre confrère, nous le rend bien tel que nous le connaissons depuis quarante ans qu'il lutte. A chaque taquinerie nouvelle, on nous disait : « Prenez patience le lion se réveillera. » Eh bien, il s'est réveillé.

M. Ferdinand de Lesseps a fait tout son devoir avec une crânerie dont le monde des affaires doit lui savoir gré. Maintenant, c'est aux actionnaires à faire le leur. Ils sont convoqués en assemblée générale pour le 29 juillet courant. C'est dans quinze jours à peu près. Qu'ils y viennent tous jusqu'au dernier. Cette convocation n'était, à l'origine, qu'un rendez-vous d'affaires, à présent c'est un rendez-vous d'honneur. Ils ont à venger leur propre injure, le mépris que l'on a fait de leurs intérêts, l'atteinte que l'on a essayé de porter à une entreprise dont ils sont et dont ils demeureront les créateurs.

Il faut que cette réunion du 29 porte avec elle une éclatante protestation contre des procédés iniques à la fois illégaux et offensants. Et puisqu'on a voulu ouvrir sur la constitution même de la Société je ne sais quelle enquête, les actionnaires se doivent à eux-mêmes de porter témoignage dans leur propre cause, et avec une fermeté et un éclat qui rejettent dans l'ombre ces tentatives de dénigrement.

Le *Figaro* dit qu'il est fâcheux, à tous les points de vue, que la Commission n'ait pas compris la portée patriotique de la mission qui lui était confiée, et il ajoute :

On ne saurait trop féliciter M. Ferdinand de Lesseps de l'attitude énergique qu'il a prise ; il comprend parfaitement l'étendue des responsabilités qu'il peut avoir, et il défend son œuvre avec habileté.

Il s'était adressé au Parlement pour obtenir un appui moral sur lequel il croyait pouvoir compter. Les lenteurs voulues de la Commission, les hésitations exagérées de certains députés l'ont décidé à passer outre ; il a bien fait.

On lui demandait communication des contrats que M. Rousseau, ancien député, chargé d'un rapport sur la question, avait eus en sa possession.

On exigeait de lui une justification des conditions dans lesquelles s'était tenue l'Assemblée générale des actionnaires, quand tout le monde sait qu'une assemblée générale ne peut avoir lieu que dans des conditions légalement déterminées.

Au total, on cherchait surtout à éterniser la question, à prolonger la durée de la Commission.

M. de Lesseps, malgré son grand âge, s'est réveillé avec vigueur, il a protesté et il a reconnu son erreur d'un moment. On lui prête même ce mot charmant, qui sera comme la conclusion de toute cette affaire :

« Que voulez-vous, je suis encore trop jeune, je ne connais pas bien le monde parlementaire. »

Le *Messager de Paris* donne également son approbation au retrait de la demande d'autorisation :

Les questions comme celles que le Gouvernement venait de poser en proposant à la Chambre d'autoriser l'émission d'obligations à lots, ne sont pas, dit-il, de celles qui peuvent s'accommoder des éternels atermoiements de la tactique parlementaire. Même le budget de l'État peut attendre sans que le crédit de la nation en puisse trop souffrir. Mais comment veut-on qu'une entreprise privée colossale comme celle du Panama, supporte une suspension de quatre mois à l'heure juste où elle est prête à entamer le gigantesque effort qui doit l'amener à bon terme ?

M. de Lesseps a pris virilement son parti dans des circonstances qui ne comportaient qu'une décision virile.

Comme on l'a vu hier, par des lettres adressées au président de la Commission, à M. de Freycinet, président du Conseil, et aux actionnaires de la

Compagnie, il a prié le Gouvernement de retirer le projet de loi présenté et annoncé l'intention de procéder dans le plus bref délai à une émission d'obligations sans lots, pour laquelle il n'a pas besoin de l'appui, même moral, du Gouvernement, étant assuré du concours moral et matériel des quatre cent mille actionnaires et obligataires de Suez et de Panama.

La Compagnie *fara da se*, puisque le Parlement n'a sû lui donner ni refuser franchement la simple marque de sympathie qu'elle réclamait et attendait de lui.

Le *Gil Blas* s'exprime ainsi :

Le public s'attendait à une solution au sujet de l'autorisation à donner à la Compagnie avant les vacances des députés. Les commissaires en ont jugé autrement. C'est profondément regrettable à tous les points de vue, et les intéressés jugeront sévèrement la conduite de la Chambre.

On approuve fermement la lettre de M. de Lesseps à M. de Freycinet pour prier celui-ci de retirer son projet de loi et la circulaire annonçant la prochaine émission d'obligations jouissant d'un rapide remboursement avec fortes primes On croit à un grand succès et à un prompt relèvement de l'action.

La *Semaine financière* dit :

Nous ne détaillerons pas par le menu les discussions oiseuses qui se sont éternisées au sein de la Commission de Panama. On a perdu un temps précieux et compromis comme à plaisir les intérêts de 350.000 Français, actionnaires et obligataires du Canal interocéanique. Justement irrité de ces procédés, M. Ferdinand de Lesseps a écrit à M. de Freycinet, avec l'approbation unanime du conseil, pour retirer le projet de loi que les lenteurs *singulières* de la Commission rendraient inutile.

Le *Constitutionnel* constate que la Compagnie de Panama a refusé de compromettre sa dignité et les intérêts de ses 400.000 actionnaires, et notre confrère termine ainsi :

La Chambre — ou plutôt six membres d'une commission hostile, ont, par leur refus, assumé une grande responsabilité.

Le crédit européen répondra à l'appel de M. de Lesseps, qui avait fait tous ses efforts pour que l'œuvre de Panama fût exclusivement une œuvre française.

L'*Intransigeant*, après avoir reproduit le texte de la circulaire adressée aux actionnaires du Canal interocéanique, fait les réflexions suivantes :

L'entreprise de M. de Lesseps, alors même que les pouvoirs publics ne sont pas appelés à la patronner — même indirectement — représente pour la France une somme tellement énorme d'intérêts particuliers, elle ouvre à notre commerce maritime de si vastes horizons, qu'il est impossible de dénier au percement de l'isthme de Panama le caractère d'une entreprise essentiellement française.

.....Il est surprenant que la majorité de la Chambre actuelle, composée en grande partie de gens qui ont voté tous les crédits du Tonkin, ait nommé une commission hostile au président de la Compagnie de Panama, dont le but est précisément d'ouvrir à la France, à travers l'isthme américain, un nouvel accès vers ses nouveaux établissements du fleuve Rouge et du Mékong.

Quand on adopte une politique de conquêtes, il faudrait au moins être conséquent avec soi-même, et ne pas se placer dans l'impossibilité de défendre ou d'exploiter des territoires si péniblement annexés et si ardemment enviés.

La lettre de M. de Lesseps montre qu'il est décidé à ne pas attendre l'appui parlementaire qu'on paraissait vouloir lui marchander si durement. Il n'est pas douteux qu'il puisse en effet s'en passer.

Mais, au point de vue français, il est permis de regretter que, par la faute de quelques-uns, le Parlement national ne soit pas associé à la gloire de l'homme qui, après avoir uni jadis l'Europe aux vieux peuples asiatiques et à la jeune Australie, va couronner sa carrière en faisant communiquer notre continent avec toute la côte occidentale du Nouveau-Monde.

La *Revue-Gazette maritime et commerciale* énumère les divers documents dont la Commission parlementaire aurait demandé la production, savoir :

1° Contrats passés avec les entrepreneurs;

2° Etat de composition de l'assemblée d'actionnaires ayant voté l'emprunt de 600 millions;

3° Contrat spécial des premiers entrepreneurs, MM. Couvreux et Hersent;

4° Dernier bilan de la Société.

Et il démontre point par point, dans les termes suivants, le mal fondé de ces exigences :

Or, tout le monde sait que les contrats d'entrepreneurs ne peuvent se communiquer qu'avec l'autorisation desdits entrepreneurs; qu'il est très grave, pour une société faisant exécuter des travaux, de rendre publics de tels documents, attendu que les administrateurs tiennent en concurrence les entrepreneurs divers, et que, faire savoir à l'un d'eux les conditions du voisin, c'est immédiatement donner au moins favorisé presque le droit de réclamer les conditions du concurrent et de l'émule. Et nous ajouterons, d'ailleurs, que les membres de la Commission savaient que ces contrats avaient été communiqués *confidentiellement* à M. Rousseau et que ce dernier, dans son rapport, en avait tiré, avec la discrétion que lui dictait l'honorabilité de son caractère, tout ce qu'il était possible d'en tirer honnêtement.

Notre avis formel, sur ce point, est qu'en demandant à M. de Lesseps la remise des contrats passés avec les entrepreneurs, les commissaires de la majorité savaient que M. de Lesseps ne pourrait pas accéder à leur désir — et leur demande ne pouvait pas avoir d'autre but, puisque, par le rapport et la déposition de M. Rousseau, ils connaissaient parfaitement le fonds de ces contrats.

Quant à la demande relative à la composition des assemblées, elle est simplement grotesque : le plus petit des actionnaires sait que les assemblées se constituent à l'aide de feuilles sur lesquelles les actionnaires eux-mêmes apposent leur signature d'abord au moment du dépôt de leurs titres, ce qui leur donne le droit d'assister à l'assemblée convoquée; ensuite, au moment de la réunion de l'assemblée, si les constatations de dépôt ont prouvé la présence d'un nombre d'actionnaires statutairement suffisant.

Or, ces constatations, ce sont les actionnaires eux-mêmes qui les sanctionnent par les *assesseurs*, lesquels sont les *deux plus* forts actionnaires présents au moment de l'ouverture de la séance.

Du contrat Couvreux et Hersent, nous n'aurons qu'à rappeler que la correspondance échangée entre M. Ferdinand de Lesseps et ces entrepreneurs a été *lue* aux actionnaires, réunis en assemblée générale, et approuvée par eux. Tout le monde connaît ces documents, sauf les six députés hostiles à l'entreprise de Panama.

La demande du *Bilan*, enfin, ne peut provoquer qu'un étonnement : D'abord il n'est dû qu'aux actionnaires et, d'autre part, comme ce *dû* est réel, il leur est communiqué chaque année. Et puis, vraiment, quel rapport peut-il y avoir entre une demande en autorisation d'émission d'obligations à lots et le bilan de la société qui demande cette autorisation?

Tout cela c'était simplement pour rendre matériellement impossible le dépôt, à la Chambre, d'un rapport quelconque, avant la fin de la session, et de renvoyer ainsi M. de Lesseps aux calendes parlementaires.

Alors, et spontanément, toute la presse s'est écriée: « Que M. de Lesseps en finisse; qu'il secoue cette intrigue! qu'il se débarrasse de cette glu! qu'il marche! »

Et c'est ce qui est arrivé.

L'insuccès des tentatives de M. de Lesseps pour arriver à des émissions d'obligations dépourvues de l'attrait des lots, lui fit demander de nouveau au Gouvernement de faire revenir la Chambre sur sa première décision et de lui soumettre un second projet.

Il adressa donc, le 15 novembre 1887, une lettre à M. Rouvier, président du Conseil, pour obtenir l'autorisation d'émettre des valeurs à lots.

Le 20 janvier 1888, M. Tirard, qui avait succédé à M. Rouvier comme Président du Conseil, fit connaître à MM. de Lesseps qu'il ne déposerait pas aux Chambres le projet de loi nécessaire.

C'est alors que, dans une lettre rendue publique et insérée au *Bulletin* du 2 février 1888, M. de Lesseps songea à organiser un nouveau pétitionnement. Il est important de connaître en entier le sens de cette lettre, qui est le premier acte de la seconde opération, sur laquelle portent nos recherches.

Lettre de M. Ferdinand de Lesseps à MM. les fondateurs, actionnaires, obligataires et correspondants de la Compagnie.

Paris, 20 janvier 1888.

Messieurs,

Le 15 novembre dernier, je demandais à M. Rouvier, président du Conseil des Ministres, l'autorisation, pour les actionnaires du canal de Panama, d'émettre des obligations à lots.

Hier soir, M. Tirard, président du Conseil des Ministres, m'a fait connaître qu'il ne déposerait pas aux Chambres le projet de loi nécessaire.

Ayant prévu la possibilité de ce résultat, je suis prêt à faire appel directement au public avec un type d'obligation donnant toutes garanties aux souscripteurs.

Mais je ne puis pas accepter et je n'accepte pas une silencieuse fin de non-recevoir ; j'aurais l'air d'acquiescer à toutes les infamies dont on accable les actionnaires du canal de Panama, et j'ai le devoir, dans tous les cas, de ne pas sanctionner une indifférence dont les résultats pourraient être de livrer l'entreprise de Panama, à la veille de son achèvement, aux étrangers qui la convoitent.

J'exposerai à l'assemblée prochaine des actionnaires, avec le programme technique arrêté pour l'ouverture du canal en 1890, les voies et moyens financiers par lesquels nous aboutirons.

Je refuse de renoncer à la demande que j'ai faite d'être autorisé à émettre les obligations à lots, et j'engage tous les actionnaires et obligataires de Panama à se rendre chez le correspondant de la Compagnie le plus proche (ou à lui écrire) et à signer une pétition adressée à leurs représentants aux Chambres ; pétition dont le modèle sera déposé chez le correspondant.

N'ayant rien à cacher, je veux un débat public, où la véritable situation de l'entreprise sera exposée. Ce n'est donc pas une mise en demeure que mes associés, que les électeurs transmettront à leurs représentants, mais une respectueuse requête n'ayant pour but que la vérité.

Habitué à tout vous dire, je vous transmets sous ce pli toutes les lettres écrites à M. Rouvier et à M. Tirard, ministres des Finances, présidents du Conseil, à l'appui de la demande que j'avais faite et que je maintiens.

Vous avez admirablement résisté à toutes les menaces comme à toutes les offres ; vous avez fait justice, par votre seule attitude, de toutes les calomnies, et vous avez déjoué toutes les intrigues ; il vous reste à exercer avec calme, pour le succès de notre œuvre, vos droits indéniables de citoyens.

M. Rousseau, ingénieur en chef des Ponts et Chaussées, conseiller d'État, envoyé en mission à Panama par le Gouvernement de la République, et chargé de faire un rapport au Ministre des Travaux publics, a écrit : — « La Compagnie « de Panama, par le nom et le passé des hommes qui la dirigent, par les colla_ « borateurs éminents dont elle s'entoure, par le caractère grandiose et en quel_ « que sorte humanitaire de l'œuvre qu'elle poursuit, par les efforts sérieux « qu'elle a déjà faits encore pour mener cette œuvre à bien, mérite la bienveil- « lance des pouvoirs publics. »

Vous devez donc en appeler à la « bienveillance des pouvoirs publics », aux représentants de la nation. Je compte sur vous pour le pétitionnement que je vous demande.

Le canal de Panama s'achèvera comme s'est achevé le canal de Suez, pour l'honneur et le profit de notre grande et chère France !

Veuillez agréer, Messieurs, la nouvelle assurance de mon dévouement.

Le président-directeur,
FERDINAND DE LESSEPS.

A la suite de cette lettre, M. de Lesseps fit publier le texte même de la pétition, qui n'était plus adressée au Parlement, mais aux Députés et Sénateurs de chaque département, par leurs propres électeurs ; cette pétition était ainsi conçue :

PÉTITION

à Messieurs les Sénateurs et Députés

du département.

Messieurs les Sénateurs et Députés,

Intéressés dans l'exécution du canal maritime de Panama, nous venons respectueusement vous demander d'user de votre droit d'initiative et de déposer un projet de loi, par lequel M. Ferdinand de Lesseps sera autorisé à émettre des obligations à lots, dans les termes et aux fins de sa lettre du 15 novembre 1887, à M. le Président du Conseil, Ministre des Finances.

M. Ferdinand de Lesseps ayant demandé, au nom des actionnaires et obligataires de Panama, un débat public sur la véritable situation de l'entreprise, vous ne pouvez pas, en le lui refusant, abandonner vos électeurs.

C'est à M. de Lesseps directement que les pétitions

37

devaient être renvoyées ; on en trouvait des exemplaires, non seulement au siège de l'Administration, mais encore chez tous les agents de la Compagnie. Il est donc évident que la Compagnie en faisait tous les frais.

La campagne fut menée avec la plus grande énergie ; tous les agents de la Société interocéanique intervinrent : à Paris, les pétitions étaient portées à domicile par des garçons de bureaux de l'Administration.

Enfin une campagne de presse effrénée vint encore au secours des pétitionnements.

Le *Bulletin* résume, dans son numéro du 2 février 1888, l'opinion des divers organes de publicité de Paris : il est nécessaire de mettre ces extraits sous vos yeux, afin que vous puissiez juger de l'intensité de la pression exercée sur l'opinion publique et sur celle du Parlement.

LA LETTRE DE M. F. DE LESSEPS

Et la Presse.

Nous réunissons ci-après, et sans commentaires, les appréciations des principaux organes de la presse, au sujet de la lettre de M. Ferdinand de Lesseps aux fondateurs, actionnaires, obligataires et correspondants de la Compagnie.

Cette manifestation générale, où tous les partis politiques, sans exception, se trouvent unis, démontre, mieux qu'aucun raisonnement ne le pourrait, le caractère national de l'entreprise et l'intérêt patriotique qui s'attache à son achèvement.

Cette union manifeste et bien consolante donnera une nouvelle force aux actionnaires et aux obligataires pour braver leurs adversaires.

Extrait du *Journal des Débats*. — Nous nous expliquons difficilement les raisons qui ont pu déterminer le Gouvernement à ne pas saisir les Chambres de la demande de M. Ferdinand de Lesseps. On sait l'importance des capitaux français engagés dans l'entreprise de Panama. Les actionnaires et les obligataires de cette Compagnie ne sont pas seuls intéressés à ce que l'affaire se poursuive : le crédit public y est aussi engagé dans une certaine mesure. Le Gouvernement et les Chambres ont autorisé des émissions de valeurs à lots pour des affaires qui étaient loin d'avoir pour le pays l'importance de celle de Panama. Il est à espérer que la Chambre ne refusera pas le débat public que sollicite M. Ferdinand de Lesseps.

Extrait du *Temps*. — Les débats parlementaires que M. Ferdinand de Lesseps se propose de provoquer auront cette utilité de permettre à tout le monde un jugement éclairé sur la portée des engagements contractés par la Compagnie et envers la Compagnie pour l'exécution du Canal restreint. A ce point de vue, sa résolution ne peut qu'être louée.

Extrait du Figaro. — Les actionnaires de Panama, les vrais, ont une confiance absolue dans la réussite de l'entreprise. Les bruits de Bourse n'ont pas d'intérêt pour eux.

L'autre jour, à propos des écluses Eiffel nous disions que l'affaire de Panama allait entrer dans une voie nouvelle, et que, grâce à ces écluses, il y avait lieu d'espérer la navigation très prochaine dans le Canal.

M. de Lesseps vient d'adresser une lettre aux fondateurs, actionnaires, obligataires et correspondants de la Compagnie de Panama.

M. de Lesseps a raison. Il n'y a pas dans l'affaire de Panama qu'une affaire d'argent, et les pouvoirs publics, ainsi que le disait justement M. l'ingénieur Rousseau, doivent prendre en considération « le caractère grandiose et en quelque sorte humanitaire de l'œuvre ».

Extrait du Gaulois. — L'épargne française entend être protégée à Panama, comme elle le fut à Suez, sous l'Empire.

Extrait du Monde. — On ne saurait trop louer le courage de M. de Lesseps qui veut que la lumière soit pleinement faite sur l'état actuel de son entreprise. Peu de financiers oseraient en faire autant.

Quant au Parlement, il ne peut pas se désintéresser d'une affaire où tant de capitaux français sont engagés.

Extrait du Télégraphe. — On ne peut que féliciter le président-directeur de la décision prompte et de l'énergique attitude qu'il vient de prendre ; il y a tout lieu de croire que ses fidèles coassociés dans cette entreprise gigantesque lui sauront gré de sa volonté inébranlable à réclamer un débat public dans lequel seront démasqués les mobiles auxquels obéissent les adversaires de Panama.

Extrait de l'Intransigeant. — Le nombre et l'étendue des intérêts suspendus à cette affaire en ont fait une véritable question d'intérêt général, dont le Parlement ne peut se désintéresser. En somme, ce que la Compagnie demande n'est pas un concours, mais seulement l'autorisation d'emprunter à bon marché pour ne pas grever inutilement son compte d'établissement. Il est permis de penser que les actionnaires et obligataires de Panama sont au moins aussi intéressants que les gens de la loterie de Nice et autres entreprises de jeu auxquelles on vient de venir en aide.

Le Gouvernement ne peut pas se désintéresser d'une œuvre nationale à laquelle ont concouru quatre cent mille Français.

Extrait du Petit Journal. — La lettre de M. de Lesseps, connue et commentée de tous, produit une excellente impression.

Extrait du Moniteur universel. — M. de Lesseps veut mettre une borne aux attaques auxquelles lui et son entreprise sont depuis longtemps en butte.

M. de Lesseps a fait appel à ses actionnaires et il a eu raison de s'appuyer sur eux. Nous verrons bien si le Gouvernement refusera d'entendre la protestation et les réclamations de milliers et de milliers de porteurs appartenant au monde des petits travailleurs. Nous restons convaincus qu'en cette affaire le succès restera à M. de Lesseps et à ses actionnaires.

'Extrait de la *Patrie*. — Dans la séance du Conseil d'administration du Panama, tenue hier, M. de Lesseps a dénoncé les attaques inqualifiables dont sa dernière œuvre est l'objet, et il a ajouté qu'un débat public montrera bientôt qu'elle est actuellement la véritable situation de cette grande entreprise.

Extrait du *Paris-Bourse*. — M. de Lesseps refuse de retirer sa demande d'obligations à lots, malgré l'offre financière qui lui a été faite d'un projet assurant le succès de l'emprunt nécessaire à l'achèvement du Canal.

Extrait de la *Cote européenne*. — Nous sommes en mesure de faire connaître positivement que M. de Lesseps a en main une combinaison qui lui assure les fonds nécessaires pour achever le Canal; qu'il poursuivra cependant jusqu'au bout de sa demande d'être autorisé à émettre des obligations à lots, ne consentant pas à laisser son entreprise en proie aux soupçons. Il veut la vérité publique, entière, totale.

De même que le *Journal des Débats*, nous ne pouvons point nous expliquer les raisons ayant pu déterminer le cabinet Tirard à ne pas saisir le Parlement français de la demande, tout à fait légitime selon nous, du créateur du Canal de Suez, eu égard à l'importance des capitaux français engagés depuis 1880 dans l'œuvre du percement du Canal de Panama. Les ministères qui avaient précédé le ministère Tirard, et en dernier lieu le cabinet Rouvier, ont invité les Chambres à autoriser un bouquet d'émissions de valeurs à lots pour des affaires qui étaient loin d'avoir pour la France l'importance de celles du Canal de Panama. Nous avons donc la ferme conviction que la Chambre des Députés sera, au prochain jour, saisie de la cause de M. Ferdinand de Lesseps et qu'elle ne refusera pas à celui-ci le débat public qu'il est en droit de solliciter sous 'n'importe quel ministère.

Extrait de la *Revue économique et financière*. — Le Gouvernement ne se résolvant pas à prendre un parti, le Conseil du Panama a entendu aujourd'hui M. Ferdinand de Lesseps sur les mesures qu'il avait adoptées à l'avance en vue de la non-présentation aux Chambres par le Gouvernement du projet de loi relatif à l'émission des obligations à lots. Parmi ces décisions, il y a un projet financier qui assurerait l'emprunt nécessaire pour poursuivre l'exécution du Canal et son inauguration en 1890; mais M. de Lesseps a exposé qu'il ne consentirait pas à retirer sa demande, voulant être en état de présenter et de défendre la véritable situation de l'entreprise et de la Compagnie.

Il croit que, s'il retirait sa demande, les adversaires de la Compagnie, en prendraient texte pour renouveler et appuyer leurs attaques, et il désire provoquer jusqu'au bout un débat public qui, dans sa pensée, ne peut être que favorable à la Compagnie.

Le Conseil a approuvé à l'unanimité la marche indiquée par M. Ferdinand de Lesseps.

Extrait du *Constitutionnel*. — Il est nécessaire que le pétitionnement, au bas duquel ne manquera la signature d'aucun intéressé, soit achevé dans le plus bref délai.

Le pétitionnement est le seul moyen pratique laissé aux actionnaires de Panama pour obtenir des renseignements indispensables. Il ne faut donc pas tarder ni hésiter. C'est un devoir à accomplir.

Extrait du *Gil Blas*. — Maintenant, le débat étant ainsi bien posé, c'est, pour parler une fois la langue d'Adam Smith, à nos honorables à laisser faire, pour aider les 400.000 commanditaires de M. de Lesseps à « laisser passer ».

Extrait du *Messager de Paris*. — La demande d'autorisation pour une émission d'obligations à lots est donc maintenue. Appel est fait, comme il est dit dans la circulaire, à l'esprit de justice et à la bienveillance des pouvoirs publics, et il appartient à tous les intéressés d'apporter au président de la Compagnie, par le moyen qu'il indique lui-même, un concours actif pour l'obtention de l'objet poursuivi.

Extrait du *Mot d'Ordre*. — M. de Lesseps n'a nullement renoncé à solliciter l'autorisation d'émettre ces obligations à lots pour se procurer les fonds nécessaires à l'achèvement du Canal.

Extrait de l'*Événement*. — Le nombre et l'étendue des intérêts suspendus à cette affaire en ont fait une véritable question d'intérêt général dont le Parlement ne peut se désintéresser.

La Compagnie ne demande, en somme, que l'autorisation d'emprunter à bon marché pour ne pas grever inutilement son compte d'établissement.

Extrait du *Libéral*. — Le « grand Français » n'abandonne pas la lutte. Avec une énergie toute virile, il relève au contraire le gant. Du débat contradictoire qui va s'engager résultera assurément la lumière. Nous sommes persuadés que M. de Lesseps triomphera de toutes les difficultés, que le canal de Panama sera ouvert à la navigation à l'époque fixée par le promoteur de cette grande œuvre.

Extrait du *Paris*. — Nos lecteurs ont pris connaissance de la lettre si franche et si énergique de M. de Lesseps. Aux actionnaires et obligataires dont les intérêts sont en jeu de prouver une fois de plus leur cohésion en présence des attaques réitérées des adversaires de la Compagnie.

Ils peuvent compter sur M. de Lesseps, que M. de Lesseps de son côté puisse compter sur eux, et la vaste entreprise de Panama se terminera à la confusion générale des détracteurs de l'œuvre.

Extrait de la *France*. — En toute hypothèse, Panama trouvera tout l'argent dont il a besoin. Les intéressés peuvent donc se tranquilliser et ne pas se préoccuper des cours.

Extrait de l'*Ordre*. — Que les actionnaires et les obligataires du Panama aient confiance... qu'ils soutiennent M. de Lesseps et les hommes qui l'entourent dans la tâche ardue et longue qu'il s'est imposée ; qu'ils fassent justice de toutes les attaques, de quelque part qu'elles viennent ; qu'ils se réunissent et se sentent les coudes pour résister aux courants politiques ou autres acharnés à leur perte ; qu'ils se souviennent enfin de la lutte titanesque qu'a subir à la Compagnie du Canal de Suez, et nous pouvons prédire aux porteurs de titres de la Compagnie qu'un avenir brillant luira pour eux, que ce siècle couronnera l'œuvre grandiose et humanitaire de M. Ferdinand de Lesseps, et qu'ils sont assurés du triomphe de leur idée et moralement et matériellement, car elle s'impose, car elle est attendue et parce qu'elle est une des résultantes de l'intelligence et du génie humain qui accomplit sa révolution lente et sûre à travers les siècles.

Extrait du *XIX*e *Siècle*. — Les années n'ont aucune prise sur l'énergie du caractère de M. de Lesseps, qui toujours avec la même ardeur fait tête aux adversaires de son entreprise du canal de Panama.

Extrait de *la Lanterne*. — Dans les milieux sérieux, le sentiment est que la possibilité d'arriver au but étant bien démontrée, il y a un véritable intérêt à favoriser les efforts de la Compagnie.

Extrait du *Courrier du Soir*. — La Compagnie du Canal de Panama a organisé un vaste pétitionnement dont les résultats sont jusqu'à présent favorables et qui ne laissent pas de causer quelque émotion dans les sphères financières.

Extrait de la *France nouvelle*. — M. de Lesseps a adressé une lettre-circulaire aux actionnaires et obligataires pour leur exposer son intention de maintenir sa demande et les engager à pétitionner, afin qu'une discussion publique établisse bien nettement la situation réelle de la Compagnie pour mettre fin aux calomnies.

Extrait du *Petit Moniteur universel*. — Qu'on le remarque bien, en effet, il ne s'agit pas pour l'État de donner sa garantie à l'entreprise. Il n'a aucun risque à courir. On lui demande simplement d'autoriser une forme d'emprunt qui permettra à M. de Lesseps de trouver des capitaux à bon marché. Lui refuser, exposer peut-être l'affaire à ne pas aboutir et les actionnaires à être déçus dans leurs légitimes espoirs, c'est certes pour le Gouvernement encourir une responsabilité bien autrement grave que la résolution devant laquelle il recule.

Extrait du *Petit Caporal*. — M. de Lesseps a bien fait d'avoir recours à ses actionnaires et de compter sur eux. Ceux-ci, de leur côté, peuvent être assurés de trouver en M. de Lesseps un directeur qui, fort de ses droits, saura confondre ses détracteurs et mener à bonne fin cette colossale et si belle entreprise.

Extrait de l'*Information*. — M. de Lesseps en appelle au pays. Nous l'en félicitons. Un vaste pétitionnement s'organise. La Chambre et le public seront saisis régulièrement.

La discussion fera le jour sur toutes les erreurs, sur toutes les manœuvres, qu'elles viennent de l'étranger, des spéculateurs ou des sphères officielles.

Extrait de *la Civilisation*. — M. de Lesseps ne peut accepter et n'acceptera pas une silencieuse fin de non-recevoir; il aurait tort d'acquiescer aux infamies dont on accable les actionnaires de Panama.

Non, il ne laissera pas enterrer cette question et nous crierons avec lui jusqu'à ce qu'on nous fasse taire.

Extrait du *Voltaire*. — Le concours des actionnaires autour de M. de Lesseps est vraiment remarquable. La pétition aux députés demandée par M. de Lesseps se signe de toutes parts avec élan. Tous les intéressés de Paris viennent signer au siège de la Compagnie, rue Gaumartin, et à la Compagnie de Suez, rue Charras.

Extrait de la *Petite République française*. — Cette attitude toute simple, toute loyale, impose aux actionnaires et aux obligataires, comme à toutes les personnes intéressées au succès de l'œuvre nationale entreprise à Panama, le devoir rigoureux de signer et de faire signer la pétition déposée chez les correspondants de la Compagnie en province et au siège central de l'administration, à Paris.

M. Ferdinand de Lesseps a assez fait pour ses associés pour que ceux-ci lui apportent en ce moment le concours qu'il réclament d'eux. Pas un seul ne doit manquer à l'appel.

Extrait du *Sémaphore de Marseille*. — M. de Lesseps n'en persiste pas moins, quelle que soit l'attitude que le Gouvernement doive prendre lorsque la question sera posée devant la Chambre, à demander un vote au Parlement, après lui avoir exposé avec les documents les plus complets la situation vraie de l'entreprise. Il sera soutenu dans cette tâche par une pétition des actionnaires et des obligataires du Panama, qui est dès maintenant ouverte et que tous signeront.

Extrait du *Soir*. — Nous apprenons au moment du tirage de notre *deuxième édition*, en confirmation de ce que nous avons dit, que M. Ferdinand de Lesseps a les moyens financiers de poursuivre l'achèvement du Canal et sa mise en exploitation en 1890, mais en même temps qu'il se refuse à retirer la demande qu'il a faite de pouvoir émettre des obligations à lots, afin que la Chambre puisse se saisir de la question et, par un débat public, établir la vérité, dénaturée par des adversaires acharnés.

M. de Lesseps s'est déclaré inébranlable sur ce terrain et veut que toute la vérité soit connue. Ce à quoi M. de Lesseps tient par-dessus tout, c'est de pouvoir exposer publiquement et au grand jour quelle est la véritable situation de l'entreprise, et par ses explications aussi franches que loyales de faire justice des basses calomnies et des intrigues inavouables de ces spéculateurs sans aveu qui cherchent par tous les moyens à ruiner une œuvre éminemment et essentiellement française.

En attendant que nous assistions à ce débat, dont on appréciera toute l'importance et l'intérêt, que les actionnaires suivent les conseils de M. de Lesseps, qu'ils signent des pétitions, qu'ils les remettent à leurs représentants. Et l'on verra alors si, en présence de ce pétitionnement signé de quatre cent mille actionnaires, le Gouvernement persistera à refuser au *grand Français* la faveur dont jouissent des établissements qui, cependant, y ont beaucoup moins de droits.

Extrait de la *Revue-Gazette*. — Nous appuyerons sur le *devoir* que tout actionnaire, tout obligataire, tout fondateur, toute personne quelconque « intéressée dans l'exécution du Canal maritime de Panama » a de *signer* et *faire signer* la pétition » dont des exemplaires sont déposés chez tous les correspondants de la Compagnie.

Chaque intéressé ne doit pas se contenter, à notre avis, d'aller signer la pétition. Il *doit* aller prendre chez le correspondant un exemplaire de la pétition, l'emporter, le faire signer par le plus grand nombre d'intéressés, et, une fois plein, le rendre au correspondant de la Compagnie, ou l'envoyer directement à M. Ferdinand de Lesseps, à Paris, 46, rue Caumartin.

L'ennemi le plus acharné du Canal de Suez, le *Times*, de Londres, disait dans son numéro du 21 janvier :

« Considérant les sommes qui ont déjà été avancées par l'épargne française pour l'exécution de l'entreprise ;

« Considérant que *des Compagnies ont déjà été formées à l'étranger pour s'emparer de l'affaire*, si elle était arrachée des mains habiles de M. de Lesseps ;

« Et que *des spéculateurs* calculent sur la ruine des actionnaires français pour augmenter les bénéfices d'entreprises futures...

« Le Parlement ne sacrifiera pas à des considérations peu patriotiques une entreprise enchaînée au nom d'un Français aussi illustre et à 400.000 souscripteurs français. »

Encore faut-il que les quatre cent mille Français enrôlés sous la bannière de Ferdinand de Lesseps répondent à son appel et lui envoient, avec leur propre signature, les signatures des patriotes leurs amis.

Il s'agit d'une manifestation nationale.

Il résulte donc des renseignements que nous avons pris au siège de la Société en liquidation, aussi bien que des documents que nous mettons sous vos yeux, que la manifestation a été organisée par M. de Lesseps, que c'est lui et son Conseil d'administration qui ont forcé en quelque sorte la main à l'opinion, en engageant non seulement les actionnaires, mais encore les électeurs à intervenir auprès des élus.

Enfin, c'est M. de Lesseps lui-même qui déposa à la Chambre le bordereau des pétitions duquel il résulte qu'au 29 mars 1888, il était parvenu 158.287 signatures au siège de la Compagnie.

La suite de l'affaire est connue, et il ne nous appartient ni d'en faire l'historique ni de l'apprécier : il nous suffira de vous faire remarquer que la campagne de pétitionnement dont nous venons de parler n'a pas été étrangère aux décisions parlementaires qui sont intervenues en dernier lieu.

Vous aviez remarqué, Messieurs, au cours de l'examen de certaines pièces de comptabilité, qu'il était assez souvent question de l'*Union des actionnaires*.

Nous avons profité de notre présence dans les bureaux pour nous éclairer sur la nature et le mode de fonctionnement de cette Société, qui nous a paru être une sorte d'annexe de la Compagnie même du Panama.

En effet, après l'échec relatif de l'émission des valeurs à lots, la Compagnie elle-même, au mois de septembre 1888, crut devoir fonder l'Union des actionnaires dans le but de placer le solde des obligations à lots.

C'est M. Clageanson qui fut mis à la tête de cette Union ; il était nommé par la Compagnie.

Un premier appel adressé au public échoua complètement. C'est alors qu'on se décida à organiser des conférences dans les grandes villes, afin de donner plus d'éclat et plus de chances à une seconde tentative.

On sait que MM. de Lesseps parcoururent la France, partout reçus par les fonctionnaires, souvent acclamés du public.

Tous ces efforts ne réussirent pas à assurer le placement des 400.000 obligations restant en portefeuille. Le but de l'Union était dès lors manqué ; les souscriptions provisoires furent annulées et l'Union dissoute.

Peu de temps après, M. de Lesseps demanda lui-même la nomination d'administrateurs provisoires.

D'après la comptabilité de la Compagnie, l'Union des actionnaires lui avait coûté 98.000 francs, ils figurent au chapitre *frais divers*, mais il est présumable que cette somme ne comprend pas toutes les dépenses occasionnées par cette création et par les conférences qui, en outre de celles de M. de Lesseps, furent prononcées dans des centres moins importants par des agents de la Société.

Une étude plus attentive des livres pourra vous éclairer sur ce point : il nous suffit de constater que, comme pour le pétitionnement, c'est la Compagnie qui a eu l'initiative de la création de l'Union des actionnaires, et que c'est elle qui en a fait les frais.

38

RAPPORT

PRÉSENTÉ

PAR M. le vicomte DE VILLEBOIS-MAREUIL,

Député,

*sur les procès-verbaux de la Commission parlementaire
de 1886 et recueillie par la sténographie.*

(Séance du 9 janvier 1893.)

M. le vicomte de Villebois-Mareuil, *rapporteur.* —
Messieurs, la sous-Commission que vous aviez chargée d'examiner les pièces qui se trouvent dans les archives de la
Chambre des Députés n'a pu prendre connaissance que ce
matin des documents parlementaires se référant aux commissions de 1886 et de 1888. Nous sommes en mesure, dès
maintenant, de vous donner une impression aussi exacte que
possible sur les travaux de la première de ces commissions,
soit au moyen de l'analyse des dépositions qui ont eu lieu
devant elle, soit au moyen d'extraits de ces dépositions
mêmes.

En 1885, M. Ferdinand de Lesseps demanda l'autorisation d'émettre des obligations à lots, mais ce n'est qu'en 1886
que le projet fut déposé par le Gouvernement.

La Commission chargée d'examiner le projet de loi relatif à l'émission d'obligations à lots par la Compagnie de
Panama fut nommée à la date du 26 juin 1886, aussitôt après

le dépôt du projet. Elle se composait de MM. Germain Casse, président ; Barbe, Salis, Marmonier, Andrieux, Proal, Gabriel Compayré, Richard, Pernolet, Le Guay et Cordier.

La Commission crut qu'il était de son devoir d'entendre à la fois les membres du Gouvernement qui avaient signé le projet de loi, le Président du Conseil, qui était alors M. de Frey·cinet, M. Rousseau, ingénieur, envoyé en mission à Panama par le Ministère précédent, MM. Ferdinand et Charles de Lesseps, ainsi que MM. Dingler et Jacquet, deux des ingénieurs au service de la Compagnie du Canal interocéanique.

Dans la séance du 2 juillet 1886, la Commission entendit MM. Demôle, Ministre de la Justice, Sadi Carnot, Ministre des Finances, Baïhaut, Ministre des Travaux publics, et Rousseau, ingénieur.

La première déposition, celle du Ministre de la Justice, est de beaucoup la moins importante. M. Demôle, qui avait été Ministre des Travaux publics dans le cabinet présidé, en 1885, par l'honorable M. Brisson, rapporte que, dans le courant de l'été 1885, le Gouvernement avait été saisi par M. de Lesseps d'une demande tendant à autoriser la Compagnie de Panama à émettre des obligations à lots.

A cette époque, ajoute M. Demôle, le Gouvernement se trouvait en présence de questions d'ordres divers, notamment de questions de politique coloniale, qui le préoccupaient beaucoup, et il ne fut pas donné suite à la demande de M. de Lesseps. Elle fut écartée.

Mais, au mois de novembre suivant, sur de nouvelles instances de M. de Lesseps, le Conseil des Ministres examina de nouveau cette demande et il décida « à l'unanimité », — ce sont les expressions de M. Demôle, — d'envoyer dans l'isthme de Panama un délégué au nom du Gouvernement pour examiner l'état des travaux, la possibilité d'achever le canal, et pour mettre les pouvoirs publics en mesure d'appréécier si l'autorisation d'émettre des obligations à lots pouvait être accordée à la Compagnie.

Tels sont les renseignements donnés par M. Demôle, Ministre de la Justice, à la Commission.

Le Ministre des Finances, qui était alors M. Sadi Carnot, est ensuite entendu, comme l'un des signataires du projet de loi; les autres signataires étaient MM. Baïhaut, Ministre des Travaux publics, et Sarrien, Ministre de l'Intérieur.

M. Sadi Carnot proteste tout d'abord contre l'assertion de M. Demole, à savoir que le Conseil des Ministres avait décidé « à l'unanimité » l'envoi de M. Rousseau à Panama. Sous des restrictions très parlementaires, il indique nettement qu'il n'était pas favorable à cette mission. Voici du reste sa déclaration à cet égard :

« **M. Salis**. — Comment M. Rousseau a-t-il été délégué à Panama ?

« **M. le Ministre des Finances**. — C'est à la suite d'une délibération du Conseil des Ministres. Mais je crois qu'il faut biffer les mots « à l'unanimité », parce que nous n'avons pas le droit d'affirmer si une délibération a été prise ou non à l'unanimité dans le Conseil des Ministres. Les délibérations du Conseil sont secrètes, et je ne puis pas dire si une décision a été prise à l'unanimité ou à la majorité. »

M. Sadi Carnot expose ensuite le côté financier du projet de loi.

Plusieurs membres demandent si le Gouvernement est d'accord pour soutenir ce projet devant la Chambre. M. Le Guay notamment s'exprime ainsi :

« **M. Le Guay**. — Vous avez parlé vous-même de l'initiative parlementaire. Il y a un second point sur lequel je vous demande pardon d'insister, — et je ne crois pas vous être désagréable en le faisant, sans cela je m'abstiendrais, — c'est celui de savoir si, au point de vue financier, le projet étant adopté, ce qui paraît acquis au débat, il sera défendu par le Ministre des Finances.

« **M. le Ministre des Finances**. — Non. »

Cette réponse est aussi simple que catégorique : le Ministre des Finances ne défendra pas le projet devant le Parlement. Plus loin il ajoute :

« **M. le Ministre des Finances**. — J'ai demandé au Gouvernement s'il ne pensait pas qu'il serait préférable de faire comprendre à M. de Lesseps que son intérêt était de retirer la demande qu'il avait faite au Parlement. Je n'ai pu entrer dans la discussion du fond, en faisant connaître les raisons par lesquelles le Gouvernement aurait pu opposer une fin de non-recevoir.

« **M. le Président**. — Vous avez dit, monsieur le Ministre des Finances, que vous ne vouliez pas discuter le projet de loi ni en prendre la responsabilité.

« **M. Marmonier**. — C'est le projet de Ponce-Pilate ! »

Ainsi, M. Sadi Carnot déclare de la façon la plus nette qu'en ce qui le concerne tout au moins, il décline la responsabilité du projet de loi qu'il a contresigné à la suite d'un accord intervenu entre les membres du Gouvernement et qu'il ne veut pas prendre l'engagement de le soutenir devant la Chambre.

C'est ensuite M. Baïhaut, Ministre des Travaux publics, qui est appelé à fournir des explications à la Commission.

M. Baïhaut indique dans quelles conditions il a été amené à présenter le projet de loi dont il est l'auteur comme Ministre s'occupant plus spécialement du côté technique de l'entreprise de Panama, et il exprime ses regrets que le Gouvernement précédent ait envoyé un ingénieur en mission à Panama.

« Je n'avais pas, dit-il, l'honneur de faire partie du cabinet de l'année dernière, et je n'hésite pas à déclarer, pour ma part, que si j'avais été Ministre des Travaux publics à cette époque, j'aurais plutôt donné ma démission que de consentir à la mission de Rousseau. (*Très bien !*)

• J'estime que le Gouvernement, ce jour-là, est entré dans la voie des responsabilités. Je n'ai pas à examiner si, le 27 mai de l'année dernière, le Gouvernement n'aurait pas pu refuser immédiatement l'examen de la question et dire à

M. de Lesseps : « Cette affaire de Panama, sur laquelle nous n'avons aucun jugement à porter, présente, dans son essence même, des aléas que vous ne pouvez pas éviter, qui sont dans la nature même de l'entreprise ; et ces aléas sont tels que nous ne pouvons, sans qu'il y ait une discussion à la tribune, faire en votre faveur une exception à la loi commune sur les loteries. »

Puis, examinant le rapport de M. Rousseau, M. Baïhaut s'exprime ainsi :

« J'ai lu ce rapport avec beaucoup de soin ; j'ai causé avec M. Rousseau, et je n'hésite pas à dire que nous ne reculons jamais devant aucune responsabilité, et que j'aurais plutôt conseillé au cabinet de ne pas présenter un projet de loi sur cette question si j'avais trouvé dans l'esprit de M. Rousseau la pensée que l'affaire de Panama était compromise ou à peu près perdue. M. Rousseau a, au contraire, l'impression qu'on a beaucoup fait à Panama, que l'affaire peut être menée à bonne fin. »

Dans le même ordre d'idées, M. Baïhaut ajoute :

« Dans l'entretien que j'ai eu avec M. Rousseau, il m'a paru très frappé des résultats déjà obtenus, de l'intérêt qu'il y a à terminer l'entreprise, des grands efforts qui ont été faits et de la possibilité de mener l'affaire à bonne fin, en apportant au projet primitif certaines modifications. »

Examinant les responsabilités que pourraient encourir les pouvoirs publics dans l'affaire de Panama, M. Baïhaut dit :

« Je ne sais vraiment si le Gouvernement et le Parlement assumeront une responsabilité très grande en accordant à la Compagnie du canal interocéanique le droit de faire une émission sous une forme particulière, s'il est prouvé que l'entreprise peut être menée à bonne fin. Il ne faut pas s'exagérer cette responsabilité.

« Entre la responsabilité que l'on assumerait en tuant une Société comme celle dont il s'agit et en ruinant par suite ses actionnaires, et celle que l'on encourrait en disant bien haut : Cette affaire n'est pas une affaire ordinaire ; elle pré-

sente un intérêt national considérable, nous sommes assurés
qu'elle va entrer dans une voie économique et nous donnons
à la Société qui l'a entreprise le moyen de s'adresser au crédit
dans des conditions spéciales; — de ces deux responsabilités,
la plus grave est peut-être la première. »

Et plus loin :

« Je comprends très bien que le Gouvernement s'efforce
de dégager sa responsabilité au point de vue de la garantie
de l'affaire. Il faudra que le Gouvernement insiste sur ce
point, qu'accorder l'autorisation d'émettre des obligations à
lots, ce n'est pas prendre une responsabilité effective, ni garantir une affaire qu'on ne contrôle pas, une entreprise dont
on ne connaît même pas les projets. Mais de là à ne rien
dire pour soutenir le projet de loi accordant l'autorisation
de l'émission, il y a loin !

« Au point de vue technique, on a fait de grands efforts.
Les entrepreneurs, les hommes techniques ont remanié les
projets en vue de diminuer les aléas et, pour moi, l'affaire
est parfaitement faisable au point de vue technique. »

Comme on le voit par ces extraits, la déposition de
M. Baïhaut, alors Ministre des Travaux publics, peut se résumer ainsi : M. Baïhaut regrette que le cabinet précédent
ait envoyé un ingénieur à Panama; s'il avait été libre d'agir
à son propre gré, il n'aurait confié aucune mission; mais, du
moment que cette faute a été commise, il faut aller jusqu'au
bout, puisque le rapport de M. Rousseau conclut à la possibilité de réaliser l'entreprise. Quant aux responsabilités que
les pouvoirs publics peuvent être appelés à prendre, elles ne
l'effrayent pas; elles ne sont pas aussi considérables qu'on
pourrait le craindre.

Interrogé sur la question de savoir si, quant à lui, contrairement à la déclaration du Ministre des Finances, il défendra à la tribune le projet de loi, M. Baïhaut répond en ces
termes :

« Je comprends qu'il soit désagréable d'assumer la responsabilité d'une affaire délicate, mais je ne comprends pas

qu'on signe un projet sans accepter la responsabilité de la
signature que l'on a mise au bas : c'est une question de
loyauté, de bon sens et de logique.

« Quand le Gouvernement dépose un projet, c'est avec
le désir qu'il soit voté ou avec le désir d'éviter une responsabilité vis-à-vis de la Compagnie et de la transmettre à la
Chambre; il me paraît difficile que le Gouvernement s'abs-
tienne.

« La réponse de M. le Ministre des Finances m'a surpris.
Le jour où j'ai donné mon avis définitif, si j'avais dit : « Je
déclare que j'oppose un *veto* absolu si je n'ai pas la réponse
de la Compagnie à la question que je lui ai posée », — et si,
lorsque j'ai eu cette réponse, j'avais dit : « Je ne sais pas si
« l'affaire se terminera avec 600 millions, l'affaire est perdue »,
c'eût été une mauvaise action de ma part. »

Ainsi se termine la disposition du Ministre des Travaux
publics.

M. Rousseau est entendu le même jour par la Commission. Mais, avant d'analyser sa disposition, il nous paraît
préférable d'indiquer tout de suite les explications données
par M. de Freycinet, président du Conseil, et par M. Sarrien,
Ministre de l'Intérieur, dans la séance du lendemain, 3 juillet 1886. Ces explications n'ont pas été recueillies par la sténographie, mais par un rédacteur du compte rendu analytique; elles paraissent toutefois très complètes.

M. de Freycinet est tout d'abord entendu; il déclare que
l'envoi de M. Rousseau à Panama a créé au Gouvernement
une situation qu'il est de toute nécessité d'éclaircir.

« Nous avons été d'autant plus incités à le faire qu'il
s'est écoulé un long délai entre le moment où le Gouvernement a été saisi de la demande de la Compagnie et celui où
cette demande a été examinée.

« La mission Rousseau a d'autre part créé une situation
qu'il était de toute nécessité d'éclaircir. Aujourd'hui, le projet ne peut être rejeté qu'après examen, après discussion,
c'est-à dire après que la lumière aura été faite. Il ne pouvait

pas en être ainsi, si le Gouvernement n'avait pas saisi le Parlement de la question. Dans ce cas, le Gouvernement écartait le projet, jetait la défaveur sur l'entreprise; la mission Rousseau était immédiatement interprétée dans un sens défavorable et l'œuvre se trouvait condamnée.

« Nous avons reculé devant cette responsabilité en sens contraire. Après une attente d'un an, après la mission de M. Rousseau, nous avons considéré qu'il était très grave de prendre une autre détermination que celle à laquelle nous nous sommes arrêtés. »

M. de Freycinet qui était, en même temps que président du Conseil, Ministre des Affaires étrangères, entre ensuite dans quelques détails qui concernent plus particulièrement ce département; il est inutile d'insister sur ces considérations.

Pour bien indiquer les sentiments qui animaient la Commission de 1886, on peut citer ce passage dans lequel M. Germain Casse, président, exprime la crainte que le public ne voie dans l'autorisation donnée à la Compagnie de Panama, une sorte de garantie du Gouvernement :

« **M. le Président.** — La Commission a été frappée de ce fait que le Gouvernement ne prend parti ni pour ni contre la Compagnie de Panama, qu'il présente le projet d'une émission de valeurs à lots sans vouloir donner aucun appui ni moral, ni financier. Il y a là une réserve qui nous inquiète; car, ne croyez-vous pas, monsieur le Président du Conseil, que par suite de l'envoi de M. Rousseau à Panama, par suite du rapport qui a été fait par l'honorable ingénieur, par suite du dépôt du projet de loi dont la Chambre a été saisie, nous ayons l'air, si nous faisons un rapport favorable, nous les pouvoirs publics, de recommander un emprunt d'État.

« Je sais bien que vous avez fait une distinction entre patronner le projet et lui donner seulement une facilité d'émission; mais le public, auquel toutes ces nuances échappent, qui n'est pas dans la confidence des explications de couloirs, en présence de l'autorisation que nous accorderons, croira très certainement à un emprunt d'État. Il y a là une responsabilité qui, en présence des incertitudes de l'œuvre et de la possibilité d'une catastrophe, nous effraye et nous arrête. »

M. de Freycinet répond :

« Il y a une tendance incontestable à s'emparer des manifestations des pouvoirs publics pour les interpréter en faveur de sa cause; mais je crois que, sans être dans les secrets de la discussion, le public aura assez d'éléments d'informations pour que vous n'ayez de ce chef aucune préoccupation. Je crois, en effet, que les débats qui s'engageront à la tribune, reproduits et commentés par toute la presse, préviendront les conséquences de l'interprétation que vous signalez. Je n'ai pas entendu dire, d'ailleurs, après 1868, quand le gouvernement impérial avait autorisé l'émission des valeurs à lots pour le Suez, qu'il avait garanti l'entreprise. Il y a eu pourtant, après 1871, une période difficile, durant laquelle les craintes pouvaient paraître, jusqu'à un certain point, justifiées. Eh bien, pendant cette période et alors que le fait n'eût pas été extraordinaire, aucune récrimination ne s'est cependant produite. C'est qu'en réalité le doute n'est pas permis; l'État n'est pour rien dans cette affaire : il permet que l'emprunt prenne une forme plutôt qu'une autre, et ce n'est pas une garantie qu'il accorde, mais une simple facilité qu'il concède.

« **M. le Président**. — Mais cette forme constitue une dérogation a la loi commune?

« **M. le Président du Conseil**. — Oui.

« **M. le Président**. — Le public ne comprendra pas que l'État accorde ce droit ou cette facilité, cette faveur, en un mot, sans patronner l'entreprise. Le Gouvernement s'est déchargé de ses responsabilités sur le Parlement; et le Parlement cherche aujourd'hui à remettre les choses en l'état et à s'appuyer sur le Gouvernement.

« **M. le Président du Conseil**. — Je comprends très bien le sentiment de la Commission, ce sentiment, nous l'avons prévu, c'est pourquoi nous nous sommes appliqués dans l'exposé des motifs à déterminer bien nettement le point sur lequel le Parlement était appelé à se prononcer. Quant à la portée du vote que vous allez émettre, il est douteux qu'on l'interprète dans le sens que l'honorable président indiquait tout à l'heure. Cependant, s'il devait en être ainsi, il faudrait considérer que ce n'est qu'un inconvénient résultant d'un préjugé ; il reste à savoir si ce préjugé doit l'emporter sur la crainte de voir une entreprise de l'importance de celle-ci s'effondrer et passer dans d'autres mains. Il nous a paru que l'inconvénient résultant d'une interprétation erronée serait largement atténué par les explications données à la tribune et par la publicité des débats.

« **M. le Président.** — Il me semble qu'il y a pour la Commission une grave responsabilité à prendre, étant donnée la façon dont les choses sont présentées. Si la Commission donne suite au projet, vous déclarerez que vous ne garantissez en rien l'affaire. Signalerez-vous, du moins, les points vulnérables?

« **M. le Président du Conseil.** — Du tout.

« **M. Le Guay.** — Alors, il faudra déclarer que vous ne l'avez pas examinée pour qu'il n'y ait pas de surprise pour le public.

« **M. Pernolet.** — Vous nous mettez dans le cas de porter atteinte à l'affaire : si nous refusons, nous compromettons l'entreprise; si, au contraire, nous autorisons, nous assumons des responsabilités bien lourdes. Croyez-vous que vous ne pourriez pas nous dégager en modifiant le projet?

« **M. le Président du Conseil.** — Comment le présenteriez-vous?

« **M. Pernolet.** — Je ne le présenterais pas.

« **M. le Président du Conseil.** — Vous tranchez la question. Nous ne pouvions pas le présenter autrement; nous n'avions pas à indiquer les points vulnérables, ni à entrer dans l'examen de l'entreprise en elle-même, car ce n'est pas une affaire d'État, et nous ne voulons assumer dans l'opération aucune responsabilité, ce que l'étude de la question ne nous permettrait pas de faire.

« **M. Pernolet.** — Vous serez cependant obligé de vous prononcer. Votre avis, avez-vous dit, monsieur le Président du Conseil, sera très réservé?

« **M. le Président du Conseil.** — Certainement.

« **M. Pernolet.** — La question n'en sera pas moins très délicate.

« **M. le Président du Conseil.** — Mais c'est la Compagnie qui a créé cette situation.

« **M. Pernolet.** — Il y a, et vous l'avez très bien fait ressortir, monsieur le Président du Conseil, un intérêt national à ce que l'affaire soit heureusement terminée. Cet intérêt est le seul dont nous avons à nous préoccuper. Eh bien, ne croyez-vous pas que, au nom de cet intérêt, il pourrait être utile de retirer le projet?

« **M. le Président du Conseil.** — Que la Compagnie retire sa demande.

« **M. Marmonier.** — Le Gouvernement n'est pas à la disposition de la Compagnie.

« **M. le Président du Conseil.** — Le Gouvernement n'est pas à la disposition de la Compagnie, et ce n'est pas se mettre dans sa dépendance que de demander une facilité qui se justifie par l'intérêt considérable de l'entreprise.

« **M. Le Guay.** — Après la mission Rousseau, j'estime qu'il peut subsister un doute dans l'esprit public qu'il est nécessaire de faire disparaître. Il n'y a pas trois attitudes à prendre : ou l'affaire a été examinée, ou elle ne l'a pas été. Dans quel cas se trouve le Gouvernement? Le public peut être trompé. Aussi est-il nécessaire que le cabinet prenne parti à la tribune et dise si la mission Rousseau l'a déterminé pour ou contre l'entreprise. Cette mission fait, en effet, au Gouvernement une situation toute particulière et que, pour ma part, je trouve bien mauvaise. Je le répète, après la mission Rousseau, le Gouvernement ne peut pas se désintéresser de la solution. »

M. Le Guay qui parle ainsi a été dans la Commission de

1886 aussi défavorable au projet qu'il y a été favorable dans la Commission de 1888.

« **M. le Président du Conseil**. — La mission n'a pas été donnée par le cabinet actuel.

« **M. Le Guay**. — Je ne recherche pas quel est le cabinet qui l'a donnée, et je prends seulement les responsabilités actuelles.

« **M. le Président du Conseil**. — Nous nous trouvions en présence d'un fait accompli : il nous fallait ou accorder l'autorisation d'émettre des valeurs à lots qui nous était demandée, ou la refuser. Nous étions obligés de répondre. Il nous a semblé, après la mission Rousseau, qu'un refus serait chose très grave et que le public l'interpréterait contre l'entreprise.

« **M. Le Guay**. — Je reprends ce que je disais tout à l'heure. Si vous aviez refusé la mission Rousseau, vous ne vous seriez pas trouvé dans l'embarras où vous êtes. Mais, maintenant, ne croyez-vous pas que l'intervention du Gouvernement soit nécessaire?

« **M. le Président du Conseil**. — Non ! puisque nous n'avons pas examiné l'affaire.

« **M. Le Guay**. — Pour que le public ne se trompe pas, il importe que vous preniez une attitude et que vous déclariez que vous n'avez pas étudié l'opération.

« **M. le Président du Conseil**. — C'est ce que j'ai toujours dit, et cela ressort expressément de l'exposé des motifs qui déterminait bien la responsabilité que nous avons voulu assumer. Je le répète, nous ne nous voulons rien garantir à la tribune : nous n'entendons ni leurrer l'opinion publique, ni compromettre la Compagnie.

« **M. Salis**. — Vous nous dites qu'une réponse négative serait un coup funeste porté à la Compagnie. Mais, qui vous a mis dans la situation de porter ce coup sinon la Compagnie elle-même? Comment se fait-il que le cabinet précédent ait répondu négativement et que la chose n'ait pas eu d'autre conséquence? Vous étiez Ministre des Affaires étrangères alors, on a refusé, personne n'en a rien su. Le public n'a pas été impressionné. Pourquoi le 25 décembre a-t-on repris l'affaire? Et pourquoi, l'ayant reprise, lui a-t-on donné cette publicité? Après la mission Rousseau, on pouvait même encore refuser, personne ne l'aurait su. Au lieu de cela, on a répondu à M. de Lesseps et des incidents se sont produits qui ont attiré sur l'affaire l'attention du public et ont engagé l'opération dans une phase toute nouvelle. Il aurait fallu persévérer dans la voie qu'avait suivie le précédent cabinet; aujourd'hui, nous sommes dans une voie très grave et qui paraît devoir nous conduire aux pires complications. Comment le Gouvernement défendra-t-il le projet?

« **M. le Président du Conseil.** — Dans les limites de l'exposé des motifs.

« **M. Salis.** — C'est tellement étrange, que je veux insister sur ce point : quelle attitude prendra le cabinet? Jusqu'ici, nous n'en savons absolument rien. Nous avons interrogé deux ministres déjà et nous avons relevé dans leurs dépositions des contradictions flagrantes. M. Sadi Carnot, par exemple, a déclaré qu'il ne soutiendrait pas le projet.

« **M. le Président du Conseil.** — Je ne puis pas répondre pour M. Sadi Carnot, mais je crois qu'il n'y a qu'un malentendu. Tous les membres du cabinet sont solidaires et le Ministre des Finances n'avait d'ailleurs, comme il n'a pas un rôle bien important dans cette affaire, qu'à donner son avis sur la différence peu sensible qui existe, au point de vue financier, entre un emprunt à lots et un emprunt ordinaire. Je ne doute pas que si M. Sadi Carnot était chargé de faire connaître la réponse du Gouvernement, il ne le fasse dans les termes arrêtés en Conseil des Ministres.

« **M. Salis.** — Les contradictions n'existent pas seulement entre les déclarations des Ministres, elles existent aussi dans l'action du Gouvernement qui a successivement refusé et donné son concours à l'entreprise.

« **M. le Président du Conseil.** — Les cabinets ont chacun leur politique. Je n'entrerai pas dans l'examen de celle du cabinet qui nous a précédés aux affaires. Je dirai seulement que je crois que les membres de la Commission, qui font allusion à ce qui s'est passé dans le cabinet précédent, relativement à l'affaire de Panama, ne sont pas exactement renseignés sur les détails matériels de l'incident. Je ne les apporterai pas ici. Une chose est certaine, c'est que si l'autorisation demandée au cabinet précédent n'a pas été accordée, c'est pour des motifs qu'on peut apprécier diversement, mais qui sont très respectables. En ce qui concerne le cabinet que je préside, je ne puis répondre de son action dans l'affaire de Panama que depuis le 6 janvier dernier, jour de sa formation et, à ce moment, la mission Rousseau était engagée.

« **M. Salis.** — C'est bien comme membre du Gouvernement que M. Sadi Carnot a déclaré qu'il ne soutiendrait pas le projet

« **M. Marmonier.** — Il l'a déclaré avec la plus grande netteté.

« **M. le Président.** — C'était, sans doute, son sentiment personnel qu'il donnait surtout.

« **M. le Président du Conseil.** — Je le suppose. Ce n'est évidemment pas comme membre du Gouvernement qu'il a décliné la responsabilité de soutenir le projet qu'il a signé et qui vous est soumis. »

Ensuite, des questions techniques sont posées à M. le Président du Conseil, qui refuse d'y répondre parce qu'il a dit précédemment que le Gouvernement n'avait pas à rentrer dans l'examen de ces questions.

Je n'ai plus relevé dans cette déposition que quelques points que je vais vous signaler en passant.

M. Salis, qui intervenait souvent dans le débat et dans un sens très nettement hostile à la proposition de loi, s'adresse en ces termes à M. le Président du Conseil :

« **M. Salis.** — M. Rousseau a déclaré formellement qu'il ne croyait pas que les 600 millions demandés par la Compagnie pussent suffire à l'exécution du canal. Vous avez déclaré que vous défendriez le projet dans les termes où il a été pré-

senté. Or il me semble qu'il y a une contradiction formelle
entre l'assertion de M. Rousseau et les assurances que vous
formulez. »

M. le Président du Conseil répond :

« C'est une erreur complète. L'exposé des motifs laisse
parfaitement voir que la somme indiquée par la Compagnie
ne sera pas suffisante. Dans l'esprit du rédacteur du projet
de loi, 600 millions ne permettront pas d'achever l'entreprise.

« M. Salis. — M. Rousseau, qui nous a très loyalement
déclaré qu'il compléterait devant nous le rapport qu'il avait
adressé au Gouvernement, a dit formellement qu'à son avis
il fallait que le canal fût à écluses et qu'une somme de
900 millions était absolument nécessaire.

« M. le Président du Conseil. — Mais je ne conteste
pas que 600 millions soient insuffisants. L'exposé des motifs
du projet que nous vous avons soumis le dit. Mais je crois
qu'il est impossible de préciser un chiffre autre, les sommes
indiquées par la Compagnie étant susceptibles de certaines
réductions qui ont dû vous être indiquées ».

A la fin de cette séance, M. Marmonier demande à
M. Sarrien, qui n'avait pas l'air d'être très favorable au projet,
pourquoi il l'avait signé. M. Marmonier voulait évidemment avoir l'opinion de M. Sarrien qui avait assisté à la discussion sans y prendre part.

M. Sarrien répond : « C'était une signature de pure
« forme » ; et M. le Président du Conseil ajoute que la loi
exige la signature du Ministre de l'Intérieur pour les loteries,
et que c'est conformément à la loi que le Ministre de l'Intérieur a signé le décret.

A la fin de la séance du 2 juillet 1886, M. Rousseau est
appelé devant la Commission et voici en quelques mots
l'analyse de sa déposition.

M. Rousseau explique de la façon la plus nette, la plus
formelle et la plus catégorique, qu'à ses yeux le canal à niveau
est une utopie, qu'il ne pourra se faire qu'au prix de sacri-

40

fices tels que l'entreprise est chimérique. Que cependant, si la Compagnie veut entrer dans la voie de la confection d'un canal à écluses, il estime que ce canal est possible, qu'il pourra donner des bénéfices et qu'en présence des capitaux engagés dans l'affaire, il y a intérêt pour les pouvoirs publics à encourager la Compagnie dans la création de ce canal à écluses.

M. Rousseau, dans une autre partie de sa déposition, explique pourquoi, dans le rapport écrit qu'il a remis à M. le Ministre des Travaux publics, il n'a pas donné avec la même netteté, la même franchise, la même précision, les renseignements qu'il donne à la Commission, et, il ajoute qu'un rapport écrit pouvant servir à discréditer l'entreprise de Panama, il s'est trouvé lié par l'obligation de ne pas écrire tout ce qu'il pensait.

« Je me rendais bien compte, dit-il, qu'il y avait une responsabilité bien grave à porter atteinte à la situation de ces souscripteurs. Je n'aurais pas hésité, néanmoins, à dire nettement : l'affaire est absolument mauvaise, si j'avais cru qu'il n'y eût pas de porte de salut; si j'avais considéré que l'affaire était perdue irrémissiblement, je l'aurais dit dans mon rapport. Ce que je trouvais grave, c'étaient les conséquences que cela aurait pu produire : c'est-à-dire l'effondrement d'une affaire qui, comme l'a dit M. Paul Leroy-Beaulieu dans un article récent, est comparable à l'effondrement du système de Law. Ç'aurait été un effondrement qui aurait rappelé celui de cette gigantesque affaire de la Banque de Mississipi.

« Il y avait donc une très grande responsabilité. C'est ce qui m'a amené à ne pas me lancer à dire que l'affaire fût perdue. Je crois qu'elle est dans une situation des plus graves dans la voie où elle est, mais je crois qu'elle peut être sauvée. J'en ai la conviction profonde si la Compagnie envisage la gravité de la situation, comme elle doit le faire, et se rend compte de la difficulté, de l'impossibilité, à moins d'apporter des modifications sensibles à son projet, d'arriver avec les

capitaux qu'elle demande, dans le temps voulu. Si elle s'en
rend compte, elle pourra modifier son projet et rentrer dans
les conditions d'exploitation qu'elle annonce au public. C'est
ce qui fait que je ne me suis pas prononcé dans un sens absolument hostile et que je me suis borné à dire que, dans les
conditions actuelles, une entreprise n'arriverait pas dans les
délais voulus.

« Je reprendrai, si vous le voulez bien, mon rapport.
Dans ce rapport, j'ai insisté sur les difficultés que soulève
deux de ces entreprises. Une d'entre elles a 29 millions de
mètres cubes de terrain à extraire et l'autre en a 20 millions
dans des conditions qui constituent une difficulté qui, selon
moi, est presque insurmontable. Aller jusqu'à dire qu'il est
impossible de la surmonter est peut-être un peu téméraire... »

M. Rousseau entre alors dans des explications sur ce
qu'a fait M. de Lesseps pour le canal de Suez et dans le même
ordre d'idées, pour indiquer qu'à ses yeux la situation de la
compagnie est presque perdue si celle-ci persévère dans la
voie du canal à niveau, il ajoute ceci :

« Si donc l'affaire peut être sauvée, je désire ardemment
qu'on la poursuive, mais je ne puis cacher qu'il y a de
grandes difficultés à vaincre.

« M. de Lesseps, qui est une grande force pour la Compagnie de Panama, est aussi un grand embarras. Il est absolument opposé aux écluses. »

Plus loin, M. Rousseau explique dans quelles conditions
sa mission lui a été confiée.

« Voici ce qui s'est passé, dit-il. J'ai été appelé, un
matin, chez M. Demôle, alors Ministre des Travaux publics,
qui m'a dit : « Le Gouvernement désirerait être renseigné au
« sujet d'une demande qui lui a été adressée par la Compa-
« gnie de Panama. »

« **M. Pernolet.** — A quelle époque?

« **M. Rousseau.** — C'était vers le 20 décembre, quinze
jours avant mon départ. La décision par laquelle une mission m'était confiée est du 25 décembre.

« M. Demôle me demanda donc si j'accepterais une mission. Je lui répondis : Puisque mes électeurs m'ont laissé des loisirs, je suis à votre disposition.

« J'acceptai la mission qui m'était proposée verbalement, sans autre explication; je ne pouvais véritablement la refuser. Le Gouvernement voulait envoyer un ingénieur à Panama; je ne discutai même pas sur le moment.

« Quelques jours après, je reçus la décision que vous connaissez sans doute et qui a éveillé mon attention. »

C'est la décision par laquelle M. Rousseau reçoit officiellement la mission de partir à Panama.

Puis, M. Rousseau fait connaître comment il a été amené à faire son rapport écrit :

« Je l'ai fait de manière à ce qu'il pût être publié et c'est pour cela que je n'y ai pas mis ce que je vous ai dit. Si je l'avais fait avec la certitude qu'il ne serait pas publié, qu'il resterait dans les mains du Ministre des Travaux publics, j'aurais dit nettement : Je n'hésite pas à dire qu'il est impossible, selon moi, pour la Compagnie, de terminer en trois ans avec 600 millions. Mais, voilà un rapport qui va être publié et dans lequel le Gouvernement n'a pas l'air de parler en son nom personnel; le Gouvernement n'a pas de conseils à donner à la Compagnie. »

M. Le Gay demande à M. Rousseau : « S'il n'y a pas de modifications, il n'est pas possible que la Compagnie exécute son programme dans les conditions financières qu'elle demande? » Et M. Rousseau explique que, selon lui, la transformation du canal à niveau en canal à écluses est indispensable si l'on veut achever l'entreprise.

Notons, en passant, un petit détail à propos des émoluments que la Compagnie de Panama donnait aux ingénieurs qu'elle envoyait dans l'isthme. En même temps que M. Rousseau partait dans l'isthme, où il est resté quinze jours, la Compagnie envoyait M. Jacquet, ingénieur des ponts et chaussées, et la Compagnie opposait au rapport de M. Rousseau le peu de temps qu'il avait passé là-bas, et elle paraissait supposer qu'en quinze jours il n'avait pas eu le temps nécessaire pour bien examiner l'état de l'entreprise. M. Rousseau fait observer ceci : « La Compagnie elle-même ne devrait pas protester, car si mes renseignements sont exacts, en même temps que moi se trouvait à Panama un inspecteur général des ponts et chaussées, M. Jacquet, à qui on payait son voyage 100.000 francs. Si la Compagnie estime que M. Jacquet a pu se rendre compte de l'affaire pendant ce temps, j'estime qu'il m'a été possible d'en faire autant. »

Après avoir entendu la déposition de M. Rousseau, la Commission de 1886 entend celle de M. Jacquet, l'ingénieur des ponts et chaussées dont M. Rousseau a parlé dans sa déposition et qui avait touché 100.000 francs pour sa mission dans l'isthme.

M. Jacquet traite surtout la question technique, et la Commission cherche à savoir si les 600 millions qu'on va demander au public vont suffire pour l'achèvement du canal. La Commission semblait très préoccupée de ce point et surtout M. Salis, qui paraît avoir étudié l'affaire tout spécialement. M. Jacquet, interrogé sur cette question, dit :

« Je répondrai donc très nettement à la première question :

« Non! les 600 millions demandés ne suffiront pas pour achever les travaux, le temps indiqué ne suffira pas non plus, si les travaux sont continués dans la voie où ils sont en cours d'exécution. Et j'entends par là non pas seulement l'établissement d'un canal à niveau, mais aussi les procédés d'exécution, les dispositions qui sont actuellement employés.

« Ma réponse doit vous paraître raide, — elle doit être accompagnée de commentaires que je vous demande la permission d'exposer.

« Vous savez que la mission dont j'ai été chargé à Panama n'était que temporaire; je n'appartiens pas à la Compagnie et j'ai été autorisé par M. le Ministre à faire une mission pour le compte de la Compagnie elle-même. M. de

Lesseps ne me connaissait pas et je n'avais pas l'honneur de le connaître.

C'est M. le directeur du personnel qui m'a demandé si je voulais accomplir cette mission, sans doute parce que j'avais accompli d'autres missions. J'ai accepté. Je répète que c'était une mission temporaire qui devrait être aujourd'hui considérée comme terminée si nous n'avions pas à discuter sur le projet de la Compagnie qui est soumis, depuis le voyage de M. de Lesseps, à la Commission supérieure consultative.

« Lorsque j'ai vu, pour la première fois, les projets de la Compagnie, j'ai été frappé tout d'abord, comme tout le monde, de l'immensité des travaux, de la quantité énorme de terrassements qu'il était nécessaire de faire.

« Dès le début, et pendant tout le cours du voyage sur mer que j'ai fait en compagnie de M. Charles de Lesseps, je me suis expliqué très nettement avec lui sur cette question. Je considérais qu'il était, je n'osais pas dire impossible de la résoudre, ne la connaissant pas suffisamment, mais qu'il était au moins très difficile d'accomplir le programme suivi par la Compagnie. Dès ce moment, je parlai de simplifier les travaux par la construction d'un canal avec écluses au point de partage.

« Ce n'étaient là naturellement que des préventions, puisque je ne connaissais pas les lieux.

« Je dois avouer que lorsque j'ai visité l'isthme, quand j'ai vu les aménagements préparés, la quantité énorme de matériel accumulé, les installations très bien entendues que la Compagnie a faites, je suis, à un certain moment, revenu de ce qui était de véritables préventions, mais qui étaient basées sur une inspection générale et non sur des faits particuliers.

« Je dois dire que l'impression de M. Rousseau me paraissait être la même. J'ai voyagé constamment avec M. Rousseau, de sorte que j'ai pu connaître exactement sa pensée. »

Ainsi qu'on peut le voir par cet extrait de la déposition,

M. Jacquet semble très favorable, comme M. Rousseau, au canal avec quatorze écluses. Il pense qu'en exécutant les travaux dans ces conditions, on arrivera à réaliser des économies considérables.

M. Jacquet, interrogé ensuite sur les disponibilités de la Compagnie, sur le service d'intérêts que la Compagnie a à faire, se dérobe en disant : « Ce n'est pas mon affaire. J'ai été chargé d'aller inspecter seulement les travaux. » Et son impression peut évidemment se résumer ainsi : Il n'est pas possible de faire le canal avec 600 millions et dans le temps qui est indiqué par M. de Lesseps.

Dans cette même séance, la Commission entend MM. Ferdinand et Charles de Lesseps.

M. Ferdinand de Lesseps fait tout d'abord connaître à la Commission les motifs qui l'ont déterminé à demander, au nom de la Compagnie du canal interocéanique, l'autorisation d'émettre des obligations à lots. Il y a là un passage qui se recommande à l'attention. M. Barbe ayant dit : « Qu'arriverait-il si la Chambre refusait cette autorisation ? » M. Ferdinand de Lesseps répond ainsi :

« La souscription se ferait quand même. Je soutiens les intérêts des petites gens, des ouvriers qui m'apportent leur argent; je tiens simplement à leur épargner les frais. Or, avec le projet, il n'y a pas de frais. Autrement je suis obligé de recourir aux banquiers... » — Ces paroles paraîtront étranges, quand on sait l'argent qui a été dépensé pour l'émission des obligations à lots. — « ... aux spéculateurs, et cela coûtera cher. Ce que je veux, c'est dégager les petits des tripoteurs d'affaires. »

Ces trois dernières lignes ont été rayées au crayon probablement par M. de Lesseps, lorsqu'il a revu la sténographie.

« **M. Richard.** — La différence sera-t-elle considérable ?

« **M. Ferdinand de Lesseps.** — Très considérable.

« **M. Le Guay.** — Pourriez-vous nous dire à quel taux vous pensez émettre les obligations ?

« **M. Charles de Lesseps.** — Nous avons montré, mon

père et moi, que nous ne reculerions devant aucune difficulté. Mais, dans une entreprise de cet ordre, dans laquelle il y a autant de capitaux à dépenser, il n'y a pas seulement à s'occuper du taux de l'intérêt, qui joue un grand rôle.

« On nous demande à combien nous emprunterons. Nous espérons, avec les obligations à lots, amortissement et lots compris, que l'emprunt pourra être contracté à 6 0/0.

« On s'est étonné que la Commission technique soit restée dans un vague relatif à propos des dépenses pour l'exécution du canal. La Commission technique ne pouvait pas dire à quelles conditions nous emprunterions, les traités passés avec les entrepreneurs, etc.

« Il y a là certains points dificiles. »

M. Salis adresse un peu plus loin une question à MM. de Lesseps sous la forme que voici :

« **M. Salis**. — Il est bien entendu que nous ne posons des questions que pour éclairer la Commission, qui a charge d'âmes et qui aura à rendre compte de son mandat. C'est pourquoi je pose la question suivante, qui a une grande importance.

« Je vois dans la circulaire signée de M. Ferdinand de Lesseps et adressée aux souscripteurs, que MM. Couvreux et Hersent ont présenté leur devis et ont déclaré que la dépense du canal ne dépasserait pas 512 millions. Vous ajoutez dans cette circulaire qu'il y a un traité passé entre la Compagnie et MM. Couvreux et Hersent.

« La circulaire est du 15 novembre 1880; le traité a été passé le 12 mars 1881; et, à l'article 5 de ce traité, MM. Couvreux et Hersent demandent d'ouvrir une période d'organisation qui devrait durer deux années, pendant lesquelles la plus grande partie du matériel serait exécutée de telle sorte qu'une exacte appréciation permettrait d'établir des prix unitaires.

« Eh bien, il faut qu'on le sache pour la moralité de l'affaire : quelqu'un a été trompé ou a trompé. Vous déclarez dans la circulaire que les devis sont faits, qu'ils s'élèvent à 512 millions, que tout est prêt, qu'il n'y a plus qu'à mettre la main à l'œuvre; et, le 12 mars 1881, on passe un traité par lequel on demande une durée de deux années pour la période d'organisation !

« J'avoue avoir été frappé personnellement par cette contradiction, qui pourrait faire croire que MM. Couvreux et Hersent avaient trompé la Compagnie et induit le public en erreur.

« C'est là ce qui fait que dans la Chambre on ne voit que l'obscurité en tout ceci et que l'on craint d'aller plus loin.

« De plus, MM. Couvreux et Hersent ont manqué aux règles du droit civil en ne donnant pas une indemnité; mais ils ont reçu 1.200.000 francs, et M. Hersent a été nommé entrepreneur-conseil de la Compagnie, aux appointements de 25.000 francs.

« Vous voyez dans quelle situation se trouve la Chambre : d'un côté, elle est en présence d'une circulaire qui affirme que le traité est passé, que les devis sont faits, qu'ils s'élèvent à 512 millions, que les prix unitaires sont établis; et, d'un autre côté, elle se trouve en face d'un traité, du 12 mars 1881, qui montre d'une façon absolue et certaine que le traité, tel que l'indique la circulaire, n'a pas été passé et non seulement qu'il n'y a rien de fait, mais encore qu'on demande une période d'organisation de deux années pour établir des prix unitaires. Voilà la situation.

« Je voudrais, monsieur de Lesseps, — car nous sommes tous intéressés dans cette discussion, — que vous puissiez nous donner des renseignements à ce sujet, que vous nous expliquiez cette contradiction, que vous nous montriez qu'il y a eu erreur ou bien que MM. Couvreux et Hersent n'ont pas connu leurs engagements et que vous avez été induit en erreur comme eux. Voilà la question. »

La réponse de M. Charles de Lesseps est loin d'être aussi nette que la demande de M. Salis.

« **M. Charles de Lesseps.** — Ce n'est pas la première fois que j'en entends parler; je l'ai appris par les indiscrétions des journaux. Je pourrai répondre à cette question d'une façon précise. »

Cette phrase est celle qui a été recueillie par la sténographie ; elle a été modifiée au crayon.

« Voici comment les faits se sont passés », ajoute M. Charles de Lesseps.

« Je crois d'abord que vous tirez du texte même que vous venez de lire et qui n'était pas présent à mon esprit un sens qu'il n'a pas ; a priori, ce texte ne me semble pas avoir la signification que vous lui donnez.

« Que faisons-nous dans ce document ? un exposé de faits qui nous sont connus, qui sont incontestables, indéniables. Parmi ces faits se trouve celui-ci :

« Deux entrepreneurs, MM. Couvreux et Hersent, ont présenté un devis ; nous n'avons pas dit qu'ils avaient fait un contrat, nous n'avons pas dit qu'ils s'étaient engagés à terminer le canal pour 600 millions ; nous avons dit ce qui était. Ils ont déclaré que l'exécution des travaux, sans parler des frais généraux et des intérêts, ne coûterait pas plus de 500 millions, c'est-à-dire peut-être 590 ou 595 millions, mais que cela tournerait autour du chiffre de 500 millions.

« Il n'y a pas là la déclaration qu'il y a eu un traité pour l'exécution du canal à 500 millions. Je dois donc protester contre tout autre interprétation qui serait donnée à la phrase qui a été lue.

« En même temps, ceux qui vous ont donné cet argument ne vous ont pas produit tous les documents de la question ; ils vous en ont donné un seul, isolé, celui qui leur était le plus favorable ; mais il faut les prendre tous pour conclure.

« L'un de ceux qu'on a oublié de vous donner, c'est qu'il y avait eu, en 1879, un congrès public, réuni au siège de la Société de géographie, sous la présidence de l'amiral La Roncière Le Noury, et que la Commission, composée des gens les plus indépendants et les plus impartiaux, était arrivée, en comparant ce projet aux autres, en se servant même des chiffres qui ont été donnés par les adversaires du projet, — était arrivée, dis-je, à conclure que le canal coûterait environ 1.200 millions, précisément le chiffre que nous indiquons aujourd'hui.

« Nous avons donné à ce moment la déclaration qui nous était faite par MM. Couvreux et Hersent.

« Eh bien, je ne crois pas, en laissant de côté les frais accessoires, que nous arriverons à un chiffre tellement différent que, étant données la grandeur de l'œuvre et les évaluations faites dès le début par les entrepreneurs, il puisse être taxé d'erreur par trop excessive. Et la preuve, — M. Rousseau vous a peut-être parlé de cette question, — c'est que les ingénieurs qui font un projet de canal avec écluses acceptent ces chiffres. MM. Couvreux et Hersent n'avaient donc pas indiqué des sommes insensées.

« On n'a pas pu vous dire qu'il y avait alors un traité, car il n'y en a pas avec ces messieurs. Nous avions leur opinion; nous l'avions donnée telle quelle, en leur en laissant la responsabilité.

« Puis nous avons fait un traité avec MM. Couvreux et Hersent pour l'entreprise du canal. Je n'ai pas à dire s'ils ont montré beaucoup de capacité; ils ont été en tout cas de fort honnêtes gens et je suis très heureux de les défendre en passant. Ils nous ont tenu loyalement ce langage : « Notre « opinion, c'est que le canal doit être fait dans telles ou telles « conditions. Mais de là à s'engager matériellement à l'exécu- « ter dans ces conditions, il y a une différence considérable. »

« Du reste, l'engagement que nous aurions pris ne vaudrait rien. Il est certain que si le canal ne coûtait que 600 millions, nous n'aurions pas les 100 millions dits d'écart. Mais, dans des entreprises aussi importantes, il faudrait faire les choses sérieusement, et le document que nous avons publié établit qu'il y aurait une période d'expériences de deux années, pendant laquelle on établirait les prix réels, de façon que les entrepreneurs puissent prendre un engagement effectif.

« Nous avons procédé à cette période d'expérience. Au moment où elle se terminait, il est fort heureux que nous nous soyons trouvés en présence d'honnêtes gens, car ils auraient eu le droit de nous dire : « Nous avons un traité « qu'il faut appliquer; nous avons le droit de prendre l'en- « treprise au prix qui va résulter de la division de la dépense « par le cube fait. »

« Nous serions arrivés ainsi à des dépenses formidables, qui auraient dépassé toutes les forces humaines. Mais comme c'étaient, je le répète, de fort honnêtes gens, nous leur avons dit : « Nous ne pouvons pas appliquer ce traité dont vous « avez pris l'initiative. »

« Vous ne pouvez pas prétendre que le canal doit coûter ce qui résulterait de ce calcul; il vaut mieux en finir et nous séparer.

« Mais nous n'avons pas donné d'indemnité, c'est une erreur de le prétendre. MM. Couvreux et Hersent avaient droit à un tant pour 100, à 6 0/0 je crois, pour les dépenses faites pendant cette période ; et nous avons loyalement déter-miné ce qui leur revenait en raison de ce tant pour 100, dont je ne puis pas préciser exactement le chiffre.

« Or il avait été fait des commandes qui devaient être livrées après la résiliation du contrat. Nous n'avons pas donné d'indemnité à ces messieurs; nous leur avons payé ce qui leur était dû d'après le marché, et pas autre chose. Et je dois ici rendre hommage à la loyauté, au zèle, à l'activité que ces messieurs ont montrés et surtout à leur parfaite honnêteté. Ils n'ont cherché aucun échappatoire pour se servir contre nous du traité et pour nous imposer des conditions contre lesquelles nous aurions difficilement lutté, ce qui aurait été très grave pour la Compagnie.

« **M. Salis.** — M. Ferdinand de Lesseps a prétendu qu'il s'adressait aux pauvres, aux petits, aux humbles pour attirer les capitaux et qu'il défendait bien les intérêts des humbles.

« **M. Ferdinand de Lesseps.** — Oui! oui!

« **M. Salis.** — Croyez-vous qu'en vous adressant aux

petits et aux humbles, ils ne pouvaient pas voir, dans la rédaction de la circulaire, quels traités avaient été passés au début surtout?

« Je prétends qu'ils s'y sont trompés. Et croyez-vous que ça n'avait pas trompé également les actionnaires qui ont lu cela?

« **M. Charles de Lesseps.** — Non, monsieur. Je vous demande la permission de lire le rapport que nous avons présenté, il y a un an, à nos actionnaires dont vous voulez bien, — et je vous en remercie, — plaider la cause et qui a eu leur approbation.

« **M. Salis.** — Je ne plaide en faveur de personne. La Commission ne veut que s'éclairer.

« **M. Charles de Lesseps.** — Nous leur avons très complètement exposé la question...

« **M. Ferdinand de Lesseps.** C'est ce que nous faisons tous les ans.

« **M. Charles de Lesseps.** ... et nous leur avons rappelé ce chiffre de 512 millions, qui était une sorte d'approximation.

« **M. Salis.** — En somme, vous déclarez que vous n'avez pas donné d'indemnité?

« **M. Charles de Lesseps.** — Absolument.

« **M. Salis.** ... et que vous n'avez pas pris M. Hersent comme entrepreneur?

« **M. Charles de Lesseps.** — M. Hersent est un homme qui a une valeur considérable. Comme il s'était retiré de la façon la plus loyale du monde, c'est nous-mêmes qui lui avons dit : « Nous ne pensons pas que ce soit une raison de « nous priver de vos conseils. » Et il est devenu, comme entrepreneur, membre du conseil de la Compagnie.

« Et, de même que j'avais personnellement provoqué son entrée dans nos conseils, de même j'ai dit, il y a cinq à six mois, à M. Hersent, avec lequel nos rapports étaient très cordiaux : « La situation qui était bonne précédemment pour « vous, ne l'est plus autant aujourd'hui, que nous venons de

« traiter avec vos pairs, avec de grands entrepreneurs. Il peut
« en résulter pour vous une situation délicate et, comme il ne
« s'agit pas entre nous de question d'argent, je crois qu'il vau-
« drait mieux nous séparer. »

« Voilà comment les faits se sont loyalement passés. »

Cette citation est peut-être un peu longue, mais elle
nous a paru intéressante à vous signaler.

M. de Lesseps ajoute que la somme de 600 millions sera
suffisante pour achever le canal, il rappelle ce qui s'est passé
à Suez et comment il a triomphé de toutes les difficultés.

Dans un passage de sa déposition, M. Ferdinand de Lesseps s'exprime ainsi, au sujet des craintes manifestées par le
Ministère que dirigeait, en 1885, M. Brisson :

« A une époque très rapprochée, — c'est pendant le ministère Brisson, — une grande préoccupation s'était emparée du
Gouvernement en ce qui concernait l'emploi des fonds. On
craignait que l'argent confié à la Compagnie n'eût été follement dépensé sans qu'il en restât aucune trace et on soutenait
que, si on nous donnait 600 millions, cette somme dispa-
raîtrait sans que le canal fût achevé.

« M. Rousseau et des délégués des chambres de commerce (?) sont allés visiter les travaux de l'isthme avec la
plus entière impartialité et ont été étonnés de ce qu'ils ont
vu, étant donné ce qu'ils avaient entendu avant de quitter
Paris. Il demeure constant pour tous que les premières
sommes, dans une entreprise aussi vaste que celle-là, ont été
bien dépensées et qu'il n'y a rien à regretter de ce chef. C'est
là un point considérable d'acquis. »

La déposition de M. Charles de Lesseps, peut se résumer
dans les paroles suivantes, qu'il prononçait devant la Commission :

« Nous en sommes arrivés au moment de prendre une
détermination sur la question des écluses; car, si on les
adoptait, il faudrait nécessairement les exécuter pendant la
période de construction actuelle, puisque tous les projets

supposent qu'il faut conduire la tranchée du canal à 40 ou 50 mètres au-dessus du niveau de la mer.

« Nous estimons que toutes ces questions sont trop graves, qu'elles ont des partisans trop respectables, pour ne pas nous en occuper dans le plus bref délai et les résoudre. Il est certain que le devoir de la Compagnie vis-à-vis des actionnaires, comme au regard de la Chambre, si elle nous accorde l'autorisation que nous lui demandons est de tout faire pour répondre à ce qu'on est en droit d'attendre de nous.

« Nous ne pensons pas que la Chambre intervienne pour recommander tel ou tel système; mais, dans la liberté qui nous est laissée, notre devoir le plus strict est de ne rien négliger pour arriver à ce résultat, quels que soient les moyens. »

Il faut encore relever la question posée par M. Salis, au sujet de l'entreprise Jacob et la réponse de M. Charles de Lesseps :

« **M. Salis.** — On avait affirmé qu'on avait présenté à l'acceptation de l'entrepreneur Jacob des traites signées par Jacob lui-même.

« **M. Charles de Lesseps.** — C'est là une entreprise insignifiante.

« **M. Salis.** — Vous comprenez la gravité de ce fait.

« **M. Charles de Lesseps.** — Tout cela dépend de la solvabilité. Il s'agit ici d'un engagement à une certaine date; et c'est, je le répète, un entrepreneur secondaire.

« Il y a, dans le lot de la partie de Colon, une société chargée exclusivement de tout ce qui est susceptible d'être enlevé par les dragues. Quant aux enlèvements autres que par le dragage, c'est avec Jacob que nous avons traité pour un travail de 8 millions.

« **M. Salis.** — C'est M. Donon qui est à la tête de l'entreprise.

« **M. Charles de Lesseps.** — Nullement. M. Jacob se présente seul et n'est appuyé par aucun élément étranger. C'est pour cette raison que nous lui avons demandé des traites. Je ne crois pas qu'il ait versé de cautionnement en espèces ; mais comme, relativement à l'importance de l'entre-prise totale, le travail qui lui est confié est insignifiant, nous n'avons pas pris d'aussi grandes précautions qu'avec les autres entrepreneurs. »

Puis M. Ferdinand de Lesseps exprime l'opinion que le canal à écluses coûtera plus cher que le canal à niveau.

« Si vous aviez assisté, dit-il, à la séance de la Commis-sion des ingénieurs, vous auriez pu vous convaincre que MM. Jacquet et Rousseau forment une petite minorité en face de grands ingénieurs, tels que MM. de Fourcy, Ruelle, l'ami-ral Jurien de la Gravière.

« **M. Pernolet.** — Nous ne discutons pas ; nous n'avons pas à examiner ces opinions... Nous regrettons qu'on ait saisi la Chambre d'une proposition qui l'oblige à se déclarer publi-quement.

« **M. Charles de Lesseps.** — L'opinion de M. Rousseau est un argument en notre faveur.

« Si M. Rousseau disait : Il est impossible, de n'importe quelle façon, de faire le canal avec 1.200 millions et dans trois ans, — je comprendrais qu'il y eût là un argument, au moins quant à l'opinion de M. Rousseau. Mais M. Rousseau ne s'est pas exprimé ainsi. Il a dit : Je ne crois pas qu'avec son plan, la Compagnie puisse arriver avec 1.200 millions ; mais on arrivera avec le mien et, parmi tous les systèmes qui ont été proposés, il en est un qui est bon, c'est celui des écluses.

« Si la Compagnie vous disait : « Nous sommes des obsti-« nés, nous sommes des entêtés, nous voulons faire le canal « avec 1.200 millions, quand bien même nous nous trompe-« rions, parce que nous avons la monomanie de construire « ce canal à niveau quand même, » je comprends que vous disiez : « Nous avons affaire à des fous, qui n'entendent rien, « qui n'examinent rien. »

« Mais nous ne sommes pas de cette catégorie-là. Nous étudions tout, nous sommes prêts à tout. Nous avons le devoir de faire le canal, s'il est possible. Je crois que tout le monde dit qu'il est possible. Eh bien, nous ne faillirons pas à ce devoir, je puis vous l'assurer.

« **M. Salis.** — Vous voyez quelle est notre situation et combien elle est difficile : nous sommes obligés de donner notre avis sur le projet de loi qui nous est soumis et qui vise le programme élaboré par M. de Lesseps.

« **M. Ferdinand de Lesseps.** — Élaboré par les ingénieurs. Je ne suis pas ingénieur.

« **M. Salis.** — L'idée que vous avez conçue et qui a été élaborée par vos ingénieurs est bien visée par le projet de loi qui nous est soumis.

« Aujourd'hui, vous dites que vous n'êtes pas tellement disposé à soutenir le canal à niveau que, si on vous prouvait que le canal à écluses vaut mieux, si les hommes techniques étaient d'accord, vous n'êtes pas tellement entier dans votre opinion que vous ne préfériez encore que l'on fasse un canal à écluses, au lieu de ne rien faire du tout, parce que vous ne voulez pas faillir à votre œuvre.

« Mais voici la situation qui nous est faite : nous ne pouvons pas entrer dans cette voie-là. Nous avons un projet de loi sur lequel nous devons statuer, qu'il nous faut discuter. C'est pour cela que je m'associe aux dernières paroles de M. Pernolet.

« Nous regrettons que le projet de loi ait été déposé à la Chambre ; voici pourquoi : c'est que, même en ce moment-ci, vous ne pouvez pas prévoir si vous arriverez à construire le canal à une date déterminée, alors que les hommes techniques sont embarrassés et déclarent même que le canal à niveau n'est pas possible.

« Le projet de loi est ferme : il nous demande l'autorisation pour la Compagnie de Panama d'émettre des obligations à lots sur le programme et le plan qui sont soumis au Parlement.

« **M. Charles de Lesseps**. — Je n'ai pas vu cela du tout, j'ai vu tout le contraire.

« **M. Salis.** — Vous prétendez, ainsi que M. Ferdinand

42

de Lesseps, que le canal à écluses coûtera plus cher que le canal à niveau, tandis que M. Rousseau prétend qu'il coûtera moins cher.

« Vous comprenez quelle est notre situation... »

Et alors M. Charles de Lesseps discute sur les frais que peut entraîner la construction du canal à écluses.

« Vous semblez, dit-il, établir une contradiction entre ce que mon père a pu dire et ce que j'ai dit moi-même. Ce serait la première fois de ma vie que je me trouverais en désaccord avec lui. Je ne crois pas que mon père ait pu dire avec précision que le canal à écluses coûterait plus cher que le canal à niveau.

« **M. Ferdinand de Lesseps.** — Je n'en sais rien. M. Dingler pourrait le dire mieux que moi.

« **M. Charles de Lesseps.** — Je n'ai pas dit lequel coûterait moins cher du canal à écluses ou du canal à niveau, mais j'ai dit qu'il n'est pas un seul homme compétent qui puisse dire sérieusement qu'il est impossible de faire le canal avec 600 millions. »

Après le départ de M. de Lesseps, la Commission leva sa séance. Le lendemain, elle se réunit, et il fut décidé qu'on discuterait pour savoir si on ferait de suite un rapport et quelles seraient les conclusions de ce rapport. Les uns voulaient que, la Commission n'étant saisie, suivant eux, que d'une seule question, celle de savoir s'il fallait accorder ou refuser l'autorisation, se prononçât immédiatement nettement dans un sens ou dans l'autre. Mais, comme dans beaucoup de Commissions, ceux qui n'étaient pas partisans d'une solution aussi nette et aussi tranchée intervinrent, et, par voie d'amendements, il y eut un certain nombre de discussions et, par suite, de votes sur lesquels j'appelle votre attention.

Le Président ayant demandé, après une assez longue discussion, s'il n'y avait pas lieu de déclarer que la Commission entend clore ses travaux, M. Pernolet lui répond :

« Dans mon esprit, il ne faut pas aller jusqu'à la clôture

de la discussion, car je crois qu'il faut être en état d'expliquer son attitude.

« **M. Le Guay.** — Je demande qu'on mette aux voix la clôture.

« **M. le Président.** — M. Andrieux veut qu'on déclare par *oui* ou *non* si on accepte ou si on repousse le projet. Je mets aux voix la clôture, qui a la priorité.

Pour : MM. Andrieux, Proal, Richard, Compayré.

Contre : MM. Casse, Salis, Marmonier, Barbe, Cordier.

Abstention : M. Pernolet. (La clôture n'est pas prononcée.)

« **M. le Président.** — Nous allons demander les contrats.

« **M. Salis.** — On peut mettre cela aux voix, c'est la suite de la discussion. On peut voter.

« **M. le Président.** — Je demande qu'on sépare les pièces en deux : les contrats : qui sont des documents officiels et qui peuvent, je crois, nous être oumis sans difficultés ; et le bilan, qui est une pièce exceptionnelle et qui constitue, je crois, une difficulté assez sérieuse, car il semble que son examen entraine de notre part une caution de solvabilité si nous l'approuvons. »

Certains membres de la Commission avaient dit, en effet, qu'avant de prendre une décision il fallait avoir entre les mains les contrats et le bilan de la Compagnie pour connaître ses ressources.

M. Pernolet répond : « Je supplie la Commission de réfléchir avant de s'engager dans la voie qu'on lui ouvre, et de se placer en face de la situation qui sera faite après la constatation des pièces qui seront soumises. Si la Compagnie n'est pas dans l'état qu'elle avoue, la fera-t-on mettre en faillite ? Et si, au contraire, elle est bien dans la position qu'elle annonce, accepterez-vous d'en être les garants vis-à-vis du public ?

« **M. Andrieux.** — Je ne prendrai pas part à ces votes, car je suis contre le travail que la Commission va faire.

« **M. Le Guay.** — Ce n'est pas faire une enquête que de

justifier les dires. Pourquoi placer cette entreprise dans des
conditions exceptionnelles et ne pas l'assimiler aux affaires
ordinaires.

« M. le **Président**. — Je mets aux voix la demande en
communication des contrats.

« Pour : MM. Casse, Barbe, Marmonier, Cordier, Le Guay,
Salis.

« Contre : MM. Pernolet, Compayré, Richard.

« Abstentions : MM. Andrieux, Proal.

« **M. le Président**. — Je mets aux voix la demande
de communication du bilan de la Société au 30 juin 1886.

« Pour : MM. Casse, Barbe, Marmonier, Salis, Le Guay,
Cordier ;

« Contre : MM. Richard, Pernolet, Compayré;

« Abstentions : MM. Proal, Andrieux.

« **M. Le Guay**. — Je demande la production du traité
Hersent et la production des comptes des entrepreneurs auxquels de nouveaux concessionnaires ont été substitués.

« **M. Cordier**. — Je demande la justification de la vali-
dité de l'assemblée des actionnaires, qui a voté la demande
d'autorisation de l'emprunt à lots. »

Il y avait eu, en effet, une lettre adressée à la Compagnie
par un M. Meunier, qui prétendait que cette assemblée était
nulle.

« **M. le Président**. — Je mets aux voix la proposition de
M. Cordier.

« Pour : MM. Casse, Barbe, Le Guay, Marmonier, Salis,
Cordier.

« Contre : MM. Richard, Compayré, Pernolet, Proal.

« Abstention : M. Andrieux.

« M. Marmonier demande qu'on vérifie la présence du
rapport Courrejolles dans les bureaux de la marine. »

M. Courrejolles avait été chargé de faire un rapport sur
l'état sanitaire de l'isthme.

« La Commission décide qu'il sera écrit à M. de Lesseps
pour lui demander officiellement communication :

« 1º Des contrats ;

« 2º Des traités Couvreux et Hersent ;

« 3º Des règlements des comptes des entrepreneurs auxquels d'autres concessionnaires ont été substitués ;

« 4º De la justification des convocations de l'assemblée des actionnaires ayant voté l'émission des valeurs à lots ;

« 5º Du bilan à la date du 30 juin 1886. »

Ceci se passait le 8 juillet, date qui a son importance, ainsi que vous allez le voir.

Le 10 juillet, la Commission se réunit et le président lui communique la lettre écrite le 9 juillet par M. de Lesseps, dès qu'il avait eu communication des demandes de la Commission, et dans laquelle il disait au Gouvernement : « Je retire la demande que je vous ai faite, » lui demandant à son tour de retirer le projet de loi qu'il avait déposé.

Certains membres de la Commission pensent que si M. de Lesseps demande au Gouvernement de retirer son projet de loi, le Gouvernement ne le retirera peut-être pas. D'autres pensent que si M. de Lesseps avait voulu accepter les demandes qui lui étaient faites par la Commission, tout aurait été rapidement terminé.

En résumé, la majorité de la Commission pense qu'il y a lieu de rédiger une déclaration ainsi conçue :

« La Commission chargée par la Chambre des Députés d'examiner le projet de loi tendant à autoriser la Compagnie de Panama à faire une émission de valeurs à lots pour la somme de 600 millions,

« Constate qu'à la date du 5 juillet présent mois, l'Administration de Panama a été sollicitée de produire :

« 1º L'acte de concession du canal de Panama ;

« 2º Les traités au nombre de six qui, suivant les affirmations de MM. de Lesseps et Dingler, embrassent tous les travaux nécessaires à la communication des deux mers.

« Qu'elle a bien reçu l'acte de concession du Gouvernement colombien ;

« Mais qu'elle attend encore les traités qui, en justifiant les affirmations de M. de Lesseps, pouvaient éclairer les commissaires sur la possibilité de faire le canal dans le délai de trois ans et moyennant les 600 millions annoncés comme devant suffire à l'achèvement du canal ;

« Qu'à la date du 8 juillet, la Commission a chargé son président de réclamer à M. de Lesseps les traités susénoncés ;

« Que, déférant au désir de la Commission, M. Germain Casse a écrit à M. le Président de la Compagnie interocéanique de Panama la lettre suivante... ;

« Que cette lettre a provoqué de la part de M. de Lesseps les réponses suivantes :

> (Lettre à M. Casse.)
> (Lettre aux actionnaires.)

« Que, dans cette situation, la Commission n'a pas été mise en mesure, pour des motifs qu'il ne lui appartient pas de rechercher, de répondre par un rapport au projet de loi du Gouvernement ;

« Qu'il n'est donc pas exact de dire que la Commission a entendu ajourner à une session prochaine le dépôt de ses résolutions ;

« Qu'elle se considère comme dessaisie de la demande de M. de Lesseps, le Gouvernement venant de retirer officiellement le projet de loi qui n'avait été déposé par lui que le 17 juin 1886, bien que la demande qui l'a provoqué remontât au 27 mai 1885 ;

« Et passe à l'ordre du jour.

« *Signé* : Germain CASSE.

« Et les membres de la Commission :

« LE GUAY, CORDIER, BARBE, SALIS, MARMONIER. »

En effet, après avoir rédigé la première partie de cette déclaration, la Commission avait ête avisée, ainsi que le constate le procès-verbal, que le Gouvernement venait de retirer à la tribune le projet de loi d'autorisation déposé par la Compagnie pour émettre des valeurs à lots. En présence de ce fait la Commission se déclarait dissoute.

Il est une autre pièce dont l'importance nous a paru être considérable et que nous avons cru devoir faire connaître à la Commission relativement à cette même affaire.

Cette pièce est intitulée : « Réponse des conseils à la dépêche du Ministre des Travaux publics du 18 mai 1886. » Elle est signée de MM. Daubrée, de Fourcy, Jacquet, Jurien, Lalaume, Laroche, Pascal, Ruelle, et elle porte la date du 21 mai 1886. Elle précédait donc de peu de jours le dépôt du projet de loi :

« Monsieur le Président,

« Vous avez communiqué une dépêche de M. le Ministre des Travaux publics, en date du 18 mai 1886, par laquelle il vous demande de produire une réponse de vos conseils aux questions suivantes.

« La réalisation du programme que la Compagnie s'est tracé ne soulève-t-elle pas, au point de vue technique, des difficultés presque insurmontables ? Peut-on espérer sérieusement que ce programme sera réalisé dans les conditions que l'on annonce au public en l'invitant à souscrire à l'emprunt ? »

« Examinant la question technique dégagée de ses accessoires, la question des délais et celle de la dépense à prévoir, vous renfermant d'ailleurs, autant qu'il est possible, dans les limites de nos attributions, nous répondrons, monsieur le président, successivement, ainsi que vous nous invitez à le faire, aux questions posées par M. le Ministre des Travaux publics.

« Nous n'avons jamais dit, aucun ingénieur n'a dit, et la Compagnie n'a pas affirmé qu'au point de vue technique il fût facile d'exécuter les travaux sans précédents qui sont nécessaires pour ouvrir à travers les Cordilières une tranchée à ciel ouvert qui, au point culminant, atteint cent mètres de hauteur. En 1879, le Congrès international, qui comptait parmi ses membres des ingénieurs éminents, a déclaré qu'au point de vue technique l'entreprise était impossible.

« Après les études plus approfondies qui ont été faites par la Compagnie, la première session de votre Commission consultative a été close le 21 novembre 1881 par une allocution que vous avez livrée à la publicité et où, après n'avoir rien dissimulé de l'importance du problème à résoudre pour l'exécution d'une œuvre sans précédents dans le monde, le président de la Commission s'exprimait ainsi, avec l'assentiment unanime de ses collègues. »

« Tel a été, messieurs, le travail de votre première session, et je crois être

« l'organe de tous les membres de la Commission en disant que les études
« auxquelles nous nous sommes livrés en commun corroborent et font passer à
« l'état de conviction dans l'esprit de tous l'opinion que la création du canal n'a
« rien qui excède les limites de la science du géologue ou de l'art de l'ingénieur. »

« Cette conviction déjà si ferme est devenue de plus en plus profonde à
mesure que M. Dingler, que de cruels malheurs ont éloigné de la direction des
travaux, mais qui reste aujourd'hui votre ingénieur-conseil et apporte à votre
œuvre le concours si précieux de ses connaissances techniques, de sa grande
expérience des travaux et l'autorité de son nom, à mesure que M. Dingler,
disons-nous, a présenté ses beaux projets et a su préparer dans l'isthme ces
grandes installations et cet outillage puissant qui ont obtenu l'assentiment sans
réserve de votre Commission et les suffrages des ingénieurs de tous les pays,
même des adversaires du canal, de telle sorte que parmi ceux qui ont été
appelés à voir par eux-mêmes la situation des travaux, il n'est personne qui doute
que, s'il ne survient pas de difficultés étrangères aux considérations techniques,
l'œuvre s'accomplira conformément au programme qui a été tracé dans ses
grandes lignes par le Congrès international. Un de nous, M. Jacquet, répétant
que la construction du canal interocéanique à niveau est loin de présenter des
difficultés insurmontables, pense même que le projet en cours d'exécution
comporte des économies sur les dépenses prévues avec une ampleur qui aura
sa raison d'être dans l'avenir, mais qui n'est pas nécessaire dans les premières
années d'exploitation ; que par des réductions que la direction des travaux à
Panama examine d'ailleurs, la Compagnie peut espérer qu'elle renfermera
l'entreprise dans les limites de temps et d'argent qui sont nécessaires.

« M. Jacquet suggère que ce résultat pourrait également être facilité en cas
de besoin par une solution qui consisterait, sans abandonner bien entendu
comme but définitif le canal à niveau, à étudier un premier mode provisoire
d'exploitation au moyen d'un système d'écluses avec bief de partage à une
hauteur à déterminer. Dans cette situation, conviendrait-il, soit pour atténuer
les dépenses, soit pour hâter la solution, de renoncer à l'exécution du programme du Congrès international, de restreindre l'œuvre à la construction d'un
canal clusé? Nous ne croyons pas que cette solution, qui d'ailleurs, au point
de vue technique, a été examinée et repoussée par le Congrès, puisse aujour-
d'hui être à nouveau et utilement discutée. Le jour où la Compagnie ferait connaître que, même à titre provisoire ou comme pis-aller, elle accepte cette solution si imparfaite et si dangereuse, elle cesserait de remplir l'espèce de mandat
qu'elle a reçu du Congrès international.

« Quant aux question de délais et à l'évaluation de la dépense, nous devons
tout d'abord vous faire observer que les membres de votre Commission consultative sortent de leur rôle, excèdent leurs attributions et même leur compétence, en répondant à cet égard, pour la première fois, à des questions que vous
ne leur avez jamais posées et que vous n'aviez pas à leur poser, parce qu'il ne
leur appartient pas de savoir si, pour des motifs d'ordre supérieur dont la
Compagnie est seule juge, il est nécessaire de hâter l'achèvement des travaux,
parce que la dépense définitive dépend dans une large mesure de beaucoup
d'éléments qui ne sont et qui ne doivent pas être soumis à notre appréciation,

tels que la direction à imprimer aux travaux en vue d'assurer leur achèvement plus ou moins rapide, les marchés à passer avec les entrepreneurs, les détails de l'administration, enfin les dispositions financières que votre administration juge le plus économiques et les plus opportunes pour assurer l'exécution des travaux.

« Cependant, puisque sur ces questions M. le Ministre des Travaux publics vous demande notre avis, voici ce que nous pouvons répondre.

« Les dispositions déjà prises et l'avancement des travaux nous donnent toute raison d'espérer que les délais indiqués dans le rapport de la Commission technique du Congrès ne seront pas dépassés.

« Si en vue d'arriver plus tôt la Compagnie croyait devoir multiplier et étendre ses moyens d'action déjà considérables, il y aurait au point de vue technique à examiner si de nouveaux développements sont compatibles avec la nature même des travaux; il y aurait, au point de vue de la dépense, une comparaison à faire entre l'augmentation de la dépense qui serait immédiatement nécessaire pour activer les chantiers et la diminution des charges d'intérêt et des frais généraux qui résulteront d'une exécution plus rapide.

« Cet examen technique et cette comparaison de dépenses, nous ne pouvons les faire aujourd'hui, surtout dans le court délai qui nous est imparti pour répondre aux questions du Gouvernement.

« En ce qui touche la dépense finale, le chiffre de 1.200 millions auquel serait porté par le nouvel emprunt le capital engagé dans l'entreprise du canal, tout en conduisant son exécution à un degré d'avancement qui ne permettra aucun doute sur le succès, laissera, après défalcation des dépenses déjà faites, des charges d'intérêt et des frais généraux, une somme disponible qui pourrait ne pas être suffisante pour le parachèvement des travaux.

« Ce chiffre de 1.200 millions est cependant celui que la Commission technique du Congrès avait adopté avec d'autant moins d'hésitation qu'il lui avait été fourni par une sous-Commission dont plusieurs membres étaient opposés à la solution qui a prévalu.

« Mais, devrait-on s'étonner si ce chiffre venait en réalité à être dépassé dans les conditions exceptionnelles et sans précédents d'une pareille entreprise?

« Quoi qu'il en soit, il résulte pour nous des renseignements que vous nous avez fournis qu'après la réalisation de l'emprunt que la Compagnie demande à émettre, vous serez en mesure de conduire l'entreprise à un degré d'avancement tel, que, si la communication n'est pas ouverte entre les deux mers, il apparaîtra du moins aux yeux même les plus prévenus que l'achèvement final de l'entreprise est assuré moyennant un dernier effort qu'alors on pourra mesurer avec précision.

« Et cet effort, fût-il même relativement considérable, on ne saurait douter qu'il vous sera facile de le faire parce que, dans cette situation, les capitaux tiendront à profit et à honneur d'assurer le couronnement de cette œuvre de civilisation qui doit compléter la transformation du commerce et de la navigation maritime déjà si heureusement inaugurée et à moitié accomplie par l'ouverture du canal de Suez.

« Veuillez agréer, etc. »

43

Ainsi, les conseils de la Compagnie eux-mêmes sont absolument d'avis qu'avec les 1.200 millions et dans le temps indiqué on ne peut pas arriver à faire le canal, mais qu'on pourra pousser les travaux de telle sorte que les capitaux n'hésiteront plus à donner le complément qui sera nécessaire pour achever le canal. Mais quel sera ce complément? C'est ce que les ingénieurs se gardent bien de dire.

RAPPORT

PRÉSENTÉ

PAR M. GAUTHIER (de Clagny),

député,

*sur les procès-verbaux de la Commission parlementaire
de 1888 et recueilli par la sténographie.*

(Séance du 11 janvier 1893.)

———

M. Gauthier (de Clagny). — Nous nous sommes livrés,
M. Villebois-Mareuil et moi, à l'étude des travaux de la Commission parlementaire de 1888 qui a été chargée d'examiner
la proposition de loi, émanée de l'initiative parlementaire, et
qui tendait à autoriser la Compagnie du Canal de Panama à
émettre, en France, des titres remboursables avec lots.

Je dois d'abord exprimer le regret que le travail auquel
nous nous sommes livrés n'offre ni la même étendue ni le
même intérêt que celui dont il vous a été rendu compte à
votre précédente séance au sujet de la Commission de 1886,
parce que les délibérations de la Commission de 1888 n'ont
pas été sténographiées. On s'est borné à faire un compte
rendu analytique; les dépositions des témoins et les observations des membres de la Commission sont simplement
résumées et, par conséquent, fort incomplètes.

La Commission a été nommée le 27 mars 1888. Elle était
composée de MM. Chantagrel, Félix Faure, Horteur, Le Guay,

Henry Maret, Pesson, Rondeleux, Saint-Martin, Salis, Sans-Leroy et Sarlat.

A la séance du 28 mars 1888, la première tenue par la Commission, il a été procédé à la nomination du bureau : M. Le Guay a été élu président, et M. Sarlat secrétaire. Dans cette première séance, chaque membre de la Commission a exposé son opinion, ainsi que celle du bureau qui l'avait nommé. Voici, d'après le procès-verbal analytique de la Commission, quelle a été l'opinion émise par chaque membre :

« Les membres présents rendent compte de ce qui s'est passé dans leur bureau.

« **M. Félix Faure** dit que, de toute manière, la responsabilité de l'État sera engagée. Le Canal de Panama est une entreprise aléatoire : il ne faut pas l'étudier. Si l'étude est faite, la Commission doit déclarer, d'une manière générale, qu'il y a lieu de modifier la loi de 1836 sur les loteries.

« **M. Horteur** est d'un avis différent. Il estime qu'il y a 500.000 porteurs d'obligations du Panama et qu'il faut en tenir compte. Son bureau demande que les 600 millions qu'il s'agit d'emprunter soient exclusivement employés aux travaux du Canal. C'est la seule réserve faite au projet.

« **M. Salis** a été nommé comme hostile au projet. Il connaît l'affaire : elle est mauvaise. Le pétitionnement et la presse la soutient : cela n'en change pas l'aspect. Il y a 400 millions de travaux sur plus d'un milliard d'emprunt. M. Salis n'est pas hostile, néanmoins, à l'étude, bien qu'il ne pense pas que cette étude puisse modifier son opinion. Il faut deux milliards pour achever le Canal : les bénéfices seront-ils assez élevés? Il ne le croit pas.

« **M. Saint-Martin** est partisan du projet. Il a fait ressortir, dans son bureau, l'énormité des capitaux engagés dans l'affaire. Sans l'autorisation, un krack est inévitable. M. Saint-Martin dit qu'il faut s'en préoccuper. Il croit que l'affaire est bonne; le système des écluses la facilitera.

« **M. Sarlat** déclare qu'il est partisan du projet. Il

examinera l'affaire sans parti pris. S'il est un moyen de sauvegarder les intérêts engagés dans l'entreprise, il faut l'adopter; mais le bureau lui a donné mandat de ne pas engager la responsabilité de l'État.

« **M. Rondeleux** a combattu le projet au point de vue commercial. C'est l'Amérique qui en bénéficierait. Les prévisions ont été toutes trompées. Qu'est devenu le marché Couvreux? Maintenant, le canal fait, le trafic sera-t-il assez considérable pour servir les intérêts? Pourquoi ce trafic serait-il plus considérable que celui de Suez? — Il est hostile au projet.

« **M. Le Guay** dit qu'il a été nommé contre M. de Jouvencel, hostile. Il est l'adversaire d'un canal à niveau, avec tous les ingénieurs; mais, aujourd'hui, que le système des écluses a été adopté, il faut l'examiner. Il n'est ni favorable ni défavorable. Les conséquences du rejet seraient considérables. C'est l'épargne qui est engagée dans l'affaire.

« **M. Sans-Leroy** dit qu'il n'est pas en principe favorable au projet, mais qu'il l'étudiera sans parti pris.

« **M. Chantagrel** est hostile pour les mêmes raisons que M. Félix Faure. Il n'admet pas que la responsabilité de l'État puisse être engagée, même moralement.

« **M. Pesson** fait les mêmes réserves que M. Le Guay. Il insiste sur ces points : 1° que la Commission doit dégager la responsabilité de la Chambre ; 2° étudier la question avec circonspection ; 3° économie dans les dépenses.

« Après discussion, M. le Président met aux voix la proposition de M. Félix Faure, qui demande qu'aucune dérogation ne soit portée à la loi de 1836. — Cette proposition est repoussée par six voix contre deux et deux abstentions.

« La Commission décide ensuite qu'elle se réunira le lendemain lundi, à une heure. »

Messieurs, il résulte de ce procès-verbal de la première séance tenue par la Commission le 28 mars 1888 que dix membres seulement étaient présents et que leurs opinions se partageaient de la façon suivante :

MM. Félix Faure est hostile;
  Salis est hostile;
  Rondeleux est hostile;
  Sans-Leroy est hostile;
  Chantagrel est hostile;
  Saint-Martin est favorable;
  Sarlat est favorable;
  Le Guay est favorable;
  Pesson est favorable;
  Horteur est favorable.

M. Horteur, en effet, d'après le procès-verbal que je viens de lire, est favorable. J'insiste même sur ce point, parce que, dans un instant, en avançant dans l'étude de ces procès-verbaux, il y aura lieu de rechercher une explication à la situation que je relaterai. Voici ce que porte le procès-verbal du 28 mars 1888 : « M. Horteur est d'un avis différent. Il estime qu'il y a 500.000 porteurs d'obligations de Panama; il faut en tenir compte. Le bureau demande que les 600 millions qu'il s'agit d'emprunter soient exclusivement employés aux travaux du canal. C'est la seule réserve faite au projet. »

Il semble bien résulter de ce procès-verbal que M. Horteur a été chargé par son bureau de soutenir le projet.

Donc, dès la première séance de la Commission, cinq membres se déclarent « pour » le projet, et cinq membres « contre ».

A la séance suivante, du 29 mars 1888, M. Henry Maret, qui n'a pas assisté à la première réunion, est présent. Il fait connaître l'opinion de son bureau et la sienne, et voici ce que dit le procès-verbal :

« M. Henry Maret, absent hier, déclare avoir été nommé avec un préjugé favorable à la loi et le mandat de l'étudier avec impartialité. Il ajoute qu'il serait, dès à présent, favorable à une modification de la législation de 1836. »

La Commission se composait donc de cinq membres hostiles au projet et de six membres favorables.

Au cours de cette séance du 29 mars 1888, le président se borne à faire la lecture des procès-verbaux de la Commission de 1886 et des dépositions faites devant cette Commission, dépositions et procès-verbaux que vous connaissez, puisqu'ils ont été analysés devant vous à votre précédente séance.

M. Barthou. — Vous nous avez dit que la proposition de M. Félix Faure concernant le maintien pur et simple de la loi de 1836 avait été repoussée par six voix. Il faut conclure de la déposition de M. Henry Maret que vous venez de nous lire que si cette proposition avait été mise aux voix le 29, elle aurait été repoussée par sept voix au lieu de six.

M. Gauthier (de Clagny). — Je ne puis répondre avec précision à votre question, parce que le compte rendu très analytique des délibérations de la Commission ne donne aucun détail, n'indique pas les noms des commissaires qui se sont prononcés dans un sens ou dans l'autre sur les différentes propositions qui ont été examinées et mises aux voix. Cette lacune est très regrettable, et c'est ainsi que, pour les votes qui sont intervenus sur les rapports de MM. Rondeleux et Maret, les noms des commissaires qui ont voté « pour » ou « contre » ne sont pas mentionnés dans les procès-verbaux.

M. Barthou. — On nous a dit qu'on avait voté au scrutin secret.

M. Gauthier (de Clagny). — Oui, mais M. Salis nous a dit aussi qu'il avait demandé l'insertion des noms des votants au procès-verbal. Or, cette mention n'a pas été faite.

Je répète donc qu'au début des travaux de la Commission, cinq membres se sont nettement prononcés « contre » la proposition de loi, et six plus ou moins expressément « pour ».

J'arrive à la troisième séance de la Commission, qui a été tenue le 31 mars 1888. Une discussion se produit, et la Commission décide qu'elle entendra M. Charles de Lesseps, M. Hart, syndic des agents de change, et M. Christophle, directeur du Crédit foncier.

La déposition de M. Charles de Lesseps porte naturellement sur les avantages que présente l'autorisation d'émettre des obligations à lots, sur la possibilité de lancer une émission de 600 millions, sans faire courir aucun danger à l'épargne française, et sur la certitude de terminer le canal. Dans cette déposition, M. Charles de Lesseps fait connaître que le Conseil d'administration de la Compagnie de Panama, revenant sur sa première idée, abandonne le système d'un canal de niveau pour adopter, conformément à l'opinion émise par les ingénieurs envoyés dans l'isthme, la confection d'un canal à écluses, seul système déclaré possible et réalisable. Enfin, M. Charles de Lesseps affirme que les 600 millions suffiront, dans la pensée de la Compagnie, pour achever un canal à écluses dans un délai de trois ans.

M. Hart, syndic des agents de change, est interrogé exclusivement sur le point de savoir si l'émission projetée, dans les conditions où elle serait ouverte au public, pourrait constituer un danger quelconque pour le marché par la hausse ou la baisse des valeurs publiques. On lui demande également si le marché français est disposé à accueillir favorablement l'émission projetée de valeurs à lots. M. Hart se prononce très nettement en faveur du projet.

Si la Commission le désire, je donnerai lecture de la déposition même de M. Hart. (*Non! non!*)

M. Christophle, appelé devant la Commission, ne comparaît pas. M. le Président informe la Commission que M. Christophle lui a écrit pour s'excuser de ne pouvoir se rendre à la séance. Il demande à la Commission si elle persiste dans son intention et si elle désire convoquer M. Christophle à l'une de ses séances ultérieures.

M. Félix Faure estime que M. Christophle, en sa qualité de Gouverneur du Crédit foncier, est mal placé pour émettre un avis dégagé de toute préoccupation personnelle et que la Commission ne doit pas l'entendre.

M. Rondeleux fait connaître que M. Christophle lui a déclaré qu'il lui était impossible de se rendre devant la Commission avant jeudi. Il ajoute qu'il ne votera l'audition du gouverneur du Crédit foncier que si elle doit avoir lieu immédiatement.

Le président consulte la Commission, qui décide qu'il n'y a pas lieu de convoquer à nouveau M. Christophle.

Dans la séance du 3 avril, la Commission entend M. Rousseau. Ce dernier se borne à paraphraser le rapport qu'il avait remis à la Commission de 1886 ; sa déposition devant la Commission de 1888 n'offre aucun intérêt exceptionnel et ne mérite pas de retenir l'attention de la Commission d'enquête.

A la fin de cette séance du 3 avril, M. Henry Maret déclare qu'il votera pour un rapporteur favorable au projet. MM. Sarlat et Pesson font la même déclaration. MM. Salis et Rondeleux déclarent au contraire qu'ils voteront contre un rapporteur favorable au projet. On passe au vote et j'appelle l'attention de la Commission d'enquête sur les résultats de ce scrutin.

Le nombre des votants est de dix. Il ne ressort pas du procès-verbal qu'un membre de la Commission ait été absent ou que le président se soit abstenu.

Vote pour la nomination d'un rapporteur.

1er TOUR.

Nombre des votants : 10.

Ont obtenu :

M. Henry Maret......... 5 voix.
M. Rondeleux.......... 5 »

2e TOUR.

Nombre de votants : 10.

Ont obtenu :

M. Henry Maret......... 5 voix.
M. Rondeleux.......... 5 »

3ᵉ Tour.

Nombre de votants : 10.

Ont obtenu :

M. Henry Maret.........	5 voix.
M. Rondeleux..........	5 »

M. Rondeleux est nommé rapporteur au bénéfice de l'âge.

Le procès-verbal ne nous apprend pas autre chose.

Il résulte des renseignements que M. Salis a bien voulu me donner que M. Félix Faure n'assistait pas à cette séance. — C'est, du moins ce que M. Salis croit se rappeler. — Mais que, comme M. Félix Faure avait nettement déclaré qu'il était hostile au projet, on avait prié M. Rondeleux de se charger du rapport au bénéfice de l'âge en lui faisant observer que si M. Félix Faure avait été présent, il lui aurait certainement donné sa voix et que, par conséquent, il pouvait se considérer comme étant nommé rapporteur par 6 voix contre 5.

Du 3 avril 1888, nous sautons au 19 avril. Cet intervalle correspond aux vacances de Pâques, pendant lesquelles chaque membre de la Commission a pu retourner auprès de ses électeurs, s'enquérir de leurs désirs et, à la suite de cette consultation, reconnaître peut-être qu'il y avait lieu de modifier l'impression qu'il avait exprimée en arrivant à la Commission.

Quoi qu'il en soit, le 19 avril, la Commission se réunit. M. Rondeleux donne lecture de son rapport, qui est nettement défavorable. M. Félix Faure fait une déclaration sur laquelle j'appelle l'attention de la Commission d'enquête, et qui est ainsi résumée dans le procès-verbal analytique.

« L'intérêt des porteurs vous fait un devoir de les fixer à bref délai. La compagnie du canal de Panama travaille sourdement l'opinion et invite ses coopérateurs financiers à agir sur les députés pour lui faire obtenir l'autorisation qu'elle sollicite. Il est regrettable que de telles manœuvres se soient produites; il le serait davantage qu'elles se prolongeassent. »

M. Félix Faure insiste sur la nécessité d'en finir au plus vite en présence des manœuvres de la compagnie de Panama, et vous constatez, messieurs, l'importance que présente cette phrase : « La compagnie invite ses coopérateurs financiers à agir sur les députés pour lui faire obtenir l'autorisation qu'elle sollicite. »

Une discussion s'engage entre les membres de la Commission sur le rapport de M. Rondeleux, et voici ce que dit M. Sans-Leroy :

« Quoique le secret soit de règle en pareille matière, je ne fais aucune difficulté d'avouer que, lorsque la Commission a nommé un rapporteur, j'ai voté pour M. Rondeleux. » — M. Sans-Leroy fait donc partie des cinq membres qui ont voté pour un rapporteur défavorable. — « Son rapport est exactement l'expression de ma pensée. Mais une question supérieure doit primer le désir que j'aurais d'appuyer son rapport.

« Depuis le jour où la Commission a pris une décision, j'ai été singulièrement troublé par les conversations auxquelles j'ai été mêlé, soit en France, soit à l'étranger. La situation politique est telle qu'augmenter le nombre de ceux qui prétendent que la Chambre ne fait pas leurs affaires serait très dangereux. Ce serait une faute, je crois, d'adopter le rapport.

« **M. Félix Faure.** — M. Sans-Leroy a fait connaître son sentiment. Il a fait entrer en ligne de compte une considération politique, qui, jusqu'ici, avait été négligée. Son opinion est qu'au point de vue politique, il ne faudrait pas repousser la demande d'émission qui est présentée. C'est la première fois qu'une demande d'émission d'obligations à lots émane de l'initiative parlementaire; d'ordinaire, c'est le Gouvernement qui prend les devants. »

M. Félix Faure demande alors que le Gouvernement soit entendu. La Commission décide qu'elle entendra le Ministre des Finances, qui comparaît devant elle à la séance du samedi 21 avril 1888.

Le Ministre des Finances, l'honorable M. Peytral, est interrogé sur l'opinion du Gouvernement relativement à la proposition de loi dont il s'agit. Son opinion est plus que réservée : sans vouloir déclarer que le Gouvernement ne soutiendra pas la proposition de loi, il fait connaître cependant que le Gouvernement, à l'unanimité de ses membres, est décidé à ne prendre aucune responsabilité dans l'affaire; que, s'il juge qu'il y a intérêt à porter la question devant la Chambre, le Gouvernement entend rester absolument neutre dans cette discussion.

Messieurs, la déposition de M. Peytral est assez longue : je crois l'avoir analysée fidèlement; néanmoins, si vous désirez que je donne lecture du procès-verbal même, je suis prêt à le faire. (Non! non! c'est inutile!)

Après avoir entendu M. Peytral, on procède à une nouvelle lecture du rapport de M. Rondeleux et l'on vote.

Le rapport de M. Rondeleux est repoussé par six voix contre cinq.

On passe immédiatement à la désignation d'un nouveau rapporteur, et M. Henry Maret est nommé par six voix contre cinq, avec mission de conclure dans un sens favorable. A la séance du 23 avril, c'est-à-dire deux jours après, M. Henry Maret lit son rapport, qui est adopté par cinq voix contre quatre.

Voilà, messieurs, tout ce que votre sous-commission a pu relever dans les procès-verbaux analytiques, et, par conséquent, fort incomplets, des délibérations de la Commission de 1888. Mais une observation a dû venir à vos esprits en entendant les chiffres cités en ce qui concerne les votes qui ont eu lieu pour la nomination des deux rapporteurs successifs; il est évident que lorsqu'il s'est agi de procéder au vote sur la désignation du rapporteur, l'un des

membres qui, jusqu'alors, semblait favorable à l'adoption de
la proposition de loi a dû passer dans le camp des adversaires et voter contre. En effet, à la première séance, la Commission se composait de cinq membres hostiles à la proposition de loi et de six membres favorables. Or, à la séance du
19 avril, M. Sans-Leroy change d'avis. Il n'aurait dû rester
alors que quatre membres défavorables, les sept autres étant
favorables. Cependant, le rapport de M. Rondeleux est
repoussé par six voix contre cinq et M. Maret est nommé rapporteur par six voix contre cinq.

Il a donc dû se produire ce fait qu'un membre, favorable
au début, a été impressionné par les délibérations et les dépositions qui ont eu lieu devant la Commission, par ce qu'il a
vu et entendu, et a abandonné l'opinion qu'il avait manifestée au cours de la première réunion de la Commission, pour
voter avec les adversaires de la proposition de loi. C'est ainsi
que s'explique le vote intervenu sur le rapport de M. Rondeleux et la nomination de M. Maret, par six voix contre cinq,
bien que M. Sans-Leroy eût changé d'avis.

Voilà tout ce que nous avons pu relever d'intéressant
dans les travaux de la Commission de 1888.

Quant aux pièces qui ont été remises à la Commission
de 1888, elle ne présentent rien d'intéressant en dehors de ce
que la Commission d'enquête connaît déjà, sauf un certain
nombre de traités passés avec les entrepreneurs de la Compagnie de Panama, qui sont aux archives de la Commission de 1888 et dont nous n'avons pas fait l'étude parce qu'il
nous a semblé qu'il convenait d'attendre que la Commission
d'enquête se fût prononcée sur la question de savoir si elle
entendait examiner les travaux des entrepreneurs.

Trois autres pièces présentent un intérêt plutôt historique que parlementaire. L'une de ces pièces émane d'une
société, dite « de la Défense des intérêts de la Seine », dont
nous ne connaissons pas les membres. Cette pièce fait connaître que cette société s'est prononcée très énergiquement
en faveur des obligations à lots de Panama. Nous nous

sommes demandé ce que cette société venait faire en cette affaire : nos recherches n'ont pas abouti.

Nous avons vu également que deux Conseils généraux, à la session d'avril 1888, avaient émis des vœux en faveur du vote de la proposition de loi relative à l'émission d'obligations à lots par le Parlement. Ces Conseils généraux sont ceux de la Gironde et des Basses-Pyrénées.

Telles sont les seules pièces intéressantes que nous pouvons vous signaler.

En terminant, j'exprime à nouveau le regret, avec mon collègue M. de Villebois-Mareuil, que la Commission de 1888 n'ait pas, comme la Commission de 1886, fait sténographier ses délibérations et les dépositions fort importantes qu'elle a entendues, et qu'elle se soit contentée de procès-verbaux analytiques beaucoup trop incomplets.

M. le Président. — Dans ces procès-verbaux, n'est-il pas question des pétitions?

M. Gauthier (de Clagny). — Non, monsieur le Président.

M. Gamard. — Qu'est-ce qui a pu amener les deux Conseils généraux que vous venez de citer à s'occuper de la proposition de loi en question?

M. Gauthier (de Clagny). — Je l'ignore. Ces deux vœux sont mentionnés dans le bulletin officiel de la Compagnie de Panama, qui les reproduit même *in extenso*.

M. Jolibois. — Les procès-verbaux de tous les Conseils généraux de France existent aux archives de la Chambre; on pourrait les consulter pour savoir si d'autres Conseils généraux ont émis des vœux et ce qui a pu les déterminer à émettre ces vœux.

M. le vicomte de Villebois-Mareuil. — La Compagnie de Panama a fait procéder à ce travail et on ne trouvera pas autre chose que ce qui a été inséré dans le bulletin de la Compagnie.

M. Leydet. — Quel est le membre de la Commission de

1888 qui, de favorable au début, est devenu défavorable ensuite ?

M. Gauthier (de Clagny). — C'est M. Horteur qui, à la suite des dépositions faites par MM. Rousseau et Charles de Lesseps, a modifié son opinion et est passé du côté des adversaires de la proposition. Il n'est pas possible de donner une assurance à ce sujet puisque le procès-verbal ne mentionne pas les noms des membres qui ont voté « pour » ou « contre ».

M. le Président. — De sorte que, au commencement comme à la fin des travaux de la Commission de 1888, il y a toujours eu six membres favorables et cinq membres opposés à la proposition de loi.

M Leydet. — Le premier vote qui a eu lieu, pour nommer M. Rondeleux rapporteur, a été émis par cinq voix contre cinq, en l'absence de M. Félix Faure.

M. Gauthier (de Clagny). — En l'absence présumée de M. Félix Faure, car le procès-verbal ne dit rien à cet égard.

M. Barthou. — On nous a lu la lettre par laquelle M. Félix Faure, absent de cette séance, déclarait que, s'il avait été présent, il aurait voté pour M. Rondeleux.

M. Gauthier (de Clagny). — M. Salis nous a dit aussi qu'il avait fait observer à M. Rondeleux qu'il pouvait accepter les fonctions de rapporteur et se considérer comme étant nommé par six voix contre cinq, parce que l'opinion bien connue de M. Félix Faure, absent ce jour-là, lui était certainement favorable. Mais, encore une fois, la déclaration de M. Rondeleux pas plus que celle de M. Salis n'ont été consignées dans le procès-verbal analytique des délibérations de la Commission.

ANNEXE

Séance du 27 mars 1888.

M. Noël-Parfait, président.

M. Sans-Leroy remplit les fonctions de secrétaire d'âge.

M. Brisson demande si au terme du règlement le bureau statuera valablement, composé qu'il est de 14 membres: en second lieu si la convocation à un jour d'intervalle n'est pas au moins contraire aux habitudes.

M. Maunoury a la parole pour la Commission de Panama. Il est un des signataires de la proposition et se déclare partisan de l'autorisation d'émission de valeurs à lots.

M. Sans-Leroy combat la manière de voir de M. Maunoury et ne pense pas que l'on puisse nommer un commissaire favorable au projet.

M. de Turenne se prononce dans le même sens.

M. Barbe s'offre sans aucune idée préconçue à l'étude de la question.

Nombre de votants............	16
Majorité......................	9

Ont obtenu :

MM. Sans-Leroy....................	8
Maunoury....................	1
Barbe......................	8

Au second tour, M. Sans-Leroy est nommé à l'unaminité.

2° Commission pour l'examen du projet tendant à réserver au pavillon national la navigation entre la France et l'Algérie.

M. Letellier est nommé.

3º Proposition de loi, adoptée par le Sénat, portant aggravation de la peine des travaux forcés.

M. Maunoury se présente hostile au projet : il est nommé :

Le président,	*Le secrétaire,*
Signé : Noël-Parfait	*Signé* : Sans-Leroy.

———

RAPPORT

PRÉSENTÉ

PAR M. BORY,

Député.

sur la publicité

————

Messieurs,

Il vous a paru que vos recherches seraient incomplètes, si vous n'étudiez pas quel a été le rôle de la presse dans les affaires de Panama. Vous avez désiré savoir comment on a usé d'elle pour la publicité, quelle a été son action, quelle rémunération elle a reçue. Vous avez nommé une Sous-Commission de la publicité qui a fait de longues investigations et vous en présente le résultat.

MM. de Lesseps ont souvent répété que le prestige de leur nom avait suffi pour assurer le succès de Suez, qu'ils avaient tenté une nouvelle entreprise plus difficile, plus grandiose, comptant exercer la même action sur le public.

Leur début fut un échec, ils comprirent alors qu'il fallait se rendre favorable deux grands pouvoirs sans l'appui desquels il est, dit-on, impossible de rien oser, la finance et la presse.

Dans la suite, ils ont tout fait pour se les rendre favorables. On vous a déjà parlé des émissions et des syndicats.

Nous allons vous dire comment la Société de Panama a usé de la publicité de son premier jusqu'à son dernier jour.

Le Gouvernement colombien avait concédé en 1876 l'entreprise du Canal de Panama à M. Bonaparte Wyse et au général Turr. Ferdinand de Lesseps tenta d'organiser une société à qui cette concession serait apportée, il fit appel au public les 6 et 7 août 1879, il lui offrait les actions d'une société anonyme dont le capital devait être de 400.000.000 de francs, il échoua complètement.

On attribua surtout cet insuccès à l'insuffisance des moyens de publicité, la leçon fut instructive; à partir de ce moment on recourut aux combinaisons de toute sorte : voyages, conférences, création d'un bulletin spécial, insertions dans les journaux, tout fut mis en œuvre; le public fut tenu en haleine par des communications incessantes; pendant toute une année, plans, notices, discours furent répandus à profusion. Le grand nom de M. de Lesseps, les résultats magnifiques promis, un élan patriotique sincère, la foi dans une œuvre française avaient séduit l'opinion, tout faisait pressentir le succès.

Le 20 octobre 1880, se fondait à Paris la Compagnie universelle du Canal interocéanique au capital de 300 millions Les 7, 8, 9 décembre, la souscription était ouverte, elle réussissait; le 1er quart était versé le 4 mars 1881, la société était officiellement constituée.

M. de Lesseps avait fait son apprentissage de la publicité; pour elle il dépassa tout ce qu'on avait fait avant lui, et lorsque la société prit fin le 14 décembre 1888, au cours de ces huit années, 104.923.111 fr. 42 avaient été répandus en frais d'émission. D'après les livres de la Compagnie, la presse avait touché près de 23 millions.

En décembre 1880 les frais de publicité pour les actions atteignirent le chiffre énorme de 1.575.371 francs; encore faut-il supposer que tous les concours ne furent pas rémunérés sur cette somme, beaucoup durent être dissimulés et compris dans les 11.800.000 francs alloués aux fondateurs pour les indemniser de certaines avances dont ils ne présentaient pas l'état et ne demandaient pas le remboursement.

Du jour où elle eut une existence régulière, la Compagnie de Panama entretint avec la presse des relations journalières que nous avons pu suivre. Quelques documents nous ont fait défaut, d'autres saisis par la justice n'ont pu nous être communiqués qu'à la dernière heure, nous avons suppléé de notre mieux à ces lacunes par des investigations personnelles. Si quelques détails manquent au tableau, nous pourrons, néanmoins, vous dire comment MM. de Lesseps ont usé de la presse.

Les rapports de la Compagnie de Panama avec la presse furent dès l'abord confiés à Charles Bol, qui agissait sous la direction de Lévy-Crémieux. En septembre 1883, quand il fallut émettre des obligations, Lévy-Crémieux organisa cette nouvelle campagne. Il disparut, Fontane le remplaça. Fontane prépara les deux émissions d'octobre 1883 et septembre 1884. Au cours de l'année 1886, Charles de Lesseps jugea les circonstances critiques, il prit en mains le service et le dirigea jusqu'au dernier jour de la société, avec l'aide du baron de Reinach.

Sous le titre de publicité, la Compagnie comprenait les concours qu'elle sollicitait ou qu'elle devait subir. Dans leurs déclarations, MM. Charles de Lesseps et Fontane ont expliqué qu'ils avaient fait appel à la bonne volonté de toute la presse sans distinction de partis; elle serait venue à eux avec un tel empressement qu'ils le définissent ainsi : « Toute la presse tendait la main. »

A côté des dévouements spontanés, il y avait les malveillances à vaincre, les silences à obtenir, les services personnels à récompenser; un seul homme n'aurait pu suffire à tant de négociations, on se partagea les rôles. Lévy-Crémieux d'abord, de Reinach ensuite, furent chargés de gagner les récalcitrants à la cause de Panama. Ils se faisaient allouer de grosses sommes et débarrassaient à forfait MM. de Lesseps de tout ce qui aurait pu décrier les émissions, même dans les salons.

Dans le procès on a souvent parlé de ces gens du monde qui côtoient les spéculations, vantent les affaires à leurs amis et prélèvent quelques faveurs par droit de notoriété mondaine.

Pour conduire à bien l'entreprise du Panama, il ne fallait pas de dissonances dans la presse; l'avoir toute pour soi était très onéreux.

Lorsqu'il fut chargé de la publicité, Fontane voulait y apporter de l'économie. Il fit des mécontents; ses refus le rendirent promptement impopulaire, aussi lorsque les temps devinrent difficiles, Charles de Lesseps dût assumer la mission délicate de procéder lui-même aux libéralités.

Alors le service de la presse reçut une organisation complète. Il eut son personnel et son budget spécial; son siège fut établi dans les bureaux de la Compagnie de Suez. M. de Boudard, employé à la Compagnie de Suez, en fut le secrétaire.

MM. Fontane et Charles de Lesseps avaient éprouvé combien il était difficile à l'administration d'une Compagnie de se défendre contre les solliciteurs. On ne peut en effet dire à un directeur de journal ou à un rédacteur : Votre concours se paye ordinairement tel prix. Un homme du métier, un agent de publicité, qui fait chaque jour des marchandages, a une opinion précise sur la valeur de chacun, il discute commercialement les prix, au lieu de payer en grand seigneur comme un de Lesseps devait le faire.

Charles de Lesseps voulut confier à des agents de publicité le soin de dresser son budget de la presse.

Plusieurs agences se présentèrent, un accord survint entre elles. MM. Batiau et Privat furent agréés. De 1886 au mois d'octobre 1888, ils furent chargés d'établir les budgets pour chaque émission nouvelle.

Quand une émission était décidée, le Conseil d'administration ouvrait un crédit pour faire face à tous les besoins,

les administrateurs délégués attribuaient certaines sommes
à la publicité proprement dite et d'autres aux concours financiers. Tandis que le baron de Reinach agissait au dehors,
avec une indépendance presque absolue, MM. Batiau et Privat
dressaient leur budget de prévision sous le contrôle de
Charles de Lesseps.

Ces budgets figurent parmi les pièces saisies à l'instruction. Ils allouaient aux grands journaux des sommes importantes qui vont en décroissant suivant le mérite qu'on attribue aux autres journaux. L'élément d'appréciation n'est pas
seulement le tirage, mais souvent l'influence qu'on suppose à
tel directeur politique. Après les journaux et les revues viennent les bulletiniers, puis les agences. Les budgets ainsi dressés portent la mention « Budget Batiau » ou par abréviation
« Bud. Bat. »; ils étaient soumis à l'approbation de Charles
de Lesseps, mais la liste des élus n'était pas close, Charles
de Lesseps ajoutait certains noms omis par MM. Batiau
et Privat, augmentait certaines allocations; beaucoup se
disaient maltraités et réclamaient une compensation; bien
qu'il renvoyât le plus possible les quémandeurs à MM. Batiau et Privat, il ne pouvait se montrer toujours inflexible
et accordait quelques faveurs. On arrêtait alors le budget
qui devenait le budget de la Compagnie.

Le baron de Reinach se contentait de fournir des indications vagues sur ses projets et les concours qu'il rémunérait.
Certains noms figurent sur les états de la Compagnie, mais
presque toujours les sommes dont il disposait lui étaient personnellement attribuées, il les répartissait à sa guise.

Nous avons eu sous les yeux les budgets de 1886, 1887 et
1888. Cette dernière émission qui se termina par un insuccès
et la chute de la Compagnie, donna lieu à des tentatives ré-
pétées, elle a coûté plus de 31 millions. En 1888, cinq budgets furent successivement dressés, le 14 mars, le 24 juin,
le 5 septembre, le 15 novembre et le 13 décembre à la veille
de la catastrophe. On tentait de compléter l'émission de juin,
jusqu'à la dernière heure on faisait appel au public.

N'est-ce pas la preuve la plus manifeste d'une insigne mauvaise foi de la part des administrateurs?

Le budget des dépenses arrêté, il fallait préparér l'émission. La presse entrait en campagne et démontrait l'utilité de l'émission nouvelle, l'influence décisive qu'elle aurait sur l'avenir de la Compagnie. Fontane raconte dans un de ses interrogatoires « qu'il recevait parfois la visite de publicistes « désireux d'être éclairés sur la question de Panama; il les « renseignait de son mieux et c'était avec les indications « fournies par lui qu'ils défendaient la bonne cause ». Ce qui revient à dire qu'on dictait à certains journaux les articles qu'ils devaient faire. Fontane aurait pu ajouter qu'il en écrivait souvent lui-même sous des pseudonymes différents, le bulletin les reproduisait, car les articles les plus favorables avaient l'honneur d'une insertion dans le *Bulletin du canal interocéanique.*

Ce bulletin, publication officielle, a été répandu à profusion pendant toute la durée de la Compagnie de Panama; dans la période de publicité préparatoire qui précédait une émission d'énormes quantités de numéros étaient envoyés à tous les agents de Panama, à toutes les sociétés, à toutes les banques dont les guichets étaient ouverts à la souscription; chacun les distribuait à sa clientèle, on juge de l'effet qu'ils devaient produire.

Le bulletin contenait des relations de voyage à Panama, des documents officiels, rapports, comptes rendus de tournées, d'assemblées générales, des discours de Ferdinand de Lesseps et surtout une revue de la presse, où l'on voyait les journaux les plus importants annoncer l'avancement des travaux, le succès de l'entreprise et de l'émission. La presse française n'était pas la seule à y figurer. L'Amérique du Nord et du Sud apportait son contingent d'enthousiasme sur l'avenir du canal, la presse anglaise, presque toujours réservée, donnait parfois quelques marques de confiance. Le public, devant un concert universel d'éloges adressés à la compagnie, gardait ses illusions et versait des sommes énormes avec une confiance que rien n'a

èbranlée pendant plusieurs années, en France du moins. Les
autres nations se sont peu à peu éloignées d'une entreprise
dont les fautes leur étaient plus connues.

M. Flory cite dans son rapport des extraits d'articles et
des noms de journaux au sujet de chacune des émissions
d'obligations de Panama. Inutile de le faire après lui, en lisant
son remarquable travail vous vous rendrez compte des agissements des administrateurs et des concours complaisants
qu'ils ont trouvés.

La bienveillance de la presse française ne parut pas à la
Compagnie chose suffisante, elle voulut y avoir des organes
quotidiens et devint propriétaire de plusieurs journaux, notamment du groupe dirigé par MM. Chaulin et Pliquet.

Plus tard on eut recours aux pétitionnements ; M. Dupuy-
Dutemps vous a fait connaître dans un rapport spécial comment ils devinrent pour MM. de Lesseps un moyen de publicité. La campagne des pétitionnements était organisée par les
agences de la Compagnie. Ce n'était pas le libre exercice du
droit de pétition, mais un mouvement organisé ; on donnait
des formules de pétitionnement, on les imprimait dans les
journaux, les lecteurs n'avaient parfois qu'à les détacher et
à inscrire des noms quels qu'ils fussent. On voulait déterminer un mouvement patriotique et contraindre le Parlement
à voter la loi sur les valeurs à lots.

Toutes les agences de province furent mises en mouvement, la presse stimula le zèle des législateurs trop indiffé-
rents pour cette entreprise.

Les tournées de M. Ferdinand de Lesseps ont eu sur
l'opinion publique une action considérable, il se prodiguait.
Partout où il paraissait, le public accourait et lui faisait des
ovations, sa parole était entraînante, sa confiance communica-
tive ; au début il avait su rendre l'entreprise populaire et pour
la soutenir il multipliait les conférences, les rapports ; ce qui
venait de lui avait une autorité incontestable. Le bulletin
reproduisait toutes ses communications, les journaux les
commentaient, et son prestige était demeuré tel qu'au mois

d'octobre 1888, lorsque les caisses étaient vides et les émissions dédaignées, il trouvait des auditeurs, des applaudissements.

Bien qu'il luttât contre l'évidence en altérant la vérité qui déjà s'était fait jour, on ne lui reprochait pas les millions engloutis et sa folle prodigalité. On lui attribuait une telle puissance qu'il rencontrait encore quelques souscripteurs fanatiques, et l'Union des actionnaires groupait partout des adhérents. Ce fut le dernier effort.

Le 14 décembre 1888, la Compagnie suspendait ses payements.

Le 4 février 1889, sa liquidation était prononcée par jugement du tribunal de la Seine.

Au cours de leurs interrogatoires, MM. de Lesseps et Fontane ont dit qu'une entreprise ne peut vivre que par la presse, qu'on ne peut éclairer, c'est-à-dire séduire le public que par la presse; qu'il faut la gagner pour se défendre. Jamais on n'avait vu mise en scène aussi brillante et aussi coûteuse.

La Compagnie de Panama a duré pendant plus de huit années. Durant cette période les dépenses faites sous la dénomination de frais de publicité se sont élevées à près de 105 millions, ainsi répartis:

Tableau des dépenses de publicité.

$$\text{Pour l'émission des actions.} \begin{cases} \text{Frais de} \\ \quad \text{syndicat.} \quad 11.800.000 \text{ fr.} \\ \text{Publicité..} \quad 1.595.371 \quad \text{»} \\ \text{Actions...} \quad 8.450.000 \quad \text{»} \end{cases} 21.845.371 \text{ fr.}$$

Tableau des sommes dépensées pour les émissions d'obligations.

Septembre 1883......................	7.290.272 61
Octobre 1883........................	9.959.723 59
25 septembre 1884...................	8.312.005 06
3 août 1886.........................	11.340.132 48
26 juillet 1887.....................	7.626.594 73
14 mars 1888	4.998.156 51
24 juin 1888........................	31.245.435 55
Options et concours divers..........	2.311.832 54
Total.........	83.084.153 07
Dépenses pour les actions...........	21.845.371 20
	104.929.524 27

Les dépenses allaient augmentant à chaque émission. Plus les appels de fonds se succédaient, moins il y avait d'empressement dans le public, et pour attirer les souscriptions il fallait chez les financiers un zèle plus actif, dans les journaux des articles plus engageants ; aussi les allocations de toutes sortes étaient augmentées, les encouragements qu'on leur donnait prenaient toutes les formes, options, concours divers, parts de syndicats, les frais d'émission atteignaient des chiffres que l'on n'avait encore jamais connus.

Et cependant des dépenses qui auraient dû être portées au chapitre de la publicité n'y figuraient pas.

Les frais de mission étaient inscrits au chapitre des dépenses de l'Administration supérieure ; or les missions avaient pour but de donner prétexte à des rapports rassurants sur l'état des travaux, elles fournissaient un aliment aux correspondances des journaux, qui étaient ensuite insérées dans le Bulletin.

Les missions ont coûté plus de 600.000 francs.

Les assemblées générales et les rapports qui y étaient présentés ont donné lieu à une publicité considérable et à une dépense de 731.561 francs. On multipliait les assemblées générales pour permettre à M. de Lesseps de faire des communications plus fréquentes; les frais dans les deux dernières années se rattachent plus spécialement aux émissions d'obligations à lots, c'est-à-dire à la publicicité; on les porte aux frais généraux.

C'est là aussi qu'on inscrit les dépenses occasionnées par la publication du *Bulletin interocéanique*, qui a coûté 240.000 fr. C'était par excellence l'organe de la publicité.

Les frais généraux acquittent encore toutes les dépenses des pétitionnements.

On n'inscrit pas à la publicité les dépenses d'imprimés ou de confection de titres, qui s'élèvent à 5.299.924 francs.

On voit que, loin de chercher à augmenter l'importance de ce chapitre, les administrateurs ont eu le souci de l'alléger. Ils y ont compris seulement les sommes directement employées à faire réussir leur émission.

Pour les frais d'émission, l'ensemble des sommes payées à la presse serait en apparence de 22.028.075 fr. 35.

Mais la Compagnie néglige d'y comprendre 1.595.371 fr. 20, montant des dépenses faites pour la souscription des actions. Elle confond cette somme dans les 11.800.000 francs qui ont été alloués en bloc aux fondateurs.

Acceptons cette déduction et voyons comment le reliquat, qui serait de 20.432.704 fr. 15, a été réparti.

Certains payements de la Compagnie ne doivent pas être regardés comme faits à la presse. En effet, dans ces 20 millions on relève :

1° Les sommes payées à des maisons de banque, agents financiers, coulissiers ou autres. Ceux qui les ont touchées ont dû les recevoir comme commissions de placement.

En voici le détail :

André, Girod et Cie.....................	20.000 fr.
Arton...............................	157.500 »
Banque du Crédit Français.............	1.000 »
— d'Escompte....................	20.000 »
— Franco-Égyptienne.............	30.000 »
— Nationale.....................	10.000 »
— — (groupe).............	90.000 »
— de Paris et des Pays-Bas.........	80.625 »
Cazaldo...............................	39.000 »
Comptoir d'Escompte..................	55.000 »
Crédit Lyonnais.......................	20.000 »
Denfert-Rochereau	10.625 »
Divers délégués.......................	6.519 85
Kohn, Reinach et Cie..................	717.238 03
Propper	113.615 35
Rodrigues............................	37.617 »
Total..............	1.408.740 23

2° Les sommes payées à MM. Batiau et Privat qui n'étaient que des agents de répartition et prélevaient 10 0/0 sur les dépenses du budget de la presse............. 642.394 05
3° La plupart des sommes payées à l'aide de bons anonymes ; on connaît aujourd'hui presque tous les titulaires de ces bons.
Savoir :

Baïhaut	375.000 fr.
Cornélius Herz.......................	600.000 »
Divers coulissiers et agents sans mission définie....................................	40.000 »
Il reste sans application connue le montant de bons anonymes s'élevant ensemble à.	178.270 15
Total..............	1.193.270 65

4° Enfin, les sommes payées à des particuliers sans désignation de qualités ou professions et ne paraissant pas se rapporter à la publicité.

Le chiffre total peut en être évalué à 1 million environ.

Ainsi les dépenses portées indûment sous ce titre atteindraient environ 4.244.404 fr. 93, ce qui réduirait à 16.188.299 fr. 22 les vraies dépenses de la publicité. On peut ne pas tenir compte des libéralités d'Arton, mais il est difficile de ne pas maintenir comme données à la presse les sommes allouées à Lévy-Crémieux et au baron de Reinach pour ce service spécial. Elles s'élevaient pour Lévy-Crémieux à 594.016 fr. 24, pour le baron de Reinach à 3.017.756 fr. 47. Cependant on n'a aucune indication sur l'emploi qu'ils en ont fait. Si on les retranchait, les dépenses de publicité proprement dites seraient abaissées à 12.579.282 fr. 98.

Les frais de publicité étaient acquittés à l'aide de bons, les uns nominatifs, les autres anonymes. Il en a été délivré environ 17.750. Dans les bons nominatifs, on voit figurer des personnalités de toute sorte.

Le bureau de la presse mandatait, la caisse de Panama payait. Pour les premières émissions, on délivrait aux bénéficiaires de simples bons ou chèques à vue que signait l'un des administrateurs, Fontane ou le secrétaire général Étienne Martin. Mais quand Charles de Lesseps prit la direction du service de la presse, tout changea. Charles de Lesseps avait gardé son bureau à la Compagnie de Suez; il traitait là de toutes les affaires concernant les deux Compagnies. Pour s'occuper de la presse, il prit un employé de la Compagnie de Suez, de Boudard, qui n'avait rien de commun avec Panama, mais qui réglait toutes les dépenses de la publicité sous son contrôle.

Quand les budgets Batiau, modifiés par la Compagnie, étaient approuvés, de Boudard rédigeait les bons dans les termes suivants :

« Chèque à vue.

« N° 1. — Paris, le   18 .

« *Compagnie universelle du Canal interocéanique de Panama.*

« Payez à M.   ou au porteur la somme
de
Valeur   dont vous débiterez le compte de

(Signature)

. « Fr.   . »

ou bien :

« Compagnie universelle du Canal Interocéanique.

« Paris, le............ 18..

« (Ici la somme)

« M......................

« (Signature.) »

Le plus grand nombre est ainsi libellé.

Lorsque le nom de la partie prenante était désigné sur les bons, la signature était toujours au dos de la pièce avec la mention « acquitté ». Mais lorsque le bon était dressé sans indication de bénéficiaire, il servait à lui seul de justification et devenait bon au porteur.

Il y avait deux catégories de bons au porteur, les bons sans souche et les bons à souche.

Les premiers, appelés aussi « bons de caisse », étaient peu en usage ; ils ne laissaient à la Compagnie aucune trace de leur création, tels étaient ceux qui furent émis au profit de Cornélius Herz et de Baïhaut.

Herz touchait ainsi :

500.000 francs le 10 septembre 1885 ;
100.000 francs le 2 décembre 1885.

Le 18 juin 1886 Baïhaut touchait :

375.000 fr. en trois bons ainsi répartis.. $\left\{\begin{array}{r} 230.000 \text{ fr.} \\ 20.000 \text{ »} \\ 125.000 \text{ »} \end{array}\right.$

Deux fois on a utilisé des chèques sur la banque de France pour 50.000 et 40.000 francs. Mais le plus souvent on employait des carnets à souches et la souche portait toujours la mention de la date, de la somme délivrée, le paraphe de celui qui avait créé le bon.

Les bons au porteur détachés des carnets étaient anonymes au moment de leur création. Il en a été délivré, d'après M. Flory, pour 1.424.000 francs; les patientes recherches de M. Taudière nous donnent à penser qu'il faut porter ce chiffre à 1.470.000 francs.

On a discuté pour savoir si les bons étaient anonymes ou au porteur, on peut dire que ceux qui ont été acquittés par leurs bénéficiaires ont cessé par ce fait d'être anonymes. Il faudrait réserver cette qualification à ceux qui n'ont pas été revêtus d'un acquit ou qui ont été payés à Rateau, garçon de bureau, qui mettait au dos des bons sa signature et retirait l'argent sans savoir à qui il était destiné. Quatre-vingt-un bons portent l'acquit de Rateau.

Vous vous rappelez les rapports intéressants qui vous ont été présentés sur ce sujet par MM. Bertrand et Taudière. Leurs conclusions sont les suivantes : 105 bons sont restés anonymes, malgré toutes nos investigations ; ils sont d'une valeur variant de 500 à 10,000 francs, ils représentent une somme totale de 178.270 fr. 65.

Rateau, dans sa déposition, vous expliquait comment on

lui remettait un bon sous enveloppe à la Compagnie de Suez, puis on l'envoyait à la caisse de Panama toucher ce bon; il en recevait le montant sous enveloppe et remettait le pli soit à Charles de Lesseps, soit à la personne qu'on lui avait désignée et qui attendait dans le vestibule de la caisse du Panama.

Pour les bons ordinaires, au moment où ils étaient émis on dressait un état portant les noms des bénéficiaires, la date, les numéros des bons, les sommes à payer; l'état était visé par un administrateur, remis au caissier de Panama qui acquittait les bons à mesure qu'ils lui étaient présentés.

Pour les bons anonymes à souche, on ne faisait connaître au caissier que la somme, le numéro et la date.

Il y avait dans la manière d'agir de Charles de Lesseps la volonté de dissimuler les relations de la Compagnie avec la presse et avec tous ceux qui touchaient sur les fonds de publicité.

Bureau installé à la Compagnie de Suez, agent de Suez, bons anonymes, tel était l'ensemble de précautions prises que la discrétion allait jusqu'au mystère et même à l'irrégularité; les chefs de la comptabilité de la caisse de Panama semblent s'etre émus de cette intervention étrangère à leur Compagnie, ils ont demandé une autorisation spéciale pour faire ces payements. M. Flory a relevé sur une fiche qui lui a été présentée l'ordre de service suivant :

« La caisse est autorisée à payer les bons signés par M. de Boudard, le bon visé sera remis ultérieurement.

« 12 décembre 1888.

« Approuvé :

« *Signé* : Charles DE LESSEPS. »

On ne recourait aux Budgets Batiau que pour les émissions d'obligations. Dans l'intervalle des émissions, les libéralités n'étaient pas suspendues, elles étaient plus restreintes;

47

les allocations à faire à la presse étaient réglées par un bordereau que dressait de Boudard et que la caisse payait. Avec certains journaux on traitait à l'année pour qu'ils fussent constamment favorables.

Quels services étaient ainsi récompensés?

Ils étaient universels si on en juge par le nombre de journaux, d'une infinie variété si l'on prend souci des professions. 1.620 journaux ont émargé, et dans ce chiffre ne figurent pas ceux qui sont représentés par les agences, leur nombre est au moins égal, ce sont tous les journaux de province; il est vrai qu'il ne leur revenait rien ou presque rien des libéralités reçues par les agences parisiennes. Quant aux noms de ceux qui ont touché M. Flory en relève 2.575, un très grand nombre figure à l'*Annuaire de la Presse.*

Pour comprendre la variété de ces concours il faut se rendre compte de l'organisation de la publicité.

Elle prend deux formes: l'annonce et la réclame.

L'annonce, c'est l'avis donné en grandes lettres à la quatrième page du journal que telle affaire va naître, que telle vente aura lieu. On y trouve l'énonciation d'un fait, d'une date, d'un chiffre, presque toujours sans commentaire.

La réclame est tout autre chose. Elle comporte bien l'énonciation d'un fait; mais l'éloge l'accompagne, tantôt franc, brutal, tantôt dissimulé et si discret qu'il ferait le désespoir de ceux qui dénoncent les éloges coupables comme une complicité digne de la loi pénale.

L'usage de l'annonce n'a jamais été critiqué, c'est le mur aux affiches, le journal loue tout ou partie de son mur, l'intéressé s'adresse au public : rien de plus légitime.

Les annonces sont de deux sortes, les unes commerciales, les autres financières.

Les annonces commerciales sont les appels des grands magasins qui préviennent le public de leurs achats et ventes de marchandises, de leurs expositions; ces sortes d'annonces se renouvellent à chaque saison.

Il y a ensuite toute la série des achats et ventes de moindre importance.

Les annonces financières comprennent les annonces d'émissions, les convocations d'assemblées, les rapports faits aux assemblées générales, les tirages financiers.

Ce sont là les gros éléments de l'annonce financière.

A chaque événement important, une société vote une somme pour faire des annonces. Comment employer cet argent d'une manière profitable ?

Il faut s'adresser à une maison d'annonces.

Il y en a plusieurs très puissantes ; aujourd'hui, elles sont syndiquées; elles ont, pour ainsi dire, un monopole. Avec les traités qu'ils ont passés, les *annonciers* disposent de la quatrième page de presque tous les journaux de Paris et de province.

En général, ils louent toute la quatrième page; quelques journaux se sont réservé le droit de disposer d'une partie de leur publicité. Ils publieront les annonces qu'ils recevront eux-mêmes et celles que leur enverra la régie des annonces. Si le journal est puissant, il fait son prix; s'il est faible, il subit celui qu'on lui offre. L'annoncier le traite suivant son mérite, il lui offre tant pour la ligne, le prix varie de 1 à 10 francs. Si l'annonce paraît dans un grand nombre de journaux, elle coûte moins cher proportionnellement; il y a des progressions descendantes qu'on appelle « une combinaison ».

Sur le prix convenu, l'annoncier retient ce que chaque traité lui permet de retenir, il a parfois une remise sur les annonces libres que le journal reçoit directement.

Les journaux qui ont leur gestion partielle ont leurs courtiers spéciaux.

Survient une affaire, l'annoncier reçoit des ordres et répartit l'annonce entre un certain nombre de journaux.

Dans les cas d'émission, l'annoncier traite généralement à forfait et répartit l'insertion entre les journaux qu'on a demandés, il donne à chaque journal un cliché soigneusement préparé pour que la nouvelle soit bien présentée, ou fera généralement quatre insertions à tant la ligne, parfois une annonce supplémentaire.

Il y a un marchandage honnête entre celui qui demande l'insertion et l'annoncier. Le journal intervient rarement, sa page est louée à l'avance, peu lui importe que telle ou telle annonce l'occupe, l'argent en revient presque toujours à l'agence. Ce qu'il faut au journal, ce qu'il a intérêt à obtenir, ce sont des articles pour recommander au public une affaire, une valeur ; c'est là qu'il trouve son plus réel profit.

Nous arrivons ainsi à la publicité financière.

La publicité financière s'est singulièrement développée de notre temps et dans tous les pays. Dans la presse politique elle occupait jadis la dernière place. Un simple tableau relégué au bas de la quatrième page, indiquait le cours de la Bourse. Puis dans un recoin de ce tableau on ménagea quelques lignes pour y insérer « le Raisonnement », afin d'expliquer les variations du jour. Maintenant, dans chaque numéro du journal, il y a un article, quelquefois deux, quelquefois trois; la réclame financière s'étale à la troisième et même à la deuxième page.

L'organisation de la presse s'est transformée, la concurrence, le bon marché ont amené ce changement. Le journal se vendait cher autrefois, il avait un caractère exclusivement politique. Aujourd'hui la politique lui offre des ressources insuffisantes; il a dû demander à la spéculation, à la finance de le soutenir, il a donné accès dans ses colonnes aux affaires commerciales ; il a donc une double vie, la vie politique et la vie commerciale.

Sous la première forme, il soutient un programme pour lequel un personnel spécial lutte vaillamment.

Sous la seconde, il fait des affaires, il exploite du mieux qu'il peut son bulletin financier.

Pour ces deux manières d'être si différentes il y a tantôt une direction unique, tantôt deux directions distinctes; dans ce cas, le journal politique est absolument étranger à toutes les opérations financières, il est sous le même toit, mais ne s'asseoit pas à la même table que son voisin le bulletinier.

L'influence du journal au point de vue financier est une valeur absolument commerciale, une marchandise bien courante, personne n'en fait mystère ; ce que nous vous disons est une vérité banale; chacun sait que sur le marché, « sur la place », le concours de tel journal vaut tant à cause de son grand tirage, de l'appui qu'il reçoit de la haute banque ou de telle grande personnalité. Pour les gens du métier, il y a une cote officielle de la presse qui comporte très peu d'écarts.

Le Bulletin a pris les noms les plus divers : finances, informations financières, causerie financière, la Bourse, courrier de la Bourse, etc.

Le Bulletin est exploité de deux manières, en fermage ou en régie.

Si le journal a un fermier financier, celui-ci a son indépendance absolue, il soutient dans le journal qui lui plaît et comme il veut. Pourvu qu'il paye son prix, il est le maître. Le fermier est ici un particulier, là une société, ailleurs une agence. Il exploite à ses risques et périls, cherchant naturellement les gros profits.

Pour certains journaux de Paris, le prix est très élevé.

Presque toute la presse de province a accepté le régime de fermage. Comme pour les annonces, elle est soumise à des agences. Certaines agences disposent de 200 à 300 journaux. Elles afferment tant de place avec la latitude d'insérer tant de lignes de leur composition. L'activité financière est presque nulle en province; pour tirer un petit revenu du Bulletin, on traite avec une agence parisienne qui, moyennant une légère redevance, impose de dures conditions. Peu de journaux se réservent le droit de contrôle sur les articles qui leur sont imposés.

Vous trouverez aux annexes de ce rapport un modèle imprimé des traités qui interviennent entre les journaux de province et les agences financières. Ils sont presque tous conçus dans les mêmes termes. Voici les clauses les plus importantes :

« Le journal donne pleins pouvoirs à l'agence de s'occuper exclusivement, pour son compte, de toute affaire de publicité de nature financière, émissions, réclames, encartages financiers, etc.

« Cette autorisation implique pour le journal les obligations suivantes.

« 1° L'insertion obligatoire, exclusive et intégrale des annonces, articles et bulletins financiers expédiés par l'agence, sauf ce qui serait absolument contraire à la ligne politique ou religieuse du journal. Dans ce cas, l'agence sera de suite informée.

« 2° L'interdiction absolue d'insérer aucun article financier ni réclame financière même déguisée, ni encartage financier.

« 3° Le journal insérera avant toutes annonces et réclames, c'est-à-dire dans le corps même du journal, tous les articles financiers qui lui seront adressés par l'agence, etc. »

Quatre ou cinq grandes agences de Paris disposent ainsi de la presse de province et lui imposent à leur gré le silence ou l'éloge tout en réalisant un gros profit. Elles retiennent, dit-on, de 70 à 90 0/0 sur les sommes qu'elles reçoivent.

Les journaux de Paris peuvent mieux se défendre. Ils sont sur les lieux où se traitent les grosses affaires; s'ils n'ont affermé leur bulletin, ils cherchent la clientèle quotidienne : c'est l'œuvre du bulletinier.

Si le journal est important, le bulletinier a sous ses ordres des courtiers, des rabatteurs d'affaires qui s'adressent de tous côté; si le journal est peu important, le bulletinier court lui-même, il va où les affaires s'organisent et traite à forfait, il s'engage soit à insérer une mention dans le bulletin, soit à faire paraître un article dans le corps du journal. C'est le bulletinier qui nous renseigne, qui nous parle du cours de la Bourse, de la hausse ou de la baisse, de l'avenir de toutes les

valeurs, de leur chute prochaine ou de leur future prospérité.

Il cherche les clients avec activité, car il n'a pas de traitement fixe, il reçoit une commission sur les affaires qu'il
apporte au journal. Suivant son expérience, son autorité, ses
relations, cette remise varie de 15 à 25 0/0. Voilà pour la
presse politique.

Voyons la presse financière. Après une période de grande
prospérité celle-ci a perdu de son ascendant.

A partir de 1872 jusqu'à 1884, pendant les années de
grandes spéculations, elle avait pris un énorme développement.
Chaque maison de coulisse avait un journal presque gratuitement envoyé aux capitalistes de province qui trouvaient là
des renseignements nouveaux et des tentations jusqu'alors
inconnues. L'argent afflua et le monde financier paya très largement de semblables services.

La presse politique, qui est en contact perpétuel avec le
public, était dans de meilleures conditions encore pour faire
appel aux capitaux.

C'était pour elle une source alléchante de revenus, elle
s'organisa pour pratiquer la réclame financière et accaparer
la plus grosse part des profits que procure la publicité.

L'*Annuaire de la Presse*, page 44, nous apprend qu'il
existe encore actuellement 197 journaux financiers.

Les revues économiques, les revues diverses ont, comme
la presse politique, leur rédaction spéciale composé d'économistes, de littérateurs et de savants, tous étrangers à la spéculation, mais aux dernières pages se trouve presque toujours
l'information financière dans laquelle le bulletinier donne des
avis et des conseils.

Telle est en matière financière l'organisation de la presse
française. On pourrait dire de la presse de tous les pays.

Partout, presque sans exception, la presse a fait dans ses
colonnes une large part aux affaires.

Si une grosse entreprise se prépare, le monde des bulletiniers est dans l'attente. Chacun espère être appelé à fournir

son concours. Autrefois on traitait avec un bulletinier important qui ensuite recrutait ses collaborateurs. Aujourd'hui pour les grandes affaires on emploie plus volontiers un intermédiaire, un agent de publicité, on lui expose le but à atteindre, il fixe le prix et se charge de distribuer les rôles, si l'on n'a pas manifesté des préférences pour tels ou tels journaux.

Veut-on faire une grande émission comme celle du Panama. La Compagnie a voté des fonds, sinon les sociétés financières ou les maisons de banque qui doivent recevoir les les souscriptions se syndiquent. Elles votent un budget de la presse, les profits à tirer de l'émission feront plus que payer les frais de publicité. Elles s'entendent par exemple avec MM. Batiau et Privat, qui à leur tour associent à leurs entreprises les autres agences. On se partage la tâche, chaque agence traitera avec ses journaux.

Les grands personnages, les grands journaux attendent qu'on vienne à eux pour demander leur concours, les petits vont offrir leurs services, les marchandages commencent. A Panama il fallait débattre des prix avec 800 personnes ! ! On a demandé à MM. Batiau et Privat une bonne presse, de bons bulletins, de bons articles pendant les deux ou trois semaines qui précèdent l'émission, l'affaire est recommandée au public sous les formes les plus variées. Pour un prix modeste on aurait une simple communication au public, pour un prix plus élevé on a des articles élogieux; la Compagnie fournit des notes, des documents; là-dessus chaque journal brode à sa guise, autrement il semblerait reproduire une circulaire qui serait sans effet, l'entente serait trop visible ; les articles se succèdent, on aura par exemple : Panama maritime, Panama commercial, Panama géographique, Panama chroniques spirituelles, et pendant ce temps le bulletin nous dit : « L'affaire paraît bonne... les demandes sont nombreuses... c'est un succès... que les souscripteurs se hâtent s'ils veulent profiter d'une occasion unique, inespérée... » Durant toute cette période préparatoire on varie le ton, la bienveillance prend toutes les formes et se gradue suivant la durée.

L'émission réussit, le journal reçoit son salaire. Pendant quelques mois encore il soutiendra l'affaire pour lui permettre d'être classée à la Bourse avec un cours honorable, ses services s'arrêteront là, à moins que son appui paraisse encore nécessaire ; il aura alors une mensualité moyennant quoi il dira toujours du bien de cette société ; il recevra chaque mois une allocation de 1.000 francs, 500 francs, 250 francs et moins encore, suivant son importance et celle de l'entreprise dont il soutient les intérêts avec une inébranlable conviction.

L'action financière s'étend à tous les organes de la publicité ; les agences qui la dirigent sont syndiquées entre elles et peuvent à certain moment mettre en mouvement toutes ces forces. C'est là un pouvoir redoutable ; l'ascendant pris sur le public est si grand que tous ceux qui font appel au crédit sont obligés d'user des mêmes moyens. Le public a besoin d'être prévenu ; il a pris l'habitude d'être conseillé ; pour l'attirer à soi, il faut recourir à la presse.

Les plus puissantes sociétés de crédit, la Ville de Paris elle-même, ont recours aux agences de publicité pour leurs émissions. Elles doivent à la presse leur tribut.

La dîme ainsi prélevée sur le marché public représente des sommes considérables. Mais il faut payer ; on a besoin d'une presse favorable ; le porteur des titres est impressionnable ; une valeur est attaquée, il la vend.

Vous avez vu quelle crise ont amenée quelques articles contre les Caisses d'épargne, et cependant il s'agissait du crédit de l'État !

Les grandes sociétés se sont définitivement résignées à des redevances régulières. Elles ont compris dans les frais généraux les dépenses de la publicité. Elles paient pour qu'on les loue ; elles paient pour qu'on ne les attaque pas ; car il y a aussi le budget du silence.

Plus que toute autre société, la Compagnie de Panama a recouru à la publicité. La mauvaise direction donnée à ses affaires la conduisait à la perte, mais elle voulait à tout prix cacher sa détresse, les journaux l'ont aidée à la dissimuler.

Pouvaient-ils ignorer la vérité, n'étaient-ils pas informés de ce qui se passait à Panama ?

Rien ne nous autorise à dire que le monde de la spéculation et la presse financière ont voulu malgré tout continuer à recueillir les profits que laissaient les émissions, les syndicats et la publicité, dussent nos millions être engloutis.

Mais avec une imprudence souveraine, la presse nous présentait les documents les plus trompeurs, elle entretenait la confiance et démontrait que le canal serait achevé lorsque l'entreprise était irréparablement perdue.

Une terrible responsabilité pèse sur les administrateurs, la presse les a aidés dans leur œuvre. Par son concours presque unanime elle a contribué à attirer l'épargne française dans des désastres sans précédents.

Sans doute au début de la société, elle a pu croire au succès : des congrès scientifiques déclaraient que le canal de Panama pouvait être facilement exécuté, les plus hautes personnalités approuvaient l'entreprise et M. de Lesseps voulait conduire les capitaux français « à une nouvelle victoire », la confiance alors était légitime, l'entraînement naturel. Mais plus tard les fautes se sont accumulées, des hommes considérables ont recommandé la prudence, cité des documents sérieux, des faits graves, la presse aurait dû conseiller la réserve, elle n'a pas hésité et, sauf de rares exceptions, elle a prêté à la Compagnie de Panama un appui qui ne s'est jamais lassé.

Elle a manqué à son devoir envers le public. Depuis longtemps, il existe entre la presse et le public un malentendu qui ne devrait pas se prolonger.

Les journaux, dans leur partie financière, nous parlent du marché international et du marché français avec une rare compétence, ils nous donnent sur la Bourse les détails les plus intéressants, la hausse et la baisse nous sont expliquées d'une manière saisissante et l'on accorde peu à peu sa confiance à des écrivains aussi distingués. Mais ces bulletiniers ont renoncé à une partie de leur liberté, ils ne critiquent pas la Société qui demande le silence, ils louent celle qui sollicite l'éloge. Le journal abandonne à des agences moyennant location une partie de ses colonnes sur lesquelles il n'aurait plus de contrôle. Il semble se croire irresponsable, pour la réclame comme pour l'annonce. La réclame financière ne sera pour lui que le mur aux affiches agrandi, l'article financier ne serait qu'une des formes de l'annonce, il serait ouvert à toutes les communications, à toutes les insertions.

Mais comment le lecteur reconnaîtra-t-il l'approbation sincère et l'éloge suggéré? il croit à l'indépendance absolue de la presse.'

Celui qui a l'habitude de lire régulièrement un journal, s'identifie avec lui ; il le considère comme un guide, comme un juge impartial. Il ne distingue pas entre les conseils politiques et les conseils financiers, il les accepte tous, le journal dirige ses convictions et ses placements.

C'est là ce qui fait la force de la presse, mais aussi sa responsabilité.

A-t-elle justifié la confiance que le public avait en elle ? N'a-t-elle pas rendu plus faciles et plus terribles quelques grands désastres financiers ? Il faut bien l'avouer, la presse financière a servi aveuglément les sociétés financières qui la payaient. Il nous a paru nécessaire de vous exposer l'organisation de la presse financière et de vous signaler ce qu'on appelle des mœurs nouvelles.

Ces mœurs peut-on les réformer ? justifient-elles les propositions de loi dont la Chambre est saisie ? Nous n'avons pas à vous le dire, mais elles constituent un danger.

Puisse l'Epargne publique le connaître et ne plus subir les entraînements dont elle a été la dupe !

Les travaux de votre Sous-Commission ne comportent pas de sanctions pratiques. Vous nous avez chargés d'investigations dont nous vous présentons le résultat. Nous n'avons pas d'autres conclusions à vous soumettre. Toutefois, parmi les sources d'informations auxquelles nous avons puisé, il en est de si importantes, que nous vous demandons de les publier.

Il s'agit du rapport de M. Flory et de l'annexe n° 7 qui l'accompagne.

Le rapport de M. Flory est un remarquable travail, un historique complet de la Société de Panama dont les agissements sont magistralement exposés. Il a servi à chacune de vos Sous-Commissions comme point de départ de ses recherches. Le rôle de la presse y est fidèlement retracé ; vous y verrez pour chaque émission des extraits d'articles et des noms de journaux qui vous édifieront sur la collaboration que la Compagnie a obtenue. Pour vous demander la publication du rapport de M. Flory, votre Sous-Commission est unanime.

L'annexe n° 7 est un tableau alphabétique dans lequel figurent tous les noms de ceux qui ont touché quelques sommes sur les fonds de la publicité.

Nous avions songé à grouper par journal les noms qui s'y trouvent relevés ; mais les nombreux changements qui surviennent dans la rédaction d'un journal au cours de huit années rendaient l'exactitude presque impossible où elle était rigoureusement nécessaire, nous avons dû renoncer à ce travail.

Au cours de nos recherches, nous avons appris que quelques bons portant la mention « Articles » rémunéraient des annonces supplémentaires accordées par Charles de Lesseps à certains journaux à l'insu de MM. Batiau et Privat. Pour éviter de la part des autres journaux des réclamations, on donnait au bon une cause inexacte.

M. Flory nous a déclaré qu'il avait pu constater à deux reprises, que des bons personnels à des Directeurs de journaux ne leur avaient laissé aucun profit direct et que le montant en avait été reversé à la caisse du journal.

Enfin, des similitudes de noms peuvent amener des confusions regrettables, des erreurs peuvent s'être glissées dans la rédaction des bons, aussi plusieurs d'entre nous se sont-ils demandé s'il n'était pas préférable de laisser dans l'ombre l'annexe n° 7. La grande majorité de la Sous-Commission a pensé que la publication de cette annexe était nécessaire. Elle croit qu'il est possible d'atténuer et même de faire disparaître tous les inconvénients en provoquant des explications ou des rectifications et en ajoutant aux noms publiés quelques mentions, notamment le prénom, le domicile, et les diverses indications qui aideraient à mieux établir l'identité de chacun.

M. Flory avait songé à rendre son travail plus précis, mais la hâte que lui imposait le dénouement prochain de l'affaire de Panama ne lui a pas permis de compléter son œuvre. Nous espérons qu'il y parviendra à l'aide des bordereaux dressés par de Soudais, du budget Batiau, des acquits inscrits sur les bons et de tous les indices qu'il sait si bien recueillir et grouper.

Vous voudrez bien nous autoriser à lui demander d'ajouter à son annexe 7 quelques mentions supplémentaires et nous aurons ainsi terminé la tâche que vous nous aviez confiée.

Messieurs,

Votre Sous-Commission avait été chargée de recueillir tous les renseignements, toutes les explications que les personnes désignées dans l'annexe Flory pouvaient désirer fournir.

La décision que vous avez prise était connue du public. Pendant huit jours nous nous sommes tenus à la disposition de ceux qui désiraient nous fournir des éclaircissements, il nous est venu bien peu de monde et la publication de l'annexe n° 7 semble devoir moins impressionner que vous ne le supposiez tout d'abord.

Nous avons réuni tous les renseignements qui peuvent de près ou de loin toucher à la publicité et aux versements de la Compagnie de Panama.

Vous savez déjà que par un scrupule des plus honorables
deux publicistes avaient pensé ne pas devoir conserver les
sommes qu'ils avaient reçues directement ou indirectement
de la Compagnie de Panama. M. Adolphe Aderer, rédacteur
du *Temps* et M. Galli, propriétaire de *l'Art français*, ont
reversé à M. Monchicourt, l'un 5.500 francs, l'autre
2.450 francs.

Ces Messieurs ont obéi à un noble sentiment que M. Galli
traduit ainsi. « Je n'ai pas voulu garder un centime des fonds
de cette Compagnie, ni demeurer le complice même inconscient de la plus scandaleuse des dilapidations. »

On ne saurait ni mieux penser ni mieux agir que MM. Galli
et Aderer.

« Publication illustrée des Députés de l'Algérie. Annonces,
articles, 10.000 francs. »

Telle est la mention qu'on trouve dans l'état de M. Flory.
Elle se réfère à une publication faite par MM. Boucher, Letellier, Étienne, Thomson.

En 1888, une invasion de sauterelles avait ravagé les
deux provinces d'Alger et d'Oran ; pour soulager de grandes
misères, les Députés de l'Algérie firent appel à la charité
publique. Ils ouvrirent une souscription et firent paraître un
journal *la Sauterelle*, qui eut un numéro unique ; de grandes
maisons de commerce firent des annonces dans ce journal,
et les payèrent généreusement. La Compagnie de Panama
offrit pour sa part 10.000 francs. Le produit de la vente du
journal, des insertions et des souscriptions recueillies fut
versé au Comité central de secours à Constantine par M. Stiel-
dorff.

M. d'Estampes a touché divers bons à l'époque où ils ont
été émis. M. d'Estampes était directeur-propriétaire de *la
France nouvelle*, journal quotidien ; ces bons payaient, dit-
il, la publicité qu'il faisait pour Panama. M. d'Estampes avait
en outre, paraît-il, fondé, de concert avec M. Fontane, *la
Vraie Revue*, et les deux bons anonymes qu'il a acquittés

lui avaient été donnés pour acquitter une partie des frais de *la Vraie Revue* et de *la France nouvelle*.

Nous avons eu la preuve que M. Marius Fontane collaborait à *la Vraie Revue* sous les pseudonymes de Germain ou de Renaud.

M. Georges Foucher, rédacteur parlementaire du *Gaulois*, déclare qu'il n'a rien de commun avec un Foucher qui aurait touché 1.000 francs.

M. Chapon, Directeur de l'Agence télégraphique républicaine, nous a écrit le 10 février que les diverses sommes qu'il a reçues payaient les services rendus par son agence de publicité.

Enfin, M. le prince de Valori nous écrit de Nice que, le 18 mai 1887, il avait reçu de M. le duc de Madrid, qui visitait Panama, une lettre très flatteuse pour M. de Lesseps. Le secrétaire de don Carlos y joignait une sorte du journal.

Sur ces deux documents, M. de Valori rédigea un article qu'il adressa avec les documents eux-mêmes au *Figaro;* tout parut dans le numéro du 16 juin 1888. Six semaines après, M. de Lesseps faisait parvenir à M. de Valori 1.000 francs. « Journaliste, je conservai cette somme, légitimement acquise. Elle m'a servi à soulager des misères carlistes, françaises et espagnoles. »

Telles sont les termes mêmes de la lettre de M. le prince de Valori.

Nous n'avons pas reçu d'autres explications.

ANNEXE

Je, soussigné (1)
domicilié à   , Département de
                          agissant en qualité de (2)
du *Journal*
paraissant à   fois (3) par
                    les (4)
déclare que ledit *Journal* a un tirage véridique et justiciable de (3)
                          exemplaires par numéro.

Je charge et donne pleins pouvoirs à l'*Union de la Presse Parisienne et Départementale* (5), dont le siège est établi à Paris, de, pour le compte et au nom dudit *Journal* (5), s'occuper exclusivement de toutes affaires de publicité de nature financière : émissions, réclames, encartages financiers, etc. Cet engagement est pris pour une durée de trois années à partir du (3)
mil huit cet quatre-vingt   , renouvelable pour une durée de six années, s'il n'est dénoncé de part ou d'autre six mois avant son expiration et, ensuite, de six années en six années, dans les mêmes conditions.

Cette autorisation implique pour le *Journal* les obligations suivantes :

1° L'insertion *obligatoire, exclusive* et *intégrale* des *annonces*, ARTICLES et *bulletins financiers* expédiés par l'*Union*, sauf ce qui serait manifestement contraire à la ligne politique ou religieuse du *Journal*. Dans ce cas, l'*Union* en sera informée tout de suite.

2° *L'interdiction absolue d'insérer aucun autre article financier*, ni réclame financière même déguisée, ni encartage financier. Dans cette interdiction ne sont pas compris : *a*) les articles émanant de la rédaction du *Journal* sur les questions se rattachant à l'économie politique ; *b*) les articles et annonces ayant trait aux entreprises d'intérêt local, qui ont leur siège dans le département-où paraît le *Journal; c*) les annonces envoyées par des agences si les mêmes annonces ne sont pas envoyées par l'*Union* et si elles ne sont pas en opposition avec les bulletins de l'*Union*.

3° Le *Journal insérera* avant *toutes annonces et réclames*, c'est-à-dire dans le corps même du journal, tous les *articles financiers* qui lui seront adressés par l'*Union*, à laquelle il devra assurer un service régulier, obligatoire et gratuit de quatre exemplaires, à titre de numéros justificatifs.

---

(1) *Nom et prénoms.* — (2) *Directeur, rédacteur en chef, propriétaire, administrateur gérant, etc.* — (3) *Écrire en toutes lettres.* —(4) *Jour où paraît le Journal.* — (5) *Pour cause d'abréviation, les parties contractantes sont désignées dans le présent acte sous la dénomination de l'Union et le Journal.*

Les opérations de l'*Union* sont faites sous le contrôle de trois Comités : un *Comité de Censure*, un *Comité d'Arbitrage* et un *Comité de Répartition*, composés chacun de cinq à dix membres, élus par les journaux adhérents.

Sur les recettes effectuées, l'*Union* prélèvera un droit de commission de 30 0/0 destiné à couvrir les frais généraux de bureaux, administration, loyer, impôts, rédaction des articles et revues financières, rémunération du capital, etc. L'excédent, c'est-à-dire 70 0/0, formera un dépôt qui sera la propriété des journaux figurant sur la liste de l'*Union*. Cette somme sera répartie tous les trois mois entre les journaux intéressés par le *Comité de Répartition*, et cela de la façon suivante :

Le *Comité de Répartition* établira pour chaque journal un coefficient basé principalement sur son tirage et sa périodicité : l'addition de tous les coefficients formera le diviseur de la somme à répartir. La part de chacun résultera dès lors de la multiplication du quotient de cette division par le coefficient de chacun.

Les Comités seront renouvelables annuellement par tiers. Les membres sortants seront rééligibles. Ces Comités ont établi leur règlement dans la séance du 23 janvier 1893. Le *Journal* déclare en avoir reçu un exemplaire.

Au cas où le *Journal* interromprait le traité sans justification reconnue valable par l'*Union*, on se refuserait à l'insertion des bulletins ou articles à lui envoyés, chaque article financier non inséré et chaque contravention entraîneront une amende à fixer par le *Comité d'Arbitrage* et pourront même entraîner l'exclusion et des dommages-intérêts.

En cas de contestation soit entre les journaux pour leur tirage, soit entre l'*Union* et le *Journal* pour toute cause le *Comité d'Arbitrage* jugera les différends sans appel. Le *Journal* s'engage par le présent à reconnaître valables et exécutables les sentences de cet arbitrage et cela sans appel.

L'*Union* se réserve le droit, dans le cas où il ne pourrait être fait autrement, de traiter pour une partie seulement des journaux adhérents, des affaires d'intérêt régional. Dans ce cas, les journaux qui n'auraient pas été choisis ne participeraient pas aux recettes ainsi obtenues.

Tous pouvoirs sont aussi donnés à l'*Union* pour s'entendre, après avis pris du présiden₁ du Comité de Censure, avec les agences fermières des listes con. currentes chaque fois que l'utilité d'une entente lui paraîtra démontrée pour l'intérêt commun.

Je, soussigné, fais élection de domicile à Paris, dans les bureaux des Comités de surveillance.

Fait à (1) , l

mil huit cent quatre-vingt–

---

(1) *Dater en toutes lettres et signer en faisant précéder de : Lu et approuvé. Bon pour pouvoir.*

RAPPORT

Par M. BERTRAND,

Député,

Sur les bons anonymes.

————

La Compagnie du Canal de Panama, dans les écritures relatives aux dépenses de publicité, avait des carnets de bons, dits bons de publicité. Chaque carnet formait un petit registre de cent vingt-cinq bons, divisés en deux parties : la partie principale, destinée à être présentée à la Caisse, formant le bon proprement dit, se détachait du carnet ; l'autre partie, formant la souche ou le talon, restait au carnet.

Les bons de publicité proprement dits ont été saisis et remis à l'autorité judiciaire.

Quant aux talons de ces bons, ils n'avaient pas été saisis, et M. de Boudard, employé de la Compagnie de Suez, chargé à une certaine époque de s'occuper de la publicité de la Compagnie de Panama, les remit à une délégation de la Commission d'enquête.

Ces talons sont au nombre de 17.750, mais il y a des séries qui manquent, de 4.250 à 4.500, de 5.500 à 6.125. Ces séries n'ont pu être données à la Commission, bien que la demande en ait été faite, M. de Boudard ayant déclaré avoir remis tout ce qu'il avait à ce sujet et ignorer où se trouvaient celles qui manquaient. Après examen des 17.750 talons, moins, bien entendu, les séries indiquées ci-dessus comme manquantes, la Commission a été amenée à les diviser en deux catégories : Bons nominatifs. — Bons anonymes.

Ces qualificatifs sont suffisamment clairs pour expliquer la distinction entre chacune de ces deux catégories. — Dans la première, les talons qui portaient l'indication du bénéficiaire, nom du journal, ou du directeur, ou du bulletinier, ou de l'agence, ou du rédacteur, ou d'une personne, ou d'une société, en un mot, une indication. — Dans la seconde, les talons qui ne portaient aucune indication quant au bénéficiaire.

Exemple :

Talon n° 2729. — 17 juin 1886. 3 E. P. — 230.000 francs.

Dans la catégorie des talons anonymes ont été classés 250 talons, considérés comme anonymes : nous disons considérés, car 12 contiennent certaines indications. Le montant total des sommes portées sur ces 250 talons s'élève au chiffre de 870.526 fr. 45.

Les sommes inscrites sont loin d'être d'une importance égale : si on trouve des chiffres peu élevés comme 7 fr. 20, 8 fr. 50, 11 francs, 21 francs, etc., on trouve des chiffres plus considérables comme 1.000 francs, 5.000 francs, 10.000 francs, 20.000 francs, 40.000 francs, 50.000 francs, 125.000 francs, 230.000 francs.

Beaucoup de talons ne portent que l'indication du numéro et de la somme : d'autres ont la date.

Certains portent les lettres initiales E. P., c'est-à-dire Émission Panama, précédées d'un des chiffres 2, 3, 4, 5, 7, 8.

Un porte la mention opt., c'est-à-dire option — c'est le talon n° 39 de 500 francs.

Sur un certain nombre on peut lire des indications comme les suivantes, indépendamment bien entendu du numéro du talon :

n°ˢ 97ᵃ
105ᵃ
106ᵃ
107ᵃ
109ᵃ
160ᵃ
162

avec ou sans la mention de l'exercice — exercice 82-83-84-85.

D'après des explications fournies par M. de Boudard, il résulterait que lorsqu'on voit ces mentions, cela indique une dépense relative non pas à la publicité proprement dite des émissions, mais à des avis publiés relativement à des réunions ou convocations d'assemblées, de tirages, appels de fonds, etc., le chiffre serait ce qu'on appelle un numéro budgétaire.

Sans vouloir contester l'exactitude des explications de M. de Boudard, il est permis de s'étonner et de se demander pourquoi des talons concernant des dépenses de cette nature sont anonymes et ne portent pas toujours remplie la mention destinée à faire connaître le bénéficiaire de ce chèque.

Enfin deux talons portent en outre avant ces indications le mot *solde*.

Ce sont les talons n°ˢ 1811 et 1812 — le premier de 4.228 fr. 50, le second de 2.900 francs.

Dans les archives de la Commission, se trouve le relevé des mentions constatées sur chacun des 250 talons considérés comme anonymes.

Après ce travail et cet examen des talons, une sous-commission est allée au Palais de Justice prendre connaissance des bons proprement dits, les examiner et rapprocher les mentions pouvant s'y trouver de celles relevées sur les 250 talons.

Les archives de la Commission renferment également ce second travail, c'est-à-dire le relevé des mentions constatées sur chacun des 250 bons considérés comme anonymes.

Il en résulte le classement suivant de ces 250 talons.

Bon non trouvé............................... 1
Bons portés comme annulés.................... 98
Bons portant la date du paiement mais sans aucune
   autre mention............................. 21
Bons portant l'indication du nom (*Rateau*)....... 81
Bons portant des indications de noms de person-
   nes, un paraphe semblant être celui de M. de
   Boudard, d'autres mentions................... 49

Total............ 250

Chacune de ces divisions va être l'objet d'observations distinctes :

Bon non trouvé.

Il s'agit du n° 1000, — dont l'importance est de 50 fr.

Bons portés comme annulés.

Ces bons, au nombre de 98, portent la mention *annulé.*
Un grand nombre sont inférieurs à 1.000 francs comme importance : mais il y en a quelques-uns allant de 1.000 à 6.000 francs.

Bons portant la date de payement, mais sans aucune autre mention.

Il y en a 21.
Le tableau suivant fait connaître les numéros et l'importance de ces bons et les indications relevées sur les talons et les bons.

Bon n° 959. — Importance, 500 francs.
   Mentions sur le talon, 16 juillet 1884. Sope 2 E. P. B.
   Mentions sur le bon, 17 juillet 1884.

Bon n° 1393. — Importance, 2.000 francs.
    Mentions sur le talon, aucune.
    Mentions sur le bon, 21 octobre 1884.

Bon n° 1399. — Importance, 3.000 francs.
    Mentions sur le talon, aucune.
    Mentions sur le bon, 21 octobre 1884.

Bon n° 1408. — Importance, 1.000 francs.
    Mentions sur le talon, aucune.
    Mentions sur le bon, 18 novembre 1884.

Bon n° 1419. — Importance, 1.000 francs.
    Mentions sur le talon, aucune.
    Mentions sur le bon, 21 octobre 1884.

Bon n° 1426. — Importance, 2.000 francs.
    Mentions sur le talon, aucune.
    Mentions sur le bon, 21 octobre 1884.

Bon n° 1461. — Importance, 3.000 francs.
    Mentions sur le talon, aucune.
    Mentions sur le bon, 16 novembre 1884.

Bon n° 1475. — Importance, 1.000 francs.
    Mentions sur le talon, aucune.
    Mentions sur le bon, 21 octobre 1884.

Bon n° 1550. — Importance, 300 francs.
    Mentions sur le talon, 18 novembre 1884.
    Mentions sur le bon, 18 novembre 1884.

Bon n° 1954. — Importance, 500 francs.
    Mentions sur le talon, 3 ep.
    Mentions sur le bon, 21 mai 1886.

Bon n° 2161. — Importance, 4.000 francs.
    Mentions sur le talon, 22 septembre 1885, 3 ep.
    Mentions sur le bon, 23 septembre 1885.

Bon n° 2547. — Importance, 500 francs.
    Mentions sur le talon, 11 février 1886, 3 ep.
    Mentions sur le bon, 8 mars 1886.

Bon n° 2549. — Importance, 700 francs.
    Mentions sur le talon, 11 février 1886, 3 ep.
    Mentions sur le bon, 8 mars 1886.

Bon n° 2550. — Importance, 800 francs.
    Mentions sur le talon, 11 février 1886, 3 ep.
    Mentions sur le bon, 8 mars 1886.

Bon n° 2551. — Importance, 1.000 francs.
    Mentions sur le talon, 11 février 1886, 3 ep.
    Mentions sur le bon, 8 mars 1886.

Bon n° 2647. — Importance, 1.200 francs.
    Mentions sur le talon, 22 mai 1886, 3 ép.
    Mentions sur le bon, 24 mai 1886.

Bon n° 2729. — Importance, 230.000 francs.
    Mentions sur le talon, 17 juin 1886, 3 ep.
    Mentions sur le bon, 18 juin 1886.
Bon n° 2730. — Importance, 20.000 francs.
    Mentions sur le talon, 17 juin 1886, 4 ep.
    Mentions sur le bon, 18 juin 1886.
Bon n° 2757. — Importance 125.000 francs.
    Mentions sur le talon, 21 juin 1886, 4 ep.
    Mentions sur le bon, 21 juin 1886.

De renseignements fournis par M. Flory et consignés dans une note conservée aux archives de la Commission, il résulte que les trois bons n° 2729, 2730, 2757, formant un total de 375.000 francs, auraient été touchés par M. Baïhaut, par l'intermédiaire de M. Blondin. Il est intéressant également sur ce point de se reporter aux déclarations faites à l'instruction par M. Charles de Lesseps et aux débats devant la Cour d'assises.

Bon n° 3100. — Importance, 6.000 francs.
    Mentions sur le talon, 17 juillet 1886, 5 ep. M. de N,
    Mentions sur le bon, 19 juillet 1886.
Bon n° 3200. — Importance, 5.000 francs.
    Mentions sur le talon, 26 juillet 1886, 5 ep. M. de N.
    Mentions sur le bon, 26 juillet 1886.

Bons portant l'indication du nom Rateau.

Ces bons sont au nombre de 81.

En dehors de l'indication de la somme et de la date du payement, on lit au verso la mention suivante : *Remis par Rateau,* ou bien *Remis à Rateau.* Le nom Rateau est celui de M. Rateau, garçon de bureau employé à la compagnie du canal de Suez.

Il n'indique en aucune façon le véritable bénéficiaire d'aucun de ces 81 bons anonymes. Interrogé deux fois par la Commission d'enquête, il résulte de ses déclarations, comme aussi de celles fournies à la Commission par un autre employé, qu'il y a eu au sujet de ces 81 bons, une façon de procéder peu ordinaire et assez compliquée. Jusqu'à présent, la Commission ne connaît aucun des bénéficiaires : l'importance de ces bons est loin d'être uniforme : on y relève des chiffres différents comme 360 francs, 1.000, 2.000, 3.000, 4.000, 5.000, 6.000, et même celui de 10.000 francs sur le bon n° 1552.

Bons portant des indications de noms de personnes, soit le paraphe semblant être celui de M. de Boudard, soit d'autres mentions.

Il y a 49 de ces bons.

Bon n° 39. — Importance, 500 francs.
  Mentions sur le talon, opt. 5 octobre 1883.
  Mentions sur le bon, 6 octobre 1883, Amédée Marteau, 35, boulevard Haussmann.
Bon n° 938. — Importance, 850 francs.
  Mention sur le talon, 14 juin 1884, 2 E. P.
  Mentions sur le bon, 14 juin 1884. Pour acquit, 14 juin 1884, Daviet, rue Notre-Dame-des-Victoires.
Bon n° 992. — Importance, 500 francs.
  Mentions sur le talon, aucune.
  Mentions sur le bon, 6 octobre 1884. Pour acquit le 6 octobre 1884. — Wisner (*Alsacien-Lorrain*).
Bon n° 993. — Importance, 100 francs.
  Mentions sur le talon, aucune.
  Mentions sur le bon, 11 octobre 1884, P. Besnard, 8, rue Notre-Dame-de-Lorette. — *Ami des Campagnes.*
Bon n° 994. — Importance, 150 francs.
  Mentions sur le talon, aucune.
  Mentions sur le bon, 29 octobre 1884 ; Henry, 5, rue Feydeau (?). *Annales catholiques.*
Bon n° 995. — Importance, 100 francs.
  Mentions sur le talon, aucune.
  Mentions sur le bon, 8 octobre 1884 ; Cassagnes. *Annales industrielles.*
Bon n° 996. — Importance, 200 francs.
  Mentions sur le talon, aucune.
  Mentions sur le bon, 13 octobre 1884 ; M. Vitu. *Annales politiques.*
Bon n° 997. — Importance, 75 francs.
  Mentions sur le talon, aucune.
  Mentions sur le bon, 4 octobre 1884 ; Faye, 72, rue Saint-Denis. *Annonces.*

Bon n° 998. — Importance, 25 francs.
Mentions sur le talon, aucune.
Mentions sur le bon, 23 octobre 1884 ; Bally, 146, rue Montmartre.
L'Anti-Prussien.

Bon n° 999. — Importance, 50 francs.
Mentions sur le talon, aucune.
Mentions sur le bon, 4 octobre 1884 ; Couderc. *Archives commerciales.*

Bon n° 1385. — Importance, 5.000 francs.
Mentions sur le talon, aucune.
Mentions sur le bon, 8 octobre 1884 ; remis par moi. — Paraphe semblant être celui de M. de Boudard.

Bon n° 1404. — Importance, 2.000 francs.
Mentions sur le talon, aucune.
Mentions sur le bon, 8 octobre 1884; remis par moi. — Paraphe semblant être celui de M. de Boudard.

Bon n° 1428. — Importance, 1.000 francs.
Mentions sur le talon, aucune.
Mentions sur le bon, 8 octobre 1884 ; remis par moi. Paraphe semblant être celui de M. de Boudard.

Bon n° 1444. — Importance, 1.000 francs.
Mentions sur le talon, aucune.
Mentions sur le bon, 8 octobre 1884; remis par moi. Paraphe semblant être celui de M. de Boudard.

Bon n° 1455. — Importance, 2.000 francs.
Mentions sur le talon, aucune.
Mentions sur le bon, 8 octobre 1884; remis par moi. Paraphe semblant être celui de M. de Boudard.

Bon n° 1478. — Importance, 500 francs.
Mentions sur le talon, aucune.
Mentions sur le bon, 8 octobre 1884; remis par moi. Paraphe semblant être celui de M. de Boudard.

Bon n° 1498. — Importance, 5.000 francs.
Mentions sur le talon, aucune.
Mentions sur le bon, 8 octobre 1884; remis par moi. Paraphe semblant être celui de M. de Boudard.

Bon n° 1568. — Importance, 100 francs.
Mentions sur le talon, ?.
Mentions sur le bon, 17 octobre 1884 ; M. de Meeùs, 46, rue de Trévise.
Critique financier.

Bon n° 1625. — Importance, 2.000 francs.
Mentions sur le talon. Journaux de province ?
Mentions sur le bon, 14 octobre 1884 ; Toulouse, 54, rue Lepic. *Journaux de province.*

Bon n° 1781. — Importance, 1.000 francs.

    Mentions sur le talon, aucune.

    Mentions sur le bon, 18 novembre 1885 ; Grisier, 12, rue du Croissant.

Bon n° 1828. — Importance, 187 francs.

    Mentions sur le talon, 28 février 1885. E. 3 ep.

    Mentions sur le bon, 28 février 1885. *Revue Gazette.*

Bon n° 1840. — Importance, 100 francs.

    Mentions sur le talon, 18 mai 1885. 3 ep.

    Mentions sur le bon, 20 mai 1885 ; Reg. 26, rue du Vivier, Issy.

Bon n° 1867. — Importance, 72 fr. 10.

    Mentions sur le talon, S. C. S⁴. 3 ep.

    Mentions sur le bon, 1ᵉʳ juillet 1885 ; Ferré, 2, rue Saint-Simon.

Bon n° 1889. — Importance, 100 francs.

    Mentions sur le talon, 30 juin 1885 ; Req. ? n° ??.

    Mentions sur le bon, 30 juin 1885 ; Reg. 26, rue du Vivier, Issy.

Bon n° 1924. — Importance, 1.000 francs.

    Mentions sur le talon, 9 juillet 1885, n° ?

    Mentions sur le bon, 10 juillet 1885 ; Emile Prévost.

Bon n° 1950. — Importance, 1.000 francs.

    Mentions sur le talon, 29 juillet 1885.

    Mentions sur le bon, 23 novembre 1885 ; Boyoud, 48, avenue de Clichy.

Bon n° 1952. — Importance, 1.000 francs.

    Mentions sur le talon, 3 ep.

    Mentions sur le bon, 21 novembre 1885 ; Hirsch, 42, rue Franklin, Asnières.

Bon n° 1956. — Importance, 500 francs.

    Mentions sur le talon, 3 ep.

    Mentions sur le bon, 17 novembre 1885 ; E. Magnier, 10, rue du Général-Foy.

Bon n° 1958. — Importance, 2.000 francs.

    Mentions sur le talon, 3 ep.

    Mentions sur le bon, 17 novembre 1885 ; E. Magnier.

Bon n° 1960. — Importance, 500 francs.

    Mention sur le talon, 3 ep.

    Mention sur le bon, 7 août 1885 ; F. Xau, 54, rue de la Victoire.

Bon n° 2044. — Importance, 1,000 francs.

    Mentions sur le talon, 3 ep. — 8 septembre 1885.

    Mentions sur le bon, 8 septembre 1885 ; de la Pouterie, rue illisible.

Bon n° 2227. — Importance, 900 francs.

    Mention sur le talon, 11 novembre 1885. — L. S. — (Broch.) 3 ep.?

    Mention sur le bon, 18 novembre 1885 ; L. Simonin, 34, rue de Turin.

Bon n° 2290. — Importance 10,000 francs.

    Mentions sur le talon, 23 novembre 1885. 3 ep., M. N.

Mentions sur le bon, 23 novembre 1885, secrétariat. Créé par de Boudard.

Bon n° 2291. — Importance, 5,000 francs.
Mentions sur le talon, 23 novembre 1885, 3 ep., M. N.
Mentions sur le bon, 26 novembre 1885, secrétariat, M. R. Créé par de Boudard.

Bon n° 2425. — Importance 1,000 francs.
Mentions sur le talon, 14 janvier 1886, S. 3 ep.
Mentions sur le bon, 21 janvier 1886, Emile Prévost.

Bon n° 2583. — Importance 50,000 francs,
Mentions sur le talon, 1 mars 1886, 3 ep.
Mentions sur le bon, 4 mars 1886. L. de Castellane.

Bon n° 2674. — Importance, 200 francs.
Mentions sur le talon, 7 juin 1886, 3 ep.
Mentions sur le bon, 22 juin 1886, Edouard Chirac.

Bon n° 3135. — Importance, 50.000 francs.
Mentions sur le talon, 20 juillet 1886, 5 ep.
Mentions sur le bon, 20 juillet 1886. Payé par un chèque sur la Banque, n° 69.388.

Ce chèque, qui se trouve dans les pièces saisies à l'instruction, porte au verso, la signature Ch. A. de Lesseps et au dos : « Pour acquit, Paris, le 20 juillet 1886. Arthur Meyer, 9, boulevard des Italiens. »

M. Arthur Meyer, appelé devant la Commission d'enquête, ne s'est pas présenté, aux termes de sa lettre à M. le Président conservée aux archives de la Commission.

Bon n° 3136. — Importance, 40.000 francs.
Mentions sur le talon, 20 juillet 1886, 5 ep.
Mentions sur le bon, 20 juillet 1886. Payé par un chèque sur la Banque, n° 69.390.

Ce chèque, qui se trouve dans les pièces saisies à l'instruction, porte sur le recto : à l'ordre de M. Eugène Mayer ou au porteur, et la signature Ch. A. de Lesseps ; et au verso : à porter au crédit de Mayer E. et Cⁱᵉ, 46, rue Sainte-Anne, Paris, 20 juillet 1886. Pour acquit, E. Mayer.

M. E. Mayer, appelé devant la Commission d'enquête, ne s'est pas présenté, pour raisons de santé aux termes de sa lettre à M. le Président, conservée aux archives de la Commission.

Bon n° 3208. — Importance, 5,000 francs.

    Mentions sur le talon, 29 juillet 1886, 5 ep. M. de N...

    Mentions sur le bon, 29 juillet 1886. (Note jointe.) Je viendrai vers onze heures chercher 5.000 francs. Au dos du chèque : Pour acquit, Paris, le 29 juillet 1886 ; et, surchargeant cette écriture, plusieurs traits ressemblant à une rature.

Bon n° 3274. — Importance, 2,000 francs.

    Mentions sur le talon, 5 août 1886, 5 ep. M. de N...

    Mentions sur le bon, 5 août 1886. Au dos : Un paraphe semblant être celui de M. de Boudard.

Bon n° 9991. — Importance, 30.652 fr. 55.

    Mentions sur le talon, 27 juin 1888 ; achat de titres — au porteur. Remis à M. Cottu n° 9991. — 7 ep.

    Mentions sur le bon, 27 juin 1888 ; au dos. Pour acquit : Jacques, 70, rue Cardinet.

Bon n° 11468. — Importance, 3.600 francs.

    Mentions sur le talon, 14 août 1888 ; au porteur. 8 ep. M. d'Estampes, 1er acompte.

    Mentions sur le bon, 14 août 1888 ; au dos. Pour acquit : Louis d'Estampes, 14 août 1888.

Bon n° 11470. — Importance, 3.400 francs.

    Mentions sur le talon, 27 août 1888 ; M. d'Estampes. 8 ep. 2me acompte. Remis à M. d'Estampes le 28 août 1888.

    Mentions sur le bon, 28 août 1888 ; Louis d'Estampes, 17, rue Cassette.

En ce qui concerne les bons n°s 11468 et 11470 sur lesquels se trouve porté le nom de M. d'Estampes, ce dernier s'est volontairement présenté devant la sous-commission de publicité et a donné des explications qui se trouvent reproduites dans le rapport partiel de M. Bory (Cantal) sur la publicité.

Bon n° 11476. — Importance, 150 francs.

    Mentions sur le talon, 30 août 1888 ; au porteur. M. Chesneau, rédacteur au *Gaulois*. Voir dossier. 7 ep. n° 7 ep.

    Mentions sur le bon, 30 août 1888 ; au dos. Pour acquit : Emilien Chesneau, 9 ou 5, rue Saint-Louis-en-l'Ile.

Bon n° 11714. — Importance, 1.000 francs.

    Mentions sur le talon, 7 juillet 1888 ; au porteur. Remis à M. Cottu, 8 ep.

    Mentions sur le bon, Reschif, 5, rue d'Arcet.

Bon n° 13814. — Importance, 2.000 francs.

    Mentions sur le talon, 9 octobre 1888 ; au porteur. 7 ep. M. Flori. U. A.

    Mentions sur le bon, 9 octobre 1888 ; au dos. Paris, 9 octobre 1888. Pour acquit : Eugène Flori.

Bon n° 13824. — Importance, 3.000 francs.

    Mentions sur le talon, 15 octobre 1888. Au porteur, 7 ep. M. Flori, U. A.

Mentions sur le bon, 15 octobre 1888. Au dos. Pour acquit, 15-10-88.
Eugène Flori.
Bon n° 13861. — Importance, 17.100 francs.
Mentions sur le talon, 26 novembre 1888. Au porteur. Réville. 8 ep.
Mentions sur le bon, 28 novembre 1888. Au dos. F. Réville, 2 rue Jouffroy.

M. de Boudard, questionné au sujet des mentions, soit
le concernant, soit portant un paraphe paraissant être le sien,
n'a pas donné de renseignements. Il voulait voir, non la reproduction des mentions, mais les bons eux-mêmes. Or ces
bons se trouvant, à l'instruction, dans un scellé non ouvert
alors, M. de Boudard n'a jusqu'à ce jour pas eu cette communication des bons eux-mêmes.

Peut-être la commission pensera-t-elle à bon droit qu'il
y a lieu de remplir cette formalité, M. le Président des assises ayant d'ailleurs, à la suite d'une démarche de membres
de la sous-commission, dû faire le nécessaire pour que les
bons de publicité soient communiqués à une délégation de
la Commission d'enquête.

Quant aux personnes dont les noms sont signalés plus
haut, peut-être la Commission jugera-t-elle utile de convoquer devant elle tous ou un certain nombre d'entre eux.

Enfin quinze bons, dans le travail de M. Flory, expert,
sont considérés comme anonymes ; M. Flory a fait son travail
sur les *bons*.

Or la Commission ne les a pas compris comme anonymes, ayant fait le travail sur les *talons*.

Le tableau suivant permettra de se renseigner à ce sujet
aux membres de la Commission qui voudront le consulter :

Bon n° 180. — Importance, 500 francs.
Mentions sur le talon, journal *l'Électeur*.
Mentions sur le bon, option, mention Rateau ; 8 octobre 1883.
Bon n° 182. — Importance, 1.000 francs.
Mentions sur le talon, M. N. Scandale.
Mentions sur le bon (Scandale), mention Rateau ; 8 octobre 1883.
Bon n° 297. — Importance, 1.000 francs.
Mentions sur le talon, Escoffier.

Mentions sur le bon, option, mention Rateau ; 10 octobre 1883.

Bon n° 921. — Importance, 5.000 francs.
Mentions sur le talon, *XIXe Siècle*, E. About.
Mentions sur le bon, mention Rateau ; 30 janvier 1884.

Bon n° 1120. — Importance, 4.000 francs.
Mentions sur le talon, *le Gaulois*.
Mentions sur le bon, mention Rateau ; 11 octobre 1884.

Bon n° 1244. — Importance, 500 francs.
Mentions sur le talon, *National* et *Petit National*.
Mentions sur le bon, mention Rateau ; 11 octobre 1884.

Bon n° 1279. — Importance, 2.000 francs.
Mentions sur le talon, *Petit Journal*.
Mentions sur le bon, mention Rateau, 11 octobre 1884.

Bon n° 1321. — Importance, 700 francs.
Mentions sur le talon, *Revue des Deux Mondes*.
Mentions sur le bon, mention Rateau, 11 octobre 1884.

Bon n° 1462. — Importance, 1.500 francs.
Mentions sur le talon, *Français*.
Mentions sur le bon, remis par moi, paraphe semblant être celui de M. de Boudard, 8 octobre 1884.

Bon n° 1476. — Importance, 500 francs.
Mentions sur le talon, *Panthéon de l'Industrie*.
Mentions sur le bon, remis par moi; paraphe semblant être celui de M. de Boudard. 8 octobre 1884.

Bon n° 1546. — Importance, 1.800 francs.
Mentions sur le talon, *Figaro*; divers règlements.
Mentions sur le bon, 14 mars 1885.

Bon n° 1953. — Importance, 1,000 francs.
Mentions sur le talon, Zabban.
Mentions sur le bon, paraphe semblant être celui de M. de Boudard au dos. 24 mars 1886.

Bon n° 3357. — Importance, 5,000 francs.
Mentions sur le talon, Amschel ; remplacement du bon, 2186.
Mentions sur le bon, 9 octobre 1885.

Bon n° 4878. — Importance, 50.000 francs.
Mention sur le talon, *Matin* (ce bon annule le bon n° 4793), il est au porteur. Ce bon a été fait au porteur.
Mentions sur le bon, 6 août 1886. Au dos, reçu 50.000 francs, Arthur Meyer, 9, boulevard des Italiens.

Bon n° 13796. — Importance, 1.000 francs.
Mentions sur le talon, de Montagnac au porteur.
Mentions sur le bon, 25 septembre 1888. Au dos, pour acquit, L. de Montaignac, 16, boulevard Latour-Maubourg.

RAPPORT

PRÉSENTÉ

Par M. Ernest VALLÉ,

député

sur les syndicats.

Pour rendre aussi claire que possible l'étude, peu compliquée d'ailleurs, des syndicats créés par la Compagnie universelle du canal interocéanique de Panama, à l'occasion de ses diverses émissions d'actions ou d'obligations, nous croyons nécessaire de commencer par dresser ici le tableau de ces émissions.

ACTIONS.

DATES des émissions.	NOMBRE de titres émis.	TAUX de l'émission.	RÉSULTATS.
Août 1879...........	800.000	500	Pas de résultat.
Août 1880..........	590.000	500	Emission couverte.

OBLIGATIONS.

DATES des émissions.	NOMBRE de titres émis.	VALEUR nominale du titre.	INTÉRÊT.	TAUX d'émission.	REMBOURSEMENT.
7 septembre 1882....	250.000	500	5 p. 100	437 50	En 75 ans.
3 octobre 1883,......	600.000	500	3 p. 100	285 »	En 75 ans.
25 septembre 1884...	387.387	500	4 p. 100	333 »	En 75 ans.
3 août 1886.........	500.000	1.000 1re série.	6 p. 100	450 »	En 42 ans.
26 juillet 1887.......	500.000	1.000 2e série.	6 p. 100	447 »	En 48 ans.
14 mars 1888........	350.000	1.000 3e série.	6 p. 100	460 »	En 75 ans. Emprunt garanti par un dépôt de rentes françaises.
20 juin 1888.........	2.000.000	400	4 p. 100	300 »	Remboursables par des lots et à 400 fr. en 90 ans. En dehors des 300 francs, chaque souscripteur devait verser 60 francs pour assurer le service des lots et le remboursement des obligations.

Des syndicats ont été organisés pour chacune de ces émissions ; ils ont tous donné de larges profits à leurs participants. Mais ils diffèrent essentiellement quant à leurs caractères et quant aux risques courus, suivant qu'ils s'appliquent aux actions d'une part, aux obligations 5 0/0, 3 0/0, 4 0/0 d'autre part, et enfin aux obligations nouvelles 6 0/0, 1re, 2e, 3e séries remboursables à 1.000 francs, ainsi qu'aux obligations à lots.

SYNDICATS DES ACTIONS

Emission de 1879

800.000 *actions à* 500 *francs.*

Le capital social ayant été fixé à 400 millions, cela faisait 800.000 actions à émettre.

Une pareille entreprise ne pouvait être tentée qu'après une publicité considérable, et les fondateurs ne se souciaient pas d'en risquer, à eux seuls, tous les frais.

Ils firent appel à un groupe de financiers qui consentirent à avancer 2 millions sous cette condition, qu'en cas de succès de l'émission, ils seraient remboursés avec prime.

Cette opération n'était pas sans danger, car si le capital social ne se trouvait pas entièrement souscrit, il n'y avait rien de fait, et l'avance était irrémédiablement perdue.

Le syndicat ainsi créé courait donc des risques très réels, en même temps qu'il apportait à l'affaire un concours d'influence qui avait certainement sa valeur.

Les parts syndicataires furent fixées à 400, entraînant, pour chacune d'elles, un versement de 5.000 francs.

On avait estimé que les frais de publicité reviendraient à 2 fr. 50 par action, ce qui fait que chaque part syndicataire assurait la publicité pour 2.000 actions.

Il résulte de ces explications, et c'est un point qu'il faut mettre en relief, que ce premier syndicat, à la différence de ce qui se passe habituellement en pareille matière, n'était pas institué pour garantir en tout ou en partie la souscription du capital social, mais uniquement pour participer aux frais de l'émission.

Et si, dans les divers documents publiés à cette occasion, il est dit que la part syndicale comprend deux mille actions, retenons que l'expression est impropre: le syndicataire ne se harge d'aucune action; il paye simplement la somme jugée nécessaire pour amener le public à prendre deux mille actions.

Sans doute, il peut souscrire pour son compte personnel si bon lui semble; mais c'est une opération qui le regarde seul et qui n'intéresse qu'indirectement le syndicat.

L'émission de 1879 échoua; il ne fut guère souscrit que soixante mille actions. Le syndicat devait donc perdre ses deux millions, et pendant deux ans il ne revit pas son argent. Mais lorsqu'en 1881 la société parvint à se constituer, M. Ferdinand de Lesseps n'oublia pas ses collaborateurs de la première heure, et, dans un instant, on verra comment ils furent remboursés d'abord, indemnisés ensuite.

Emission de 1880.

600.000 *actions à* 500 *francs.*

Le capital social est fixé cette fois à 300 millions divisé en six cent mille actions de 500 francs chacune.

Dix mille de ces actions furent réservées pour solder, à concurrence de moitié, l'acquisition faite à la société civile Lucien N.-B. Wys, général Turr et Reclus de la concession que lui avait accordée le Gouvernement des États-Unis de la Colombie par une loi du 18 mai 1878.

Il ne fut, en conséquence, offert au public que cinq cent quatre-vingt dix mille titres.

Un syndicat s'organisa, comme le précédent, pour faire les frais de publicité, et toujours sans engagement, de la part de ses membres, de souscrire aux actions.

A la différence du syndicat de 1879, celui de 1880 fut beaucoup plus fermé; il ne comprit que 59 parts d'égale importance, et, comme la publicité, à raison de 2 fr. 50 par action, avait été notoirement insuffisante l'année d'avant, on l'évalua pour cette nouvelle émission à 4 francs.

En cas de réussite, les 4 francs étaient remboursés avec une prime de 20 francs.

La part syndicale ne comprenant pas moins de 10.000 actions, c'était un bénéfice de 200.000 francs à réaliser pour une avance, très risquée d'ailleurs, de 40.000 francs.

L'émission de 1880 réussit complètement : toutes les actions furent souscrites ; la Société se constitua et les syndicataires se partagèrent un boni de........ 11.800.000 fr.

Ce ne fut pas là leur seul profit : l'article 60 des statuts de la Société relatif au partage des bénéfices de l'entreprise réservait 15 0/0 aux fondateurs, et l'article 7 disposait que la répartition de ces 15 0/0 serait faite par les soins de M. Ferdinand de Lesseps, dans les termes convenus entre lui et ses auxiliaires.

Or, pour permettre d'escompter immédiatement cet avantage éventuel, on créa 900 parts de fondateurs, et il en fut attribué une, gracieusement, à chaque part syndicale.

Les parts de fondateurs ont eu bien vite du succès en bourse, elles valurent jusqu'à 75.000 francs ; si bien que, pour les rendre plus facilement négociables, on les divisa en dixièmes.

Les cours ont naturellement fléchi avec les événements ; cependant quand les dixièmes furent admis à la cote officielle (16 août 1887), ils valaient encore 2.485 francs, ce qui faisait pour la part entière 24.850 francs.

En résumé, le syndicat de 1880 a fait une opération fructueuse ; mais si on prend la peine de considérer qu'au moment où il s'est organisé, l'idée du percement de l'isthme de Panama ne jouissait dans le public que d'une médiocre faveur, qu'une première tentative de constitution de société venait d'échouer misérablement, et qu'il suffisait qu'une seule des 590.000 actions émises ne fût pas souscrite pour que tout soit à recommencer, on est amené facilement à reconnaître que le syndicat se trouvait en face d'un aléa positif, et on comprend qu'il ne l'ait accepté qu'en prévision de dédommagements importants.

En même temps que la Société de Panama traitait avec

le syndicat français sur les bases que nous venons d'indiquer, elle s'obligeait à verser à un syndicat américain, et pour des causes qui n'ont jamais été nettement dégagées, une somme de 12 millions.

Le syndicat américain, qui se trouve avoir reçu autant et même plus que le syndicat français, n'a jamais rien avancé, et si on s'en rapporte aux déclarations faites par M. Charles de Lesseps à l'audience de la police correctionnelle du 10 janvier 1893, ces 12 millions auraient été donnés à certains banquiers de New-York en vue de les rendre favorables à l'œuvre, et d'acheter leur neutralité pendant le temps que durerait l'entreprise.

Cette version paraît assez vraisemblable, étant données les pratiques ultérieures de la Compagnie de Panama, qui ne paraît pas avoir opposé une bien vive résistance aux exigences qu'elle a pu rencontrer. Mais elle n'est pas acceptée par les banquiers américains, qui prétendent n'avoir rien reçu.

Il reste d'ailleurs autour de cette affaire une obscurité que les quelques documents mis à notre disposition et les débats du procès correctionnel n'ont pas entièrement dissipée.

Cette double allocation au syndicat français et au syndicat américain a chargé considérablement la dépense de l'émission du capital social.

Elle ne s'est pas élevée à moins de 32.241.779 francs, dont voici le détail :

Bénéfice du syndicat français..........	11.800.000 fr.
Allocation au syndicat américain......	12.000.000 »
Frais de publicité....................	1.595.573 »
Commission sur actions placées.......	4.224.958 »
Rémunération aux établissements de crédit pour leur concours................	1.865.046 »
Frais divers de constitution..........	756.202 »
	32.241.779 fr.

En dehors de ces dépenses, il a été remboursé aux syndicataires de 1879 les 2 millions par eux avancés, et il leur a été alloué, en sus, 400 parts de fondateurs, si bien que tout propriétaire d'une part syndicale qui avait coûté 5.000 fr. s'est trouvé, après être rentré dans ses fonds, l'heureux possesseur d'un titre qui n'a pas valu moins, à une certaine époque, de 75.000 francs.

A l'occasion des parts de fondateurs, la sous-commission du syndicat a été chargée de prendre des informations sur la répartition qui en avait été faite.

Après de minutieuses recherches dans les papiers de la liquidation, elle n'a pu arriver qu'aux constatations suivantes:

Sur les 900 parts créées, il en a été attribué :

Au syndicat de 1879.........................   400
          —   1880.........................   59
A M. Ferdinand de Lesseps.................   90
A M. Charles de Lesseps....................   10
Au même, 209 dixièmes non utilisés et retrou-
vés dans son bureau...........................   21
                                                              ‾‾‾‾‾
                                                               580

Quant aux 320 parts qui restent pour aller jusqu'à 900, il paraît résulter des pièces comptables qu'elles auraient été données à M. Lévy-Crémieux, banquier et organisateur du syndicat.

Mais M. Lévy-Crémieux ne les a pas gardées toutes pour lui seul, et c'est l'usage qu'il en a fait que nous n'avons pu parvenir à déterminer.

Ce qui a rendu les recherches difficiles sur ce point, c'est le procédé employé par la Compagnie de Panama lors de la création de ces parts.

Contrairement à l'usage, on ne fit pas imprimer de titres, on se contenta de remettre aux bénéficiaires des bons anonymes détachés d'un livre à souches sur lesquelles ne figurent que des numéros d'ordre.

Quand les parts furent divisées en dixièmes, on dut échanger les bons primitifs contre dix autres bons.

Or il arriva que ces mutations se firent, la plupart du temps, par l'entremise d'un agent de change, ou de tout autre intermédiaire; il arriva aussi que certains porteurs de parts entières vendirent les dixièmes à divers, et que ce fure ceux-ci qui se présentèrent à la Compagnie en personne, ou par fondés de pouvoirs, pour retirer les nouveaux bons; et plus tard, quand ces bons furent échangés contre les titres définitifs, l'opération se fit encore par des banquiers ou des agents, si bien que les noms qui figurent actuellement sur les souches des dixièmes ne sont pas toujours ceux des bénéficiaires primitifs.

Emission des obligations de 500 francs à 5 0/0, 4 0/0, 3 0/0.

Les syndicats que nous allons voir fonctionner à l'occasion de ces trois émissions sont tout différents de ceux que nous venons d'analyser.

La Société dispose maintenant de son capital social, et elle a les ressources nécessaires pour faire sa publicité. Elle n'a plus besoin de s'adresser à des tiers de ce chef.

Mais elle doit se préoccuper du placement de ses obligations, et s'assurer, tout en faisant appel au public, qu'en cas d'indifférence de la part de celui-ci, elle pourra faire prendre tout ou partie de son émission par la spéculation.

Rien d'étonnant dès lors à ce qu'elle provoque la formation de syndicats qui, moyennant certains avantages débattus d'avance, garantiront la souscription.

C'est de cette idée qu'on est parti pour l'organisation des syndicats de 1882-1883-1884, qui ont été de véritables syndicats de garantie et qui répondent bien à l'idée qu'on se fait de pareilles institutions.

Toutefois les choses n'ont été faites qu'à moitié; les syndicats ne se sont jamais engagés à souscrire toute l'émission; ils n'en prenaient que la tête, c'est-à-dire la partie la plus facile à faire passer, celle qui avait le moins de chance de rester à leur charge.

Ainsi, dans l'émission de 1882, de 250.000 obligations, le syndicat garantit la souscription des 150.000 premières seulement; dans l'émission de 1883, de 600.000 obligations, il ne prend encore que les 200.000 premières, et dans l'émission de 1884, de 387.387 obligations, il ne se charge que de 150.000, toujours les premières.

Les souscriptions sont consenties moyennant un rabais sur le taux d'émission qui varie de 15 à 20 francs, et le mécanisme de l'opération apparaît bien simple.

Si le public souscrit la totalité de l'émission ou seulement la quantité d'obligations garantie par le syndicat, celui-ci se contente de toucher le montant du rabais, c'est-à-dire la prime.

Si, au contraire, le public se montre réservé, s'il ne souscrit pas du tout, ou si sa souscription n'atteint pas le nombre d'obligations à concurrence duquel le syndicat s'est engagé, ce dernier est contraint de s'exécuter et de prendre pour son compte la portion qu'il a souscrite, en bénéficiant toutefois du rabais consenti.

Cette seconde hypothèse ne s'est jamais réalisée : le public a toujours absorbé et au delà les quantités garanties par les syndicats, et ceux-ci n'ont jamais eu qu'à encaisser les primes.

Mais si avantageux qu'aient été les résultats de ces combinaisons, il est indéniable qu'un risque était couru, car si, au cours de l'émission, tel ou tel événement imprévu était survenu qui en eût compromis ou arrêté le succès, et si, par voie de conséquence, l'affaire de Panama avait sombré à ce moment, les syndicats se seraient trouvés bien embarrassés avec leurs 150 ou 200.000 obligations, pour lesquelles ils auraient eu à payer tantôt 50.000.000, tantôt 60.000.000 francs.

En dehors de cette opération véritablement aléatoire, les

syndicats en faisaient une seconde d'un caractère tout différent, et qu'il s'agit de préciser.

Nous avons vu qu'ils ne garantissaient que la tête de l'émission, et ce moyennant une prime déterminée, laquelle représentait le risque couru ; nous allons voir maintenant qu'ils trouvaient moyen, grâce aux complaisances de la Compagnie de Panama, de se faire accorder, sur le surplus des obligations à émettre, d'autres primes qui, celles-ci, ne vont plus représenter ni risque, ni garantie d'aucune sorte.

Ces bénéfices d'un ordre tout particulier n'étaient, en réalité, que des libéralités généreusement octroyées par la Compagnie de Panama, et, comme il était difficile de les faire figurer sur les livres avec leur véritable qualification, on les dissimulait sous la rubrique quelque peu énigmatique d'*options*.

Le mot ne dit certes pas grand'chose à première vue, et nous n'essaierons pas de le justifier, mais simplement de l'expliquer.

Lors de chaque émission, après que la part avait été faite au syndicat, la Compagnie s'obligeait à laisser prendre, soit aux membres du syndicat, soit à toutes autres personnes de son choix, telle ou telle quantité de titres dans la portion non garantie, et avec un rabais déterminé ; mais elle n'exigeait en retour de cet avantage aucun engagement de souscription.

Seule, elle était tenue de donner les titres ou de payer la prime si on la réclamait, tandis que ceux qu'elle avait ainsi avantagés conservaient l'entière liberté ou de suivre l'opération ou de l'abandonner.

On voit alors ce qui arrivait :

L'émission réussissait-elle complètement ou à peu près ; les bénéficiaires *d'options* accouraient au siège de la Compagnie, et se déclaraient prêts à prendre les titres qui leur avaient été concédés à un taux de faveur. Ils *optaient* pour la souscription, mais comme la Compagnie avait preneurs de ces mêmes titres, elle se débarrassait des porteurs *d'options* en payant la prime.

C'était du reste, tout ce qu'ils demandaient.

L'émission venait-elle à échouer on *optait* pour le second parti, c'est-à-dire qu'on ne prenait rien et la Compagnie restait avec ses obligations non placées.

Il est aisé de conclure de là que l'*option* n'était qu'une pure libéralité consentie par la Compagnie. On a essayé d'expliquer qu'elle constituait une sorte de prime d'encouragement offerte à ceux qui pouvaient pousser à la souscription. Mais l'argument ne tient pas si on considère que le zèle des intermédiaires était déjà stimulé et rétribué soit par les profits éventuels du syndicat, soit par les commissions de placement, soit par des allocations diverses.

Au surplus, la Compagnie le comprenait bien ainsi, puisqu'il lui est arrivé parfois, les *options* étant très courues, d'en consentir et d'en payer au delà de la quantité d'obligations qu'elle avait émises.

La Chambre appréciera à sa juste valeur le procédé financier, mais il nous est permis de conclure sur ce point en disant que, quand les syndicats toucheront après l'émission et leur prime de garantie et leur prime d'*option*, il est une partie de leurs bénéfices qui aura été légitimement gagnée; mais une autre qui aura été perçue sans cause.

Il nous reste maintenant à analyser sommairement chacun des syndicats de 1882, 1883, 1884. C'est ce que nous allons faire en dressant les tableaux des frais d'émission des obligations créées dans cette période.

Emission du 7 septembre 1882.

250.000 *obligations de* 500 *francs* 5 0/0 *émises à* 437 *fr.* 50.

Le syndicat est institué, comme les deux autres qui vont suivre, par les soins de M. Lévy-Crémieux.

Il se compose principalement des grands établissements de crédit, des banques au guichet desquelles les souscriptions doivent être reçues, et de l'organisateur même du syndicat,

M. Lévy-Crémieux, qui s'est toujours taillé dans ces affaires une très large part — en tout 18 unités.

Sur les 250.000 obligations de l'émission le syndicat prend ferme les 150.000 premières avec une prime de 20 fr.

Il se fait allouer ensuite une *option* de 15 francs sur les 60.000 suivantes.

Quant à M. Lévy-Crémieux qui était compris dans le syndicat pour 68.000 obligations, ce qui lui donnera de ce chef un bénéfice de 1.360.000 francs, il se réserve une *option* de 15 francs sur les 40.000 derniers titres, et bien que des primes aient été ainsi allouées pour le montant total de l'émission, il se fait encore gratifier d'une rétribution supplémentaire de 5 francs sur 100.000 obligations, ce qui n'empêchera pas la Compagnie de payer à divers 927.282 fr. 50 pour commissions de placement.

Le public ayant souscrit la totalité des 250.000 obligations émises, toutes les primes ont été payées ainsi que l'établit le tableau ci-joint des frais d'émission relevés sur les livres de la Compagnie.

Frais de l'émission du 7 septembre 1882.

Syndicat.......	Prime de 20 fr sur 150.000 titres	3.000.000	»
	Option de 15 fr. sur 60.000 titres	900.000	»
Lévy-Crémieux.	*Option* de 15 fr. sur 40.000 titres	600.000	»
	Commission extraordinaire de 5 fr. sur 100.000 titres........	500.000	»
	Sans préjudice de sa part syndicataire qui a été de 1.360.000 francs.		
Publicité.........................		1.365.347	»
Commissions de placement à raison de			

5 fr. pour les banquiers et de 1 fr. 25 pour les
autres correspondants, notaires de province,
trésoriers, etc. . . . .   927.282 »
 Commissions sur versements variant
entre 1/4 0/0 et 1 0/0.   221.992 »
 Frais d'impression. . . . .   315.034 »
Total. . . . .   7.829.655 »

Emission du 3 octobre 1883.

600.000 *obligations de* 500 *francs,* 3 0/0 *environ à* 285 *francs.*

Le syndicat comprend trente-un participants (Banquiers
et institutions de crédit).

Il prend ferme les 200.000 premières obligations avec
une prime de 15 francs; une *option* de 10 francs lui est consentie sur les 150.000 suivantes.

Quant à M. Lévy-Cremieux qui touchera dans le syndicat
1.675.000 francs, il obtient une option de 15 francs sur cent
mille titres et de 3 francs sur cent cinquante mille.

Voilà donc des *options* accordées sur toutes les obligations émises autres que celles garanties par le syndicat; ce
sera pour la Compagnie une dépense de 3.000.000 de francs.
Mais cela n'empêche pas qu'elle va encore payer pour
648.300 francs *d'options* qui ne peuvent plus matériellement
s'appliquer à aucun titre, le tout sans préjudice des commissions de placement qui s'élèveront à 1.691.185 francs.

Frais de l'émission du 3 octobre 1883.

Syndicat. { Prime de 15 francs sur
200.000 obligations.   3.000.000 »
Option de 10 francs sur
150.000 obligations.   1.500.000 »

Lévy-Crémieux { Sa part syndicataire, 1.675.000 francs.		
Option de 10 francs sur 100.000 obligations.	1.000.000	»
Option de 3 francs sur 150.000 obligations.	450.000	»
Publicité............................	1.501.694	75
Options et concours divers............	648.300	»
Commissions de placement à raison de 3 fr. 50 aux banquiers, 1 fr. 25 aux autres intermédiaires...........................	1.690.185	»
Commissions sur versements......... .	315.145	»
Frais d'impressions..................	602.754	»
	10.708.078	75

Emission du 25 septembre 1884.

387.387 *obligations de* 500 *francs* 4 0/0 *émises à* 333 *francs.*

Création de 362.613 obligations même type (9 avril 1886).

L'émission du 25 septembre 1884, qui complétait la série autorisée en 1882 par le Conseil d'administration, ne réussit qu'incomplètement.

Ce fut le premier échec de la Compagnie.

Le public commençait à manquer d'enthousiasme, il ne prit que 318.425 titres. Dix-huit mois plus tard, le 9 avril 1886, on créa, en vertu d'autorisations nouvelles, 362.613 obligations du même type qu'on chercha à écouler en bourse; mais on ne parvint à en placer, après de longs efforts, que 141.517.

Le nombre des obligations 500 francs, 4 0/0 fut donc de 459.762. Toutefois le syndicat ne porta que sur l'émission du 25 septembre 1884.

Il se composa de 46 participants appartenant comme par le passé, au monde de la banque.

Il prit ferme les 150.000 premières obligations avec une prime de 15 francs, et se fit donner une *option* de 10 francs sur les 106.310 suivantes.

Il restait à distribuer des *options* sur les 131.077 dernières obligations. M. Lévy-Crémieux ne les a pas exigées et la Compagnie semble les avoir réparties par petites quantités entre diverses personnes, au même titre qu'elle rétribuait des concours plus ou moins nécessaires.

Ce n'est pas que M. Lévy-Crémieux soit resté indifférent à cette émission, loin de là ; il a d'abord eu pour sa part syndicataire 848.431 francs, et il a reçu une seconde somme d'égale valeur sous les rubriques très claires cette fois de : « concours de placement » et d' « allocation personnelle ».

L'*option* a du reste fait son temps ; à partir de cette époque, nous ne la retrouverons pour ainsi dire plus ; non pas que les appétits des financiers aient diminué, mais la Compagnie de Panama se montre si bien disposée à les satisfaire qu'il devient presqu'inutile de déguiser les faveurs accordées, sous des dénominations de fantaisie ou sous des apparences de contrats, et c'est ouvertement qu'on va émarger au budget de Panama de 1884, ainsi que le démontre d'ailleurs le tableau des frais d'émission pour cette année.

Frais de l'émission du 25 septembre 1884.

Syndicat {	Prime de 15 fr. sur 150.000 obligations...................	2.250.000 fr.
	Option de 10 sur 106.310.....	1.063.105 »
Lévy-Crémieux {	Sa part syndicataire 848.434 fr.	
	Allocation personnelle......	800.000 »
	Son concours de placement..	48.431 »
Bonification aux établissements de crédit.................................		503.663 »
Allocation à M. de Reinach..........		40.000 »
— à M. Durrieu.............		15.000 »
— à M. Denfert-Rochereau...		15.800 »

Publicité.........................	1.088.070 85
Options et concours divers...........	600.450 »
Commissions aux banquiers sur 459.762 titres placés à raison de 5 francs pour les banquiers et de 1 fr. 50 pour les correspondants divers......................	1.687.638 50
Commissions sur versements........	238.913 68
Frais d'impressions.................	561.582 97
	8.912.455 fr.

Emission
des obligations nouvelles de 1000 fr. 6 0/0 1re, 2e, 3e, séries

Entre la dernière émission que nous venons d'examiner et la première que nous allons rencontrer, deux années se sont écoulées.

C'est dans cet intervalle qu'a été déposé, puis retiré, sur la demande de M. de Lesseps, le projet de loi relatif aux obligations à lots.

D'autre part, M. Lévy-Crémieux est décédé et c'est M. de Reinach qui le remplace près de la Compagnie en qualité de conseil financier.

Nous avons vu que le public avait montré peu d'empressement pour les dernières obligations malgré les avantages dont elles étaient entourées, puisque émises, à 333 francs, elles étaient remboursables en 75 ans à 500 francs et produisaient un intérêt de 4 0/0.

On estima, pour les émissions à venir, que ces avantages étaient insuffisants, et on créa un nouveau type d'obligations qui furent offertes à 450 francs en moyenne (les taux ont varié avec les séries), qui étaient remboursables à 1.000 francs en moins de 50 ans, et qui donnaient un intérêt de 6 0/0.

Ce n'était pas encore la valeur à lot, mais on s'en rapprochait sensiblement. Chaque titre avait une prime de remboursement de 550 francs.

A l'occasion de ces nouvelles émissions, des syndicats furent créés, tout différents alors de ceux que nous avons vu fonctionner jusqu'ici.

Il semblerait que la Compagnie, ayant pour la première fois échoué partiellement dans son dernier emprunt, eut dorénavant à cœur de faire garantir par les syndicats le plus de titres possible, sinon la totalité de l'émission.

La garantie n'est-elle pas, en pareille matière, la seule raison d'être du syndicat?

Or, c'est tout autre chose qui arriva. On ne demanda plus aux syndicataires de prendre à leurs risques et périls telle partie, importante ou non de l'emprunt, on les invita simplement à contribuer, pour une misérable somme, dans les frais d'émisssion, et à titre d'avance seulement, moyennant quoi on leur paya :

En 1886..............	5.336.412 fr. 50
En 1887..............	3.250.534 fr. 54
En 1888 (mars)........	1.175.166 fr. 45
En 1888 (juin).........	11.000.000 fr. »

Ces prétendus syndicats ont été appréciés, très sévèrement d'ailleurs, par la première Chambre de la Cour d'appel de Paris dans son arrêt du 19 janvier 1893. Sans doute la Cour ne s'est prononcée que sur le dernier syndicat de 1888, mais il y a lieu de remarquer qu'il n'était pas différent de ceux organisés depuis 1886.

« Considérant, est-il dit dans cet arrêt, que le syndicat (juin 1888), contrairement à ce qui se pratique toujours en matière d'émissions loyales de titres, n'était qu'un moyen détourné pour se procurer des moyens plus ou moins avouables à l'effet de faire agir sur le public et appuyer les allégations des directeurs et de leurs auxiliaires, qu'en effet les syndicataires ne garantissaient la souscription d'aucune partie de titres à émettre;

« Considérant que le syndicat dont il s'agit ne courait

aucune chance de perte, car les syndicataires qui devaient
être remboursés sur les premiers fonds de l'emprunt avaient
toute certitude de rentrer dans leur avance ;

« Qu'on peut donc affirmer avec toute assurance qu'un
pareil syndicat n'était qu'un syndicat fictif et un moyen
détourné d'assurer à ceux qui faisaient l'émission des concours mal définis, mais certainement destinés, à Paris,
comme dans la province, à agir, à l'aide de correspondance
intéressée, sur l'esprit public, et à donner l'appui de leurs
affirmations personnelles aux allégations des emprunteurs. »

Nous donnons ces considérants a titre de simple renseignement, l'arrêt n'étant pas définitif et se trouvant actuellement soumis à la cour de Cassation. Aussi ne nous croyons-
nous pas dispensés d'expliquer ce qu'étaient ces syndicats.

Avant tout emprunt, le Comité directeur se faisait autoriser par le Conseil d'Administration à dépenser une somme
assez ronde pour faire face aux frais d'émission.

Or, ces frais qui devaient consister principalement en
rétributions aux syndicats et aux financiers, en commissions
de placement et en publicité n'étaient payables qu'une fois
l'émission faite, et ne se réglaient qu'après l'encaissement
des premiers fonds versés par les souscripteurs, d'où cette
conséquence que l'émission pouvait être tentée sans grandes
dépenses préalables.

D'autre part, il est difficile d'admettre que la caisse de
Panama se trouvât toujours absolument vide la veille de
chaque émission ; et si, par impossible, certaines menues
avances étaient à faire, il restait bien à la Compagnie, si
appauvrie qu'elle fût alors, quelques billets de mille francs
pour les couvrir.

Dans ces circonstances, la nécessité d'un emprunt ne se
faisait pas sentir, encore moins d'un emprunt insignifiant et
onéreux.

C'est cependant la seule opération que fit la Compagnie

avec les syndicats. Elle leur demanda, sous prétexte de les faire contribuer aux frais d'émission, de lui avancer 2 fr. 50 par chaque obligation à émettre.

Ces 2 fr. 50 étaient remboursables aussitôt après la souscription du public et le premier versement effectué par lui.

L'avance était donc faite pour quelques mois, et elle donnait droit à une prime qui a été de 400 0/0 en 1886, de 300 0/0 en 1887, 150 0/0 en mars 1888, 200 0/0 en juin de la même année.

Si on voulait calculer à quel taux annuel cet argent était prêté, il faudrait doubler et même quadrupler le pourcentage.

Quant au risque, il n'était encouru que si la souscription du public était insuffisante pour rembourser les avances du syndicat, c'est-à-dire au cas où l'émission aurait totalement échoué.

Au surplus, ce risque n'a jamais été considéré comme sérieux, ni par les syndicataires, ni par le Comité de direction de Panama.

Il suffit, pour l'établir, de relever les déclarations faites par M. Charles de Lesseps dans son interrogatoire du 10 janvier 1893 devant la première chambre de la Cour.

« Il s'agissait, dit-il, d'assurer des bénéfices : voilà le point de départ incontestable. Sous quelle forme? Eh bien, sous une forme qui ait un certain côté aléatoire. »

Et plus loin :

« On aurait pu tout aussi bien prendre une forme pure et simple en disant : « On vote tant pour rémunérer les services financiers. »

Et M. le premier Président ajoute :

« De sorte que le syndicat n'est qu'un masque, pour les grands établissements financiers, pour se faire rémunérer la publicité qu'ils donnent à l'émission elle-même. »

Il est difficile de fournir une meilleure définition des syndicats à 2,50 ; on ne peut lui reprocher que d'être incomplète sur deux points : 1° la rémunération donnée sous prétexte de syndicat, était un supplément à celle ouvertement consentie pour placement des obligations ; — 2° ce ne sont pas les établissements financiers seuls qui furent admis dans les syndicals, mais bien aussi, en 1888, tout au moins, d'autres personnes qui n'étaient que médiocrement intéressées au succès des émissions.

En résumé, les syndicats de cette nature ont été créés pour rétribuer des concours, pour acheter des neutralités, et pour faire des largesses à quelques amis de la maison.

Ces considérations générales exposées, voici maintenant ce qui s'est fait lors de chaque émission :

Emission du 3 août 1886.

500.000 *obligations de* 1.000 *francs, 6 0/0,* 1re *série émises à* 450 *francs.*

Un crédit de 15 millions est ouvert au Comité directeur par le Conseil d'administration pour faire face aux frais d'émission.

Le syndicat, participant dans la dépense à concurrence de 2 fr. 50 par obligation, aurait dû avancer. 1.250.000 fr.

Mais comme M. de Lesseps fit quelques économies dans la distribution des parts syndicataires, l'avance ne porta que sur 481.300 obligations, et s'éleva à .... 1.203.250 fr.

Soit un douzième environ de la dépense prévue.

Si le public auquel il est demandé 225 millions et qui va être sollicité par une publicité obsédante, n'apporte pas de souscriptions représentant 1.203.250 francs, c'est-à-dire s'il prend moins de 2.800 obligations sur les 500.000 offertes, le syndicat perdra tout ou partie de son avance. Voilà son risque; si, au contraire, l'émission aboutit, ou à peu près, le syndicat retire ses fonds et touche sa prime.

Le tout est payé à l'aide des prélèvements suivants :

20 francs par obligation sur les 200.000 premières.
15 — — 100.000 suivantes.
10 — — 100.000 —
5 — — 100.000 —

Cet appât a eu pour conséquence toute naturelle d'attirer dans le syndicat un plus grand nombre de participants: Ils étaient 46 en 1884, ils sont 71 en 1886.

Bien qu'appartenant presque exclusivement à la finance, le personnel commence à se modifier; certaines individualités arrivent, d'autres disparaissent, toutefois la plupart des anciens syndicataires persévèrent.

L'émission fut couverte à concurrence de 458.802 obligations et donne un produit brut de 206.460.900 francs largement suffisant, on le voit, pour rembourser l'avance de 1.203.500 francs faite par le syndicat.

Sur le premier versement des souscripteurs il fut prélevé en faveur de celui-ci :

20 francs sur 200.000 obligations....... 4.000.000 fr.
15 — 100.000 — .... 1.500.000 »
10 — 100.000 — .... 1.000.000 »
5 — 58.802 — .... 294.010 »
_____
6.794.010 fr.

On commença par déduire de cette somme le prêt des 1.250.000 francs du syndicat, ainsi que les faux frais habituels, puis on lui distribua à titre de bénéfice. 5.366.412 fr. ce qui fait un peu plus de 400 0/0 de son avance, et cela, en dehors des commissions et des autres allocations accordées pour placement des obligations et que nous voyons figurer au tableau suivant :

Frais de l'émission du 3 août 1886.

Syndicat............................	5.336.412 fr.
Options et concours divers dont 40.000 fr.	
à M. de Reinach........................	424.800 »
Publicité............................	2.567.817 40
Commissions de placement..........	
6 *fr. 25 aux banquiers*..............	
5 *francs aux correspondants*........	2.378.871 50
3 *francs aux autres intermédiaires*..	
Commissions sur versements.........	371.316 73
Impressions........................	684.715 »
	11.763.932 63

Emission du 26 juillet 1887.

500.000 *obligations de* 1.000 *francs* 6 0/0 (2ᵉ *série*)
émises à 440 *francs.*

Le Conseil d'administration vota un crédit de 12.080.000 francs pour les frais de cette émission et le Comité directeur demanda au syndicat de contribuer à la dépense, dans les mêmes conditions que l'année précédente, à concurrence de 2 fr. 50 par obligation, ce qui devait donner.. 1.250.000 fr.

Mais par suite de quelques réductions opérées par M. Ch. de Lesseps, la somme avancée ne fut en réalité que de................................... 1.118.250 fr.

Elle fut remboursée aux syndicataires avec un bénéfice de...................................... 3.250.354 fr.

Et cependant l'émission n'avait guère réussi qu'à moitié, car sur 500.000 obligations offertes, il en fut souscrit 258.887 seulement, donnant une somme brute de.. 113.910.280 fr.

Le syndicat comprit cette fois 108 personnes.

Frais de l'émission du 26 juillet 1887.

Syndicat...........................	3.250.354 fr.
Publicité..........................	2.361.006 »
Commissions de placement........... ⎫	
6 fr. 25 aux banquiers............. ⎬	1.365.630 75
5 francs aux correspondants........ ⎪	
3 francs aux autres intermédiaires.. ⎭	
Commissions sur versements.........	162.316 15
Impressions........................	487.286 »
	7.626.592 90

Emission du 14 mars 1888.

350.000 obligations, 1.000 fr., 6 0/0, 3ᵉ série émise à 400 fr.

Cet emprunt dont le remboursement était, par suite d'une combinaison nouvelle, garanti par un dépôt de rentes françaises eut encore moins de succès que le précédent.

Le public souscrivit le quart environ de l'émission, soit 89.802 obligations, ce qui donna un produit brut de 35.031.930 fr. 80.

C'était plus qu'il n'en fallait pour rembourser l'avance du syndicat se montant à 797.875 francs, et pour lui assurer un bénéfice qui s'éleva à la somme de 1.175.166 francs.

Frais de l'émission du 14 mars 1888.

Syndicat (107 personnes).............	1.175.166 fr.
Publicité...........................	2.474.637 »
Commissions de placement : ⎫	
6 fr. 25 aux banquiers............. ⎬	557.549 »
5 francs aux correspondants........ ⎪	
3 francs aux autres intermédiaires..... ⎭	

Commissions sur versements...........	81.825	»
Impressions.........................	704.537	»
	4.993.714 fr.	

Emission du 26 juin 1888.

2.000.000 *d'obligations remboursables par des lots*
ou à 400 *francs émises à* 360 *francs.*

Cette émission est la plus considérable qu'ait jamais faite la Compagnie. Ce fut son suprême et dernier effort.

Le Comité-directeur, disposé à ne reculer devant aucune dépense, s'était fait ouvrir par le Conseil d'administration, toujours docile à ses exigences, un crédit de 40.000.000 fr.

La participation du syndicat à raison de 2 fr. 50 par obligation devait être de 5.000.000 de francs, mais la Compagnie faisait si peu de cas de cette avance qu'elle n'exigea même pas de M. de Reinach le payement de sa part, cependant la plus grosse du syndicat, puisqu'il ne devait pas verser moins de .... 1.541.125 fr.

Elle ne toucha donc en réalité des syndicataires que....................................... 3.458.875 fr.

Si ces derniers ont jamais pu concevoir la crainte d'un risque, ce ne fut certes pas en cette circonstance, et cependant ils en couraient un, qui leur a d'ailleurs été épargné, mais dont personne ne soupçonnait l'existence au moment de la formation du syndicat.

Cette réserve faite, et nous y reviendrons plus loin, l'opération se présentait comme devant être surtout fructueuse.

Jamais émission ne fut mieux préparée : Un vaste pétitionnement avait été organisé d'un bout à l'autre de la France, en faveur de la création des valeurs à lots ; des comités provinciaux chargés de recruter des souscripteurs avaient été constitués de tous côtés ; un traité d'une nature particulière avait été passé avec deux puissants établissements de crédit, la Société générale et le Crédit lyonnais, qui les associait moyennant des primes exceptionnelles, au succès de l'entreprise, si bien qu'on pouvait compter sur leurs pressants appels à leur immense clientèle ; on savait d'autre part que la Compagnie était prête à faire une campagne de presse sans précédents, qu'elle était résolue à acheter tous les concours, tous les silences, et à vaincre à coups d'argent tous les obstacles.

Le syndicat ne pouvait donc avoir aucune appréhension quant au remboursement de son avance, et s'il eut jamais une préoccupation ce fut uniquement celle de savoir quel serait le quantum de ses bénéfices.

Aussi les adhérents se présentèrent-ils plus nombreux ; il en fut admis 171, mais il y eut en réalité plus de bénéficiaires, car certaines parts syndicales se divisèrent entre plusieurs; les sociétés de crédit, par exemple, ne manquèrent pas de faire participer les membres de leurs Conseils d'administration dans les profits qu'elles réalisèrent.

C'est toujours la banque qui constitue l'élément dominant du syndicat, mais non plus l'élément exclusif.

Comme pour les syndicats précédents, la prime de remboursement variait suivant l'importance de la souscription et s'établissait par un prélèvement de :

20 francs sur les 800.000 premières obligations.
15   —   400.000 suivantes.
10   —   400.000   —
5   —   400.000   —

Le public ne prit pas la moitié de l'émission : il ne souscrivit que 849.249 titres, représentant 305.629.640 francs, dont 83.271.624 devaient servir à garantir le service des lots et le remboursement des titres. Pour que le syndicat fût en perte, il eût fallu que la souscription descendît au-dessous de 12.000 obligations.

Aussi, bien que cette émission eût été un échec et que cet échec eût entraîné la déconfiture de la Compagnie de Panama, le syndicat ne perdit pas ses avantages, on préleva en sa

54

faveur 20 francs sur les 800.000 premières obligations,
soit..................................... 16.000.000 fr.

On en déduisit 5.000.000 francs sur lesquels on remboursa l'avance des syndicataires et on leur donna à se partager..................................... 11.000.000 fr.

De sorte que, pour 2 fr. 50 prêtés, on reçut 8 francs.

M. de Reinach, qui n'avait rien versé, toucha pour sa
part..................................... 3.390.475 fr.

M. Hugo-Oberndœrffer qui était chargé de surveiller la
coulisse, reçut pour lui-même............. 1.581.250 fr.

Pour la coulisse...................... 247.500 fr.

La part syndicataire de la Société générale fut de .... 1.023.000 fr.

Celle du Crédit lyonnais fut de même
somme................................. 1.023.000 fr.

En dehors de ces bénéfices de syndicat, des allocations
exceptionnelles, dont certaines comme celle de M. de Reinach,
ont été inscrites au chapitre de la publicité, furent accordées
à ceux-là qui précisément avaient déjà les plus fortes parts
syndicataires.

M. de Reinach reçut.................... 1.550.000 fr.
M. Hugo-Oberndœrffer .... 2.049.842 »
La Société générale................... 2.000.000 »
Le Crédit lyonnais .... 2.000.000 »

Par suite les frais d'émission se sont élevés au chiffre de........................ 31.248.172 fr.

se décomposant comme suit :

Frais de l'émission du 26 juin 1888.

Syndicat.......................... 11.000.000 fr.
Publicité.......................... 7.299.355 »
Commissions de placement variant entre
6 fr. 25 et 2 fr. 50 et allocations diverses.... 10.900.000 »
Frais d'impressions et autres.......... 2.048.817 »

Total......... 31.248.172 fr.

Nous avons exposé plus haut qu'à l'occasion de cette émission, mais de cette émission seulement, et eu égard à la nature particulière des obligations émises, le syndicat, à la différence des trois précédents, avait pu courir un risque.

Ce risque le voici :

La loi du 8 juin 1888 qui permettait l'émission des valeurs à lots avait édicté, dans son article 4 que le remboursement de l'emprunt dans un délai maximum de quatre-vingt-dix-neuf ans et le payement des lots seraient garantis par un dépôt suffisant, avec affectation spéciale, de rentes françaises ou de titres garantis par le gouvernement français.

Pour répondre à l'obligation qui lui était ainsi imposée, la Compagnie était autorisée à augmenter, dans les mêmes conditions, l'emprunt de 600 millions de la somme nécessaire à la constitution de ce fonds de garantie, cette augmentation ne pouvant excéder 20 0/0 de la somme principale.

C'est afin d'obéir à cette seconde disposition de l'article 4 de la loi de 1888 que les obligations furent émises, non à 300 fr. comme l'avait prévu la loi, mais à 360 francs, les 60 fr. de différence devant donner un capital de 120 millions, jugé nécessaire pour assurer en quatre-vingt-dix-neuf ans le service des lots et le remboursement des obligations à 400 fr. à partir de 1913.

Une Société civile était organisée qui devait recevoir ces 120 millions, en effectuer le placement, payer les lots et faire les amortissements annuels.

Tout ceci eût été parfait et il n'y aurait eu rien à changer aux calculs si l'émission tout entière avait été couverte; mais elle ne le fut qu'à concurrence de 849.249 obligations, d'où un très grand embarras pour la constitution de la Société civile.

Il y avait tout d'abord à refaire les calculs, puisque le capital de cette Société allait être moindre que celui prévu, et qu'il avait à faire face à moins de dépenses; mais là n'était pas la difficulté.

Elle se soulevait à raison de ces deux circonstances :

1° Que les versements à faire par les souscripteurs s'échelonnaient jusqu'au 10 novembre 1889; que les deux premiers de ces versements étaient absorbés par les frais d'émission et que les tirages des lots commençaient dès le 16 août 1888, pour se continuer de deux mois en deux mois;

2° Que le hasard pouvait faire tomber de suite les lots dans la partie des obligations souscrites, et qu'il était à craindre que le capital de la Société civile, si on se contentait de le doter des 60 francs versés pour chacune de ces obligations, ne devînt à un moment donné incapable de satisfaire aux charges qui lui incombaient.

Si, en présence de cet imprévu, la Société civile ne se constituait pas, les conditions exigées par la loi de 1888 ne se trouvant pas remplies, il aurait fallu annuler l'émission et l'avance du syndicat était perdue.

Mais la difficulté était loin d'être insurmontable et la Compagnie ne s'en embarrassa pas longtemps; il y avait trop de personnes intéressées dans l'affaire pour qu'on en arrivât à une semblable extrémité.

Au lendemain même de l'émission (c'est M. de Lesseps qui le dit dans son interrogatoire du 10 janvier) et alors que, sans en connaître le résultat définitif, il prévoyait cependant un échec partiel, il convoqua les principaux intéressés du syndicat dans l'appartement de M. Marius Fontane, et leur apprit *à leur grand étonnement* (c'est toujours M. de Lesseps qui parle) qu'ils se trouvaient en présence d'un risque.

Les choses s'arrangèrent bien vite; dès que les calculs furent refaits pour déterminer le nouveau capital de la Société civile qui fut fixé à 84.172.000 francs, la Compagnie de Panama s'empressa de donner 58.000.000 de francs provenant, tant de ses ressources personnelles que des acomptes versés sur les 60 francs, et le surplus, 26.172.000 francs fut avancé par quelques-uns des financiers convoqués par M. de Lesseps et auxquels on remit à titre de nantissement 436.200 obligations entièrement libérées.

Plus tard, quand survint la liquidation, le liquidateur
M. Brunet se préoccupa d'éteindre cette avance et de dégager
du même coup les obligations données en nantissement.

Pour se procurer des fonds il demanda aux pouvoirs publics l'abrogation des dispositions restrictives de la loi du
8 juin 1888 qui ne permettaient pas d'émettre des obligations
à lots au-dessous de 300 francs et qui imposaient le service
d'un intérêt minimum de 3 0/0.

En même temps, il proposa à ceux qui avaient fait
l'avance des 26.172.000 francs — avance réduite alors, par
suite de remboursements partiels, à 20.106.548 fr. 55 — de
leur vendre ferme au prix de 95 francs l'une, 357.894 obligations à lots à prendre sur les 436.200 qu'ils avaient entre les
mains.

La loi sollicitée par M. Brunet, ayant été votée le 15 juillet 1889, le marché reçut son exécution ; et comme les titres
vendus *ferme* représentaient une somme supérieure à celle
qui était due, les co-contractants de M. Brunet, soit qu'ils
aient gardé les titres pour eux, soit qu'ils les aient réalisés, se
payèrent de leurs 20.106.548 fr. 55 et remirent au liquidateur le reliquat de leur prix d'acquisition, soit 13.893.393 fr. 30.

Et voilà comment, à l'aide d'une opération qui put n'être
pas sans profit pour ceux qui s'y intéressèrent, car les bons
à lots furent émis à 105 francs, le risque exceptionnel du
dernier syndicat a été évité.

On voit par là que les bénéfices réalisés à l'occasion de
l'émission des obligations à lots ont bien le même caractère
que ceux déjà réalisés les années précédentes depuis l'inven-
tion des syndicats à 2 fr. 50.

Mais quel est exactement ce caractère? C'est ce qu'il
importe maintenant de dégager et nous sommes ainsi amenés à tirer des conclusions de cette étude sur les syndicats
de Panama.

Conclusion.

Syndicats des actions 1879-1880.

Les sommes avancées par les syndicataires répondaient à un besoin plus que réel puisque, la Société n'existant pas encore, il n'y avait rien en caisse ; de plus, elles étaient très exposées, à un tel point que si une seule des actions émises restait sans souscripteur, elles étaient perdues.

Rien d'étonnant dès lors, à ce que l'avance du syndicat n'ait été faite que sous réserve de bénéfices sérieux en cas de succès de l'émission.

Syndicats de garantie des obligations 5 0/0, 3 0/0, 4 0/0, 1882, 1883, 1884.

Ces syndicats n'étaient pas non plus sans aléa puisqu'ils prenaient *ferme* une partie de l'émission.

A dire vrai, le risque, à moins d'événements imprévus avec lesquels il est cependant prudent de compter, n'était pas énorme.

Les syndicats ne garantissaient, en effet, que la tête de l'émission. Ce n'est pas ce qui se passe habituellement.

On comprend aisément que lorsqu'une société fait un emprunt public, ce qui la préoccupe surtout ce n'est pas le placement des premières obligations, mais bien celui des dernières.

Il en est surtout ainsi quand il s'agit de gros emprunts sur lesquels l'attention publique est attirée par une grande publicité. Les émissions de cette nature offrent toujours, soit au point de vue de la sécurité des placements, soit au point de vue de la prime de remboursement, des avantages tels qu'un échec complet est rarement à prévoir.

On l'a bien vu d'ailleurs dans l'affaire de Panama.

Aussi est-ce, avant tout, la seconde partie de l'émission que tiennent à faire garantir les sociétés, beaucoup plus soucieuses de voir aboutir leurs emprunts que de rétribuer des concours financiers.

Elles se défendent même contre certaines exigences en obtenant des membres du syndicat qu'ils renoncent à toute indemnité pour l'ouverture de leurs guichets et les autres dépenses faites par eux à l'occasion de l'émission.

Mais ce sont là, il faut bien le reconnaître, des conditions que, seules, les sociétés bien assises et jouissant de la faveur publique, peuvent imposer.

La Compagnie de Panama n'était peut-être pas en posture pour aller jusque-là, et, si elle a suivi trop docilement les conseils intéressés de M. Lévy-Crémieux pour l'organisation de ses syndicats, si elle s'est montrée un peu trop coulante sur les clauses avantageuses qu'ils renfermaient à son détriment, elle n'en a pas moins donné son argent qu'en échange d'une garantie assurée et d'un risque couru.

Options.

Il est impossible de saisir ici quel est le profit, même indirect, que la Compagnie pouvait tirer de cette création.

Pourquoi la Compagnie s'engage-t-elle, alors que le bénéficiaire d'options ne s'engage pas?

Qu'est-ce qu'un contrat dans lequel on voit l'une des parties s'obliger à livrer des titres au-dessous du taux d'émission quand même elle aurait preneur à ce taux, et l'autre partie ne rien donner, ne rien promettre en retour, et se réserver uniquement de réaliser l'opération si elle donne des bénéfices, et de l'abandonner si elle n'en donne pas?

Nous avons déjà démontré qu'on ne peut envisager les options comme des primes d'encouragement pour le placement des titres, puisque ce concours était rétribué d'une autre manière.

L'usage même qui a été fait des options, — si on se rappelle qu'il en a été accordé parfois plus qu'il n'y avait de titres à émettre, — démentirait, si besoin était, une pareille explication.

Les *options* restent donc sans justification avouable; c'est la seule conclusion que nous puissions formuler.

Syndicats à 2 fr. 50 (1886-1887. *Mars et juin* 1888).

Ces syndicats se différencient très nettement de ceux de 1882, 1883, 1884 en ce sens qu'ils ne prennent *ferme* et à quelque taux que ce soit, aucune partie de l'émission; ils se rapprochent par là des syndicats des actions. Mais à l'inverse de ceux-ci, ils ne courent pas de risque, ou celui qu'on leur laisse est tellement minuscule qu'on ne l'aperçoit plus.

Leur rôle, si on veut le prendre à la lettre, se borne à faire à la Compagnie une avance dont elle n'a pas besoin et qui leur est remboursée quelques mois plus tard au double, au triple et même au quadruple.

En fait, le syndicat à 2 fr. 50 n'a jamais été qu'un artifice financier imaginé, comme l'a précisé M. de Lesseps, à l'audience du 10 janvier 1893 (1), pour assurer des bénéfices.

Mais ces bénéfices qui se superposaient à des commissions de placement, et, quelquefois, à des allocations exceptionnelles, déjà importantes, sont-ils légitimes?

Ont-ils été distribués sans cause ou pour cause illicite?

Peut-on les assimiler à des intérêts usuraires?

Ce sont là autant de questions de droit qu'il n'entre dans nos attributions ni d'examiner, ni de trancher.

Nous n'avons pas davantage à nous prononcer sur le cas de ceux qui ont participé dans ces syndicats : on peut concevoir qu'ils ne se soient pas tous rendu un compte exact des détails de l'opération à laquelle ils s'associaient, et il n'est pas inadmissible qu'ils aient touché de bonne foi.

_____

(1) Voir le *Droit* du 12 janvier 1893, p. 49, 4ᵉ colonne, *in fine*.

Ont-ils reçu à juste titre?

C'est affaire entre eux et les créanciers de la Société de Panama, c'est-à-dire les obligataires.

Nous n'avons à apprécier ici que la moralité du procédé financier, et nous croyons pouvoir conclure en disant qu'elle ne se défend pas.

Il reste pour finir à dresser le tableau général des dépenses occasionnées par les syndicats; nous ferons figurer dans une colonne particulière celles faites pour commissions de placement et allocations diverses; on verra par là, d'une part, que les syndicats sans garantie ont coûté au moins aussi cher que les autres; d'autre part que, pendant leur durée, les commissions de toute nature pour placement des titres, au lieu de s'abaisser, se sont considérablement élevées.

DATES DES ÉMISSIONS.	LEUR IMPORTANCE.		BÉNÉFICES des syndicats.		COMMISSIONS de placement et allocations diverses.
	Sommes demandées.	Sommes obtenues.			
Actions :			**Syndicats :**		
1880.....................	290.000.000	290.000.000	Français....	11.800.000	4.224.958
			Américain ..	12.000.000	
				23.800.000	
Obligations :			**Syndicats de garantie :**		
7 juillet 1882. Obligations 5 0/0	109.375.000	109.375.000	Syndicat....	5.000.000	927.282
			Options.....	2.000.000	
3 août 1883. Obligations 3 0/0	171.000.000	171.000.000	Syndicat....	3.000.000	1.690.185
			Options.....	3.598.300	
25 septembre 1884...... } Obligations 4 0/0....	128.999.871	145.190.767	Syndicat....	2.250.000	3.110.632
9 août 1886..	120.750.000		Options.....	1.663.555	
				17.511.855	5.728.119
Obligations nouvelles :			**Syndicats à 2 fr. 50 :**		
3 août 1886. Obligations nouvelles, 1re série	225.000.000	206.460.900	5.336.412		2.803.671
26 juillet 1887. Obligations nouvelles, 2e série	220.000.000	43.910.280	3.205.354		6.365.630
14 mars 1888. Obligations nouvelles, 3e série.....	161.000.000	35.031.930	1.175.166		557.549
21 juin 1888. Obligations à lots	720.000.000	305.629.640	11.000.000		12.490.000
			20.781.932		17.216.850

RAPPORT

Sur le prêt consenti à la Compagnie de Panama par la Société générale et le Crédit lyonnais,

PRÉSENTÉ

Par M. Ernest VALLÉ.

———

A la date du 14 mai 1888, et alors que la loi autorisant l'émisssion des obligatious à lots était déjà votée par la Chambre, mais ne l'était pas encore par le Sénat, la Société générale et le Crédit lyonnais consentaient à la Compagnie de Panama un prêt sous forme d'ouverture de crédit.

Son importance devait varier suivant que la Compagnie obtiendrait ou non satisfaction du Parlement : Dix millions étaient immédiatement versés, quoi qu'il advînt ; mais si la loi était définitivement votée, le crédit comprendrait une autre somme de vingt millions, soit en tout, et dans cette hypothèse.............................. 30.000.000 fr.

L'avance était faite pour trois mois et remboursable sur les premiers fonds versés par les futurs obligataires.

Les créditeurs, qui ouvraient leurs guichets à la souscription, étaient autorisés à prélever le montant de leur créance sur les encaissements par eux faits pour compte de la Compagnie de Panama.

L'intérêt était fixé à 4 0/0 et la commission de Banque à 1/4 0/0, au total 5 0/0.

Le jour même de la signature de l'acte, on remit à la Société générale et au Crédit lyonnais, à titre de nantissement 68.000 actions du Panama Rail-Road : Les deux établissements ayant constitué le prêt par parts égales, ils reçurent chacun 34.000 actions.

Au cas où la Compagnie de Panama n'aurait pas éteint complètement l'ouverture de crédit à l'échéance, la Société Générale et le Crédit Lyonnais avaient le droit de réaliser le gage à concurrence de ce qu'il leur resterait dû.

Afin de faciliter cette réalisation, les actions du Panama Rail-Road avaient été comprises dans 68 certificats nominatifs au dos desquels toutes les formalités étaient remplies pour que le transfert pût s'opérer immédiatement.

Jusque-là, rien de particulier : on est en face d'un prêt ordinaire fait sous garantie, et avec un intérêt de 5 0/0 extrêmement raisonnable, eu égard à l'importance de la somme prêtée, et surtout au discrédit qui commençait à s'attacher à la Compagnie de Panama, discrédit qui l'avait déjà fait échouer antérieurement dans certaines tentatives d'emprunt du même genre.

Mais l'acte du 14 mai 1888 renfermait un article 8 qui pouvait être, et qui a été effectivement, pour les deux établissements financiers, la source d'un bien autre profit.

Cet article était ainsi conçu : « En considération de la présente ouverture de crédit, et dans le désir de s'assurer de la part des deux établissements sus-énoncés le concours le plus actif et le plus étendu pour l'émission des obligations à lots, la Compagnie de Panama attribue, dès aujourd'hui, par le présent acte, aux deux établissements ci-dessus une commission *particulière*, proportionnée au succès de l'émission, de 10 francs par titre sur les obligations souscrites à leurs guichets, sans que toutefois cette commission puisse porter, pour les deux établissements réunis, sur un chiffre supérieur à 400.000 obligations et inférieur à 200.000. »

Si on veut bien rapprocher immédiatement de l'article 8
ce fait que la Société générale et le Crédit lyonnais ne renonçaient pas, pour le placement des titres, à leur commission
de guichet qui était fixée à 5 francs, on voit de suite quelle
était l'économie de la convention du 14 mai 1888.

Le prêt est rémunéré dans les conditions ordinaires par
un intérêt de 5 0/0 ; le placement des titres l'est aussi par la
commission d'usage de 5 francs ; mais sur le tout vient se
greffer une allocation exceptionnelle qui, dans l'hypothèse
d'une loi autorisant la création d'obligations à lots, ne peut
pas être supérieure à 4.000.000 ni inférieure à 2.000.000 fr.

Et cette allocation est consentie tout à la fois en considération du prêt, c'est-à-dire pour en augmenter l'intérêt, et en
considération du concours que les deux établissements de
crédit vont apporter à l'émission éventuelle, c'est-à-dire
pour augmenter le taux de la commission de guichet.

Ceci exposé, voici maintenant ce qui s'est passé.

La loi a été votée, et la Compagnie de Panama dûment
autorisée, émit, le 26 juin 1888, 2 millions d'obligations à lots.

Le prêt fut dès lors réalisé à concurrence de 30 millions.

Encouragés tout à la fois par la promesse des 4 millions
contenue dans l'article 8 et par la part exceptionnelle qui leur
avait été réservée dans le syndicat, la Société générale et le
Crédit lyonnais apportèrent un concours actif, en même
temps qu'efficace, à l'émission.

Sur 850.000 obligations, en chiffres ronds, souscrites par
le public, la clientèle de ces deux établissements de crédit
n'en absorba pas moins de 450.000.

Etant donné ce résultat, les 4.000.000 de francs furent
acquis, ce qui fit ressortir la commission supplémentaire à
8 fr. 41 par titre placé.

L'honorable M. Germain, dans une note qu'il a remise à
la Commission d'enquête et dans les explications verbales
qu'il lui a fournies, conteste le taux de 8 fr. 41 et soutient qu'il
doit être ramené à 7 fr. 87.

Il argumente ainsi :

Quand le résultat de la souscription a été connu, la Compagnie de Panama a avisé par lettre du 13 juillet 1888 la Société générale et le Crédit lyonnais qu'ils étaient crédités de 4.000.000 de francs, mais cette somme ne fut pas comptée en espèces.

En effet, lorsqu'il fallut constituer la société civile chargée du service des lots et de l'amortissement des obligations, il arriva que, par suite de l'insuccès relatif de l'émission, et des délais accordés pour la libération des titres, on manqua des fonds nécessaires pour doter cette société du capital dont elle avait besoin à raison du service qui lui incombait.

Il s'en fallut d'une somme ronde de 27 millions.

La Compagnie de Panama fit appel à un certain nombre de financiers, parmi lesquels la Société générale et le Crédit lyonnais, qui lui avancèrent cette somme contre un nantissement de 436.200 obligations entièrement libérées.

La Société générale et le Crédit lyonnais ont mis leurs 4 millions dans l'affaire.

Plus tard, quand la liquidation de Panama fut prononcée et que M. Brunet eut obtenu du Parlement le vote de la loi du 15 juillet 1889, qui l'autorisait à vendre les obligations à lots non placées au-dessous de 300 francs, ce qui les transformait en bons à lots, il remit aux établissements financiers qui avaient fait l'avance des 27 millions 357.894 bons à lots, qui furent pris *ferme* à 95 francs.

C'est ainsi que la Société générale et le Crédit lyonnais furent payés de leurs 4.000.000 de francs, et comme le cours de 95 francs des bons à lots s'est abaissé à un moment donné il s'en est suivi une perte qui, d'après l'honorable M. Germain, aurait été de 350.000 francs pour le Crédit lyonnais.

La commission exceptionnelle n'aurait donc été, pour cet établissement, que de 1.650.000 francs, soit 7 fr. 27 par titre.

Sans mettre en doute un seul instant les affirmations

de M. Germain, nous ne pouvons nous empêcher de faire remarquer que la liquidation de Panama a bien versé 4.000.000
à la Société générale et au Crédit lyonnais. Sans doute le
payement a été fait en titres qui ont subi certaines fluctuations
(car émis à 105 francs, ils valent aujourd'hui 97 francs, après
être descendus jusqu'à 73 francs), mais ce n'en était pas
moins un payement intégral de la somme due.

Le Crédit lyonnais a pu subir une perte s'il a réalisé ses
bons à lots au-dessous de 95 francs, mais si l'inverse s'était
produit, il ne viendrait à la pensée de personne de majorer,
à cette occasion, le taux de la commission. C'est une opération
à part qui a été relativement mauvaise, mais qui aurait pu,
tout aussi bien, être excellente.

Envisageant la question à un autre point de vue, l'honorable M. Germain calcule que la commission exceptionnelle,
qu'il réduit à 7 fr. 27, ne représente guère, pour un titre de
360 francs, que 2 0/0 de la valeur de ce titre, et qu'il n'y a rien
là que d'absolument normal et de conforme aux usages de la
Banque.

Le calcul est exact, sous cette double condition qu'on ne
fera pas ressortir la commission exceptionnelle à son véritable taux de 8 fr. 41, et qu'on laissera de coté la commission
ordinaire de guichet de 5 francs.

Mais si on tient compte de ces deux éléments, le pourcentage est tout autre.

En résumé l'acte du 14 mai 1888 conduit aux conclusions
suivantes :

La Société générale et le Crédit lyonnais ont fait une
opération qui pouvait être un simple prêt sur gage de
10 millions avec intérêt à 5 0/0, si la loi sur les valeurs à lots
n'avait pas été votée, mais qui, dans l'hypothèse inverse,
devenait un prêt complexe de 30.000.000 francs.

Cette opération a donné lieu aux perceptions suivantes:
Intérets à 5 0/0 de 30 millions pendant cent onze jours (le
délai de trois mois ayant été étendu) 491.063 65

Commission de guichet pour placement
de 450.000 obligations .... 2.250.000 »
Allocation exceptionnelle, rémunérant
tout à la fois le prêt et le concours pour le
placement des titres .... 4.000.000 »

Pour être complet nous devons ajouter d'une part que la
Société générale et le Crédit lyonnais prétendent avoir été
dans l'obligation d'abandonnér tout ou partie de leur commission de guichet à leurs correspondants, et d'autre part
qu'ils ont réalisé dans le syndicat des obligations à lots un
bénéfice qui se chiffre, pour chacun de ces deux établissements à 1.023.000 francs.

RAPPORT

PRÉSENTÉ

Par M. GUILLEMET,

au nom de la sous-commission des entrepreneurs.

SOMMAIRE

Lettres du Président de la Société des travaux publics à la sous-commission des entrepreneurs;
Rapport de M. Léon Boyer, 1886.

Pièces déposées aux archives.

Entreprise Couvreux et Hersent.
Lettre Couvreux et Hersent (20 mai 1880) à M. F. de Lesseps.
Programme de l'organisation générale pour l'exécution des travaux.
Estimation approximative des travaux.
Notes sur les bases d'entente d'une entreprise en participation.
Traité du 12 mars 1881.
Lettre du 31 décembre 1882 de MM. Couvreux et Hersent à M. de Lesseps.
Réponse de M. F. de Lesseps.
Lettre du 3 janvier 1883 à M. de Lesseps.

Américan contracting and dredging C°.
Contrat du 28 septembre 1884.
Acte additionnel du 25 novembre 1885.
Règlement des surestaries (11 mai 1886).
Contrat du 12 novembre 1887.

Jacob.
Traité du 14 décembre 1885.
Cahier des charges.

Vignaud, Barbaud, Blanleuil et Cⁱᵉ.
Traité du 31 octobre 1885.
— 16 septembre 1886.
Bordereau des prix.
Contrat du 21 décembre 1887.

Artigue, Sonderegger et Cⁱᵉ.
Contrat Cutbill et Cⁱᵉ, du 17 décembre 1884.
— — , du 27 août 1885.
Lettre du 26 juillet 1886 de MM. Cutbill et Cⁱᵉ, à M. de Lesseps.
Contrat du 31 juillet 1886.
Cahier des charges.
Contrat du 21 décembre 1887.
Contrats du 9 janvier 1888.
Contrat du 12 janvier 1888.

Baratoux, Letellier et Cⁱᵉ.
Contrat du 21 janvier 1886.
— du 29 décembre 1886.
Contrats du 30 décembre 1887.

Société des travaux publics et constructions.
Traités du 22 décembre 1885.
Traité du 30 août 1886.
Marchés du 16 septembre 1886.
Lettre du 16 septembre à M. de Lesseps.
Contrat du 16 janvier 1888.

Eiffel.
Contrats.

Déposition de M. Bunau-Varillat et explications de la liquidation ;
—   MM. Jacob et Letellier, et observations de la liquidation.
Bordereau des sommes dues à la liquidation par l'entreprise Vignaud, Barbaud,
     Blanleuil et Cⁱᵉ.
Observations des entrepreneurs sur ce bordereau ;
Assignation des entrepreneurs à la compagnie de Panama ;
Lettre des entrepreneurs, 21 juillet 1885, à la Société des dépôts et comptes
     courants et réponse ;
Lettre du liquidateur de la société Artigue, Sonderegger et Cⁱᵉ, à la sous-com-
     mission d'enquête des marchés ;

Messieurs,

Nous avons déjà eu l'honneur de vous présenter un rapport préliminaire qui n'était, en réalité, qu'un résumé des rapports Flory et Monchicourt et qui n'avait pour but que de vous donner une vue d'ensemble sur les opérations des entrepreneurs.

Nous déclarions, en le déposant, que ce rapport aurait besoin d'être complété ou rectifié par le détail de chaque entreprise, les explications des entrepreneurs et les investigations auxquelles devait se livrer la Sous-Commission. C'est pour accomplir la seconde partie de notre tâche que nous déposons ce nouveau rapport.

Votre Sous-Commission a entendu de nombreux témoins, elle a contrôlé les chiffres et les affirmations de M. Flory par des renseignements demandés aux entrepreneurs et à la liquidation ; elle a examiné avec soin tous les contrats. Elle est donc en mesure de vous présenter une étude complète et exacte de la question dont vous l'avez chargée.

Deux choses frappent immédiatement l'esprit de celui qui examine les divers contrats des entrepreneurs avec la Compagnie du canal interocéanique. D'une part, on voit la Compagnie, modifiant sans cesse ses méthodes et ses contrats, hésitante, inquiète, souvent aux abois, craignant avant tout d'alarmer les souscripteurs, cherchant à étouffer toute plainte et toute récrimination, et pour cela passant sous les fourches caudines des entrepreneurs ; d'autre part, les entrepreneurs abusant de cette situation, soulevant sans cesse des difficultés, dénonçant leurs contrats pour en obtenir de plus favorables, élevant sans cesse leurs prétentions, réclamant des indemnités considérables pour les motifs les plus futiles et finalement obtenant toujours et souvent sans contrôle ce qu'ils réclament. Les largesses de la Compagnie et les prétentions des entrepreneurs deviennent surtout excessives le jour où il faut substituer le canal à écluses au canal à niveau.

Ceux auxquels étaient légitimement dues des indemnités abusent de la situation; la Compagnie plie pour empêcher les
plaintes des entrepreneurs de parvenir jusqu'en Europe.

Nous avons fait une autre constatation, c'est que depuis
le début de l'entreprise jusqu'à la liquidation, la Compagnie
a cherché à tromper ses actionnaires et ses obligataires.

Mais notre mandat est limité aux marchés des entrepreneurs et nous nous bornerons strictement à l'étude des
contrats. Nous avons également le devoir de ne pas porter
nos investigations sur les opérations Eiffel qui ont été suffisamment mises en lumière et jugées par la Cour d'appel.

Les travaux, avons-nous dit dans notre précédent rapport, peuvent se diviser en trois périodes :

1° La période d'essai ;
2° La période des petites entreprises;
3° La période des grandes entreprises.

Ce sont ces trois périodes dont nous allons maintenant
examiner successivement les travaux dans le détail.

1° Période d'essai.

Pendant cette période, tous les travaux sont confiés à
une seule entreprise, celle de MM. Couvreux et Hersent.

Ces noms rappellent immédiatement un fait grave souvent reproché à la Compagnie de Panama; elle aurait déclaré qu'elle avait traité *à forfait* avec MM. Couvreux et Hersent, affirmation contraire à la vérité.

Dans le dossier qui nous a été remis par M. le liquidateur, nous trouvons d'abord une lettre de MM. Couvreux et
Hersent à M. Ferdinand de Lesseps. Dans cette lettre qui
porte la date du 20 mai 1880, MM. Couvreux et Hersent examinent sous quel régime il y a lieu d'exécuter les travaux, et
ils se prononcent pour une période d'essai en régie et, plus

tard, une *entreprise en participation, c'est-à-dire l'association de la Compagnie qui avancerait les capitaux, avec une entreprise d'une grande expérience, concourant mutuellement à une exécution aussi rapide et aussi peu coûteuse que possible.*

MM. Couvreux et Hersent joignent à leur lettre :

1° Un programme d'organisation générale;
2° Une estimation aussi approximative que possible de la dépense;
3° Une note donnant des indications sur les bases de l'entente de laquelle résulterait le contrat de l'entreprise en participation.

L'estimation de MM. Couvreux et Hersent s'applique :

1° A l'ouverture du canal maritime pour l'extraction des 75 millions de mètres cubes;
2° A l'emploi d'une grande partie de ces déblais pour la confection du barrage de Gamboa, des digues latérales d'isolement du canal et des rivières adjacentes, et aussi des digues extérieures nécessaires aux canaux latéraux ;
3° Aux travaux éventuels de consolidation ou de parachèvement que pourraient nécessiter le barrage de Gamboa, les perrés, les jetées protectrices des ports, et telles modifications à apporter pour l'économie des travaux à la voie du chemin de fer.

Le total des dépenses probables est de 512 millions de francs.

Dans la note sur le contrat éventuel de l'entreprise en participation, MM. Couvreux et Hersent proposent d'organiser l'entreprise et d'exécuter les travaux, pour le compte de la Compagnie, jusqu'à complet achèvement du canal maritime, et cela dans les conditions mêmes où ces entrepreneurs ont organisé et dirigé leurs propres entreprises. La Compagnie s'engagerait de son côté à ne traiter avec aucun autre entrepreneur.

Avant l'expiration des deux années prévues comme période d'organisation, d'installation, de construction de matériel et d'essais utiles, MM. Couvreux et Hersent soumettraient à la Compagnie, pour qu'un accord en résultât, les prix unitaires devant servir de base à la formation d'une entreprise en participation.

Viennent ensuite les conditions de la participation, puis le montant de la prime ferme qui devrait être versée aux entrepreneurs jusqu'au jour où serait signée la convention définitive.

En cas de différend, les parties se soumettraient au jugement arbitral, définitif et sans appel de M. Ferdinand de Lesseps.

Le 12 mars 1881, un traité est signé sur ces bases.

Par l'article premier, MM. Couvreux et Hersent s'engagent à organiser l'entreprise et à en faire exécuter tous les travaux pour le compte de la Compagnie.

L'article 2 leur laisse le soin d'organiser, tant à Paris qu'à Panama, les services et bureaux d'études et d'exécution des travaux.

Ils nomment et révoquent le personnel, excepté celui cependant qui a des traitements supérieurs à 10.000 francs.

L'article 6 divise l'exécution des travaux en deux parties :

1° La période d'organisation pendant laquelle la plus grande partie du matériel et des installations sera exécutée, et les travaux attaqués sur plusieurs points, de telle sorte qu'une exacte appréciation des dépenses permette d'établir des prix unitaires.

2° La période d'entreprise proprement dite à régler par une convention spéciale basée sur les prix unitaires qui résulteront du travail déjà exécuté et à arrêter définitivement entre la Compagnie et MM. Couvreux et Hersent.

Les articles 7 et 8 indiquent comment seront établis les prix d'unité et comment seront faits les règlements de compte.

L'article 10 fixe à 6 0/0 le montant de la prime qui sera comptée aux entrepreneurs sur le montant des travaux pendant la période d'organisation.

L'article 11 répartit les bénéfices de la seconde période de la façon suivante : 50 0/0 à MM. Couvreux et Hersent et 50 0/0 à la Compagnie. Cette dernière abandonne 10 0/0 ou le cinquième de sa part au personnel des entrepreneurs et à son propre personnel, indistinctement, au prorata des traitements de chacun, multipliés par le temps de service au moment de la répartition.

Le 31 décembre 1882, MM. Couvreux et Hersent adressent à M. Ferdinand de Lesseps une longue lettre dans laquelle, tout en se déclarant prêts à inaugurer la période d'exécution prévue dans leur contrat, ils font remarquer que cette convention serait onéreuse à la Compagnie, et qu'ils renoncent à se prévaloir des avantages que ce contrat leur réserve. Ils sont convaincus que le système de la division des entreprises répond mieux que tout autre aux nécessités de la situation, et ils engagent la Compagnie à l'adopter.

M. Ferdinand de Lesseps, par une lettre en date du 2 janvier 1883, remercie MM. Couvreux et Hersent, fixe leur rémunération à 1.200.000 francs et ajoute que dans sa pensée les entrepreneurs eussent pu réclamer, aux termes mêmes du contrat, l'application de la prime prévue aux dépenses engagées, notamment aux commandes de matériel, et peut-être demander au moins une participation dans l'ensemble des contrats passés avec les entrepreneurs et auxquels ils ont contribué.

Enfin, par une lettre du 3 janvier 1883, MM. Couvreux et Hersent acceptent le règlement définitif de compte proposé.

Une première constatation doit être faite ici, c'est que le mot *forfait* ne se trouve ni dans le traité, ni dans les lettres antérieures et qu'en réalité, il n'y a pas forfait puisque les travaux doivent être faits en régie aussi bien dans la période d'essai que dans la période d'exécution. La Compagnie ne peut même pas objecter que, dans sa pensée, le prix du mètre cube à extraire constituait un forfait, puisque la retraite de MM. Couvreux et Hersent ne lui a pas permis de fixer ce prix.

Quant au chiffre de 512.000.000 de francs, nous le trouvons bien dans l'estimation approximative faite par MM. Couvreux et Hersent, mais ils ont le soin de déclarer que ce sont les dépenses *probables* et aussi approximatives que possible : nulle part ils n'ont pris d'engagement ferme.

Nous devons faire enfin remarquer que ce chiffre de 512.000.000 ne représente que le montant des travaux. Ni l'achat des terrains, ni le matériel, ni le creusement des deux ports, ni les constructions, ni l'établissement ou l'acquisition des voies ferrées, ni les traitements du personnel, ni l'entretien, ni les frais de transport, ni les dépenses d'hôpital, ni les frais d'administration, ni les frais d'émission, ni les intérêts ne sont compris dans ce chiffre.

Cependant, comment la Compagnie avait-elle présenté le traité Couvreux au public?

Le 14 août 1879, c'est-à-dire deux ans avant la signature du traité que nous venons d'analyser, M. de Lesseps écrivait : « MM. Couvreux et Hersent sont décidés à se charger de l'exécution, soit en régie, *soit à forfait*, à mon choix, et à ne laisser subsister aucun doute sur la vérité des dépenses devant être largement couvertes par des revenus indiscutables. »

Or les lettres de MM. Couvreux et Hersent indiquent, au contraire, qu'ils ont toujours formellement repoussé le forfait et préconisé l'entreprise en régie.

Le 15 novembre 1881, M. de Lesseps dit dans le *Bulletin :* « Les entrepreneurs, MM. Couvreux et Hersent, ont présenté leurs devis et déclaré que l'exécution du canal ne coûterait pas 500 millions de francs. »

Nous avons vu que les entrepreneurs ne donnaient le chiffre de 512 millions qu'à titre de simple indication et que

ce chiffre ne s'appliquait qu'aux travaux proprement dits.
Or, dans la fin de sa lettre, M. de Lesseps semble le considérer comme représentant l'ensemble des frais, car il parle
de 600 millions comme dépense totale :

« La compagnie universelle, dit-il, sera constituée avec
un capital de 300 millions de francs.

« La dépense totale étant calculée de voir s'élever à
600 millions, les sommes nécessaires à l'achèvement de l'entreprise donneront lieu au fur et à mesure à l'émission d'obligations, pour que les bénéfices réservés aux actionnaires
soient accrus... »

Puis le *Bulletin* reproduit les réclames des journaux, réclames dans lesquelles on insiste sur le *forfait* consenti par
MM. Couvreux et Hersent et sur le chiffre de 600 millions de
francs comme dépense totale. Là nous n'avons plus à rechercher la pensée des signataires : les affirmations sont nettes
et précises :
Le *Journal des Débats* dit :

« Le lecteur sait déjà que MM. Couvreux et Hersent
offrent d'exécuter à forfait le canal pour 512 millions ; ajoutons à cette somme 88 millions pour les intérêts pendant la
construction, les frais d'administration, etc., et nous arrivons à 600 millions. »

On se demande comment la Compagnie pouvait bien
laisser imprimer et reproduire que tous les frais, en dehors
des travaux, et les intérêts ne monteraient qu'à 88 millions.
La *République française* et le *XIX Siècle* sont plus affirmatifs encore :

« On est rassuré sur le coût du canal et sur la durée des
travaux. Les frais ne s'élèveront pas au-dessus de 600 millions, et les travaux seront achevés en six années. Enfin, en

ce qui a trait aux revenus de l'entreprise, il résulte des chiffres contradictoirement établis et au-dessus de tout soupçon
que, dès la première année, le transit atteindra un chiffre de
7 millions de tonnes. »   (*République française.*)

« Avant-hier, M. de Lesseps a passé un traité avec MM. Couvreux et Hersent, qui prennent l'entreprise à forfait pour
500 millions, et ces gros entrepreneurs sont tellement sûrs
d'avoir des plus-values, qu'ils font une société en participation. » (*XIXe Siècle.*)

Enfin, le *Moniteur des tirages financiers* écrivait :

« Les entrepreneurs, les hommes pratiques, ont succédé
aux ingénieurs, et ils se sont engagés à construire le canal,
dont la longueur est de 73 kilomètres, moyennant 512 millions. Les entrepreneurs qui ont pris cet engagement sont
MM. Couvreux et Hersent, qui ont terminé le canal de Suez,
et qui présentent des garanties exceptionnelles à tous les
points de vue. Ils ont été jusqu'à offrir, si un certain chiffre
de dépenses n'était pas atteint, de partager les bénéfices avec
la Compagnie... »

Ainsi donc, alors que le Congrès des sciences géolo-
giques avait estimé le montant des dépenses à 1 milliard
200 millions de francs, et n'avait pas caché qu'un excédent
pouvait s'ajouter à cette somme, la Compagnie annonçait, à
grand renfort de réclames, qu'elle ferait le canal pour 600 millions.

MM. Couvreux et Hersent se sont montrés très habiles
en dénonçant leur traité à la fin de la période d'essai, et en
masquant leur retraite du désir d'être utiles et agréables à la
Compagnie. La vérité, c'est que MM. Couvreux et Hersent
ont pu se rendre compte, pendant la période d'essai, des difficultés de l'entreprise, et qu'ils n'ont pas voulu nuire à la
Compagnie en disant franchement les raisons de leur départ.

Ils en ont d'ailleurs été récompensés par la nomination de M. Hersent comme entrepreneur-conseil.

On se demande aussi comment MM. Couvreux et Hersent pouvaient laisser publier dans les journaux qu'ils avaient consenti à traiter à forfait avec la Compagnie, alors que le fait était absolument inexact.

Ni M. Monchicourt, ni M. Flory ne relèvent d'ailleurs d'irrégularités dans les comptes Hersent et Couvreux. M. Monchicourt constate que le montant des dépenses est égal au montant des mandats tirés par ces entrepreneurs et payés par la Compagnie, soit environ 6 à 7 millions de francs.

M. Hersent a été entendu sur sa demande par la Commission.

Il a laissé des notes qui sont annexées à ce rapport et dans lesquelles nous relevons les déclarations suivantes :

« Il n'a jamais été question de *forfait* entre MM. Couvreux et Hersent et M. de Lesseps. L'appréciation du montant des travaux a seulement été donnée par ces entrepreneurs qui se sont basés sur le volume trouvé par M. Boutan, ingénieur des mines, soit 75 millions de mètres cubes. La Commission internationale s'est mise également d'accord sur ce chiffre.

« Les travaux ont été exécutés en régie.

« Tous les paiements ont été faits par la Compagnie, et le comptable qui préparait les pièces avait les règles établies par la Compagnie elle-même.

« Les services d'étude et d'installation ont été organisés à Panama, sous la direction de M. Blanchet, qui représentait MM. Couvreux et Hersent; il était appointé par la Compagnie et a reçu une quote part de ce qu'ont touché les entrepreneurs.

« Les installations furent très longues, en raison de la végétation presque impénétrable de ce pays. Cependant, après une année de travail, la ligne du canal fut mise en place et il fut enfin possible de commencer à creuser.

« Mais M. Couvreux tomba malade, et M. Hersent ne voulant pas assumer seul la responsabilité d'une aussi grosse affaire, les entrepreneurs déclarèrent à M. de Lesseps qu'ils n'entreprendraient pas la seconde période.

« Ils acceptèrent le règlement de 1.200.000 francs fixé par M. F. de Lesseps et sur cette somme ils rémunérèrent leurs divers agents.

« M. Hersent resta *entrepreneur-conseil* pour transmettre à M. Dingler la tradition de ce qu'avaient fait et élaboré MM. Couvreux et Hersent. »

Les questions suivantes ont été posées à M. Hersent :

D. — Quels ont été vos bénéfices réels?

R. — Il nous est resté environ 520.000 francs.

D. — Quel était votre traitement comme entrepreneur-conseil?

R. — 20.000 francs par an.

D. — N'avez-vous pas déclaré que les petites entreprises donneraient seules de bons résultats?

R. — C'était absolument mon avis.

D. — Avez-vous fourni le matériel?

R. — Oui, tout le matériel.

D. — Était-il neuf?

R. — Oui; nous avons cédé seulement à la Compagnie une chaloupe à vapeur de 75 chevaux à 2 hélices ; elle nous avait coûté 32 à 33.000 francs, nous l'avons cédé pour 25.000. Puis l'entreprise d'Anvers a construit d'urgence et envoyé 4 sonnettes pour le prix de 10.000 francs.

D. — Avez-vous eu une commission sur l'achat du matériel?

R. — Aucune, ni de la part de la Compagnie, ni chez les industriels. Je suis également certain que, dans mon entourage, personne n'a reçu de commission. Comme entrepreneur-conseil, je n'ai fait aucun achat. Depuis mon départ de la Compagnie, je suis resté absolument étranger à tout ce qui s'est passé.

D. — Pensez-vous que l'entreprise soit encore possible?

R. — Oui ; mais il ne faut pas envoyer dans l'isthme des gens qui aillent seulement y chercher des millions.

D. — Est-il vrai que vous n'ayez fait que pour un million de travaux ?

R. — C'est exact. Nous avons fait surtout des dépenses d'installation et d'étude.

D. — La question de la Culebra est-elle insoluble?

R. — Non ; mais elle est difficile.

D. — Les prix donnés aux grandes entreprises n'ont-ils pas été exagérés ?

R. — Il faut, à Panama, des prix trois fois plus élevés qu'en France, mais, quand on arrive à des prix d'extraction de 10, 15, 20 francs le mètre cube, ce sont des prix de spéculation et non de rémunération du travail.

M. Hersent. — J'ai constaté, en ce qui nous concerne, trois erreurs dans le rapport de M. Monchicourt.

A la page 12, il est dit que nous avons formé avec la Compagnie du canal une entreprise en participation. Elle n'a jamais été formée, il n'y a eu qu'un projet.

A la page 16, le chiffre de 6 à 7 millions constaté pour nos dépenses est inexact.

A la page 180, M. Monchicourt déclare qu'il nous a été donné une indemnité de 1.200.000 francs. Ce n'est pas une indemnité, mais une rémunération.

D. — On vous reproche, lorsque tous les journaux et principalement le *Bulletin de Panama* déclaraient que vous aviez consenti un *forfait* avec la Compagnie au prix de 512 millions de francs, de n'avoir pas démenti le fait.

R. — Je n'avais pas le temps de lire les journaux. J'ai dit à M. de Lesseps en revenant de l'isthme : « On dit que nous avons traité à forfait. » M. de Lesseps m'a répondu : « Il faut le démentir. »

D. — La mortalité était-elle grande dans l'isthme ?

R. — 7 0/0 pendant la première année, 8 1/2 0/0 après dix-huit mois. Nous nous recrutions difficilement et notre personnel n'avait pas les habitudes de sobriété et d'hygiène, indispensables dans les pays chauds. »

Nous avons demandé à la liquidation si les erreurs signalées par M. Hersent étaient exactes. Elle nous a fait la réponse suivante :

« Les erreurs relevées dans le rapport de M. Flory sont de peu d'importance et se rectifient pour ainsi dire d'elles-mêmes.

« L'entreprise en participation était prévue par le contrat du 12 mars 1881, et il existe une note en dehors du contrat, qui en pose les bases. Elle n'a pas fonctionné, en réalité, à cause de la résiliation, mais elle n'en n'a pas moins été formée.

« Le montant des dépenses correspond aux dépenses dans l'isthme pendant la durée de l'entreprise Couvreux et Hersent.

« L'expression d'indemnité employée à la page 180 est inexacte, mais son véritable sens est établi par les explications qui figurent à la page 13 du rapport. »

2° Période des petites entreprises.

« Pendant l'exécution du traité Couvreux et Hersent, dit M. Monchicourt, il n'avait été passé qu'un nombre très restreint de contrats spéciaux ; ceux qui furent signés vers la fin de 1882 ne commencèrent à fonctionner sérieusement qu'en 1883. C'est donc à proprement parler, à partir de 1882 que les travaux de terrassement s'exécutèrent en vertu de contrats. On entre à cette époque dans la seconde période de l'exécution du canal de Panama, celle de la division des entreprises. Il convient donc d'examiner dans quelles conditions devaient travailler les contractants. Il faut d'abord remarquer que la Compagnie n'avait pas à sa disposition un personnel d'entrepreneurs de profession, possédant les capitaux ou le crédit nécessaires. C'est parmi ses propres agents qu'elle dut choisir ses premiers entrepreneurs. D'où l'impossibilité où l'on était de demander à ceux-ci de faire l'avance des sommes considérables qu'exigeaient les installations préliminaires et les approvisionnements des chantiers à ouvrir.

« On fit exclusivement des contrats de déblais qui se réglaient par des situations mensuelles d'après les prix unitaires, convenus pour chaque nature de travail. Mais la Compagnie dut se charger de fournir elle-même le matériel au fur et à mesure des besoins des chantiers, sauf à en faire payer la location à l'entrepreneur. De même, ce fut la Compagnie qui dut construire à ses frais les bâtiments, baraquements et magasins nécessaires au logement du personnel, des ouvriers et des approvisionnements, sauf à s'en faire également payer la location. Il fallut en outre créer des ateliers pour le montage et la réparation du matériel et établir des voies d'accès pour amener ce matériel à pied-d'œuvre.

« Toutes ces dépenses sont distinctes de celles résultant des travaux proprement dits, c'est-à-dire des déblais, quoique s'y rattachant directement ; elles sont portées dans la récapitulation des dépenses, mais à un chapitre différent du chapitre des travaux.

« Ce mode d'exploitation qui constitue la seconde période, celle qui succède à l'entreprise Couvreux et Hersent, dura trois ans, de 1883 à la fin de 1885.

« On s'était bien aperçu qu'il laissait à la Compagnie un risque illimité de dépenses, et que de plus il ne conduirait pas à l'achèvement du canal dans les délais, prévus et annoncés.

« Il résultait, en effet, des études faites sur tous les points de l'isthme que le cube total de déblais qui avait été prévu au début de l'entreprise comme devant s'élever à 75 millions de mètres cubes, ne pouvait être, avec toutes les inclinaisons admissibles des talus, des tranchées, et les dimensions des ports à créer aux deux extrémités du canal, inférieur à

120.000.000 de mètres cubes. Or, d'après les données de l'année 1885, la production des chantiers ne dépassait pas 600.000 mètres cubes; il devenait donc urgent d'appliquer des modes d'exécution beaucoup plus rapides. »

On songea donc à remplacer les petites entreprises par un système de grandes entreprises conçu sur les bases suivantes :

1° Partage du canal en cinq divisions, comprenant chacune une ou deux entreprises générales;

2° Engagement de la part des entrepreneurs de terminer leurs travaux dans un délai rapide et déterminé dans les contrats et marchés;

3° Mise à la charge des entrepreneurs à des prix fixés, des installations prévues, des transports par terre et par mer, du montage et de la mise en œuvre du matériel, de la construction des bâtiments, du recrutement des ouvriers, enfin de tous les travaux, travaux de terrassement ou travaux accessoires.

M. Flory déclare dans son rapport qu'il ne lui est pas possible de donner pour chacun des petits entrepreneurs des indications détaillées relatives à leurs contrats respectifs. Comme lui, nous n'avons pas pu nous livrer à une investigation aussi minutieuse, mais il résulte des renseignements pris que la période des petits entrepreneurs est celle qui a donné les meilleurs résultats. On ne relève point pendant cette période les gaspillages qui ont caractérisé la période des grands entrepreneurs.

Ce premier changement de système a cependant coûté cher à la Compagnie, car il a fallu donner aux petits entrepreneurs des indemnités de résiliation, indemnités légitimement dues d'ailleurs, mais qui se sont élevées pour la plupart des entreprises à plus d'un million chacune.

Voici les chiffres exacts des travaux exécutés et des dépenses faites pendant la période des petites entreprises.

58

Contrats ayant pris fin avant la liquidation.

	TRAVAUX EXÉCUTÉS.			TOTAUX.	DÉPENSES.
	Canal.	Dérivations.	Accessoires.		
	m. c.	m. c.	m. c.	m. c.	fr. c.
Divers entrepreneurs........	9.895.953.344	1.302.910.313	530.923.356	11.729.787.013	60.586.407 19

Contrats réglés par la liquidation.

DATES de la signature des contrats.	DÉSIGNATION des entreprises.	TRAVAUX exécutés. Cubes extraits.	SOMMES PAYÉES	
			En piastres.	En francs, la piastre à 4 fr. 20.
		m. c.	p.	fr. c.
26 janvier 1887........	Pizo Lindo et Baudouin.	498.2885 40	622.789 69	2.615.716 70
31 mai 1883..........	Artigue et Sonderegger.	1.089.6194 10	2.062.903 07	8.664.192 90
10 février 1887.......	Idem.	131.0649 38	231.662 85	972.983 97
26 novembre 1887.....	Idem.	13.1484 50	14.463 46	60.745 81
4 janvier 1886........	Idem.	161.4556 30	228.708 46	960.575 53
			3.160.527 53	13.274.214 61

3ᵉ *Période. — Les grandes entreprises.*

La Compagnie de Panama a substitué les grandes entreprises aux petites pour aller plus vite. Elle a préféré payer plus cher et ouvrir le canal plus rapidement, afin d'éviter des pertes d'intérêt, et, d'autre part, de toucher plus tôt les produits de l'entreprise. Ces résultats ont-ils été obtenus? Nous allons voir qu'au point de vue de la célérité, la plupart des grands entrepreneurs n'ont pas donné de meilleurs résultats que les tâcherons. Et cependant les conditions qu'on leur accorde sont beaucoup plus avantageuses que celles des précédents marchés. De plus, on leur donne des allocations d'installation et de réinstallation de chantiers, qui absorbent des sommes considérables ; nous verrons, en 1887, lorsque l'adoption des écluses entraînera la suppression d'une notable partie des travaux de terrassement, la Compagnie payer aux entrepreneurs des indemnités prodigieuses, et consentir en outre à quelques-uns de nouvelles augmentations de prix.

Tous les travaux sont divisés entre six grandes entreprises :

1° American contracting and dredging C° ;
2° Jacob ;
3° Vignaud, Barbaud, Blanleuil et C‹ᵉ ;
4° Société des travaux publics et constructions ;
5° Artigue Sonderegger et C‹ᵉ (d'abord Cutbill, de Lungo Watson et Van Hattum, puis Artigue, Sonderegger et Artigue, Sonderegger et Bunau Varilla) ;
6° Baratoux, Letellier et C‹ᵉ .

A la fin de 1887 seulement, lorsque la Compagnie reconnaît la nécessité absolue de renoncer au canal à niveau, elle traite, pour la construction des écluses, avec M. Eiffel, dont le nom venait d'acquérir une grande notoriété par le projet de la tour de l'Exposition. Elle accorde à cet entrepreneur des conditions plus onéreuses encore pour elle que celles des grands entrepreneurs, et se soumet à toutes ses exigences, dans le seul but de faire renaître, avec un nom populaire, une confiance qu'elle sentait diminuer de plus en plus.

Nous allons examiner chacun des traités des grands entrepreneurs et pour cela nous suivrons pas à pas le rapport Flory, que nous avons contrôlé par les déclarations mêmes des entrepreneurs et nos investigations à la Compagnie de Panama. Mais, avec M. Flory, nous devons ici faire remarquer dès à présent combien étaient mensongères les affirmations de la Compagnie, lorsqu'elle déclarait, en s'appuyant sur un soi-disant devis de MM. Couvreux et Hersent, que l'ensemble des travaux proprement dits ne coûterait pas plus de 512 millions.

En effet, le 30 juin 1886, au moment où l'on venait de traiter avec les grands entrepreneurs, il avait été dépensé......................... 132.692.655,93

Les dépenses à payer aux grands entrepreneurs d'après leurs contrats s'élevaient à 783.341.542,44

La Compagnie s'était engagée à fournir aux entrepreneurs un matériel qui a coûté. 37.234.903,85

Total........ 953.269.102,22

L'augmentation résultant soit de l'inexactitude de l'estimation primitive, soit des changements de systèmes d'exécution des travaux, se chiffre donc par une somme de :
953.269.102 fr. 22 — 512.000.000 = 441.269.102 fr. 22

1° American contracting and dredging C°.

Nous trouvons un premier traité entre MM. Huern, Slaven et C°, prédécesseurs de l'American contracting and dredging C° et MM. Couvreux et Hersent avec approbation de la Compagnie de Panama.

Il s'agit de 6 millions de mètres cubes de dragages à effectuer entre les kilomètres 0 et 10 (Colon et Gatum), au prix de 1 fr. 50 par mètre cube, et de 1 fr. 25 pour les quantités en plus, si le nombre de mètres dragués venait à dépasser 6 millions de mètres cubes.

Le 24 septembre 1884, nouveau contrat entre la Compagnie du Canal et M. H.-B. Slaven, alors président de l'Américan contracting and dredging C°, régulièrement substituée à l'ancienne maison Huern, Slaven et C°, qui consent à la résiliation du traité du 16 février 1882.

L'article 1er porte à 30 millions de mètres cubes l'importance des dragages à exécuter (jusqu'à Matachin vers les kil. 43-44).

L'article 2 fixe à 0 piastre 34 centavos (1 fr. 496) le prix du mètre cube extrait.

L'avantage de ce traité sur le précédent consiste seulement dans la suppression de la diminution de prix pour les mètres cubes extraits en excédent.

Le 25 novembre 1885, un acte additionnel au contrat du 24 septembre 1884 réduit le cube à extraire de 30.000.000 à 18.000.000 sans indemnité spéciale. Nous trouvons pour contre-partie :

1° La diminution du nombre des dragues à fournir par l'entreprise (7 au lieu de 15) ; 2° le rachat des dragues par la Compagnie du canal.

Le 11 mai 1886, afin d'éviter des difficultés sans cesse renaissantes, la Compagnie fait avec l'American contracting and dredging C° une convention spéciale pour les surestaries, qui doivent être réglées à l'avenir à forfait au prix de 0 p. 14 (0 fr. 64) par mètre d'extraction de toute nature ; c'était une plus-value de 43 0/0 sur le prix de 0 p. 34 (1 fr. 49) alloué par mètre cube dragué.

« A cette époque, dit M. Flory, M. Nouailhac-Pioch, ingénieur, remplissait, par intérim, les fonctions de directeur des travaux dans l'isthme en remplacemet de M. Jacquier, qui ne reprit son service que le 9 décembre 1881.

« Des pourparlers s'établirent entre ce dernier et M. Slaven, président de l'American contracting and dredging C°.

« Selon l'avis de M. Nouailhac-Pioch, la prétention de M. Slaven devait être repoussée. Néanmoins, il fut convenu entre ce dernier et M. Jacquier qu'on aurait recours à un arbitrage.

« Par sa lettre du 30 décembre 1886, adressée à l'administration centrale à Paris, M. Jacquier fait connaître la convention provisoire qu'il vient de signer à cet effet et demande l'autorisation de choisir comme arbitre M. Hoffer, représentant dans l'isthme la société des travaux publics.

« Il déclare qu'il a été obligé de souscrire aux conditions imposées par M. Slaven sous la menace d'une cessation de travail.

« Ce choix fut ratifié par la direction centrale et l'arbitrage constitué.

« Le 15 juin 1887, rien n'était terminé et pourtant à cette date, un nouveau contrat provisoire intervenait entre le directeur général de la Compagnie dans l'isthme et M. Slaven. Les bases admises dans ce contrat donnaient d'avance satisfaction à la prétention de ce dernier relative aux prix des dragages au-dessus de 4ᵐ,25 de hauteur de berge.

« *L'American contracting and dredging Company* obtenait ainsi gain de cause avant que la sentence arbitrale fût rendue. Cette sentence n'a pas été trouvée dans les documents restés au siège central à Paris; mais les conclusions des arbitres sont indiquées dans une note qui avait été transmise au comité de direction; elles étaient favorables aux réclamations de la Compagnie américaine.

« D'après les calculs de M. Gérard, directeur du service des travaux à Paris, la plus-value de prix des dragages en hauteur, accordée à cette compagnie devait représenter une somme de 12.746.568 fr. 47.

« Des pourparlers s'établirent pour fixer cette indemnité à forfait. Un premier chiffre de 8 millions paraissait devoir être accepté par l'Américan Cᵉ, mais M. Slaven, présent à Paris, parvint à faire élever ce chiffre à 9 millions et le conseil d'administration de la Compagnie de Panama, dans sa séance du 11 novembre 1887, le ratifia.

« Le lendemain même, 12 novembre 1887, M. Slaven reçut la somme de 9 millions. »

Nous avons voulu contrôler les affirmations de M. Flory, et pour cela nous nous sommes rendus à la liquidation, où des explications nous ont été données sur les faits qui précèdent. Il résulte des explications fournies que si M. de Lesseps a tenté une entente transactionnelle avant que la sentence arbitrale ne fût définitive, c'est qu'il connaissait la conclusion de cette sentence et que le chiffre global qu'elle fixait était supérieur à celui auquel la Compagnie espérait traiter. Les conséquences financières de la transaction étaient moins onéreuses que celles qui seraient résultées de l'arbitrage lui-même.

Nous avons vu d'ailleurs que M. Gérard, directeur du service des travaux à Paris, avait calculé, en se basant sur les chiffres envoyés de l'isthme par M. Nouailhac-Pioch, que la plus-value de prix des dragages en hauteur accordée à l'American et C° devait représenter une somme de 12 millions 746.568 fr. 47.

On objectera que les contrats passés entre la Compagnie et les entrepreneurs devaient contenir bien des lacunes et des imprévisions, pour que des difficultés aussi graves pussent s'élever. La liquidation dit : « Il était impossible qu'il en fût autrement si l'on croyait devoir concéder un contrat de dragages d'une pareille importance et d'une aussi grande étendue.

« Diversité dans la nature des terrains et dans l'altitude du sol à attaquer, nécessité de recourir, en des points même voisins, à des procédés d'exécution différents, modifications forcées dans l'utilisation d'un matériel considérable et surtout peu mobile, chômage involontaire ou non, aggravant les dépenses, tout s'est rencontré pour rendre exceptionnellement difficile la marche régulière de l'entreprise, et, suivant l'ordre naturel des choses, c'est l'entreprise, favorisée d'ailleurs par les conditions particulières de son fonctionnement dans l'isthme, qui a profité largement, abusivement peut-être, des difficultés inévitables auxquelles allait donner lieu l'exécution du contrat. »

L'explication donnée par la liquidation nous a paru trop bienveillante, et nous ne pouvons admettre, comme l'*ordre naturel des choses*, qu'une entreprise profite *abusivement* des difficultés d'exécution d'un contrat.

Nous avons d'ailleurs prié la liquidation de nous donner par écrit les explications qu'elle nous avait fournies verbalement sur l'arbitrage de l'American contracting and dredging Cᵉ. On les trouvera en pièces annexes.

« Dans le courant de l'année suivante, dit M. Flory, de nouvelles réclamations furent faites par la même entreprise. Il s'agissait cette fois d'une différence de cube.

« M. Nouailhac Pioch qui, le 17 août 1888, avait repris les fonctions de directeur des travaux dans l'isthme, ne trouvait pas la réclamation de l'American contracting and dredging Cᵉ fondée.

« Il fournit à cet égard un mémoire donnant des renseignements très intéressants à la direction centrale à Paris. Mais, son avis ne fut pas écouté et M. Slaven obtenait, le 15 octobre 1888, de la Compagnie de Panama, une nouvelle indemnité pour différence de cube de 1.800.000 francs.

« M. Nouailhac Pioch, dont la conviction sur l'exactitude des situations mensuelles était sérieusement établie refusa de les modifier et donna sa démission.

« Depuis la mise en liquidation de la société, M. Nouailhac-Pioch a continué son enquête relativement aux règlements intervenus avec M. Slaven, et dans la note qu'il a fournie aux liquidateurs, il relève des circonstances qui démontreraient que des agents de la Compagnie de Panama et notamment le sieur Sarlat, ancien sous-chef de section dans l'isthme, auraient pu être corrompus par l'entrepreneur dont il s'agit, pour le déterminer à signer des situations inexactes. Mais, selon les conclusions de M. Nouailhac-Pioch, il n'existerait que « des présomptions et pas de preuves. »

Les renseignements pris au siège de la liquidation confirment absolument les déclarations de M. Flory, et on ne lira pas sans intérêt la note jointe à ce rapport sur le payement de la somme de 1.800.000 francs à l'American contracting and dredging Cᵉ.

Majorations et malfaçons de la part de l'entreprise, contrat
mal établi et permettant la fraude, incurie de la Compagnie
ne faisant aucune constatation officielle des malfaçons, erreurs
ou vols, voilà ce qui ressort de la note de la liquidation.

« Les opérateurs que nous avions sur les dragues, dit le
directeur des Travaux, étaient loin de valoir ceux de l'entreprise, qui devaient faire tourner à leur avantage toutes les
opérations.

« Souvent les opérateurs de la Compagnie ont accepté,
sans contrôle, les profils dressés par l'entreprise, qui pouvaient
être erronés à son avantage. »

Le 5 octobre 1888, M. Nouailhac-Pioch télégraphie à
M. de Lesseps : « Votre câble de ce soir me donne l'ordre
d'admettre une réduction de 35.000 mètres seulement sur la
majoration de cube Slaven annoncée par moi comme étant
de 512.000 mètres au 25 août et de payer complètement ce
que, suivant l'avis de M. Bergès, il est dû aux Américains.
J'ai le regret de vous informer que je ne peux pas obéir à
cet ordre contraire à ma conscience et, en conséquence, si
vous ne pouvez pas le retirer, je vous prie de vouloir bien me
dire par câble à qui je dois remettre le service de la direction
pour exécuter cet ordre. » *Signé* : Nouailhac.

Dans sa séance du 12 octobre 1888, le Comité de direction décide qu'une somme de 1.800.000 francs sera versée à
M. Slaven.

M. Nouailhac écrit : « J'estime que le Comité n'a pas tenu
compte de toutes les observations émises dans mes câbles
depuis le 1er septembre. Je considère que le paiement d'urgence de 1.800.000 francs, fait à Paris, ne peut être inscrit
au crédit de Slaven dans l'isthme, jusqu'au règlement du
désaccord, que comme acompte sur 2.329.000 francs dus
sur les dragues. »

Le liquidateur, dans le règlement définitif de l'entreprise
Slaven, a continué à soutenir que les prétentions de l'entreprise n'étaient pas fondées. Le montant des sommes récla-

mées par l'entreprise s'élevait à 3.479.510 fr. 56. Le liquidateur a transigé et versé aux entrepreneurs, 1.500.000 francs
en espèces, et 7.500 francs en bons à lots.

Voici d'ailleurs les sommes reçues par l'entreprise
Slaven :

Travaux.

De 1882 à 1887. Payements sur situa-
tions................................... 28.345.709 34
De novembre 1887 à mars 1889. Paye-
ments sur situations.................... 26.891.452 07
Payement de 100.000 piastres par dra-
gue sur 7 dragues......................   2.968.235 25
Remboursement de la retenue de la ga-
rantie................................   300.000 »
                              Ensemble......... 58.505.396 66

Indemnités.

Payement transactionnel du 12 novembre 1887 pour supplément de prix de
dragages................... 9.000.000
Payement transactionnel
du 15 octobre 1888 pour différence de cubes............. 1.800.000
Transaction avec le liqui-
dateur..................... 1.507.500   12.307.500 »
                                         70.812.896 66

Les livres de l'entreprise étant en Amérique, il n'a pas
été possible de déterminer l'importance de ses bénéfices.
Mais, la facilité avec laquelle la Compagnie lui a accordé des

indemnités, les majorations signalées, les abus constatés, permettent de supposer que l'Américan contracting and dredging Cᵉ a été l'une des entreprises, qui ont réalisé à Panama les bénéfices les plus scandaleux.

Entreprise Jacob.
11, place du Commerce, à Nantes.

Le premier contrat mis sous nos yeux est celui du 14 décembre 1885, pour le lot compris entre Fox-River et le kilomètre 23-465.

Pas de quantité déterminée pour le cube à extraire qui doit être proportionné au matériel mis à la disposition de l'entrepreneur.

Par wagon Decauville....   6 m. c.
—   de 3 m. c.....   12 m. c.
—   de 6 m. c.....   12 m. c.

Prix

	Piastres.	fr. c.
Pour déblais de toute nature (le mètre cube)........	1 ᵖ 05, soit	4 62
Plus-value pour dragage de roches à extraire à la mine sous l'eau............	0 ᵖ 80, —	3 52
Déblais ne pouvant être extraits à la drague	1 ᵖ 65 —	7 26

Tout le petit matériel est à la charge de l'entrepreneur.

Le 12 janvier 1887, second contrat pour un travail spécial, aux *buttes du Mendi*, à 5 kilomètres de Colon. Il s'agit de terrassements à sec et de déblais de diverses sortes soit à la drague, soit autrement.

Prix pour déblais jusqu'à la cote 0.............   7 26
—   de la cote 0 à la cote 3 m.......   9 90
—   de la cote 3 à la cote 8 m. 50....   11   »

On ne trouve qu'un seul supplément de 10.223 piastres 05 pour construction d'un radeau destiné à un travail de minage sous-marin.

Le 18 avril 1887, troisième contrat :

1° Pour dérivation, rive gauche du canal ;

2° Pour fouilles et maçonneries pour pont métallique à établir pour le passage du Panama Rail-Road.

Il s'agissait principalement de la dérivation du Chagres. Prix du mètre cube extrait : 2 piastres 50, soit 11 francs.

M. Flory constate que la presque totalité du travail prévu dans le contrat Jacob a été exécuté, que les contrats ont été respectés et que cette entreprise n'a pas bénéficié comme les autres d'augmentations périodiques de prix pas plus que d'avances non prévues, ni d'indemnités. Mais il établit que les sommes reçues par M. Jacob se chiffrent et se répartissent comme suit :

	Francs.
Pour cubes extraits..................	11.096.250 01
Pour dérivations.....................	5.239.851 71
Pour maisons, matériel, ponts de chemins de fer, etc.........................	204.582 71
	16.540.684 43
Tandis que le montant de ses dépenses ne serait que de........................	8.562.172 96
D'où un bénéfice de..................	7.978.511 47

M. Flory se hâte d'ajouter cependant qu'en présence de l'état irrégulier et incomplet des livres et pièces de comptabilité saisis chez cet entrepreneur, on ne peut considérer définitivement l'écart existant entre ce chiffre de dépenses et celui des recettes comme représentant les bénéfices réalisés par M. Jacob. Ces bénéfices seraient, en effet, de 50 0/0 environ.

Nous avons entendu M. Jacob et nous lui avons demandé si l'excédent de recettes indiqué par ses écritures était exact.

M. Jacob nous a répondu que M. Flory n'avait pu vérifier toute sa comptabilité dont une grande partie est restée à Colon. De plus, on l'a soldé en traites garanties par des actions de Panama Rail-Road, dont la valeur est incertaine, et il a engagé plusieurs procès dont il ignore encore l'issue. Il reconnaît cependant avoir réalisé des bénéfices importants.

M. Jacob a ajouté qu'il avait élevé plusieurs réclamations dont le total atteignait 8.826.973 fr. 22, mais qu'il n'avait rien pu obtenir du liquidateur. Il a rempli scrupuleusement ses engagements, et aurait fini tous ses travaux s'il avait pu seulement travailler pendant deux mois de plus. La Compagnie de Panama n'a pas tenu compte de tous ses efforts, et pourtant, dit-il, ses réclamations étaient légitimes.

La somme de 800.000 francs, dont a parlé M. l'avocat général Rau, à l'audience de la Cour d'appel du 17 janvier est celle qui lui a été payée en traites par le liquidateur pour solde de compte. Cette somme est exactement de 803.065 fr. 50.

Société Vignaud, Barbaud, Blanleuil et Cᵉ.

Cette société est la seule qui n'ait pas réalisé des bénéfices dans l'entreprise de Panama. Nous allons voir pourquoi.

Son premier contrat date du 31 octobre 1885. Il s'agissait de travaux de terrassements, dragages et accessoires (entre les kil. 26, 350 et 44).

MM. Vignaud et Cⁱᵉ se substituaient aux tacherons employés dans la partie concédée. Le cube à extraire était de 20 millions de mètres cubes. Le travail devait durer trois années.

Le 16 septembre 1886, nouveau contrat qui met à la charge des entrepreneurs sous certaines conditions tous les travaux accessoires.

Le 21 décembre, troisième contrat qui annule les deux premiers.

Les anciens prix qui variaient selon les quantités extraites sont vérifiés et exprimés en monnaie française.

Ainsi les déblais, qui étaient payés 0ᴾ·,85 (3 fr. 74) sont cotés 3 fr. 75.

Les déblais de roche qui étaient payés en moyenne 7 fr. 92 sont cotés 7 fr. 95.

Les déblais pour dérivation fixés précédemment à 1ᴾ·, 30 (5 fr. 72) sont cotés 5 fr. 75.

De plus le nouveau contrat accorde aux entrepreneurs :

1° Une ouverture de crédit de deux millions pour acquisition de matériel devant devenir la propriété de la Compagnie ;

2° Une avance de 1.500.000 francs pour réorganiser des chantiers, remboursable en 1888 et 1889 au moyen de retenues sur le montant des travaux.

La Compagnie exigeait de MM. Vignaud, Barbaud, Blanleuil et Cⁱᵉ un cautionnement de 1.500.000 francs et une retenue de garantie cumulée avec le cautionnement jusqu'à concurrence d'une somme de 2.000.000 au maximum. Enfin les allocations proportionnelles étaient transformées en allocations fixes.

Malgré ces avantages apparents la Société Vignaud, Barbaud, Blanleuil et Cⁱᵉ, arrivait difficilement à remplir ses engagements et la Compagnie dut faire d'office ses paies et lui consentir des avances. Elle est tombée depuis en faillite.

Nous avons interrogé ces entrepreneurs et nous leur avons demandé d'abord dans quelles conditions ils avaient fait des travaux pour la Compagnie du canal de Panama.

Ils nous ont fait la réponse suivante :

« Par un premier traité en date du 31 octobre 1885, la Compagnie du Canal de Panama nous concédait sur un parcours de 17 kilomètres 650 mètres l'exécution des terrassements et dragages de toute nature, les maçonneries et en général tous les travaux accessoires nécessaires au creusement du canal proprement dit, les déviations des chemins de fer et les dérivations du Chagres et autres cours d'eau, les déblais de toute nature représentant un cube de vingt millions de mètres environ.

« Elle nous concédait également le transport et le montage du matériel qui nous serait fourni, ainsi que la construction des logements, baraquements, magasins, etc., prévus pour les besoins de l'entreprise.

« Le tout aux conditions fixées par un cahier des charges et par un bordereau de prix, annexés au marché.

« Plus tard, le 16 septembre 1886, intervint une seconde convention applicable aux mêmes travaux et dont le but était plus particulièrement de fondre et de grouper par des moyennes les prix trop nombreux du premier marché, et d'en rendre l'application plus simple et plus pratique. Mais au fond les prix anciens étaient maintenus sans augmentation appréciable.

« Ces deux premiers traités étaient établis dans l'hypothèse du canal à niveau. Ayant été faits les premiers, ils comportaient en général, des prix plus bas que ceux alloués ensuite, pour les mêmes travaux, aux entreprises voisines. Le chiffre des avances consenties par la Compagnie pour l'organisation de l'installation des chantiers et le quantum des allocations diverses étaient aussi sensiblement inférieurs.

« Quand la Compagnie songea à substituer le canal à écluses au canal à niveau, elle nous fit accepter bon gré mal gré par des moyens particuliers qui sont indiqués plus loin, un nouveau contrat qui fut signé le 4 décembre 1887, et par lequel non seulement les prix primitifs étaient maintenus, mais encore il n'était stipulé aucun dédommagement pour le préjudice évident qui devait résulter pour l'entreprise d'une réduction très notable des travaux et de la perturbation apportée aux installations de chantiers existants et créés à grands frais.

« Cependant nous n'avions consenti à signer cette nouvelle convention que la Compagnie nous présentait comme éventuelle que sur la promesse formelle qu'il nous serait alloué les mêmes avantages et les mêmes indemnités qu'aux autres entreprises dont, nous disait-on, les traités étaient en préparation.

« Mais malgré nos instances et nos protestations, nous n'avons pu obtenir ultérieurement la réalisation de cette promesse.

« Au cours des travaux, et en dépit des conditions défavorables dans lesquelles nous travaillons, la Compagnie n'a pas eu à se plaindre de la marche des chantiers, elle n'a jamais notifié de mise en demeure ainsi qu'elle était autorisée à le faire aux termes de l'article 3 du dernier traité.

« Il est vrai que nous avons exécuté un cube total de déblai qui s'élève d'après nos comptes à... 3.852.000 mètres et d'après la Compagnie à.............. 3.643.000 » que ce cube est supérieur au cube exécuté par l'une quelconque des entreprises similaires dans le même temps et enfin que notre prix moyen du mètre cube n'atteint pas moitié de la moyenne des prix analogues payés par la Compagnie aux autres entreprises. »

Nous avons ensuite posé à MM. Vignaud, Barbaud, Blanleuil et Cie les questions suivantes.

D. — « Quelles sont les raisons pour lesquelles vous avez perdu de l'argent, alors que les autres entrepreneurs en ont gagné?

R. — « Ces raisons sont nombreuses; elles sont énoncées dans l'assignation lancée contre la Compagnie dès le 5 janvier 1889 et qui indique l'objet du litige encore pendant devant la première Chambre du Tribunal civil de la Seine.

« Les principales sont les suivantes :

« 1° Par son contrat du 31 octobre 1885, modifié par celui

du 16 septembre 1886, l'entreprise avait à exécuter un cube total de 20 millions de mètres, lequel cube comportait environ moitié en *déblais à sec* (terres et rochers), et moitié en déblais par dragages; le prix de revient des premiers étant en moyenne trois fois plus élevé que le prix de revient des seconds.

« Pour ces terrassements, il fut établi pour chaque groupe du parcours, un prix moyen de déblais de toute nature, s'appliquant aussi bien aux déblais à sec qu'aux déblais par dragages.

« Or, qu'est-il arrivé ?

« D'une part des retards considérables, apportés par la Compagnie dans la livraison du matériel des dragues, n'ont pas permis à l'entreprise de terminer le montage de ces énormes appareils avant le milieu de 1888. D'autre part, le système de refoulement des dragages prévu et imposé par la Compagnie s'est trouvé inapplicable aux terrains de l'isthme.

« De telle sorte que les neuf grandes dragues de 180 chevaux n'ont pu avoir de fonctionnement sérieux et que la presque totalité du cube exécuté jusqu'à l'arrêt en 1889 n'a été composée que de déblais à sec, lequel cependant a été compté au prix moyen commun, c'est-à-dire bien au-dessous de sa valeur réelle.

« L'entreprise n'a donc pu faire que les *travaux onéreux* pour elle, et au moment où ayant perfectionné son matériel de dragages, elle se trouvait en mesure de commencer les *travaux avantageux*, la déconfiture de la Compagnie est survenue et l'arrêt des chantiers a été ordonné par le liquidateur de la Compagnie.

« 2° Dans les contrats passés fin 1887, par suite de changement de projet du Canal, la Compagnie a alloué aux autres entreprises des prix sensiblement supérieurs à ceux de MM. Vignaud, Barbaud, Blanleuil et Cⁱᵉ. Il en est résulté une augmentation également très notable des prix de main-d'œuvre qui, d'après une expertise contradictoire, ont atteint

30 0/0 de plus que les prix de 1887. Tous les travaux exécutés
en 1888 et 1889 ont donc été grevés d'une augmentation de
30 0/0 environ.

« 3° Enfin, les prix alloués à l'entreprise étaient sensiblement inférieurs à ceux des entreprises similaires, ainsi
que l'établit le tableau comparatif dressé sur les chiffres contenus dans le rapport de M. Monchicourt, en date du 25 juillet 1890.

« La Compagnie nous a refusé impitoyablement les dédommagements qui nous étaient dus pour le préjudice causé
à l'installation des chantiers par le changement de projet, et
ce alors qu'elle accordait ces avantages aux autres entreprises qui se trouvaient dans les mêmes conditions. »

D. — « Pourquoi avez-vous accepté des prix aussi réduits ? »

R. — « Nous y avons été contraints par les circonstances.

« Au mois de novembre 1887, M. Charles de Lesseps nous
faisait appeler, et après nous avoir prodigué des éloges sur
la manière dont marchaient nos travaux, faisait appel à notre
dévouement, et vu la situation difficile de la Compagnie, nous
demandait d'accepter un nouveau contrat, modifiant le premier, en vue de la construction éventuelle des écluses. Il ne
nous accordait pour le moment aucune compensation du
préjudice qui pourrait en résulter, mais il nous promettait
formellement, le cas échéant, de nous accorder tous les avantages qu'il serait amené à consentir aux autres entrepreneurs.
Ces promesses nous étaient confirmées ensuite par M. Hutin,
ingénieur en chef.

« Comme nous refusions quand même de signer ce contrat qui nous semblait insuffisant, M. Charles de Lesseps
nous déclara qu'il ne nous paierait pas un sou tant que nous
n'aurions pas signé. Il nous mit ainsi le couteau sous la
gorge, selon le terme consacré, car nous avions des traites à
échéances et, faute d'acceptation, c'était la ruine inévitable.

« Ne pouvant mieux faire, nous dûmes accepter, nous
contentant des promesses verbales que l'on voulait bien nous

renouveler. Mal nous en prit, car ces promesses n'ont jamais été réalisées, malgré nos instances réitérées.

« Il faut bien dire qu'en acceptant forcément ces conditions léonines, nous avions l'espoir de nous récupérer sur les déblais de dragages. Cet espoir ne s'est pas réalisé davantage, par suite des circonstances dont nous avons déjà parlé.

« La Compagnie est impardonnable de nous avoir traités ainsi, car nous avons accompli loyalement notre tâche autant qu'il était possible de le faire. Nous sommes de ceux qui ont fait le *plus gros cube* et au meilleur marché. Sur six entrepreneurs de notre Société qui sont allés dans l'isthme à tour de rôle pour diriger les travaux, deux y *sont morts*.

« Ceux qui restent *sont ruinés.* »

Interrogés sur le chiffre de leur perte, les entrepreneurs l'ont estimée comme suit:

« La perte totale éprouvée peut être évaluée en chiffres ronds de la manière suivante:

« 1° Pertes supportées par les associés de l'entreprise...................................... 923.000 fr.

« 2° Pertes résultant du passif de la faillite, y compris les créances litigieuses, pendantes, environ .... 4.300.000 »

Total actuel........... 5.223.000 »

« Si l'on déduisait de ce chiffre le montant des cautionnements et retenue de garantie qui sont indûment détenus par le liquidateur de la Compagnie de Panama, soit.............. 2.285.000 fr.

« Le montant des pertes subies serait ramené à:

5.223.000 fr. — 2.285.000 fr. = 2.938.000 fr.

MM. Vignaud, Barbaud, Blanleuil et Cⁱᵉ nous ont alors présenté le tableau suivant, duquel il résulterait que leur prix moyen du mètre cube de déblai ressortirait à un prix bien inférieur à celui des autres entreprises.

CANAL INTEROCÉANIQUE DE PANAMA.

TABLEAU COMPARATIF

Du traitement appliqué par la Compagnie à des entreprises similaires.

Extrait du Rapport de M. Achille Monchicourt, liquidateur, en date du 25 juillet 1890.

DÉSIGNATION DES ENTREPRISES.	CUBES totaux des déblais exécutés.	MONTANT total des dépenses.	SOMMES retenues pour location de matériel, bâtiments, etc.	RESTE pour sommes versées par la Compagnie.	PRIX moyen du mètre cube de déblais.	OBSERV
	1	2	3	4	5	
	mèt. c.	fr. c.	fr. c.	fr. c.	fr. c.	
Eiffel (Fouilles des écluses seulement)................	843.004 74	29.433.867 49	»	29.433.867 69	34 91	Le cube la Compa prise Vign Blanleuil inférieur mètres au ment exi ramène à à 8 fr. 33
Société de Travaux publics et Constructions.............	3.421.870 59	76.215.022 95	2.650.250 32	73.564.772 63	21 50	Les chif lonne 4 toutes les sées, à qu ce soit.
Artigue, Sonderegger et Bunau-Varilla....................	2.255.401 65	32.646.479 23	1.863.724 34	30.782.754 89	13 65	
Vignaud, Barbaud, Blanleuil et Cie	3.642.986 66	35.398.810 62	3.089.502 01	32.309.308 61	8 86	

NOTA.— Les chiffres des colonnes 1, 2, 3 sont extraits textuellement du rapport présenté au tribunal civil de la Seine, à la date let 1890, par M. Monchicourt, liquidateur de la Compagnie du Canal (pages 19, 20, 22 et 25).

Les entreprises Américan-contracting-and-dredging Co; Baratoux, Letellier et Cie Jacob n'ont exécuté en très grande p des terrassements par *dragages*.— Pour cette raison elles ne peuvent être comparées aux entreprises figurant au tableau ci-dessus, ont extrait des *terrassements à sec* (terres et rocher), dont le prix est trois à quatre fois plus élevé que celui des dragages ordinaires.

On voit par le tableau ci-dessus que le prix moyen payé à l'entreprise Vignaud, Barbaud, Blanleuil et Compagnie est très s inférieur même au prix le plus faible des autres entreprises similaires.

Si le prix de l'entreprise Artigue, Sonderegger et Bunau-Varilla (le plus faible) eût été appliqué à Vignaud, Barbaud, Blanleuil auraient dû recevoir *en plus* de la somme qui leur a été réellement payée :

3.642.986 m. 66 × (13 fr. 65 — 8 fr. 86) 4 fr. 79, soit la somme de................ 17.449.906 fr. 10.

Enfin, nous avons demandé à MM. Vignaud, Barbaud, Blanleuil et C⁰ pourquoi la Compagnie les avait ainsi maltraités.

« Notre entreprise, nous ont-ils répondu, a toujours opéré honnêtement, loyalement, *en dehors de toute intrigue;* elle a fait les plus grands efforts pour bien remplir sa tâche. Nous n'avons pas compris pourquoi elle en était si mal récompensée.

« Dans l'isthme, certains agents de la Compagnie et autres personnages, jaloux des succès qu'obtenait M. Bunau-Varilla, qui, d'ingénieur de la Culebra, était devenu entrepreneur de la Compagnie, avaient, dit-on, un grand désir de l'imiter. Mais il fallait des travaux disponibles. On nous a assuré qu'ils avaient longtemps convoité ceux de notre entreprise.

« De là peut-être l'explication des difficultés de toute nature auxquelles nous avons été en butte, des réductions sur décomptes de travaux, et enfin tout ce que l'on peut faire à une entreprise que l'on a pris à tâche de faire disparaître.

« A Paris, on subissait un peu l'effet de ces mauvaises dispositions.

« D'autre part, on exploitait sur une grande échelle notre patience et notre désir constant de rester agréables à la Compagnie et de ne lui créer aucun embarras.

« En 1888, époque où la situation financière de la Compagnie était devenue critique, nous éprouvions les plus grandes difficultés à faire rentrer nos payements. On ne nous versait que des acomptes insuffisants, accompagnés, il est vrai de promesses et de bonnes paroles.

« C'est ainsi que peu à peu s'est créé notre déficit, ce qui nous a placés dans l'impossibilité de nous défendre plus tard contre les pratiques arbitraires et les injustices criantes dont nous étions victimes.

« La Compagnie ne paraissait pas mettre de mauvaise volonté à régler nos comptes arriérés, mais on les ajournait toujours et on courait au plus pressé. Les caisses étaient d'ailleurs épuisées par les Reinach, les Eiffel et autres grosses sangsues en grand nombre, qui avaient d'insatiables appétits qu'il fallait satisfaire. Notre entreprise se trouvait alors hors d'état de pouvoir rien exiger, même ses droits les plus légitimes. »

Nous demandons alors en dernier lieu à MM. Vignaud, Barbaud, Blanleuil et Cie si on ne leur a pas quelquefois laissé entendre à la Compagnie que, s'ils avaient recours à certains intermédiaires, ils pourraient être mieux traités.

« Non, nous répondent-ils, jamais à la Compagnie on ne nous a insinué rien de semblable.

« En 1886, la maison Kohn-Reinach nous a fait, pour la rétrocession de notre contrat, des ouvertures que nous n'avons pas accueillies.

« Plus tard, d'autres personnages nous ont proposé de s'associer ou de s'intéresser à notre entreprise, mais cela s'est passé en dehors de la Compagnie. »

M. Flory constate qu'un établissement financier actuellement en liquidation et dont les administrateurs sont l'objet de poursuites, la Société des dépôts et comptes courants, était en rapport avec la société Vignaud, Barbaud, Blanleuil et Cie. « Cet établissement, dit-il, aurait même donné un concours spécial à MM. Vignaud, Barbaud, Blanleuil et Cie, à l'occasion de leur traité d'entreprise pour le canal de Panama, car, en rémunération de ce concours, les entrepreneurs lui ont alloué une commission de 600.000 francs, dont la Société des dépôts et comptes courants s'est payée en trois fois, de décembre 1885 à décembre 1886, ainsi que nous avons pu le constater dans ses comptes.

« Cette Commission, qu'on a motivée sur les livres de la Société des dépôts et comptes courants comme s'appliquant à une ouverture de crédit, est indépendante des intérêts et commissions de banque, que ledit établissement de crédit a prélevés sur son compte courant avec MM. Vignaud, Barbaud, Blanleuil et Cie et qui se sont élevés à un chiffre considérable. »

Interrogés sur les motifs de cette Commission, MM. Vignaud, Barbaud, Blanleuil et Cie nous ont répondu :

« La commission initiale de 600.000 francs dont il s'agit a été fixée, d'un commun accord, entre la Société des dépôts et MM. Vignaud, Barbaud et Cie, suivant convention approuvée par ces derniers, le 14 novembre 1885, pour être mise en vigueur à dater du 15 janvier 1886; suivant ce qui était stipulé, la commission a été perçue par la Société des dépôts à raison de 50.000 francs par mois.

« Bien que ce chiffre de 600.000 francs paraisse élevé à première vue, il n'a cependant rien d'exagéré, si on le compare à l'importance des travaux de l'entreprise et au mouvement de fonds auquel il devait donner lieu. Le montant des travaux que l'entreprise devait exécuter était évalué, à l'origine, de 130 à 140 millions; il s'ensuit que la Commission initiale n'était même pas de (1/2 0/0) un demi pour cent.

« L'entreprise Vignaud, Barbaud, Blanleuil et Cie n'a pas hésité à accepter, même à ces conditions, le concours financier de la Société des dépôts et comptes courants, parce qu'elle espérait y trouver des avantages considérables, pour le placement des traites qu'elle aurait à tirer de Panama sur Paris.

« Aux termes de son marché du 16 septembre 1886 (art. 26), l'entreprise a été payée de ses travaux *en francs*, et il est stipulé « que les situations étant dressées *en piastres*, « les paiements à faire à Paris seraient calculés au change de « 4 fr. 40 par piastre. »

« Or l'entreprise, dans l'isthme, payait ses ouvriers, son personnel et ses fournisseurs, avec des piastres argent, monnaie courante du pays, dont la valeur nominale est de 5 francs, mais dont la valeur au change est variable suivant les époques et la situation commerciale.

« Pour se procurer les piastres qui lui étaient nécessaires, l'entreprise remettait en échange aux banquiers ou aux commerçants de Panama ou de Colon des traites sur Paris, traites tirées par elle-même sur sa maison de banque de Paris, la Société des dépôts et comptes courants.

« Et grâce à la notoriété et à la confiance dont jouissait alors la Société des dépôts, ces traites étaient en grande faveur; elles ont pu être négociées à un change avantageux, variant de 26 à 30, soit à 28 en moyenne.

« Ce ,qui, d'après le calcul usuel, porte la valeur de la piastre à $\frac{500}{128}$, soit .... 3 fr. 906

« Mais l'entreprise, recevant de la Compagnie par chaque piastre une somme de.............. 4 fr. 400
bénéficiait de la différence, soit................. 0 fr. 694
par piastre, différence représentant 16 pour 100.

« Les payements effectués à Panama dans ces conditions se sont élevés à 20 millions environ, et le bénéfice réalisé de ce chef a dû être par suite de : (20.000.000 × 16 0/0), soit 3.200.000 francs environ.

« Il faut remarquer que cette opération eût été beaucoup moins facile et moins fructueuse, sans le concours d'une grande maison financière, comme l'était alors la Société des dépôts et comptes courants. »

M. Flory ajoute : « Si nous signalons particulièrement ce fait d'une commission extraordinaire allouée par un entrepreneur à un établissement de crédit, à l'occasion de son traité avec la Compagnie de Panama, c'est que deux administrateurs de la Société des dépôts et comptes courants étaient également administrateurs de la Compagnie de Panama. C'était M. le baron Poisson et M. Charles de Lesseps, qui se trouvaient ainsi avoir, contrairement aux prescriptions de l'article 40 de la loi du 24 juillet 1867, pris un intérêt, au moins indirect, dans un marché fait avec la Société qu'ils administraient. »

En somme, il est dû par la Compagnie à l'entreprise Vignaud, Barbaud, Blanleuil et Cⁱ :

Pour travaux, matériel, établissement de voies, ateliers, maisons, dérivation du Panama Rail-Road . .   29.887.019 90

A déduire :

Amendes............	1.090.000 »	) 4.179.502 01
Location du matériel...	3.089.502 01	}

Reste......   25.707.517 89

D'autre part, ces entrepreneurs ont reçu   28.081.914 58

Il a donc été payé en trop par la Compagnie...............................   2.374.396 69

Plus :

Avances prévues.......	1.500.000 »	)
Avances non prévues..	1.150.000 »	} 2.777.393 53
Pour recrutement d'ouvriers..................	127.393 53	)

En tout.....   5.151.790 22

En sus de cet excédent de paiement, la liquidation soutient dans un litige pendant entre elle et les entrepreneurs, qu'elle a d'autres réclamations à leur adresser, qui élèveraient sa créance à 8.658.705 fr. 65.

De leur côté, MM. Vignaud, Barbaud, Blanleuil et Cⁱ se disent créanciers de la Compagnie pour une somme de 18.962.284 fr. 20.

Un procès est pendant actuellement devant le Tribunal de commerce de la Seine ; nous ne nous permettrons pas d'anticiper sur les résultats de ce procès. Nous joignons seulement à ce rapport l'assignation de MM. Vignaud, Barbaud, Blanleuil et Cᵢᵉ à la Compagnie du canal interocéanique et les observations qu'ils ont présentées sur le bordereau des sommes réclamées à leur liquidation. En remettant copie de l'assignation, MM. Vignaud, Barbaud et Cᵢᵉ nous ont fait la déclaration suivante :

« La copie de l'assignation que nous remettons à la Sous-Commission est celle qui a été donnée le 5 janvier 1889, pour comparaître devant le Tribunal de commerce de la Seine.

« Elle revendique pour le cas subsidiaire (pages 36 et 37) :

1° Indemnités pour dommages divers...	19.639.848 45
2° Dépenses effectives du 25 août au 25 décembre 1888............................	1.059.800 »
3° Cautionnement et retenue de garantie, environ	2.500 000 »
Total	23.199.648 »

« Mais le Tribunal de commerce étant devenu incompétent quand la Compagnie de Panama a été déclarée Société civile par arrêt de la Cour d'appel en date du 13 mars 1889, une nouvelle assignation qui est celle sur laquelle M. Flory a pris ses chiffres, a été lancée le 23 avril 1889, assignation à comparaître devant la première chambre du Tribunal civil où l'affaire est encore pendante.

« Cette assignation porte très exactement les chiffres accusés au rapport de M. Flory, savoir :

Indemnités pour dommages divers.....	15.066.000 »
Dépenses effectives du 25 août 1888 au 17 février 1889...........................	1.336.154 08
Cautionnement et retenue de garantie..	2.265.000 »
Total	18.667.154 08

« La différence entre la première et la seconde assignation a fait l'objet de conclusions additionnelles, déposées en
novembre 1890 et dont M. Flory n'a probablement pas eu
connaissance.

« Aussi pour éviter toute confusion sur cette question de
chiffres, nous croyons devoir les signaler à l'attention de la
Sous-Commission, en proposant même d'énoncer au rapport
les mêmes chiffres que M. Flory, laissant de côté la demande
introduite par les conclusions additionnelles qui n'ont pas
été communiquées. »

Il n'appartient pas à votre Sous-Commission de se prononcer sur la légitimité des réclamations de MM. Vignaud,
Barbaud, Blanleuil et Cⁱᵉ; mais, nous devons à la vérité
de déclarer que cette entreprise est la seule qui n'ait pas
abusé des embarras de la Compagnie de Panama et profité de
ses libéralités. Elle n'a bénéficié ni d'indemnités énormes,
comme les autres sociétés, ni de prix anormaux.

La liquidation qui, avec raison, se défend énergiquement
contre les prétentions de MM. Vignaud, Barbaud, Blanleuil
et Cⁱᵉ, et se prépare à soutenir un gros procès, reconnaît bien
d'ailleurs dans la note qu'elle nous a remise, que les contrats
de cette entreprise ne renferment pas les *allocations, les
avances, toutes les dispositions favorables* dont le traité de
la Société des travaux publics est à la fois un exemple et un
précédent.

« Il importerait avant tout de savoir, dit-elle, si MM. Vignaud et Cⁱᵉ ont été plus maltraités que les autres entrepreneurs, ou si, plus simplement et plus exactement, leur contrat offrait moins d'avantages. Mais enfin, ils l'avaient signé
et ne l'ont pas exécuté. Signé le premier de tous ceux qui furent, de la fin de 1885 au commencement de 1886, concédés
aux grandes entreprises, il ne renferme pas, certainement
les allocations, les avances, toutes les dispositions favorables
enfin, dont le contrat de la Société des travaux publics a
fourni à la fois un exemple et un précédent. Malgré cela, les
prix unitaires sont avantageux et devaient permettre de réa-

liser de notables bénéfices à la seule condition, bien entendu, que l'on fît du cube et justement le rendement des chantiers a toujours été très faible.

« Qu'on n'oublie pas d'ailleurs que dès le mois de septembre 1886, un acte additionnel, intervenu sur les instances pressantes des entrepreneurs dont la situation financière était déjà compromise par suite de l'énormité des frais généraux, leur accorda des conditions comparables à celles dont jouissaient les autres entreprises.

« Tout cela, d'ailleurs, c'est le procès, et il convient qu'il ne soit pas plaidé ici. Ce que nous devons dire seulement, c'est que MM. Vignaud et Cie n'ont aucune raison d'insinuer qu'ils auraient eu besoin d'un intermédiaire pour défendre leurs intérêts auprès de la Compagnie. C'est que leur cause n'était pas défendable.

« Et lorsqu'ils se plaignent de n'avoir reçu aucune indemnité lors de la transformation du canal à niveau, en canal à écluses, nous leur répondons qu'aucune entreprise n'en a obtenu pour les réductions de cube. Quant à eux, les modifications apportées à leur contrat représentent, sur l'ensemble, un payement en plus qui dépasse quatre millions ».

Pour la Compagnie, la Société Vignaud, Barbaud, Blanleuil et Cie a donc été impuissante à mener à bien les travaux qu'elle avait entrepris. Nous ne nous permettrons pas de trancher le différend, laissons ce soin aux débats du procès qui va s'engager.

Entreprise Artigue, Sonderegger et Cie.

Cette société a pris la suite de deux autres sociétés : MM. Artigue et Sonderegger, et MM. Cutbill de Longo, Watson et Van Hattum. Nous allons donc diviser la période des travaux en trois parties.

1° Entreprise Artigue et Sonderegger.

M. Flory ne constate pour cette société aucune difficulté avec la Compagnie ; elle n'a reçu aucune allocation spéciale, ni indemnité.

Le 30 mai 1883, un premier contrat concédait à MM. Artigue et Sonderegger les travaux à exécuter entre les kilomètres 23,465 et 25,900, et il avait pour objet l'extraction de 1.400.000 mètres cubes.

Le prix à payer par la Compagnie était fixé à 1 p. 90, soit au change moyen de 4 fr. 40 la piastre, 8 fr. 36 par mètre cube extrait.

1.089.619 mètres cubes ont été extraits et réglés à l'entreprise. Aucune difficulté ne s'est élevée et aucune plus-value n'a été accordée.

Le 18 février 1887, nouveau contrat, bien qu'à cette époque MM. Artigue et Sonderegger fissent partie d'une autre société beaucoup plus importante sous la raison sociale « Artigue, Sonderegger et Cie ». Le cube à extraire est de 1.300.000 mètres cubes sur lequel 131.064 mètres cubes seulement ont été extraits.

Là encore, aucune difficulté.

2° Entreprise Cutbill, de Longo, Watson et Van Hattum.

Cette société anglo-hollandaise, qui avait exécuté de grands travaux en Amérique et possédait un grand matériel de dragues et excavateurs, offrit à la Compagnie de faire la partie la plus difficile du canal, celle de la Culebra.

Les 17 et 18 décembre 1884, ces entrepreneurs signèrent un premier contrat par lequel ils s'engageaient à extraire 10 à 12 millions de mètres cubes du niveau supérieur à la cote plus 50. Le travail devait être terminé le 1er octobre 1886.

Le prix était de 1 p. 56 (6 fr. 86) par mètre cube. Les

entrepreneurs devaient payer la location du matériel fourni par la Compagnie, sur le taux de 10 0/0 l'an, de la valeur de ce matériel et l'entretenir en bon état.

Le cautionnement était de 1.320.000 francs et devait s'augmenter d'une retenue de 10 0/0 sur les situations jusqu'à concurrence d'une somme égale à celle ci-dessus.

Le 27 août 1885, second contrat qui paraît être le véritable contrat, le premier n'étant qu'un contrat d'essai; car il est dit (page 1) : « Après l'expérience acquise de part et d'autre, les parties sont en mesure de déterminer les conditions pratiques d'exécution de la tranchée de la Culebra. »

Le prix reste le même jusqu'à la cote + 50, mais de la cote + 50 à la cote — 9, les prix s'élevent graduellement et arrivent au maximum de 2 p. 08 (9 fr. 14) par mètre cube.

Des primes sont accordées selon le degré d'avancement. La dépose et la pose des voies sont mises à la charge de l'entreprise.

Le Compagnie Cutbill, de Longo, Watson et Van Hattum, n'a pas extrait la dixième partie de ce qu'elle s'était engagée à enlever. Elle a extrait seulement 846.824 mètres cubes 85, pour lesquels elle a reçu 5.812.605 fr. 48. Nous trouvons aussi parmi les sommes qui lui ont été payées, une indemnité de 400.000 francs, accordée à la suite de difficultés sur le payement de vingt-six excavateurs achetés aux entrepreneurs par la Compagnie, pour le prix de 2.166.666 fr. 58.

M. Flory déclare qu'il lui a été impossible de vérifier d'une façon complète les livres de cette entreprise, dont le siège était à l'étranger; mais le dépouillement de la comptabilité spéciale et les documents saisis entre les mains du représentant à Paris de MM. Cutbill, de Longo et Cie lui ont permis de relever plusieurs points intéressants.

Ainsi il a pu constater que, pour obtenir la concession de travaux aux prix que nous venons d'indiquer, MM. Cutbill, de Longo et Cie ont dû s'assurer le concours d'intermédiaires.

Il résulte d'une série de correspondances, actes et conventions retrouvés dans leurs papiers que, préalablement à la signature du premier contrat, la société s'était entendue avec M. Betzold, demeurant à Paris, rue du Quatre-Septembre, n° 26, qui devait faciliter ses arrangements avec la Compagnie de Panama.

Dans une lettre en date du 31 janvier 1885, les entrepreneurs s'engageaient à payer une Commission de 5 0/0 à M. Betzold sur le montant de leurs travaux, si dans une période de six mois à partir du 11 octobre 1884 leur intermédiaire avait obtenu pour eux ou pour l'un d'eux un contrat dûment signé par la Compagnie du canal.

Plus tard M. Betzold cède à M. de Reinach et à la Banque parisienne son droit à la Commission, que les entrepreneurs se sont engagés à payer.

Cette Commission prend d'ailleurs des formes diverses. Lorsque MM. Cutbill, de Longo, Watson et Van Hattum cèdent leurs travaux de la Culebra à MM. Artigue, Sonderegger et Cie, M. de Reinach en profite pour imposer de nouvelles conditions.

La commission allouée à M. Betzold et cédée à M. de Reinach est arrêtée à forfait à la somme de 220.000 francs et doit être payée au moyen d'une délégation de 0 fr. 12 par mètre cube extrait, sur la redevance de 0 fr. 85 par mètre cube, qu'aux termes de leur convention particulière avec leurs successeurs, MM. Cutbill, de Longo et Cie doivent recevoir de ces derniers.

M. Flory a trouvé également une commission de 0 fr. 20 par mètre cube payée en 1888 par MM. Artigue, Sonderegger et Cie à M. de Reinach.

MM. Cutbill, de Longo et Cie n'ont pas payé d'ailleurs que la commission de M. de Reinach. Ils donnaient aussi 0 fr. 10 par mètre cube à M. le chevalier Antoine Stacchini, demeurant à Paris, avenue du Bois-de-Boulogne, n° 7, et 0 fr. 01 par mètre cube à M. Reintgès, ingénieur, demeurant à Amsterdam.

Voici, d'ailleurs, les sommes payées en commission pour

la conclusion de leurs contrats, soit par MM. Cutbill, de Longo, Watson et Van Hattum, soit par leurs successeurs:

1° M. de Reinach 4 0/0 sur les travaux faits jusqu'au 1ᵉʳ septembre 1886 — forfait.................. 220.000 fr.

0 fr. 15 par mètre cube sur le travail fait par MM. Artigue, Sonderegger et Cⁱᵉ depuis le mois de septembre 1886.................... 122.266 74

0 fr. 20 par mètre cube sur les travaux faits en janvier et février 1888   41.000 »

383.266 74

2° M. le chevalier Stacchini, 0 fr. 10 par mètre cube sur travail fait par MM. Artigue, Sonderegger et Cⁱᵉ depuis le mois de septembre 1886............................... 102.011 19

3° Banque parisienne, 1 0/0 sur travail fait jusqu'au 1ᵉʳ septembre 1886 — forfait.................. 54.880 »

0 fr. 06 par mètre cube sur le travail fait par MM. Artigue, Sonderegger et Cⁱᵉ depuis le mois de septembre 1886.................... 61.206 70

116.086 70

611.364 63

Le payement de la commission Reintgès n'est pas indiqué par les pièces communiquées.

M. Bunau-Varilla, interrogé par la Commission sur les motifs de ces commissions, a déclaré qu'il les ignorait, sa Société les ayant trouvées dans les charges de ses prédécesseurs et ayant simplement continué à les payer.

3° Entreprise Artigue, Sonderegger et Cⁱᵉ.

« Parmi les directeurs divisionnaires des travaux de Panama, dit M. Flory, se trouvait un jeune ingénieur des

ponts et chaussées, M. Philippe Bunau-Varilla, qui avait fait
preuve de capacités remarquables et auquel avait même été
confiée, par intérim, du mois d'octobre 1885 au mois de janvier 1886 la direction générale des travaux dans l'isthme.

« Le frère de cet ingénieur, M. Maurice Bunau-Varilla,
s'occupait à Paris d'affaires de banque et de bourse.

« Afin de mieux utiliser ses connaissances, soit au profit de la Compagnie, soit au sien propre ou à celui de sa fa-
mille, M. Philippe Bunau-Varilla se résolut à échanger son
poste de directeur des travaux contre celui d'entrepreneur,
sans toutefois se mettre dans la nécessité de donner sa démission d'ingénieur des ponts et chaussées.

« Pour atteindre ce but, une association fut organisée
entre MM. Artigue et Sonderegger, déjà entrepreneurs de la
compagnie et les frères Bunau-Varilla, mais l'un de ces
derniers, seul, M. Maurice Bunau-Varilla, apparaissait dans
l'acte ; M. Philippe Bunau-Varilla restait en apparence simple
directeur des travaux de l'entreprise.

« La nouvelle Société, d'accord avec la Compagnie de
Panama, s'entendit avec MM. Cutbill, de Longo et Cⁱᵉ pour
prendre dans la Culebra, la suite des travaux de ces entrepreneurs. »

M. Philippe Bunau-Varilla, entendu par la sous-commission, a confirmé les déclarations de M. Flory. « La Culebra,
a-t-il dit, était le seul point d'interrogation des travaux ; il y
avait là un problème qu'on commençait à déclarer insoluble.
J'ai voulu le résoudre : J'y serais arrivé si les travaux n'avaient
été interrompus. J'ai pensé que moi seul, qui avais spécialement étudié la question comme ingénieur, je pourrais venir
à bout des difficultés. »

Nous ferons remarquer que l'argument de M. Bunau-
Varilla est malheureusement pour lui une arme à deux tran-
chants; car on peut dire aussi qu'il a pris cette entreprise
parce qu'il l'avait préparée comme ingénieur.

Le 31 juillet 1886, la substitution fut régularisée au

moyen d'un contrat passé entre la Compagnie du canal et
MM. Artigue, Sonderegger et Cⁱᵉ.

La nouvelle Société s'engageait à extraire 20 millions de
mètres cubes environ, du 1ᵉʳ janvier 1888 au 31 décembre
1890. Elle avait à attaquer des hauteurs de 100 mètres et il
fallait descendre à la cote moins 9.

Le prix du mètre cube extrait jusqu'à la cote 50 était
porté de 6 fr. 86 à 7 fr. 80 et pour justifier cette augmentation
de prix, les entrepreneurs renonçaient aux primes accordées
à leurs prédécesseurs; abandon plus apparent que réel, car
les délais impartis pour que les primes fussent acquises,
étaient trop rapprochés pour que l'on pût sérieusement espérer avoir, dans ces délais, donné aux travaux le degré d'avancement exigé. M. Bunau-Varilla était trop expérimenté pour
ne pas considérer les primes comme absolument illusoires.

L'augmentation de prix accordée à la nouvelle Société,
représentait, en cas d'exécution complète des travaux jusqu'à la cote 50, une somme de 9.360.000 francs. Il est vrai
que les nouveaux entrepreneurs avaient à leur charge les
épuisements généraux, alors que leurs prédécesseurs n'étaient
tenus qu'aux épuisements locaux. Mais cet engagement
n'était pas bien onéreux.

Le 12 janvier 1887, MM. Artigue, Sonderegger et Cⁱᵉ,
obtiennent un autre lot de terrassement faisant suite à leur
concession et précédemment concédé à MM. Jessen et di Petro
avec lesquels la Compagnie venait de résilier au prix d'une
indemnité importante.

Il s'agissait de l'extraction d'environ 1.400.000 mètres
cubes, terres ou roches, au prix de 1 piastre 20 (5 fr. 28).

MM. Artigue, Sondergger et Cⁱᵉ traitent à 7 fr. 92, sur lesquels ils versent une retenue de 0 fr. 44 pour indemniser les
entrepreneurs sortants, mais c'est encore 2 fr. 20 de plus par
mètre que le prix alloué à MM. Jessen et di Petro. De plus,
on leur fait une avance de 1.200.000 francs remboursables
au moyen d'une retenue de 5 0/0 sur les travaux pour l'établissement des voies de décharge, ponts et galeries.

Le 21 décembre 1887, troisième contrat. Les anciens prix sont maintenus, mais les frais de pose et entretien des voies, jusqu'à ce jour à la charge des entrepreneurs, les frais d'installation, réorganisation de chantiers, donnent lieu à des allocations « qui, sous cette forme, assure M. Flory, augmentent les prix d'extraction de plus de 60 0/0. »

Ce n'est pas tout. Le contrat du 21 décembre transforme en allocations fixes une avance de 700.000 francs, faite par la Compagnie, pour réorganisation des chantiers, une autre avance de 4.300.000 francs consentie pour construction de voies (substructure), et accorde une nouvelle allocation supplémentaire de 3.000.000 de francs pour changement d'organisation des chantiers et pour installations diverses incombant à l'entreprise ; soit en tout 8 millions.

Le 9 janvier 1888, quatrième contrat dans lequel il est stipulé que :

1º Les avances précédentes pour voies de toute nature, puits, galeries, etc., sont transformées en allocations fermes;

2º Si l'on ne creuse que jusqu'à la cote plus 40, la Compagnie payera une indemnité de 214.000 francs ;

3º Si l'on creuse jusqu'à la cote plus 30, l'indemnité sera réduite à 170.000 francs.

Dernier contrat, le 12 janvier 1888. Il s'agit de 2 millions de mètres cubes précédemment entrepris par MM. Baratoux et Letellier, entre les kilomètres 57 et 62 k. 200. Les prix sont portés (pour les déblais jusqu'à la cote plus 5) de 9 fr. 90 à 11 fr., ce qui aurait fait pour la Compagnie une augmentation de 2.200.000 francs, si tous les travaux avaient été exécutés.

La série des allocations continue.

D'après l'article 25, « il est accordé à MM. Artigue, Sonderegger et Cⁱᵉ pour la réinstallation des chantiers, une allocation fixée à forfait à 1.060.000 francs. »

M. Flory fait remarquer que cette somme n'aurait représenté, dans le cas d'exécution complète du contrat, qu'un supplément de 0 fr. 50 environ par mètre cube; mais comme il n'en a été exécuté que 100.000 mètres, c'est une augmentation de plus de 10 francs par mètre cube.

L'audition de M. Bunau-Varilla n'a pas éclairé tous ces points, et cet ingénieur n'a pas cherché à justifier toutes les allocations accordées à l'entreprise Artigue, Sonderegger et Cⁱᵉ. D'ailleurs le liquidateur de cette Société avait écrit au président de la sous-commission que M. Bunau-Varilla ne pourrait répondre qu'aux questions d'ordre administratif, économique et technique et avait mandat de ne pas accepter un débat sur les questions d'ordre financier, politique, commercial et contractuel.

M. Bunau-Varilla s'est borné à donner des explications certes très intéressantes sur la façon dont il avait dirigé les travaux d'abord, l'entreprise ensuite, mais il n'a contredit ni les chiffres de M. Flory, ni ceux de M. le Procureur général dont il avait eu connaissance.

Il a déclaré à la sous-commission des marchés que la quantité de mètres cubes enlevés par sa Société en deux ans et demi a été réellement merveilleuse, et que presque tout le cube prévu a été extrait, moins un dixième seulement. Il est sur ce point en désaccord avec M. Flory, qui constate que sur 23 à 24 millions de mètres cubes à extraire, MM. Artigue, Sonderegger et Cᵉ n'ont pu enlever que deux millions environ. Le premier parle évidemment du canal à écluses, pour lequel son entreprise a, en effet, à peu près rempli ses engagements et l'autre du canal à niveau; il n'en est pas moins vrai que si le projet de canal à niveau avait été maintenu, MM. Artigue, Sonderegger et Cᵉ, seraient restés bien loin de l'exécution de leur contrat. Voici d'ailleurs le règlement de compte de MM. Artigue, Sonderegger et Cᵉ.

DÉBLAIS	SOMMES PAYÉES POUR			
exécutés dans le canal.	Déblais.	Installations, voies.	Transport et montage de matériel.	Indemnités.
m. c.	fr.	fr.	fr.	fr.
2.255.401 650	18.873.003 42	10.941.554 84	2.565.398 75	266.522 82

Total : 32.646.479 fr. 23.

Sur cette somme il a été payé :

En numéraire, par la Compagnie.......... 30.589.244 07
En traites, par la liquidation.......... 2.057.235 16
                                        _____
                                        32.646.479 23

On voit que tous les efforts des entrepreneurs se sont portés principalement sur les installations et constructions de voies, dont les prix étaient plus rémunérateurs que l'extraction, et pour lesquelles ils ont obtenu des allocations spéciales, et, à ce propos, M. Flory fait remarquer que, dans les contrats passés avec MM. Artigue et Sonderegger, seuls, avant l'organisation de leur nouvelle Société, on ne leur payait absolument que le prix des travaux exécutés, sans aucune allocation spéciale, plus-value ou indemnité.

Les bénéfices nets de l'entreprise Artigue, Sonderegger et Cⁱᵉ se seraient élevés, d'après M. Flory, à 11.437.381 fr. 19 se décomposant ainsi :

Somme partagée entre les associés d'après les états de répartition arrêtés au 7 octobre 1889.. 7.390.668 92

Redevance de 0 fr. 85 par mètre cube, en
faveur de MM. Cutbill, de Longo et Cie, qui
eux-mêmes avaient délégué diverses parties
de cette redevance à M. de Reinach, au chevalier Stacchini et à la Banque parisienne..... 1.702.375 32
   Redevance de 0 fr. 20 par mètre cube en
faveur de M. Maurice Bunau-Varilla........ 594.336 95
   Traitement de 50.000 francs par mois aux
quatre associés.......................... 1.750.000 »

                                             11.437.381 19

Nous avons demandé à M. Bunau-Varilla s'il contestait
les chiffres de M. Flory. M. Bunau-Varilla nous a répondu
que la comptabilité de son entreprise étant parfaitement en
règle, les chiffres relevés par M. Flory devaient être exacts.

Nous l'avons également prié de nous donner quelques
explications sur la commission de 0 fr. 20 par mètre cube
touchée par son frère.

Il nous a déclaré que cette commission était destinée à
indemniser son frère de la perte qu'il faisait en abandonnant d'autres affaires, et que celui-ci avait aussi droit à indemnité, parce qu'il devait consacrer tout son temps à l'entreprise, tandis que MM. Artigue et Sonderegger avaient
d'autres travaux à surveiller.

Voici d'ailleurs quelques-unes des questions posées à
M. Bunau-Varilla et les réponses à chacune de ces questions :

« D. — Pourquoi la commission de 0fr. 85 à MM. Cutbill,
de Longo et Cie? C'est excessif.

« R. — Nous voulions commencer rapidement les travaux et pour cela il fallait absolument résilier avec MM. Cutbill, de Longo et Cie. En Colombie, l'entrepreneur qui résilie
garde la possession des chantiers. Il a bien fallu passer sous
les fourches caudines de nos prédécesseurs.

« **M**. **Pelletan.** — C'était du chantage.

« **M. Bunau-Varilla.** L'indemnité de MM. Cutbill, de Longo et Cie s'est élevée à 1.700.000 fr. Elle se serait élevée à 17.000.000 de francs, si les 20 millions de mètres cubes avaient été extraits.

« D. — Quelles étaient les nationalités de MM. Artigue et Sonderegger ?

« R. — M. Sonderegger était Suisse et non pas Allemand. Quant à M. Artigue, on a dit qu'il était déserteur ; mais voici quelle était sa situation : M. Artigue, sorti des arts et métiers, était parti à dix-huit ans pour le Chili, sans songer à régulariser sa situation au point de vue militaire. Il s'est trouvé en conséquence insoumis, mais l'amnistie de 1889 a régularisé sa situation. »

Avant d'en terminer avec l'entreprise Artigue, Sonderegger et Cie, rappelons que M. Étienne Martin, secrétaire général de la Compagnie de Panama, donna sa démission lorsqu'il apprit qu'on venait de consentir à ces entrepreneurs une augmentation de 1 fr. 40 par mètre, soit 28 millions au total, si les travaux avaient été achevés, et que sur cette augmentation, M. de Reinach, d'après les bruits qui couraient dans l'isthme, devait toucher sa part. C'est d'ailleurs à M. de Reinach lui-même que s'adressait M. de Lesseps pour faire diminuer les prétentions de MM. Cutbill, de Longo et Cie (audience de la Cour d'appel du 14 janvier, déposition de M. Étienne Martin).

Rappelons aussi avec M. Flory que, dès 1887, M. Sonderegger avait perdu cette confiance, qui semblait encore animer M. Bunau-Varilla dans sa déposition devant la sous-commission. A l'occasion de la mission conduite dans l'isthme par M. Charles de Lesseps, il écrivait le 25 mars à ses associés de Paris :

« On a dépensé dans cette mission une quantité incalculable de diplomatie, de ruse, d'amabilité et de gentillesse, compliments sans fin et sans limites, mais bien peu d'efforts pour l'avancement des travaux. Cela me faisait l'effet des préparatifs qu'on prend avant l'orage; on nettoie les paratonnerres et cherche les conducteurs pour les éclairs ».

Le 3 avril 1887, M. Sonderegger indique sa préoccupation de se mettre en garde contre les réclamations possibles de la Compagnie, engage ses associés « à ne rien signer », et les rassure, en leur disant: « La fourniture du matériel nous permettra toujours d'être garés et irresponsables. »

Nous avons contrôlé la déposition de M. Bunau-Varilla par des renseignements pris à la liquidation. Ils ne modifient aucune des parties essentielles de notre exposé: on les trouvera en pièces annexes.

Entreprise Baratoux, Letellier et Cie.

Nous avons trouvé dans le dossier de MM. Baratoux, Letellier et Cie, un premier contrat en date du 21 janvier 1886, qui leur confie les travaux à exécuter du kilomètre 55 kil. 100 au kilomètre 62 kil. 200 et éventuellement entre le kilomètre 62,200 et l'océan Pacifique.

L'importance de ce travail comprenait :

1° 7.000.000 de mètres cubes de déblais (canal et dérivation du Rio-Grande);

2° 3.000.000 de mètres cubes de dragages (rade de Panama) ;

3° 290.000 mètres cubes de maçonnerie;

Nota. — En cas de réduction dans ce travail de maçonnerie, l'entreprise devait recevoir une indemnité de 0 p^{tre} 44 par mètre cube en moins.

4° 10 kilomètres de voie ferrée;

5° Enlèvement de roches à la mine (prix à débattre).

Dès le 29 décembre 1886, l'absence de précision en ce qui touchait l'importance des maçonneries à exécuter fait que, le cube ayant été réduit de 200.000 mètres, l'on a dû allouer aux entrepreneurs l'indemnité prévue de 0 piastre 44 par mètre réduit, soit................................... 387.200 fr.

Une autre réduction avait eu lieu sur le point dit: « Sas de Corozal ».
elle a motivé le paiement aux entrepreneurs
de .... 159.080 »

Total pour réduction de travaux.... 546.280 fr.

Nous trouvons deux autres contrats en date des 7 septembre et 29 décembre 1886 qui concèdent à MM. Baratoux et Letellier des lots précédemment confiés à de petits entrepreneurs : ils ne présentent rien d'anormal.

Mais quand on adopte le canal à écluses, il faut un nouveau contrat; car la réduction de cube s'imposait. « Ces modifications, dit M. Flory, ont déterminé l'allocation aux entrepreneurs de nombreuses indemnités qui se résument comme suit :

1° Indemnité de rapatriement et de licenciement de divers agents................. 85.000 fr.

2° Remboursement d'une indemnité payée par Baratoux, Letellier et Cⁱᵉ à Viguié, tacheron.................................. 101.200 »

3° Remboursement de la valeur d'installations et frais de premier établissement de chantiers................................ 528.000 »

4° Remboursement de diverses locations (non chiffré au contrat).................. 517.542 74

5° Remboursement pour parts payées par Baratoux, Letellier et Cᵉ, dans le consortium des grandes entreprises (importations d'ouvriers) non chiffré au contrat.......... 225.096 06

6° Remboursement d'indemnité payée par Baratoux, Letellier et Cᵉ aux tacherons

Sainson et Noyé........................	73.360 »

Si l'on ajoute à cela les deux indemnités pour les réductions de maçonnerie et du Sas de Corozal dont nous avons déjà parlé, lesquelles se sont élevées ensemble à........ 546.280 »

Les indemnités accordées à MM. Baratoux, Letellier et C', pour suppression et modifications de travaux, s'élèvent au chiffre total de................................. 2.076.478 80

Mais, d'après les livres de la Compagnie, il a été payé en moins.................... 35.200 »

Reste effectivement payé aux entrepreneurs.................................... 2.041.278 80

Ces indemnités sont la conséquence : partie d'imprévoyance dans la fixation des travaux à accomplir et partie de l'adoption du canal à écluses en vue de laquelle rien n'avait été prévu aux contrats.

Les sommes que MM. Baratoux, Letellier et Cⁱᵉ ont reçues de la Compagnie de Panama se sont élevées aux chiffres suivants :

1° Pour travaux, sur situations arrêtées.. 30.616.214 60

2° Pour allocations diverses : Indemnités relevées ci-dessus........... 2.041.278 80
Remboursement........ 15.000 »
Allocations après transactions................... 135.000 »

Ensemble.......... 2.191.278 80   2.191.278 80

3° Pour transport, montage de matériel et installations......................... 4.820.162 96

Total............. 37.627.656 36

En voici le détail :

CUBE des déblais exécutés dans le canal et les dérivations.	SOMMES PAYÉES POUR			
	Déblais.	Installations.	Transport et montage de matériel.	Indemnités et divers.
mètres cubes.	fr. c.	fr. c.	fr. c.	fr. c.
6.691.734 870	30.616.214 60	705.482 32	4.323.496 85	1.982.462 59
	37.627.656 36			

Sur cette somme totale il a été payé :

En numéraire par la Compagnie........   35.197.374 53
En traites, par la liquidation..........   2.430.281 83
                                           _____
                                            37.627.656 36

D'après M. Flory, le bénéfice net de cette entreprise sur ses opérations avec la Compagnie de Panama aurait été de 12.513.382 fr. 80. M. Letellier a été entendu par votre Sous-Commission. Interrogé sur l'indemnité de 546.280 francs accordée pour réduction de travaux, M. Letellier soutient qu'elle était légitimement due :

« En France, dit-il, les entrepreneurs ont habituellement 10 0/0 du travail supprimé. Nous avions fait des approvisionnements qui n'ont pas eu leur emploi. »

Sur le chiffre de 2.041.278 francs, donné par M. Flory comme chiffre des indemnités et allocations accordées aux entrepreneurs après la transformation du canal à niveau en canal à écluses, M. Letellier déclare qu'il y a erreur :

« Il y a d'abord 85.000 francs qui nous étaient bien dus, répond-il, pour le rapatriement des employés avec lesquels nous avions nous-mêmes traité et qu'il a bien fallu indemniser et faire retourner en France.

« Il y a ensuite deux remboursements, l'un de 101.200 francs, l'autre de 73.360 francs pour lesquels nous n'avons fait que servir d'intermédiaires. La Compagnie nous a priés de nous entendre avec les tâcherons Viguié, Sainson et Noyé pour la résiliation de leurs contrats. C'est le directeur lui-même qui a fixé le montant des indemnités. Nous les avons versées aux tâcherons et nous avons été remboursés par la Compagnie.

« Les 528.000 francs que nous avons reçus pour l'installation des chantiers représentaient strictement la valeur des voies, estacades et chantiers organisés pour les travaux qui n'ont pas été exécutés. Ce sont les ingénieurs eux-mêmes qui ont fait l'évaluation des dépenses. C'est une rémunération et non pas une indemnité.

« La Compagnie nous fournissait bien le matériel, mais la pose était à notre charge. Cette pose nous coûtait très cher. Il fallait constamment démonter, remonter les voies, les établir dans des terrains difficiles et au prix de grands frais.

« Les 517.542 fr. 74 pour remboursement de divers locations s'expliquent facilement. La Compagnie nous avait fourni un matériel très défectueux pour le refoulement des déblais à grande distance; ce matériel n'a jamais marché. Il était bien juste que la Compagnie nous remboursât des sommes qui avaient été payées pour des machines inutiles.

« Le chiffre de 225.096 fr. 06 indiqué par M. Flory pour remboursement des parts payées dans le consortium des grandes entreprises (importation d'ouvriers), est inexact. C'est 27.000 francs, et non pas 225.096 fr. 06. Il s'agit du remboursement aux tâcherons des frais faits pour voyages des ouvriers nègres, chinois ou autres.

« Toutes les sommes que M. Flory a classées sous le nom impropre d'indemnités, étaient donc légitimement dues ».

D. — Le chiffre de 12.513.382 fr. 80, donné par M. Flory, comme montant net de vos bénéfices est-il exact?

R. — Non. M. Flory a compris parmi les bénéfices des travaux de Panama, ceux que nous avons faits dans une banque créée par nous à Panama, banque qui n'a d'ailleurs jamais fait d'affaire avec la Compagnie du canal.

D. — M. Flory comprend parmi les sommes que vous avez reçues :

1° 15.000 francs pour un remboursement.
2° 135.000 francs pour allocation après transaction.
Donnez-nous des explications sur ces sommes.

R. — Les 15.000 francs représentent le remboursement d'une somme que la Compagnie nous a demandée par câble pour payer les employés de la Compagnie. C'était un pr t. Quant à l'allocation de 135.000 francs, c'est le résultat d'une transaction. Nous avions dépensé cette somme pour le montage des dragues à longs couloirs qui n'ont jamais fonctionné et que la Compagnie a dû reprendre.

D. — A combien estimez-vous vos bénéfices pour les travaux de Panama?

R. — A 8 millions environ. Notre bénéfice a été de 20 0/0 environ. C'est le bénéfice normal dans toute entreprise bien conduite.

D. — Le bénéfice a été de près de 40 0/0, si l'on déduit du montant des travaux les diverses allocations accordées.

R. — Il faut au contraire ajouter au montant des travaux la location du matériel.

D. — La Compagnie était bien large, car elle vous accordait des indemnités au moment même où vous faisiez de gros bénéfices. Aucune indemnité ne vous était due pour les dragues, car vous aviez accepté le matériel tel qu'il était. Il faut voir l'ensemble.

R. — Par la faute de la Compagnie, nos travaux étaient entravés. Une indemnité était légitimement due.

D. — Les parts étaient-elles égales entre chaque associé?

R. — Nous étions cinq. L'un, M. Lillaz est décédé dans l'isthme, mais nous avons continué sa part à sa veuve.

Nous avons voulu contrôler par des renseignement pris à la liquidation les déclarations de M. Letellier.

Nous avons dû reconnaître, tout d'abord, que le chiffre de 225.000 francs indiqué par M. Flory pour le remboursement à l'entreprise des parts payées dans le *consortium* était bien exact. M. Letellier dit n'avoir reçu que 27.000 francs, mais il résulte des écritures de la Compagnie que la somme de 225.000 francs a été versée de la façon suivante :

1° Remboursement des sommes payées par l'entreprise au *consortium*... 8.833 26

2° Compte de l'entreprise dans le *consortium* pris en charge par la Compagnie.

Suivant état de répartition dressé par le *consortium*.	Recrutement d'ouvriers chinois.	1ʳᵉ expédition.	43.907 38	
		2ᵉ — .	93.393 53	
	Recrutement d'ouvriers de la côte de Kru.................		28.961 89	
	Dépenses accccessoires (sur crédit de 200.000 fr.)..............		50.000 »	216.262 80

sur cette somme il avait été retenu sur situation 18.294 fr. 75, qui ont été remboursés à l'entreprise le 5 janvier 1888.

Total................................. 225.096 06

Le payement de cette somme résultait des termes mêmes du contrat du 30 décembre 1887, page 3, § F :

« MM. Baratoux, Letellier et Cⁱᵉ cèdent à la Compagnie du canal les ouvriers leur restant qui ont été importés par le *consortium*, moyennant :

« a. — Le remboursement à faire par la Compagnie des retenues opérées par elle pour recouvrement des avances accordées avec *consortium*.

« b. — Le remboursement des sommes payées par l'entreprise avec *consortium*.

« c. — La prise en charge par la Compagnie du compte de l'entreprise dans le *consortium*. »

Les explications de M. Letellier relatives aux 135.000 fr. indiqués par M. Flory comme allocation après transaction, ne sont pas également absolument exactes.

M. Letellier a déclaré qu'il s'agissait d'une transaction après difficultés provenant du montage de dragues à longs couloirs, qui n'ont jamais fonctionné.

Voici ce que nous avons trouvé sur les livres de la Compagnie :

Suivant accord du 23 octobre 1889.

(Article 4 relatif à la situation définitive de l'entreprise.)

Partie du règlement effectué par la remise de traites à l'échéance du 31 octobre 1889.

Allocation pour montage de dragues......	40.000 fr.
Allocation pour approvisionnements......	95.000 »
	135.000 fr.

La liquidation d'ailleurs a bien voulu répondre par écrit à tous les renseignements que nous lui avons demandés, à la suite de l'interrogatoire Letellier. On trouvera ce document aux pièces annexes.

Société des travaux publics et constructions.

Le premier contrat de cette Société est en date du 22 décembre 1885.

L'entreprise concédée, comprenait :

1° Tous les terrassements et ouvrages d'art nécessaires pour l'achèvement du canal proprement dit, des canaux de dérivation et de leurs dépendances entre le kilomètre 44 et le kilomètre 53,600. Le cube total des déblais était évalué à 29 millions.

2° L'exécution du barrage du Chagres, terrassements, maçonneries, tunnels, et ouvrages accessoires du barrage et des dérivations.

Le délai d'exécution était de quatre années.

Le gros matériel était fourni par la Compagnie du canal; le matériel de perforation, avec ses chaudières et accessoires, le petit outillage, les approvisionnements et matières nécessaires à la marche de l'entreprise étaient à la charge de la Société des travaux publics et constructions.

Le cautionnement était de 2 millions et devait s'élever au moyen de retenues jusqu'à 8 millions.

Les entrepreneurs auxquels succédait la Société, avaient reçu 1 piastre 35 en moyenne pour prix du mètre cube; la nouvelle entreprise traitait à 2 piastres 15 et même 2 piastres 20 pour la partie principale des travaux. Si tous les travaux avaient été exécutés, cette augmentation de prix se serait traduite par un supplément de dépenses de 90.000.000 de francs.

Le développement des chantiers devait être tel que le cube des déblais exécuté fut :

En 1886 de... 3.000.000 mètres cubes;
En 1887 de... 9.000.000   —   —
En 1888 de... 11.000.000   —   —

Le surplus en 1889 dans les délais du contrat.

Au moins pouvait-on espérer qu'en compensation des 90.000.000 de francs de supplément de dépenses imposées à la Compagnie, ce contrat serait scrupuleusement exécuté.

La Compagnie avait d'ailleurs pris ses précautions, car l'article 3 du cahier des charges lui donnait le droit, après mise en demeure, de résilier le contrat sans indemnité pour l'entrepreneur. De plus, le cautionnement et la retenue de garantie demeuraient acquis à la Compagnie, sans préjudice des dommages et intérêts que la Compagnie pourrait avoir à réclamer s'il y avait lieu.

Voyons comment la Société des travaux publics a tenu ses engagements.

Le 25 octobre 1887 le cube extrait par la Société aurait dû être de............................ 10.375.000 m. c.

Et cependant elle n'avait encore exé-
cuté à cette date que.................... 2.602.615 »

Soit en moins...... 7.772.385 m. c.

La Société des travaux publics avait produit moins que les tâcherons, qui cependant pour l'extraction de ces 2.602.615 mètres cubes auraient dépensé 6.443.478 fr. 90 de moins. Il était bien évident dès cette époque que le total de 29.000.000 de mètres cubes à extraire par la Société des travaux publics, ne serait jamais atteint au moment du délai fixé, au 1er juillet 1889.

La Compagnie met-elle la Société des travaux publics en demeure d'exécuter son contrat? Leur réclame-t-elle des dommages et intérêts?

Elle passe avec elle un nouveau traité plus onéreux que le premier et lui accorde des indemnités importantes.

On arrête d'abord comme suit le compte de la Société au 25 octobre 1887.

Piastres.

Travaux et fournitures................. 9.133.142 57
A déduire : location de bâtiments, maté-
riel, instruments, mules, chevaux.......... 654.598 64

8.479.343 93

Soit, à 4 fr. 40 la piastre (cours moyen convenu), 37.309.096 francs.

A ce chiffre la Compagnie du canal ajoute :

1° Réduction sur les 654.598 piastres, 64 pour frais de location. . . . . 589.585 fr. 12

2° Restitution des retenues de garantie (y compris 500.000 francs de valeurs reçues en échange de 500.000 francs espèces remis à Société le 15 septembre 1887). 1.898.441 95

3° Montant des réclamations faites jusqu'alors et toujours rejetées. . . . . 3.540.000 »

4° Réclamations sur factures de recettes payées précédemment. 352.000 »

5° Montant d'indemnités payées aux anciens entrepreneurs Muraccioli, Thirion, Bonna frères et Jacquemin, indemnités qui étaient précédemment à la charge de la Société. 1.226.365 13

6° Allocation à forfait pour licenciement des agents de la Société, charge qui lui incombait précédemment. . . . . 500.000 »

7° Somme due à la date du 25 octobre 1887, par la Société à l'entreprise Jacquemin (à payer sur justification) 615.000 francs sur lesquels la Compagnie a effectivement payé. 112.000 »

8° Indemnités de résiliation à allouer par la Société des travaux publics à divers tâcherons . . . . 660.000 »

9° Restitution sur les frais de location du matériel de terrassements à sec. . . . . 900.000 »

10° Approvisionnements payés par la Compagnie de Panama jusqu'à la date du 25 octobre 1887 . . . . 2.022.757 96

Ces approvisionnements devaient être remboursés par la Société des travaux publics au moyen d'une retenue de 35 centimes par mètre cube enlevé. Cette retenue ne s'est

élevée (situation du 25 fé-
vrier 1889) qu'à.............   286.735 40
La Société des travaux
publics a bénéficié de la dif-
férence, soit............... 1.736.020 56   1.736.020 56

Nota. — Par le nouveau contrat les
approvisionnements devenaient la propriété
de la Société des travaux publics.

11° Indemnité accordée pour les installations que la Société des travaux publics a
pu faire dans ses ateliers...................   220.000 »

Total.......... 11.734.412 76

La convention du 16 juillet 1888 accordait donc à la Société des Travaux publics et Constructions des indemnités,
réductions et remboursements qui s'élevaient
à... 11.734.412 76
Si nous ajoutons un paiement de
420.987 fr. 38 fait le 31 mars 1888, pour réparation du matériel de l'ancienne entreprise,
dépense qui incombait précédemment à la
Société des travaux publics 420.987 38

nous arrivons au chiffre de............... 12.155.400 14

Ce n'est pas tout.
Le nouveau contrat élevait les prix déjà très élevés de
l'ancien traité de 0 piastre 62 par mètre cube, ce qui accordait à l'entreprise un nouvel avantage de... 2.529.600 fr.

Déjà les prix des anciens entrepreneurs avaient été élevés
d'un tiers, et ces prix avaient paru rémunérateurs à la So-

ciété, puisqu'au lieu de conserver ses prédécesseurs comme sous-traitants, elle avait préféré leur allouer une indemnité de 0 piastre 15 par mètre cube, et exécuter elle-même les travaux.

Aussi n'est-on pas étonné du chiffre trouvé par M. Flory comme excédent de recettes sur les dépenses; ce chiffre s'élève à......... .... 20.723.285 fr. 14

Dans la répartition de ce bénéfice, dit M. Flory, la Société des dépôts et comptes courants a profité d'abord d'une commission d'un million de francs convenue lors de la conclusion du premier contrat, et ensuite des distributions faites sur sur les actions.

La Société des dépôts et comptes courants avait d'ailleurs des liens très étroits avec la Société des Travaux publics et Constructions à la constitution de laquelle elle avait présidé, et dont elle conservait en portefeuille, une grande partie des actions. Les locaux étaient communs; car, installées dans des immeubles contigus, les deux Sociétés avaient entre leurs bureaux respectifs une communication directe. Le Président du Conseil d'administration de la Société des dépôts et comptes courants était en même temps président de la Société des travaux publics. La société financière intervenait dans toutes les opérations de la Société de travaux.

De plus, M. Charles de Lesseps et M. le baron Poisson étaient en même temps membres du Conseil d'administration de la Société des dépôts et comptes courants et administrateurs de la Compagnie de Panama. Or, dit M. Flory, il n'existe aucune trace d'autorisation donnée à cet égard à ces administrateurs par les Assemblées générales de la Compagnie de Panama.

La Société des dépôts et comptes courants avait en portefeuille 1.250 actions de la Société des travaux publics; M. Donon en possédait personnellement 1.147 et M. le baron Poisson 1.031, sur lesquelles il a touché dans les deux distributions extraordinaires faites en 1888 et 1889, une somme totale de 1.000.070 francs (déduction faite de l'impôt), en sus du montant de ses coupons.

Quant à M. Charles de Lesseps, il avait 2.000 actions de la Caisse des dépôts et comptes courants; il a bénéficié de tous les avantages consentis au profit de la Société des travaux publics et qui se réfléchissaient nécessairement et fatalement sur la Société des Dépôts et Comptes courants.

Nous avons voulu interroger M. le Président de la Société des travaux publics sur tous les faits que nous venons de signaler. Mais invité deux fois à se présenter devant la sous-commission, il a refusé formellement de répondre à nos convocations. Nous joignons ses lettres aux pièces annexes.

M. le Président de la Société des travaux publics se plaint de la façon dont ont été faites les vérifications de M. Flory, vérifications, dit-il, qui n'ont pas eu lieu contradictoirement. Nous voulions précisément établir cette contradiction que réclame, non sans raison, M. le Président de la Société.

Nous ajouterons que nous avons lu tous les contrats de la Société des travaux publics avec la Compagnie de Panama; cette lecture nous a permis de constater que toutes les affirmations de M. Flory en ce qui concerne les contrats sont absolument exactes. Nous joignons d'ailleurs à ce rapport le dossier complet de la société des travaux publics, dossier qui contient les contrats *in extenso*.

Résumé.

Nous disions au commencement de ce rapport :

« Deux choses frappent immédiatement l'esprit de celui qui examine les divers contrats des entrepreneurs avec la Compagnie du canal interocéanique. D'une part, on voit la Compagnie modifiant sans cesse ses méthodes et ses contrats, hésitante, inquiète, souvent aux abois, craignant avant tout d'alarmer les souscripteurs, cherchant à étouffer toute plainte et toute récrimination et pour cela, passant sous les fourches

caudines des entrepreneurs; d'autre part, les entrepreneurs
abusant de cette situation, soulevant chaque jour de nouvelles
difficultés, dénonçant leurs contrats pour en obtenir de plus
favorables, élevant sans cesse leurs prétentions, réclamant
des indemnités considérables pour les motifs les plus futiles,
et finalement obtenant toujours et souvent sans contrôle ce
qu'ils réclament. Les largesses de la Compagnie et les prétentions des entrepreneurs deviennent surtout excessives, le
jour où il faut substituer le canal à écluses au canal à niveau.

« Ceux auxquels sont légitimement dues des indemnités
abusent de la situation; la Compagnie plie pour empêcher
les plaintes des entrepreneurs de parvenir jusqu'en Europe. »
Ce tableau était-il trop pessimiste?

Nous avons tout d'abord vu la Compagnie de Panama
annonçant à grand renfort de réclames qu'elle a fait un traité
à *forfait* avec MM. Hersent et Couvreux à raison de 512 millions, et que la dépense totale sera de 600 millions. Or, ce
traité à forfait n'a jamais existé que dans l'imagination de
M. de Lesseps. Quant à la dépense totale, elle avait été estimée
à 1 milliard 200 millions par le Congrès des sciences géologique après longues discussions auxquelles avait pris part
M. de Lesseps lui-même. MM. Hersent et Couvreux laissent publier ces inexatitudes. Mais ils abandonnent l'entreprise et M. Hersent est nommé entrepreneur- conseil de la
Compagnie aux appointements de 20.000 francs par an.

La Compagnie, suivant en cela les conseils de MM. Couvreux et Hersent, traite avec un grand nombre de petits
entrepreneurs ou tâcherons, mais bientôt elle s'aperçoit que
le cube extrait est insuffisant et estime qu'il y a lieu d'appliquer des modes d'exécution plus rapides. Elle résilie au prix
d'indemnités considérables avec les tâcherons et passe des
contrats très onéreux avec six grandes entreprises. Elle préfère payer plus cher, et ouvrir le canal rapidement, afin d'éviter des pertes d'intérêts et de toucher plus tôt les produits
de l'entreprise. Mais la plupart des grands entrepreneurs ne

tiennent pas leurs engagements et nous allons voir s'ouvrir la période des difficultés.

L'American contracting and dredging C° passe une série de traités, dont les prix vont toujours croissants, à ce point que le contrat du 11 mai 1886 donne à lui seul une plus-value de 43 0/0 sur le prix alloué par mètre cube dragué. Elle reçoit une première indemnité de 9.000.000 de francs, puis une autre de 1.800.000 francs, qui amène la démission du directeur des travaux, M. Nouailhac Pioch, « parce que, dit-il, il ne peut obéir à un ordre contraire à sa conscience. » Majoration et malfaçon de la part de l'entreprise, contrats mal établis et permettant la fraude, incurie de la Compagnie ne faisant aucune constatation officielle des malfaçons, erreurs ou vols, voilà ce que nous avons eu le regret de constater en examinant le dossier de l'American.

L'entrepreneur Jacob ne bénéficie pas, comme les autres entrepreneurs, d'augmentations périodiques de prix ou d'indemnités non justifiées; nous constatons seulement qu'il a fait des bénéfices sans doute légitimes, mais très considérables.

Une entreprise fait faillite, ce qui peut paraître invraisemblable. La liquidation dit: « c'est que les entrepreneurs étaient incapables ». A quoi MM. Vignaud, Barbaud, Blanleuil et Cie répondent: « Vous nous aviez promis les mêmes indemnités et les même avantages qu'aux autres entreprises; nous n'avons pu obtenir la réalisation de vos promesses. Certains agents de la Compagnie, jaloux des succès qu'obtenait M. Bunau-Varilla, qui d'ingénieur était devenu entrepreneur, avaient d'ailleurs grand désir de l'imiter. On nous a assuré qu'ils avaient longtemps convoité notre entreprise. De là peut-être l'explication des difficultés auxquelles nous avons été en butte. On voulait nous faire disparaître. » MM. Vignaud, Barbaud, Blanleuil et Cie nous paraissent simplement n'avoir pas été aussi habiles que leurs confrères; nous dirions qu'ils ont été plus honnêtes, si nous ne craignions de décourager la probité.

MM. Artigue, Sonderegger et C⁶, auxquels était associé M. Bunau-Varilla, obtiennent des prix excessifs. Leur premier contrat coûte à la Compagnie une dépense supplémentaire de 9.360.000 francs, et ils trouvent le moyen de se faire allouer comme allocation ferme 8 millions qui leur avaient été donnés à titre d'avance. D'autres traités augmentent successivement leurs prix d'extraction de plus de 60 0/0. Le dernier contrat à lui seul leur donne une augmentation de plus de 10 francs par mètre cube. Rappelons aussi que M. Étienne Martin, secrétaire général de la compagnie de Panama dans l'isthme, donna sa démission, lorsqu'il apprit qu'on venait de consentir aux entrepreneurs une augmentation de 1 fr. 40 par mètre, soit 28 millions au total, si les travaux avaient été achevés, et que sur cette augmentation, M. de Reinach devait toucher sa part.

MM. Baratoux et Letellier profitent surtout de la transformation du canal à niveau en canal à écluses. L'absence de précision en ce qui touchait l'importance des maçonneries à exécuter, a fait d'abord que le cube ayant été réduit de 200.000 mètres, il a fallu leur allouer, en 1886, une indemnité de 546.280 francs. Plus tard, ils reçoivent 1.500.000 fr. environ pour diverses allocations dont plusieurs, d'ailleurs, nous devons le déclarer, sont parfaitement justifiées.

La Société des travaux publics débute bien. Les suppléments de prix qui lui sont accordés sur ceux de ses prédécesseurs sont tels que si tous les travaux avaient été exécutés, la Compagnie de Panama lui aurait donné 90 millions de plus qu'aux précédentes entreprises. Mais heureusement la Société produit peu, moins que les tâcherons, et comme on ne lui avait accordé une augmentation de prix que pour payer une célérité qui est restée sur le papier des contrats, il se trouve que la Compagnie leur a versé 443.478 fr. 90 très inutilement. Lorsque la Société des travaux publics ne remplit pas ses engagements, la Compagnie est pleine d'indulgence à son égard, mais lorsqu'on parle de transformer le canal, elle réclame et obtient des indemnités qui s'élèvent à

12.155.400 fr. 14. Puis on élève encore le prix d'extraction, ce qui crée pour l'entreprise un nouvel avantage de 2.529.600 francs. Rappelons que la Société des travaux publics et la Caisse des dépôts et consignations étaient liées par des liens très étroits, que M. Donon était président, et MM. le baron Poisson et Charles de Lesseps administrateurs des deux sociétés. Rappelons que la Caisse des dépôts et comptes courants a profité d'une commission d'un million, qu'elle possédait 1.250 actions de la Société des travaux publics, que son président en avait personnellement 1.147. Rappelons que le baron Poison a touché pour 1.030 actions dans la distribution 1888-1889, 1.000.070 francs.

Quel a été le bénéfice total des entrepreneurs ? Il est difficile de le donner d'une façon très complète et exacte, parce que certains comptes n'ont pu être vérifiés, mais nous connaissons les bénéfices de quelques entreprises par le rapport Flory :

Hersent et Couvreux..................	1.200 000	fr.
Jacob environ.......................	7.500.000	
Artigue, Sonderegger et Cie..........	11.437.381	19
Baratoux, Letellier et Cie............	12.513.382	80
Société des travaux publics..........	20.723.285	14
Eiffel...............................	33.073.455	60
	86.447.504	73

La Compagnie qui a dû réaliser les plus beaux bénéfices, c'est l'*American contracting and dredging C°*. Quant aux tacherons, presque tous ont également fait des gains assez considérables.

Ces bénéfices sont-ils définitivement acquis ? Il faudrait pour cela que les entrepreneurs justifiassent de l'accomplissement des conditions qui leur ont été imposées. La plupart des entrepreneurs feraient difficilement sans doute cette justification. Il appartient au liquidateur, qui représente les intérêts des huit cent mille petits porteurs de titres, de défendre ces intérêts et d'intenter, s'il y a lieu, une action contre les entrepreneurs. Il peut, nous n'en doutons pas, compter sur le Parlement pour l'aider dans son œuvre réparatrice par telle mesure législative qu'il croira utile. Une simple réduction de bénéfices réellement exorbitants serait un véritable soulagement pour la conscience publique.

ANNEXES

ANNEXE I

ENQUÊTE SUR L'ENTREPRISE DE PANAMA

Souvenirs de M. H. Hersent

1878. — Visite de MM. Wyse, Reclus et Verbrugge aux travaux du canal de Gand à Terneuze, où MM. Couvreux et Hersent faisaient des travaux de dragage avec manutention des déblais au moyen de débarquements à godets et pompes travaillant en tuyaux fermés.

A noter que ce sont ces procédés et d'autres des mêmes entrepreneurs qui ont permis de faire les travaux de dragage à bon marché depuis quinze à vingt ans.

1879. — Congrès présidé par M. Ferdinand de Lesseps.

M. Couvreux y participa; M. Hersent, non.

M. de Lesseps, qui connaissait bien M. Couvreux comme ayant fait à Suez la tranchée d'El Guirs, s'entendit avec MM. Couvreux et Hersent, dont il avait visité les travaux du port d'Anvers, pour examiner sur place à Panama et vérifier, dans la mesure du possible, les contradictions sur le climat de l'isthme et sur la géologie.

M. de Lesseps échoua à son premier appel de souscription. Il ne s'agissait alors que de 46.000.000 de mètres cubes, d'après M. Reclus; 60 à 80.000.000 d'après d'autres.

Nous venions de faire 25.000.000 à la régularisation du Danube, 4 à 5.000.000 au canal de Gand à Terneuze; nous faisions 3 à 4.000.000 de mètres cubes à Anvers et 400.000 mètres cubes de maçonnerie.

Nous étions donc bien placés pour inspirer confiance, nous avons la conviction d'avoir répondu consciencieusement à la confiance qu'on nous a accordée.

M. Blanchet, qui avait participé aux travaux du Danube dans la dernière période, y fit un premier voyage qui fut suivi d'une mission de sondages et de nivellements dont M. Gegou était le chef.

Les bureaux provisoires d'études furent organisés par MM. Couvreux et Hersent, boulevard Haussmann, 47, à leurs frais et risques.

8 décembre 1879. — M. de Lesseps est allé à Panama avec une Commission internationale de laquelle faisaient partie des ingénieurs français, hollan-

dais et américains, pour vérifier et apprécier sur place les opérations faites et les sondages.

La Commission discuta sur place la nature du sol, la disposition probable des talus, et on se mit d'accord sur un volume de 75.000.000 de mètres cubes ; M. Boutan, ingénieur des mines, l'a justifié dans une brochure en 1880.

C'est cette base de cubes qui a servi aux calculs qui ont été remis à M. de Lesseps comme une appréciation des dépenses.

Il n'a jamais été parlé de forfait. — Les notes faites et communiquées sont justificatives.

Les journaux disent tant d'erreurs qu'il est impossible de les suivre et d'y répondre.

Décembre 1880. -- Souscription aux actions.

Janvier 1881. — Première expédition de personnel : MM. Blanchet, Marolle, etc.

Mars 1881. — Traité avec M. Ferdinand de Lesseps en deux périodes.

Organisation des études et des travaux.

Nous avons organisé à Paris, 82, boulevard Haussmann, les bureaux d'étude du matériel et le service central des études des travaux, de la comptabilité, du recrutement, etc.

M. Abel Couvreux fut placé à la tête de ce service avec une rémunération prise sur ce que son père et moi touchions de la Compagnie ; il ne reçut rien directement de la Compagnie.

Plus tard, ces bureaux furent transférés rue Caumartin, au siège de la Compagnie.

Toutes nos études étaient soumises à l'acceptation de la Compagnie, de même que toutes les commandes de matériel, marchandises, etc., étaient faites au nom de la Compagnie.

Pour le contrôle de nos études et de nos commandes, même pour l'engagement du personnel, nous étions en relations journalières avec M. Dauzatz, qui était ingénieur au canal de Suez et connaissait bien le programme des travaux et du matériel.

Tous les payements ont été faits par la Compagnie, et le comptable qui préparait et résumait les pièces, suivait les formules et les règles qui furent indiquées par la Compagnie elle-même.

Les services d'études et d'installations ont été organisés à Panama sous la direction de M. Blanchet, qui nous représentait ; il était appointé par la Compagnie, et reçut de nous une quote-part de ce que nous avons touché nous-mêmes de la Compagnie.

Le contrôle était confié à M. Reclus, qui représentait la Compagnie, et la comptabilité fut également organisée suivant les indications de la Compagnie.

Les difficultés locales d'un pays tout couvert de broussailles et de végétations presque impénétrables et celles du climat rendirent les opérations plus lentes qu'on ne l'avait espéré.

Néanmoins, on exécuta de nombreux sondages par puits, des nivellements et le plan; la ligne du canal fut mise à sa place après une année de travail.

A cause de la lenteur du fonçage des puits, on fit forer des trous jusqu'au plafond du canal par une société américaine, sur tout le parcours de l'isthme et on fut convaincu que la Culebra n'était point exclusivement rocheuse comme on l'avait prévu d'abord.

Enfin on put commencer à creuser l'emplacement du canal afin de reconnaître le sol.

Le matériel, commandé à des usines françaises, belges et anglaises, arrivait en quantités considérables, et on fut quelquefois embarrassé pour le déchargement des navires.

M. Blanchet mourut de fatigue en novembre, et je fus moi-même à Panama, pour examiner sur place l'exactitude des plans et prendre les dispositions pour donner l'activité utile à la marche des travaux.

J'ai suivi l'isthme dans toute son étendue, accompagné de MM. Dauzatz, ingénieur de la Compagnie; Richier, capitaine de vaisseau retraité; Saleta, lieutenant de vaisseau; Barbiers, ingénieur des ateliers; Saleron, expéditeur du matériel.

De retour à Paris, je fis part de nos impressions à M. de Lesseps, et comme j'étais convaincu qu'il fallait aller nous installer à Panama comme nous avions été à Vienne pour résoudre les difficultés de chaque jour, M. Couvreux dont la santé s'était un peu détériorée, ne pouvait penser à tenter cette campagne, je n'osai pas prendre seul la responsabilité d'une si grosse affaire et nous dûmes nous retirer.

Nous écrivîmes la lettre du 31 décembre 1882, à laquelle M. de Lesseps répondit le 2 janvier 1883.

Le 3 janvier, nous avons accepté le règlement de 1.200.000 francs fixé par M. Ferdinand de Lesseps pour rémunérer nos peines et soins, l'apport de nos plans et de notre expérience.

Sur cette somme nous avons rémunéré ceux de nos agents qui y avaient droit et supporté toutes nos dépenses de voyages, etc., pendant deux ans et demi environ.

Nous étions toutefois en droit de demander et d'obtenir une plus forte somme à raison de l'avancement réel des travaux.

Au moment de notre retraite, je suis resté à la disposition de la Compagnie pour transmettre à M. Dingler, qui nous succéda, la tradition de ce que nous avions fait et élaboré.

J'ai donné des conseils utiles et j'ai la conscience que les 60.000 francs que j'ai reçus à ce titre n'ont rien coûté à la Compagnie; je me suis démis quand j'ai cru mon concours inutile à la Compagnie.

Depuis que les affaires vont mal, les journaux se sont entraînés pour tout embrouiller; nous avons même dû nous en préoccuper pour y répondre; nous avons même dû lire le rapport de M. Monchicourt, qui nous cite trois fois et trois fois, avec des erreurs. (Pages 12, 16 et 80 de son rapport imprimé en 1890.)

On a prétendu que nous avions fourni du vieux matériel de nos travaux d'Anvers pour des sommes formidables.

Nous avons fourni d'Anvers, sur une demande urgente de la Compagnie de Panama en décembre 1882 :

Une chaloupe à vapeur de 75 chevaux, à deux hélices, démontable en trois morceaux, *Élisà* pour remplacer la *Santa-Maria* qui avait sombré à Colon ; elle a été cotée 25.000 francs, embarquée, mise complètement à neuf ; elle avait coûté 33 à 34.000 francs neuve aux ateliers Claparède.

Puis l'entreprise d'Anvers a construit d'urgence et envoyé quatre sonnettes à battre des pieux pour le prix de 10.000 francs.

M. Rousseau a, paraît-il écrit, dans son rapport « qu'il avait remarqué à Panama des dragues ayant servi à d'autres entreprises ».

Comme je suis sûr de la bonne foi de M. Rousseau, il aura été mal renseigné, car il n'y a eu aucune drague, ni aucun engin d'occasion envoyé dans l'isthme.

En ce qui concerne le dire des journaux, si tout ce qui a été dit ressemble à ce que j'ai pu apprécier, on peut être étonné de voir poursuivre des gens qui ont été malheureux et laisser calomnier les gens qui font consciencieusement leur métier, sans qu'on puisse en aucune façon les atteindre sans perdre son temps et son argent.

ANNEXE II

AMERICAN CONTRACTING AND DREDGING C°

Explication de la liquidation sur l'arbitrage de 1886-1887.

Par un contrat en date du 28 septembre 1884, *l'American contracting and dredging C°* a été régulièrement substituée à l'ancienne maison Huerne, Slaven et Cie dont le contrat, qui portait la date du 16 février 1882, a été résilié.

L'article premier du contrat nouveau évaluait l'importance des travaux à 30.000.000 de mètres cubes à draguer, soit pour le canal de navigation, soit pour les canaux de dérivation entre Colon et Matachin, c'est-à-dire sur les 44 premiers kilomètres du canal à partir de Colon.

L'article 2 fixait le prix à 34 centavos (0 piastre 34) *par mètre cube dragué et mis sur berges par long couloir.*

Par l'article 6, *l'American contracting and dredging C°* prenait l'engagement d'exécuter les dragages prévus par le contrat, dans un délai de trois années, à partir du 1er janvier 1885, savoir :

5.000.000 de mètres cubes avant le 31 décembre 1885.	5.000.000 m. c.
11.000.000 de mètres cubes en 1886	11.000.000 »
14.000.000 de mètres cubes en 1887	14.000.000 »
Total	30.000.000 »

Suivant l'article 7, elle devait fournir le matériel nécessaire, qui se composait de quinze dragues, y compris trois dragues qui étaient dans l'isthme. Mais, aux termes de l'article 19, la Compagnie du canal avançait à la *Dredging C°* la somme de 90.000 piastres, argent colombien, sur chaque drague. La somme prêtée par la Compagnie, portant intérêt à 6 0/0 l'an, devait lui être remboursée, par la *Dredging C°*, par des prélèvements de 50 0/0 sur les recettes mensuelles des dragues travaillant effectivement.

On a vu plus haut que l'on prévoyait l'emploi du long couloir pour la décharge des déblais dragués. Le terrain s'élevant naturellement sur la ligne du canal, il devait venir un moment où le long couloir, faute d'avoir une pente suffisante, ne suffirait plus pour permettre la décharge. On devait alors faire le transport par chalands ou par pompes à déblais.

Dans ce cas, le matériel spécial nécessaire au transport des déblais qui ne seraient pas mis directement sur berge au moyen de longs couloirs devait être fourni par la Compagnie, et les prix des dragages devaient être déduits d'attachements contradictoires tenus pendant une expérience de quinze jours, avec majoration de 15 0/0 pour bénéfices et frais généraux.

L'article 15 prescrivait à la *Dredging C°* de s'en rapporter au Directeur général en ce qui concernait la hauteur du terrain au-dessus du plan d'eau en avant de la drague. C'était au Directeur général qu'il appartenait d'apprécier jusqu'à quelle limite les terrains pourraient être dragués sans danger pour les dragues, et la *Dredging C°* devait d'ailleurs se soumettre à toutes les prescriptions qui lui seraient faites dans le but de déterminer les conditions pratiques d'exécution.

L'article 16 indique qu'il sera tenu compte à la *Dredging C°* des pertes de temps et des avaries occasionnées par l'exécution des prescriptions du contrat, si le travail était arrêté : 1° par suite d'obstacles imprévus constituant un cas de force majeure régulièrement constaté ; 2° par suite d'ordres donnés par le Directeur général pour des modifications à introduire dans les dispositions des appareils ou les diverses expériences prévues par le contrat.

L'article 16 fixe également les indemnités qui devaient être allouées à la *Dredging C°*, à titre de compensation pendant toute la durée des interruptions, indemnités qu'on a désignées sous le nom de « surestaries ».

Il résulte de l'exposé qui précède que le contrat du 28 septembre 1884 contenait des lacunes et des improvisions, dans les conditions d'exécution comme dans les prix eux-mêmes. Malheureusement, il était impossible qu'il en fût autrement si l'on croyait devoir concéder un contrat de dragages d'une pareille importance et d'une aussi grande étendue. Diversité dans la nature des terrains et dans l'altitude du sol à attaquer, nécessité de recourir, en des points même voisins, à des procédés d'exécution différents, modifications forcées dans l'utilisation d'un matériel considérable et surtout peu mobile, chômages involontaires ou non, aggravant les dépenses des travaux, tout s'est rencontré pour rendre exceptionnellement difficile la marche régulière de l'entreprise. Et, suivant l'ordre naturel des choses, c'est l'entreprise, favorisée d'ailleurs par les conditions particulières de son fonctionnement dans l'isthme, qui a profité largement, abusivement peut-être, des difficultés inévitables auxquelles allait donner lieu l'exécution du contrat.

Nous allons maintenant suivre cette exécution dans ses détails et en montrer les résultats.

Les premières difficultés naquirent de la rencontre, par les dragues en avancement, d'obstacles imprévus qui arrêtaient leur marche. Les indemnités allouées, de ce fait à l'entreprise, étaient pourtant assez considérables pour qu'elle ne se plaignît point, la première, d'une situation qui ne lui était vraiment pas défavorable. Une roche isolée, les coraux par exemple, qu'on trouve à l'origine du canal, un tronc d'arbre enfoui dans les alluvions ou bien oublié dans les travaux de dessouchement, constituaient des cas de force majeure. La suspension du travail donnait droit à une indemnité.

Ce sont les ingénieurs de la Compagnie qui s'émurent de cette situation.

Dès les premiers mois de 1885, un contrôle sévère fut établi sur chaque drague et un agent de la Compagnie y resta à demeure, dressant procès-verbal des circonstances dans lesquelles les arrêts se produisaient. La tendance qu'aurait pu avoir l'entrepreneur ou ses employés à faire stopper sans raison sérieuse (aucune perte n'en résultaut pour l'entreprise) fut ainsi neutralisée.

Aussi les surestaries payées après des débats souvent très vifs entre les Ingénieurs de la Compagnie et l'entrepreneur, ne s'élevèrent, dans le courant de l'année 1885, qu'à un chiffre peu élevé.

Mais un autre conflit, beaucoup plus grave, allait se produire nécessairement par la progression même des travaux. Les dragues, s'éloignant de Colon, allaient rencontrer des terrains de plus en plus élevés. Immédiatement, l'entrepreneur réclama. Il discuta les décisions du Directeur général. Si l'on observe que, même la cote sur l'axe étant très faible, le terrain pouvait se relever rapidement du côté du long couloir, celui-ci, ou bien n'avait plus la pente nécessaire pour l'écoulement des déblais dragués, ou bien même ne pouvait plus passer sans écrètement de la berge.

Dans ces circonstances, M. Slaven se rendit à Paris, auprès de l'administration de la Compagnie, pour obtenir la modification de son contrat.

Par un acte additionnel en date du 25 novembre 1885, diverses modifications furent apportées, d'un commun accord entre les parties, au contrat du 28 septembre 1884.

Tout d'abord (art. 1er), le cube de dragages était réduit de 30 millions de mètres cubes à 18 millions.

Cette modification était d'ailleurs nécessaire, car, par contrat du 31 octobre précédent, la Compagnie avait concédé à l'entreprise Vignaud, Barbaud et Blanleuil, tous les travaux entre Bohio-Soldado et Matachin. On ne laissai plus ainsi à l'«American contracting and dredging C°» que les dragages entre Colon et Bohio-Soldado.

Les quantités de dragages aunnelles était réduites (art. 6) dans la proportion des trois cinquièmes des quantités prévues, soit :

3.000.000 de mètres cubes avant le 31 décembre 1885	3.000.000 mètres cubes
6.600.000 de mètres cubes en 1886	6.600.000 —
8.400.000 mètres cubes en 1887	8.400.000 —
Total	18.000.000 mètres cubes.

Par l'article 7 le matériel de dragues était réduit de quinze à sept de ces appareils.

C'est l'article 15 qui fixe la hauteur d'attaque des terrains. Il dit que les dragues de l'«Américan contracting and dredging C°» ne seront pas tenues d'attaquer un sol à une hauteur au dessus de 4m,25 au-dessus du niveau de l'eau.

Une importante modification fut apportée, en même temps, quant à la propriété des dragues, au contrat du 28 septembre 1884. D'après ce contrat, en effet la Compagnie se bornait à faire à la «Dredging C°» une avance sur la valeur des dragues construites, avance remboursable dans des conditions déterminées.

D'après le contrat nouveau, au contraire, en payant à la « Dredging Cº » la somme de cent mille piastres, comme accompte, sur chaque drague rendue dans l'Isthme en bon état de marche, la Compagnie devenait propriétaire des dragues et en remettait l'usage à la « Dredging Cº ». A la cessation des travaux de l'entreprise, et moyennant la somme de 80.000 piastres par drague, pour parfaire le prix d'achat, la Compagnie reprenait la libre disposition de ces appareils pour en faire l'usage qui lui conviendrait. Par cette combinaison, la Compagnie avait voulu, pensons-nous, empêcher qu'à un moment quelconque l'entreprise arrêtât ses travaux et pût enlever son matériel.

L'acte additionnel du 25 novembre 1885 n'avait résolu que quelques-unes des questions soulevées par le contrat du 28 septembre 1884. Et même les solutions données étaient incomplètes,

Ainsi, en particulier, il était à prévoir qu'il faudrait attaquer des terrains à plus de 4ᵐ,25 au-dessus du niveau de l'eau.

L'acte additionnel ne fixe pas non plus les prix des déblais transportés par tout autre moyen que le long couloir. Il laisse subsister également les souscriptions relatives aux surestaries, dont nous avons signalé plus haut l'application délicate et onéreuse.

Un contrat additionnel préparé par M. Léon Boyer et arrêté définitivement après la mort de ce dernier par M. Nouailhac-Pioch, son successeur intérimaire, fut signé le 11 mai 1886 entre M. Nouailhac-Pioch, représentant la Compagnie du Canal, et M. H. B. Slaven, président de l'américan contracting and dredging Cº. Ce contrat avait pour objet le règlement des surestaries et des travaux accessoires.

L'article premier remplace les surestaries par une majoration du prix du cube. Il dit, très explicitement : « En vue d'éviter les difficultés sans cesse renaissantes que présente le règlement des surestaries des dragues de « l'American contracting and dredging Cº », règlement dont les bases résultent d'appréciations souvent délicates faites par des agents d'ordre secondaire représentant l'une et l'autre Compagnie à bord des dragues ; considérant que, dans la pratique, les appréciations des arrêts faites par ces agents diffèrent fréquemment et qu'elles ne permettent presque jamais, à la fin de la journée de travail, l'acceptation simultanée du rapport par les délégués des deux Compagnies ; considérant, d'autre part, que l'allocation d'une somme déterminée par heure d'arrêt de chaque drague peut, dans une certaine mesure, être considérée comme un obstacle au développement de la production, en ce sens que les dragueurs n'ont pas un intérêt direct et pressant à faire cesser l'arrêt dès qu'il se produit ; que si, à l'origine, le mode actuel était justifié par l'absence de données expérimentales sur la gravité moyenne des obstacles imprévus qui peuvent se présenter pendant le dragage dans la vallée du Chagres, l'expérience peut en être considérée aujourd'hui comme suffisamment acquise par les données des six derniers mois de 1885, lesquelles permettent d'obtenir la somme allouée à « l'American contracting and dredging Cº » pour surestaries par mètre cube de travail exécuté pendant cette période, soit 147 millièmes de piastre par mètre cube. — MM. Nouailhac-Pioch et Slaven acceptent pour l'avenir le règlement des surestaries par l'*allocation mensuelle* d'une somme proportionnelle au cube résultant de la situation et ce à raison de 147 millièmes de piastre par mètre cube excavé. »

Moyennant cette allocation, « l'American contracting and dredging Cº » prenait à sa charge toutes les pertes de temps occasionnées au cours de l'exécution des travaux de dragages par toutes les causes diverses énumérées dans l'article 2.

L'article 3 dispose que « l'Américan contracting and dredging Cº » prend également à sa charge le relèvement de tous les éboulements qui se produiraient à une distance moindre de 40 mètres de l'arrière de la drague. Les relèvements des éboulements qui se produiraient au delà de cette limite devaient être payés par la Compagnie du canal, après levé réglementaire des profils.

Les articles 4 et 5 fixent les prix des denouchements et nettoyage du terrain, ainsi que de la construction des fascinages et clayonnages nécessaires pour le maintien sur les berges des produits du dragage.

L'article 6 doit encore être particulièrement signalé. Il constate que « l'American contracting and dredging Cº » prend à sa charge les travaux exécutés sur les cavaliers de déblais, tant pour l'assainissement de ces cavaliers que pour faciliter l'écoulement des déblais, le dégorgement des couloirs, etc., moyennant l'abonnement fixé à forfait de 55 millièmes de piastre par mètre cube exécuté au long couloir.

Ce nouveau contrat additionnel du 11 mai 1886 ne contenait encore, on le voit, aucune fixation de prix pour les dragages des terrains situés à plus de 4 m. 25 au-dessus du niveau de l'eau, non plus que pour les déblais transportés par clapets, chalands ou pompes à déblais.

Cependant, les prévisions faites par les divers contrats que nous venons d'analyser paraissent avoir suffi pour assurer la marche régulière des travaux pendant le courant de l'année 1886. Les relations entre la Compagnie et l'entreprise semblent excellentes, si l'on en juge, par exemple, d'après le télégramme suivant que nous retrouvons au dossier, adressé par M. Slaven, de New-York, le 6 août 1886, sans doute à l'occasion de l'émission des obligations nouvelles : « Acceptez mes compliments les plus sincères ; essayerons d'enlever un million de mètres par mois dans l'avenir : H.-B. Slaven. »

Et pourtant de très grosses difficultés vont s'élever dès la fin de l'année. M. Slaven essayera de donner à ses arrangements des interprétations discutables. Il cherchera à tirer profit des quelques clauses dont la rédaction offrait, peut-être, certaine ambiguité. Il réclamera enfin la fixation de certains prix spéciaux qu'on n'avait pas jusqu'alors prévus.

Nous arrivons ainsi à la période de l'arbitrage, qui fait l'objet principal de cette note. Mais nous avons cru devoir entrer dans tous les détails préliminaires qui précèdent parce qu'ils sont, croyons-nous, nécessaires à connaître pour expliquer les causes presque inévitables du conflit qui s'est produit entre la Compagnie et l'entreprise.

Le 25 décembre 1886, M. Slaven arrivant de New-York à Panama, écrivait au directeur des travaux que le but de son voyage était *de résoudre les désaccords passés* et *d'établir un accord pour les opérations futures.*

Il est utile de reproduire ici la lettre de M. Slaven à M. Jacquier : « Ainsi que je vous en ai informé hier au soir, dit-il, je désire avant tout d'établir une base claire, définie et convenable pour l'avenir, après quoi nous tâcherons de régler les affaires du présent.

« En examinant la question, je vois que presque toutes les discussions proviennent d'une fausse interprétation, par vos agents, de l'arrangement fait pour le règlement de la question des surestaries. Vos agents prétendent que nous sommes responsables de tous les éboulements et affouillements, quelle qu'en soit la cause ; ils prétendent aussi que tous les relevés doivent être pris à à 40 mètres de la drague. Eh ! bien, je soutiens et j'ai toujours entendu que nous sommes responsables seulement des éboulements se produisant et des matières draguées tombant à l'arrière de la drague dans le canal par suite de la rupture ou de la construction défectueuse des clayonnages que nous sommes convenus d'exécuter et non des affouillements du terrain vierge des berges.

« Cet arrangement ne stipule nullement en quel point les relevés doivent être faits, d'où je tiens qu'ils devraient être faits précisément en avant de la drague, comme ils étaient avant l'accord, notre responsabilité existant seule - ment là où les éboulements (et non les affouillements) se produisent dans un e étendue de quarante mètres après le passage de la drague, par suite de la construction défectueuse des clayonnages, et encore à la condition que les éboulements ne gênent pas le passage de la drague.

« Je regarde ce qui précède comme les points les plus importants à régler tout d'abord. Il est urgent aussi de faire un contrat spécial pour le travail dans les berges situées au-dessus de plus de 4 m. 25 sur le niveau de la mer et pour les matières transportées à la mer par les clapets. »

Dès le lendemain, 26 décembre, une entrevue eut lieu entre MM. Jacquier, directeur des travaux, et Slaven, à Christophe-Colomb, dans laquelle un accord paraissait s'être établi. Aussi, le 27 décembre, M. Jacquier écrivit à M. Slaven une lettre dans laquelle il lui rappelle ce qui a été arrêté la veille, entre eux, à titre de règlement provisoire, savoir :

1° Que les profils destinés à établir le cube à payer à l'entreprise seraient levés à une distance d'environ trente mètres (30ᵐ) *en moyenne*, à l'arrière de la drague;

2° Que la Compagnie payerait une plus-value de quarante et un centavos (41 c.) par mètre cube, pour les terrains dragués ou à draguer à l'avenir à une hauteur supérieure à 4ᵐ,25 au-dessus du niveau de l'eau ;

3° Que la Compagnie payerait vingt-cinq centavos (25 c.) par mètre cube de terrain dragué, déjà transporté ou à transporter au large par clapets, dans la baie de Limon.

« Il est expressément entendu, ajoutait M. Jacquier, que dans ces conditions provisoirement fixées, le travail de dragage qui vous est confié continuera tel qu'il s'est poursuivi, depuis le mois de mai 1886, et que, conformément à votre demande, les conditions qui précèdent constitueront, simplement un mode de *règlement provisoire* de vos travaux, jusqu'à la décision des arbitres qui recevront la mission de trancher toutes difficultés entre votre Société et notre Compagnie. »

Bien que les termes de l'accord que nous venons de rapporter paraissent avoir été verbalement bien connus, M. Slaven refusa, le 29 décembre, de les accepter, prétendant qu'ils étaient inexactement rapportés.

Par suite, le 30 décembre, une nouvelle convention fut passée. Elle établissait seulement un accord provisoire sur la plus-value de 41 centavos pour les dragages en hautes berges et de 25 centavos pour le transport, par clapets, des terres draguées au large de la baie de Limon.

La question des éboulements a été, on le voit, entièrement réservée.

Le même jour, 30 décembre, un autre accord intervenu entre MM. Jacquier et Slaven décidait que dans le but de régler définitivement toutes les difficultés, quelles qu'elles soient, qui s'étaient produites ou qui se produiraient entre les deux Compagnies jusqu'à la décision finale des arbitres, ces difficultés seraient soumises à un tribunal arbitral composé conformément aux dispositions des clauses et conditions générales (c'est-à-dire de deux arbitres, chacune des deux parties choisissant le sien, et les deux premiers en nommant un troisième en cas de désaccord pour les départager). Le tribunal arbitral devait se réunir à Christophe-Colomb.

Il était, en outre, convenu que les arbitres seraient nommés aussitôt que possible et que le temps fixé pour cet arbitrage serait de soixante jours, à partir du 1er janvier 1887. On prévoyait toutefois que si les arbitres n'avaient pas terminé leur mission dans le délai de soixante jours, le délai serait porté à quatre-vingt-dix jours.

Dès le 4 janvier 1887, la Compagnie avait choisi son arbitre dans la personne de M. X. Hoffer, ingénieur de la Société des travaux publics et constructions, l'une des plus grandes entreprises de l'Isthme, comme on sait. Le 10 janvier, M. Slaven désigna le sien : M. Tracy Robinson, de Colon. Enfin, le 15 février suivant, M. le capitaine Dow, agent général, à Colon, de la « Pacific Mail Steamship C° » acceptait les fonctions de tiers-arbitre.

Le compromis, établi le 15 février 1887, contient l'énumération des trente-huit questions posées aux arbitres.

Il existe au dossier deux mémoires aux arbitres, l'un déposé par M. Arosemena, conseiller légal, au nom de « l'American contracting and dredging C°, » l'autre par M. G. Belin, chef du contentieux de la direction des travaux.

Nous pouvons noter aussi, en passant, qu'à la date du 5 mai 1887, M. Slaven formula de nouvelles réclamations et proposa un nouveau compromis. Mais le directeur des travaux refusa de l'accepter, déclarant que les réclamations nouvelles seraient tranchées, en principe, par l'arbitrage en cours ou pourraient l'être par des constatations de fait et des vérifications.

Le 8 mai, MM. Hoffer et Tracy Robinson firent connaître leurs décisions et indiquèrent les points sur lesquels ils étaient en désaccord, et qui devaient être soumis à l'appréciation de M. le capitaine Dow. Celui-ci ne remit son rapport définitif que le 14 août 1887. Nous y reviendrons plus tard.

Mais nous devons faire remarquer tout de suite que, dès le 15 juin 1887, au moment où il se disposait à partir pour la France, M. Jacquier, avant que la sentence arbitrale ne fût complètement et définitivement rendue, passait un nouveau contrat provisoire avec M. Slaven. En voici l'analyse :

Par l'article premièr, la restriction apportée à l'attaque des terrains; du fait de leur hauteur, est supprimée.

L'article 2 fixe les prix des déblais, quel que soit le *procédé de dragage employé*, ainsi qu'il suit : 1° terrains dont la hauteur ne dépasse pas 4ᵐ,25 par rapport au niveau de l'eau : 34 centavos (soit le prix du contrat du 28 septembre 1884); 2° terrains dont la hauteur dépasse 4ᵐ,25 par rapport au niveau de l'eau : 1 piastre 25 centavos jusqu'à 4 mètres en contre-bas du niveau de l'eau; 3° mêmes terrains qu'au deuxième paragraphe, mais pour la partie située depuis 4 mètres en contre-bas du niveau de l'eau jusqu'au plafond du canal : prix à fixer par la sentence arbitrale.

Il était entendu, en outre, que la définition du *niveau de l'eau* serait celle indiquée par la sentence 'arbitrale.

L'article 3 assimile, dans une partie de sa longueur, la dérivation dite du Gatuncillo aux travaux en hautes berges.

L'article 4 stipule qu'indépendamment des prix indiqués ci-dessus, il sera alloué à l'American contracting and dredging Cᵒ les prix spéciaux et plus-values stipulés par le contrat additionnel du 11 mai 1886, contrat qui, conservant toute sa valeur, devait être, de plus, *interprété conformément à la sentence arbitrale à intervenir.* En conséquence, tous les profils devaient être levés suivant la décision des arbitres ; de même la responsabilité des éboulements devait être déterminée par la même décision.

L'article 5 fixe le prix du mètre cube, pour les terrains définis non dragables aux termes de l'article 3 du contrat du 28 septembre 1884. Ce prix serait, jusqu'à la cote — 4, de 2 piastres par mètre cube augmenté des plus-values prévues par le contrat du 11 mai 1886.

L'article 6, exposant que l'entreprise effectuera les dragages par les moyens qu'elle jugera les plus convenables, prévoit la fourniture par la Compagnie, en location, du matériel spécial de pompes à déblais, chalands, tuyaux et accessoires, dont elle pourra disposer.

L'article 7 prescrit que si l'American Contracting and Dredging Cᵒ pourra employer les dragues dont elle disposait comme elle le jugera convenable; elle devra néanmoins se conformer au programme général adopté par la Compagnie du canal. Il indique spécialement la répartition d'un certain nombre de dragues en vue de l'achèvement des travaux les plus urgents.

Les articles 9 et 10 maintiennent d'une manière générale les principales clauses des contrats antérieurs du 28 septembre 1884, 25 novembre 1885 et 11 mai 1886, qui restent valables, sauf les modifications du contrat que nous analysons et sauf également les interprétations résultant de la décision des arbitres.

L'article 11 est ainsi conçu : « Le présent contrat est fait à titre provisoire; il pourra être annulé sans indemnité de part et d'autre, à la volonté de chacune des parties, en prévenant par écrit l'autre partie trois mois à l'avance. En cas d'annulation, les travaux exécutés jusqu'à la date où le contrat cessera d'être

valable seront réglés conformément aux dispositions du présent contrat. »
Nous devons dire tout de suite que ce contrat ne fut pas appliqué.

Dès le 22 juin 1887, l'Administration de Paris était prévenue par un télégramme de protestation de l'entrepreneur Jacob contre le contrat provisoire préparé par M. Jacquier. M. Jacob prétendait qu'on avait concédé à M. Slaven des travaux qu'il avait antérieurement contractés. C'était un premier conflit qu'on aurait pu résoudre peut-être sans trop de difficulté, mais sans doute pas sans indemnité.

Mais il y avait une objection plus grave à faire au contrat préparé par M. Jacquier. Au cours d'un arbitrage, il déterminait des conditions d'exécution, alors discutées; il fixait des prix qui pouvaient servir de base ou d'argument à l'arbitre de l'entreprise.

Aussi, dès le 22 juin, la Compagnie télégraphia à son représentant à New-York — M. Jacquier rentrait en France par cette voie — d'informer au passage M. Jacquier qu'il ne devait faire aucune proposition nouvelle ni aucun arrangement avec Slaven avant d'avoir conféré avec la Direction de Paris. En même temps, et par la même voie, M. Slaven fut invité à se rendre à Paris et à s'y trouver vers le 25 juillet.

Nous ne nous serions certes pas donné la peine d'analyser longuement un contrat qui n'a pas reçu d'application, si nous n'avions tenu à montrer que la transaction du 12 novembre 1887 et le contrat nouveau du 12 novembre 1887, dont nous aurons à parler ne sont que la conséquence et le développement du compromis d'arbitrage du 30 décembre 1886 et de l'accord provisoire du 15 juin 1887, passés à Panama par M. le directeur Jacquier.

Il nous faut maintenant revenir, comme nous le sommes proposé, au compromis d'arbitrage du 15 février 1887. Il comprend, nous l'avons dit, 38 questions que nous allons réumer aussi sommairement que possible.

Les sept premières questions sont identiques. Il s'agit de savoir quel est exactement le cube dragué par les sept dragues dénommées « Comte de Lesseps », « Nathan Appleton », « H. B. Slaven », « M. A. Slaven », « Dingler », « City of Paris » et « City of New-York », du mois de juillet au mois de décembre 1886,

L'American contracting and dredging Cᵒ réclamait de ce chef le payement de 720.560 mètres cubes non portés en situation par la Compagnie.

Les questions 8, 9 et 10 portent également sur la détermination exacte des cubes excavés par les dragues « Dingler », « de Lesseps », « M. A. Slaven », « N. Appleton », « H. B. Slaven » en avril et décembre 1885. La différence porte, suivant l'entreprise, sur un cube de 64.552 m. 77, à des prix divers. Il en est de même des questions 30 et 31 pour une différence de 14.830 mètres.

La question 11 se rapporte aux clayonnages nécessaires pour les cavaliers formés par les déblais déchargés au long couloir. L'entreprise réclame une différence de 5.625 mètres à : piastres 6,50 le mètre.

La question 12 expose que l'American contracting and dredging Cᵒ a fait transporter par clapets un cube de 221.435 mètres de déblais et en a réclamé le payemeut à 50 centavos le mètre cube (au lieu de 34).

La question 13 contient la réclamation du prix de 9 hectares 67 ares de dessouchements à 950 piastres l'hectare, soit 9.192 piastres. La question 29 une réclamation analogue sur 16 hectares 56 ares, soit 15.732 piatres.

La question 14 est relative à une collision survenue entre les dragues « H. B. Slaven » et « de Lesseps ». Elle aurait occasionné des avaries pour 1.899 piastres 23 centravos et donné lieu, par suite, à des surestaries pour la somme de 12.384 piastres.

Les questions 15, 16, 19 et 20 comprennent encore des réclamations pour avaries, savoir, à la drague « de Lesseps » : 476 piastres; à la drague « N. Appleton » : 300 piastres; à la drague « de Lesseps » encore 99 piastres d'une part et 412 piastres de l'autre.

Il est exposé dans la question 17 que les dragues « H. B. Slaven » et « N. Appleton » ont travaillé en hautes berges pendant les mois d'octobre, novembre et décembre 1884, et de janvier, février, mars et avril 1885; d'où réclamation, pour dommages, d'une somme de 86.250 piastres.

La question 18 vise une erreur dans la fixation du prix des surestaries. Il ne s'agit d'ailleurs que d'une somme de 307 piastres.

La question 21 contient une demande analogue de remboursement d'une retenue de 10 0/0, s'élevant à 4.581 piastres sur travaux exécutés dans la roche.

La question 22 est relative à une différence prétendue de 6.768 piastres dans une fourniture de charbon faite par la Compagnie à l'American contracting and dredging Cº. La question 23 s'applique à un achat de 212 piastres de matériel spécial pour les dragages de rocher, dont la Dredging Cº demande le remboursement, et la question 28 à la location d'une chaloupe que l'American contracting and dredging Cº, prétend-elle, aurait dû recevoir gratuitement (somme réclamée : 3.825 piastres).

Les questions 24, 25, 26 et 27 sont relatives à des demandes en payement de surestaries pour la drague « H.-B. Slaven » qui serait restée sans travailler dans l'attente des ordres des agents de la Compagnie (somme réclamée : 3.818 piastres); et pour le temps employé à faire des modifications aux dragues « City of Paris », « Dingler » et « N. Appleton ». (Somme réclamée au total : 112.942 piastres.)

Par la question 32, l'American contracting and dredging Cº demande le remboursement d'une somme de 15.469 piastres, pour certaines modifications apportées aux dragues « City of Paris », « Dingler » et « N. Appleton ».

L'American contracting and dredging Cº, cherche dans la question 23 à faire modifier les prix d'évaluation du matériel que lui avait livré la Compagnie et dont elle payait la location. Ce matériel, évalué à 179.749 piastres par la Compagnie du canal, n'aurait réellement valu, d'après la Dredging Cº que 76.200 piastres.

Les questions 34, 35 et 36 sont essentielles. Nous allons les reproduire intégralement.

Question 34.

En outre des questions qui ont été prévues, les arbitres auront à décider comment on doit interpréter la convention relative aux réclamations pour surestaries qui a été signée, le 11 mai 1886, par MM. Slaven et Nouailhac-Pioch.

Voici les points de cette convention sur lesquels les arbitres doivent se prononcer : 1° où s'arrête la responsabilité de l'American contracting and dredging C°, relativement aux glissements de matières déjà excavées dans le canal ou les dérivations excavées, qu'elle excave ou qu'elle excavera, et quelle est la responsabilité de la même Compagnie en ce qui concerne les éboulements qui se produisent, pour toute autre cause, sur les bords du canal, à l'avant, sur les côtés où à l'arrière des dragues, ainsi que pour les matières que déposent dans le canal les courants des cours d'eau ou ruisseaux et les inondations ; — c'est-à-dire si la Compagnie du canal a le droit de déduire du cube que l'American contracting and dredging C° affirme avoir fait, ou qu'elle fait, ou qu'elle fera avec les dragues, le cube des matières qui sont tombées, tombent ou tomberont dans le canal par suite d'éboulements, des courants de cours d'eau ou ruisseaux et inondations ; ou si la Compagnie a seulement le droit de déduire du cube que la Dredging C° affirme avoir fait le cube des matières qui retombent dans le canal par suite de la destruction des défenses ou cavaliers construits en exécution de l'article 5 du contrat du 11 mai 1886, pour retenir sur les berges les matières que les dragues excavent et y déposent ; 2° Comme la convention sus-mentionnée n'établit pas la manière d'effectuer les mesurages, les arbitres auront à décider comment, quand et où doit se faire le mesurage des travaux exécutés par l'American contracting and dredging C°.

Question 35.

Les soussignés ont convenu de soumettre aussi à la décision des arbitres le prix que la Compagnie du canal doit payer à l'American contracting and dredging C°, pour chaque mètre cube de terre qu'elle excave ou a excavé là où le sol attaqué par la drague a ou avait au moment de l'attaque une hauteur de plus de 4^m,25 au-dessus du niveau de l'eau.

La décision des arbitres portera sur tous les travaux de ce genre qui se feront jusqu'à la date à laquelle les arbitres doivent se prononcer.

Les arbitres auront à spécifier clairement si le nouveau prix doit être appliqué au cube total enlevé dans les conditions ci-dessus déterminées ou seulement à la partie de ce cube située à 4^m,25 au-dessus du niveau de l'eau.

La décision des arbitres sera appliquée, tant au cube déjà exécuté dans les conditions de terrain indiquées qu'au cube qui sera exécuté dans les mêmes conditions.

Question 36.

Les arbitres diront si le terme « au-dessus du niveau de l'eau » de l'accord additionnel du 25 novembre 1885 (modification de l'article 15 du contrat du 28 septembre 1884) s'applique à la ligne de flottaison de la drague, ou au niveau du fleuve, ou au niveau de la mer.

Sous les numéros 37 et 38 figurent des conventions particulières. On rappelle que les texte originaux des contrats en français feront foi et l'on convient que les frais de l'arbitrage seront partagés par moitié entre les parties.

Enfin, par un article additionnel, « les parties déclarent expressément que le compromis équivaut à une transaction qui prévient un procès éventuel entre elles, et reconnaissent à la décision des arbitres le caractère de chose jugée en dernière instance ».

Nous avons déjà dit que c'est le 8 mai 1887 que MM. X. Hoffer et Tracy Robinson firent connaître leurs décisions. Ils ne s'étaient pas mis d'accord sur les questions numéros 1, 2, 3, 4, 5, 6, 7, 8, 9, 10, 11, 12 (celle-ci pour partie seulement), 30, 31 et 34, sur lesquelles il y avait lieu par conséquent de demander l'avis définitif du tiers-arbitre, M. le capitaine Dow.

Les arbitres ont alloué, à l'*American Contracting and Dredging C°* :

	Piastres.		
Sur la question n° 13	3.000	»	
— 14	7.141	615	
— 15	476	»	
— 16	150	»	
— 17	»	»	Prix conforme à la décision à donner par le tiers-arbitre pour les terrains à draguer en hautes berges au-dessus de 4m,25.
— 18	507	47	
— 19	3.399	11	
— 20	120	»	
— 21	»	»	Pas de remboursement immédiat mais seulement après la réception définitive des travaux.
— 22	6.788	»	
— 23	169	70(or)	
— 24	2.819	42	
— 26, 26, 27 et 32..	50.000	»	
— 28	3.325	»	
— 29	5.000	»	
— 33	»	»	Évaluation totale de la Compagnie réduite à 173.749 piastres.

Sur la question n° 35, les arbitres ont décidé que le prix de 1 piastre 25 par mètre cube serait appliqué pour les hautes berges supérieures à 4m,25 et pour tout le cube compris dans la première passe, soit à 4 mètres en contre-bas du niveau de l'eau.

Ce prix devait être appliqué à tous les déblais dragués par l'*American contracting and dredging C°* depuis le contrat du 25 novembre 1885 jusqu'à la date de l'arbitrage, partout où l'attaque avait eu plus de 4ᵐ,25 de hauteur au-dessus de l'étiage du Chagres à Gatun, soit en face, soit sur les côtés de la drague.

Ce prix devait être également appliqué à tous les déblais que pourrait exécuter l'American contracting and dredging C° à dater de l'arbitrage, partout où l'attaque aurait plus de 4ᵐ,25 de hauteur au-dessus de l'étiage du Chagres à Gatun, soit en face, soit sur le côté des dragues.

En outre, ce prix devait être appliqué pour la totalité du cube extrait, depuis les plus hauts points du terrain jusqu'à une profondeur de 4 mètres au-dessous du niveau de l'étiage du Chagres à Gatun.

Le prix de 1 piastre 25 ne comprend pas d'ailleurs les 147 millièmes de piastre par mètre cube, ni les 57 millièmes de piastre par mètre cube fixés au contrat du 11 mai 1886.

Les arbitres différaient d'ailleurs d'opinion au sujet du prix à appliquer pour les dragages à effectuer dans les cas de hautes berges, au-dessous de 4 mètres de profondeur au-dessous de l'étiage et ils ont, par suite, décidé d'en référer à la décision du tiers-arbitre, M. le capitaine Dow.

Sur la question n° 36, relative à la détermination précise du terme « au-dessus du niveau de l'eau », vu le cours très changeant du Chagres et l'impossibilité pratique de déterminer contradictoirement, à chaque moment, les divers niveaux des eaux, les arbitres ont décidé que le niveau de l'eau devait être entendu : l'étiage du Chagres à Gatun.

On voit que MM. X. Hoffer et Tracy Robinson avaient résolu quelques-unes des questions de fait et des questions de principe soulevées par le compromis d'arbitrage. Les plus importantes, peut-être, restaient cependant soumises à l'appréciation du tiers-arbitre.

Avant d'exposer les motifs de la sentence de M. Dow et les conclusions de l'arbitrage, il importe de signaler les incidents qui n'ont pas permis de lui donner une forme absolument légale.

Dès le 8 mai, le dossier complet de l'affaire fut remis au tiers-arbitre, qui, sans doute, n'en fit pas l'étude avec beaucoup d'empressement et d'activité. En effet, le 4 août suivant, M. X. Hoffer informait le directeur des travaux qu'il était dans l'obligation de quitter l'isthme le 16 août et que, par conséquent, il ne pourrait plus, après cette date, prendre part aux travaux de la Commission d'arbitrage. Il demandait donc que le nécessaire fût fait pour obtenir, soit la décision finale de M. Dow, soit la remise de l'affaire jusqu'à son retour.

M. Dow promit de faire ses efforts pour arriver, au plus vite, à rendre sa sentence. Mais le 14 août, l'avant-veille du départ de M. Hoffer, elle n'était pas prête. Le représentant de M. Slaven demanda alors au directeur des travaux de diviser l'arbitrage en deux parties, la première se rapportant aux conclusions de MM. Hoffer et Tracy Robinson, la seconde aux conclusions de M. Dow seul. Le directeur des travaux, autant pour des raisons légales que pour éviter de nouvelles interprétations contradictoires et de nouveaux conflits, refusa. Il accepta seulement de proroger les délais d'arbitrage jusqu'au 1ᵉʳ octobre suivant.

Or, le lendemain 15 août, avec une rapidité qu'on ne pouvait vraiment supposer la veille, M. Dow communiquait son avis aux deux premiers arbitres, et les invitait à le signer. M. Hoffer refusa, arguant d'irrégularités graves dans la sentence proposée.

Il est tout à fait intéressant de se rendre compte des motifs du refus de M. Hoffer et des conséquences qu'il a eues. C'est, entre tant d'autres, un exemple des difficultés qu'on a rencontrées pour assurer l'administration régulière, normale, des travaux dans l'isthme.

Au moment de son départ, le 16 août, M. Hoffer confirma par écrit, à M. Dow, les motifs pour lesquels il ne croyait pas devoir approuver, comme sentence arbitrale, le document que M. Dow lui avait présenté, et que nous analyserons tout à l'heure.

Après avoir rappelé les délais écoulés, l'annonce de son départ et la prorogation convenue, M. Hoffer s'exprime ainsi :

« Mon opinion est que notre Commission d'arbitres ne nous donne d'autres droits que de répondre, point par point, aux questions qui nous ont été posées, et que nous n'avons aucune qualité pour fixer d'autres points.

« Or, pour les questions telles que les numéros 1 et suivants se rapportant aux cubes, la rédaction proposée sans mon accord ne fixait pas le nombre de mètres cubes qu'on nous demande de déterminer comme devant être payé à l'American contracting and dredging Cᵒ.

« Il est vrai qu'après avoir résolu la question de principe relative aux divergences d'interprétation entre les deux compagnies, vous concluez que la Compagnie universelle du Canal interocéanique doit payer une somme de 175.000 piastres à l'American contracting and dredging Cᵒ.

« Mon opinion est que notre réponse ne doit pas être ainsi libellée et qu'il y a lieu de répondre exactement combien de mètres cubes sont à payer et non point qu'elle somme doit être payée.

« Le second point qui n'avait pas mon approbation était relatif à la question des éboulements.

« Après avoir répondu à la question posée par le compromis au sujet des responsabilités, vous établissez que l'American contracting and dredging Cᵒ à la responsabilité des éboulements. Mais ultérieurement, en fixant définitivement le prix à payer pour les dragages en hautes berges et pour la seconde passe, prix sur lequel vous et moi n'avions pu nous entendre, vous recommandez que la Compagnie universelle du canal interocéanique de Panama paye à l'American contracting and dredging Cᵒ les redragages des éboulements en hautes berges.

« Or la question qui nous a été posée était strictement de fixer la responsabilité relative aux éboulements, et nous n'avons pas à décider que les éboulements doivent être payés par la Compagnie universelle du canal interocéanique en hautes berges et supportés par l'American contracting and dredging Cᵒ dans le cas des basses berges.

« La question est une et la réponse doit être une; nous n'avons pas de distinction à établir.

« En troisième lieu, certains des accords que nous avons faits entre nous réservaient l'importance des sommes à payer à la fixation des prix que vous avez désignés notamment pour la question 17.

« Il faut, maintenant que ces prix sont établis, que nous demandions aux parties intéressées les cubes auxquels ces prix sont à appliquer pour fixer l'importance de la somme.

« Pour toutes ces raisons, je vous ai déclaré et vous confirme par la présente que le document que vous avez préparé n'est et ne peut pas être considéré comme sentence arbitrale répondant aux questions du compromis : il y a un travail à faire pour déduire des questions de principe les sentences à rendre.

« Ce travail ne peut matériellement pas être fait avant mon départ ; mes affaires ne me permettraient pas d'ailleurs de le contrôler et je demande que nous en restions à la convention antérieurement établie d'une prorogation. »

A la suite du refus de M. Hoffer, le représentant de M. Slaven dans l'isthme n'hésita pas à employer un procédé bien américain : il somma le Directeur des travaux d'obtenir la signature de M. Hoffer, sans quoi il donnerait l'ordre d'arrêter les travaux. Le Directeur, qui était alors M. Nouailhac-Pioch, répondit naturellement qu'il n'avait pas d'ordre à donner ni de désir à exprimer à l'arbitre M. Hoffer, lequel agissait comme il l'entendait suivant sa conscience.

Sur cette réponse, nouvelle menace du représentant de M. Slaven d'arrêter les travaux si la sentence Robinson-Dow n'était pas considérée comme immédiatement exécutoire. M. Nouailhac-Pioch répondit qu'il ne pouvait accepter les conséquences de l'arbitrage que lorsque la sentence arbitrale serait légalement valable.

Devant l'attitude du Directeur des travaux les dragues américaines arrêtèrent leur travail. Mais ce fut pour quelques heures seulement. Quand il vit que ce procédé d'intimidation n'avait point produit l'effet qu'il en attendait, le représentant de M. Slaven annonça qu'il avait reçu de New-York l'ordre de continuer le travail.

Le travail fut en effet régulièrement repris et les délais d'arbitrage définitivement prorogés au 1er octobre 1887.

Nous avons rapporté en détail ces divers incidents, parce qu'ils caractérisent bien, avec l'historique que nous avons donné des contrats successifs et des modifications qu'ils contiennent, les difficultés spéciales auxquelles donnaient lieu, dans l'Isthme, des contrats comme celui de l' « American contracting and dredging C° », très étendus et contenant presque fatalement de nombreuses imprévisions.

Nous arrivons enfin à l'analyse de la sentence arbitrale de M. Dow, tiersarbitre.

M. Dow constate d'abord que les questions 34 et 35 du compromis du 15 février 1887 dominent la plupart des autres, car de la solution qui leur serait donnée résulterait la détermination des différences de cubes réclamées par l' « American contracting and dredging C° ».

Il les examine donc successivement, scindant en diverses questions secondaires les questions principales. Nous allons résumer les conclusions du tiersarbitre, en mettant en regard de la question posée, telle qu'elle figure d'ailleurs dans l'exposé que nous avons fait plus haut, sa réponse et par conséquent son opinion.

Question 34.

1° Où cesse la responsabilité de l'« American contracting and dredging C° » en ce qui concerne la chute ou le glissement dans le canal ou les dérivations des matières déjà extraites, en voie d'extraction ou à extraire ?

2° Quelle est la responsabilité de l'«American contracting and dredging C°, » en ce qui regarde les éboulements provenant de toutes autres causes, sur les bords du canal, en avant, sur le côté ou en arrière des dragues, ainsi que pour les dépôts amenés dans le canal par les courants d'eau, rivières, ruisseaux ou inondations ? En d'autres termes, la Compagnie du canal a-t-elle le droit de déduire du cube que la «Dredging C°» affirme avoir fait faire ou devoir faire avec ses dragues, le cube des matières tombées, tombant ou devant tomber pour cause de glissements, courants, rivières ou ruisseaux, ou inondations ; ou ladite Compagnie du canal a-t-elle seulement le droit de déduire du cube que la « Dredging C° » déclare avoir fait le volume des matières qui retombent dans le canal par suite de la destruction des ouvrages de protection, ou cavaliers, construits conformément à l'article 5 du contrat du 11 mai 1886, pour retenir sur les

Suivant le tiers-arbitre, l'article 3 du contrat du 11 mai 1886, est parfaitement clair, et répond sur ce point, comme il suit : « L'American contracting dredging C°, » prend également à sa charge le déblai de tous glissements se produisant à une distance de moins de 40 mètres en arrrière de la drague. Le déblai des glissements qui se produiront au delà de cette distance seront payés par la Compagnie du canal comme sur profils réguliers. »

Ceci, ajoute M. Dow, semble pleinement résoudre la question et fait évidemment retomber la responsabilité sur l' « American contracting dredging C° » et je le confirme par les présentes.

2° Le tiers-arbitre répond que la question est tant soit peu complexe et obscure, d'autant plus, qu'à son avis, elle confond des choses qui engagent, les unes directement, les autres indirectement, la responsabilité de la « Dredging C°. »

La responsabilité directe est, suivant M. Dow, dans la question : « La Compagnie du canal a-t-elle le droit de déduire du cube le volume de matières qui retombent dans le canal par suite de la destruction des ouvrages de protection ou de soutènement, construits conformément à l'article 5 du contrat du 11 mai 1886, pour retenir sur les rives les matières que les dragues extraient et déposent ? »

A cette question, j'ai à répondre, dit M. Dow, que la Compagnie du canal a le droit de déduire du cube les matières qui retombent dans le canal par suite de la destruction des ouvrages de protection ou de soutènement en dedans des limites de la zone de ga-

matières que les dragues extraient et y déchargent.

rantie. La responsabilité indirecte de la « Dredging C°» a rapport aux éboulements qui sont produits par d'autres causes sur les parois du canal et qui peuvent être attribués à un cas de force majeure ou à des causes échappant au contrôle de ladite compagnie et qui n'ont pas été clairement prévues.

L'article 2 du contrat du 11 mai 1886 ne reconnaît toutefois aucune cause de cette nature comme engageant la responsabilité indirecte de la « Dredging C°». Aussi M. Dow objecte que la seule interprétation de cet article 2 est, suivant lui, qu'il impose à la « Dredging C° » toutes les obligations y spécifiées et que la « Dredging C° » est entièrement responsable pour toutes les pertes de temps y mentionnées.

De même pour l'article 3 du contrat du 11 mai 1886. Son texte, suivant M. Dow, n'admet certainement aucune discussion. Il est clair et l'obligation imposée à la « Dredging C° » peut difficilement être contestée.

Toutefois, observe M. Dow, la « Dredging C° » prétend que le contrat du 11 mai 1886 n'a jamais eu pour but de s'appliquer au dragage dans les hautes berges, mais se rapportait seulement au dragage dans les rives de moins de 4^m,25 au-dessus du niveau de la mer et était primitivement destiné à régler la question de surestaries en les traduisant par une plus-value du cube effectué. Dans cette allégation, la « Dredging C° » semble avoir le droit de son côté, car l'expression « hautes berges » n'est pas une seule fois mentionnée dans le contrat du 11 mai 1886.

Que les responsabilités et les dangers résultant du travail en hautes berges soient beaucoup plus considérables que dans les berges de 4^m,25 de hauteur, cela ne peut pas être mis en question et le droit et l'équité semblent réclamer qu'une allocation plus considérable soit faite pour les éventualités imprévues et les dangers auxquels le travail en hautes berges est exposé. Je recommanderais, en conséquence, dit M. Dow, que là où les berges s'éboulent et tombent par suite de l'action de l'eau qui lave leurs parois, la « Dredging C° » soit payée pour redraguer les terres ainsi éboulées, tout en maintenant la Dredging C° responsable pour les éboulements des talus occasionnés par des cavaliers défectueux ou la mauvaise distribution des terres draguées déposées sur les bords du canal, provoquant ainsi la rupture des talus à l'intérieur de la zone de garantie.

3° Considérant que la convention susmentionnée (du 11 mai 1886) n'établit pas la manière d'effectuer les mesurages, les arbitres décideront comment, quand et où devront être faits les mesurages du travail effectué par l'« American contracting and dredging C° ».

3° Considérant la longueur et le volume des dragues, mon opinion est, dit M. Dow, que ce serait un compromis équitable d'établir cette évaluation au moyen de profils *contradictoires* établis en avant et en arrière des dragues, et de prendre la moyenne des deux évaluations ainsi obtenues, en prenant pour point de départ le milieu de la drague, le mesurage devant être effectué toutes les fois qu'on le jugera opportun.

Question 35.

Nous avons déjà vu que cette question avait été discutée entre MM. Hoffer et Tracy-Robinson qui s'étaient mis d'accord sur le prix à appliquer au-dessus de la côte — 4, mais non pour le prix à appliquer au-dessous de cette même cote.

La décision de M. Dow est que : pour les terres dont la hauteur excède 4^m,25 mesurés du niveau de l'eau, le prix devrait être de 1 dollar 25 cents jusqu'à 4 mètres au-dessous du niveau de l'eau : ce prix à appliquer au volume total extrait, soumis aux prix supplémentaires stipulés par le contrat additionnel du 11 mai 1886.

« Quelle que soit ma déférence, dit M. Dow, pour les opinions que j'ai entendu exprimer par plusieurs hommes expérimentés, soit pour, soit contre le coût du cube à extraire à partir du quatrième mètre au-dessous du niveau de l'eau jusqu'au plafond du canal, ma conviction sincère et ma décision sont que le même prix de un dollar vingt-cinq cents (1 d. 25) doit être payé pour le cube entier exécuté depuis les terres les plus élevées jusqu'au plafond du canal. Je puis admettre qu'il puisse être plus aisé de draguer les terres au fond du canal, mais la quantité de déblais ajoutée à ceux qui se trouvent déjà déchargés sur les berges rend le travail de déchargement plus difficile et retarde le travail, outre que le poids des déblais contribue largement à la rupture des berges et à multiplier les éboulements.

Question 36.

Les arbitres devront déterminer clairement la signification de l'expression : « au-dessus du niveau de l'eau » employée dans l'article 15 de la convention additionnelle du 25 novembre 1885. Ils établiront si cette expression s'applique à la ligne de flottaison de la drague, au « niveau du fleuve » ou au « niveau de la mer ».

Le tiers-arbitre a estimé, en principe, qu'il convenait de prendre le « niveau de la mer », attendu qu'il est fixé et immuable, tandis que les autres niveaux mentionnés sont sujets, durant la saison des pluies dans l'isthme, de jour en jour, et même d'une heure à l'autre, à des variations qui les rendent incapables de déterminer avec le moindre degré de certitude la position de la drague d'un jour à un autre.

Toutefois, comme base du compromis, M. Dow pense que cette ligne du niveau de la mer ne doit pas être prise en considération au delà du kilomètre 23,350 ; en arrivant, en effet, à ce point, l'élévation du terrain devient si prononcée que la question de savoir si la même base d'évaluation doit être conservée, ou s'il faut en choisir une autre, devrait être l'objet d'un nouvel accord amiable adopté en toute équité par les parties intéressées.

Autres questions.

Après avoir ainsi résolu les questions importantes de principe, M. Dow passe en revue, dans leur ordre régulier, les questions de détail, ne mentionnant pas, bien entendu, celles qui avaient été résolues par les coarbitres, MM. X. Hoffer et Tracy-Robinson.

Questions 2 à 10.

Ces questions se rapportent aux réclamations qui portent sur l'évaluation du cube dragué et déposé sur les berges, et résultent des systèmes différents de mesurage adoptés par les deux Compagnies, la Compagnie du canal prenant le point de départ de ses mesures à l'arrière de la drague et la « Dredging C° » prenant le sien au pied de l'échelle ou à l'avant de la drague. Cette question se trouve résolue en principe par la décision prise sur la deuxième partie de la question 34.

S'appuyant sur cette décision, M. Dow déclare estimer en équité et comme compromis que la Compagnie universelle du Canal interocéanique devra payer à l' « American contracting and dredging C° », à titre d'indemnité, pour régler les difficultés relatives aux cubes réclamés dans les questions 2 à 10 et dans les questions 30 et 31, la somme de 175.000 piastres (argent colombien).

Question 11.

Elle comprend, on l'a vu, une réclamation de l' « American contracting and dredging C° » pour la reconstruction des cavaliers, sur une certaine étendue, pour réparer des éboulements.

M. Dow a écarté cette réclamation comme étant en contradiction flagrante avec la dernière clause de l'article 5 du contrat du 11 mai 1885, ainsi formulée : « Il n'y aura qu'une seule ligne de cavaliers payée pour chaque passage de la drague. »

Questions 1 et 12.

Ces deux questions se rapportent au même ordre de difficultés avec cette différence que le n° 1 concerne la différence d'évaluation du cube dont le payement, réclamé par la « Dredging C° » pour le transport des mêmes déblais par clapets, le différend sur le cube dragué et transporté de cette façon s'élevant à 44.442 mètres cubes 654 et la « Dredging C° » demandant le payement au taux de 50 centavos le mètre cube.

M. Dow croit pouvoir observer que le point de départ des évaluations du cube extrait n'a jamais été nettement déterminé et il admet que la « Dredging C° » a réellement transporté dans ses clapets, conformément à ses mesurages, le nombre de mètres cubes réclamé.

Il décide, comme compromis, d'allouer à la « Dredging C° » la moitié du montant du cube réclamé, soit 22.221 mètres cubes 327 et la moitié du prix demandé, soit 25 centavos, fixant ainsi la somme à payer par la Compagnie du canal à la « Dredging C° » à 5.553 piastres 23.

La sentence arbitrale dont nous venons de faire connaître toutes les dispositions ne pouvait avoir de valeur légale, puisqu'elle ne portait pas la signature de M. Hoffer. Devait-on attendre que cette formalité fût remplie? Le résultat n'eût sans doute guère varié et les conséquences numériques de l'arbitrage eussent été probablement les mêmes, puisque, ainsi qu'on le verra plus loin, ce sont les chiffres mêmes énoncés par la Compagnie qui ont servi de base au calcul des indemnités.

Il ne faut pas se dissimuler, d'ailleurs, que le contrat du 15 juin 1887, même signé seulement à titre provisoire par M. le directeur Jacquier, imposait à la bonne foi contractuelle de la Compagnie l'application de certains prix unitaires.

De plus, l'administration de la Compagnie à Paris, peut-être prématurément (mais, il faut bien le dire, le contrat du 15 juin lui imposait cette attitude), avait engagé des pourparlers avec M. Slaven pour arriver à un arrangement sur tous les points en litige, et déterminer les conditions d'achèvement des travaux concédés à l'entreprise.

Le nouveau contrat fut discuté pendant les trois mois d'août, septembre et octobre 1887. Il fut signé seulement le 12 novembre 1887. Il a eu pour effet de préciser les conséquences de l'arbitrage en réglant tous les comptes antérieurs. Nous allons voir de quelle façon.

Observons enfin, pour la clarté de ce qui va suivre, que, l'arbitrage ayant porté sur la période de temps qui s'est écoulée depuis le 15 mai 1886 jusqu'au 1er février 1887, les parties étaient convenues que les décisions de l'arbitrage s'appliqueraient naturellement aux travaux exécutés depuis le 1er février 1887 jusqu'à l'époque de l'arrangement définitif, choisi au 1er octobre 1887.

Nous considérerons d'abord l'article 17 dudit contrat du 12 novembre 1887, dont le premier paragraphe est ainsi conçu : « Pour mettre fin aux difficultés qui se sont élevées à partir de décembre 1886 jusqu'à ce jour entre l'«American contracting and dredging C°» et la Compagnie universelle du Canal intérocéanique, cette dernière consent à payer à l' « American contracting and dredging C°» une indemnité totale de 485.000 piastres.»

Pour expliquer ce payement, nous devons nous reporter aux conclusions des sentences de MM. Hoffer et Tracy-Robinson et de M. Dow. On sait que la Compagnie avait été condamnée par les trois arbitres à payer diverses indemnités accessoires. Un rapport du directeur des travaux dans l'isthme les évalue, par application des bases posées dans l'arbitrage, au total à 806.199 piastres 77 pour la période de temps comprise entre le 15 mai 1886 et le 1er février 1887.

Dans cette même période le cube exécuté par la « Dredging C° s'était » élevé à un peu plus de trois millions de mètres cubes, soit donc par mètre cube 0 piastres. 10 centavos environ.

Le cube exécuté depuis le 1er février 1887 jusqu'au 1er octobre 1887 était de 2.320.000 mètres cubes environ : à raison de 0 piastre 10 centavos par mètre cube, les indemnités accessoires à prévoir pour cette seconde période seraient donc de :

	Piastres.	Cent.
	232.000	»
A reporter...........................	306.199	77
Total..................	538.199	77

Ce chiffre, comme on vient de le voir, a été réduit à 485.000 piastres.

Or, *pour la deuxième période seulement* la « Dredgind Cᵒ » demandait 543.479 piastres 87.

Les indemnités accessoires ainsi réglées dans des conditions plus favorables, on doit le reconnaître, que celles résultant de l'arbitrage, il restait à faire l'application à l'ensemble des travaux exécutés des prix nouveaux fixés par le même arbitrage et auxquels, partiellement du moins, le contrat provisoire du 15 juin 1887 avait donné une sorte de consécration.

L'article 3 du contrat du 12 novembre 1887 contient un bordereau des prix rédigé de manière à permettre la distinction entre les travaux exécutés avant et après le 1ᵉʳ octobre 1887. En outre, par la séparation de l'entreprise en deux sections, l'une allant du kilomètre 0 au kilomètre 18 et l'autre du kilomètre 18 au kilomètre 23,350, on a pu obtenir sur cette dernière partie, toute en hautes berges, la réduction à 85 centavos du prix de 1 piastres 25 fixé par l'arbitrage. Il faut ajouter d'ailleurs que ce résultat a été obtenu grâce à une méthode de travail imposée par la Compagnie, et non sans peine, à M. Slaven, qui, dans ces conditions, pouvait encore réaliser de larges bénéfices sur le prix de 0 piastres 85 cenvatos.

Nous n'entrerons pas dans les détails du bordereau des prix de l'article 3 précité. On peut s'y reporter; mais nous allons montrer comment il a été appliqué. On se rendra bien compte ainsi des raisons qui ont motivé la transaction intervenue après l'arbitrage, et l'on constatera que les conséquences financières de cette transaction ont été moins onéreuses pour la Compagnie que celles qui seraient résultées de l'arbitrage lui-même.

En raison de l'importance de l'affaire, nous allons reproduire intégralement tous ces documents, quelque fastidieux qu'ils soient, qui se rapportent à ce règlement de comptes.

C'est dans sa séance du 28 octobre 1887 que le Comité de direction de la Compagnie avait approuvé le projet de contrat avec M. Slaven qui devait être signé définitivement le 12 novembre suivant.

Mais, dès le 19 octobre, les bases du contrat étant sans doute arrêtées, M. de Lesseps avait envoyé au directeur des travaux la dépêche suivante :

« Câblez immédiatement cube total exécuté par Slaven au 25 septembre dernier. Indiquez répartition de ce cube d'après distinctions suivantes : cube exécuté depuis le terrain naturel jusqu'au fond de la fouille : 1° entre Colon et le kilomètre 18 dans terrains dont cote du terrain naturel sur l'axe inférieur à 4ᵐ,25 au-dessus du niveau moyen de la mer ; 2° entre Colon et le kilomètre 18 dans terrains dont cote du terrain naturel sur l'axe supérieur à 4ᵐ,25. Cube total exécuté en terrain rocheux depuis le 15 juin dernier. Cube total exécuté dans dérivation du Gatuncillo entre kilomètre 5,450 et 6,770 ; faire savoir si pour terrains rocheux et dérivation Gatuncillo plus-values habituelles ont été portées dans situation 25 septembre. Indiquez montant. » Signé : Lesseps.

Après avoir télégraphié le 25 octobre qu'il avait besoin de quelques jours pour fournir exactement les renseignements demandés, le directeur des travaux répondit le 31 octobre par le câblegramme suivant :

« Cube total au 25 septembre exécuté par Slaven : 11.076.638 mètres. Cube exécuté depuis terrain naturel jusqu'au fond de la fouille entre Colon et le kilomètre 18 : 1° dans terrain dont cote sur axe inférieure à $4^m,25$ sous mer moyenne : 8.338.940 mètres; 2° dans terrain dont cote supérieure à $4^m,25$: 2.737.698 mètres. Cube total exécuté en terrain rocheux depuis 15 juin : néant dans situation 25 septembre. Cube total exécuté dans dérivation Gatuncillo entre le kilomètre 5,450 et le kilomètre 6,770 égaler 129.940 mètres. Nous faisons savoir que pour dérivation Gatuncillo méthode spéciale employée consister dans emploi bâtardeau et élévation du plan d'eau et de flottaison de la drague « Appleton ». Nous n'avons pas tenu compte de cette méthode spéciale dans la situation du 25 septembre; par suite montant néant. » Signé : Nouailhac.

Suivant les chiffres contenus dans cette dépêche le compte des plus-values à payer à « l'Américan contracting and dredging et C°, » fut établi personnellemen par M. E. Gérard, chef du service des travaux à Paris, dans les termes suivants :

« D'après un télégramme reçu de Panama, le 31 octobre 1887, le cube exécuté par « l'American contracting and dredging C°, » au 25 septembre 1887, entre les kilomètres 0 et 18, dans les terrains où la cote sur l'axe est supérieure à $4^m,25$ au-dessus du niveau moyen de la mer, est de 2.737.698 mètres. La plus-value correspondante est de :

	Piastres
2.747.698 (1 piastre 25 — 0 piastre 34) =	2.491.305 18

Le cube exécuté au 25 septembre dans la dérivation du Gatuncillo est, d'après le même télégramme, de 129.940 mètres et occasionne une nouvelle plus-value de :

129.940 (1 piastre 25 — 0 piastre 34) =	118.245 40
Total de la plus-value.....	2.609.550 58

A ajouter, l'indemnité accordée à « l'American contracting and dredging C°, » par l'article 7 de la nouvelle convention....

	485.000 »
Total..............	3.094.550 58

A retrancher la somme déja payée à titre gracieux (en attendant les résultats de l'arbitrage)......................

	93.803 »
Reste à payer........	3.000.747 58

2 novembre 1887,

Signé : E. Gérard.

Le même jour, M. Dingler, ingénieur-conseil de la Compagnie, transmettait les résultats du calcul qui précède à M. Charles de Lesseps par la lettre suivante :

Paris, le 2 novembre 1887.

Monsieur le Vice-Président,

« Ainsi que vous le désiriez, le service des Travaux a fait le calcul des plus-values résultant de l'application du nouveau contrat Slaven. Ci-joint l'état dressé par M. Gérard ; j'ai recommandé la plus grande discrétion, bien entendu.

« Le chiffre de M. Gérard est un peu supérieur au mien, parce que j'avais négligé l'indemnité spéciale relative à la dérivation du Gatuncillo, indemnité que j'avais intentionnellement négligée afin d'être certain d'être plutôt au-dessous qu'au-dessus de la réalité, ou plutôt de la situation résultant des chiffres envoyés par Panama. J'ajouterai que nous n'avons pas tenu compte de la plus value de 0 piastre 51 (0 piastre 85 — 0 piastre 34) qui serait due pour tout le cube qui a pu être exécuté avant le 1ᵉʳ octobre entre le kilomètre 18 et le kilomètre 23,350 ; et de l'indemnité de 0 piastre 91 (1 piastre 25 — 0 piastre 34), qui serait due pour tout le cube exécuté en terrain à cote supérieure à 4ᵐ,25 depuis le 25 septembre jusqu'au 1ᵉʳ octobre dernier, depuis Colon jusqu'au kilomètre 18. »

« Veuillez agréer, Monsieur le Président, l'expression de mes sentiments respectueux. »

« *Signé :* DINGLER. »

Si nous reprenons maintenant le compte établi par M. Gérard, en observant qu'il y a lieu de déduire du total ci-dessus restant à payer la somme de 485.000 piastres due en vertu de l'article 17 du contrat du 12 novembre 1887, nous trouvons que, sauf quelques omisssions volontaires indiqquées par M. Dingler, la somme à payer à l'American contracting and dredging Cᵒ, s'élevait à 3.000.747 piastres 58 — 485.000 piastres = 2.515.747 piastres 58.

La valeur de la piastre était à cette date pour la « Dredging Cᵒ » (art. 15 du contrat du 12 novembre 1887) de 4 fr. 10 environ.

La somme à payer était donc de 10.314.565 francs.

La simple énonciation de ce chiffre explique que M. Charles de Lesseps a dû essayer d'arriver à une entente transactionnelle sur un chiffre global inférieur. On comprend en même temps la phrase de la lettre reproduite plus haut de M. Dingler, relative à la discrétion recommandée au chef du service des travaux.

Le représentant et le Conseil légal de M. Slaven à Paris, M. Kelly, avocat de New-York, avait admis, en effet, que la transaction définitive pouvait avoir lieu par un versement d'une somme de *huit millions de francs* à l' « American contracting and dredging Cᵒ ». M. Charles de Lesseps avait annoncé ce règlement an Comité de direction, dans sa séance du 4 novembre 1887.

Mais — et l'on ne peut guère s'en étonner — M. Slaven avait fait suivre à Panama les relevés et les comptes de son entreprise. Aussi refusa-t-il de confirmer l'accord établi avec M. Kelly, son représentant. Il réclama 12 millions au moins.

M. de Lesseps transigea sur la somme de *neuf millions.*

Nous croyons devoir, pour terminer, reproduire la proposition, approuvée par le Comité dans la séance du 11 novembre 1887, qui a terminé cette affaire :

« Nous avons l'honneur d'exposer au Comité qu'en même temps que M. Charles de Lesseps soumettait à l'approbation du conseil d'administration, dans sa séane du 4 de ce mois, le projet du nouveau contrat qui venait d'être consenti à M. Slaven, en sa qualité de président de l'« American contracting and dredging C° » ; il lui faisait connaître que M. Kelly, représentant et conseil de M. Slaven, avait proposé à la Compagnie de mettre fin à toutes les difficultés pendantes entre les deux Compagnies et à toutes celles qui pourraient surgir à l'occasion de l'application du nouveau contrat pour le règlement de toutes les questions soulevées dans l'arbitrage, par le payement à forfait, par la Compagnie du canal à la « Dredging C° », d'une somme de *huit millions de francs* pour solde de tous comptes entre les deux Compagnies à la date du 1er octobre 1887. Le conseil donna son approbation au projet de contrat et à la transaction qui devait le suivre ; mais, au moment où il allait être procédé à la signature de ces deux traités, M. Slaven, qui avait reçu de nouveaux renseignements de l'isthme sur le cube exécuté, demanda que le chiffre de 8.000.000 offert par M. Kelly, mais qu'il n'avait pas accepté directement, fût porté à un chiffre beaucoup plus élevé et consentit enfin qu'il fût définitivement fixé à neuf millions.

« En conséquence, il a été rédigé un projet de compromis fixant à neuf millions de francs la somme qui doit être payée à forfait par la Compagnie du canal, et c'est le projet qui est soumis à l'approbation du Comité.

« Ce compromis met fin à toutes les difficultés qui pouvaient naître du règlement des questions soulevées par l'arbitrage et tranchées par le nouveau contrat ; mais il réserve tous les droits de la Compagnie sur les sommes que l'« American contracting and dredging C° »pourrait devoir à la Compagnie du canal pour fournitures, location de matériel et d'installations représentées par des mandats de recettes, sur celles qui auraient été payées à la « Dredging C° » à titre de plus-values sur le cube exécuté avant le 1er octobre 1887, moins 93.803 piastres qui ont été payées au même titre par la Compagnie du canal et qui ont été abandonnées (sous réserve de la transaction globale) au cours de la discussion du chiffre concédé. Les frais d'arbitrage sont partagés. »

Nous nous excusons d'avoir donné à cette note de pareils développements, bien que l'importance de l'affaire qu'il s'agissait d'examiner puisse les justifier.

Mais le sujet nous ayant été fourni, nous avons voulu démontrer, par un exemple quelconque et que nous n'avions pas choisi, que les jugements, quels qu'ils puissent être d'ailleurs, à porter sur les actes de l'administration de Panama doivent toujours, pour être justes et fondés, reposer sur une étude sérieuse et complète des circonstances et des causes.

Paris, le 1er mars 1893.

ANNEXE N° III

AMERICAN CONTRACTING ET DREDGING C°.

Explications de la liquidation sur le payement d'une somme de 1.800.000 francs. Arbitrage de 1888.

Nous avons eu à parler, dans une autre note, des conditions dans lesquelles est intervenu, à la date du 12 novembre 1887, un nouveau contrat entre la Compagnie du canal et l' « American contracting and dredging C° ».

L'article 5 de ce contrat est relatif au mode de mesurage des déblais dragués. Il contient, à cet égard, les prescriptions suivantes :

« Le cube dragué sera mesuré en fouille, d'après les profils levés contradictoirement avant et après le passage des dragues.

« L'emplacement de ces profils sera choisi d'un commun accord par la Compagnie du canal et par l' « American contracting and dredging C° ; » leur écartement sera autant que possible uniformément de 20 mètres, sans jamais dépasser ce chiffre.

« Il est expressément entendu que les dragages devront être exécutés de manière qu'après chaque passe le plafond du canal soit aussi régulier que possible.

« Chaque profil donnant la nouvelle configuration du terrain, après le passage d'une drague quelconque, sera levé contradictoirement le plus tôt possible après que l'arrière de la coque de cette drague aura dépassé le profil considéré, mais en tout cas avant que l'arrière de la coque de la drague ait atteint le milieu de la distance séparant ce profil du profil suivant dans le sens de la marche de la drague.

« Pour le calcul du cube dragué correspondant à chaque passe, on comptera le vidé réel compris entre la ligne du terrain, avant le passage de la drague, et la ligne du terrain après ce passage....

On se rend compte par la lecture seule des indications qui précèdent, qu'il devait résulter du mode prescrit pour les mesurages, des erreurs presque inévitables.

En effet, on devait lever des profils *avant et après chaque passage de drague*.

Supposons, par exemple, le cas simple d'un approfondissement total de 6 mètres à l'aide de trois passages de drague enlevant chacun une couche de terrain de 2 mètres d'épaisseur.

On aurait pu lever successivement quatre séries de profils, savoir : les profils du terrain naturel avant le commencement du travail et les profils à 2 mètres, 4 mètres et 6 mètres de profondeur.

S'il avait été convenu que le profil inférieur levé après chaque passage devait être considéré comme le profil supérieur pour le passage suivant, il eût été impossible de faire aucune erreur, et la somme des surfaces partielles entre deux profils successifs aurait représenté exactement la surface totale du profil.

Mais ce n'est pas cette méthode qui a été appliquée.

On est obligé de reconnaître, d'ailleurs, qu'elle n'est pas imposée par le contrat, et il est malheureusement probable que les prescriptions de ce contrat ont été rédigées sur la demande de l'entrepreneur, pour empêcher l'emploi du mode de mesurage que nous avons défini plus haut.

Le contrat prévoit, en effet, que les profils seront levés *avant* et *après* le passage de chaque drague. Ainsi, par conséquent, le profil inférieur levé après le passage d'une drague sert à déterminer, avec le profil supérieur, le cube enlevé pendant ce passage. Mais, pour le passage suivant de la drague, on devra relever à la même place un nouveau profil.

L'entrepreneur a voulu évidemment qu'on lui tienne compte ainsi des apports, de toutes les modifications de terrain qui ne proviendraient pas de son fait.

Mais aussi, les deux profils, en général, ne coïncident pas. N'y eût-il même aucune modification réelle du terrain, les représentations graphiques des profils successifs au même endroit ne se ressembleraient pas; et il suffit d'avoir quelque expérience des opérations pratiques des sondages de profondeur pour en être à l'avance convaincu. Et cela est plus vrai encore quand il s'agit de relever un terrain travaillé par les godets des dragues qui, en mordant le sol, laissent une série de trous et de bosses. Suivant le point sur lequel tombe la sonde on peut avoir des différences en profondeur atteignant 50 centimètres.

Pour remédier aux inconvénients d'une pareille méthode il eût fallu prendre les plus minutieuses précautions de mesurage et de repérage, qui auraient rendu les opérations excessivement longues. Mais en admettant même que tous les soins désirables aient été donnés aux sondages, des erreurs étaient inévitables. De plus, comme il est facile de s'en rendre compte, elles vont en se cumulant, et l'on s'explique ainsi qu'on ait été, au bout d'une certaine période de travail, amené à les relever.

On ne saurait dissimuler pourtant que toutes les précautions n'ont peut-être pas été suffisamment prises pour éviter autant que possible les erreurs qui se sont produites. On aurait dû, au moins, à chaque nouveau passage d'une drague, faire des comparaisons entre les anciens profils, relevés comme profils inférieurs, et les nouveaux profils levés pour marquer l'origine de la nouvelle couche des terrains à enlever. Il ne semble pas que ces observations comparatives, qui auraient seules permis de s'assurer que le terrain avait subi de réelles transformations, qu'il avait été modifié par des apports, aient été faites. Il n'est même pas sûr que l'on se soit attaché à relever les profils sur des emplacements identiques, pour les passes successives des dragues, ce qui interdisait, par suite, toute comparaison.

Au mois de juin 1888, M. A. Bergès, alors directeur intérimaire des travaux, ayant constaté certaines différences dans les profils relevés, fit procéder à une vérification des travaux de l'entreprise.

L'enquête démontra que, par suite de la différence entre les profils relevés aux mêmes points après le premier passage de la drague et avant le second passage, la Compagnie avait payé à la date du 15 juillet un cube de 1.773.019^{m3},80, pour une excavation ne mesurant que 1.604.222^{m3},25, soit une différence de 168.797^{m3},55.

L'Administration de Paris ne fut pas prévenue à cette date. Entre temps les travaux continuèrent et la situation du mois d'août 1888, établie suivant les errements habituels, donna, dans la seule partie du canal comprise entre les kilomètres 18 et 21,800 un cube à payer s'élevant à 2.187.772^{m3} pour un vide réel de 1.779.964^{m3}, soit 407.808^{m3} de différence au détriment de la Compagnie. C'était d'ailleurs l'écart le plus considérable. Les écarts constatés ailleurs étaient de beaucoup moindre importance.

A cette date M. Bergès fut remplacé par M. Nouailhac-Pioch comme directeur intérimaire et il mit ce dernier au courant de la situation.

Le 30 août 1888, une première dépêche de M. Nouailhac-Pioch prévient l'Administration de Paris. Elle dit : « Nous avons nouvelle difficulté avec l'entreprise Slaven à cause de majoration cube net constatée dans bassin kilomètre 22. »

Cette dépêche fut confirmée par une autre du 1er septembre suivant, ainsi conçue :

« Vous confirmons notre câble d'hier au sujet de l'entreprise Slaven avec complément et modification très grave. Voici le fait : majorations considérables ont été commises dans sondages levés à l'arrière des dragues, conformément à nouveau contrat, à l'insu des surveillants de la Compagnie, trompés comme toujours par ruse des agents inférieurs de l'entreprise, surveillants que je fais remplacer aujourd'hui par des sous-chefs de section. Hier soir, le divisionnaire de Colon m'a apporté un rapport circonstancié et situation résultant des sondages qu'il se refuse à signer. Situation s'élever à chiffre de 914.000 mètres cubes (?) et 737.000 piastres environ. La preuve irréfutable que nous avons été trompés, ou tout au moins victimes de la clause léonine des profils levés à l'arrière des dragues, réside notamment que dans le bassin du kilomètre 18 au kilomètre 22 où pas un gramme apporté du Chagres, ni moindre boursouflement du plafond creusé dans terrains argileux très compacts, il existe une différence de plus de 200.000 mètres cubes entre le vide réel creusé et le chiffre global des passes de dragues accusés par la situation. (Suivent quelques détails par drague). Bergès divisionnaire bureaux techniques refuse approuver et moi refuse mandater pareille situation, *bien qu'elle soit dressée conformément à contrat*. Je vous informe également que je vais faire procéder sans délai à une expertise, conformément à contrat, pour apprécier les faits. Je propose à Rives cette expertise. En outre, Douglas, représentant Slaven, télégraphie ce soir que « N. Appleton » et « H.-B. Slaven » avoir terminé ce soir leurs dragages et entrer ce soir en surestaries.

« Devant situation si grave, je crois agir dans l'intérêt des actionnaires de la Compagnie dans les limites de pouvoirs notariés de Directeur des Travaux et confiance indispensable pour assumer une si lourde tâche en vous informant que d'ici au 15 septembre, si je n'ai pas reçu contre-ordre de vous, je ferai solder 80.000 piastres par drague, soit 560.000 piastres pour l'ensemble, déclarant terminés les travaux de l'entreprise Slaven, puisque le cube, y compris la situation contestée, atteint au 25 août 16.185.000 mètres, supérieur à 15 millions, chiffre contractuel et reprendrai immédiatement en régie avec équipages américains en intéressant les chefs dragueurs et me chargeant de contrôler les conditions. Je ferai monter quatre dragues au moins dans la 2ᵐᵉ division et finirai la première avant les pluies du printemps prochain. Économie probable de ces mesures sur continuation avec entreprise américaine sera certainement supérieure au solde dû pour dragues. J'estime ces mesures devoir sauvegarder au plus haut point intérêt et réputation de Compagnie. Vous prie, dans le cas où jugerez autrement, de motiver votre décision.

« *Signé :* Nouailhac. »

Après avoir lu cette longue dépêche, on ne peut guère s'étonner que l'Administration de la Compagnie, à Paris, ait considéré que les questions qui lui étaient ainsi soumises, et d'une façon aussi inattendue, méritaient un examen sérieux. Elle apprenait, d'une part, que des majorations de cube qui ne lui avaient pas été jusqu'alors signalées, existaient et avaient existé, s'accroissant mensuellement depuis le mois de décembre 1887. Elle se trouvait en outre en présence d'une proposition tendant à mettre en régie intéressée, sous la direction des agents de la Compagnie, non seulement les travaux restant à faire dans la première division, mais une partie de ceux-mêmes qui étaient alors concédés à MM. Vignaud, Barbaud, Blanleuil et Cie.

Mais ce qui paraît avoir frappé d'abord l'Administration de Paris; ce qui exigeait une solution et une réponse précise et rapide, c'était la question du cube. Si l'on examine un peu entre les lignes la dépêche que nous allons reproduire, il est évident qu'elle blâme la conduite des opérations de contrôle de l'entreprise Slaven. Voici cette dépêche :

« Très surpris par vos renseignements sur application article cinq contrat Slaven. Cet article suppose implicitement concordance entre profils successifs levés sur les mêmes points d'axe avant et après les passages des dragues, de manière à donner au maximum le cube correspondant au profil théorique défini par le sixième paragraphe, à moins de constatation contradictoire faite sur demande Slaven pour éboulements ou apports. Revoyez article V dans cet esprit et *refusez payer* Slaven à l'aide d'arguments indiqués ci-dessus qui sont justes et équitables. En conséquence, vous ne devez pas provoquer expertise, mais attendre réclamations Slaven à qui ferez observer que situations cumulatives, quant aux cubes, devoir être rectifiées dans les limites du maximum contractuel. Pour éviter des surestaries faites procéder aux élargissements nécessaires dans les dérivations aux points rencontrant terrains plus résistants, comme il a été convenu. Pour la suite, attendez instructions très prochaines.

« *Signé :* Lesseps. »

Il faut dire encore que cette dépêche paraît avoir eu en même pour but de montrer à la direction de Panama comment on eût dû se prémunir contre les résultats de l'application littérale des prescriptions de l'article 5. Il est malheureusement vrai que la rédaction de cet article, et même probablement le sens qu'il avait en réalité, ainsi que nous croyons l'avoir montré plus haut, ont facilité les erreurs qu'on a relevées plus tard, mais qu'on aurait dû prévoir, et, autant que possible, empêcher dès l'origine du contrat du 12 novembre 1887.

Il convient de donner tout de suite ici des renseignements sur la seconde proposition de M. Nouailhac-Pioch tendant à la constitution d'une régie intéressée avec les agents eux-mêmes de la Compagnie. L'Administration de Paris répondit le 7 septembre à cette proposition par le télégramme suivant :

« D'après câblegramme reçu premier septembre, vous proposiez attendre jusqu'au 15 pour prendre décisions relatives à l'entreprise Slaven. Nous avons répondu vous recommandant poursuivre exécution du contrat actuel jusqu'à nouvel ordre. Or Slaven écrit que deux dragues restent inoccupées et qu'il a reçu l'ordre de draguer dans le canal jusqu'à — quatre seulement. Nous supposons que cette décision ne peut avoir pour effet de provoquer l'arrêt des autres dragues. En cas d'arrêt, il serait préférable, si le représentant Slaven le demande, de laisser continuer les dragages au-dessous de la cote — quatre en attendant une décision définitive qui sera prise avant la fin du mois courant pour les entreprises de la 1ʳᵉ et de la 2ᵉ divisions. A ce sujet, je vous exprime mes regrets que des motifs d'ordre général tirés de la situation de la Compagnie et de l'existence simultanée des autres entreprises générales s'oppose à la constitution d'une régie intéressée partielle sous la direction et le contrôle des agents de la Compagnie qui se trouveraient ainsi partagés en deux catégories, ce qui est un autre argument contre la solution indiquée. Mais si voulez bien mettre votre autorité et votre expérience au service de la Compagnie pour exécuter directement les travaux si importants de la 2ᵉ division, je pourrais essayer l'organisation d'un groupement dont vous seriez la tête. Câblez.

« *Signé* : LESSEPS. »

Les pourparlers sur cette proposition ont pris sans doute un caractère personnel entre M. Charles de Lesseps et M. Nouailhac-Pioch, car nous ne trouvons plus, au dossier, aucune dépêche qui s'y rapporte. Ils n'ont d'ailleurs pas abouti, soit à la constitution d'une régie intéressée, soit à la constitution d'une entreprise. Nous ne nous occuperons donc plus de cet incident.

M. Bergès, l'ingénieur qui avait commencé le relevé des erreurs constatées au mois de juillet, était parti de l'isthme le 3 septembre pour rentrer en France. D'autre part, M. Slaven se trouvait lui-même en France. On pouvait donc espérer que l'examen de la grave question soulevée se poursuivrait simultanément à Paris et à Panama.

M. Nouailhac-Pioch avait d'ailleurs conformé son attitude aux instructions contenues dans la dépêche qui lui avait été expédiée de Paris le 1ᵉʳ septembre.

Aussi, répondit-il, le 6 septembre : « J'ai refusé payer situation Slaven conformément à arguments contenus dans votre câble du 1er septembre. J'ai offert à Douglas (représentant de Slaven) de faire des constatations pour démontrer qu'il n'y a pas d'apports ni de soulèvement de plafond dans le bassin de Vamos et la dérivation n° 1. Douglas se retranche dans un refus systématique et demande d'appliquer brutalement l'application des sondages successifs, et déclare qu'il en réfère à Slaven à Paris. Nous câblerons incessamment cubes exacts majoration indéniable. Nous vous renouvelons notre avis du 31 de déclarer terminée la tâche des Américains et de reprendre la libre disposition des dragues. Donner à Slaven une nouvelle tâche dans la 2e division est une faute. Nous pouvons faire aussi bien qu'eux avec le même outillage et d'une manière moins onéreuse et dolosive pour la Compagnie..... » (Suivent les dispositions de détail proposées par M. Nouailhac pour faire entrer quatre dragues américaines dans l'entreprise Vignaud, et achever les 3 ou 4 millions de mètres cubes de dragages qui restaient encore à y faire à cette époque.)

Entre temps, on continuait à chercher à Paris les motifs de l'erreur commise dans l'isthme. Aussi, le 10 septembre 1888, la dépêche suivante était encore envoyée : « En outre des observations de principe câblées précédemment pour l'application du contrat Slaven, nous supposons qu'une autre erreur grave a pu être commise en ne prenant pas pour base du mesurage des déblais les profils successifs situés aux mêmes points kilométriques du profil en long et les sondages des profils en travers à la même distance de l'axe du canal. Cette observation est suggérée par le 3e paragraphe de l'article 5. Câblez explications sur instructions données et méthode appliquée. »

Il ne fut pas répondu par câble ainsi qu'il avait été demandé. Mais nous croyons devoir, anticipant sur le récit des incidents qui se sont produits, donner ici, en vue d'éclairer les faits qui vont être rapportés, le passage d'une lettre de M. Nouailhac-Pioch en date à Panama du 15 octobre 1888 :

« .....La différence constatée ne peut s'expliquer que par des malfaçons graves dans la conduite du travail, et des erreurs commises dans la prise des sondages.

« Il est regrettable que les constatations officielles et régulières des malfaçons n'aient pas été faites avant le mois d'août.

« Il n'en est pas moins certain que le système adopté par l'« American contracting and dredging Cie » de ne pas draguer en même temps sur toute la largeur du canal, mais d'effectuer ses dragages seulement sur la moitié de cette largeur, devait avoir forcément pour résultat de faire tomber dans la première moitié excavée une partie des terres de la moitié non touchée par la drague, mais cependant remuée par le passage de celle-ci dans la partie voisine.

« De cette manière, au moment du redragage, le vide constaté après le premier passage se trouvait en partie comblé ; et, en conséquence, les profits relevés avant ce dragage présentaient un terrain notablement surélevé.

« D'autre part, les profits notifiés à l'« American contracting and dredging Cie » pour la largeur totale du canal avant tout dragage, n'en servaient pas moins pour évaluer le cube exécuté après le premier passage dans la seconde moitié, cependant précédemment en partie éboulée dans la passe déjà draguée.

« De là, double payement des terres éboulées : une première fois au prémier passage suivant profils primitifs ; une seconde fois dans la passe voisine au moment du redragage.

« De plus, certaines dragues munies de deux longs couloirs n'en utilisaient qu'un seul, la largeur du canal ne permettant pas de déverser les déblais sur les deux rives ; cependant une partie des déblais déviait vers le couloir inutilisé bouché et retombait par les interstices dans la passe voisine pour y être enlevée une seconde fois par l'entreprise.

« Les cavaliers n'ont pas été établis de façon à ne pas permettre aux déblais de retomber dans le canal ; mais ces déblais ne retombant que lentement leur présence n'a pu être constatée immédiatement après le passage de la drague, ouvrant ainsi à l'American contracting and dredging Cᵒ un droit à nouveau payement pour redragage. Derrière ces mêmes cavaliers ont été établies des rigoles pour faciliter l'écoulement des eaux boueuses, mais le déversement, au lieu d'être dirigé avec soin du côté opposé à l'excavation, a pu s'effectuer à une certaine distance en arrière des dragues, dans l'excavation même, et cela sans que l'entreprise ait pris aucune mesure pour remédier à cet état de choses.

« Reste enfin la manière même dont ont été donnés les coups de sonde servant au lever des profils ; la pratique la plus ordinaire était d'arrêter la sonde au fond des ondulations du terrain après le premier passage pour ne la laisser arriver qu'à la crête de ces ondulations avant le redragage.

« Ces malfaçons et ces pratiques ont été constantes depuis le début de l'entreprise (suivant contrat du 12 novembre 1887); elles n'ont, il est vrai, été dûment constatées par nos agents que depuis le mois d'août, et vous remarquerez que l'American contracting and dredging Cᵒ s'est opposée, autant qu'il était en son pouvoir, à toute rectification, en refusant constamment de signer les procès-verbaux qui lui ont été présentés.

« Tel est, monsieur le président-directeur, l'état actuel des questions en litige avec l'entreprise.

« J'estime qu'alors même que la lettre du contrat ne paraîtrait pas trancher en faveur de la Compagnie le désaccord existant, il y a lieu de rechercher une solution qui atténue dans une certaine mesure les conséquences désastreuses de certaines clauses de la convention du 12 novembre 1887.

« Je conclus, pour ma part, ainsi que je vous l'ai fait connaître par mon câblegramme du 31 août 1888, que l'entreprise ayant atteint et même dépassé le minimum du cube contractuel, soit 15.000.000 mètres cubes, il y a intérêt pour la Compagnie à considérer comme terminée la tâche de cette entreprise, sans préjudice du rappel de toutes sommes que la Compagnie pourra récupérer, aussi bien les majorations de cube, que pour les dommages causés aux dérivations voisines ».

Dans tout le courant du mois de septembre, diverses dépêches échangées entre les deux administrations de Paris et de Panama font allusion au différend Slaven. Mais elles se rapportent particulièrement à la marche de l'entreprise, ainsi qu'à la nature et à l'emplacement des travaux à lui confier. Il n'y a rien, dans les dépêches auxquelles nous faisons allusion, de particulièrement intéressant qui ne nous soit déjà connu. On remarque seulement que M. Nouailhac continue à protester énergiquement de la nécessité d'un arbitrage, et de l'intérêt qu'il y aurait pour la Compagnie non seulement à résilier l'entreprise américaine, mais encore et surtout à ne lui confier aucun travail nouveau.

M. Slaven, qui était alors à Paris, ainsi que nous l'avons déjà dit, ne se tint pas inactif pendant le courant du mois de septembre 1888. Son représentant, M. Kelly, écrivit le 4 septembre, et lui-même les 5 et 6 septembre, pour réclamer contre les réductions de cube qu'on lui avait imposées dans l'isthme. L'Administration de Paris ne crut sans doute pas devoir répondre, manquant alors de renseignements précis.

Aussi le 11 septembre (la dépêche de M. Nouailhac du 6 septembre que nous avons reproduite explique cette nouvelle démarche) M. Kelly écrivit à la Compagnie une lettre ainsi conçue :

« Messieurs, sans réponse à ma lettre du 4 septembre, ni à celles de M. Slaven des 5 et 6 septembre, je tiens à vous faire savoir que je viens de recevoir la dépêche suivante du représentant de l'« American Contracting and Dredging C° » dans l'isthme : Nouailhac-Pioch prétend avoir découvert excédent de cube de plus d'un demi-million de mètres ; qu'il n'a pas fini l'étude de la situation. Sa prétention fausse et fantaisiste. Il vérifie la situation dans ses bureaux et pas sur le terrain où les mesurages justifient les situations. — Je crois qu'en face de cette dépêche vous trouverez utile de donner à cette affaire l'attention qu'elle mérite.

« Veuillez agréer, etc...... Signé : Edmond Kelly. »

L'Administration de Paris, qui ne pouvait trop s'engager sans les renseignements précis qui lui manquaient encore, et qui attendait d'ailleurs l'arrivée de M. l'ingénieur Bergès, parti de Panama le 3 septembre, lequel avait le premier soulevé l'incident et engagé l'affaire, répondit le 22 septembre suivant par une lettre dont il importe de reproduire seulement le passage suivant :

« Permettez-moi de vous faire observer que les clauses et conditions générales auxquelles est soumise l'« American contracting and dredging C° » et certaines clauses plus spéciales de notre convention du 12 novembre 1887 assurent le règlement contractuel des difficultés pendantes. M. le Directeur des Travaux dans l'isthme observe certainement les prescriptions du contrat, et ce n'est point manquer à ce que le contrat ordonne que de faire calculer au bureau les profils résultant des mesurages sur le terrain. Quoi qu'il en soit, et si un accord ne s'établit pas dans l'isthme, j'interviendrai aux conditions prévues par l'article 19 des conventions précitées du 12 novembre 1887. »

Enfin M. l'ingénieur Bergès étant arrivé à Paris dans les derniers jours du mois de septembre, l'Administration sollicita ses explications. Il en résulta clairement qu'une majoration de cube existait réellement pour toutes les causes qui ont été précédemment exposées, relatives soit à la rédaction de l'article V, soit aux malfaçons de l'entreprise, mais sans qu'aucun ordre de service de la Compagnie ait jusqu'au mois d'août mis obstacle aux agissements de l'entrepreneur. Voici d'ailleurs, et malgré la longueur de tous ces documents, un extrait d'une note que nous trouvons au dossier et qui est de la main même de M. Bergès. Parlant de l'excédent de cube, il s'exprime ainsi :

« Une seule chose pourrait justifier cet excédent ; ce sont les rapports dus

70

à des causes de force majeure ; mais justement pour un cas spécial, celui du bassin, qui va du kilomètre 18 au kilomètre 22, il ne saurait exister d'apports et la majoration s'élève néanmoins à............ sur un cube total extrait de........... soit...... 0/0 (Il n'y a pas de chiffre dans la note.)

« Et en dehors même du bassin, il est bien difficile de supposer que les apports aient atteint les chiffres où s'élève la majoration, bien que sur ce point une démonstration précise du fait ne puisse être faite comme dans l'autre cas.

« Pour compléter cette étude, il est nécessaire d'examiner le fonctionnement des dragues.

« L'entreprise s'est exclusivement servie pour exécuter ses travaux de dragues à long couloir et a déchargé les déblais sur les deux berges, se contentant pour les retenir de construire des cavaliers en bois très légers.

« Les dragues déversaient derrière les cavaliers les déblais mélangés d'un volume d'eau bien supérieur au leur, eau qui le plus souvent rentrait dans le canal par des brèches ouvertes dans les cavaliers, entraînant d'assez grandes masses de terre qui rentraient dans le canal. Des ouvriers placés sur les cavaliers au point de décharge du couloir avaient pour mission d'assurer l'écoulement des eaux en creusant de petites rigoles sur les cavaliers eux-mêmes.

« L'entrée de ces eaux bourbeuses autour de l'emplacement de la drague, autant que l'agitation produite par son fonctionnement, a pour conséquence le maintien en suspension dans la masse des eaux de terres qui ne se déposent que longtemps après le passage de la drague, de sorte qu'au moment où le contrat exige de relever le profil, une portion de terre non extraite est néanmoins comptée à l'entreprise.

« Cette quantité de déblai trop comptée est constituée par une vase fluide qui forme au fond une couche dont l'épaisseur peut atteindre $0^m, 40$. Les sondes plates dont on se sert ne la traversent pas, et d'ailleurs l'entreprise exige, sans qu'on puisse le lui refuser, une plaque assez large pour réaliser ce fait.

« D'autre part, les dragues avancent à l'aide de béquilles, de sorte qu'elles balayent circulairement le fond, creusant une série de sillons dont le creux est à peu près la hauteur d'un godet, soit $0^m, 60$.

« Des sondages faits sur un tel terrain ne peuvent donner que des résultats approximatifs, et, selon les opérateurs, ils pourront être, bien que faits honnêtement, assez différents.

« Ces circonstances mettent à la charge de la Compagnie une majoration constante par passage qui à elle seule n'explique pas l'intégralité, en particulier pour le bassin, des majorations obtenues.

« Le surplus provient des erreurs volontaires ou involontaires faites par les opérateurs. Sur ce point, n'ayant pu mener jusqu'au bout l'enquête par suite de mon départ, je me bornerai à signaler deux faits :

« 1° Les opérateurs que nous avions sur les dragues étaient loin de valoir ceux de l'entreprise qui devaient faire tourner à leur avantage toutes les opérations.

« 2° Souvent les opérateurs de la Compagnie ont accepté, sans contrôle, les profils dressés par l'entreprise qui pouvaient être erronés à son avantage.

« Il paraît, *à priori*, facile d'obvier à ces défauts en choisissant de bons opérateurs. C'est ce qui s'est fait à mon départ, et je ne connais pas les résultats obtenus.

« Ceci établi, j'ai à indiquer à la suite de quelles circonstances, à la situation du 25 août, j'ai été d'avis avec M. Nouailhac de ne pas payer la situation de l'entreprise.

« Dans le courant de juillet, je me suis aperçu de majorations importantes, notamment dans le bassin. J'ai commencé une enquête et une étude complète de la question qui n'était pas encore terminée à mon départ. Mais comme les majorations étaient évidentes et, d'autre part, voulues par l'entreprise, nous avons pensé qu'il était nécessaire d'y mettre un terme, et c'est dans ce but que nous avons refusé de payer la situation.

« *Il nous paraissait peu probable qu'en présence des termes formels du contrat la Compagnie puisse engager un procès, mais nous pensions que l'entreprise, qui connaît mieux que personne les faits que je signale, accepterait une transaction.*

« Nous avons encore été conduits à prendre cette décision en apprenant que l'entreprise américaine était en pourparlers pour prendre la deuxième division. Nous estimions que l'on ne pouvait accepter, quels que soient les termes du nouveau contrat, une entreprise qui, jusqu'ici, a trompé d'une façon si absolue la Compagnie du Canal et dont l'unique but est de l'exploiter encore. »

Quoi qu'il en soit d'ailleurs, des entrevues eurent lieu, dans les derniers jours de septembre, entre M. Charles de Lesseps, assisté de ses conseils techniques et contentieux, M. Bergès et M. Slaven.

M. Slaven ne voulut tout d'abord consentir aucune réduction. S'appuyant sur ce fait que les situations établies résultaient du calcul de profils contradictoirement établis et *s'inspirant exclusivement de la lettre de l'article* 5, il maintenait les chiffres de la situation primitive. Il le fit dans les termes de la plus grande violence. Et c'est même à ce propos que M. Charles de Lesseps ayant fait allusion au droit qu'il possédait de résilier le contrat et de prendre possession des dragues, après payement du solde convenu du prix, M. Slaven le menaça d'armer ses équipages et d'empêcher par la force l'installation sur les dragues des agents et ouvriers de la Compagnie. M. Slaven refusait d'ailleurs, non seulement toute concession, mais même tout arbitrage.

M. Bergès, de son côté, sur la demande expresse de M. Charles de Lesseps, fut obligé de reconnaître que, si la majoration de cube était matériellement démontrée, ou n'avait pas, au moins jusqu'au 25 août 1888, de documents contradictoires à opposer à l'entreprise, sauf pour un cube de 30.000 à 40.000 mètres.

La situation était des plus délicates, et le chef du contentieux de même que l'ingénieur-conseil considéraient qu'en présence des dispositions très claires et des termes formels de l'article 5, un procès engagé par la Compagnie avait presque toutes les chances d'être perdu par elle.

En conséquence, M. Charles de Lesseps décida et fit admettre par M. Slaven que le cube de la situation au 25 août serait réduit de 35.000 mètres et que toutes les dispositions devraient être prises dans l'isthme pour que de pareilles erreurs ne pussent se renouveler.

Le 4 octobre 1888, le télégramme suivant fut expédié à Panama : « Selon avis Bergès aucune constatation faite pour entreprise Slaven avant situation 26 août. Par conséquent, il est nécessaire d'admettre seulement une réduction de 35.000 mètres environ officiellement constatée. Payez complément, situation 25 août. Pour la suite, faites constatations régulières justifiant les retenues. » *Signé :* LESSEPS.

Dès le lendemain 5 octobre, M. Nouailhac-Pioch répondit : « Votre câble de ce soir me donne l'ordre d'admettre une reduction de 35.000 mètres seulement sur la majoration du cube Slaven annoncée par moi comme étant de 512.000 m. au 25 août et de payer complètement ce que, suivant l'avis de Bergès, il est dû aux Américains. J'ai le regret de vous informer que je ne peux pas obéir à cet ordre contraire à ma conscience et, en conséquence, si vous ne pouvez pas le retirer, je vous prie de vouloir bien me dire par câble à qui je dois remettre le service de la Direction pour exécuter cet ordre. » *Signé :* NOUAILHAC.

Le lendemain 6 octobre, M. de Lesseps répondit à M. Nouailhac dans les termes suivants : « Nous avions accepté le règlement Slaven en considérant que, la Compagnie étant dépourvue de preuves, il y avait encore avantage à sauver 35.000 mètres. Votre loyale insistance nous donne la conviction que vous avez des preuves irréfutables permettant de repousser devant le tribunal la réclamation de Slaven. Il est urgent de nous fixer à cet égard par câble et envoyer de suite le dossier. Câblez immédiatement si les constatations faites sont suffisantes, si les profils ayant servi au calcul des cubes sont acceptés et ont un caractère définitif : si vous pouvez démontrer que des erreurs matérielles ont été commises dans les profils par suite de négligences involontaires ou coupables; si vous pouvez calculer exactement les erreurs et leurs conséquences ; si la négligence est coupable, pouvez-vous le prouver? Câblez si vous pouvez établir que les apports peuvent être attribués à la négligence constatée de Slaven et la valeur de ces apports. Nous ne comprenons la résistance à Slaven sur le cube qu'avec notre droit certain et nous pensons être d'accord avec vous sur ce principe. » *Signé :* LESSEPS.

A la dépêche très précise qui précède, M. Nouaillac répondit le 10 octobre : « Je vous confirme formellement l'avis que la Compagnie a le droit certain de rendre responsable Slaven de toutes malfaçons régulièrement constatées par profils contradictoires et procès-verbaux nombreux dressés *en août et septembre.* Si la lettre mal conçue des articles 5 et 6 vous paraît rendre aléatoire l'issue d'un procès éventuel, elle ne peut pas détruire l'authenticité brutale du fait que Slaven réclame un cube fictif considérable résultant de malfaçons indéniables qu'aucun tribunal vraiment équitable ne pourrait nous condamner à payer. Je vous informe que j'ai maintenu aujourd'hui vis-à-vis du représentant de Slaven dans l'Isthme le refus de payer la majoration. Je vous enverrai par le plus prochain courrier le dossier à l'appui de mes câbles. » *Signé :* LESSEPS.

On est obligé de constater que cette dernière dépêche ne répond pas aux questions posées. Elle indique même d'une façon très précise que les seules constatations faites s'appliquent seulement aux mois de septembre et octobre. Elle ne peut modifier l'avis des conseils de M. de Lesseps. Toutefois, M. Charles de Lesseps, décidé à tenir compte des protestations de M. Nouailhac, déclara à M. Slaven que, malgré les engagements qu'il avait pris vis-à-vis de lui, et quoi qu'il dût en advenir, il retirait sa parole et exigeait un arbitrage. Il consentit cependant pour éviter, paraît-il, une rupture définitive qu'il craignait à cause des travaux de la 2e division, à payer à M. Slaven, sous réserve expresse des droits des parties, une somme de 1.800.000 francs à valoir sur le différend total.

Nous allons reproduire maintenant la proposition approuvée par le comité de direction dans sa séance du 12 octobre 1888, qui a terminé provisoirement l'incident.

« Nous avons l'honneur de faire connaître au comité que le directeur des travaux dans l'isthme a fait subir à l'entreprise Slaven, sur les deux dernières situations une réduction d'un cube total de 585.029 mètres cubes ainsi répartis :

« Situation du 25 août	512.312	m. c.
« Situation du 25 septembre	72.717	»
« Total pareil	585.029	m. c.

représentant en argent environ 550.000 piastres, dont 486.000 piastres pour la situation du 25 août.

« M. Nouailhac-Pioch justifie cette mesure en affirmant que des majorations de cube considérables existent certainement dans l'ensemble des situations de M. Slaven — majoration qu'il attribue, soit à de mauvais mesurages, soit à des dépôts ou apports dont la responsabilité incombe à l'entreprise.

« M. Slaven proteste contre la mesure dont il est l'objet, et fait valoir que les cubes qui lui sont contestés résultent d'attachements réguliers que la Compagnie a définitivement acceptés et dont elle n'a plus le droit de discuter la sincérité.

« D'après les indications contenues dans les diverses dépêches venues de l'isthme, d'après également les renseignements verbaux fournis par M. Bergès, directeur intérimaire récemment arrivé de l'isthme, qu'il n'a quitté que dans les premiers jours de septembre, les chiffres de la situation du 25 août, tels que la Compagnie les a fixés, ne peuvent être défendus qu'en appliquant à tout le cube exécuté depuis l'origine des conventions, qui règlent en ce moment les rapports des parties, des réductions proportionnelles à celles qui résultent des constatations faites depuis le commencement de juillet 1888 jusqu'à la date précitée du 25 août 1888.

« Les arguments de droit ne sauraient manquer à la Compagnie pour sa défense si un procès devait être engagé; mais il convenait de ne pas se dissimuler, sur le vu des renseignements fournis verbalement et par câble par les représentants de la Compagnie dans l'isthme, que les constatations de fait n'avaient été régulièrement suivies que depuis un temps relativement court.

« Pour les faits postérieurs au 25 août, des précautions spéciales ont été prises, et on doit espérer que les revendications de la Compagnie seront appuyées sur des données positives.

« Sur l'avis de ses conseils techniques, la Direction avait admis qu'il y avait lieu de faire droit aux réclamations de M. Slaven, en ce qui concerne la situation du 25 août, tout en cherchant à obtenir à l'amiable une réduction du cube que M. Slaven avait, dans une certaine mesure, intérêt à consentir, afin d'obtenir le payement immédiat, tout au moins, d'une partie de la somme en litige.

« De fait, M. Slaven a admis une réduction de 35.000 mètres cubes.

« Par dépêche, la Direction a invité M. Nouailhac-Pioch à régler la situation du 25 août dans ces conditions.

« M. Nouailhac-Pioch a télégraphié à son tour pour demander à surseoir à l'exécution de cet ordre et pour annoncer l'envoi par un des plus prochains courriers, du dossier complet de l'affaire.

« Devant l'insistance de M. Nouailhac, insistance inspirée par le sentiment du devoir et par une conviction nettement affirmée, la Direction ne peut qu'ajourner aussi bien le règlement de compte du 25 août que celui du 25 septembre.

« Mais cet ajournement met la Compagnie dans une situation difficile vis-à-vis de M. Slaven, au moment même où des pourparlers sont engagés avec cet entrepreneur dans le but d'obtenir son concours pour l'achèvement des travaux de la deuxième division.

« La direction a pensé que, pour concilier les exigences de la situation avec les intérêts de la Compagnie du canal, il était possible de payer à M. Slaven une partie de la somme en litige, tout en réservant les droits de la Compagnie. L'accord s'est fait avec M. Slaven sur le chiffre de 1.800.000 francs, dont la Direction prie le comité de vouloir bien autoriser le payement sous réserve expresse des droits réciproques des deux parties. »

Le conseil d'administration approuva le même jour cette décision du comité.

La décision du comité, approuvée par le conseil d'administration, fut communiquée à M. Nouailhac par un câblegramme du 17 octobre, ainsi conçu :

« Tenant compte de vos observations, le comité a décidé de payer à Paris, à Slaven, 1.800.000 francs sur le désaccord sur le cube fait, étant entendu que les parties font toutes réserves réciproques sur le désaccord quant au cube fait depuis le 1er octobre 1887 et constaté dans la situation du 25 août 1888 et sur le désaccord qui pourrait se produire dans les situations ultérieures par la continuation des mêmes faits. Il sera procédé à une expertise contradictoire après laquelle les parties apprécieront la suite à donner. Choisissez l'expert de la Compagnie. » *Signé* : Lesseps.

Le 20 octobre, M. Nouailhac répondit :

« Le dossier de l'affaire Slaven est parti le 15 courant. J'estime que le comité n'a pas tenu compte de toutes les observations émises dans mes câbles depuis le 1er septembre. Je considère que le payement d'urgence de 1.800.000 fr. fait à Paris ne peut être inscrit au crédit de Slaven dans l'isthme, jusqu'au jugement du désaccord, que comme acompte sur 2.329.000 francs dus sur les dragues. Quant à l'expertise proposée dès le 1er septembre, je vous informe que Rives est parti par le paquebot américain et que je choisis comme expert de la Compagnie, à l'avance, l'ingénieur en chef de la navigation de la Seine à Vernon, ou à son défaut, Garreta, ingénieur des ponts et chaussées à Mantes. »

L'incident fut ainsi clos, sauf l'expertise qui devait avoir prochainement lieu. Mais si l'on veut bien se reporter aux dates, on constatera que l'on était à la veille de la suspension des payements et de l'arrêt des travaux.

On ne put envoyer de France des experts. Ils furent désignés dans l'isthme : M. Bossi, ingénieur, directeur des travaux de l'entreprise Eiffel pour la Compagnie et M. Tracy-Robinson pour M. Slaven.

Leur procès-verbal d'expertise est du 9 février 1889. Il n'est malheureusement pas très concluant, soit au point de vue du principe des prétentions réciproques, soit au point de vue de la détermination des quantités en litige.

Nous croyons inutile d'entrer dans le détail de toutes les questions. Il est nécessaire pourtant que nous signalions la neuvième et dernière qui vise la situation qu'il s'était agi d'apprécier en septembre et octobre 1888.

9ᵉ Question. — N'est-il pas vrai que les mesures prises pour déterminer le cube exercé par les dragues dans les sections du canal et des dérivations dont il est question furent prises d'accord avec les termes du contrat par des représentants autorisés des deux compagnies et formèrent la base sur laquelle les situations furent calculées par la Compagnie du canal et l'« American Contracting and Dredging Cᵒ? »

Réponse des arbitres. — Oui. Il est exact que les profils pour établir le cube excavé ont été relevés d'après les termes du contrat, avant et après le passage des dragues, par des agents autorisés des deux Compagnies.

Cependant, *depuis le mois d'août* 1888, les agents de la Compagnie du canal ont trouvé des apports provenant de la manière de travailler des dragues et qui, d'après leur opinion, ne doivent pas être portés en situation. — Opinion qui n'a pas été admise par l'« American Contracting and Dredging Cᵒ. »

Nous devons ajouter que le liquidateur, dans le règlement définitif de l'entreprise Slaven, a continué à soutenir que les prétentions de l'entreprise Slaven n'étaient pas fondées. Le montant des sommes réclamées par l'entreprise et gâgées par 3.000 actions du P. R. R. s'élevaient au total à 3.479.510 fr. 56. Le liquidateur a transigé pour le payement de 1.500.000 francs en espèces et sept mille cinq cents bons à lots.

Paris, le 4 mars 1893.

ANNEXE IV

COMMISSION D'ENQUÊTE
SUR LES AFFAIRES DE PANAMA.

Sous-Commission des entrepreneurs.

Séance du 24 janvier 1893.

PRÉSIDENCE DE M. JOLIBOIS.

Déposition de M. du Chaylard,

Ancien consul de France à Panama, actuellement consul à Rio-Janeiro,
8, rue Duphot, à Paris.

et renseignements de la liquidation.

M. le Président. — Monsieur du Chaylard, voulez-vous avoir l'obligeance de répéter, en les résumant, les renseignements très intéressants que vous avez bien voulu communiquer hier à la sous-commission.

M. du Chaylard. — Très volontiers, monsieur le Président.

J'ai eu l'honneur d'indiquer hier à la sous-commission que je ne pouvais guère lui citer de faits précis, mais plutôt lui exposer des impressions, basées sur ce que j'ai vu et entendu là-bas (A).

Notes de la liquidation.

(A) M. du Chaylard a bien voulu faire connaître à la Commission d'enquête qu'il était arrivé dans l'isthme à la fin de l'année 1888, c'est-à-dire à l'époque où les travaux étaient, sinon arrêtés entièrement, du moins ralentis, soit un peu avant que la Compagnie ne fût forcée de suspendre ses payements.

M. du Chaylard a donc peu vu; mais il paraît avoir beaucoup entendu. A-t-il retenu des choses vraiment intéressantes? A-t-il contrôlé les faits qu'on lui a signalés et qu'il rapporte? En fournit-il les preuves? A-t-il, dans l'isthme, et depuis, en France, impartialement jugé? N'a-t-il pas subi cette impression naturelle et humaine — bien qu'injuste — qui fait accueillir facilement les critiques plus ou moins équitables et sincères sur les œuvres tombées?

C'est ce que nous allons voir.

Je suis arrivé à Panama seulement à la fin de l'année 1888. Je m'étais déjà occupé d'une façon toute spéciale du canal, et la première constatation que j'ai été amené à faire, c'est que les entreprises avaient toujours été maîtresses de la direction de Paris, qu'elles avaient toujours imposé leur volonté à Paris et que, lorsque la direction de Panama avait voulu réagir contre les prétentions des entrepreneurs, elle avait dû s'incliner devant des décisions prises à Paris et envoyées de Paris (B).

Des conditions assez extraordinaires avaient été faites aux entrepreneurs, notamment en ce qui concerne le matériel. La Compagnie laissait aux entrepreneurs la faculté d'indiquer eux-mêmes la quantité de matériel qui leur était nécessaire et de l'acheter eux-mêmes, en recevant sur les prix d'achat, soit de la Compagnie, soit des vendeurs, sous forme de commission ou de prime, un boni de 10 à 15 0/0 (C).

Notes de la liquidation.

(B) Cette façon d'envisager les rapports de la Compagnie avec les entreprises est, en vérité, inadmissible.

D'abord tous les contrats antérieurs à ceux des grandes entreprises ont été passés par les soins de la direction générale des travaux, à Panama.

Les contrats des grandes entreprises ont été rédigés à Paris. Mais il faut bien constater pourtant que les ingénieurs attachés à cette époque, à l'Administration centrale et quelques-uns de ceux de la direction de Panama, présents à Paris, ont été consultés, sinon toujours sur les prix, au moins sur les conditions : ainsi M. Jacquet, M. Dingler, M. Boyer. Traitant de gré à gré, la Compagnie s'est laissé imposer des conditions excessives souvent et des prix élevés par des entrepreneurs qui prenaient avec plus ou moins de sincérité des engagements plus ou moins réalisables.

Les transformations des contrats sont également l'œuvre de l'Administration de Paris.

Quant à certaines transactions qui nous ont été signalées, il est certain qu'elles ont été fort onéreuses pour la Compagnie. On a pu d'ailleurs se rendre compte, par l'examen particulier de quelques cas graves, que l'Administration de Paris n'est généralement intervenue qu'au moment où le conflit entre la direction de Panama et les entrepreneurs s'était développé, de telle sorte que la solution devait nécessairement intervenir à bref délai. Elle a même eu quelquefois, il faut bien le dire, à réparer des erreurs commises.

Il est regrettable, sans aucun doute, que l'Administration n'ait pas fait preuve, vis-à-vis des entrepreneurs, d'une énergie qui eût trouvé, souvent et à juste titre, l'occasion de s'exercer. Mais si l'on se place au même point de vue que la Compagnie, ne semble-t-il pas qu'entre deux maux, elle a cru choisir le moindre? Elle a voulu éviter des procès, et avec eux des pressions plus ou moins loyales, et des révélations et des polémiques plus ou moins sincères.

(C) Les allégations de M. du Chaylard, relativement au matériel, sont un tissu d'inexactitudes.

Tout d'abord, jusqu'aux grandes entreprises, le matériel a été fourni par la Compagnie à pied-d'œuvre. Les entrepreneurs n'avaient aucun rôle à jouer dans les commandes, la livraison et le montage du matériel.

Avec les grandes entreprises, — et il est bien entendu que nous laissons toujours de côté l'entreprise Eiffel soumise à un régime tout spécial, — le système a changé. La nature et les quantités déterminées du matériel à mettre à la disposition des entrepreneurs ont été fixés par le contrat. Mais la Compagnie s'est réservé le droit de faire les commandes.

De l'examen des décisions du Comité de direction relatives aux fournitures du matériel, il résulte que :

1° Pendant la période de l'entreprise Couvreux et Hersent, les entrepreneurs traitaient

Au point-de vue du désordre et du gaspillage, tout ce qu'on peut imaginer serait encore au-dessous de la réalité (D).

Notes de la liquidation.

directement avec les fournisseurs et soumettaient ensuite leurs commandes à la ratification du Comité de direction. C'était là d'ailleurs une conséquence de leur contrat.

2° Après la réunion du service des travaux, comme suite de la résiliation du contrat Couvreux et Hersent, à l'administration de la Compagnie de Panama, c'est-à-dire vers la fin de l'année 1882, on a continué encore pendant quelque temps à traiter de gré à gré avec les fournisseurs dont *les livraisons antérieures paraissaient avoir donné satisfaction.*

3° Mais, à partir du deuxième semestre 1882, toutes les fournitures ont été traitées par voie d'adjudication ou à la suite d'un appel à la concurrence. Cette manière de procéder a été appliquée, sauf quelques exceptions aux commandes du matériel des grandes entreprises.

4° Pour les commandes faites dans l'isthme (et d'ailleurs de peu d'importance), une Commission permanente des adjudications a été nommée le 7 mai 1884 (ordre général n° 7).

Il y a eu quelques exceptions, on l'a fait remarquer, à la règle générale qui a été appliquée comme il vient d'être dit. C'est lorsqu'il s'agissait d'un matériel dont tel ou tel constructeur avait le monopole de droit ou de fait. Mais les commandes correspondantes ne représentent certainement pas un dixième de la valeur totale du matériel acheté.

Ceci posé, est-il exact que les entrepreneurs aient reçu, d'abord de la Compagnie, sous forme de commission ou de prime, un boni de 10 à 15 0/0? Non, cela n'est pas exact. Et pour le démontrer, pour détruire la confusion plus ou moins volontairement commise, nous allons entrer dans quelques détails.

Ici se place d'ailleurs une observation générale qu'il est nécessaire de faire. Une des causes ayant amené, antérieurement, des réclamations et des procès engagés par les entrepreneurs contre la Compagnie, c'étaient les retards dans la livraison du matériel.

La Compagnie, désirant éviter à tout prix ces motifs de réclamations par lesquels les entrepreneurs tentaient de justifier l'inexécution de leurs propres engagements, s'est substituée les entrepreneurs eux-mêmes vis-à-vis du constructeur, à partir du jour seulement où la commande avait été faite par ses soins.

Nous aurons à examiner, dans ce qui va suivre, deux cas particuliers, savoir : ce qui s'est passé pour la Société des travaux publics, d'une part, et pour toutes les autres grandes entreprises, d'autre part.

Le contrat de la Société de travaux publics contient, dans son article 5, les paragraphes suivants :

« Pour la partie du matériel qui... sera commandé, la Compagnie mettra la Société de travaux en son lieu et place vis-à-vis des constructeurs pour la réception du matériel, le tout sans que l'entreprise puisse exercer vis-à-vis de la Compagnie, du fait de cette substitution, aucune réclamation ni répétition quelconques autres que celles qui procéderaient de retards provenant du fait de la Compagnie.

« La Compagnie tiendra compte à la Société de travaux du transport dans les conditions stipulées au bordereau des prix et des frais de toute nature afférents au matériel qui sera livré dans l'isthme, monté ou non monté.

« Pour le matériel qui ne serait pas livré dans l'isthme, la Société de travaux aura à effectuer le transport à pied-d'œuvre, le montage et la mise en train des appareils, moyennant *un prix à forfait* fixé dans le bordereau des prix. »

Si l'on se reporte au bordereau des prix, on trouve en effet toute une série de *prix spéciaux* s'appliquant au transport, au montage et à la mise en état de fonctionnement de chaque sorte de matériel de la Société de travaux publics.

Pour les autres grandes entreprises, la formule est un peu différente. Prenons, par exemple, le texte du contrat Vignaud, Barbaud, Blanleuil et Cie. On lit dans l'article 5, en ce qui concerne le matériel livré dans l'isthme: « La Compagnie tiendra compte à l'entreprise du transport du matériel qui sera livré monté dans l'isthme du point où il se trouvera jusqu'à l'une des gares du chemin de fer comprises dans l'étendue de l'entreprise au choix des entrepreneurs, moyennant

(E) Quant aux deux questions principales qui m'ont été posées hier par la sous-Commission, j'ai répondu, sur la première, qui visait la liquidation d'une entreprise, celle de MM. Vignaud, Barbaud et Blanleuil, que cette Société avait fait faillite sans que personne ait compris pourquoi, et que j'attribuais, comme tout le monde dans l'isthme, cet insuccès à la mauvaise direction de l'homme qui,

---

Notes de la liquidation.

un prix calculé sur le tarif appliqué à la Compagnie par le Panama Rail-Road, pour tous autres frais et bénéfices. »

Est-ce cette clause, que nous avons reproduite avec intention, qui a donné naissance aux critiques que nous examinons? Elle se justifie cependant d'elle-même. Il n'est vraiment pas besoin d'insister pour montrer que les frais de transport d'un matériel pris en dépôt dans un magasin ou sur un chantier, pour être conduit dans un autre dépôt ou sur un autre chantier, ne consistent pas seulement dans le prix payé, suivant tarif, au chemin de fer dont on emprunte la voie et les wagons. Il y a, pour le chargement, le déchargement et la mise en place définitive du matériel, des manutentions diverses à opérer, qui représentent largement 10 0/0 du prix de transport par chemins de fer.

Les paragraphes suivants de l'article 5 du contrat Vignaud, Barbaud, Blanleuil et Cie, que nous continuons à prendre pour exemple, sont identiques à ceux que nous avons cités comme extraits du contrat de la Société de travaux publics, en ce qui concerne le matériel commandé par la Compagnie pour être mis à la disposition de l'entreprise.

Seulement les *prix à forfait* fixés par le bordereau des prix ne sont plus des *prix spéciaux* pour chaque espèce de matériel, déterminés numériquement à l'avance et inscrits dans ledit bordereau. Ce sont, pour chaque nature de matériel, des prix proportionnels à la valeur de ce matériel. La reproduction de la définition de ces prix fera bien mieux comprendre d'ailleurs ce qu'ont été les allocations accordées. On lit en effet, dans le bordereau des prix de l'entreprise Vignaud, Barbaud, Blanleuil et Cie: « Matériel *non monté* livré dans l'isthme. — La Compagnie tiendra compte à l'entrepreneur de tous frais de transport à pied-d'œuvre, montage, essais et mise en marche du matériel autre que celui de dragages, par l'allocation d'un prix fixé à forfait à 20 0/0 du prix d'achat. »

« Pour le matériel de dragage, la Compagnie tiendra compte à l'entrepreneur de tous frais de transport à pied-d'œuvre, montage, essais et mise en train par l'allocation d'un prix fixé à forfait à 40 0/0 du prix d'achat du matériel, la construction de la cale de montage étant comprise dans ce prix. — Matériel livré en Europe. Pour le matériel livré en Europe, il sera tenu compte à l'entreprise des frais de transport par mer, débarquement à Colon, mise à terre par chalands, ou dépôt sur wharfs ou cars, par une allocation fixée à forfait à 5 0/0 du prix d'achat du matériel. »

Maintenant, ces explications, à notre sens concluantes, ayant été fournies sur le rôle de la Compagnie, est-il exact, comme le dit M. du Chaylard, que les entrepreneurs aient reçu des commissions des « vendeurs », c'est-à-dire des constructeurs? Nous ne pouvons, là-dessus, exprimer aucune opinion. Il faudrait, en effet, pénétrer dans la comptabilité des entreprises, afin d'y trouver, si elle existe, la trace de pareils encaissements.

Admettons, si l'on veut, — et, encore une fois, nous n'avons aucune preuve dans aucun sens, — que le fait existe. En quoi la Compagnie pourrait-elle en être rendue responsable? Comment pourrait-elle voir là un acte de mauvaise administration ou de mauvaise gestion?

Les commandes, on l'a vu, ont été faites après adjudication. L'adjudicataire, c'est-à-dire celui qui a fait le plus fort rabais, aurait-il encore consenti à une réduction, au bénéfice des entrepreneurs, sur les sommes à lui dues? Que pouvait contre cela la Compagnie? Il faudrait bien admettre alors que l'intention avait été commune à tous les soumissionnaires et voir là un effet de mœurs commerciales peut-être fâcheuses, — mais rien de plus.

(D) Nous dirons là-dessus ce que nous sommes forcés de répéter. Rien ne justifie de semblables exagérations. Nous sommes loin de vouloir dissimuler les erreurs commises, les fautes mêmes. Seulement, encore une fois, jugeons-les séparément, en elles-mêmes, d'après leurs origines et suivant leurs conséquences. Ce sera juste, simplement.

après avoir été employé de la Compagnie de Panama, était devenu le directeur de cette affaire.

(F) Sur la seconde question, celle de savoir s'il était vrai qu'un chancelier du consulat de France fût devenu entrepreneur et eût souscrit une entreprise qui, pour un travail très minime, lui avait rapporté une rémunération très large, j'ai répondu affirmativement. M. Jacobi, ancien chancelier du consulat de France, s'est fait entrepreneur, et il a trouvé le moyen de se faire allouer une grosse indemnité, que j'ai entendu évaluer à 1.500.000 francs, mais sans pouvoir vérifier ce chiffre.

Je crois, Messieurs, avoir résumé fidèlement tout ce que je vous ai dit hier.

M. Gamard. — Vous nous avez fait connaître votre appréciation sur l'Administration dans l'isthme.

M. du Chaylard. — Oui, mon appréciation a été favorable à l'Administration dans l'isthme. Mais la direction comme tous les employés ont toujours subi la direction de Paris.

M. Gamard. — Vous avez ajouté qu'il y avait eu de la part des entrepreneurs un pillage général (D).

M. du Chaylard. — Oui, un désordre absolu et général (D). Le mot pillage n'est pas très exact, car ils prenaient ce qu'on voulait bien leur laisser prendre. Si la direction de Paris avait montré plus de résistance à ces prétentions, évidemment les entrepreneurs auraient été moins exigeants.

Vous m'avez demandé également s'il y avait eu de nombreuses entreprises pour la Culebra : il y a eu quatre ou cinq entreprises successives et, à chaque changement d'entrepreneur, les prix augmentaient. C'est ainsi que, d'un prix initial de 12 à 15 francs le mètre cube, on est arrivé à 30 francs. Et, pour bien montrer à la Commission l'exagération de ce prix de 30 francs, j'ajoute qu'à mesure que les prix s'élevaient, le travail devenait plus facile. En effet, quand le contrat primitif a été passé, il s'agissait d'arriver à la cote — 9. On voulait faire

---

Notes de la liquidation.

Ce n'est pas le lieu ici, — en raison surtout du procès engagé par MM. Vignaud, Barbaud, Blanleuil et Cⁱᵉ contre la liquidation, — de discuter les causes de l'insuccès de l'entreprise concédée à ces messieurs. Elles sont d'ailleurs beaucoup plus graves et complexes que M. du Chaylard ne semble le penser (E).

M. Jacobi était l'associé de Muracciole, entrepreneur, dont les travaux ont été repris par la Société de travaux publics et construction en 1886.

Par deux traités, en date du 11 mars 1886, passés respectivement, d'une part, entre M. Léon Boyer, directeur des travaux de la Compagnie, et M. Muracciole, et, d'autre part, entre M. Boyer et M. Bonnafous, représentant de la Société de travaux publics, la Compagnie accorde à M. Muracciole une indemnité de 275.000 piastres, soit environ un million cent mille francs, et la Société de travaux publics a pris l'engagement de rembourser cette somme par une retenue de 15 centavos par mètre cube exécuté par elle dans les chantiers de l'ancienne entreprise Muracciole (F).

En admettant, ce qui est douteux, que M. Jacobi ait eu des intérêts égaux à ceux du concessionnaire de l'entreprise, M. Muracciole, on voit que l'indemnité qu'il a pu recevoir, quoique très importante et représentant d'ailleurs un manque à gagner dû par la Compagnie, est loin d'atteindre 1.500.000 francs.

alors un canal à niveau ; mais quand on a adopté le système du canal à écluses et qu'on a fait des écluses à la cote 60, le prix du mètre cube enlevé était beaucoup plus considérable que quand il était question de se livrer à des fouilles profondes pour percer la montagne jusqu'à la cote — 9.

M. de Ramel. — La nature du terrain n'a pas été la cause de cette augmentation du prix?

M. du Chaylard. — Je ne suis pas ingénieur, mais je ne crois pas que la nature du sol ait été la véritable cause de cette hausse de prix. Ce sont les changements d'entrepreneurs qui ont été l'occasion de ces accroissement successifs des prix alloués. A chaque entrepreneur nouveau, un prix plus considérable était accordé (G).

M. de Ramel. — La mortalité était-elle très grande?

M. du Chaylard. — La mortalité a été grande parmi le personnel des ouvriers qui travaillaient dans l'intérieur de l'isthme ; mais, à Panama, la mortalité était beaucoup moins élevée parmi le personnel des employés résidant à Panama.

M. le Président. — Les employés étaient-ils bien installés?

M. du Chaylard. — Oui, et il y avait même sur la ligne des installations superbes. Les épidémies n'étaient à craindre que dans la partie basse, et il y avait une grande différence, au point de vue des conditions de la salubrité, entre ceux qui travaillaient sur la Culebra et ceux qui étaient occupés dans la vallée. La mortalité a été surtout considérable en 1885, 1886 et 1887 (H).

Notes de la liquidation.

C'est, en vérité, une singulière et commune faiblesse intellectuelle, — dont l'affaire de Panama fournit maintes preuves, — qui pousse des hommes, non dénués à l'ordinaire de quelque bon sens, à affirmer et conclure sur toutes choses, lorsqu'ils jouent ou s'imaginent jouer un rôle public (G).

Ainsi, il n'y a pas, dans tout ce que M. Chaylard a dit relativement aux travaux de la Culebra, un seul chiffre qui ne soit inexact. Ce serait vraiment perdre notre temps que de les rectifier tous. La Commission d'enquête sait bien d'ailleurs qu'on n'a jamais payé à raison de 30 fr. le mètre cube les terrassements de la Culebra.

Au début, la mortalité a été considérable parmi les employés et ouvriers européens. Venus dans un pays inconnu, sans installations suffisantes, sans règles d'hygiène établies par l'expérience, beaucoup sont morts de la fièvre pernicieuse ou de la fièvre jaune (H).

En 1885 et 1886, le nouveau personnel amené par la Compagnie fut durement frappé. Des études, des constatations nombreuses ont été faites, dont voici le résultat. Sur un groupe d'employés ou d'ouvriers européens, une sélection s'établit au bout d'une période de six à neuf mois de séjour. Il en meurt de 7 à 15 0/0, suivant l'origine, le tempérament et les habitudes. Les autres ont subi, au bout de ce laps de temps, l'épreuve du climat. Ils risquent d'être atteints par la fièvre, et ils le sont généralement. Mais parmi eux les cas mortels sont rares.

Il faut reconnaître cependant que, depuis 1887 et 1888, la mortalité a notablement diminué. Cela tient à des causes diverses et nombreuses : une meilleure hygiène, des installations confortables, une nourriture saine, un service médical plus expérimenté, un choix plus soigné du personnel, des dates bien déterminées et convenablement choisies pour les expéditions, sont des causes particulières de la diminution de la mortalité. Mais il y en a une plus générale : c'est l'assainissement indiscutable de l'isthme lui-même par l'ouverture des tranchées qui ont facilité l'écoulement régulier des eaux, et surtout le déboisement et la culture sur une largeur moyenne

M. Dumay. — La Compagnie allouait un prix supérieur à chaque changement d'entrepreneur, sous le prétexte que la tranchée devant être plus profonde, la difficulté d'extraction des matériaux serait plus considérable. Mais comme personne n'est arrivé à cette profondeur qui aurait accru les difficultés d'enlèvement des terres, il en est résulté que la majoration allouée n'avait pas de raison d'être. Néanmoins, ces prix majorés ont été payés.

M. du Chaylard. — Beaucoup de travaux inutiles ont été faits.

M. de Ramel. — Est-ce que le canal est arrivé au niveau de la plate-forme prévue sur une certaine étendue?

M. du Chaylard. — 23 kilomètres du côté de l'Atlantique et 7 kilomètres du côté du Pacifique ont été creusés à la profondeur de 8 mètres. Cette partie du canal s'est un peu envasée depuis la cessation des travaux, surtout du côté de l'Atlantique; mais elle est encore navigable et peut parfaitement servir.

Ces 30 kilomètres sont à niveau; les écluses ne devaient commencer qu'à San-Pablo. Comme la longueur totale du canal était de 75 kilomètres, on s'est hâté de déclarer en France que la moitié du canal était faite.

M. le Président. — On avait fait le plus facile et on arrivait aux travaux présentant une réelle difficulté.

M. du Chaylard. — Oui, et la grosse difficulté résidait dans cette fameuse montagne de la Culebra.

M. Camille Pelletan. — Avez-vous parlé de M. Demarteau?

M. du Chaylard. — Oui; j'ai dit qu'il avait été employé à la Compagnie avant de devenir entrepreneur.

M. Camille Pelletan. — Avez-vous parlé du train abandonné?

M. du Chaylard. — C'est un exemple à citer pour montrer le désordre qui régnait dans le matériel. A Tavernilla, plus de trente petites grues à vapeur ont été abandonnées dans la brousse. On les a débroussaillées et repeintes quand la Commission d'études est venue; elles avaient complètement disparu sous la végétation. C'étaient des petites machines à vapeur verticales, formant grues, montées sur des wagons. Elles n'ont jamais servi : elles ont été apportées, déposées en cet endroit, où elles sont encore très probablement. Il en a été de même du matériel de M. Eiffel, qui a été déposé un peu partout (I).

Notes de la liquidation.

de 2 kilomètres, facilitant en même temps l'établissement des courants d'air frais de l'Atlantique vers le Pacifique.

Maintenant, pour répondre à deux observations erronées de M. du Chaylard, nous dirons que si les employés résidant à Panama mouraient moins que les autres, c'est qu'ils appartenaient à l'administration intérieure de la Compagnie, et que, dans leurs bureaux, tenus autant que possible au frais, ils ne craignaient point, comme les employés de chantier, le soleil, le grand ennemi, dans l'isthme, de la santé de l'Européen.

Sur l'autre point, nous observerons que les dangers du climat sont les mêmes dans toutes les parties de l'isthme, au point de vue de la fièvre jaune. On conçoit que la faible altitude de la Culebra, — 100 mètres au-dessus du niveau de la mer, — est insuffisante pour modifier en cet endroit les conditions climatériques.

Il n'y a jamais eu de grues sur les chantiers de Tavernilla (I). M. du Chaylard fait sans doute allusion à des chariots ou trucks de transporteurs qui avaient été amenés dans l'isthme en 1884,

M. Dumay. — Pendant que vous étiez sur les lieux, n'avez-vous pas entendu dire que des chantiers d'écluses, qu'on disait ouverts, n'avaient pas même reçu le plus petit commencement d'exécution ? On a parlé de quatre de ces chantiers, où il n'aurait pas été donné un coup de pioche.

M. du Chaylard. — C'est une erreur, on y travaillait; des fouilles ont été faites. D'une façon générale, on peut estimer largement, en restant dans la vérité, que le tiers du canal était fait quand on a arrêté les travaux, mais pas davantage (J).

M. Gamard. — On a fait ces travaux dans la partie la plus facile; mais il reste la Culebra, où l'on n'a presque rien fait.

M. du Chaylard. — Je vous demande pardon, on a remué beaucoup de terre sur la Culebra, toutes les écluses ont été fouillées.

M. Camille Pelletan. — Avez-vous parlé des deux rapports de M. Lavieille, ancien député, consul général à Panama?

M. du Chaylard. — Je crois savoir, en effet, que M. Lavieille a dû envoyer un ou deux rapports sur l'ensemble des travaux du canal.

M. de Ramel. — Pensez-vous que les maladies qui ont sévi dans l'isthme n'ont pas causé une panique parmi le personnel?

M. du Chaylard. — Non, le personnel a toujours été admirable, toujours.

M. de Ramel. — Alors, selon vous, on ne peut pas invoquer la mortalité comme la cause qui, tout naturellement, a déterminé la hausse considérable des prix?

M. du Chaylard. — Non ; il était tout naturel qu'on payât cher les employés pour aller dans un pareil pays. Mais, à la fin surtout, le personnel était bon, et il souffrait beaucoup des décisions qui venaient de Paris. Je puis, à cet égard, vous donner le renseignement suivant : au mois de mars 1889, quand l'affaire a été arrêtée, le directeur, M. Jacquier, a reçu, dans une dépêche envoyée par la direction de Paris, les noms des employés qu'il fallait conserver. Tous les autres ont été congédiés (L).

Notes de la liquidation.

et qui n'ont jamais été utilisés par l'entreprise Vignaud, Barbaud, Blanleuil et Cⁱᵉ. Ils sont actuellement en magasin.

En ce qui concerne le matériel de l'entreprise Eiffel, il y en avait forcément un peu partout, puisque cette entreprise possédait dix chantiers répartis dans l'isthme. Ce matériel a été réuni, mis en dépôt et abrité aussi bien qu'on a pu le faire. Nous nous en remettons, sur ce point, à l'avis de la Commission d'études.

Il suffirait, en effet, pour que la Commission d'enquête fût complètement édifiée, qu'elle se fît représenter les profils des travaux exécutés, levés par les agents de la liquidation et vérifiés par la Commission d'études (J).

Nous sommes tout à fait d'accord avec M. du Chaylard sur la nécessité qu'il y a eu de payer cher le personnel. Ce n'était pas seulement la mort qui était à craindre. Tous les employés ont été atteints par la fièvre, et l'on sait les effets qu'elle produit sur la santé générale (K).

Nous savons moins si le personnel choisi qu'on avait réussi à constituer de 1886 à 1888 souffrait, autant que le dit M. du Chaylard, des décisions venues de Paris. Dans tous les cas, l'exemple qu'il invoque est mal choisi. Il attribue, en effet, à l'administration de la Compagnie un acte du liquidateur, M. Brunet. Par suite du ralentissement, puis de la suspension des travaux, le personnel a dû être considérablement réduit. M. Brunet aurait pu laisser à M. Jacquier

M. de Ramel. — Ma question relative à la hausse des prix visait les employés et les ouvriers, même ceux des entrepreneurs; vous m'avez répondu pour les employés seulement.

M. du Chaylard. — Il n'y avait presque pas d'ouvriers européens. Les gens du pays travaillaient peu; c'étaient surtout des noirs de la Jamaïque qui exécutaient les travaux.

M. Camille Pelletan. — Et les Chinois?

M. du Chaylard. — Oh! les Chinois, ils ont fait le chemin de fer et ils en ont assez. Ils ont été très éprouvés par les maladies. Ils ont cessé alors de s'engager comme travailleurs et ils sont partis ou se sont faits mercantis (L).

M. de Ramel. — Pour expliquer cette hausse inouïe des prix, les entrepreneurs ne pourront-ils pas prétendre que la grande mortalité constatée parmi les travailleurs a rendu le recrutement des ouvriers plus difficile et que c'est ainsi qu'on a été amené à les payer plus cher?

M. du Chaylard. — Non. On n'a jamais manqué d'ouvriers. Mais, je le répète, c'étaient surtout des noirs de la Jamaïque qui travaillaient (M).

M. Dumay. — Quelle était la proportion des Européens employés dans les travaux? Il devait y en avoir un certain nombre, surtout parmi les mécaniciens?

M. du Chaylard. — On peut évaluer à un cinquième la proportion des Européens. Même parmi les ouvriers mécaniciens, il y avait pas mal de noirs.

Notes de la liquidation.

le soin de prononcer le licenciement. Mais il a pensé justement que, dans l'état de surexcitation des esprits, les décisions du directeur des travaux pourraient provoquer dans l'isthme des protestations, des récriminations, des violences peut-être. Il a préféré désigner lui-même, après examen des notes et des dossiers personnels, les agents qui seraient conservés par la liquidation. C'était son droit, la mesure était d'ailleurs prudente.

M. du Chaylard a évidemment gardé un mauvais souvenir personnel des divers incidents qui se produisirent à cette époque entre le liquidateur et la direction des travaux. Nous y reviendrons un peu plus loin.

Nous ne savons pas si les Chinois qui ont construit, — vers 1855, — le chemin de fer de Colon à Panama, ont transmis à leurs descendants la fameuse légende qui veut qu'un Chinois soit enterré sous chaque traverse de chemin de fer. D'où la frayeur de l'isthme qui se serait emparée, suivant M. du Chaylard, des nouvelles générations chinoises.

La vérité est, plus simplement peut-être, que l'on n'a pu importer dans l'isthme que cinq à six cents ouvriers chinois environ. Ils ont retrouvé à Panama, à Colon et sur toute la ligne, une colonie chinoise importante, se livrant à tous les genres de commerce. Vu leur petit nombre, les nouveaux arrivants, au bout de quelques semaines, avaient trouvé à s'employer chez leurs compatriotes, se trouvant mieux sans doute derrière un comptoir que sur les chantiers (L).

Le nombre des ouvriers noirs, c'est-à-dire des seuls ouvriers qu'on pût employer sur les chantiers de terrassements, a toujours été insuffisant. La source presque unique de recrutement, c'est-à-dire la Jamaïque, ne pouvait nécessairement en fournir qu'un nombre limité. Les grandes entreprises travaillant concurremment, le prix de la main-d'œuvre s'est naturellement élevé. Cela eut même pour conséquence que, les besoins du nègre étant assez limités, ils travaillaient moins, sûr, de gagner autant. Si bien qu'aujourd'hui les salaires des ouvriers employés par la liquidation sont tombés à 60, 75 et 80 centavos, tandis qu'un simple terrassier était payé une piastre 50 centavos, 1 piastre 75 à la fin de l'année 1888 (M).

M. de Ramel. — Les ouvriers européens étaient principalement dans les ateliers de chaudronnerie?

M. du Chaylard. — Oui.

M. Dumay. — Ce qui tendrait à prouver que les ouvriers n'ont jamais fait défaut à Panama, c'est que j'ai écrit plus de quatre cents lettres à la direction, rue Caumartin, pour recommander des camarades, ouvriers mécaniciens, et qu'on a répondu à plus de la moitié de mes lettres qu'on avait trop de personnel (N).

M. de Ramel. — Ça m'est arrivé également.

M. du Chaylard. — Je le répète, là-bas le personnel n'a jamais manqué; mais il n'y avait pour ainsi dire pas d'ouvriers européens; ils ne pouvaient pas résister au climat.

M. Camille Pelletan. — On a dit qu'au moment où la Compagnie a sombré, on avait enlevé le cuivre des machines pour le vendre. Est-ce vrai?

M. du Chaylard. — J'ai entendu raconter ce fait : il se serait produit dans quelques entreprises.

M. Camille Pelletan. — Ce cuivre a-t-il été vendu au profit des entrepreneurs ou des ouvriers?

M. du Chaylard. — Je n'en sais rien. Il restait peu d'entreprises à ce moment, et je me plais à penser que c'étaient les ouvriers qui vendaient ce cuivre (O).

M. Camille Pelletan. — Voulez-vous me parler du voyage de M. Hersent dans l'isthme?

M. du Chaylard. — Je déclare d'abord qu'à ma connaissance jamais il n'a existé de contrat d'entreprise entre MM. Hersent et Cᵢₑ et la Compagnie de Panama. M. Hersent est venu dans l'isthme pour étudier l'affaire comme entrepreneur; il y est resté peu de temps, et c'est au retour de ce voyage qu'il a fait connaître à la direction de Paris qu'il ne voulait pas accepter l'entreprise des travaux. On a caché ce refus au public, parce qu'il aurait certainement beaucoup refroidi le zèle des actionnaires (P).

Notes de la liquidation.

Les observations de MM. Dumay et de Ramel sont la confirmation, à un certain point de vue, de ce que nous venons de dire précédemment. On a eu toujours assez d'ouvriers *européens* pour les ateliers. Ceux-là n'ont pas manqué, mais bien les terrassiers.

Quant aux salaires des ouvriers européens, ils étaient très élevés, pour les mêmes causes qui faisaient attribuer de gros traitements aux employés de tous grades.

Il y a eu, en effet, du moment où les travaux furent suspendus, des vols de cuivre commis par des nègres rôdant, la nuit, sur les chantiers. Une fois même un magasin fut forcé. On a enlevé ainsi quelques robinets, quelques tuyaux en cuivre. Mais ces vols, bien que de médiocre importance, ont été signalés à la police. La plupart des coupables ont été trouvés et emprisonnés.

Maintenant, de pareils faits sont-ils si étonnants? Faut-il aller jusque dans l'isthme, dans ce grand chantier de 75 kilomètres, encombré de matériel et de matériaux de toute sorte, pour constater des vols, malgré la police et la surveillance qu'elle peut exercer (O)?

Cette manière d'envisager l'affaire Couvreux et Hersent manque d'exactitude, sinon, vraiment, de... légèreté. Mais la Commission d'enquête est renseignée maintenant d'une manière complète sur les origines et le fonctionnement du contrat Couvreux et Hersent. Il est donc inutile d'insister (P).

72

M. le Président. — C'était le nom de M. Hersent que la Compagnie voulait?

M. du Chaylard. — Parfaitement. De même pour M. Eiffel, c'était son nom qu'on voulait.

M. Camille Pelletan. — On l'a payé cher par lettre, ce nom.

M. de Ramel. — Parmi les ingénieurs qui étaient à Panama, dans l'isthme, avez-vous entendu parler de M. Salleron?

M. du Chaylard. — Je connais ce nom; mais je ne me souviens si, oui ou non, ce monsieur est venu dans l'isthme.

M. de Ramel. — Et de M. de Sautereau, entrepreneur?

M. du Chaylard. — Oui; mais M. Sautereau n'a jamais été entrepreneur. Il est venu en même temps que la Commission d'enquête; il voulait relever l'affaire et former une nouvelle Compagnie. Il est resté dans l'isthme assez longtemps.

Le projet de construction de canal de M. Sautereau consistait à appliquer le projet dressé autrefois par M. de Lépinay, avec deux écluses seulement, l'une du côté de l'Atlantique, et l'autre du côté du Pacifique, et un lac intérieur.

Il a fait une campagne dans ce but, qui n'a pas abouti.

M. le Président. — Quel genre de campagne?

M. du Chaylard. — Une campagne qui n'a jamais paru devoir aboutir.

M. le Président. — Comment procédait-il?

M. du Chaylard. — Il s'était fait photographier dans les poses les plus variées, et il faisait distribuer partout des lithographies représentant sa personne et qu'il avait envoyées avant d'arriver dans l'isthme.

M. Camille Pelletan. — A-t-il jamais été accepté par la Compagnie comme entrepreneur?

M. du Chaylard. — Jamais! Il croyait même avoir beaucoup à se plaindre de la Commission d'études, qui ne paraissait pas du tout pencher en faveur de son projet.

M. Gamard. — N'a-t-il pas envoyé un projet?

M. du Chaylard. — Oui, avec des dessins.

M. de Ramel. — M. Sautereau a demandé à être entendu par la sous-Commission; c'est pour cela que nous vous posons toutes ces questions.

M. Camille Pelletan. — La Commission fera bien de l'entendre, sauf à le croire plus ou moins.

M. du Chaylard. — Il avait été employé précédemment à Suez, et il est venu dans l'isthme comme représentant d'un syndicat formé dans le but d'arriver à continuer les travaux.

M. Camille Pelletan. — C'était après la chute de la Compagnie?

M. du Chaylard. — Oui, M. Sautereau est arrivé en même temps que la Commission d'études. Je puis même donner ce détail : quand il est venu, il était assez singulièrement entouré. Il racontait qu'il avait été délégué par ses camarades de Suez pour dire à M. de Lesseps qu'il fallait changer le personnel du Panama. On aurait pu lui rendre le même service.

M. le Président. — Puisque M. le Ministre des Affaires étrangères a bien voulu m'écrire que, non seulement vous pouviez venir déposer devant la

Commission, mais même qu'il n'y voyait aucun inconvénient, vous avez toute liberté pour vous expliquer devant nous. Pouvez-vous nous dire si, pendant que vous étiez consul à Panama, vous avez envoyé des rapports au Gouvernement?

M. du Chaylard. — J'ai envoyé des rapports sur tous les incidents qui ont précédé et suivi la chute de la Compagnie, mais jamais, dans aucun de ces rapports, je n'ai eu à me prononcer sur l'avenir de l'affaire, ni sur la manière dont l'entreprise était conduite. J'ai signalé les incidents qui se sont produits et dont quelques-uns auraient pu devenir fâcheux.

Ainsi, quand l'entreprise s'est arrêtée tout d'un coup, tous les consuls ont demandé à leurs gouvernements respectifs le rapatriement de leurs nationaux. J'ai dû intervenir dans ce cas. La France avait une division navale à Panama, comme l'Angleterre et les États-Unis. J'ai demandé à M. Goblet, qui était Ministre des Affaires Étrangères, de rapatrier tous nos nationaux qui étaient employés dans l'isthme.

On a même raconté que le Parlement avait accordé un crédit de 150.000 francs dans ce but; je ne sais si ce bruit est exact. Nos nationaux ont été rapatriés, par mes soins et aux frais de l'État français, par les paquebots.

M. de Ramel. — A-t-on laissé sur place un personnel suffisant pour entretenir les travaux?

M. du Chaylard. — Les différentes entreprises se sont arrêtées successivement; mais le 15 avril ou le 15 mai 1889, tout était arrêté. A partir de ce moment, on a complètement abandonné le matériel qui a subi des détériorations considérables. Ce matériel a été, non pas remis à neuf, mais nettoyé et repeint quand on a appris que la Commission d'études venait dans l'isthme. La Commission d'études a parfaitement reconnu la détérioration profonde subie par le matériel et elle l'a dit très nettement dans son rapport (Q).

Notes de la liquidation.

Nous protestons de la manière la plus énergique contre les déclarations de M. du Chaylard, en ce qui concerne l'entretien du matériel.

Dès son entrée en fonctions, le liquidateur, M. Brunet, s'est préoccupé de l'entretien du matériel inutilisé de la Compagnie. *Dès le 8 mars* 1889, c'est-à-dire un mois après sa nomination, il adressait au Directeur des travaux la lettre suivante :

« Monsieur le Directeur, j'ai l'honneur de vous transmettre en deux copies ci-jointes des instructions détaillées relatives aux mesures à prendre pour la conservation du matériel non utilisé, soit en raison des circonstances ultérieures pouvant résulter de la situation actuelle de la Compagnie, soit par suite des conventions intervenues avec divers entrepreneurs (G).

« Je vous prie de vouloir bien me rendre compte, par des rapports spéciaux expédiés à Paris tous les quinze jours, de l'application des mesures nécessaires que je vous recommande de prendre dans la note ci-jointe. Veuillez, etc.

« *Signé* : BRUNET. »

Cette note, assez volumineuse, contenait des prescriptions détaillées sur les opérations à faire pour mettre le matériel en état de conservation et d'entretien. Des instructions particulières étaient ajoutées concernant les immeubles et les installations diverses.

Ce travail de mise en état d'entretien du matériel a duré une année environ, après laquelle il était en magasin ou en dépôt, et a continué à être soumis à des opérations régulières de visite et d'entretien.

On peut trouver, au siège de la liquidation, les rapports envoyés chaque quinzaine à

M. Gamard. — Cette Commission d'études était présidée par M. Germain, ingénieur-hydrographe ?

M. du Chaylard. — Oui.

M. Gamard. — Il sera utile que la sous-Commission entende M. Germain.

M. le Président. — Avez-vous connu quelque chose du rapport de M. Rousseau ?

M. du Chaylard. — Non. A ce moment, personne dans l'isthme ne con-

---

Notes de la liquidation.

Paris, dans lesquels il est rendu compte, avec les plus grands détails, des travaux d'entretien.

Donc, comme l'insinue M. du Chaylard, on n'a pas fait « la toilette » du matériel pour la visite de la Commission d'études. La liquidation, comme c'était son devoir, a fait tout ce qu'elle a pu pour conserver toute sa valeur au matériel considérable accumulé dans l'isthme par la Compagnie.

M. du Chaylard a encore eu le tort très grave de dénaturer complètement le sens des observations faites par la Commission d'études sur le matériel. Voici textuellement ce que dit la Commission dans son rapport (2ᵉ fascicule, p. 66, 67 et 68) :

« Le matériel approvisionné dans l'isthme a une importance que la Commission ne pouvait pas perdre de vue ; il s'agit, en effet, d'objets dont l'acquisition, le transport et le montage sur place ont coûté 150 millions.

« La délégation envoyée dans l'isthme a constaté que le classement, la mise en état, le sauvetage même du matériel, des divers outils oubliés dans les remblais ou au fond des fouilles par les entrepreneurs, ont été méthodiquement poursuivis depuis la suspension des travaux. Les ateliers sont en bon état, un ordre parfait règne dans les magasins, et le matériel vu sur les chantiers a été nettoyé avec soin et mis à même de résister aux influences atmosphériques.

« Au cours de ses tournées, la délégation a eu l'occasion de voir, en outre, en mouvement plusieurs locomotives, des chaloupes à vapeur et divers outils qui se sont bien comportés.

« D'autre part, elle a fait mettre en marche, en sa présence, sur avis donné seulement quarante-huit heures à l'avance, deux excavateurs et une drague à la Culebra, une drague marine à la Boca, plusieurs grues de chargement. L'expérience a été satisfaisante.

« Il y a donc, dans l'isthme, un matériel d'une valeur réelle ; cependant la Commission n'a pu le chiffrer, car cette valeur est purement conventionnelle : presque nulle si les travaux ne sont pas continués, elle devient au contraire très considérable pour une Société nouvelle qui trouverait dans son emploi la possibilité de mettre immédiatement la main à l'œuvre.

« Mais ce que la Commission croit pouvoir affirmer, c'est que, sauf peut-être quelques engins spéciaux, ce matériel répond à tous les besoins. Quels que soient les procédés adoptés, les dragues de toute espèce, les excavateurs, les grues de chargement, les rails, locomotives et wagons de terrassements sont en quantité largement suffisante.

« La Commission n'a donc compté dans son évaluation aucune acquisition nouvelle ; les prix qu'elle a appliqués comportent seulement l'entretien et, le cas échéant, le renouvellement de l'outillage par les futurs entrepreneurs.

« Les installations d'ateliers offrent également toute l'ampleur désirable. Les trois principales se trouvent à Colon, à Matachin et à la Boca ; des installations de moindre importance sont disséminées sur tout le parcours de la ligne. L'ensemble de ces constructions et des divers outils qu'elles renferment est plus que suffisant pour faire toutes les réparations de matériel que comportera un travail très actif.

« Quant aux habitations pour le personnel et les ouvriers, leur nombre est énorme et semble même exagéré, car elles permettent d'assurer le logement de 26.000 à 27.000 ouvriers ; de ce chef, il n'y a aucune dépense à prévoir. »

naissait exactement le rapport de M. Rousseau. Mais j'ai toujours entendu dire dans l'isthme que si ce rapport avait été publié il aurait certainement fait beaucoup de tort à la Compagnie.

M. le Président. — On devinait donc que l'opinion de M. Rousseau était défavorable?

M. du Chaylard. — Oui, au cours de ses investigations et de ses recherches, M. Rousseau avait sans doute laissé percer sa manière de voir.

M. Camille Pelletan. — Est-ce qu'on n'a pas enseveli des dragues (R)?

M. du Chaylard. — Une drague a été perdue; mais ce sont des wagons qui ont été ensevelis. Ces wagons avaient été disposés en un endroit donné; au cours des travaux, l'entrepreneur avait besoin du terrain pour y déverser des terres provenant des fouilles; il a demandé à la Compagnie de faire enlever ces wagons; il n'a jamais reçu de réponse et les wagons ont été ensevelis sous les déblais (S).

M. le Président. — Quel désordre!

M. du Chaylard. — C'était un désordre complet.

M. du Ramel. — On a raconté aussi cette affaire de clous ou plutôt de rivets, dont on avait envoyé le modèle en bois, à titre de spécimen. Ce spécimen, ce type a été accepté, on a fait la commande et on a reçu une quantité de ces clous, de ces rivets, mais toujours en bois.

M. du Chaylard. — Oui, je l'ai entendu dire.

M. Camille Pelletan. — Avez-vous entendu parler aussi de quantités considérables de marchandises qui ont été absolument perdues ou que la Compagnie a été obligée de racheter après les avoir cru perdues parce qu'on n'avait pas pu les débarquer.

M. du Chaylard. — Oui, j'ai entendu dire que des marchandises envoyées à la Compagnie ont été portées comme perdues parce qu'on n'avait pas pu les décharger.

M. Camille Pelletan. — Un seul individu possédait les chalands avec lesquels on déchargeait les navires, et il demandait un prix tellement excessif

---

Notes de la liquidation.

Deux dragues se sont échouées, mais depuis la liquidation. L'une, en rade de Panama, a été laissée dans sa position, après qu'on avait enlevé la machinerie et les appareaux. L'autre a pu être relevée : celle-là avait été renversée sur la berge pendant une grande crue du Chagres, auprès de Bohio-Soldado. Mais ce sont là des accidents presque inévitables et qui se produisent partout (R).

Les faits racontés sous les rubriques S, T, U, V, sont très anciens, ou du moins le récit en a été fait il y a déjà fort longtemps. On les trouve tous dans les journaux qui, de 1883 à 1885, ont fait, à la Compagnie de Panama, une opposition acharnée. Ils sont reproduits d'ailleurs dans une brochure parue en 1885 sous la signature « Maréchal » et ayant pour titre : Voyage d'un actionnaire à Panama. » (S, T, U, V,).

Il ne faudrait pas croire cependant que la Compagnie ne s'est pas émue des bruits répandus et des faits signalés. Ils avaient d'ailleurs ce caractère particulier d'être pour la plupart attribués à la mauvaise administration de M. Demarteau, adjoint au directeur général, M. Dingler.

pour prêter son matériel que la Compagnie préférait renoncer à décharger le navire. Cet individu approchait alors ses chalands du navire, qui y jetait les marchandises afin de se décharger. Cet honnête industriel revendait ensuite ces marchandises à la Compagnie. La Compagnie renonçait à procéder au déchargement du navire parce que cette opération devenait trop onéreuse pour elle par suite du prix excessif demandé pour la location des chalands et des journées de surestarie à payer au navire. Le navire alors se déchargeait lui-même, en jetant les marchandises qu'il avait à bord : les chalands étaient là, les recevaient et leur propriétaire les revendait à la Compagnie (U).

Notes de la liquidation.

Nous avons vu, au cours des dépositions faites devant la Commission d'enquête, que M. Demarteau avait été pris à partie et attaqué. Il y a encore dans tout cela beaucoup d'exagération, — il y a aussi de l'ingratitude. Nous sommes d'autant plus à l'aise pour en parler ainsi que c'est sur notre proposition que le licenciement de M. Demarteau a été prononcé.

Comme nous le disions donc, la Compagnie s'est émue. Une enquête fut commencée devant une Commission composée de : M. Charles de Lesseps; MM. Victor de Lesseps et Fontane, administrateurs ; M. Motet, administrateur, chargé de la direction du service des travaux; M. Et. Martin, secrétaire général, et M. de la Fuye, chef du contentieux.

Nous allons retrouver, sous des formes un peu différentes, les mêmes faits qui sont rappelés dans la déposition de M. du Chaylard.

A propos du fait S, nous trouvons dans le dossier de l'enquête les allégations suivantes :

Question. — M. X... déclare qu'il a vu enterrer dans le terre-plein de Colon des pièces de matériel fraîchement peintes au minium, des lignes entières de voie ferrée et des traverses de chemin de fer.	Réponse faite par M. Demarteau, le 23 juin 1885, devant la Commission.
Il explique qu'on ne se donnait pas la peine pour faire des terrassements, d'enlever les voies. On recouvrait de terre la voie qui venait de servir par la terre apportée pour la voie nouvelle, en sorte qu'il peut y avoir ensevelies dans le terre-plein de Colon plusieurs lignes de voies ferrées superposées.	Le terre-plein de Colon est terminé depuis un an. Il a pu arriver, quand on faisait ce terre-plein, au début du travail, qu'on ait enterré 400 ou 500 vieilles traverses de chemin de fer qui ne valaient pas la peine d'être transportées. Il existe encore aujourd'hui 5 à 6,000 traverses de chemins de fer qui ont été refusées et qui restent sur le terre-plein à la disposition des entrepreneurs.
	Jamais on n'a enterré de matériel.
	Au commencement, on a laissé sur place et recouvert de terre des canots percés en fer, des margotats sans aucune valeur.
	On a toujours enlevé les voies, et il n'a jamais été possible de remblayer les voies les unes sur les autres.

Autre question. — Le même jour, 23 juin 1885.

On lit dans la brochure Maréchal : « A l'emplacement où est aujourd'hui le remblai de Gatun, se trouvait, déposée sur le sol, une grande quantité de pièces isolées de matériel neuf, démonté, récemment arrivé d'Europe. L'entrepreneur, avant de commencer à remblayer, demande qu'on débarrasse cet emplacement : on ne lui répond pas. Il demande d'opérer ce déplacement avec ses hommes, on lui refuse. Il annonce que si on n'enlève pas ces fers, il va passer outre et jeter de la terre dessus : on ne lui répond pas. Il implore un chef de section qui luirépond : « Je m'en f... — Moi aussi, dit l'entrepreneur », et il commence à remblayer. Et tout ce beau matériel est aujourd'hui enseveli à jamais. Il y en avait pour plus d'un million, d'aucuns disent pour deux. »

M. Demarteau répond : « Jamais je n'ai entendu parler du fait signalé par cette note. »

M. du Chaylard. — Je l'ai entendu dire.
M. le Président. — Quelles étaient ces marchandises ?

Notes de la liquidation.

On le remarquera d'ailleurs. Jamais non plus on ne voit, dans toutes ces histoires, citer les noms de ceux à qui on les attribue.

Passons maintenant au fait U, à l'histoire des clous en bois. Voici la vérité, qu'au dire de M. Bergès, ingénieur des ponts et chaussées, ancien directeur des travaux dans l'isthme, M. du Chaylard connaît exactement.

M. Roux, chef des sondages en résidence à Emperador, aurait, *en 1881*, demandé à Panama, à M. Verbrugghe, agent supérieur par intérim de vouloir bien faire confectionner, suivant modèle en bois joint à la demande, environ deux cents clous nécessaires à divers travaux de charpente.

Comme on ne disposait, à l'époque précitée, d'aucune installation, d'aucun atelier, la commande fut faite *à New-York* et probablement mal comprise. On a, sans doute, supposé que l'on demandait des chevilles, comme on en emploie couramment en charpente, et on a exécuté en bois dur les clous demandés. Ce fut une dépense, inutile en effet, de 300 francs environ.

Nous avons d'ailleurs retrouvé, à ce sujet, dans les archives de la Compagnie une note curieuse, écrite tout entière de la main de M. Ferdinand de Lesseps, et qui démontre le soin que prenait celui-ci de vérifier les accusations portées contre l'administration de la Compagnie. Voici textuellement cette note :

« Il me semble que chaque fois qu'un journal, comme *le Matin*, par exemple, donnerait une nouvelle de Panama dans le genre de celle des clous en bois ou de toute autre accusation contre nos services, nous pourrions reproduire dans notre bulletin ledit article en ajoutant qu'une enquête a été ordonnée sur les lieux et qu'elle sera publiée par la Compagnie. — La Chénaie, le 17 septembre 1885.   « *Signé* : Ferdinand de Lesseps. »

Sur les faits U et V, nous allons encore donner les résultats de l'enquête de 1885, dans laquelle on rencontre des imputations. Nous n'avons cependant rien trouvé se rapportant exactement au récit de M. Camille Pelletan.

Question. — M. X... déclare qu'il s'offre de faire charger un navire avec les bois de construction qui ont été jetés à la mer, et qui sont ensevelis dans le sable.

M. X... confirme le fait rapporté par M. Y. en déclarant qu'il a vu des bois de construction sur les rivages de la mer.

M. X... ajoute qu'il a fait prendre en mer des bois de construction qui avaient été abandonnés et qui flottaient. Il s'en est servi pour ses constructions.

Il affirme qu'un bon de tâche a été consenti à un entrepreneur pour retirer de la mer et de ses rivages les bois abandonnés ou mieux jetés à l'eau par les déchargeurs de navires. Ces bois n'étant pas hissés de mer étaient repris par elle et ramenés de nouveau par l'entrepreneur.

Réponse de M. Demarteau. — 23 juin 1885. — Les bois qui arrivent à Colon sont jetés à la mer pour être formés en radeau et transportés à terre. Il est exact qu'on peut trouver des bois de construction sur le rivage, et qu'on peut nous en voler. On peut également voler ceux qui flottent en mer à la dérive. C'est pour cela qu'on emploie des chaloupes à vapeur pour ramener ces bois au rivage.

Il y a eu un petit bon de tâche consenti à un entrepreneur pour retirer les bois de la mer et des rivages.

Je ne sais pas si cet entrepreneur s'est bien acquitté de sa mission, s'il mettait les bois suffisamment loin du rivage de la mer de manière à les empêcher d'être repris par le flot.

Le petit bon de tâche est terminé.

Aujourd'hui on ne jette plus les bois à la mer. On les conduit immédiatement en magasin et on constate la remise de ces bois à la Compagnie par trois attestations : 1º celle du capitaine du navire; 2º celle de celui qui reçoit la marchandise; 3º celle du magasinier qui reçu les bois dans les magasins.

Ces attestations servent maintenant à découvrir les vols qui pourraient être commis au préjudice de la Compagnie.

M. du Chaylard. — Des bois, des caisses de toute sorte, de l'eau de Vichy, etc...

Notes de la liquidation.

Question. — ... Par exemple, une commande a été faite de 20.000 tonnes de charbon qu'au bout du compte les autorités du canal n'ont pu recevoir, et de là une forte demande d'indemnité pour surestaries a été faite.

Réponse de M. Demarteau. — 23 juin 1885. — En général, les charbons qui arrivent à Colon sont amenés par des voiliers, et leur déchargement se fait rapidement parce qu'ils peuvent facilement accoster.

La note fait sans doute allusion à un achat de 20.000 tonnes de charbon venant d'Australie, acheté à MM. Furth et Campbell à raison de ⁜ 11 6/10 (1) et conduit directement à Panama. Badu, qui avait entrepris le déchargement de cette marchandise, ne l'a peut-être pas conduit avec toute la célérité désirable.

(1) Je ne sais si c'est or ou monnaie colombienne.

Question. — M. X... déclare qu'il a vu jeter d'un navire du charbon de terre dans la mer et il offre d'indiquer l'endroit où l'on pourra retrouver ce charbon, la mer n'y étant pas profonde de plus de dix à douze mètres.

Ce n'est pas d'un seul navire, mais de plusieurs qu'il a vu jeter du charbon à la mer en 1883 et 1884, dans la rade de Colon.

Réponse de M. Demarteau, 22 juin 1885. — Je ne m'explique pas le fait et je n'en ai pas eu connaissance.

Il fallait indiquer l'endroit exact où le charbon a été jeté. On pourrait le retrouver à l'aide d'une drague.

Question. — Mais à quoi bon insister? C'est le pillage. — On a vu vendre du charbon comme lest par chalands pleins ; on en a même vendu au capitaine du navire qui l'avait amené pour qu'il le garde à bord sans même jouer la comédie d'un débarquement. Nous y gagnons toujours ça.

Réponse de M. Demarteau, 23 juin 1885. — Jamais je n'ai entendu parler des faits signalés dans cette note.

Question. — Au mois de février 1883, au moment du règlement des comptes du voilier *John Fought* venu de Colon avec un chargement de charbon pour la Compagnie, il a été constaté qu'il restait à fond de cale une quantité de charbon évaluée à 90 ou 100 tonnes.

M. L..., agent classé de la Compagnie, s'étant trouvé fort compromis dans cette affaire et n'ayant pas pu prouver son innocence a été révoqué par décision n° 459 de l'agent supérieur en date du 8 février 1883.

Observations de M. Demarteau, 23 juin 1885. — J'ai entendu parler, en 1883, d'un fait pareil à celui qui fait l'objet de cette note.

En 1884, on a raconté également que 300 tonnes de charbon avaient été abandonnées au fond d'un navire. Deux employés, d'Amphonie et Nevé, ont été accusés de ce fait, mais leur innocence a été démontrée. Il existe sur cette affaire un rapport à Panama.

M. Dingler, en 1883, a refusé du charbon qu'il a trouvé de mauvaise qualité. Ce charbon, qui avait été envoyé de New-York par M. Saleta, était payé. Le capitaine est allé le porter ailleurs.

On a pu constater ainsi, dans une entreprise aussi vaste, des faits regrettables, des malfaçons, même certaines manœuvres délictueuses. Mais n'est-ce pas l'accompagnement de toute œuvre humaine? Il y en a eu plus à Panama qu'ailleurs, soit. Mais que l'on songe à l'éloignement, au climat, aux difficultés de toutes nature qu'on a rencontrées. Et surtout, parmi tous les faits racontés, que l'on veuille bien faire la part de l'exagération et celle de la vérité.

De mon temps, il ne s'est pas passé de faits de cette nature, parce qu'on n'envoyait plus rien.

M. de Ramel. — On a même dit que certains chargements de bois défilaient comme au Châtelet. Le navire arrivait; la Compagnie faisait procéder à la réception du bois; puis, au lieu de décharger, le navire s'éloignait en mer. Il revenait quelque temps après et la même cérémonie recommençait (V).

M. du Chaylard. — On l'a dit; mais ce n'est pas là un fait que j'aie vu, que je connaisse d'une façon certaine. On a raconté bien des choses, vous le savez.

M. de Ramel. — Je vous signale ces on-dit parce que la Compagnie aurait pu vous saisir d'une plainte.

M. du Chaylard. — A cet égard, la Compagnie n'a jamais rien demandé au Consul de France (X).

M. Camille Pelletan. — Ni à vos prédécesseurs?

M. du Chaylard. — Je ne puis répondre que pour moi. La Compagnie n'aimait pas à s'adresser au consul de France, et quand, au moment du licenciement du personnel, je me suis occupé des employés, je me suis parfaitement aperçu que mon intervention gênait la Compagnie. D'ailleurs, je n'ai jamais fait que défendre les intérêts des employés qui s'adressaient à moi (Y).

Notes de la liquidation.

La Compagnie de Panama avait un caractère international. De plus, nous avons toujours constaté dans l'administration de cette Compagnie une tendance à prendre une attitude qui ne froissât pas les sentiments des gouvernants et du peuple américains. Il y a eu là, à notre avis, une notion peu exacte de l'état de l'esprit public en Amérique. Il est resté en défiance, malgré les concessions qu'on a voulu lui faire. Et des sacrifices de diverses nature consentis par la Compagnie, aucune conséquence avantageuse n'est résultée (X).

D'un autre côté, il est certain que les agents diplomatiques français n'ont jamais considéré favorablement l'entreprise de Panama. Les diplomates disent : « C'est le canal de Suez qui nous a coûté l'Égypte; le canal de Panama nous fera perdre les Antilles. » Ce n'est pas le lieu de discuter ici de semblables conceptions. Nous observerons simplement que le canal de Suez devait se faire, et que le canal interocéanique se fera. Toutes les combinaisons de la diplomatie ne prévaudront pas contre l'intérêt des peuples.

Nous avons voulu, en deux lignes, indiquer les motifs des rapports très discrets, trop discrets à notre sens, qui existaient entre les représentants du Gouvernement français et la Compagnie.

M. du Chaylard adresse ici, à la Compagnie, un reproche qu'elle ne peut accepter. L'incident auquel il est fait allusion a eu lieu au commencement de février 1889, quelques jours après la nomination de M. Brunet comme liquidateur (Y).

Le directeur des travaux avait demandé à M. Brunet que les indemnités de licenciement fussent immédiatement payées aux agents. M. Brunet, ne voulant pas juger lui-même si c'étaient là des créances privilégiées (un jugement du Tribunal civil de la Seine a décidé d'ailleurs, en avril suivant, sur une instance suivie par divers agents de la Compagnie, que ces créances n'étaient pas privilégiées), ne voulut pas consentir le payement immédiat.

Les agents, dans l'isthme, impatients de toucher une somme qu'ils considéraient, non sans raison, comme leur étant légitimement due, firent intervenir le consul de France, M. du Chaylard, qui prit sous sa responsabilité d'insister pour que le payement eut lieu. L'encaisse presque totale de la liquidation fut ainsi distribuée.

La liquidation se trouva alors presque sans ressources. M. Brunet blâma sévèrement le directeur des travaux, qui avait contrevenu à ses ordres, et se plaignit de M. du Chaylard.

Paris, 10 mars 1893.

M. de Ramel. — Où était placée votre résidence?

M. du Chaylard. — Sur la place de la cathédrale, à Panama. Plus tard, quand l'entreprise a sombré, j'ai occupé le quatrième étage de la maison de M. Eiffel.

M. de Ramel. — Étiez-vous près des travaux?

M. du Chaylard. — Oh! non, les travaux les plus près de Panama, qui étaient ceux de La Boca, étaient à quatre kilomètres. Je n'avais d'ailleurs aucune surveillance à exercer sur les travaux. La Compagnie, dans l'isthme, se posait même comme une Compagnie internationale, tandis qu'à Paris elle revendiquait sa situation de Société française, ce qui était pour elle très commode. En somme, à nous, elle ne nous a jamais laissé voir grand'chose.

M. le Président. — Quelqu'un désire-t-il poser une question à M. du Chaylard?...

Monsieur le Consul, la Commission vous remercie de lui avoir fourni les renseignements que vous venez de porter à sa connaissance dans votre déposition.

M. du Chaylard. — Je n'ai qu'un regret, c'est de n'avoir pu vous citer plus de faits précis.

M. Camille Pelletan. — Dès que vous aurez revu et vérifié les chiffres que vous avez bien voulu nous promettre hier, vous nous les enverrez.

M. du Chaylard. — Oui. Ce sont peu à peu près les mêmes que ceux de M. Flory.

Je ne puis que répéter, en terminant, et comme conclusion, que les entreprises ont gagné beaucoup d'argent parce que la Compagnie s'y est prêtée et que, si elle avait voulu résister, elle aurait pu payer beaucoup moins cher.

M. le Président. — Monsieur du Chaylard, voulez-vous revenir demain pour signer votre déposition?

M. du Chaylard. — Oui, Monsieur le Président.

(M. du Chaylard se retire).

ANNEXE N° V

COMMISSION D'ENQUÊTE
SUR LES AFFAIRES DU PANAMA.

Sous-Commission des Entrepreneurs.

Séance du mardi 24 janvier 1893, présidence de M. Jolibois.

Déposition de M. Landrodie,
Rédacteur au journal LA PAIX et renseignements de la liquidation.

M. Le Président. — Monsieur Landrodie, vous avez été entendu par le juge d'instruction?

M. Landrodie. — Oui, monsieur, et, l'autre jour, j'ai été appelé en témoi‐gnage devant la Cour.

M. Le Président. — Vous avez publié des articles sur Panama : voulez-vous nous dire ce que vous savez sur les entrepreneurs et ce que vous pensez des contrats qui sont intervenus entre ces entrepreneurs et la Compagnie de Panama?

M. Landrodie. — J'ai reçu votre convocation ce matin, à onze heures et demie. Si j'avais eu seulement vingt-quatre heures devant moi, je me serais fait un devoir d'aller à la Bibliothèque nationale pour y relire les articles que j'ai publiés sur cette question. Il y en a cinq ou six. J'aurais dû me rendre à la Bibliothèque nationale pour relire ces cinq ou six articles parce que, — c'est une particularité que je dois signaler pour expliquer la nécessité de cette démarche, — la collection qui existe au journal n'est plus complète; les numéros dans lesquels ont paru mes articles sur les contrats ont été volés, il y a dix-huit mois ou deux ans. Tout un trimestre a disparu et nous n'avons pu le remplacer dans les archives du journal *la Paix.*

M. Le Président. — A-t-on recherché comment cette soustraction s'était opérée?

M. Landrodie. — On a fait des recherches, mais sans succès. Cette sous‐traction ne se comprend guère, parce qu'il est toujours possible de retrouver les numéros disparus à la Bibliothèque nationale. Quand j'ai su que je serais entendu par la Cour d'appel, je suis allé à la Biblioihèque nationale pour relire certains de mes articles et me remetttre en mémoire diverses impressions.

Mon rôle s'est borné à accompagner la Commission d'enquête dans l'isthme.

M. Le Président. — A quel titre êtes-vous allé dans l'isthme ?

M. Landrodie. — Voici : au mois d'octobre 1889, le journal *la Paix* avait entrepris une campagne en faveur de la reconstitution d'une nouvelle Société pour achever le canal. Cette décision avait été prise à la suite du grand nombre de lettres que le directeur du journal avait reçues des lecteurs et abonnés de *la Paix* demandant, en leur qualité d'actionnaires ou d'obligataires, qu'on fît une campagne en faveur du Panama (A).

Au mois d'octobre suivant, la Commission nommée par le Gouvernement, d'accord avec la liquidation, jugea nécessaire d'envoyer dans l'isthme une délégation de sept membres. Mon journal me proposa d'accompagner cette délégation, pour rendre compte des travaux faits et envoyer des renseignements utiles sur cette affaire. J'acceptai et je partis.

Là-bas, mon rôle s'est borné à ouvrir les yeux et à écouter, et à raconter dans une série d'articles, qui ont paru dans *la Paix* sous ma signature, ce que j'ai vû èt entendu. Ce sont plutôt des impressions d'autrui que des impressions personnelles que j'ai relatées, car je ne suis ni un ingénieur ni un financier et il m'était impossible d'apprécier, à ces deux points de vue, ce qui a été fait à Panama.

J'ai accompli ma mission avec la plus grande impartialité et je n'ai pris mes renseignements qu'auprès de personnes dignes de foi (B).

Maintenant, Messieurs, je ne pourrais vous donner des renseignements précis sur le point qui vous occupe spécialement, les contrats, que quand j'aurai rélu mes articles. J'ai parfaitement présente à l'esprit l'impression générale de

---

Notes de la liquidation.

Nous voulons bien croire que l'objet principal de la campagne du journal *la Paix* a été la constitution d'une Société d'achèvement du canal de Panama. Mais il convient de ne pas omettre que ce journal a défendu surtout les intérêts d'une combinaison particulière d'entreprise générale basée sur un projet spécial présenté par M. Sautereau (A).

M. Landrodie veut bien constater qu'il lui était impossible d'apprécier personnellement, au point de vue technique et au point de vue financier, ce qui a été fait à Panama. Il se défend d'avoir relaté ses impressions personnelles et protesto de son impartialité, à laquelle nous croyons. .

Mais M. Landrodie est-il bien sûr de n'avoir pris ses renseignements qu'auprès de personnes dignes de foi ? Pourrait-il affirmer que leurs accusations étaient bien désintéressées et que parfois leurs critiques n'ont pas eu d'autres mobiles que la satisfaction de leurs rancunes ?

Si nous connaissions les noms de ces personnages, il serait à coup sûr, intéressant de rechercher leur situation dans l'isthme et d'examiner la nature des rapports qu'elles ont eu à entretenir avec la Compagnie et avec son personnel.

Nous sommes convaincu que, cette petite enquête achevée, les affirmations que le journal *la Paix* a prises à son compte exigeraient d'autres cautions que celles qui ont suffi à M. Landrodie, dont la sincérité personnelle ne nous paraît pas d'ailleurs devoir être mise en cause.

On pourrait mieux accuser en cette affaire, — et cela doit bien être un peu l'opinion de M. Landrodie lui-même, — les nécessités et les légèretés du reportage.

ce que j'ai entendu dire et vu dans l'isthme; mais les détails et les chiffres exacts m'échappent (C).

M. le Président. — Voulez-vous nous donner cette impression générale, sauf à revenir devant la Commission, quand vous aurez relu vos articles, pour lui fournir des renseignement plus précis et spéciaux?

M. Landrodie. — Parfaitement.

M. Dumay. — A quelle époque avez-vous publié vos articles? Je vous fais cette question parce que, si c'est nécesssire, la Commission pourra ainsi consulter la collection des journaux de la bibliothèque de la Chambre des Députés.

M. Landrodie. — Mes articles ont paru dans les six premiers mois de l'année 1890. J'envoyais mes articles de Panama par le paquebot, à raison d'un ou deux par semaine; mais je donnerai à la Commission les dates de la publication dans *la Paix* des articles que j'ai écrits sur les contrats.

M. Dumay. — Vous avez dit, devant la Cour d'appel, que vous vous êtes toujours procuré, autant qu'il a été en votre pouvoir de le faire, des documents officiels relativement aux contrats. Est-il indiscret de vous demander à quelle source vous avez puisé vos renseignements? Je vous pose cette question afin que nous puissions, nous aussi, nous reporter à la même source, à moins que vous n'ayez reproduit dans vos articles les contrats en entier.

M. Landrodie. — J'ai reproduit dans mes articles tous les contrats dont j'ai eu l'occasion de parler. Mais je pense que vous trouveriez, sur les contrats, les renseignements les plus complets dans les rapports de M. Flory et de M. Monchicourt.

M. Dumay. — Les contrats ne sont examinés que très brièvement dans ces rapports.

M. Camille Pelletan. — Avez-vous eu les textes mêmes de ces contrats?

M. Landrodie. — Non, mais j'en ai eu l'esprit (D).

Je réponds maintenant à la question que M. le Président m'a posée.

Dans l'isthme, au moment où je m'y trouvais, on attribuait la catastrophe du Panama aux conditions très onéreuses pour la Compagnie faites dans les contrats des entrepreneurs. Sans entrer dans les détails, puisque je n'ai pu relire mes articles et que ma mémoire pourrait me faire défaut sur certains points, je

---

Notes de la liquidation.

(C) Nous avons déjà dit autre part que les contrats des grandes entreprises, auxquels fait allusion M. Landrodie dans ce passage de sa déposition, exigent une étude spéciale, — et qui sera fort longue pour être complète, — à laquelle il conviendra le mieux sans doute de procéder après l'audition par la Commission d'enquête, des concessionnaires de ces diverses entreprises. En rapprochant et comparant les dépositions obtenues avec les renseignements contenus dans les archives de la liquidation et les indications du rapport de M. Flory, il sera possible, nous le croyons, de se former une opinion exempte de tout parti pris et de toute exagération, — dans un sens quelconque d'ailleurs.

Il importe toutefois, malgré que les articulations rapportées dans la déposition de M. Landrodie soient très vagues, d'y répondre en quelques mots, sauf à revenir, dans un travail d'ensemble, sur les faits et sur les chiffres énoncés, pour en fournir les explications nécessaires.

Qu'on nous permettra d'observer en passant que le texte eût mieux valu, avec des explications convenables et la compétence nécessaire pour l'interpréter (B).

donne à la Commission mon impression générale (E). On disait dans l'isthme que la Compagnie du Canal procédait de la façon suivante : Pierre, par exemple, obtenait la concession des travaux à exécuter depuis le kilomètre 0 jusqu'au kilomètre 5 moyennant un prix de 100.000 francs. Quinze jours après, sans raison jusiifiée, Pierre allait trouver la Compagnie et lui disait : « Je demande la résiliation de mon contrat » (F).

« Qu'aurait dû faire la Compagnie? Elle aurait dû obliger l'entrepreneur à exécuter son contrat, ou bien, si elle accordait la résiliation, elle aurait dû exiger une indemnité, puisque c'était l'entrepreneur qui demandait la résiliation. Eh bien, c'était toujours la Compagnie qui payait une indemnité au monsieur qui rompait le marché.

« Paul, apprenant que la concession de Pierre était libre, allait trouver la Com_ pagnie et demandait la concession des travaux, en lui disant : « Pierre devait exécuter ces travaux pour 100.000 francs; c'est dérisoire; je veux 150.000 francs. » Et la Compagnie accordait à Paul les 150.000 francs qu'il demandait.

« Et ainsi, la Compagnie payait à Pierre une indemnité qu'elle ne lui devait nullement et elle accordait, pour le même travail, un prix plus élevé à Paul (F).

« On prétend que ce système a été appliqué à pas mal de contrats, et on racontait que M. un tel était arrivé à obtenir ainsi 94 ou 96 francs par mètre.

M. Dumay. — Le prix le plus élevé, par mètre cube, n'a-t-il pas été de 36 francs?

M. Landrodie. — Je ne parle pas du mètre cube en ce moment; le prix que je cite s'appliquait « à la pose du mètre courant de voie du chemin de fer (G) ».

Notes de la liquidation.

Il est malheureusement certain que si l'on ne peut dire avec une entière justesse que les travaux exécutés ont coûté cher, on doit reconnaître que les contrats ont été onéreux pour la Compagnie, principalement par leurs clauses, accessoires et transformations (F).

Mais si l'on veut bien examiner la répartition des dépenses totales effectuées par la Compagnie, on constatera sans peine que ce ne sont pas seulement les dépenses des travaux qui ont amené la catastrophe de Panama : elle a eu des causes plus spéciales et plus graves.

La Commission d'enquête a pu se rendre compte que si des critiques peuvent être justement dirigées contre le mode de passation des contrats, ce ne peut être d'après la formule un peu puérile de M. Landrodie. Les modifications dans l'ensemble des contrats ont été nécessitées par des causes d'ordre général, résultant de la situation même de la Compagnies à certaines époques. Les modifications particulières ont été appliquées presque toujours avec les mêmes entrepreneurs (F).

Le prix indiqué n'existe dans aucun contrat. Il est vrai d'ailleurs qu'on a, sans aucun doute, voulu faire allusion à un prix plus élevé qui s'applique, non à la *pose* de la voie, mais à la construction des voies de terrassements. Sans discuter ici dans quelle mesure il est exagéré, — et il est certainement exagéré, — nous devons faire observer que ce prix s'appliquait, suivant la définition qui va être reproduite, dans la limite d'une dépense totale de 2.900.000 piastres correspondant à 96 kilomètres de voie simple ou de 58 kilomètres de voie double.

Voici maintenant la définition des prix :

« Établissement de voies doubles pour transports de terrassements :

« Terrassements et ouvrages d'art, quarante piastres le mètre linéaire de voie double... 40 »

« Pose de la voie et ballastre, dix piastres le mètre linéaire de voie double....... 10 »

« A propos de ce prix de 36 francs, je puis donner cette indication : certains entrepreneurs, qui recevaient 36 francs par mètre cube extrait, faisaient exécuter le travail, moyennant 4 francs, par des sous-contractants, et, à ce prix de 4 francs, ces derniers y gagnaient encore, et leurs ouvriers aussi. On se demandait donc avec raison dans l'isthme pourquoi la Compagnie payait 36 francs ce qu'elle aurait pu obtenir pour 4 francs (H).

« Pour la pose de la voie du chemin de fer, le prix du mètre courant, stipulé dans le contrat de l'entrepreneur, a été de 96 francs ; l'entrepreneur, lui, pour faire exécuter le travail, n'a payé que 5 fr. 80 ou 6 francs le mètre courant de pose.

M. Camille Pelletan. — Ce prix de 96 francs par mètre courant est tout à fait exorbitant (G).

M. Landrodie. — Il y a eu des contrats passés dans ces conditions.

M. le Président. — C'est sur ces points qu'il importe de relire vos articles afin de donner à la sous-Commission des renseignements précis.

M. Landrodie. — Parfaitement. Mes articles remontent déjà à trois ans, et je vous assure que, depuis mon retour, je ne me suis plus occupé de ces affaires de Panama.

M. le Président. — Nous prenons acte de l'offre que vous nous faites de revoir les articles que vous avez écrits pendant votre séjour dans l'isthme et de fournir ensuite à la Commission des indications et renseignements aussi précis que possible sur ce que vous avez vu et entendu à Panama.

M. Landrodie. — Parfaitement.

Je vous ai indiqué la première cause de la catastrophe : l'abus des changements de contrats, se succédant les uns aux autres avec des prix de plus en plus élevés, et le payement aux entrepreneurs qui se retiraient d'indemnités qui ne leur étaient nullement dues.

La seconde cause était la suivante. Les entrepreneurs ne pouvaient, matériellement, enlever qu'un certain nombre de mètres cubes par mois ; mettons 200.000 mètres cubes. Les ouvriers travaillaient à $1^m,50$ ou 2 mètres les uns des autres : il n'était pas possible d'en mettre un plus grand nombre dans la tranchée. De là, l'impossibilité matérielle pour l'entrepreneur d'extraire une plus grande quantité de terres. Les entrepreneurs fournissaient chaque mois la situation du cube qu'ils avaient enlevé. La Compagnie,

---

Notes de la liquidation.

« En cas d'établissement de voies simples, provisoires ou définitives, les prix ci-dessus seront portés en situation et payés seulement pour les trois cinquièmes.

Les définitions de prix qui précèdent sont prises dans le contrat de la Société de travaux publics et construction. Le change fixe de la piastre était de 4 fr. 40 (G).

Le prix de 36 francs le mètre cube s'appliquait exclusivement *aux fouilles des têtes des écluses*, avec une prévision totale de 359.000 mètres cubes. Les terrassements des sas étaient payés 30 francs le mètre cube, avec une prévision de 727.000 mètres.

Le prix des terrassements, dans les chantiers ordinaires, sont très inférieurs à ceux qui viennent d'être indiqués pour le travail exceptionnel des fouilles des écluses. Sauf pour les dérochements sous l'eau, les prix les plus élevés des déblais, dans les tranchées rocheuses, varient de 8 à 11 francs par mètre cube.

qui éprouvait des difficultés pour soutenir son crédit en France, n'a pas hésité à recourir au moyen suivant. Le directeur à Panama, d'après les ordres qu'il avait reçus de Paris, disait à chaque entrepreneur qui présentait sa situation mensuelle : « Comment ! vous n'avez exécuté que telle somme de travaux ce mois-ci, 200.000 mètres cubes? »

L'entrepreneur répondait qu'il n'était pas possible de mettre un homme de plus dans la tranchée.

Peu importe, répliquait le directeur ; n'oubliez pas que, le mois prochain, il faut que votre situation porte tant de mètres cubes.

C'était généralement le double.

M. le Président. — Était-ce une indication donnée par la direction aux entrepreneurs, ou un ordre?

M. Landrodie. — Les entrepreneurs considérèrent cette indication comme un ordre, car les mois suivants, ils portèrent sur les situations le double des travaux réellement faits, et la Compagnie paya.

M. Camille Pelletan. Quel était le directeur à ce moment?

M. Landrodie. — Je ne le sais pas. Quand je suis arrivé dans l'isthme avec la délégation les travaux avaient cessé.

Telle est la seconde cause à laquelle on attribuait dans l'isthme le désastre de Panama.

Notes de la liquidation.

« Il est vraiment bien difficile de discuter sérieusement des observations aussi dénuées de fondement, aussi fantaisistes que celles que nous trouvons ci-contre (I). »

Tous ceux qui ont approfondi les causes des échecs successifs que la Compagnie a subis dans la réalisation de ses programmes d'exécution, et tout particulièrement du projet de canal à niveau, ont dû attribuer à la pénurie de la main-d'œuvre le maintien, entre certaines limites trop restreintes, du rendement des chantiers. On a cru y suppléer par l'emploi des machines : elles ne sont applicables avantageusement que pour certaines dispositions et certaines natures de terrains. Bien plus, on a souvent manqué du personnel nécessaire pour utiliser régulièrement tout le matériel. Il nous serait facile de démontrer, par des détails puisés dans des rapports officiels sur la marche de chaque chantier, ce que nous venons d'énoncer sous une forme générale.

Ceci dit, nous défions M. Landrodie de citer ou de faire citer par ses auteurs les noms du directeur et de l'entrepreneur en cause dans l'histoire qu'il a racontée. Nous sommes bien tranquilles et, en prévision de l'absence certaine de toute réponse, nous pourrions nous dispenser de discuter plus longtemps de pareilles inventions et de protester contre de semblables légendes.

Nous ferons observer pourtant que si la Compagnie avait voulu tromper le public sur l'évaluation du cube exécuté, elle n'avait pas besoin, vraiment, pour cela, de payer celui qui ne l'était pas. Ce mode de réclame eût coûté encore beaucoup plus cher que l'autre. Il aurait suffi à la Compagnie, si elle l'eût voulu, d'annoncer des cubes majorés. Qui pouvait les discuter sérieusement, avec pièces et preuves à l'appui ?

Il est d'ailleurs vrai que les cubes annoncés par le *Bulletin du Canal* ont été en général supérieurs de 5 à 10 0/0 aux cubes réellement exécutés. Mais ces publications n'étaient que la reproduction des communications télégraphiques de l'Administration de Panama. Celle-ci envoyait par câble, à la fin de chaque mois, le montant des situations provisoires établies sommairement d'après les comptages. Les situations *sur profils*, les seules officielles et soumises à de nombreuses vérifications, servaient seules à dresser les décomptes et rectifiaient les erreurs des situations provisoires.

Il y a eu aussi la question du matériel, fourni par les entrepreneurs.

M. le Président. — Le matériel a-t-il été fourni aux entrepreneurs, ou ces derniers ont-ils été chargés d'acheter eux-mêmes le matériel qui leur était nécessaire?

M. Landrodie. — A cet égard, la Compagnie laissait absolument la bride sur le cou aux entrepreneurs, leur permettant de se procurer eux-mêmes tout le matériel dont ils croiraient avoir besoin. On ajoutait même que la Compagnie, — je ne sais vraiment pas pourquoi, — allouait une prime de 10 à 20 0/0 aux entrepreneurs sur le prix du matériel qu'ils avaient acheté eux-mêmes (I).

Il en est résulté que tel entrepreneur, qui avait besoin de 200.000 francs de matériel, en achetait pour 500.000 francs pour recevoir sous forme de prime une somme plus forte de la Compagnie (J).

C'est ainsi que j'ai vu pas mal de matériel, entre autres une drague-Suez, appareil qui coûtait 2 millions, abandonné dans la brousse sans avoir jamais servi (K).

M. le Président. — Ce matériel auquel vous faites allusion a été apporté là où vous l'avez vu et y est encore?

M. Landrodie. — Oui, il attend encore dans la brousse qu'on l'emploie, ou plutôt il n'attend plus, car avec le climat de l'isthme il doit être absolument détérioré et hors d'usage (K, L.).

Notes de la liquidation.

Nous pouvons affirmer au contraire, après la connaissance que nous avons acquise de toute la correspondance de la Compagnie, que l'Administration de Paris a toujours manifesté le désir d'être renseignée avec la plus rigoureuse exactitude sur l'importance des travaux exécutés. Nous pourrions produire toute une collection de lettres contenant des instructions précises, formelles à cet égard.

Ce que nous venons de dire s'applique particulièrement aux petites entreprises et à la période qui va jusqu'au commencement de l'année 1886.

Nous avons dit autre part, et nous croyons avoir démontré dans l'étude que nous avons faite pour M. le conseiller Prinet, sur sa demande, études faites sur les documents mêmes qui prétendaient prouver le contraire que, *sauf pour les cubes des dragages* sur lesquels existent certaines erreurs qu'on pouvait prévoir et d'ailleurs rectifier en partie, les cubes portés en situation pour les grandes entreprises étaient généralement exacts, aussi exacts du moins qu'on peut les avoir par les procédés ordinaires, usuels, de mesurage des déblais.

Il suffit de se reporter aux contrats eux-mêmes pour s'assurer que le matériel à fournir à la Compagnie par chaque entreprise était limitativement prévu.

Quant à la prétendue prime payée par la Compagnie, nous avons expliqué à propos de la déposition de M. du Chaylard, la confusion évidente et par suite l'erreur commise (J).

(K) Cette drague n'est pas abandonnée. Et si elle n'a jamais servi, c'est que son montage n'était pas encore achevé quand les travaux ont été suspendus. Elle était destinée, avec une autre de même espèce qui, celle-là, est achevée, à draguer et décharger au long couloir les déblais du canal dans le manglars (estuaire de Rio-Grande). Ce travail ne devait être commencé qu'après l'achèvement du chenal maritime en rade de Panama, et le matériel destiné à son exécution n'avait été expédié dans l'isthme qu'en 1887 et 1888.

(L) C'est absolument faux. Et nous le déclarons d'autant plus énergiquement qu'il a paru à ce sujet, tout récemment, des publications erronées et malveillantes.

Il est bien évident que les actions atmosphériques, les intempéries du climat, ont occasionné une certaine détérioration. Mais tout le matériel est convenablement entretenu et la presque totalité se trouve en état de fonctionnement, sauf bien entendu, quelques nettoyages et quelques réparations légères.

M. Dumay. — Quels ont été les fournisseurs du matériel?

M. Landrodie. — Les entrepreneurs ont acheté le matériel aux États-Unis surtout, et en France. Mais je ne connais pas le nom des personnes qui ont fourni ce matériel (M.).

M. le Président. — Les effets du climat sont tels que vous pensez qu'actuellement tout ce matériel est hors d'usage?

M. Landrodie. — Oui. Le climat est aussi pernicieux pour ces choses que pour les gens. Je suis allé dans l'isthme pendant la belle saison, et je suis resté à l'hôpital pendant dix-huit jours, atteint de la fièvre jaune (K, L).

M. Dumay. — Qu'est devenu un M. Fériès? Vous le connaissez? il vous a fait des propositions?

M. Landrodie. — Oui. A mon retour de Panama, j'ai reçu un grand nombre de visites. Tous les jours, au journal, et cela pendant six mois, j'ai reçu un grand nombre de personnes, quinze à vingt par soirée. Entre autres personnes, j'ai reçu ce M. Fériès, qui m'a dit : « — Savez-vous que vous taillez de jolies croupières aux entrepreneurs? »

J'ai répondu que je ne connaissais pas un seul entrepreneur.

« — Cela doit les gêner beaucoup, me dit-il.

— Tant pis pour eux, répliquai-je.

— Si vous vouliez m'en croire, insinua-t-il, il y aurait assurément de l'argent à gagner pour vous. »

Je lui dis alors : « — Monsieur, je crois comprendre ce que vous voulez dire. Il est inutile d'insister. »

Il essaya de la menace. « Savez-vous, s'écria-t-il, qu'on pourrait vous poursuivre en cour d'assises pour diffamation? »

Je lui ripostai que je le souhaitais de grand cœur, parce que cela me permettrait de faire le procès de Panama au grand jour.

Il redevint doux, calme, et ajouta : « Je ne fais pas cette démarche à la légère. Je vous répète que vous pouvez gagner beaucoup d'argent si vous le voulez, et personne n'en saura rien. »

J'ouvris la porte du cabinet ; il sortit et je ne l'ai jamais revu.

M. Camille Pelletan. — Vous ne savez pas au nom de qui il vous faisait cette proposition ?

M. Landrodie. — Non. Mon directeur, à qui je contai l'affaire, me dit que j'aurais dû le laisser parler, à titre de curiosité, de document.

M. Dumay. — Y a-t-il dans votre déposition devant le juge d'instruction des renseignements qui ne sont pas dans vos articles ?

M. Landrodie. — Non. J'ai signalé ce fait que, dans l'isthme, on disait que la Compagnie aurait dû avoir recours au système des adjudications, au lieu de passer des contrats de gré à gré.

Notes de la liquidation.

(M) Sur 91 millions de gros matériel, il en a été acheté en France pour 48 millions.

M. Camille Pelletan. — A-t-on essayé de faire des adjudications à Panama (N)?

M. Landrodie. — Tout se faisait à Paris. Le plus curieux, c'est que les gros entrepreneurs n'ont jamais mis les pieds dans l'isthme ; ils n'ont jamais quitté les grands boulevards de Paris, et il n'y a qu'eux qui ont gagné de l'argent à Panama. Ils ont tous repassé l'exécution des travaux à des sous-contractants.

M. Camille Pelletan. — Cependant, M. Bunau-Varilla est allé à Panama.

M. Landrodie. — Celui-là, oui, mais pas M. Eiffel.

M. Dumay. — Vous ne parlez pas dans votre déposition devant la justice d'un matériel qui aurait été revendu, quoique vieux, à un bon prix, à la Compagnie par MM. Hersent, Couvreux et Cie. Pendant que vous étiez dans l'isthme, auriez-vous entendu dire que MM. Hersent et Couvreux auraient recédé à la Compagnie, au prix du neuf, un vieux matériel qui leur avait servi (O).

M. Landrodie. — Je n'en ai pas parlé dans mes articles non plus, mais j'ai entendu raconter le fait. On critiquait peu ces messieurs dans l'isthme parce qu'on disait qu'il s'agissait d'un forfait. Mais on ajoutait qu'ils ne pouvaient pas être de bonne foi parce qu'il était évident qu'il était impossible de terminer le canal avec 512 millions.

M. Camille Pelletan. — Il n'y a jamais eu de forfait entre ces messieurs et la Compagnie. Ce point est démontré.

M. le Président. — Ces messieurs ont pris simplement l'engagement de travailler pendant tant de temps pour étudier, examiner, rechercher quel laps de temps serait nécessaire pour achever le canal et quelle somme il fallait demander ce chiffre de 512 millions a été lancé dans le public en même temps que le nom de MM. Hersent, Couvreux et Cie, mais il n'y avait jamais de forfait convenu entre eux et la Compagnie.

M. Camille Pelletan. — En réalité, pendant tout le temps qu'ils ont travaillé, c'était en régie et aux frais de la Compagnie de Panama.

M. Dumay. — Si, après avoir lu vos articles ici, à la Chambre, nous avions besoin de vous demander quelques renseignements, nous vous trouverons toujours?

M. Landrodie. — Parfaitement. Je suis à la disposition de la Commission.

M. le Président. — Il est entendu que, de votre côté, vous allez relire vos articles ?

Notes de la liquidation.

Il eût mieux valu avoir recours aux adjudications, c'est certain, bien qu'il soit difficile d'affirmer que les résultats obtenus eussent été meilleurs. Pour des entreprises aussi importantes, les adjudications ont souvent des avantages illusoires, parce que les adjudicataires ne peuvent offrir des garanties suffisantes (N).

(O). MM. Couvreux et Hersent à la Compagnie :

1° Le 1er décembre 1881, une chaloupe à vapeur *Élisa*, pour le prix de........ 25.000 fr.

Il s'agissait de remplacer d'urgence la chaloupe servant aux levers hydrographiques, et qui avait sombré en rade.

2° Le 15 février 1882 ; 4 sonnettes avec moutons pour le prix de............. 10.000 fr.

M. Landrodie. — Oui, monsieur le Président. J'ai publié trente-neuf articles sur la question de Panama dans le journal *la Paix;* dans ce nombre, cinq ou six ont trait aux contrats.

M. le Président. — Si vous voulez bien revoir tout ce qui a rapport aux contrats et en envoyer à la Commission un résumé analytique, nous vous en serons reconnaissants?

M. Landrodie. — J'adresserai à la Commission le résumé qu'elle me demande.

J'ajoute que, pendant le temps que j'ai passé dans l'isthme, je n'ai jamais entendu parler de la question politique qui s'agite en ce moment.

M. le Président. — De la question de corruption?

M. Landrodie. — Oui. On n'en parlait pas du tout.

M. le Président. — Quelqu'un désire-t-il adresser encore une question au déposant ?...

Monsieur Landrodie, la Commission vous remercie d'avoir répondu à son appel.

Vous voudrez bien venir signer votre déposition après-demain?

M. Landrodie. — Parfaitement. Je viens tous les jours à la Chambre : il sera facile de m'y trouver.

(M. Landrodie se retire.)

ANNEXE VI

COMMISSION D'ENQUÊTE SUR LES AFFAIRES DE PANAMA

Sous-Commission des Entrepreneurs.

Séance du 15 février 1893.

PRÉSIDENCE DE M. JOLIBOIS.

Présents : MM. Pelletan, Dumay, Guillemet, Gamard.

Déposition de M. Bunau-Varilla.

M. le Président lit une lettre de MM Artigue et Sonderegger et compagnie, qui déclarent qu'ils délèguent M. Philippe Bunau-Varilla pour donner à la sous-commission des renseignements sur les questions d'ordre admini-tratif, économique et technique seulement. Ces entrepreneurs refusent d'éclairer la sous-commission sur les questions d'ordre financier et politique et sur les questions d'ordre commercial et contractuel.

M. Bunau-Varilla est introduit.

M. le Président. — Veuillez nous expliquer comment a été créée votre société et quelles transformations elle a subies.

R. — Les travaux de l'isthme étaient divisés en trois séries. Je suis arrivé dans l'isthme comme ingénieur divisionnaire, puis au mois d'août 1885, l'un de mes collègues étant malade, j'ai été chargé de la direction de deux divisions, et enfin le départ de mon autre collègue m'a mis dans la nécessité de prendre par intérim la direction générale.

J'entendais dire en rentrant qu'il y avait parmi les employés de la compagnie des forçats libérés. C'est une erreur. J'ai demandé les extraits des casiers judiciaires, à tous les employés sans exception. Trois ou quatre seulement ont dû démissionner, et ils n'avaient commis que des fautes légères. Ce sont ces employés mécontents de leur départ, qui, à leur entrée en France, ont créé des légendes. J'ai fait l'épuration complète du personnel.

J'ai succédé à M. Dingler, qui faisait de l'administration à l'américaine.

M. Pelletan. — N'est-ce pas lui qui a donné sa démission à la suite d'une sentence arbitrale refusée par la Compagnie ?

R. — Non . M. Dingler a joué à la fois un rôle remarquable et néfaste. Il administrait parfaitement, mais était ébloui. Il pensait qu'on pouvait résoudre les affaires à coup d'argent. Je suis parti d'un principe opposé : j'ai voulu partout une moralité absolue. Une fois le personnel épuré, le rendement a augmenté dans des proportions considérables : nous sommes arrivés à enlever un million de mètres cubes par mois (B).

Il y avait dans les travaux de Panama plusieurs points d'interrogation.

Il s'agissait d'abord de savoir si les dragages réussiraient dans le Pacifique. Là, j'ai réussi à creuser le chenal.

Toutes les parties du canal étaient en marche, mais on disait déjà que la Culebra ne serait jamais vaincue. Il y avait en effet de grosses difficultés en

---

Notes de la liquidation.

Nous considérons qu'il n'y aurait aucun intérêt à revenir sur le rôle qu'a pu jouer M. Ph. Bunau-Varilla comme ingénieur divisionnaire de la Compagnie, puis comme intérimaire, pendant trois mois environ, de l'ingénieur en chef des travaux (A).

Il s'agit d'examiner ici les seules affirmations qu'il a produites concernant l'entreprise à laquelle il a appartenu.

M. Ch. de Lesseps a exposé devant la première Chambre de la Cour d'appel dans quelles conditions et pour quels motifs il avait été amené à confier à M. Bunau-Varilla et à MM Artigue et Sonderegger l'entreprise de la Culebra.

« ..... On m'a demandé, dit M. Ch. de Lesseps, à l'instruction : Pourquoi a-t-on donné un prix plus fort aux grandes entreprises qu'aux précédents entrepreneurs ? J'ai expliqué : parce que, après discussion entre les ingénieurs et les entrepreneurs, ces prix ont été reconnus admissibles. Quand on est arrivé à la Culebra et au traité Artigue Sonderegger, M. Prinet m'a posé la même question ; j'ai répondu : là, ce ne sont plus les ingénieurs, c'est moi, au moins, pour une grande partie, qui suis l'auteur de cette augmentation et voici la raison, et ceci, je l'ai expliqué à M. Martin à l'époque : il y a là des entrepreneurs, les anglo-hollandais, qui étaient de braves gens, c'est l'opinion unanime et l'opinion indiqué par M. Rousseau dans son rapport, l'opinion unanime des ingénieurs de l'isthme, celle que j'avais recueillie en 1886 en y allant, était que ces entrepreneurs ne savaient pas organiser leurs chantiers, qu'ils n'arriveraient jamais à enlever le cube qui leur était départi; il y avait là MM. Artigue et Sonderegger qui avaient fait la grande butte de Bohio ; ils étaient prêts à prendre la Culebra.

« Je n'aurais pas eu assez de confiance en eux, au point de vue technique, si je n'avais vu en M. Bunau-Varilla, qui avait une telle valeur que, lorsque je suis arrivé en 1886, avec M. Boyer, M. Lavielle, consul général de France, nous a un peu mal reçus, parce qu'il trouvait extraordinaire que nous ayons donné un remplaçant à M. Bunau-Varilla ; voilà l'homme en présence duquel je me trouvais, qui avait, dans le canal, de l'action sur les hommes qu'il menait : c'était une force pour la Compagnie.

« Quand j'ai vu M. Bunau-Varilla un peu froissé de l'arrivée de M. Boyer, mais sachant qu'il pouvait se consacrer à la Culebra, je me suis dit : voilà notre affaire. Me suis-je trompé, c'est une question, mais c'était ma conviction alors ; il fallait se débarrasser des autres entrepreneurs, il fallait transiger ou plaider, perdre du temps ; quand on laisse passer la saison d'été, c'est une année de perdue, et perdre une année n'était pas possible.

« Je n'ai pas payé d'indemnité aux entrepreneurs hollandais, je leur ai dit : Vous allez recevoir une indemnité de tant par mètre cube qui vous sera payée par le nouvel entrepreneur ; le nouvel entrepreneur y a consenti ; cela valait mieux pour la Compagnie plutôt que de payer une indemnité pour liquider ces entreprises, de leur donner une indemnité sur le cube qui serait exécuté. »

raison de la nature du terrain, qui s'éboulait facilement sous l'action des pluies, qui, dans ce pays donnent quelquefois dix centimètres d'eau dans une demi-heure. En septembre 1886, malgré de grands efforts, la Culebra ne s'était abaissé que de 4 mètres dans l'emplacement du canal ; MM. Cutbill, de Lungo et Cⁱᵉ n'avaient pas fait faire un pas à la question.

La Culebra exigeait des procédés techniques nouveaux. Il fallait d'abord des hommes d'une réelle valeur, bien choisis, pouvant résister. Il fallait, en second lieu, un programme technique approprié aux difficultés. Eh bien, je puis affirmer que le Canal est mort sur une question d'argent, bien plutôt que sur une question technique.

MM. Artigue et Sonderegger étaient certainement les mieux outillés et les plus experts pour ce travail. Ils avaient fait déjà la tranchée la plus grande du monde.

Comme je connaissais mieux que personne le travail à faire, je songeais à me joindre à eux. En mai 1886, j'avais dû revenir en France à la suite d'une attaque de fièvre jaune, et c'est alors que j'obtins la concession avec MM. Artigue et Sonderegger. Mon frère seul fut en nom, parce que je ne voulais pas perdre mon titre d'ingénieur des ponts et chaussées. Je me fis mettre en congé.

M. Guillemet. — M. de Reinach était-il intéressé dans votre entreprise?

R. — Non. C'était dans l'entreprise Cutbill et Cie, dont nous avons pris la suite (C).

M. Pelletan. — A quelle condition fut faite la résiliation Cutbill?

R. — En Colombie, l'entrepreneur qui résilie, garde la possession du chantier. On ne peut pas travailler pendant plusieurs mois. Il fallait absolument, d'ailleurs, reprendre les travaux en septembre, c'est-à-dire au moment de la saison sèche. Sans cela, nous aurions perdu une année. Pour aller vite, on accorda à MM. Cutbill et Cie, une indemnité de 0, 85 par mètre cube.

M. Pelletan. — C'était du chantage. Le Gouvernement colombien tolérait donc cela?

R. — Il n'y avait rien à faire avec les lois espagnoles.

M. Pelletan. — On aurait pu traiter plus facilement avec le Gouvernement colombien (D).

Notes de la liquidation.

(B.) — Si nous n'avions pris le parti d'éviter les personnalités, nous pourrions dire ici que M. Bunau-Varilla aurait dû songer pour lui-même, à l'inconvénient grave que comportent des jugements formulés en quelques mots, comme celui qu'il porte sur M. Dingler.

C'est une psychologie d'homme et de fonctionnaire qu'il faudrait entreprendre au sujet de l'ancien directeur général des travaux de la Compagnie. Ce serait là certainement une tâche curieuse et intéressante, mais, en vérité, bien inutile ici. Dans tous les cas, il nous semble que M. Bunau-Varilla n'aurait pas dû suivant l'expression qui lui est prêtée et qui exprime sans doute mal sa pensée, réserver pour lui seul, à l'encontre de M. Dingler, la volonté d'imposer partout une moralité absolue. C'était là aussi, à n'en pas douter, le sentiment de M. Dingler, dont personne n'a jamais discuté l'irréprochable honnêteté.

(C). Cela est exact. Le rapport Flory donne, à ce sujet, des détails complets.

(D). M. Ch. de Lesseps, dans les paroles que nous avons reproduites, a donné une explication plus générale des conditions dans lesquelles la résiliation de l'entreprise Cutbill a été effectuée.

R. — L'indemnité de MM. Cutbill et C⁰ a été de 1.700.000 francs. Elle aurait été plus forte si le canal avait été entièrement creusé.

M. Guillemet. — Fournissiez-vous le matériel et aviez-vous une commission sur le montant des achats?

R. — Tout notre matériel a été fourni par la Compagnie du canal (E).

M. Pelletan. — Quelles étaient les nationalités de MM. Artigue et Sonderegger?

R. — M. Sonderegger était Suisse. M. Artigue, sorti des Arts et Métiers, était parti à dix-huit ans pour le Chili sans faire régulariser sa situation au point de vue militaire. Il s'est trouvé insoumis, mais l'amnistie de 1889 a régularisé sa situation.

Je reviens à la constitution de notre société. La Compagnie du canal ne nous donnait pas les primes qu'avait l'ancienne société.

M. Guillemet. — Ces primes étaient illusoires, puisque jamais aucun entrepreneur n'a pu enlever ce qui était exigé par son contrat.

R. — C'est vrai. Aussitôt la société constituée, je suis retourné dans l'isthme. Tout a été mis en œuvre immédiatement, et nous avons réussi sur tous les points.

Notes de la liquidation.

Il a voulu éviter, a-t-il dit, un procès qui, en faisant perdre du temps, aurait été beaucoup plus onéreux pour la Compagnie que le payement d'une indemnité à fixer transactionnellement. On a vu également sous quelle forme il a voulu que l'indemnité fût payée.

Quant à la question de mise en possession des chantiers, elle ne nous paraît pas, du moins d'après le compte-rendu ci-contre, avoir été exactement exposée par M. Bunau-Varilla.

L'entreprise Cutbill et Cie avait, comme toutes les entreprises, des tâcherons. Après la résiliation de MM. Cutbill et Cie, ces tâcherons ne furent pas conservés par MM. Artigue et Cie. Ils devaient donc s'adresser pour obtenir, s'ils croyaient y avoir droit, une indemnité de résiliation, soit aux anciens entrepreneurs, soit aux nouveaux, aux termes mêmes des arrangements passés entre ceux-ci, que nous ignorons, mais qui ont dû prévoir le cas.

Quelques tâcherons s'arrangèrent. D'autres, au contraire, trouvèrent là une occasion d'exercer une pression que nous nous dispenserons de qualifier, à la fois sur la Compagnie et les entrepreneurs. Ils réclamèrent des indemnités énormes, hors de toute proportion avec ce qui pouvait leur être légitimement dû. Sur le *refus des entrepreneurs*, — car jusque-là la Compagnie n'était pas en cause, — ils déclarèrent qu'ils n'abandonneraient pas leurs chantiers, et empêcheraient ainsi tout travail.

On sait qu'on ne voulait pas perdre une minute à cette époque. Plaider, c'était perdre plusieurs mois. Les entrepreneurs s'étant plaint au directeur des travaux, — c'était alors M. Nouailhac-Pioch qui faisait l'intérim, — celui-ci crut bien faire en demandant l'appui du gouverneur de Panama; et les tâcherons récalcitrants furent, sur sa demande, expulsés *manu militari*.

Cela ne devait pas leur déplaire autrement. Car alors ils se retournèrent contre la Compagnie, demandant une indemnité considérable et des dommages-intérêts. Les tribunaux colombiens, suivant la règle ordinaire, d'ailleurs, et oubliant l'intervention du gouverneur, prononcèrent, en principe, la responsabilité de la Compagnie. Le procès fut poursuivi de 1886 jusqu'en 1892 devant toutes les juridictions. Il fut définitivement arrangé par le liquidateur, M. Monchicourt, avec un lot d'autres procès du même genre, qui méritaient la même qualification, mais qui étaient extrêmement dangereux pour la sauvegarde des biens de la liquidation dans l'isthme, pour une somme insignifiante.

(E). Nous avons expliqué ailleurs ce qui est relatif aux commandes du matériel. Nous n'avons, en ce qui concerne l'entreprise Artigue, Sonderegger et Cie, rien à ajouter à ce que nous avons dit.

La quantité de mètres cubes enlevée en quatre ans par notre société est merveilleuse (F).

M. Guillemet. — Avez-vous exécuté sur ce point les conditions de votre
contrat?

R. — Pas complètement. Moins 1/10 (G).

M. Pelletan. — Les bénéfices indiqués dans le rapport Flory sont-ils
exacts?

R. — Je ne peux pas répondre exactement, car nos livres sont entre les
mains de la justice. Mais ces livres sont parfaitement tenus et M. Flory a dû
prendre les chiffres exacts.

M. le Président. — C'est dans votre intérêt que nous vous posons cette
question. Il faut que nous sachions où est passé l'argent dépensé.

M. Pelletan. — Pourquoi votre frère touchait-il une commission de
0 fr. 20 par mètre cube extrait?

R. — Pour l'indemniser de la perte qu'il avait faite en abandonnant d'autres
affaires et aussi pour payer son temps qu'il devait consacrer entièrement à l'entreprise tandis que MM. Artigue et Sonderegger avaient autre chose à surveiller.

M. Pelletan. — Combien avait chaque associé.

R. — 150.000 francs par an.

M. Pelletan. — Quel était ce chevalier Stacchini, avenue du Bois de Bou-
logne, qui touchait une commission sur les mètres cubes extraits? (H)

R. — Je l'ignore.

M. Guillemet. — On a déclaré à la Commission qu'il y avait eu des majorations sur le cube extrait.

R. — Le contrôle se faisait doublement par wagon et ensuite au moyen des
profils. Pour les dragues, le contrôle se faisait par les clapets. C'est donc une
légende (I).

Notes de la liquidation.

(F) Le cube total exécuté par l'entreprise *Artigue Sonderegger et Cie* — en deux ans et quelques mois, soit exactement de septembre 1886 à la mise en liquidation de la Compagnie du
Canal, et non en quatre ans, — est de 2.255.000 mètres environ.

(G) M. Bunau-Varilla n'a évidemment fait allusion, dans sa réponse, qu'à la dernière période
du contrat d'entreprise et aux travaux exécutés pour le canal à écluses. Ce dernier contrat prévoyait en effet que les cubes à exécuter étaient évalués à cent dix mille mètres (110.000 mètres
par mois du 1er janvier au 31 décembre 1888.

Cette moyenne n'a pas été tout à fait atteinte. Dans la période que l'on doit considérer,
avant la liquidation, elle a été de 100.000 mètres environ.

(H) Cette commission paraît venir également de l'ancienne entreprise *Cutbill et Cie*, comme
la commission Reinach.

(I) Nous avons dit déjà que les situations *définitives* des travaux étaient établies suivant les
profils du terrain et qu'elles étaient cumulatives. Aussi les majorations de cubes ne résultent
pas du calcul des profils. Elles ne peuvent, à moins d'erreur volontaire ou involontaire — et
nous avons là-dessus exprimé à diverses reprises notre opinion — exister et figurer dans les
comptes qu'en vertu d'une décision motivée.

Dans les règlements définitifs faits par le liquidateur, M. Brunet, on trouve un exemple,
unique d'ailleurs, d'une pareille majoration. Elle s'applique précisément à l'entreprise *Artigue,*

M. Pelletan. — Qui a négocié votre série de contrats?

R. — La négociation s'est faite à Paris par l'un de nos associés.

Notes de la liquidation.

Sonderegger et C. Elle est relativement peu importante (60.000ᵐ) et se justifie parfaitement comme on va le voir.

Dans la convention de résiliation, en date du 25 avril 1889, des contrats de ces entrepreneurs, il est dit : « La situation définitive des travaux exécutés sera définitivement réglée conformément aux contrats, et, pour déterminer exactement la quantité de mètres cubes excavés, il sera procédé à un levé contradictoire et définitif des profils du terrain. »

Les opérations de levé furent faites avec le plus grand soin, comme l'exigeaient des incidents antérieurs que nous allons exposer. Elles durèrent près de deux mois, et, le 17 juin 1889, M. Brunet recevait de M. Jacquier, directeur des travaux dans l'isthme, le câblegramme suivant : « Situation sur profils Culebra est inférieure de 128.000 mètres à la situation des comptages. Situations profils ne tiennent pas compte du foisonnement des éboulements qui sont considérables. Elles sont par conséquent trop faibles. Après une longue discussion, nous sommes tombés d'accord avec l'entreprise pour adopter la moyenne des deux situations, sous la réserve de votre acceptation. Croyons qu'une expertise donnerait un résultat défavorable pour la liquidation. Câblez instructions. »

On sait déjà ce qu'il faut entendre par la situation faite d'après des comptages. Nous n'avons pas non plus à exposer ici, parce que cela se comprend facilement, pour quelles raisons d'équité on devait tenir compte du foisonnement des éboulements. M. le directeur Jacquier, dans une longue lettre que nous reproduisons plus loin, a motivé et justifié sa proposition transactionnelle. Pour préciser les idées, rappelons seulement ici que, *dans les couches supérieures du terrain*, les mouvements constatés à la Culebra s'étendent à une distance considérable, — jusqu'à 300 mètres, — principalement sur un des côtés de la tranchée. Il se produit, sur le flanc du coteau, des crevasses profondes ; la masse disloquée glisse, se déplaçant vers la partie la plus basse, où la tranchée est ouverte, produisant vers ce point une sorte de boursouflement et de surélévation du terrain naturel qu'on a facilement constatée en comparant des profils levés à des époques différentes.

La réclamation des entrepreneurs n'était d'ailleurs pas nouvelle. Le 5 février 1889, M. Jacquier télégraphiait à M. Brunet, qui venait d'entrer en fonctions : « Situation Artigue 25 janvier, abovo, contrat Culebra : 24.566.610 fr. 23... » et il ajoutait : « Situation Culebra (celle qui vient d'être citée pour les terrassements) faite suivant comptages. Mais nous venons de terminer situation levée suivant profils levés novembre dernier donnant résultat inférieur de 125.000 mètres cubes relativement à la situation comptages. Artigue refuse d'accepter la situation sur profils, quoique profils contradictoires, à cause des mouvements de terrains. »

Toutefois, le mois suivant, M. le directeur Jacquier introduisit dans la situation les résultats du calcul des profils. Il câblait, en effet, le 6 mars : « Situation Artigue, 25 février, abovo : 23.942.156 fr. 37... » Sans explications plus complètes, M. Brunet télégraphia à son tour dès le lendemain 7 mars : « La situation Artigue du 15 février s'élevait à 24 millions. Le chiffre câblé pour le 25 février est de 23 millions. Expliquez la différence. » Le 8 mars, M. Jacquier répondit en indiquant la cause exclusive, d'ailleurs prévue par M. Brunet, de la différence des situations : « Différence Artigue vient de ce que la dernière situation a été faite sur profils, tandis que les précédentes ont été faites d'après les comptages. Voir câble du 5 février. L'entreprise refuse d'accepter la situation sur profils. »

Les choses restèrent en l'état jusqu'au règlement définitif que rendaient nécessaires l'arrêt des travaux et la résiliation du contrat, c'est-à-dire jusqu'à l'établissement de la situation définitive dont les résultats furent câblés le 17 juin, et sont reproduits plus haut.

Mais comme, depuis le 8 mars précédent, M. le directeur n'avait fourni aucun nouvel avis sur les prétentions des entrepreneurs, M. Brunet crut devoir lui adresser une observation précise relativement à la contradiction, au moins apparente, que montraient ses dépêches antérieures et celles formulées dans la dépêche du 17 juin.

Le 21 juin, M. Brunet télégraphia donc à M. Jacquier ce qui suit : « Votre proposition faite

M. Guillemet. — On a dit que la Compagnie faisait majorer les quan-

---

Notes de la liquidation.

par votre câble du 17 juin est en contradiction avec vos câbles des 4 février et 8 mars qui paraissent affirmatifs (en ce sens qu'ils pouvaient laisser supposer que M. Jacquier n'admettait pas les demandes des entrepreneurs). Câblez si vous maintenez votre proposition d'accepter la moyenne des situations. Câblez également, dans la double hypothèse de la réduction totale ou moyenne, le montant total du décompte de la situation définitive. »

En réalité M. Brunet, — et il ne pouvait agir autrement à moins de recourir à une expertise que M. Jacquier lui affirmait devoir être défavorable aux intérêts de la liquidation, — s'en remettait à la décision équitable du directeur des travaux. En demandant à M. Jacquier de lui faire connaître le montant du décompte, dans le cas de la réduction *totale*, il lui indiquait très nettement qu'il ne se prêterait à aucune autre transaction que celle qui serait proposée par M. Jacquier lui-même.

Mais celui-ci se trouvait, dans l'isthme, en présence des entrepreneurs qui réclamaient, pour faire trancher le différend, une expertise qu'on ne pouvait, conformément au contrat, leur refuser.

Aussi, le 28 juin, M. Jacquier télégraphia de nouveau à M. Brunet: « Les câbles des 4 février et 8 mars indiquaient les résultats bruts de la situation sur profils, en négligeant l'influence non étudiée des éboulements. Après une visite minutieuse, nous avons reconnu que les éboulements dépassent 500.000 mètres cubes, dont il est impossible de déterminer exactement le foisonnement. Nous maintenons la proposition moyenne que nous croyons représenter assez exactement la réalité. A défaut d'accord, les experts, considérant la situation sur profils, pourraient être d'avis d'adopter la situation des comptages, dont l'exactitude n'est pas démontrée. »

En raison de cette dépêche qui ne leur laissait prévoir que d'autres solutions plus désavantageuses, M. Brunet ne pouvait qu'approuver la proposition de M. Jacquier. Celui-ci a d'ailleurs fourni à ce sujet des explications complètes, dans une lettre en date, à Panama, du 27 juin 1889, qui est reproduite intégralement ci-après :

« J'ai l'honneur de compléter les explications que je vous ai données par câble au sujet de la situation définitive des travaux de la Culebra.

« Les difficultés qui se sont produites proviennent de la différence entre le cube des déblais évalué au moyen de comptages et ce même cube évalué au moyen de profils levés sur le terrain. J'avais déjà signalé cette différence par mon câblegramme du 5 février 1889; d'après les profils levés au mois de novembre 1888, la différence s'élevait à 125.000 mètres cubes. Les profils avaient été levés contradictoirement, mais les entrepreneurs refusèrent d'en accepter les résultats, se fondant sur ce que des éboulements considérables s'étaient produits et qu'il était nécessaire de tenir compte du foisonnement correspondant. Comme les travaux de la Culebra n'étaient pas encore arrêtés à cette époque, il n'y avait pas lieu de discuter à ce moment cette question de foisonnement. C'est pour ce motif que, postérieurement au 15 février, j'ai indiqué, dans mes câblegrammes, la situation résultant des profils sans commentaires.

« Lorsque les travaux ont été arrêtés, et que nous avons dû procéder à l'établissement de la situation définitive, il a fallu examiner en même temps et discuter cette question de l'influence des éboulements. J'ai procédé à une visite minutieuse des terrains éboulés ou affaissés, et reconnu que ces éboulements sont importants; la superficie des terrains en mouvement dépasse 10 hectares. Quant à l'épaisseur de la couche en mouvement, il est impossible de l'évaluer exactement, mais je ne la crois pas inférieure en moyenne à 5 mètres. Le cube total des terrains en mouvement est ainsi de 500.000 mètres au moins. Il importe, en outre, de remarquer que le mouvement ne s'est pas produit en masse. On constate, en parcourant les lieux, l'existence de nombreuses crevasses qui prouvent que les éboulements se sont propagés peu à peu, en commençant sans doute par le voisinage des tranchées. Ces mouvements qui consistent dans des éboulements, des affaissements et des relèvements du terrain, n'ont pas pu se produire sans qu'il en résultât un foisonnement considérable, et la situation sur profils se trouve être trop faible de toute la valeur de ce foisonnement.

« Au point de vue du principe, la question paraît donc fort claire. Mais, il n'en est plus de

tités extraites pour faire paraître des déblais plus considérables (J) ?

R. — C'est inexact.

La séance est levée à 4 heures 40.

Le Secrétaire,   *Le Président,*

Signé : GUILLEMET.   *Signé :* JOLIBOIS.

---

même quand il s'agit de déterminer exactement ce foisonnement. Il n'existe à cet égard aucun procédé précis et l'on en est réduit à de simples appréciations.

« Après de longues discussions avec les représentants de l'entreprise, ceux-ci ont fini par accepter que l'on prît la moyenne des deux situations, ce qui revient à adopter comme valeur du foisonnement la moitié de l'écart entre les deux situations. Cette manière de procéder est assez rationnelle : cet écart étant relativement faible, puisqu'il ne représente que 6 0/0 du cube total, l'adoption de la moyenne est le procédé qui paraît devoir réduire au minimum l'erreur probable. Toutefois, cette solution présente dans une certaine mesure le caractère d'une transaction, et c'est pour ce motif que j'ai cru devoir réserver votre acceptation.

« Cette transaction me parait avantageuse. La situation sur profils étant incontestablement trop faible, je crois que la moyenne des deux situations est le minimum de ce que l'entreprise obtiendrait par voie d'expertise. Mais il n'est pas sûr que l'entreprise n'obtiendrait pas d'avantage. En adoptant la solution de la moyenne, on admet implicitement que, si la situation sur profils est trop faible, la situation sur comptages est au contraire trop forte. Or ce dernier point n'est nullement démontré. Les comptages ont été faits d'une manière précise. La Compagnie et l'entreprise sont d'accord sur le nombre des wagons. En outre, les coefficients à appliquer aux wagons pour avoir le cube net correspondant ont été déterminés par des expériences pratiques, faites contradictoirement et avec soin. La situation sur comptages a donc été faite aussi exactement qu'il est possible de faire une situation semblable. Dans ces conditions, il n'est pas invraisemblable de penser que des experts, se voyant en présence de deux situations dont l'une est reconnue trop faible, et dont l'autre n'est entachée d'aucune erreur bien démontrée, pourraient être d'avis que cette dernière situation doit être acceptée comme bonne et prise pour base du règlement des comptes.

« Je joins au présent rapport la situation définitive de la Culebra, ainsi que celle de Paraiso et de Miraflorès. »

(J) Nous avons dit ailleurs que cette allégation ne repose sur aucun fondement et qu'elle n'est pas justifiable ; la Compagnie n'ayant et ne pouvant avoir aucun motif ni aucun intérêt à agir comme on l'a dit.

Paris, le 15 mars 1893.

ANNEXE VIII

COMPAGNIE UNIVERSELLE DU CANAL INTEROCÉANIQUE
DE PANAMA.

Bordereau des sommes dues à la Compagnie universelle du canal interocéanique par l'entreprise Vignaud, Barbaud, Blanleuil et Cⁱᵉ, suivant situation au 25 février 1889 et télégramme au 5 avril 1889, produit à la liquidation de cette Société.

1° Trop perçu sur situation de travaux..................	3.811.557 95
2° Amende pour retard du montage des dragues.........	1.090.000 »
3° Avances pour l'organisation et l'installation des chantiers.	875.000 »
4° Avances pour l'établissement de voies de parcours et de décharge..	541.748 43
5° Avances sur le montage de neuf dragues de 180 chevaux en dehors du prix fixé par contrat....................	516.563 85
6° Avances relatives au recrutement d'ouvriers par le consortium des grandes entreprises.......................	127.393 53
7° Avances ne figurant pas dans la situation des travaux...	1.150.000 »
8° Mandats de recettes pour fournitures, locations, frais de transports, réparations, etc., etc., restant à payer par l'entreprise...	546.441 89
9° Dommages-intérêts pour inexécution du contrat......	Mémoire.
10° Pour détérioration du matériel et manquants........	Mémoire.
Total...............	8.658.705 65

Sous toutes réserves d'augmenter le présent bordereau en raison des renseignements ultérieurs.

Certifié véritable.

Le liquidateur,

Signé : BRUNET.

14 Juin 1889.

ANNEXE IX

Observations sur le bordereau des sommes réclamées par la Compagnie du canal de Panama à la liquidation Vignaud, Barbaud, Blanleuil et Cie.

1° Trop perçu sur situations de travaux 3.811.557 90

Il y a d'abord lieu d'établir le compte de l'entreprise au 25 août 1888, époque à laquelle le marché est considéré comme résilié d'un commun accord, le chiffre de l'indemnité de résiliation restant à fixer.

Le montant de la situation dressée par la Compagnie au 25 août 1888, toutes déductions faites pour retenues de garantie, remboursement d'avances, mais les amendes pour retard dans le montage des dragues supprimées, s'élève à.. 23.743.875 44

Dont il y a lieu de déduire le montant des mandats de recettes au 31 décembre 1887, ci......................... 2.374.064 »

Reste..................... 21.369.811 44

Les payements effectués à cette même époque (25 août 1888) s'élevaient...................................... 22.607.151 50

Il restait donc pour trop perçu d'après la Compagnie du Canal 1.237.340 06

Mais les entrepreneurs n'ont jamais accepté les situations dressées par la Compagnie; ils n'ont cessé, au contraire, de protester contre les erreurs qu'elles contenaient à leur préjudice, en demandant instamment, sans jamais l'obtenir, la vérification contradictoire prévue cependant au contrat (XXIV article modifié).

Le montant de la situation dressée par l'entreprise au 25 août 1888, avec les mêmes retenues que celles faites par la Compagnie, s'élève à. 25.240.024 55

Si on en retranche les mandats de recettes comme la Compagnie le fait (sans que ce soit cependant notre avis, puisque nous réclamons contre lesdits mandats), soit........ 2.374.064 »

Le reste dû est de................. 22.865.960 55
A déduire les sommes reçues (comme la Compagnie du Canal) 22.607.151 50

Reste à payer par la Compagnie.......... 258.809 05

2ᵉ période. — Du 25 août 1888 au 25 février 1889.
Le montant de la situation dressée par la Compagnie, au
25 février 1889, est de................................. 25.527.417 70
     La situation au 25 août 1888 s'élevant à............... 23.743.875 44

     Il reste pour travaux exécutés du 25 août 1888 au 25 fé-
vrier 1889, toutes déductions faites...................... 1.783.542 26

Les sommes payées par la Compagnie pendant la même période s'étant
élevées, savoir :

1º Payes d'office aux ouvriers à Panama..   858.291 69

Soit en francs au change de 4 fr. 40 la piastre   3.776.481 24
2º Payements faits aux entrepreneurs à
Paris...................................   566.000 »
Reste pour travaux exécutés du 25 août
1888 au 25 février 1889...................   1.783.542 26
Sommes payées pendant la même période   4.342.481 24

                                                           4.342.481 24

Les sommes payées du 25 août 1888 au 25 février 1889 dépassent donc le
montant des travaux exécutés dans cette période de........ 2.558.938 98
Il convient cependant de déduire de ce déficit :

1º La Compagnie compte la piastre à 4 fr. 40, tandis que
le change n'a été en réalité que de 3 fr. 70, soit une différence
de 0 fr. 70 par piastre et pour 858.291 69 = 600.804 19.
2º Il y a également lieu de retrancher les retenues faites
pour remboursement d'avances, qui se sont élevées du 25 août
1888 au 25 février 1889, à................... 469.228 17

                                                           1.070.032 36
Le déficit réel ne serait donc que de.................   1.488.906 62

Ce déficit de 1.488.906 62, qui provient exclusivement des causes imprévues signalées par les entrepreneurs, dans leurs divers mémoires remis à la
Compagnie du Canal, comme ayant rendu les contrats absolument inexécutables,
justifie pleinement néanmoins toutes les revendications réclamées par les entrepreneurs, ainsi que la résiliation du marché à leur profit.
Non seulement ce déficit doit rester entièrement à la charge de la Compagnie, seule responsable des causes qu'elle a elle-même créées et des cas de
force majeure qui se sont produits, mais en outre les dépenses payées par les
entrepreneurs du 25 août 1888 au 25 février 1889 et qui ne leur ont pas encore
été remboursées devront leur être restituées sans aucun retard, en y ajoutant

la majoration de 15 0/0 sur toutes les dépenses faites pendant cette période, pour tenir compte aux entrepreneurs de leurs frais généraux et bénéfices. — Le reliquat restant à rembourser sur les dépenses faites s'élève à la somme de 1.687.106 fr. 25.

2° Amendes pour *retard* du montage des dragues.

La Compagnie réclame pour amende (1)................ 1.090.000 »
3° Avances pour l'installation et l'organisation des chantiers. 875.000 »
4° Pour établissement des voies........................ 541.748 43
5° Pour montage des dragues de 180 chevaux............ 516.563 85

Toutes les dépenses pour l'organisation et l'installation de chantiers, établissement de voies de parcours et de décharge et montage de dragues, avaient été faites par l'entreprise en vue de l'exécution de son contrat primitif comportant l'extraction de 20 millions de mètres cubes. — Non seulement les avances faites par la Compagnie pour ces objets ont été dépensées en totalité, mais, en outre, l'entreprise a dû y ajouter, de ses deniers, des sommes importantes pour compléter les installations et organisations.

Le remboursement à faire à la Compagnie devait s'effectuer au moyen de retenues à opérer, chaque mois, sur les situations et concordant approximativement à la durée et à l'exécution complète de l'entreprise concédée. — La Compagnie est donc mal fondée à réclamer le remboursement d'avances, dans lesquelles elle ne devait rentrer qu'au moyen de retenues sur les situations mensuelles qu'elle a définitivement supprimées en arrêtant les travaux. — Il convient d'ajouter d'ailleurs que cette prétention de la Compagnie est d'autant moins admissible qu'elle a fait remise complète à tous les autres entrepreneurs, non seulement de toutes les avances restant à récupérer, mais aussi de celles dont elle s'était déjà remboursée.

L'entreprise se réserve au contraire de réclamer le remboursement des dépenses qu'elle a faites pour installation et organisation de chantiers, montage de matériel de dragages surtout, en plus des avances de la Compagnie, et dont elle ne peut plus s'indemniser, puisqu'elle n'a plus de travaux à exécuter, l'entreprise ayant pris fin par la faute de la Compagnie du Canal.

L'entreprise se réserve, en outre et pour les mêmes motifs, de demander la remise des retenues faites antérieurement au 25 août 1888 pour remboursement d'avances de toute nature.

6° Avances pour recrutement d'ouvriers.................. 127.393 53

L'entreprise Vignaud, Barbaud, Blanleuil et Cᵉ n'a jamais eu un seul ou-

---

(1) L'entreprise ne saurait protester avec trop d'énergie contre cette amende pour retard dans le montage des dragues, alors qu'il est établi par une volumineuse correspondance qu'elle n'a cessé de réclamer contre le préjudice très considérable qui est résulté pour elle de la non-livraison, en temps utile, des pièces nécessaires au montage des dragues de 180 chevaux, sans lesquelles ces puissants appareils ne pouvaient être terminés et mis en fonctionnement.

Loin d'avoir à payer une amende quelconque, l'entreprise a droit incontestablement à des dommages-intérêts pour les retards éprouvés par elle du fait de la Compagnie, dans la mise en travail utile des dragues.

vrier provenant de ceux amenés dans l'isthme par les opérations du consortium. Du reste, les avances faites pour recrutement d'ouvriers ont été remises par la Compagnie à tous les autres entrepreneurs faisant partie du consortium, même à ceux qui ont reçu des ouvriers recrutés. Il n'y a donc aucun motif de vouloir faire supporter à une seule entreprise des dépenses dont elle n'a aucunement profité.

Le chiffre de 127.393 fr. 53 n'est d'ailleurs pas conforme à la répartition des dépenses entre les quatre grandes entreprises. D'après cette répartition, la part incombant à l'entreprise Vignaud, Barbaud, Blanleuil et Cie, n'est que de 89.037 fr. 84. Ces dépenses proviennent en très grande partie des recherches et opérations diverses faites surtout en Afrique, en Chine et au Tonkin, sur les meilleurs moyens à employer pour recruter les ouvriers nécessaires au percement de l'isthme de Panama. Ces dépenses préliminaires n'auraient certainement pas été perdues si les travaux avaient été continués. Il est donc juste que la Compagnie supporte seule tous les frais inutilisés par son fait. C'est en effet ce qu'elle a reconnu en exonérant complètement tous les autres entrepreneurs de toutes retenues à ce sujet.

7° Avances ne figurant pas dans les situations.......... 1.150.000 fr.

Nous n'avons jamais pu obtenir de la Compagnie le règlement d'aucune de nos réclamations les mieux fondées, ni même la vérification contradictoire, que nous ne cessions de demander, des différences existant entre les situations dressées par la direction des travaux dans l'isthme et celles établies par l'entreprise. La Compagnie a néanmoins consenti, en attendant le règlement, à payer aux entrepreneurs, à valoir :

1° Sur les différences de situation..................... 550.000 fr.
2° Sur les réclamations............................... 600.000 »
                    Somme égale................. 1.150.000 fr.

Il est bien certain qu'en accordant ces deux sommes, la Compagnie n'a jamais pu croire qu'elle payait tout ce qui pouvait être dû aux entrepreneurs à ce double titre ; pas plus d'ailleurs que ceux-ci n'ont entendu abandonner leurs justes griefs en échange de ces deux sommes. Il doit y avoir d'autant moins de malentendu à ce sujet que le rapport de M. l'Ingénieur en chef de la Compagnie, proposant au Comité de direction d'allouer aux entrepreneurs 600.000 francs à valoir sur leurs réclamations, estime que cette somme ne représente que la moitié de ce qui pouvait leur être dû de ce chef.

Ces deux sommes ne sont que de simples acomptes sur tous les points litigieux, qui ne les éteignent pas, mais qui en reconnaissent au contraire le bien-fondé en principe.

L'état des différences et omissions remis à la Compagnie s'élève à.. 1.293.647 21
Si on en déduit la somme payée à valoir, soit............. 550.000 »
Il reste à régler...................................... 743.647 21

76

En ce qui concerne les réclamations diverses, le montant, d'après le mémoire remis également à la Compagnie, est de 10.093.377 45

La somme payée à valoir sur ces réclamations étant de... 600.000 »

Il reste à discuter et à régler une somme de 9.493.377 45

Comme on le voit, les prétentions de la Compagnie ayant pour objet le remboursement de la somme de 1.150.000 francs ne se justifient à aucun point de vue. Elles sont d'autant moins admissibles, il est bon de le répéter, que la Compagnie sait très bien qu'elle est redevable à l'entreprise de sommes bien supérieures à celles payées à valoir.

8° Mandats de recettes à rembourser..................... 546.441 89

La Compagnie réclame le remboursement des mandats de recettes pour fournitures, locations, frais de transport, réparations, etc., etc., restant à payer par l'entreprise et s'élevant à 546.441 fr. 89. Ces mandats n'ont jamais été acceptés par les entrepreneurs ; ils s'appliquent d'ailleurs presque en totalité à la période du 25 août 1888 au 25 février 1889, et concernent exclusivement la Compagnie, comme toutes les autres dépenses y afférentes. L'entreprise n'a rien à y voir, mais elle doit faire observer que cette somme comprend pour un chiffre très élevé les locations du matériel qui n'a pas fonctionné par suite de circonstances indépendantes de la volonté des entrepreneurs.

9° Dommages-intérêts pour inexécution du contrat.   Mémoire.

La Compagnie, qui sait bien à qui incombe la responsabilité, non seulement de l'inexécution du contrat, mais aussi finalement de sa résiliation, n'a point indiqué de chiffre de ce chef.

Mais l'entreprise y a suppléé, pour ce qui la concerne, dans son assignation du 23 avril dernier. Les tribunaux étant saisis apprécieront.

10° Détérioration du matériel et manquants.   Mémoire.

La Compagnie ayant arrêté les travaux et, par conséquent, mis fin à l'entreprise, dans sa période active, c'est à elle seule qu'incombe la garde, l'entretien et la conservation de son matériel. C'est d'ailleurs ce qu'elle a fait pour toutes les autres entreprises.

En résumé, la production de la *prétendue* créance que la Compagnie du Canal interocéanique de Panama a cru devoir faire à la liquidation judiciaire de l'entreprise Vignaud, Barbaud, Blanleuil et Cⁱᵉ, est non seulement nulle et sans objet, mais elle n'atteint en aucun point essentiel et laisse, au contraire, intactes les revendications portées par les entrepreneurs devant les tribunaux de Paris.

Il y a donc lieu de repousser absolument et complètement la production de ladite Compagnie de Panama, par les motifs développés ci-dessus et, en outre, de poursuivre activement les instances engagées devant les tribunaux, à la requête des entrepreneurs Vignaud, Barbaud, Blanleuil et Cⁱᵉ.

Paris, le 3 août 1893.

Signé : Vignaud, Barbaud, Blanleuil et Cⁱᵉ.

ANNEXE X

TRIBUNAL DE COMMERCE.

Assignation du 5 janvier 1889 à la Compagnie de Panama,
par MM. Vignaud, Barbaud, Blanleuil et Cⁱᵉ.

L'an mil huit cent quatre-vingt-neuf, le cinq janvier.

A la requête de :

M. François Vignaud, entrepreneur de travaux publics, demeurant aux Mureaux (Seine-et-Oise) ;

M. Jean-François Barbaud, aussi entrepreneur de travaux publics, demeurant au même lieu:

Et M. Jean-Victor Blanleuil, entrepreneur de travaux publics, demeurant à Angoulême (Charente) ;

Agissant en leurs noms et au nom de la Société verbale en participation Vignaud, Barbaud, Blanleuil et Cⁱᵉ, dont le siège social est à Paris, rue Louis-le-Grand, n° 19,

Pour lesquels domicile est élu à Paris, en l'étude de Mᵉ Savanne, huissier avoué près le tribunal civil de la Seine,

J'ai Charles-Hyacinthe Savanne,

Huissier près le tribunal civil de la Seine, séant à Paris, demeurant à Paris, rue du Quatre-Septembre, n° 8, soussigné,

Donné assignation à la Compagnie universelle du Canal interocéanique de Panama, Société anonyme, dont le siège social est à Paris, rue Caumartin, n° 46,

En la personne de ses Directeur et Administrateurs audit siège social,

Et en tant que de besoin par copie séparée délivrée à MM. Denormandie, sénateur; Baudelot et Hue, administrateurs provisoires de ladite Société et audit siège, 46, rue Caumartin, où étant et parlant à un employé au service de ladite Compagnie,

A comparaître le mercredi, neuf janvier mil huit cent quatre-vingt-neuf, à dix heures du matin, en l'audience et par devant MM. les présidents et juges composant le tribunal de Commerce de la Seine, séant au palais dudit tribunal, à Paris, boulevard du Palais, pour :

Attendu que, suivant conventions verbales en date du trente et un octobre 1885 et seize septembre 1886, intervenues entre la Compagnie universelle du Canal intérocéanique de Panama, d'une part, et MM. Vignaud, Barbaud et Blanleuil, d'autre part; ces derniers se sont chargés de l'exécution des travaux du

Canal interocéanique de Panama et de ses dépendances sur la partie comprise entre les kilomètres 26350 et 44000, moyennant des prix et conditions indiqués auxdites conventions ;

Attendu que les travaux en question comprenaient les terrassements et dragages de toute nature, les maçonneries et en général tous les ouvrages nécessaires au creusement du canal proprement dit aux déviations du Chagres et d'autres cours d'eaux, avec explication que les déblais de toute nature à faire représentent environ vingt millions de mètres cubes, que les quantités mensuelles à exécuter étaient évaluées en moyenne de la manière suivante :

En 1886 à 300.000 mètres.
En 1887 à 750.000 —
En 1888 à 625.000 —

Attendu, en outre, que les entrepreneurs s'étaient chargés, sur les indications à eux fournies par la Compagnie, du montage de dix grandes dragues de cent quatre-vingt chevaux ;

Attendu que les entrepreneurs, pénétrés du désir de remplir leurs engagements, s'étaient empressés de réunir dans l'isthme le personnel, les sous-traitants, tâcherons et tous moyens d'action laissés à leur charge, et que, dès le premier mois de 1886, ils se trouvaient en mesure de donner à leurs travaux une vigoureuse impulsion ;

Mais attendu que, d'une part, pendant la première campagne de 1886 et une grande partie de la deuxième campagne de 1887, la Compagnie n'a pu remettre en temps utile, aux entrepreneurs, les projets et dessins d'exécution des terrassements et des ouvrages à exécuter ; que, d'autre part, la livraison du matériel de chantiers et notamment des pièces nécessaires au montage des dragues de 180 chevaux a subi, de son fait, des retards excessifs qui ont enlevé aux entrepreneurs tous moyens de remplir leurs engagements en ce qui concerne la production mensuelle prévue aux contrats, et que ces mêmes retards leur ont occasionné des pertes et dommages considérables provenant de l'immobilisation de leur personnel et de leurs moyens d'action ;

Attendu que les dix excavateurs avec transporteurs mécaniques étudiés par la Compagnie et mis aux mains des entrepreneurs pour être employés aux terrassements de la plaine de Tavernilla n'ont pu produire, à beaucoup près, les résultats attendus, par ce fait, indépendant de la volonté des entrepreneurs, que la Compagnie a imposé pour desservir les excavateurs à grande production de petits transporteurs à courroie étroite existant depuis longtemps dans l'isthme et que les meilleurs mécaniciens n'ont pu parvenir à faire fonctionner convenablement des appareils ainsi disposés ;

Attendu que des erreurs matérielles ont été commises par la Compagnie dans les indications fournies par elle sur le coût du montage des dragues de 180 chevaux exécuté primitivement par ses soins à la Boca. Ces prix erronés ayant été tenus comme bons par les entrepreneurs et ayant dès lors servi de base à ceux du bordereau ;

D'après ces précédents dont l'inexactitude a été reconnue depuis, le coût du montage des transports et des essais desdites dragues était fixé à 40 0/0 du prix d'acquisition en Europe, tandis que ce coût, augmenté des frais exceptionnels pour recherches, rassemblement et réparation des pièces, ainsi qu'il sera expliqué plus loin, s'est élevé en réalité à 120 0/0 dudit prix.

Cette erreur grossière et manifeste a été reconnue de la Compagnie elle-même, ne serait-ce que par le fait des allocations triples qu'elle a consenties à d'autres entrepreneurs pour des travaux similaires ;

Attendu que pour ces diverses causes, et en raison surtout de l'énorme différence existant pour le montage des dragues, entre le prix de revient et le prix alloué (soit plus de quatre millions de francs), les entrepreneurs se sont trouvés en présence d'un déficit considérable ;

Que ce déficit s'est trouvé augmenté de sommes importantes fixées arbitrairement par la Compagnie pour mandats de recettes et portées, par elle, en déduction des situations mensuelles, malgré les protestations de l'entreprise ;

Attendu que, dans ces circonstances, les entrepreneurs, tout en affirmant leur bonne volonté et leur désir de poursuivre activement les travaux malgré les conditions défavorables qui leur étaient faites, avaient demandé à la Compagnie la réparation des dommages qui leur étaient causés et le relèvement du prix dérisoire alloué pour le montage des dragues ;

Attendu que la Compagnie ne méconnaissait pas le bien-fondé des réclamations et l'insuffisance du prix de montage des dragues, mais qu'elle en ajournait de jour en jour le règlement définitif et se bornait à faire quelques avances en promettant une solution prochaine ;

Attendu qu'en agissant ainsi la Compagnie ne poursuivait qu'un but, celui de mettre les entrepreneurs dans sa complète dépendance pour le jour prochain où elle voudrait apporter les modifications qu'elle projetait au système de construction du canal de Panama consistant à transformer le canal à niveau prévu dès l'origine en un canal à écluse ;

Attendu que grâce aux manœuvres de la Compagnie, les requérants ne tardèrent pas à se débattre dans les plus grands embarras financiers. La Société des dépôts et comptes courants, leur banquier, avait atteint un crédit de près de quatre millions et se refusait à accepter les traites tirées du Panama sans qu'il lui fût donné d'autres garanties que les entrepreneurs étaient impuissants à fournir ;

Que cette garantie fut obtenue au dernier moment de M. Charles de Lesseps lui-même, mais à la condition absolue d'accepter sans réserve la convention verbale du 21 décembre 1887, dont il va être parlé ;

Qu'à ce moment, la situation des requérants ne pouvait être plus critique et que la faillite était pour eux inévitable s'ils refusaient d'accepter les conditions de la Compagnie ;

Attendu que, de la nouvelle convention du 21 décembre 1887, imposée à MM. Vignaud, Barbaud et Blanleuil, sous la pression des circonstances qui viennent d'être rappelées, il résulte notamment que les conventions verbales des 31 octobre 1885 et 16 septembre 1886 susrelatées, étaient et demeuraient annulées à partir du 1er janvier 1888 et remplacées par de nouvelles conditions verbales.

Attendu que, contre l'acceptation de ces nouvelles conventions, toutes à son avantage, la Compagnie du Canal n'a accordé aux entrepreneurs aucune indemnité ni majoration quelconque;

Qu'elle n'a bonifié aucun des prix des terrassements ni réglé aucune des réclamations antérieures de l'entreprise (sauf pour les montages de dragues dont le prix a été seulement amélioré);

Qu'elle s'est bornée à garantir à la Société des dépôts et comptes courants le payement des traites sur le point d'être protestées, garantie à valoir sur les sommes dues aux entrepreneurs;

Attendu que le consentement des requérants donné dans de semblables circonstances n'a pas été libre, qu'il n'a été que le résultat de la violence et du dol pratiqués par la Compagnie à l'égard des entrepreneurs, ainsi que ceux-ci offrent d'en faire la preuve, tant par témoins que par titres; que, par suite, il y a lieu, pour le tribunal, de déclarer nulles et non avenues lesdites nouvelles conventions du 21 décembre 1887, par application des articles 1109, 1112 et 1116 du Code civil;

Attendu, en effet, qu'on ne saurait admettre que de leur libre consentement les entrepreneurs auraient souscrit à une convention qui les laissait en perte sérieuse et renoncé ainsi, sans compensation, au bénéfice d'une première convention, qui leur créait un droit incontestable à une indemnité dans le cas de réduction notable de son importance;

Attendu que les conventions du 21 décembre 1887 contiennent en elles-mêmes la preuve des manœuvres dolosives; qu'en effet, la Compagnie avait décidé et arrêté définitivement, à cette date, le projet de canal à écluses, puisqu'elle a avoué depuis avoir traité et signé le marché Eiffel à la date du 10 du même mois de décembre; qu'il faut conclure de là que la Compagnie était parfaitement en mesure de communiquer les plans et profils du nouveau projet, de définir et de déterminer l'importance de la nouvelle entreprise des requérants aussi bien que cela a été fait dans tous les contrats des autres entrepreneurs, passés le même jour ou à la même époque;

Que si, au lieu de donner à la convention dont il s'agit une forme nette et précise, elle a préféré stipuler à la page 4 :

« (Si la Compagnie décide la construction d'écluses dans les limites de l'entreprise, etc.), » c'est que, malgré les moyens de contrainte rappelés ci-dessus, cette dissimulation voulue était encore indispensable pour décider les entrepreneurs à signer la nouvelle convention;

Attendu, au surplus, qu'avant la conclusion des conventions précitées, il a été affirmé verbalement aux entrepreneurs, par M. l'ingénieur en chef Hutin, que s'il était fait des écluses, il en serait établi une seule à San-Pablo (kil. 37), dans l'étendue de l'entreprise; que cette écluse serait la première du canal, et qu'il resterait ainsi au moins encore 13 millions de mètres cubes de déblais à exécuter, soit les deux tiers environ du cube primitif, quantité qui leur laissait l'espoir de se récupérer largement des pertes qu'ils avaient subies précédemment, et de réaliser encore un légitime bénéfice; qu'afin de faire croire aux entrepreneurs à l'exactitude de ces affirmations et établir une concordance nécessaire, l'article 23 de la convention du 21 décembre réduit de 3 à 2 millions, c'est-à-dire d'un tiers seulement, le montant cumulé du cautionnement et de la retenue de garantie ;

Attendu, en outre, que le cube de treize millions de déblais restant à exécuter d'après les ingénieurs de la Compagnie se trouve confirmé en deux points du texte même de la convention du 21 décembre ;

Qu'en effet : 1° l'article 3 exige des entrepreneurs, un développement suffisant pour exécuter, à partir du 1er mars 1888 jusqu'à la terminaison de leur entreprise, un cube mensuel minimum de 400.000 mètres cubes. La date d'achèvement de l'entreprise n'est pas indiquée par la convention, mais les rapports et circulaires de M. le président de Lesseps, les engagements pris par les ingénieurs de la Compagnie et par d'autres entrepreneurs ont fixé cette date au cours de l'année 1890 ;

Or, du 1er mars 1888 au 31 août 1890, soit trente mois à 400.000 mètres représentent.. 12.000.000 fr.

Auxquels il convient d'ajouter les cubes exécutés en janvier et février 1888, soit.....................................   385.000 »

Total.................   12.385.000 fr.

Si l'on considère que les 400.000 mètres cubes n'étaient qu'un minimum, on arrive à justifier les prévisions ci-dessus alléguées abaissant d'un tiers au plus, c'est-à-dire à 13 millions environ, le cube prévu pour l'exécution du contrat primitif.

2° L'article 20 de la convention fournit une autre base d'évaluation voisine du chiffre ci-dessus. Cet article stipule le remboursement d'une somme de 900.000 francs accordée par la Compagnie à l'entreprise au moyen d'une retenue de 0, 065 par mètre cube à opérer à partir du 1er juillet 1887 ;

Or le cube nécessaire pour solder cette avance est de $\frac{900.000}{0,065}$, soit... 13.846.154 mèt.

d'où il faut déduire le cube compté du 1er juillet au 25 décembre 1887, soit.....................................   489.853   »

Reste..............   13.356.301 mèt.

Dans ces circonstances et de bonne foi, les requérants ont accepté la clause relative à l'indétermination des cubes à exécuter ; ils avaient la conviction profonde que le cube restant à faire ne serait pas inférieur à 13 millions de mètres, ainsi que l'affirmaient les ingénieurs de la Compagnie d'une part, et que le faisaient croire, d'autre part, les dispositions qui viennent d'être rappelés ;

Attendu qu'il résulte des profils en travers-types notifiés le 30 janvier 1888 et des projets d'exécution déjà existants pour les dérivations et les déviations, que le cube total à déblayer au 1er janvier 1888 n'est plus que de 6.400.000 mètres environ, c'est-à-dire moins de moitié du cube que laissaient prévoir lesdites conventions du 21 décembre 1887 ;

Que ce cube restant à faire résulte également des pièces officielles que la

Compagnie du Canal a soumise aux membres du Parlement au mois d'avril dernier ;

Que le fait de cette diminution dans la masse des travaux est prévu à l'article 27 des clauses et conditions générales imposées aux entrepreneurs de la Compagnie dans l'isthme, lequel article stipule que si la diminution est de plus d'un sixième (1/6) l'entrepreneur reçoit, à titre de dédommagement, une indemnité réglée à l'amiable ou par un arbitrage,

Attendu, d'autre part, que la Compagnie du Canal n'a pas délivré aux entrepreneurs, dans les délais utiles, les dessins et autres pièces nécessaires à l'exécution des travaux, ainsi que cela est prescrit par l'article 6 des clauses et conditions générales ; qu'à ce jour même, un grand nombre de projets ne leur sont pas remis. Que ces retards excessifs ont déjoué toutes les combinaisons prévues par les requérants comme programme d'exécution, marche rationnelle et production de leurs chantiers ; que notamment, à défaut des projets de dérivation, digues et barrages qui en dépendent, les chantiers n'ont pu être mis à l'abri des crues du Chagres, détruisant les installations faites, ni des baisses subites occasionnant l'échouage du matériel flottant ;

Attendu que la Compagnie n'a pas livré en temps utile, ni dans les conditions normales aux requérants, le matériel qu'elle s'était engagée à fournir et particulièrement les pièces nécessaires au montage et à la mise en fonctionnement des dragues de 180 chevaux ;

Que les pièces nombreuses et les machines composant la même drague se trouvaient éparpillées dans le plus grand désordre et recouvertes de broussailles dans cinq dépôts différents et très éloignées, à Colon, à Tavernilla, à Gorgona, à Matachin et la Boca ;

Que la Compagnie a laissé à la charge de l'entreprise le soin de retrouver, de rassembler, de trier et de transporter à de longues distances tous ces morceaux qui se trouvaient dans un tel état de détérioration qu'il a fallu les redresser, les réparer et en confectionner à neuf un grand nombre ;

Que dans ces conditions aussi déplorables qu'inattendues, l'entreprise a dû faire, non un travail de montage, mais presque un travail de construction, ainsi que cela est relaté par la volumineuse correspondance échangée en 1887 et en 1888 ;

Que, de ce chef, les requérants ont subi desdommages considérables résultant de l'augmentation notable des dépenses de toute nature, des retards dans le montage et de l'immobilisation de leurs moyens d'action ;

Attendu que les profondeurs à déblayer telles qu'elles résultent du projet définitif à écluses notifié aux requérants le 30 janvier dernier sont tellement réduites que les conditions d'exécution des dragages de la section de Gorgona se trouvent modifiées dans le sens le plus défavorable ;

Qu'en effet, sur une longueur de 6 à 7 kilomètres de parcours, la cote du plafond du canal (—7m,75) est de 2 mètres à peine en contrebas du niveau moyen des eaux du Chagres ; que cette hauteur est absolument insuffisante pour les grandes dragues de 180 chevaux qui exigent un tirant d'eau de 4 à 5 mètres pour flotter librement et travailler dans des conditions normales;

Que pour ces raisons, les dragues de 180 chevaux fournies par la Compagnie ne peuvent remplir le but que l'on s'était proposé à l'origine et deviennent, pour ainsi dire, sans utilité pratique pour les travaux auxquels elles sont destinées ;

Que ces dispositions du projet définitif sont en désaccord absolu avec celles que les requérants avaient en vue et qu'elles constituent un changement du projet primitif et donnent lieu à indemnité par application de l'article 3 de la convention ;

Attendu, d'autre part, que l'ouverture du canal à travers les buttes du Mindi, entre les kilomètres 5 et 6, l'ouverture des dérivations de la partie basse du Chagres et certaines conditions climatériques inattendues ont modifié sensiblement l'origine du fleuve ;

Que le niveau moyen des eaux s'est abaissé et se trouve maintenant à un mètre environ au-dessous du niveau moyen existant à l'origine des travaux ;

Que, par cette circonstance imprévue, la hauteur d'eau est insuffisante et ne permet pas de faire flotter en tout temps et de mettre en fonctionnement normal le matériel de dragages. Ce matériel s'est échoué et a été immobilisé pendant plusieurs mois à Tavernilla, San-Pablo et Gorgona. Pour la même cause, le lancement des coques de dragues a été considérablement retardé. Ce fait important est relaté dans le Bulletin n° 213 du Canal interocéanique, il constitue un cas de force majeure prévu à l'article 24 des clauses et conditions générales imposées aux entrepreneurs dans l'isthme ;

Attendu que les expériences concluantes faites en 1888 sur les dragues de 180 chevaux installées chez les requérants et chez les entrepreneurs de la Boca ont démontré que le système de transport des déblais par pompes de refoulement et tuyaux tel qu'il a été étudié et prévu par la Compagnie ne vaut rien en lui-même pour être appliqué aux terrains de l'isthme, différents d'ailleurs en plusieurs endroits de ceux accusés par le profil géologique de la Compagnie ;

Que la production mensuelle d'une drague fonctionnant par ce système dans les terrains de cette nature ne peut atteindre 10.000 mètres cubes, alors que la Compagnie dans ses évaluations officielles, avait fixé ce rendement mensuel à 25.000 mètres (Voir les pièces soumises par la Compagnie aux membres du Parlement en avril 1888) ;

Qu'en raison de la défectuosité du système des appareils de dragage fournis par la Compagnie, les requérants se trouvent dans l'impossibilité d'atteindre en déblais de dragages la production mensuelle sur laquelle ils avaient compté et qu'ainsi leurs prévisions les plus essentielles sont renversées ;

Attendu que pour suppléer à l'insuffisances des pompes à déblai, les requérants ont demandé à la Compagnie la livraison des débarquements flottants, chalands et remorqueurs prévus à la convention ;

Que cette demande formulée dès le commencement de 1888 n'a pas été suivie d'effet, bien que la Compagnie fût engagée, aux termes de l'article 5 de la convention, à fournir ce matériel et que l'utilité en fût reconnue par ses ingénieurs ;

Attendu que la Compagnie a cru devoir allouer, aux autres entrepreneurs du canal, des prix notablement supérieurs à ceux des requérants pour des travaux identiques ;

77

Que de cette disproportion très forte établie par la Compagnie, il est résulté une augmentation également très notable des salaires et de la main-d'œuvre en général ; que cette augmentation a été évaluée par une expertise récente à 30 0/0 en plus des prix courants de 1887 ;

Que, dans de semblables conditions, les requérants ne résistent à la concurrence des entreprises voisines qu'au prix des plus grands sacrifices ;

Que l'augmentation survenue étant du fait de la Compagnie du canal, ils sont fondés à lui demander la résiliation de leur contrat et la réparation du dommage éprouvé par l'application de l'article 1382 du Code civil ;

Attendu qu'avant la conclusion des conventions verbales du 21 décembre 1887, M. l'ingénieur en chef Hutin, chargé de la rédaction de ces conventions, a promis sur l'honneur aux requérants qu'il leur ferait accorder par la Compagnie, ultérieurement, toutes les indemnités et tous les avantages qui seraient consentis aux autres entrepreneurs se trouvant dans une situation analogue et dont les nouveaux contrats étaient encore en préparation ;

Que cette promesse n'a pas été tenue malgré les démarches réitérées des requérants et la demande officielle qu'ils ont adressée à M. le président directeur, le 27 mars dernier.

Attendu que les requérants ont adressé à la Compagnie du canal au cours des travaux de nombreuses réclamations ayant fait l'objet de lettres et de mémoires ;

Que des expertises contradictoires sur des points déterminés ont été demandées pour servir de base à l'application des tribunaux, en conformité de l'article 21 de la convention du 21 décembre ;

Que la Compagnie, pour la plupart du temps, n'a fait aucune réponse à ces justes réclamations ;

Qu'elle n'a pas consenti aux expertises demandées ;

Qu'elle a différé sans limite l'examen et la discussion des faits, en accordant toutefois à titre provisoire quelques allocations bien insuffisantes ;

Attendu que la Compagnie du canal, en refusant ainsi systématiquement de procéder au règlement des indemnités dues aux requérants, a porté à leur crédit la plus grave atteinte ;

Que, d'autre part, ladite Compagnie, dans le but évident de dégager sa propre responsabilité, a cru devoir dans son rapport aux actionnaires, lu à l'Assemblée du 1er août 1888 et publié dans les journaux porter contre les requérants un blâme et une critique faisant douter de leurs capacités d'entrepreneurs et étant de nature à leur causer moralement et pécuniairement le plus grand préjudice ;

Que, par les motifs exposés dans la présente requête, il est démontré, au contraire, que la faiblesse de production des chantiers a été causée par des faits imputables à la Compagnie elle-même et non aux entrepreneurs ;

Attendu que les sommes ci-après réclamées par les requérants à la Compagnie du canal sont basées sur l'esprit et la lettre des conventions du 21 décembre 1887 ;

Qu'elles sont légitimes et consacrées par ce fait important que la Compagnie du canal, dans des conditions identiques, les a reconnues équitables et bien fondées et y a fait droit en faveur des autres entreprises du canal, et ce au moyen de conventions spéciales annexées aux contrats de ces entreprises ;

Qu'elles sont justifiées, en outre, par diverses dispositions des clauses et conditions générales imposées aux entrepreneurs dans l'isthme et par le droit commun ;

Attendu que, d'un accord tacite intervenu entre les parties en septembre dernier, il résulte que la résiliation des conventions du 21 décembre 1888 était acceptée en principe, sauf à en discuter et arrêter les conditions, à compter du 25 août 1888 ;

Mais que pour éviter l'arrêt des travaux, la Compagnie payerait à l'entreprise, à partir de cette même date, les dépenses de toute nature faites pour les travaux, et qu'en outre, elle allouerait à celle-ci quinze pour cent (15 0/0) de ces dépenses totalisées pour tenir compte des frais généraux et dépenses accessoires faites en Europe ;

Que cet arrangement a été plusieurs fois confirmé par la correspondance de l'entreprise et qu'il a reçu un commencement d'exécution du fait des versements effectués par la Compagnie depuis le mois d'août jusqu'au 8 décembre dernier, tant dans l'isthme qu'à Paris ;

Mais attendu que la Compagnie du canal se refuse à effectuer l'intégralité des payements et qu'elle n'a pas répondu à la mise en demeure des requérants qui leur a été signifiée par ministère d'huissier, le 31 décembre dernier ;

Attendu enfin que par avis officiel affiché à la Bourse et au siège de la Compagnie du canal, le 14 courant, ladite Compagnie a prorogé pendant trois mois le payement des sommes dues.

Que cette suspension provisoire de payement met les requérants dans le plus grand embarras ; qu'elle est de nature à leur inspirer des craintes légitimes sur la situation financière de la Compagnie et qu'elle justifie l'urgence de la prompte décision qu'ils sollicitent du tribunal.

Par ces motifs et par tous autres à déduire à la barre ;

Plaise au Tribunal :

1° En ce qui touche les conventions intervenues entre la Compagnie du Canal interocéanique du Panama et MM. Vignaud, Barbaud et Blanleuil :

Déclarer nulles et non avenues les conventions verbales du 21 décembre 1887, comme ayant été souscrites sous l'empire de la violence et du dol.

Déclarer résiliées à partir du 25 août 1888, les conventions verbales du 31 octobre 1885 et 16 septembre 1886, comme ne pouvant plus être exécutées en raison du changement radical apporté par la Compagnie au projet primitif des travaux du canal ;

2° En ce qui touche les remboursements, allocations et indemnités de toute nature dues pour travaux exécutés, pertes de bénéfices et dommages de toute nature :

Condamner la Compagnie du canal interocéanique du Panama à payer aux requérants les sommes ci-après, savoir :

I. — Sommes a fixer par états a la date de la résiliation.

1. — Le montant du décompte des travaux et approvisionnements qui sera dressé dans l'isthme à la date fixée pour la réalisation, défalcation faite des versements opérés par la Compagnie .... Mémoire

2. — Le montant du cautionnement et de toutes retenues de garantie en titres et en espèces dont le total dépasse deux millions cinq cent mille francs.................... Mémoire

3. — Rappel des différences et omissions signalées à la Compagnie sur les situations mensuelles des travaux, dressées dans l'isthme pour cube des déblais et des apports, montage du matériel divers, construction de bâtiments, débarquement de matériel à Colon application de droits, etc .... Mémoire

D'où il conviendra de déduire la somme de cinq cent cinquante mille francs, versée par la Compagnie, le 11 février 1888, à valoir sur les différences ci-dessus.

4. — Indemnités payées et à payer aux sous-traitants des anciennes entreprises partielles pour retards dans la livraison du matériel, réduction notable des cubes à exécuter. Suppression des décharges installées et tous préjudices du fait de la Compagnie du canal.. Mémoire.

5. — Indemnités réclamées ou à réclamer par les sous-traitants de l'entreprise pour la résiliation de leur contrat................. Mémoire.

6. — Dégrèvement en faveur des requérants des droits de douane, contribution commerciale et tous autres perçus ou à percevoir par le Gouvernement colombien........... Mémoire.

6 *bis.* — Indemnité pour le préjudice moral et matériel causé aux entrepreneurs par le fait d'avoir différé le règlement des sommes dues et d'avoir infligé un blâme immérité dans le rapport lu à l'Assemblée du 1er août 1888 et publié par les journaux.................. Mémoire.

Total................... Mémoire

II. — Indemnités, Allocations et Remboursements ci-après, savoir :

7. — La somme de cent quarante-six mille deux cent quatre-vingt-six francs quatre-vingt-cinq centimes, pour dépenses de construction de barrages provisoires établis à Tavernilla et à Gorgona, ci................. 146.286 85

8. — Celle de quatre-vingt-douze mille six cent trente-cinq francs soixante centimes, pour dommages causés aux installations et aux travaux par les crues du Chagres.

En 1887.......... 58.555 60
En 1888.......... 34.080 »
Ci.................... 92.635 60

9. — Celle de deux cent soixante-dix mille francs pour frais de déséchouage des dragues, des chalands, pompes, des suceuses Vernandon et autres appareils de dragage, savoir :

En 1887......... 190.000 »
En 1888.........   80.000 »
Ci.................... 270.000 »

10. — Celle de huit cent cinquante mille francs pour dommages éprouvés par l'entreprise par suite des retards apportés par la Compagnie du canal dans la remise des projets d'exécution des travaux, ci................. 850.000 »

11. — Celle de deux millions trois cent soixante-quinze mille francs pour dommages éprouvés par l'entreprise par suite des retards dans la livraison des pièces de dragues, de chalands, pompes et autre matériel de dragages et par suite de l'échouage des mêmes appareils causés par la baisse anormale des eaux de Chagres, savoir :

Jusqu'au 25 février 1888. 1.310.000 »
Du 25 février au 25 août
1888.................... 1.065.000 »
Ci.................... 2.375.000 »

12. — Celle de huit cent vingt-un mille francs pour remboursement des factures de

recettes contestées par les entrepreneurs et
indûment perçues par la Compagnie, savoir :

Jusqu'au 25 décembre 1887. 576.000 »
Du 25 décembre 1887 au
25 août 1888................ 245.000 »
Ci............   821.000 »

13. — Celle de deux cent quatre-vingt
mille quatre cent cinquante-six francs pour
remboursement des dépenses faites et non
utilisées dans la partie retranchée de l'entreprise de 43.100ᵐ à 44.000ᵐ pour établissement
de voies, percement de cunettes et installations
diverses ....   280.456 »

14. — Celle de trente-trois mille francs
pour remboursement des mêmes dépenses
faites et non utilisées dans le chantier compris entre les kilomètres 37.700 et 37.915 partie supprimée par l'ordre de service n° 596...   33.000 »

15. — Celle de soixante-quinze mille francs,
pour remboursement des frais de licenciement
des agents licenciés par suite de la réduction
des travaux dans une proportion imprévue à la
convention............................   75.000 »

16. — Celle de quatre cent treize mille
huit cent cinquante francs, pour remboursement de retenues faites jusqu'au 25 août 1888,
sur les avances ci-après relatives à l'organisation et à l'installation des chantiers et ne pouvant plus être utilisées pour cause de changement de projet, savoir :

1° Sur avances de quinze cent mille francs
pour organisation et installation des chantiers   300.000 »

2° Sur avances de 900.000
francs pour établissement de
voies ....   113.850 fr.
Ci.....................   413.850 »

17. — Celle de un million quatre cent
quatre-vingt douze mille quatre cent dix francs
pour plus value de un franc cinquante centimes
(1 fr. 50) par mètre cube applicable aux déblais
de la plaine de Tavernilla par suite du fonctionnement défectueux des transporteurs mécaniques fournis par la Compagnie et de la néces-

sité de substituer à ces appareils les voies de fer, wagons et locomotives savoir : 994.940 mètres cubes à 1 fr. 50.   1.492.410 »

18. — Celle de deux cent quatre-vingt onze mille quatre-vingt sept francs cinquante centimes pour plus value de deux francs soixante quinze centimes (2 fr. 75) par mètre cube applicable aux déblais de dragage exécutés au 25 août 1888 pour cause de l'insuccès du système par refoulement imposé par la Compagnie du canal pour le transport des dragages, savoir : 105.850 mètres cubes à 2 fr.75, ci.........   291.087 50

19. — Celle de deux millions cent quarante-deux mille cinq cent sept francs cinquante centimes pour plus-value de un franc soixante quinze centimes (1 fr. 75) par mètre cube applicable à tous les déblais exécutés depuis le 1er janvier 1888 pour cause de l'augmentation notable des salaires et de la main-d'œuvre en général du fait de la Compagnie, savoir : 1.224.290 mètres cubes à 1 fr. 75..........   2.142.507 50

20. — Celle de six cent douze mille cent quarante-quatre francs pour plus-value de un franc cinquante centimes (1 fr. 50) par mètre cube applicable au tiers environ de l'ensemble des déblais exécutés depuis le 1er janvier 1888 pour cause de la suppression arbitraire des décharges dans le lit du Chagres et des Rios, décharges autorisées et existant avant l'origine de l'entreprise et, en outre, maintenues pour les autres entreprises savoir : 408.096 mètres cubes à 1 fr. 50........   612.144 »

21. — Celle de cent quatre-vingt-dix-huit mille francs pour payement des réparations faites par l'entreprise aux pièces défectueuses de sept dragues de 180 chevaux, frais de confection de certaines pièces manquantes et réparation de malfaçons et défaut de concordance des pièces fournies........................   198.000 »

22. — Celle de un million cinquante-neuf mille huit cents francs restant due sur les dépenses effectives des travaux exécutés du 25 août dernier jusqu'au 25 décembre dernier, défalcation faite des versements partiels faits par la Compagnie dans l'isthme et à Paris

Total à reporter.............   11.153.177 45

Report................ 11.153.177 45

pendant les quatre derniers mois suivant.

état.................................... 1.059.800 »

d'où il faut déduire le versement effectué par la Compagnie le 23 avril 1888, à valoir sur les réclamations de l'entreprise et suivant autorisation du Comité.......................... 600.000 »

Reste dû................ 10.553.177 45

23. — Celle de quinze millions soixante-six mille francs pour pertes de bénéfices à allouer aux requérants à raison de quatre-vingt-dix centimes (0 fr. 90) par mètre cube, représentant 15 0/0 du prix moyen des déblais applicable au cube prévu par le contrat du 31 octobre 1885, diminué du cube exécuté au cours du marché.

Soit environ : 20.000.000 m. c. — 3.260.000 m. c. = 16.740.000 de mètres cubes, ci.......................... 15.066.000 »

Montant total dans le 1er cas....................... 25.619.177 45

Subsidiairement :

Pour le cas où le tribunal ne croirait pas devoir admettre la demande en nullité des conventions verbales du 21 décembre 1887 :

Déclarer ces conventions résiliées à la date du 25 août 1888 comme étant inexécutables et inexécutées par la Compagnie du canal interocéanique de Panama.

Condamner la dite Compagnie à payer aux demandeurs, savoir :

1° Les sommes indiquées pour mémoire dans l'état ci-dessus, du numéro 1 au numéro 6 bis inclusivement et à fixer par états à la date de la résiliation... mémoire.

2° Les indemnités, allocations et remboursements ci-dessus indiqués, du numéro 7 au numéro 22 inclusivement, s'élevant ensemble à la somme de dix millions cinq cent cinquante-trois mille cent soixante-dix-sept francs quarante-cinq centimes... 10.553.177 45

3° La somme de neuf millions quatre-vingt six mille six cent soixante-dix francs quatre-vingt-dix centimes pour pertes de bénéfices à allouer aux requérants à raison de quatre-vingt dix centimes par mètre cube représentant les quinze pour cent du prix moyen des déblais applicable au cube minimum prévu par la convention du 21 décembre 1877, mais diminué du cube exécuté au cours du marché.

Soit environ : 13.356.301 m. c. — 3.260.000 m. c. = 10.096.301 mètres cubes, ci.......................... 9.086.670 90

Montant total dans le 2me cas....................... 19.639.848 35

Ordonner le payement immédiat par la Compagnie du canal, nonobstant appel et sans caution :

1° Des dépenses effectives des travaux depuis le 25 août dernier jusqu'au 25 décembre 1888, telles qu'elles sont comprises à l'article 22 pour la somme d'un million cinquante-neuf mille huit cents francs........... 1.059.800 fr.

2° Du cautionnement et de la retenue de garantie s'élevant ensemble à la somme de deux millions cinq cent mille francs environ....... 2.500.000 fr.

Pour le surplus, renvoyer dans tous les cas les parties devant arbitre pour établir les comptes. Et dire que ledit arbitre devra déposer son rapport au plus tard dans les trois mois du jour de sa nomination.

Sans préjudice de plus amples dommages-intérêts, condamner la Compagnie universelle du canal interocéanique de Panama aux intérêts des sommes dues calculés à 6 0/0 l'an et à tous les dépens qui comprendront notamment les frais et honoraires de l'arbitre ainsi que l'enregistrement des pièces qui seront produites dans l'instance.

Sous toutes réserves.

Et afin que MM. les administrateurs et directeur de la Compagnie universelle du canal interocéanique de Panama n'en ignorent, je leur ai, étant et parlant comme dessus, laissé copie du présent acte.

ANNEXE XI

Lettre de MM. Barbaud, Blanleuil et Cⁱᵉ à la Société de Dépôts et Comptes courants.

Paris, le 21 juillet 1885.

Monsieur le Directeur de la Société de Dépôts et Comptes courants, Paris.

Nous sommes décidés à demander l'entreprise générale des travaux à exécuter dans l'isthme de Panama.

Pour nous faciliter cette grande opération et les services financiers qui en résultent, nous avons l'honneur de solliciter le concours de la Société de Dépôts et Comptes courants.

Nous aurons à payer chaque mois une somme en concordance avec l'importance des travaux que nous aurons à exécuter ; cette somme sera remboursée par la Compagnie et, selon ses usages, un mois après.

Nous vous donnerons notre délégation sur les sommes à recevoir ainsi de la Compagnie ; en échange, vous nous ouvrirez un crédit pouvant s'élever jusqu'à trois millions de francs (3.000.000 de francs), sans excéder 75 0/0 de la somme à toucher.

Ledit crédit aura lieu par acceptation à trois mois de vue, principalement sur France, Angleterre, New-York.

Le placement des traites sera opéré par nos soins et pour notre compte à Panama.

Ce crédit sera successivement éteint par retenue sur les 25 0/0 de façon à rendre libres les nantissements et cautionnements qui se trouveront ainsi remplacés par des versements effectifs, sans qu'il soit fait emploi de crédit ultérieur.

En outre de la délégation sur les sommes qui nous seront dues par la Compagnie du canal interocéanique, nous vous remettrons, à l'appui de notre responsabilité personnelle, les valeurs détaillées qui seront affectées, à titre de nantissement, à la bonne et complète liquidation de nos engagements ; savoir :

20.000 francs de rente italienne 5 0/0.

20.000 florins d'Autriche or 4 0/0 que M. de Loqueyssie s'engage à livrer dans trois mois à partir de l'acceptation, par la Société de Dépôts et Comptes courants, de nos propositions, ou au moment de la mise en œuvre de nos travaux, qui ne pourra certainement avoir lieu avant le 1ᵉʳ décembre prochain.

Nous vous remettrons également le montant des cautionnements que nous réclamerons de nos sous-entrepreneurs.

Nous vous payerons une commission initiale pour votre concours de six cent mille francs, à retenir par douzième, de mois en mois, sur les sommes que vous toucherez pour notre compte ; nous vous allouerons, en outre, une commission de 2 0/0 par acceptation à trois mois.

Nous ferons également aux caisses de votre Société tous nos services de trésorerie à Paris, au moyen d'un compte de chèques.

Le présent contrat sera obligatoire entre nous pour une durée de cinq ans, portant sur le total des travaux mensuels de notre entreprise générale, que nous aurons à exécuter pour la Compagnie du canal de Panama.

Veuillez agréer, Monsieur le Directeur, l'expression de notre considération distinguée.

Signé : A. DE LOQUEYSSIE.

H. GÉRARDIN.

Les soussignés, connaissance prise des conditions stipulées dans la lettre ci-dessus, déclarent y adhérer et s'obliger solidairement à leur exécution loyale et complète envers la Société de Dépôts et de Comptes courants.

La mise en pratique de ces conditions commencera à dater du 15 janvier prochain.

Paris, le 19 novembre 1885.

<table>
<tr><td>Lu et approuvé :</td><td>Lu et approuvé :</td></tr>
<tr><td>*Signé :* DE MARTEAU.</td><td>*Signé :* E. BARBAUD.</td></tr>
<tr><td>*Signé :* VIGNAUD.</td><td>*Signé :* BLANLEUIL.</td></tr>
</table>

Réponse.

Paris, le 22 juillet 1885.

Messieurs A. de Loqueyssie et H. Gérardin, Paris.

Vous nous avez demandé, par votre lettre du 21 courant, le concours de la Société de Dépôts et Comptes courants, pour faciliter vos services financiers dans l'exécution des travaux que vous sollicitez de la Compagnie de Panama.

Nous sommes d'accord avec vous, en principe, pour vous donner ce concours moyennant les garanties diverses dont vous nous avez entretenus.

Veuillez agréer, Messieurs, l'expression de notre considération distinguée.

Le Directeur,

Signé : E. GAUTIER.

ANNEXE N° XII

Lettre du liquidateur de la Société Artigue, Sonderegger et Cⁱᵉ à la
sous-commission des marchés.

Travaux du Canal de Panama

ARTIGUE SONDEREGGER & Cⁱᵉ

En liquidation.

30, rue de Grammont,

PARIS.

COLON-CULEBRA-PANAMA

Paris, le 14 février 1893.

Monsieur le Président de la sous-commission
des marchés, au Palais-Bourbon.

Monsieur le Président,

En ma qualité de liquidateur de la Société Artigue Sonderegger et Cⁱᵉ, j'ai eu l'honneur de recevoir la lettre que vous lui avez adressée sous la date du 11 courant.

Je me suis empressé de la communiquer aux membres de cette société qui, à l'exception de M. Sonderegger, sont présents à Paris.

Ces messieurs, après s'être consultés, m'ont confié la mission de vous répondre, en leur nom, ce qui suit :

« Nous sommes très désireux, non seulement de déférer au désir exprimé par la Commission parlementaire, mais encore de lui apporter, puisqu'elle veut bien les provoquer, notre concours et notre part d'information dans l'œuvre qu'elle poursuit.

« Nous devons cependant nous demander si notre intervention ne pourrait plus tard être interprétée comme l'acceptation d'une juridiction dont ne sauraient, à aucun titre, relever des intérêts d'ordre commercial et contractuel.

« Dans ces conditions et pour ne laisser ouverte la porte à aucune équivoque, nous sommes amenés à distinguer les trois ordres suivants de questions qui peuvent être de nature à intéresser la sous-commission :

« Questions d'ordre financier et politique ;

« Questions d'ordre commercial et contractuel ;

« Questions d'ordre administratif, économique et technique.

« Pour la première catégorie de questions, nous tenons à répondre d'ores et déjà à la sous-commission des marchés que ni la constitution ni la gestion des affaires de notre société n'ont entraîné, à un titre quelconque, une immixtion de notre part dans les affaires financières de la Compagnie de Panama : syndicats, émissions, etc., non plus que dans les faits d'ordre politique qui y ont été rattachés et qui ont motivé la nomination de la Commission d'enquête.

« Deuxième catégorie : Questions d'ordre commercial et contractuel.

« En ce qui concerne cet ordre de faits, nous nous trouvons dans la nécessité absolue de ne pouvoir accepter, même dans une mesure restreinte, de prendre part à un débat que nous justifierons ainsi par notre acquiescement, alors qu'il se trouverait contraire à toutes les notions de droit commercial.

« Troisième catégorie : Questions d'ordre administratif, économique et technique.

« En ce qui concerne cet ordre de faits, nous serons heureux de fournir à la Commission tous les renseignements capables d'éclairer son opinion sur la nature réelle des choses, et nous avons prié la personne la mieux qualifiée pour cet objet, M. Philippe Buneau-Varilla, ancien directeur des travaux de notre société, de bien vouloir se rendre demain mercredi, à 2 heures, à votre invitation, pour vous donner des renseignements pouvant vous être utiles et se rattachant à la présente catégorie de questions. »

Après vous avoir fidèlement transmis l'expression des sentiments de la Société Artigue Sonderegger et Cie, j'ai l'honneur de vous prier, Monsieur le Président, d'agréer l'assurance de ma haute considération.

Le Liquidateur,
A. LOEVY.

ANNEXE N° XIII

Lettre du président de la Société des travaux publics et constructions
à la sous-commission des marchés.

SOCIÉTÉ DE TRAVAUX PUBLICS
ET CONSTRUCTIONS.
38, avenue de l'Opéra.

Paris, le 15 février 1893.

Monsieur le Président,

Prévenus avant-hier du désir de la sous-commission que vous présidez, notre conseil n'a pu se réunir que ce jour, et nous avons l'honneur de répondre à votre lettre de convocation en conformité de la décision qu'il a prise.

Lors de l'instruction ouverte contre les administrateurs de la Compagnie de Panama, une vérification complète de nos livres et pièces comptables a été faite par M. l'expert Flory (vérification qui n'a même pas été faite contradictoirement, ce qui explique les erreurs que contient le rapport de M. l'expert, autant que nous avons pu en juger par la publicité qui y a été donnée).

Or cette vérification a surabondamment démontré qu'aucun membre du Parlement n'a participé en quoi que ce soit aux opérations de notre entreprise, ce que nous vous confirmons d'ailleurs d'une manière formelle.

Dans ces conditions, Monsieur le Président, nous vous exprimons le regret de ne pouvoir nous rendre à votre convocation.

Veuillez agréer, Monsieur le Président, l'assurance de nos sentiments les plus distingués.

Le Président,
O. GRINE.

A Monsieur Jolibois, président de la sous-commission d'enquête, au Palais-Bourbon.

ANNEXE N° XIV

SOCIÉTÉ DE TRAVAUX PUBLICS
ET CONSTRUCTIONS.
38, avenue de l'Opéra.

Paris, le 24 février 1893.

Monsieur le Président,

Nous avons l'honneur de vous accuser réception de votre communication, nous avisant qu'ayant été prévenu que nous avions modifié notre manière de voir et que nous serions heureux d'être entendus par la sous-commission que vous présidez, celle-ci pourrait, si nous le désirions, nous recevoir aujourd'hui vendredi 24 courant, à 3 heures.

Il ne peut y avoir là qu'un malentendu, car, depuis la lettre que nous avons eu l'honneur de vous écrire, notre conseil n'a pris et n'est disposé à prendre aucune décision différente de celle que nous vous avons transmise.

Veuillez agréer, Monsieur le Président, l'assurance de nos sentiments les plus distingués.

Le Président,
O. GRINE.

A Monsieur Jolibois, président de la sous-commission d'enquête, au Palais-Bourbon.

ANNEXE N° XV

COMPAGNIE UNIVERSELLE DU CANAL INTEROCÉANIQUE.
Rapport de M. Léon BOYER, directeur des travaux,
(Avril 1886).

Monsieur le Président-Directeur,

J'ai l'honneur de soumettre à votre examen un ensemble de projets que j'ai étudiés en vue de livrer à la navigation le Canal de Panama dans des délais et avec des dépenses conformes à vos vues et aux espérances que vous avez données au pays.

J'ai dû tout d'abord évaluer aussi exactement que possible ce qu'exigerait, comme temps et comme argent, la réalisation du programme arrêté avant mon arrivée dans l'isthme et étudier les améliorations dont il est susceptible. Cela fait, j'ai étudié la solution provisoire qu'il convenait d'adopter pour atteindre le résultat désiré.

Ce rapport se trouve par la nature même du sujet divisé en deux parties, savoir :

1° Évaluation des dépenses et du temps nécessaire à l'exécution complète du programme. Examen des améliorations dont il est susceptible.

2° Exposé et justification de la solution provisoire projetée.

PREMIÈRE PARTIE.

Évaluation des dépenses et du temps nécessaires
pour l'exécution complète du programme;
Examen des améliorations dont il est susceptible

Vous avez, par la constitution des grandes entreprises, divisé le canal en six sections.

La première s'étend de l'origine supposée en rade de Colon au point kilométrique 23 kil. 465 et fait l'objet des entreprises Slaven et Jacob.

La deuxième s'étend de l'extrémité de la précédente au kilomètre 26,350 et fait l'objet de l'entreprise Artigue et Sonderegger, sous cette réserve qu'une partie des déblais à exécuter au-dessous de la cote 6 seront exécutés à la drague par l'entreprise Slaven.

La troisième va du point kilométrique 26,350, au kilomètre 44 et fait l'objet de l'entreprise Vignaud, Barbaud, Blanleuil.

La quatrième s'étend du kilomètre 44 au point kilométrique 53,600 et fait l'objet de l'entreprise « Société de Travaux publics et constructions ».

La cinquième a son origine au point kilométrique 53,600 et son extrémité au point kilométrique 55,456, et fait l'objet de l'entreprise Cutbill et de Lungo.

La sixième s'étend de l'extrémité de la précédente au Pacifique et fait l'objet de l'entreprise Baratoux, Letellier et Lillaz.

Outre les entreprises principales qui viennent d'être mentionnées, il existe de petites entreprises chargées de l'exécution de divers tronçons du canal et de plusieurs dérivations. Dans un rapport spécial, j'ai eu l'honneur de vous faire connaître la situation de ces entreprises et je n'ai pas y revenir ici.

La première, la deuxième et la troisième section ne présentent aucune difficulté exceptionnelle. On y rencontre cependant une tranchée très élevée au droit du kilomètre 24. Mais les travaux en sont très avancés et le terrain s'y trouve arasé à la cote 30.

La quatrième section présente au contraire, des difficultés considérables; c'est, en effet, dans cette section que se trouvent le barrage du Chagres et la grande tranchée à pratiquer dans le bassin de l'Obispo.

La cinquième section comprend la grande tranchée de la Culebra, dont malheureusement les travaux sont très peu avancés, et selon nous, très mal conduits.

La sixième section ne présente pas de sérieuses difficultés, mais l'on y rencontre l'écluse de Corrozal dont l'exécution n'est point encore décidée dans notre esprit et constitue par suite une question à résoudre.

Pour évaluer les dépenses du programme complet, il nous a suffi, en ce qui concerne les terrassements, d'appliquer aux projets sinon entièrement préparés, du moins très avancés, que j'ai trouvés ici, les prix portés aux bordereaux des diverses entreprises.

Le barrage du Chagres avait aussi fait l'objet d'un projet sommaire dont j'ai entièrement conservé les dispositions générales en les appliquant sur un relevé exact du terrain.

L'écluse de Corozal a été étudiée avec le plus grand soin par M. Bunau-Varilla et rien n'a été plus facile que d'appliquer aux quantités évaluées par cet ingénieur les prix insérés au bordereau de l'entreprise Baratoux, Letellier et Lillaz.

En ce qui concerne les ouvrages d'art et les travaux spéciaux des dérivations et du P. R. R., j'ai fait des évaluations aussi approximatives que possible, et les inexactitudes qui peuvent résulter de l'insuffisance des projets relatifs à ces travaux ne sauraient vicier que très faiblement le résultat total auquel je suis arrivé.

Outre ces dépenses, nous avons dû compter à la charge de la Compagnie les dépenses pour installations, matériel et épuisements, les frais du service sanitaire, du service postal, du service des transports et du service des écuries enfin les dépenses relatives au personnel.

L'état n° 1 joint au présent rapport présente le détail de nos évaluations que nous résumons ci-dessous :

1° Terrassements (y compris les imprévus)...	800.000.000 fr.	
2° Barrage de Gamboa....................	60.000.000	»
3° Ecluse de Corozal....................	40.000.000	»
4° Ouvrages d'art divers................	30.000.000	»
5° Dépenses relatives au matériel et aux installations.........................	50.000.000	»
6° Dépenses pour épuisements............	60.000.000	»
7° Frais du service sanitaire..............	10.000.000	»
8° Service des transports.................	25.000.000	»
9° Service postal........................	6.000.000	»
10° Service des écuries...................	20.000.000	»
11° Frais de personnel....................	50.000.000	»
12° Divers..............................	Mémoire.	
Total des dépenses proprement dites...	1.151.000.000 fr.	
Intérêts des capitaux actuellement dépensés.	211.000.000	»
Intérêts des sommes restant à dépenser	198.000.000	»
Frais généraux de l'Administration centrale..	240.000.000	»
Total des sommes à dépenser jusqu'à l'achèvement du canal.................	1.800.000.000 fr.	

Nous avons admis dans les évaluations qui précèdent que le canal serait arasé à la cote (—9) ; que les travaux des ports de Colon et de Panama seraient ajournés ; que la largeur du canal serait : à l'entrée du port de Colon, 120 mèt.; dans le garage de Tavermilla, 50 mètres ; à la sortie dans la rade de Panama, 50 mètres.

Nous avons admis que les raidissements de talus qui pourraient être réalisés en cours d'exécution trouveraient leurs compensations dans les éboulements qui pourraient se produire.

Nous devons d'ailleurs faire une réserve en ce qui concerne la tranchée de la Culebra.

Les prix actuellement appliqués très rémunérateurs pour le moment peuvent devenir insuffisants lorsque la tranchée sera plus étroite et le terrain plus dur.

L'estimation que nous avons faite des frais généraux et de l'intérêt des capitaux pendant la construction suppose que le canal sera exécuté en six années à compter du 1er juillet 1886 et nous devons justifier nos prévisions relatives aux délais d'exécution.

On peut espérer, si les entreprises marchent très bien, terminer en 1889 tous les travaux du canal, à l'exception du barrage de Gamboa, de la tranchée de la vallée de l'Obispo et de la tranchée de la Culebra.

En ce qui concerne le barrage de Gamboa, nous n'osons produire aucune appréciation, tant cet ouvrage est exceptionnel, tant son exécution est sujette à de nombreux aléas; mais, comme en tout état de cause, cet ouvrage nous paraît devoir être abandonné, nous ne tiendrons aucun compte de cet élément dans l'examen qui va suivre.

L'exécution de la tranchée de la vallée de l'Obispo, confiée à la Société de travaux publics, exigera au moins cinq années à compter du 1er juillet 1886. Dans l'étude faite par cette société, il était prévu que les travaux seraient terminés en trois ans et demi, en admettant que rien ne viendrait entraver une marche rapide et en faisant abstraction du cube à exécuter par les entreprises existantes.

Sur le premier point, nous trouvons, en effet, dans la note officieusement remise par la Société les réserves suivantes : « Mais le succès n'est pas seulement subordonné au mode et à l'ordre d'exécution des travaux, il dépend essentiellement de la possibilité de se procurer rapidement et dans des proportions inconnues jusqu'à ce jour tout un personnel, des milliers d'ouvriers et une quantité énorme de machines et d'engins mécaniques; tous les moyens et toutes les ressources en un mot qui sont nécessaires et indispensables pour le fonctionnement rigoureux du programme d'exécution qui est tracé ci-dessus. C'est en cela, à vrai dire, que résident les difficultés les plus sérieuses de l'entreprise et entre toutes il faut citer celles du recrutement du personnel et des ouvriers. »

Il résulte des renseignements que nous avons pris auprès du représentant dans l'isthme de la Société de travaux publics que ses tentatives dans la Louisiane ayant à peu près complètement échoué, le point noir signalé ne s'était nullement éclairci.

En ce qui concerne les entreprises existantes, la Société écrivait dans sa note : « Si une partie des déblais compris dans les entreprises existantes devaient être ajoutés à ceux de l'entreprise qui a été particulièrement étudiée, le travail de l'organisation des chantiers devrait être repris et remanié et il conduirait sans nul doute à des délais d'exécution sensiblement plus longs. »

Or, il se trouve qu'il reste encore à exécuter les cubes suivants :

Entreprise Thirion	408.000 m³
Entreprise Muraccioli	2.560.000 »
Entreprise Jacquemin	3.600.000 »
Total	6.568.000 »

Ce n'est pas à proprement parler le cube restant à faire dans ces entreprises qui sera une cause de retard, car les calculs de la Société portaient sur un déblai de trente millions de mètres cubes et que nos calculs accusent un chiffre probable de   . Le véritable obstacle réside dans l'organisation actuelle des chantiers, organisation qui n'a pas été étudiée en vue d'une exécution totale et qui, au point du vue de l'achèvement du canal, est en plusieurs points déplorable.

Dans ses réserves, la Société de travaux publics ne prévoit pas les éboulements, et malheureusement nous devons à cet égard nous attendre à de très grandes difficultés. L'éboulement survenu à la surface du cerro Lapita nous montre, dans la roche qui constitue le massif central de l'isthme l'existence de plans de glissement extrêmement dangereux. Or un éboulement dans une tranchée de 70 mètres de hauteur peut, étant donné le plan d'attaque prévu par la Société de travaux publics, arrêter pendant plusieurs mois une grande partie du chantier.

La Société ne nous paraît pas, d'ailleurs, avoir tenu un compte suffisant du rôle de l'eau comme obstacle à une exécution rapide. Nous rencontrerons de ce chef deux séries de difficultés. La première est relative aux eaux courantes; la tranchée est, en effet, établie dans la vallée de l'Obispo, et à notre arrivée aucun projet n'était arrêté pour la dérivation de ce cours d'eau. On comptait lui faire franchir le canal par un ouvrage d'art qui n'aurait pas eu moins de 40 mètres de hauteur et dont les piliers auraient dû, pendant l'exécution de la tranchée, être repris en sous-œuvre au fur et à mesure de l'approfondissement, de manière à appuyer toujours sur le sol. Il nous a paru plus sage de maintenir l'Obispo sur la rive gauche du canal et de le rejeter dans le Chagres, près de Gamboa. Bien que nous ayons ordonné de faire cette étude d'urgence, elle est, à l'heure actuelle, à peine terminée. Pourra-t-on, avant la saison pluvieuse de 1887, avoir terminé cette dérivation? Nous espérons qu'à cet égard l'entreprise n'épargnera aucun effort; mais il ne nous est nullement prouvé qu'elle aboutira, et, dans ce cas, pendant près de deux ans encore, l'Obispo sera une gêne considérable. Ajoutons que le lit actuel de ce cours d'eau a été en plusieurs points, comblé par les déblais du canal, mesure bien imprudente, alors que la dérivation n'était qu'à l'état d'avant-projet.

Restent les eaux souterraines et les eaux de pluie. L'existence des eaux sou-terraines n'est pas douteuse. Nous avons vu sur le chantier d'Emperador un tuyau de sondage rempli d'eau jusqu'à son embouchure supérieure. Les puits de sondage exécutés à la Culebra en pleine saison sèche ont nécessité des épuisements dès les premiers mètres. Ces eaux ont un double inconvénient; d'une part, elles favorisent les éboulements, et, d'autre part, elles contribuent avec les eaux de pluie accumulées dans les chantiers à gêner le travail des ouvriers. Il sera nécessaire, contrairement aux dispositions prévues par la Société de travaux publics, de donner une pente aux cunettes, ce qui modifie désavantageusement le chantier au point de vue d'une exécution rapide.

Enfin, la Société n'avait sans doute pas prévu, comme il convenait, les difficultés que présente dans l'isthme le recrutement du personnel. Elle a envoyé dans l'isthme 71 agents sur lesquels :

(?) sont partis pour cause de maladie;

19 ont été découragés par le danger du climat et ont quitté l'isthme;

(?) ont été renvoyés comme incapables de rendre des services dans ce climat.

5 sont décédés.

M. Bonafous, le très distingué représentant de la Société dans l'isthme, va repartir pour la France, et malheureusement il ne laissera pas derrière lui un personnel suffisant.

Nous croyons avoir bien établi qu'on ne pourrait admettre comme vraisemblables les délais fixés par le devis et le cahier des charges; et le soin avec lequel la Société de travaux publics a fait, dans sa note précitée, des réserves sur ces délais, il faut bien le reconnaître, dégage en partie, sinon entièrement, sa responsabilité : il faudra plus d'une année et demie pour terminer les travaux des entreprises existantes. En effet, depuis le 1er juillet 1885 jusqu'au 1er juillet 1886, les cubes exécutés par ces entreprises sont les suivants :

Thirion.. 338.000 m³.
Muraccioli .... 1.700.000 —
Jacquemin... 1.400.000 —

                Total..................... 3.438.000 m³.

Et il restera à exécuter 6.000.000 de mètres cubes qu'il sera bien difficile d'exécuter en moins de deux années, malgré les améliorations apportées dans l'organisation des chantiers.

On peut dire qu'à l'heure actuelle, la Société de travaux publics n'a fait que bien peu de choses : une cunette à la Corosita; quelques logements, des commandes de matériel. Elle étudie encore le projet de ses voies de décharge, et ce travail, confié à des entrepreneurs, est peu avancé.

Mais en admettant, ce qui n'est pas certain, que dans deux ans d'ici le terrain soit complètement libre, et qu'elle soit prête à marcher dans d'excellentes conditions, il n'en faut pas moins compter qu'elle mettra au moins trois ans pour terminer. Le cube qu'elle aura à exécuter sera, il est vrai, de seulement, tandis que dans sa note elle a prévu l'enlèvement de mètres cubes ; mais cette différence de cube est à nos yeux bien loin de compenser les diverses causes de retard que nous avons signalées,

Il faut bien se garder, en matière de travaux de terrassements, de s'en tenir à des évaluations théoriques, car, dans aucun genre de travail, les aléas ne sont plus nombreux et plus graves.

Nous nous croyons donc en droit d'affirmer que, même avec des conditions moyennes, les travaux de la Société de travaux publics ne seront pas terminés avant le milieu de 1891.

Arrivons à la Culebra. Nous joignons au présent rapport une note très bien faite de M. Vautard, ingénieur-divisionnaire, de laquelle il résulte que le temps nécessaire, à supposer que l'on améliore l'organisation pour araser à la cote 85 le massif de la Culebra sera au moins de vingt mois à dater du 1er juillet prochain (1886). Le cube restant à faire sera à cette époque environ de 19 millions de mètres cubes, en tenant compte des déblaiements que l'on aura pu exécuter aux abords de la tranchée, au-dessous de cette côte.

Nous avons fait une étude théorique (dossier 1) de l'exécution raisonnée de la Culebra, et nous avons trouvé que de la cote 85 à la cote 45, on pourra moyennement employer constamment vingt excavateurs pour un cube de

9.500.000 mètres; que de la cote 45 à la cote 20, le nombre des excavateurs sera réduit moyennement à quinze pour un cube de 5 millions de mètres; et qu'au-dessous de la cote 20 il ne pourra plus être que de dix pour un cube de 4.500.000 mètres. D'où il résulte qu'il faudra, en supposant que chaque excavateur rende 600 mètres cubes par jour :

600 jours pour atteindre à la cote 85
520 — — 45
555 — — 20
750 — — le plafond.

Soit 2.425 jours, ou environ six ans et demi pour terminer.

Mais il ne s'agit là que d'une étude purement théorique, et nous devons en majorer considérablement les résultats pour rester dans des prévisions admissibles. Les causes de retard indiquées pour la tranchée d'Emperador sont les mêmes ici avec une importance plus grande, résultant des dimensions extraordinaires de la tranchée.

L'éboulement qui s'est produit sur les abords de la Culebra du côté de Panama, les effondrements qui ont eu lieu dans la tranchée même et qui ont intercepté plusieurs voies, bien qu'ils tiennent en partie à la maladresse des entrepreneurs, sont de nature à nous donner pour l'avenir de sérieuses inquiétudes, et nous n'hésitons pas à dire qu'il faudra au moins sept ans à partir du 1er juillet prochain pour terminer ce travail auquel aucun autre, jusqu'à ce jour, ne peut, même de loin, être comparé ; l'ouverture du canal serait donc au moins renvoyée au milieu de 1893.

Notre étude suppose que les entrepreneurs de la Culebra seront libres de disposer, comme ils le voudront, les abords de la tranchée jusqu'au plafond du canal. Si la répartition actuelle des entreprises était commencée, alors même que l'on donnerait à la Culebra la partie réservée entre les points kilométriques 55,456 et 55,600, les chantiers seraient extrêmement difficiles à établir au-dessous de la cote 60 et les remaniements d'organisation joints à ces difficultés entraîneraient un nouveau retard d'environ une année. Ajoutons encore que les entrepreneurs actuels sont absolument au-dessous de leur tâche ; cela résulte clairement de la note de M. Vautard. Les conserver est absolument impossible. Avec douze excavateurs ils n'ont pu atteindre qu'un cube mensuel de 90.000 mètres depuis le 1er janvier 1886 jusqu'au 1er juillet. Admettons qu'ils viennent à tripler ce cube pendant la saison sèche et supposons que le travail fait pendant la saison humide sera la moitié de celui-là, il faudrait neuf années pour terminer la Culebra.

Enfin, nous avons supposé que la tranchée pourrait être terminée par des excavateurs, et c'est là une opinion purement gratuite. Les sondages en cours ont déjà révélé la présence d'une roche qui ne pourra être déblayée qu'à la mine, et par suite, il y aurait lieu de prévoir un changement d'organisation en cours d'exécution.

En résumé, la Culebra ne pourra être terminée au plus tôt que vers le milieu de 1893, et encore faut-il admettre que son exécution sera confiée à l'une ou l'autre des entreprises qui l'avoisinent et que les choses marcheront dans des conditions aussi satisfaisantes qu'on peut pratiquement l'espérer.

Il nous a paru que nous devrions examiner si le problème de la Culebra n'était pas susceptible d'autres solutions. Nous avons étudié un programme d'exécution basé sur l'emploi de plans inclinés (dossier n° 2). Nous sommes arrivés à ce résultat que, pour exécuter la Culebra au-dessous de la cote 85, il faudrait environ quatre années, et que cela entraînerait une augmentation de dépenses de six francs par mètre cube à exécuter au-dessous de cette cote, soit, pour la tranchée entière de 120 millions de francs.

Ce système présenterait de sérieux avantages, car il permettrait d'avoir constamment les mêmes voies de décharge et d'employer pour les déblais un matériel léger rendant faciles les ripages et déplacements de voies et les modifications que des circonstances imprévues peuvent obliger d'introduire dans l'organisation des chantiers. Ce système permettrait encore de maintenir pour la Culebra une entreprise spéciale, ce qui nous dispenserait de surcharger les entrepreneurs voisins dont la tâche est déjà écrasante.

Malheureusement ce système a aussi de graves inconvénients. Les plans inclinés sont des appareils assez délicats, et ce ne serait pas sans tâtonnements qu'on arriverait à les bien faire fonctionner. D'autre part, si des éboulements se produisaient à la surface des talus, on serait exposé à perdre du même coup une parties des voies de décharge et des appareils d'extraction. Ces dangers sont tels qu'ils nous paraissent compenser à peu près les avantages du système.

Enfin, nous avons fait un projet de souterrain (dossier n° 3). Si ce projet était adopté, le tunnel de la Culebra coûterait environ 180 millions de francs et exigerait six années pour son exécution. Mais on ne peut se dissimuler qu'on serait encore là en présence d'un travail des plus difficiles. Le nombre des maçons nécessaires pour son exécution devait être à un moment donné de 2.000, à ne compter que les hommes valides, et de 2.700 en comptant environ un quart de malades, ce qui est évidemment bien au-dessous de la vérité.

Si d'autre part on se rappelle toutes les difficultés qu'r rencontrées, aussi bien en Bretagne que dans le midi de la France, l'exécution des souterrains dans les terrains carbonifères, on en conclura qu'il serait imprudent d'aborder un pareil travail dans un pays où tout est difficile, où la transformation rapide du personnel rend presque inutiles les enseignements de la veille, supprime la tradition et rend douteuse l'exécution stricte des ordres de la Direction.

Il est plus sage, selon nous, de poursuivre dans la voie suivie jusqu'à ce jour, sauf à améliorer l'organisation, à confier la Culebra à des entrepreneurs voisins et à recourir, pour assurer l'ouverture du canal dans des délais admissibles, à la solution provisoire qui sera exposée dans la seconde partie de ce rapport.

Avant d'aborder ce sujet, il nous reste à traiter deux importantes questions : le barrage de Gamboa et l'écluse de Corrozal.

Barrage de Gamboa.

Les dispositions principales de cet ouvrage ont été décrites dans le rapport présenté le   par M. le directeur général Dingler. Nous avons d'ailleurs trouvé un projet sommaire que, sauf de légères modifications, nous nous sommes borné à appliquer sur un relevé exact du terrain.

Nous ne pouvions agir autrement, attendu que d'ensemble notre opinion est hostile à l'exécution de ce colossal ouvrage et que nos propres études auraient pu se ressentir de ces dispositions d'esprit, en même temps qu'elles auraient pu n'inspirer qu'une médiocre confiance. Le dossier n° 4 renferme le projet du barrage. Le coût de l'ouvrage serait d'environ 60.000.000 de francs.

L'exécution d'un barrage en terre avec coroi est la seule solution abordable économiquement. Nous allons indiquer l'opinion des grands ingénieurs compétents sur les difficultés que présentent de pareils travaux.

M. Mary, dans son cours de l'École des Ponts et Chaussées, dit :

« 1° Que les digues en terre doivent être préférées à tout autre système pour des retenues de faible hauteur ;

« 2° Que les digues en remblais doivent encore être préférées pour des hauteurs de 10 à 12 mètres, quand le sol de fondation n'est pas incompressible et qu'on a de bonne terre pour construire la digue ;

« 3° Que si le sol est incompressible, le barrage en maçonnerie peut être avantageusement appliqué pour porter des hauteurs d'eau de plus de 12 mètres.

Il est bien évident que la hauteur de 12 mètres indiquée par M. Mary peut être dépassée, mais l'opinion de ce professeur distingué n'en a pas moins une grande valeur, en ce sens qu'elle conduit à penser qu'au-dessus de 12 mètres on se trouve en présence d'un travail exceptionnel.

M. Aymard, qui a été étudier avec le plus grand soin les barrages d'Espagne, à la suite de l'examen qu'il a fait des causes de la chute d'un barrage en maçonnerie, dit ceci : « La maçonnerie n'a pas été culbutée, mais le fond de gravier a cédé sous la charge. Il faut en conclure que les barrages en terre, quels que soient les soins que l'on apporte à leur exécution, sont tout à fait incapables de résister à des charges d'eau qui avoisinent trente mètres. La prudence veut que l'on reste notablement au-dessous de ces limites. »

Les Anglais et les Indiens ont atteint à très peu près ces hauteurs ; mais voyons comment ils exécutent leurs barrages.

Les Anglais placent au milieu de la digue un coroi étanche allant par une tranchée jusqu'au terrain imperméable, maintenu des deux côtés par des diaphragmes de matériaux fins qui présentent au minimum sa propre épaisseur (Rawlinson et Beardmore) afin d'empêcher que la pression de l'eau n'agisse directement sur lui à l'intérieur et que l'air ne vienne le dessécher sur l'autre face, car ces deux actions s'ajoutent pour produire des fissures du côté externe. Cette double précaution prise ne suffit pas à justifier l'exécution au wagon des terrassements qui restent. Les remblais doivent être déposés et pilonnés par couches de six pouces d'épaisseur. (Les Mêmes.)

La digue de Bradfield, destinée à l'alimentation de la ville de Sheffield, n'avait pas été faite avec ces précautions ; aussi s'est-elle effondrée quelques heures après le remplissage du réservoir et de véritables désastres s'en-suivirent.

M. Guillemain, professeur à l'Ecole des Ponts et Chaussées, déclare défectueux le système anglais et voici ce que dit M. Rawlinson des barrages exécutés sur l'île de Ceylan : « Le procédé indien qui consiste à n'employer ni coroi, ni tranchée, mérite une étude attentive et une sérieuse considération. Des couches souter-raines peuvent porter une charge d'eau considérable avec sécurité, si l'on n'a pas troublé leur stratification ; mais si on a brisé les assises par une tranchée profonde et ouvert des fissures par des éboulements considérables, qui ont balayé les pentes du sol, on s'est peut-être placé dans des conditions telles qu'il est impossible de reconstituer un terrain solide et l'on s'expose à des répara-tions fort coûteuses.

« Un remblai construit sans coroi ni tranchée d'argile, mais simplement formé de couches minces de bons matériaux, comme le font les Indiens, édifié lentement et terminé par une plate-forme qui présente une largeur au moins égale à la demi-hauteur de la digue, ne peut pas être facilement emporté par les eaux. »

Voyons maintenant comment s'effectuent les digues anglaises. M. Guille-main nous renseigne à cet égard. « Les digues sont presque entièrement le résultat du travail direct de l'homme. La terre est grattée sur le sol, au moyen d'instruments grossiers et imparfaits, souvent à la main seulement. Les rem-blais sont transportés par les hommes, les femmes et les enfants, *par petites quantités* et déposés sur l'emplacement de l'ouvrage ; *ils y sont foulés sous les pieds des travailleurs*, des animaux, quelquefois même par des éléphants. Ils y sont arrosés par les pluies torrentielles de la mousson, puis sèchent et se contractent sous l'action des rayons solaires. »

Proposer de semblables procédés pour le barrage de Gamboa reviendrait à renoncer au travail. Il reste donc à examiner le système français, qui malheu-reusement n'a pas été, à notre connaissance, expérimenté sur des hauteurs supérieures à 25 mètres, tandis que le barrage du réservoir du Commun, dans la présidence de Madras, a 31 mètres de hauteur.

Voici comment doit être établi un barrage dans le système français, d'après M. Guillemain : « Le massif de la digue doit être formé de coroi, c'est-à-dire d'une substance bien homogène et imperméable. Ce que l'on a trouvé de meilleur est un mélange d'argile et de sable, dans des proportions telles que chaque grain de sable soit parfaitement empâté dans l'argile et que celle-ci ne soit nulle part en assez grande quantité pour permettre au mélange d'être compres-sible. M. Mary et M. Vallée estiment que la bonne terre à coroi est celle qui, composée principalement de sable, ne contient que juste ce qu'il faut d'argile pour lier entre elles les parties sablonneuses. »

D'après M. Hirsch, ingénieur en chef des ponts et chaussées, la terre em-ployée dans la digue de Mettersheim contenait à peu près par moitié le sable et l'argile. On la mélangeait d'une faible proportion de chaux hydraulique à l'état de poudre ou de lait de chaux, suivant que le terrain était plus ou moins humide, et on la battait fortement.

Bien qu'à Mettersheim tout le massif ait reçu cette préparation, M. Hirsch pense qu'il suffisait avec un revêtement soigné de corroyer la partie amont. Suivant M. Guillemain, il faut appliquer la préparation à toute la masse afin d'avoir une homogénéité complète.

Les digues exécutées en terres argileuses ont généralement échoué (réservoirs de Cercey, de Pauthiers, de Montchanin, de Berthaud, de Torcy). On a fini par faire tenir la digue de Pauthiers en se servant de cloisons en maçonnerie normales au barrage et espacées de 40 à 60 mètres, en protégeant contre l'action des agents atmosphériques sur les deux talus et sur le couronnement le massif argileux et en prenant des soins spéciaux pour que l'état hygrométrique des terres employées fût toujours le même. Il est bien évident que l'on ne saurait à Gamboa s'inspirer de pareilles mesures sans dépasser en temps et en argent la mesure permise.

On a pu, il est vrai, limiter à $2^m,50$ l'épaisseur du coroi pour le réservoir du Paroy, mais la digue n'avait que $5^m,50$ de hauteur.

Enfin, on protège le talus d'amont par un revêtement maçonné, et le talus d'aval par un revêtement gazonné.

Il est bien évident qu'aucun de ces procédés n'est applicable au barrage de Gamboa. Tout ce que l'on peut faire pratiquement, c'est de constituer le massif à tout venant en ayant soin d'avoir à la décharge des hommes chargés d'arranger les déblais, de manière à limiter autant que possible les vides et à les arroser de façon à hâter leur tassement; établir, en un mot, un coroi de 20 mètres d'épaisseur, à la base et sur ce coroi un revêtement en béton de ciment de $1^m,50$ d'épaisseur moyenne.

La largeur du coroi a été calculée d'après la règle de M. Rawlinson, règle qui consiste à donner au coroi une épaisseur notablement supérieure au tiers de la hauteur d'eau. Il nous paraît préférable de mettre le coroi à la surface, car, à l'intérieur, on ne pourrait le visiter, et l'on ne saurait ce qu'il deviendrait, surtout avec le peu de soins qu'il est possible de prendre dans l'exécution du massif. Le coroi serait descendu partout au terrain imperméable, ainsi que le revêtement en béton de ciment.

C'est sur ces bases qu'a été établi le projet ci-joint. Il nous reste à parler du souterrain d'écoulement. Les maçonneries de ce souterrain peuvent être appelées à supporter une pression de 50 mètres environ de hauteur d'eau, et par suite il est bon de leur donner une épaisseur de 3 mètres. D'autre part, on ne saurait admettre que ces maçonneries soient soumises à une sous-pression, et c'est pourquoi nous avons admis que l'eau coulerait dans un tube en acier de 3 centimètres d'épaisseur. Cette disposition permet, d'ailleurs, de visiter le tuyau et le souterrain et d'y faire les réparations nécessaires. Selon nous, il vaudrait mieux avoir deux souterrains semblables, afin de faciliter encore les réparations et de s'assurer que des crues moyennes ne viendraient pas, en été, interrompre l'exécution du barrage. Nous avons eu en effet, cette année, au mois de mars, une crue du Chagres de 3 mètres de hauteur. Mais nous n'avons pas voulu introduire cette modification de peur de paraître exagérer à plaisir les dépenses du barrage. Nous n'avons apporté aucune modification au déversoir projeté, bien que les dispositions prévues soient loin de nous satisfaire. Jeter sur un flanc de coteau les masses d'eau qu'amènent les grandes crues du Chagres, c'est s'exposer à de graves accidents. Le canal d'amenée au déversoir nous inspirerait encore de vives craintes. Si des éboulements venaient à s'y produire et à arrêter l'écoulement par le déversoir, la sécurité du barrage serait certainement compromise. Il serait peut-être préférable d'établir des souterrains en assez grand nombre pour écouler, au niveau du fond de la vallée, par des tuyaux en acier arrivant jusqu'au niveau de la retenue, le trop-plein des crues du Chagres. Même avec ces modifications, l'exécution du barrage du Chagres n'en resterait pas moins un coup de hardiesse. Ayant à faire le barrage le plus élevé du monde, dans un pays où la chaleur dessèche la terre et la fendille sur d'incroyables profondeurs, nous n'aurions même pas pris les précautions ordinaires que les bons ingénieurs se sont imposées pour des ouvrages de médiocre hauteur.

On pourrait trouver un motif de sécurité dans l'existence de certains barrages édifiés par la nature. Mais qui nous dira dans quelles conditions ces digues naturelles se sont formées, et combien ont été emportées pour une qui a subi l'épreuve du temps. Le désastre survenu dans la vallée de Romanèche ne nous montre-t-il pas à quels accidents sont exposés même les barrages naturels ayant plusieurs siècles d'existence ? Nous aurions beau doubler, tripler même la largeur de la plate-forme au sommet, nous ne ferions qu'augmenter la dépense sans acquérir la certitude du succès. Car, ce qui est difficile à réaliser, ce n'est point la résistance du massif, c'est la bonne tenue et l'étanchéité du corroi d'amont. Si ce corroi est brisé et pénétré, l'eau pressée par une énorme charge pénétrera de proche en proche par les vides du massif et finira par emporter la digue.

Si l'on pouvait constituer le barrage de gros blocs comme une maçonnerie de pierres sèches, on acquerrait évidemment de sérieuses garanties. Mais, outre qu'il n'est pas sûr que l'on puisse trouver ces blocs, car presque partout les roches extraites se délitent facilement à l'air, la dépense serait telle qu'il vaudrait mieux revenir à la maçonnerie.

Il est un autre danger : c'est celui du glissement du massif rapporté sur les pentes des cerros actuels, danger que l'établissement de gradins ne peut complètement faire disparaître. Nous avons cherché à l'atténuer en reportant un peu en avant des cerros le corps de barrage. En supposant même qu'une fois établi le barrage résiste, quel aléa pendant la construction! Si, au moment de fermer, une grande crue survenait, non seulement l'ouvrage serait en partie emporté, mais le canal lui-même serait soumis aux plus grands dangers et le succès de l'entreprise tout entière serait compromis. Et qui peut nous garantir que le barrage pourrait être fermé pendant une saison sèche? Combler un vide énorme, faire un épais corroi et le revêtir en béton de ciment, ce n'est pas là l'œuvre d'un petit nombre de mois, surtout dans un pays où tout est extrêmement difficile, où la moralité des ouvriers n'est pas telle qu'ils ne fussent tentés d'abuser de la situation et de demander des prix inadmissibles pour un concours dont on ne pourrait cependant se passer sans s'exposer à un désastre.

Pour ces divers motifs, nous nous prononçons absolument contre l'exécution du barrage de Gamboa. Son exécution serait exposée à trop d'aléas et exigerait trop de temps pour qu'il soit possible de l'entreprendre. Sa résistance serait chose trop douteuse pour qu'il soit permis de suspendre sur le canal et ses dépendances, le P. R. R. et les cités voisines, le plus effroyable des dangers.

Dérivation totale.

Heureusement, l'écoulement des crues du Chagres par une dérivation totale ne présente pas d'exceptionnelles difficultés, et là nous trouverons, ainsi qu'il a été établi dans le dossier numéro 5, une solution certaine du problème.

Si l'on veut bien se reporter aux discussions de la Commission internationale, on y verra recommander l'idée de la dérivation totale. Nous trouverons, en effet ce qui suit dans le rapport de M. l'Inspecteur général Voisin-Bey : « La première solution proposée peut assurément être admise, mais elle ne donne pas à la sous-commission une satisfaction complète. Cet immense barrage construit sur un sol volcanique, retenant une masse d'eau de 600 millions de mètres cubes suspendus au-dessus d'un canal étroit dans lequel pourront se trouver engagés de nombreux navires, ne laisse pas que de faire naître dans l'esprit quelque inquiétude. La sous-commission persiste à penser que beaucoup mieux vaudrait creuser au Chagres le long de la rive est du Canal un nouveau lit capable de débiter, au fur et à mesure qu'elles se produiraient sans déborder dans le canal, les plus fortes crues de la rivière supérieure et de tous ses affluents. »

M. le directeur général Dingler n'a été éloigné de cette solution que par des considérations d'économie dont l'inexactitude tenait au manque de renseignements. Qui pouvait, à ce moment-là, dire à quels prix s'élèveraient les divers travaux à exécuter dans l'isthme et faire par suite d'exactes estimations comparatives? Personne à coup sûr, et cela suffit à expliquer des hésitations dont le public peut s'étonner, mais que des ingénieurs expérimentés et ayant été aux prises avec de sérieuses difficultés comprendront sans peine.

Si l'on se reporte en outre au compte rendu des séances de la Commission supérieure en 1883, on y voit que les mêmes préoccupations d'économie ont déterminé la préférence donnée au barrage. C'est ainsi que M. l'inspecteur général Pascal répond à une question de M. Voisin-Bey : « qu'un barrage en maçonnerie coûterait aussi cher que la dérivation complète du Chagres et que celle-ci vaudrait mieux comme solution que le barrage ».

Le barrage coûterait............................... 60.000.000 fr.
et la différence de dépenses entre la dérivation totale et les
dérivations projetées étant de........................ 30.000.000 »

On voit que la différence en faveur de la dérivation totale
est de.. 30.000.000 fr.

De ce qui précède, il résulte clairement que l'hésitation n'est pas permise et nous n'avons pas à insister davantage sur ce point.

Écluse de Corrozal.

Nous arrivons à la question de l'écluse de Corrozal. Les ingénieurs se sont, en général, prononcés en faveur de l'exécution de cet ouvrage; mais nous avons pensé, Monsieur le président-directeur, qu'il convenait d'examiner à nouveau la question, tant vous attachez d'importance à la libre circulation dans le canal.

Que pouvais-je faire? Reprendre les calculs par lesquels M. Kleitz établit qu'on avait à redouter, si l'écluse n'était pas faite, des vitesses de deux mètres dans le canal? Je serais évidemment retombé sur le chiffre trouvé par un aussi éminent calculateur. Je le tiens donc pour bon en tant que résultat du calcul. Mais je suis bien obligé de reconnaître que la science de l'hydraulique est trop peu avancée pour permettre d'aborder sûrement des problèmes de cette nature, et cela d'autant mieux que l'Académie des sciences le reconnaît elle-même dans un rapport présenté en 1863 par MM. Dupin, Poncelet, Combes, Morin et Clapeyron sur un ouvrage de M. Bazin.

Vous faites remarquer avec juste raison qu'à Suez la réalité avait infirmé les résultats du calcul et vous espériez qu'il en serait de même à Panama.

Il est cependant bien certain que la différence de niveau des deux mers est bien plus considérable à Panama qu'à Suez, et par suite, que les vitesses dans le nouveau canal pourront être, malgré la plus grande distance qui sépare l'Océan à marée du niveau relativement fixe, assez considérables pour opposer à la marche des navires un obstacle insurmontable.

Dans ces circonstances et en présence de l'impuissance des moyens scientifiques, il me paraît que le bon sens est notre seule ressource.

Il serait évidemment très fâcheux d'assujettir la navigation aux inconvénients d'une écluse, pour un temps indéfini, si l'écluse n'est pas indispensable.

Par suite, il me paraît convenable de donner au canal une pente de Colon vers Panama. Je propose donc d'établir ce plafond à l'emplacement de l'écluse de Corrozal à la cote (— 11,50) et de lui donner une déclivité de 0,00005 par mètre.

Mais il serait non moins regrettable de rendre la navigation impossible pendant plusieurs années en ne faisant pas d'écluse, dans le cas où celle-ci serait indispensable et, par suite, je suis d'avis de prendre les dispositions voulues pour pouvoir, sans retard, mettre l'écluse en place le jour où sa nécessité sera démontrée.

Enfin, il importait, tout en donnant satisfaction aux nécessités dont je viens de parler, de ne pas augmenter le chiffre déjà si élevé des dépenses du Canal.

C'est dans cet esprit que j'ai étudié l'avant-projet présenté sous le dossier n° 7. Je suppose que l'on établira des portes de marées s'appuyant sur des massifs en maçonnerie. Ces portes, en tout état de cause, permettraient de régulariser l'écoulement de l'eau dans le canal et peut-être rendraient la circulation possible pendant un certain nombre d'heures, sans qu'il fût nécessaire de recourir aux écluses. Si ces portes étaient reconnues inutiles, on les enlèverait et l'on ferait sauter les massifs en maçonnerie au moyen de fourneaux de mines ménagés à cet effet.

Si, au contraire, l'écluse était reconnue nécessaire, on la constituerait au moyen de formes de radoub métalliques, étudiées de façon qu'elles puissent servir à double fin.

Le prix des maçonneries, y compris les radiers et les portes de marées, atteindrait seulement le chiffre de 1.100.000 piastres. Par conséquent, alors même que ces ouvrages disparaîtraient, la Compagnie n'aurait accepté comme garantie contre un redoutable danger qu'un minime sacrifice.

Si toutefois vous adoptez la solution provisoire que j'ai l'honneur de vous soumettre plus loin, il serait à la rigueur possible d'éviter cet accroissement de dépenses.

Quoi qu'il en soit, des écluses en maçonnerie pourraient dans la suite être établies dans le massif rocheux qui se trouve à gauche de l'emplacement actuel choisi, et par suite la proposition que j'ai l'honneur de vous faire en ce qui touche l'écluse de Corrozal sauvegarderait entièrement l'avenir.

L'écluse en maçonnerie (dossier n°6) coûterait environ 40 millions de francs, et bien que ce chiffre pût être réduit par la suppression d'un sas, — suppression qui serait peut-être un jour regrettée, — j'estime qu'il y a lieu de supprimer ce travail de l'entreprise Baratoux, Letellier et Lillaz, en usant de la faculté que la Compagnie s'est réservée à cet égard.

Si je n'ai pas parlé de l'augmentation de dépenses qui résultera de l'approfondissement du canal, c'est qu'elle est couverte par les réductions que l'on peut opérer :

1° En réduisant à 8m,50 la profondeur du canal au-dessous du niveau des plus basses mers en chaque point, profondeur bien suffisante consacrée par l'acte de concession et acceptée par la plupart des ingénieurs consultés.

2° En supprimant dans toute l'étendue du massif central les banquettes prévues à deux mètres au-dessus de l'eau et les remplaçant par des passerelles en fer.

Je dis qu'il y a à peu près compensation, et cette opinion est basée sur un calcul sommaire. Il ne m'a pas été possible, et vous le comprendrez aisément, étant donné l'énorme travail qu'a dû produire le personnel de l'isthme, d'établir à cet égard des évaluations complètement rigoureuses.

Si je me bornais, Monsieur le Président-Directeur, à vous faire connaître quelles sommes et quel temps il faudra pour exécuter le programme complet ; si, après avoir accusé des chiffres propres à inspirer le plus profond découragement, je n'apportais une solution admissible, je n'aurais ni rempli mon devoir, ni justifié votre confiance. Mais cette solution existe et je me propose de vous en faire l'exposé dans la deuxième partie de ce rapport.

DEUXIÈME PARTIE.

Exposé et justification de la solution provisoire proposée.

Le barrage du Chagres supprimé, il ne reste comme difficulté d'ordre supérieur que l'excavation du plateau central ; mais cette difficulté est telle que le canal coûterait des sommes trop élevées et exigerait un temps trop long pour que l'on pût raisonnablement compter sur le succès de l'entreprise, si l'on ne recourait à une solution provisoire.

Et d'abord je tiens à affirmer, Monsieur le Président-Directeur, que je considère la condition d'établir le canal à niveau comme absolument essentielle. Pour que la grande voie maritime à laquelle vous consacrez vos efforts atteigne bien le résultat qu'on se propose, il est indispensable qu'elle soit à l'abri des lenteurs et des chômages qui sont les inconvénients des canaux à écluses. C'est à ce but que nous devons tendre, et je me reprocherais de paraître m'écarter de l'idée maîtresse qui a présidé au choix que vous avez fait de l'emplacement du canal interocéanique. Mais il est bien permis de prendre les mesures provisoires propres à assurer le succès de l'entreprise et personne ne saurait prétendre, de ce que vous avez consenti à livrer à l'exploitation pendant quelques années un canal à deux biefs, tout en poursuivant l'exécution d'un canal à niveau, que vous ayez abandonné les bases premières de votre programme,

C'est dans cet ordre d'idées qu'a été étudiée la solution que j'ai l'honneur de vous soumettre et qui se réduit à ceci :

Entre les points kilométriques 48,000 et 56,050 on établirait le long du canal à niveau un canal latéral dont le plafond serait arasé à la cote 46 au-dessus du niveau moyen des mers. On s'élèverait du bief inférieur au bief supérieur par des ascenseurs hydrauliques analogues à celui que l'on a employé à Anderton (Angleterre) et à celui que l'on établit en ce moment en France aux Fontinettes.

Le dossier n° 8 contient le projet de cette solution avec une note à l'appui. Nous n'entrerons pas ici dans les détails du projet et nous nous bornerons à signaler les points essentiels.

Le bief supérieur aura 20 mètres de largeur au plafond ; le minimum de courbure y sera de 1.500 mètres sur l'axe du tracé. L'axe du canal principal est en certains points reporté à gauche de l'axe primitif, afin soit d'éviter des déblais trop considérables, soit de se tenir à une distance convenable du P. R. R.

On a admis que partout, dès l'approbation de ce projet, dans le canal principal on pourrait réduire les déclivités des talus à 4 de base pour 5 de hauteur et même à 2 de base pour 3 de hauteur dans la partie du côté droit comprise entre les points kilométriques 51,700 et 55,300. La différence que présentent ces chiffres a pour raison l'orientation des plans de glissement qui sont en général dirigés de la gauche vers la droite, avec inclinaison vers Panama.

On comprend que nous ayons pu proposer ces raidissements de talus parce que la faculté de poursuivre l'exécution du canal proprement dit avec une marche normale permet d'adopter dès l'origine le talus moyen que les roches sont susceptibles de tenir, tandis qu'avec la rapidité excessive qu'imposerait l'exécution du canal principal, à supposer qu'on ne recourût pas à la solution provisoire, on serait obligé de se rapprocher du talus à raidissement minimum sous peine de s'exposer à de très grands retards.

Toutefois, afin de permettre les adoucissements ultérieurs qu'il pourrait être nécessaire d'effectuer, le bief supérieur a été partout établi assez loin du canal pour que l'arête du plafond soit toujours à une distance minima de 23 mètres du talus du canal principal supposé à 45°.

La solidité du cerro Emperador et du flanc droit de la tranchée de la Culebra nous donne lieu de croire que les inclinaisons à 45° seront partout suffisantes. Si en quelque point, et contrairement à toute probabilité, il n'en était pas ainsi, on aurait la ressource, soit de déplacer le bief supérieur, soit de le maintenir par des bâches métalliques qui permettraient, sans déplacement d'axe, de porter l'inclinaison du talus à 1 mètre de hauteur pour 1^m,50 de base.

Le bief supérieur sera revêtu d'une chemise de béton de ciment de 50 centimètres d'épaisseur dans les parties en déblai et de 1 mètre d'épaisseur dans les parties en remblai. Celles-ci d'ailleurs ne règnent que sur 855 mètres et la hauteur du remblai au-dessous du plafond du bief ne dépasse 2^m,60 que pour les raccordements avec les viaducs joignant les ascenseurs. Si, pour assurer l'étanchéité absolue du bief supérieur, il était nécessaire de le protéger sur certains points par une chemise en tôle de cuivre, semblable à celle qui est employée pour les coques des navires, il ne résulterait de ce chef qu'une assez faible augmentation de dépenses. Cette dépense est d'ailleurs prévue au détail estimatif du projet.

L'ascenseur hydraulique se compose essentiellement de 2 sas de 180 mètres de longueur et de 18 mètres de largeur soutenus en leur milieu par un piston unique et latéralement par des pylones métalliques. Des compresseurs seront adaptés à l'appareil afin de limiter la dépense d'eau.

La machinerie a été étudiée de manière à rendre sans danger toute fuite qui viendrait à se produire et à alimenter complètement le bief supérieur. Toutefois le Rio-Grande pourra fournir une grande partie de l'eau nécessaire, d'où il résultera une sérieuse économie de combustible.

La supériorité de l'ascenseur hydraulique sur tout autre système est évidente. Il serait inutile de le comparer aux écluses ordinaires. Celles-ci, en effet, ne pouvant guère avoir des chutes de plus de 7 mètres, chiffre encore exceptionnel, il en faudrait 8 au moins de chaque côté pour racheter la dénivellation de 55 mètres existant entre les deux biefs. Le système des écluses ordinaires doit donc être écarté aussi bien par mesure d'économie que pour des raisons d'exploitation et de rapidité d'exécution.

Restent les plans inclinés. Ces plans peuvent servir à transporter les navires, soit sur des cales sèches, soit sur des sas remplis d'eau. Il serait, selon nous, de la dernière imprudence de mettre sur cale sèche un navire chargé et dans tous les cas cette opération exigerait un temps fort long. Un sas rempli d'eau en mouvement présente ce phénomène que l'eau se porte, dans son mouvement relatif, à l'arrière du sas, et que le navire tend à s'échouer. D'autre part, les installations et les machines nécessaires pour mettre en mouvement un pareil système seraient à la fois très compliquées et très coûteuses.

Rien, au contraire, n'est plus stable, plus docile et plus régulier dans sa marche que la presse hydraulique. L'ascenseur d'Anderton a parfaitement fonctionné de 1875 à 1882, c'est-à-dire pendant sept ans. L'expérience acquise, les ressources de la Compagnie permettent de ne rien négliger pour obtenir une exécution soignée ; enfin les progrès extraordinaires accomplis dans ces dernières années par les constructeurs d'ouvrages en métal nous permettent de penser que les ascenseurs projetés feront un long service.

Il ne s'agit d'ailleurs ici que d'une solution provisoire et cette considération fait tomber toutes les objections que l'on pourrait faire à l'emploi d'un engin mécanique pour le soulèvement des navires qui franchiront le canal.

Si vous voulez bien, monsieur le Président-Directeur, adopter cette solution, les dépenses à faire jusqu'à l'ouverture du canal seront seulement de 820 millions de francs, se décomposant comme suit :

Canal, 55 millions de mètres cubes à 6 francs.........	330.000.000 fr.
Dérivation, matériel.............................	120.000.000 »
Épuisements.................................	50.000.000 »
Sas..	50.000.000 »
Frais généraux................................	120.000.000 »
Intérêts.....................................	150.000.000 »
Total....................	820.000.000 fr.

Il vous appartient d'ailleurs d'apprécier dans quelle mesure vous voudriez consacrer les ressources de la Compagnie à l'exécution du canal proprement dit dans la partie centrale. L'essentiel serait de faire les modifications de chantier propres à assurer une bonne marche pour le jour où vous désireriez reprendre en grand cette exécution.

Je croirais d'ailleurs pouvoir assurer que l'ouverture du canal aurait lieu vers la fin de 1889, si le contrat relatif à l'exécution des ascenseurs était immédiatement préparé.

L'avant-projet de l'ascenseur que j'ai étudié avec un de mes amis, chef des études d'une des plus grandes maisons de construction de Paris, a été sérieusement établi. J'espérais même obtenir une réduction notable sur le prix accusé. Dans tous les cas, je suis sûr que la maison chargée de ce travail accepterait toutes les conditions qui pourraient vous paraître désirables pour vous prouver sa confiance dans le succès de l'appareil.

ERRATA

Page 91. — Le fait de la commission de 1 fr. 40 qui aurait été souscrite par MM. Artigue, Sonderegger et Cie en faveur de M. de Reinach, ne résulte que de la déposition de M. Étienne Martin devant la 1re Chambre de la Cour d'appel.

Les entrepreneurs de Culebra ont toujours protesté contre cette allégation, et le rapport de M. Flory, établi sur les pièces comptables de la Compagnie de Panama et de la Société Artigue, Sonderegger et Cie, n'en fait pas mention.

Page 136. — *Au lieu de :* Artigue, Sonderegger et Cie, *lire :* Cutbill, de Longo et Co.

TABLE DES MATIÈRES

Paris. — MOTTEROZ, imprimeur de la Chambre des Députés, 7, rue Saint-Benoît.

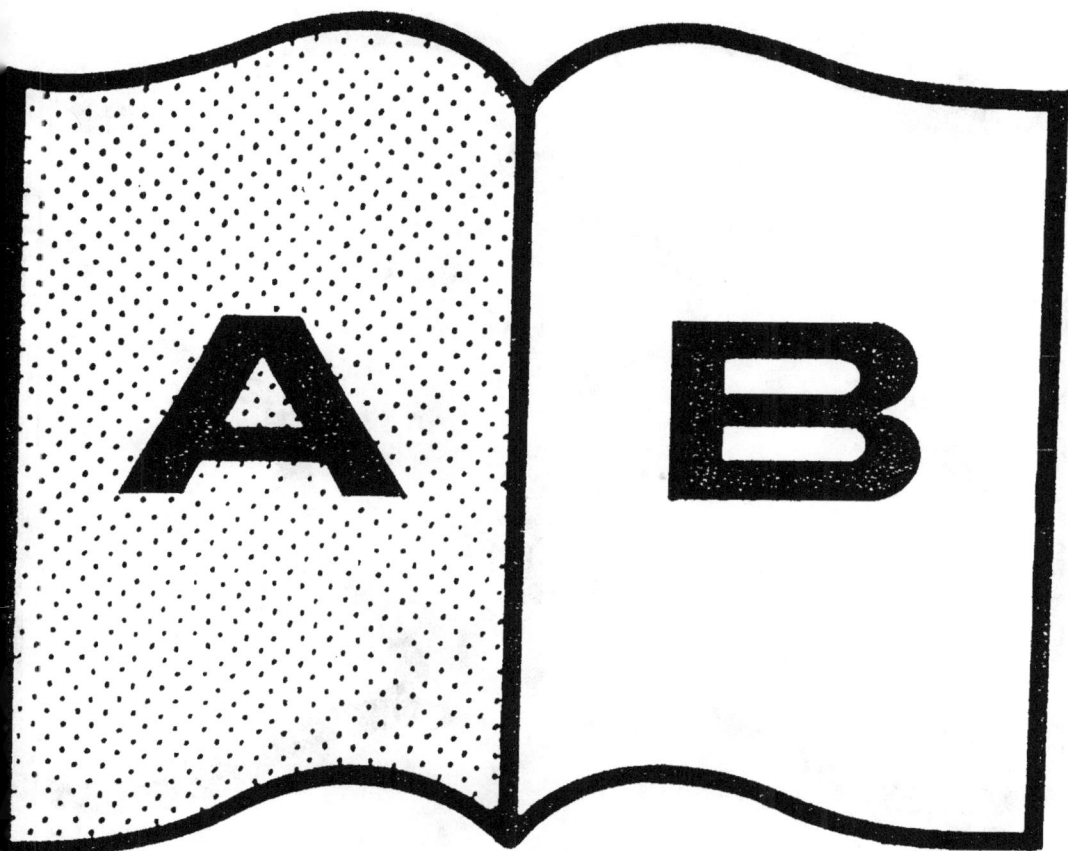

Contraste insuffisant

NF Z 43-120-14

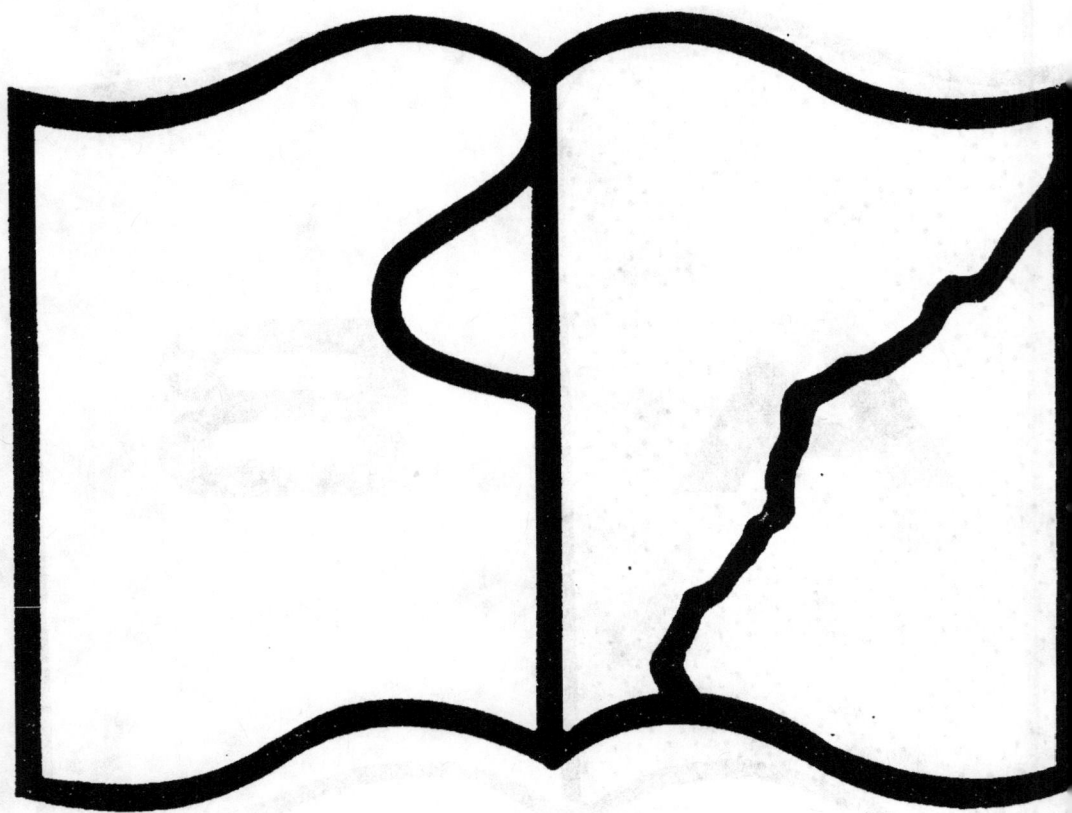

Texte détérioré — reliure défectueuse

NF Z **43**-120-11